Jürgen G. H. Hoppmann (Hrsg.)

RUDOLF BAHRO

Vorlesungen 1994 – 1997
Humboldt-Universität Berlin

Audio-Transkriptionen des Rudolf-Bahro-Archivs
Dr. Maik Hosang, Integralis e.V. im LebensGut Pommritz

ArsAstrologica

Supervision Dr. Maik Hosang, Integralis e.V. Pommritz 1b, 02627 Hochkirch
Buchsatz, Umschlaggestaltung, digitales Publishing: ArsAstrologica
Abbildungen: Rudolf-Bahro-Archiv im Lebensgut Pommritz
Schriftfont: Palatino Linotype Font: Microsoft, Redmond
Druck und Distribution: tredition GmbH, Hamburg

ISBN 978-3-384-04901-8 bod
ISBN 978-3-384-04902-5 ebook

Integralis e.V.
https://pikok.de/
Gesellschaft für Kultur und Bildung
www.bahro-archiv-pommritz.jimdofree.com

Die auf der Basis von Tonbandaufnahmen der 90er-Jahre veröffentlichten Texte wurden vom Herausgeber gemäß Dudenempfehlungen behutsam korrigiert.

Inhaltsverzeichnis

Vorlesungen zweiter Teil

Unmittelbare Inspiration zur Niederschrift war der Tod Rudolf Bahros. In den wenigen Wochen danach kulminierten in mir viele Gedanken, die in den Jahren der Arbeit, Freundschaft und Gespräche mit diesem großen Menschen angeregt wurden. Er verkörperte eine lebendige Synthese der grundlegenden Widersprüche unserer Welt und prägte auch einen entscheidenden Begriff für deren Lösung: »Homo integralis«. Dieses neue Paradigma, das er nach seiner langen Suche deutlich wie bisher nur wenige erkannte und zu verwirklichen begann, konnte er nicht mehr differenziert erarbeiten. (…)

Sowohl Jean Gebsers wie auch Aurobindo Ghoses Gedanken aufnehmend, entwickelte Rudolf Bahro den vielleicht bisher umfassendsten Ansatz integraler Theorie und Praxis. Die herauszubildende, Natur- und Geisteswissenschaften ebenso wie Subjekt und Objekt integrierende Wissenschaft begriff er als »Sozialökologie«, deren zentrale Begriffe »conditio humana« und »homo integralis« fokussieren auf die Subjektivität der notwendigen neuen Ordnung.

Seine »Logik der Rettung« gründet sich in letzter Instanz auf eine Erneuerung bzw. eine neue Evolutionsstufe der menschlichen Wesenskräfte, welche, auf der Grundlage der materiellen Voraussetzungen und der Krise der Moderne, erstmals für eine größere Zahl menschlicher Individuen möglich werden könnte. Hinter der Faktizität und scheinbaren Unreformierbarkeit der verselbstständigten institutionellen Strukturen sieht er eine bestimmte, von Subalternität und psychischer Unreife geprägte Geistesstruktur.

»Halten wir uns also bewusst, dass alle Mächte, mit denen wir in dem einen wie in dem anderen Konzept rechnen, Bewusstseinsmächte sind. Institutionen sind objektivierte Bewusstseinsmächte, geronnene Teilaspekte unserer kulturellen Existenz …

Die These, die Institutionen müssten sich ändern, die Menschen nicht, folgt erstens der stillschweigend-pessimistischen Voraussetzung, sie würden dazu ohnehin nicht in der Lage sein, sie seien nun einmal so, wie sie sind. Zweitens meint diese These das Programm einer Revolution von oben …

Wie schon mehrmals zugestanden: Wir werden nicht ohne dieses Moment auskommen. Herrscht es aber vor, d.h. kommen wir nicht über einen Öko-Bismarck hinaus, bleibt es nur eine weitere Strukturanpassung innerhalb des exterministischen europäischen Projekts.«

Maik Hosang: Homo sapiens integralis. Menschliche Manager in der Region 21 Habilitation im Fach Sozialökologie, Humboldt-Universität Berlin 18. Januar 1990

18. April 1994

Selbstreflexion: Wer bin ich?

Ich freue mich erst einmal über das große Interesse - das hängt auch damit zusammen, dass ich - im Zusammenhang - ich würde sagen, zu dem Aktivismus des Buchs »Logik der Rettung« - und jetzt nicht, was die Fragestellung betrifft, aber irgendwie zu dem Gestus: Wenn wir - dass wir das nun nicht nur richtig ansehen, diese ganze Angelegenheit - und wir werden uns das richten.

Es ist also mit dem Wort - natürlich, wenn man nach Rettungspolitik fragt, ich traue mich das immer noch, aber - es ist mit dem Wort zusammen verbunden, dass man sich dann also selbst in die Attitüde wirft, also: Wie werden wir das retten?, während es, glaube ich, bei alledem – also, bei dem Grad an Verwirrung, in dem sich die Welt eigentlich befindet: Dass es bei alledem um nichts mehr geht, als darüber erst mal ruhig nachzudenken. Ich habe diese erste Vorlesung – also, »Selbstreflexion«, und »Wer bin ich, und was will ich einrichten?«, die habe ich also eigentlich auf diese Einstimmung hin, auf das Gespräch darüber, wie wir es mit dem Thema halten wollen, angelegt. Ich will nebenbei, weil es vielleicht bei einigen, die sonst nicht hier sind, Irritationen auslöst, auf dieses eine Flugblatt hinweisen, das ich hier nicht verteilt habe, »Bahros grüne Adolfs« (Flugblatt). Das, womit ich eben angefangen habe, bezieht sich schon auf diese Art Konflikt, der da aufgebrochen ist. Ich will zu dem Flugblatt hier jetzt nur soviel sagen: Da steht nichts drin, auf das wir uns nicht bei der Vorstellung, als hier Dieter Duhms Vorlesung hier verboten war, schon ganz ausführlich bezogen haben - das ist ein alter Text, der jetzt neu verteilt wird. Ich verstehe also, die lassen da nicht nach. Ich sehe auch, es sind Plakate absichtlich abgemacht worden, weil es manche gefährlich finden, was wir hier machen. Ich kann es zwar sozusagen nicht fassen, aber ich sehe jedenfalls, dass da Beunruhigung ist. Es gibt eine Vorlesung, sage ich aus dem Anlass dieses Flugblattes noch, und zwar heißt die: »Was motiviert die ›Warnungen vor einer Neuinstitutionalisierung, woher droht Ökototalitarismus wirklich?« Das ist die vierte Vorlesung am 9.5. da werden wir auf diesen Zusammenhang noch einmal kommen.

Eine Mitteilung bei der Gelegenheit: Ich hatte ja bei der Ankündigung für das vorige Semester – also, für das, das dann erst einmal ausgefallen ist und das sich jetzt etwas anders gestaltet, Jutta Ditfurth eingeladen - das steht auch in diesem Zusammenhang. Ich habe ihr viele Sachen geschickt und einen sehr ausführlichen Brief (R. Bahro: Brief an Jutta Ditfurth) ich glaube, der hatte neun Seiten, wo ich mich auf sehr vieles einlasse, was sie zur Diskussion stellt und was ja in dem Flugblatt-Zusammenhang da auch irgendwie relevant ist. Die Jutta Ditfurth hat mir nicht geantwortet – also, sie will hier offenbar nicht sprechen: Gut, das ist dann so. Warum sie überhaupt nicht geantwortet hat - ich weiß es nicht. Vielleicht heißt es ja, mit Faschisten spricht man nicht, oder mit Öko-Faschisten, vielleicht hat sie auch entnommen oder ist rausgekommen bei der Veranstaltung damals, wo es um Dieter Duhm ging, dass das hier nicht das richtige Publikum ist, damit sie das entfalten könnte. Aber mein Wunsch war, dass sie hier wirklich einmal umfassend darlegt, was denn sozusagen ihre der meinen entgegenstehende Konzeption ist. Ich habe ganz gemischte Gefühle dabei, dass ich da einen Korb gekriegt habe, aber es ist jedenfalls so. Und ich hoffe eigentlich, dass selbst in Bezug auf diese Geschichte, die mir damals gar nicht gefallen hat - dass wir da mit diesem Semester jetzt einen Schritt weiter kommen. Was sich bei mir geändert hat, dass weiß ich jetzt. Ich war damals also im Gegenangriff, als wir hier diese Sache mit Dieter Duhm (Auftrittsverbot Dieter Duhm) gehabt haben, das ist meine Stimmung nicht mehr. Ich glaube also, dass die Polemik und solche grundlegenden Dinge, um die es da eigentlich geht, also das Auskämpfen solcher Gegensätze: Dass das irgendwie zu dem Karussell gehört, in dem sich alles abwärts dreht. Deswegen - also, ich weiß noch nicht, natürlich, ob es mir dann immer gelingen wird, auf andere Weise damit umzugehen.

Auch das, was ich jetzt zu der ersten Frage: »Wer bin ich?«, sagen will - das steht auch mit in diesem Zusammenhang. Es ist mir wichtig, diesen Zusammenhang noch einmal darzustellen, und zwar nicht diese ganze umfassende Frage »Wer bin ich?«. Ich habe in dem Saal hier oft über dieses Enlightenment intensive (Bahro, R.: Enlightenment intensive) gesprochen, wo es dann sozusagen in die tiefsten der Tiefstrukturen bei uns geht, sondern ich will mich auf dieses Thema »Wer bin ich?« gerade einmal einlassen, um etwas zu zeigen, das vielleicht etwas aufhellen kann an der Art und Weise, wie man in der Welt ist.

Beginnen will ich noch einmal - ich kann innerlich, noch nicht jedenfalls, daran vorbei, auch nicht in dieser Öffentlichkeit, weil wir ja am Anfang des vorletzten Semesters auch darüber gesprochen haben - mit dem, ich sage einmal: unfreiwilligen, letztlich doch unfreiwilligen Freitod meiner Frau. Das hat mich innerlich und äußerlich so unterbrochen wie noch niemals etwas zuvor. Besonders auch in diesen Vorlesungen, natürlich - das ist jetzt bekannt - hat es mich unterbrochen. Ich bin zunächst einmal der Universitätsleitung - und hier ganz besonders dem Vizepräsidenten, Professor Hofmann, der, soweit ich gehört habe, wegen Herzstress sich zurückgezogen hat - dem bin ich sehr dankbar, der ist sehr menschlich mit dieser Angelegenheit umgegangen, sodass mir das möglich war - auch die Präsidentin hat das unterstützt, das fand ich irgendwie ermutigend, obwohl, beiläufig gesagt, die Sache mit dem Institut – also, mit dieser institutionellen Form - an der Uni wohl nicht weitergehen wird. Allerdings, diese Professur und noch eine zweite Stelle und die technische Arbeit werden wir wahrscheinlich irgendwie schaffen. Es hängt auch mit den - ja, mit anderthalb Milliarden Schulden in Berlin sicherlich zusammen, mit Schulden der Universität, die unter Druck steht. Noch ist das alles nicht geklärt. Ich bin auch noch nicht anders als damals durch die DDR berufen, immer noch nicht, aber es ist jetzt vorgeschlagen. Irgendwann werden sie das wahrscheinlich machen.

Mich hat in der Pause, die jetzt war – also, in diesen sieben Jahren halt umgetrieben, wodurch ich dieses persönliche Geschick angezogen und mitverursacht habe und worüber also ich belehrt sein sollte. Ich habe meine alte, uralte Selbstsucht – also, die Sucht, jemand zu sein, nach Selbstdurchsetzung - habe ich gesehen. Ich sah mich aus Angst vor der Frau Welt ins Eigentümliche, ums eigene Recht und Freibleiben besorgt – also: Besetz mich nicht. Ich sah ebenso, dass sie mit diesem äußersten Schritt noch einmal zeigte, wie sehr sie über mich bestimmen wollte. Aber wäre ich bei mir, wäre ich ganz in meiner Kraft gewesen, hätte das gar nicht gezählt und die Antwort wäre aus der Liebe gekommen. Ich hätte zuerst als Hilferuf gehört, was sich in diesen Absprung kleiden wollte. So wie ich aber wirklich war damals, habe ich mich aus dem bedrohten Bauch gewehrt und mit dem Kopf dagegen abgesichert. An diesen beiden Polen war die

Kraft und sie war nicht mit dem für solche Augenblicke einzig hinlänglichen Ort: Das ist das Herz. Da fließt die Energie eben aufwärts in die Haltung und nach unten ins Handeln, daran vorbei - und ich sage das, ich erinnere auch mich daran, weil sich so eine Herzinsuffizienz, will ich das einmal nennen, so ein Herzversagen, was es wohl war, das äußert sich ja dann in der ganzen Art und Weise, wie man in der Welt ist, das heißt einfach, ich bin nur durch die Welt gejagt ... so steht es im Faust. Also, es ist - eigentlich ist man selbst das Projekt, dem man nachjagt und weswegen man in entscheidenden Situationen manchmal den Menschen nicht zur Verfügung steht - und es gibt ja nicht nur den einzelnen Menschen, sondern es handelt sich ja um den Gesamtzusammenhang. Und ich glaube einfach, dass es gut ist für mich, erst einmal jedenfalls, wenn ich mir bei allem, was ich politisch zu sagen habe, auch dessen bewusst bin. Gerade die politischen Schlussfolgerungen, um die es im vorigen Semester gehen sollte und in diesem Semester geht - ich glaube, die sind nur zu bewältigen, soweit wir uns ein Herz fassen. Ich bin jedenfalls in der damaligen Situation dazu nicht ganz in der Lage gewesen und ich habe auch jetzt noch - auf diese Vorlesung hin wieder, auf das, was ich auf die Vorbereitung, auf den Wunsch, das nun möglichst gut zu machen: Mich hat gerade Ruhelosigkeit die letzten Wochen wieder erwischt, noch. Das ist also auch die Liebe. Also etwas, was vielleicht nicht immer so sichtbar ist, höchstens in etwas chaotischer Gestik manchmal. Aber diese Ruhelosigkeit hat, glaube ich, nichts mit der Weltunruhe als solcher zu tun, sondern sie hat zu tun, letzten Endes, mit einem selbst – also, damit, wie sicher oder unsicher man sich im Tiefsten eigentlich fühlt. Die Schwierigkeiten liegen eigentlich nicht auf der begrifflichen Ebene, auf der Ebene des politischen Denkens in erster Linie, sondern einfach in der Sicherheit auf der Erde, soweit ich weiß - und damit hängt es dann eben auch zusammen, ganz stark: Mit dem Verhältnis des Mannes zur Frau; eher der Frau - da sind die Verwundungen und Verletzungen, mit denen man so schwer umgeht und die man dann weitergibt. In meiner »Logik der Rettung«, glaube ich, leidet die Behandlung des Stoffes auch noch an – ja, an einer gewissen Art Lieblosigkeit, d. h, daran, dass ich sozusagen mit kalten Blick feststelle: Das und das ist manchmal auch bewusst erschreckend. Franz Alt (Alt, Franz: Rezension) in einer freundlichen Rezension hat gesagt, ich sei ein begnadeter Provokateur. Aber das Erschrecken der Leute mit der Wahrheit: ich glaube, das ist etwas Aushilfsweises – also, man denkt: Kann ich das durchdrücken? Es ist eigentlich eine Technik, es ist ein Stück Manipulation und hängt auch damit zusammen, dass ich in der »Logik der Rettung« diese Megamaschine oder überhaupt das ökologische Übel also so formuliere, dass es, wenn ich grob damit umgehe, eben irgendwie einschließt, Leute dann zu dem Sprung, der dann - Notwendiges erpressen zu wollen, mit dem Gedanken: Also, wenn ihr das nicht seht, dann geht überhaupt nichts mehr, hier muss gesprungen werden. Womöglich liegt der Schwerpunkt überhaupt zu sehr auf der Analyse dessen, was ist – also, auf der Krankheitsanalyse - als auf der Frage, was könnte da geschehen? Und ich bin ja auch im Schlussteil dann wahrscheinlich wieder zu schnell, zu kurz auf institutionelle Lösungen gekommen. Das sind ja Lösungen, die am Herzen vorbei die Machtfrage stellen. Die Machtfrage - also, wie muss das eingerichtet werden, damit hier noch etwas zu machen ist. Die Lust an der Zuspitzung, an der Zuchtmeisterei, musste ich also sehen, war in diesem Buch enthalten und irgendwie in der Art des Vorschlags auf ein rettendes Regiment – also, mit dem Druck und Schwung, der dahinter ist, irgendetwas Altes, Rechthaberisch-Tyrannisches, was wahrscheinlich auch diese Gegenreaktionen, ob sie nun rational sind oder nicht, auf den Plan beruft, dass also manche nicht bloß erschrocken sind, sondern dann auch das gefährlich finden. Ich denke, ich habe es zwar beschrieben in dem Buch, dass Sicherheitspolitik - Sicherheitspolitik um des Überlebens willen: Dass das keine Lösung ist. Ich habe da irgendwo, glaube ich, auch geschrieben, dass diese Einstellung – also, die Erde zuerst und jetzt müssen wir das Gesellschaftliche möglichst danach richten, wenn es nicht besser geht, kann also mit Maßnahmen, die durchschlagen: dass das nicht aufgehoben wird. Also, gerade Sicherheitspolitik - Bonhoeffer sagte, Sicherheit und Frieden sind Gegensätze, das ist nicht dasselbe. Es wird ja direkt so formuliert: Ökologische Politik ist eine Sicherheitspolitik heutzutage und es passt auch in dieser Art friedenspolitischer Ansätze - die meiner Meinung nach keine sind - aber es geht aus der Art, wie ich das Buch geschrieben habe, doch auch hervor, dass es, wenn schon, dann um des Überlebens willen, damit es weitergeht: Dass wir dann Vorkehrungen treffen müssen. Der Punkt ist nicht, dass diese Frage falsch ist: Was könnte man noch tun?, sondern dass ich sie allerdings in ihrer Schrift - wenn man dann alleine sitzt am Schreibtisch, dann ist man autistischer, da ist man also egozentrischer in Form von ... da geht es eher mit einem durch als in so einem Saal.

Nicht alles, was ich jetzt da zur »Logik der Rettung« gesagt habe, würde ich sagen, habe ich hier auf dieselbe Weise herübergebracht. Ich habe versucht - ich bin vorsichtiger geworden, und zwar nicht aus Zurückweichung vor den Problemen, sondern in dem Umgang mit dem heißen Stoff - dass man es wirklich auch verantwortungsbewusst macht. Ich bin mir also ebenfalls darüber klar - jetzt mehr als vorher - dass es falsch ist, in Anspruch zu nehmen – also, wenn man der Bote für irgend was ist, dass man dann auch nahtlos mit der Botschaft übereinstimmt, dass also an dem, was man sagt und was man ist, auch gleich abgelesen werden muss, wie es richtig ist. Das ist anmaßend und vielleicht unausdrücklich ist etwas davon - ich wollte das immer nicht - aber unausdrücklich ist manches davon vielleicht in dem, was ich ja geschrieben habe vor allem - ist darin enthalten gewesen. Gerade Ökopolitik wird eben heute so oft auch eingerichtet, dass man damit also auch die Leute müde macht. Naturschutz kann manchmal schlimm sein – so, jetzt, in der Wahrnehmung der Leute. Und ich denke, dass es sehr auf das Gespräch ankommt, das Sich-gegenseitig-Aufeinandereinlassen. Ich habe lange darauf gebaut, natürlich - und ich glaube, dass das richtig ist: Dass Themen sich Leute suchen und dass man insofern dann beauftragt ist - mit einem bestimmten Thema. Aber man verspielt, glaube ich, den Auftrag wieder, wenn man sich nicht zugleich darüber klar ist, dass sich Leute auch Themen suchen, um sich durchzusetzen, um sich zu verstärken. Wie kann ich also mich in ein Thema, das nicht ganz unentrinnbar notwendig erscheint - wie kann ich mich da durchsetzen? Und Grün, das war so ein Auftrag – also, damals, Ende der 70er, Anfang der 80er-Jahre, vor 15 Jahren habe ich ja damit angefangen - das ist auch richtig geblieben. Das ist so ein Auftrag – bloß, ob man und in welchem Grade es einem gelingt, davon abzusehen: Das also scheint mir wichtig. Ich weiß jedenfalls, dass ich wie - bei der »Alternative« war der real existierende Sozialismus, da war der damals ein guter Anlass – also, der Selbstdarstellung. Und das war eigentlich mit dem real existierenden Kapitalismus bei Grün noch einmal so. Also, Grün war für mich auch am Anfang - so vielleicht um die Jahre 1979, 1981, 1982 - noch ein zusätzlicher Hammer, dass der Kapitalismus wegmuss. Das mag so sein oder das mag nicht so sein: Mir geht es um die Psychologie, in der solche Sachen so verhandelt werden können, dass nicht Frontbildung rauskommt, die das bloß verhärtet und das andere jeweils mehr, das man bekämpfen will, sondern dass der Raum frei bleibt für wirkliche Nachdenklichkeit und für Nachfühlen in diese Zusammenhänge. Ich hatte vorher vor, diese Vorlesungsreihe hier – also, auch vor dem Unglück dann im September - auf diesen Punkt »Wer bin ich?« zu kommen. Das hängt auch damit zusammen, dass ich im Sommer - als das vorige Semester schloss, war mir das noch nicht klar, aber - dass ich im Sommer noch eine tiefe Selbsterfahrung hatte, die sozusagen die deutschen Wurzeln - ich will einmal wagen zu sagen: Die germanischen Wurzeln - meiner Existenz betreffend, nämlich als unbewusste, als durch den Kommunismus einfach zugedeckte. Und das ist der zweite Punkt, über den ich unter der Frage »Wer bin ich?« jetzt noch etwas sagen will.

Es ist ein speziellerer Punkt. Ich glaube, nicht so gewichtig wie das andere - und doch ein Punkt, der natürlich in den Auseinandersetzungen um ökologische Politik in Deutschland ganz wichtig ist.

Ich will anfangen mit einem Interview, das im vorigen Herbst im »Spiegel« gestanden hat und das mich getroffen hat, und zwar ein Interview mit Alain Finkelkraut, das ist jemand - Pascal Bruckner / Finkelkraut (Finkelkraut: Interview - Bosnien), die haben zusammen einmal etwas über »Die neue Liebesunordnung« geschrieben. Es ist sehr viele Jahre her – also, die hängen mit den Entwicklungen nach 1968 in Paris zusammen. Sie sind sehr jung gewesen bei diesem Kampf, aber der Finkelkraut - das ist jetzt ein Denker, der sich so um die Grundeinstellung, auf den historischen Prozess geworfen hat und dort eine sehr gründliche - und ich glaube auch, er versuchte, eine objektiv beschreibende Arbeit zu machen. Und dieses Interview hier - der Anlass ist Bosnien - und der Hintergrund für das, was er dann zu Bosnien sagt, das ist – also, wie schnell und wie leicht das war, vom Kommunismus zum Faschismus zu kommen, in dieser Figur von Milosevic, auch Tudjman und so – also, die Leitfiguren zeigen das ja bloß an. Das ist sozusagen - ich behaupte jetzt nicht einmal, wie gut die Beschreibung ist, ich will bloß andeuten, wo der Zusammenhang ist, damit man versteht, was er jetzt sagt. Und ich zitiere das jetzt auch nicht als der Weisheit objektiven letzten Schluss, sondern nur im Hinblick darauf, dass es mich in Bezug auf einen bestimmten Hintergrund in meiner Eigenbiografie getroffen hat, was da steht. Er wird Folgendes gefragt vom Spiegel:

Der Faschismus und der Kommunismus sind die beiden großen Besiegten des Jahrhunderts. Erklärt ihre Niederlage schon ihr geheimes Einverständnis (ist gemeint jetzt), ihr geheimes Einverständnis – also, dass da auch in Russland manchmal etwas zusammenzukommen scheint, zwischen dem Pat-Bolschewismus und dem, was da Pamjat‹ ist?

Finkelkraut: Nein, ein geheimes Einverständnis hatten sie schon früher. Am besten hat das Wassili Grossman (Wassili Grossmann: Leben und Schicksal) - manche von uns werden Bücher von ihm gelesen haben - in seinem Buch »Leben und Schicksal« beschrieben. Darin gibt es den unglaublichen Dialog zwischen einem kommunistischen Gefangenen und dem Wächter eines Nazilagers. Der Nazi sagt dem Kommunisten sinngemäß: »Wir sind doch Zwillinge, wir sind dieselben, denn für dich wie für mich ist die Welt Wille.«

Spiegel: Soll das heißen, sie verbindet eine Ideologie, welche die Wirklichkeit für total manipulierbar hält – also, die beiden eine Ideologie, die die Wirklichkeit für manipulierbar hält?

Finkelkraut:

Ja, was sie vereint, ist die Verachtung des Gegebenen. Für den Nationalsozialismus ebenso wie für den Kommunismus ist alles möglich, sie folgen derselben Devise.

Dann noch eine Spiegel-Frage:

Die Annäherung erklärt sich letztlich eher durch das Desaster des Kommunismus. Dieses Desaster hat kein unmittelbares Gefühl der Befreiung erzeugt, man befindet sich vielmehr noch mitten in der Katastrophe; wo die Marktwirtschaft nicht zur Freiheit, sondern zu einer gigantischen Demoralisierung führt, zu einem furchtbaren Chaos, kann der Appell an die Ordnung besonders anziehend wirken.

Das heißt, er meint also, man hat jetzt eine Situation, in der also sowieso Konjunktur für Ordnungsvorstellungen wäre – also, es fehlt, dass etwas gerichtet wird, dass durchgegriffen wird. Aber da habe ich jetzt nur den Zusammenhang herstellen wollen. Diese Stelle, die mich getroffen hat, war dieser Punkt: »Was sie vereint, ist die Verachtung des Gegebenen. Für den Nationalsozialismus und ebenso wie für den Kommunismus ist alles möglich, sie folgen derselben Devise.« -

Was ich sehen kann, ist, was Finkelkraut hier nicht betont – also, wenn man von der Art, wie C.G. Jung übers kollektive Unbewusste denkt, ausgeht, dann muss man wohl sehen, dass sowohl Nationalsozialismus als auch Kommunismus Schatten des Kapitalismus sind - also, der Raum - und die sich jetzt als siegreich erwiesen hat, d. h, Schatten in dem Sinne: Das ist das in einem anderen Zusammenhang Abgedrängte in psychologischem Sinne. Aber mir scheint, dass ich für den Kommunismus in meiner »Alternative« gezeigt habe, wie sehr wir praktisch durch den Gegensatz mit den Verhältnissen da drüben auf der anderen Seite geprägt gewesen sind und wie sehr wir damit also durch und durch die Strukturen, die Gesetzmäßigkeiten an uns hatten, die das regieren. Und wenn denn auf unserer Seite hier die Idee gewesen ist, den Kapitalismus einzuholen und zu überholen, und man ist der Schwächere, dann fällt man da letzten Endes mit einer gewissen Notwendigkeit hinein. Und was mir wichtig erscheint im Hinblick auf diese Geschichte hier: »Was sie vereint, ist die Verachtung des Gegebenen«: Das ist - also, wenn wir uns angesichts dieser Gesamtsituation, wo also die zwei Alternativen - der Nationalsozialismus war ja im Anfang nicht nur Hitlerbewegung, da waren auch sozialrevolutionäre Momente drin - also, auch in dem ist noch etwas schiefgegangen, wenn auch das Ganze von Anfang an viel mehr vergiftet gewesen ist - aber: Wenn das beides also sozusagen nur ins immer Fürchterlichere hineingelaufen ist und dann eigentlich mit einem Seufzer - was ja nicht gerade passieren sollte - der Kommunismus geendet hat und der Nationalsozialismus mit diesem fürchterlichen Krach, dann heißt das natürlich, dass wir wirklich aufgefordert sind, auf das Gegebene zu sehen, und zwar: Es ist ja eben nicht so, dass, wenn man etwas anerkennt als faktisch, als das ist - und dann natürlich vermuten muss, da steckt auch Gesetzmäßigkeit drin, das kann ein Zufall sein. Das kann nicht einfach mit - die haben das gewollt und haben sich irgendwie verschworen und die anderen haben es bloß nicht richtig gemacht: Die ganze Fehler- und Kritikdiskussion, die man dann machte, warum hat der Sozialismus und so, sondern - es geht dann schon darum, dass wir, glaube ich, ohne Ressentiment versuchen müssen, der Wirklichkeit ins Auge zu sehen, mit der wir es jetzt zu tun haben. Und wo die natürlich für den Sieger in diesem doppelten Systemwettstreit alles andere als komfortabel ist, gerade auf der subjektiven Ebene, auf der geistigen Ebene, wenn man nicht mehr delegieren kann: Da sind die Diktaturen, wir sind die Demokratie. Wenn sich herausgestellt hat, eigentlich, wir nehmen den Schatten in uns zurück, das ist etwas von uns in die übrige

Welt - bei der Dritten Welt ist das heute völlig klar, dass die Diktaturen also Schatten sind, von der Übermacht des weißen Imperiums bestimmt - aber dieser Zusammenhang ist heute, glaube ich, intern kenntlicher. Und man muss sich dann wirklich auf den Boden dieser Verhältnisse stellen, so wie das Marx nach 1848 dann auch gemacht hat, nach 1848 beispielsweise: sich auf den Boden dieser Wirklichkeit zu stellen - um fragen zu können: Was könnte denn auf dieser Ebene, auf dieser Basis weitergehen?

Jetzt will ich auf diese Erfahrungen eingehen, die ich voriges Jahr im August gemacht habe.

Der Ausgangspunkt war ganz harmlos. Das war so eine Art Spiel, das sollte in Ägypten stattfinden - und ich fand da für das Spiel zufällig einen schwarzen ägyptischen Kutscherkittel -; das sollte – also, ein richtiges schwarzes Gewand, das von oben bis unten reichte - und das sollte in so einem Isis-Tempel spielen. Das hat dann auch vordergründig da gespielt, diese schöne Veranstaltung, um die es da gegangen ist. Aber da war eine lange Phase, wo ich mit dieser ägyptischen Angelegenheit überhaupt nichts zu tun hatte, sondern wo ich von innen her fühlte - und ich weiß nicht, woher das kommt, denn diese Erfahrung ist mir nicht bewusst; wenn, dann - ich selbst weiß nicht einmal aus eigener Erfahrung, ob es frühere Leben gegeben hat. Ich weiß nur, dass das auf einmal ein Gewand war wie aus der Kreuzritterzeit - dass das nicht aus Ägypten war, sondern dass das von hier war und dass das, was ich glaube, mehr aus persönlichen, mit Untergründen einfach unserer verdammten Geschichte hier zu tun hat. Ich weiß beispielsweise, dass ich kurz nach 1945/46 – also, in der Zeit, ehe dann alle unser waren – also, indem wir die Klassik hier verbreiteten und noch eher dann Stalin, Lenin, Marx und Engels kamen - beides kam für mich stark - kamen Goethe und Thomas Mann - also, bis Thomas Mann, dieser ganze Bogen, Heinrich Mann war für mich die wichtigste Figur - und es kam dann Marx und Engels. Aber vorher war eine Phase - das ist mir erst durch diese Selbstwahrnehmung wieder richtig bewusst geworden - wo ich ganz andere Sachen gelesen habe, und zwar verhältnismäßig viele; und meine war Gustav Freitag (Freitag, Gustav: Die Ahnen), »Aus der deutschen Vergangenheit«, »Ingo und Ingraban«, »Die Ahnen« - alles das, wo also die Kreuzritter zugange sind. Ich weiß gar nicht, ob die wirklich schwarze Kutten trugen. Aber dieses Schwarz, das dann auch die SS getragen hat: irgendwo muss es ja herkommen - jedenfalls es war auf einmal dieses Gewand gewesen und ich habe mich dann erinnert, dass ich mehr von dergleichen gelesen habe. Das war Felix Dahn, »Ein Kampf um Rom«, das waren zwei oder gar drei Bücher, die von Konterrevolution handelten - aber auf der Seite der Konterrevolution. Ein Ernst von Malzan, glaube ich, schrieb ein Buch »Hosanna in Excelsis«, das rechnete mit der Französischen Revolution ab. Der General Krassnow schrieb ein Buch: »Vom Zarenbanner zur roten Fahne«. Das war gar kein intellektueller Umkreis, in dem ich da aufgewachsen bin. Es waren verhältnismäßig einfache Leute; es war auch nicht mein Vater, woher diese Bücher kamen. In dieser Zwischenzeit - von 1946 auf 1948, wo ich zwischen 11 und 13 war - habe ich die gelesen und da ist man ja sehr bildsam – also, diese Sachen. Dann kam, die Novemberrevolution betreffend oder das, was danach der Ernst von Salomon »Die Geächteten« - das ist der Roman derer, die Rathenau umgebracht haben – also, deren Rechtfertigungsschrift. Also eine lange Latte solcher Schriften, die mir da damals untergekommen sind. Am meisten beeindruckt hat mich »Ein Kampf um Rom« (Dahn, Felix) und diese schwarze Sache - es kann auch sein: »Der letzte Gotenkönig«. Das handelt davon, wie die Goten aus Italien wieder vertrieben wurden durch die Byzantiner - und das ist so ein Epos vom tragischen Untergang der Goten am Ende. Nach 1870 oder um 1870 muss das entstanden sein: »Abend auf dem Geisterberg«, natürlich ganz unterschwellig - und dort, dieser König, Theo, ist also so ein schwarz gepanzerter dunkler Typus, der so die Schattenseite der nordischen Existenz irgendwie widerspiegelt und den Untergang verinnerlicht hat, vorher schon, und dann als letzter Gotenkönig fällt. Und ich war ganz identifiziert mit seinem Vorgänger von den sieben Königen, der sechste, der da in »Ein Kampf um Rom« eine Rolle spielt - mit König Totila, so einer nordischen Lichtfigur. Das war nun übrigens nicht so, dass diese Ideologie von Felix Dahn nicht diese ganze arische und nordische Theorie - es ist so geschildert wie die Ilias - bloß später, nicht als Epos und natürlich nicht auf dem homerischen Rang. Aber es ist einfach eine epische Darstellung dieses Gotenkrieges. Ich habe mich identifiziert mit dieser Königsfigur, ohne das auch nur zu merken, damals. Und wenn ich dann noch daran denke – also, ich bin 1935 geboren, bis 1945 sind es fast zehn Jahre: Es kann ja nicht sein, dass also diese deutsche Stimmung, diese Stimmung des nationalsozialistischen Deutschlands - dass die einen gar nicht erreicht hätte. Mein Vater war 1942 noch in der NSDAP, und zwar nur, um nicht an die Front zu müssen. Der stammte so aus Bismarck-gläubiger Bauernschaft. Und ich weiß: Die einzige wirklich politische Erfahrung - sozusagen Früherfahrung - das war, als Hitler die Sowjetunion überfiel, da war meinem Vater sehr mulmig zumute und er sagte im Familienkreise: Das wird nicht gut gehen – so, in Erinnerung an das, was man so über Napoleon und von Bismarck her wusste. Mehr war damit nicht gemeint, sondern nur: Das wird nicht gut gehen. Also, es ist nicht aus der Familie, solche Sachen zeugen sich auch nicht unbedingt auf diesem direkten Wege fort, sondern es ist einfacher – also, dass die kollektive Psyche dann nämlich völlig undurchlässig ist, und als Kinder sind wir da nicht völlig undurchlässig - dass die natürlich davon erreicht wird. Ich weiß, ich habe, als die Kanonen von Breslau schon zu hören waren, noch mit der Ukrainerin, die dort unten in der Wirtschaft arbeitete - wir wohnten im Haus drüber, unten war noch eine Bauernwirtschaft - dass die Deutschen natürlich den Krieg gewinnen, als Acht- oder Neunjährige. Also, das ist eine Schicht, die mir abhandengekommen war, eigentlich in ihrer ja vielleicht doch irgendwie noch Wirksamkeit, was bestimmte Gesten betrifft. Und ich war mir, als ich dann diese Selbstwahrnehmung hatte, mit diesem schwarzen Gewand, und als mir so bestimmte Gesten kamen – also, ein Gestus kam, der wahrscheinlich zu dem König Totila gepasst hätte. Mir war nun natürlich - es ist dann ein Leichtes jetzt und völlig klar, dass alles das nicht gehen kann jetzt. Dass also in diesem ganzen nationalen Erbe mit Sicherheit keine Haltung steckt, mit der längst die ökologische Krise zu bewältigen ist, dass also alles Ordnen, was also diese königlichen Gesten zu benutzen sucht - das kann nur schiefgehen, und - insofern natürlich, so gut ich das gerechtfertigt und begründet habe, von Gramsci her, dass ich mein letztes Kapitel in der »Logik der Rettung« genannt habe »Der Fürst der ökologischen Wende« Es erinnert natürlich im besten Fall an aufgeklärten Absolutismus, irgendwie – »und nun kommt und spielt mit bei der ganzen Angelegenheit« (der Hintergrund für diesen Schlussteil war natürlich das Auftreten Gorbatschows) - und ich habe natürlich gedacht. Hoffentlich ist das so ein Fürst – also, wie soll man der KPdSU anders beikommen als mit aufgeklärten Despotismus - gegen den Despotismus? Denn die KPdSU ist es - hat natürlich mit dringesteckt und ich habe Gorbatschows Perspektive damals noch ganz falsch gesehen, d. h, ich habe noch gedacht: Das läuft irgendwie auf die Wiedergeburt von kommunistischer Partei hinaus, noch - wie viele andere das gedacht haben. Und das war natürlich die Grundillusion meiner Alternative, die ich, als ich zurückkam, auch noch nicht hinter mir hatte. Ich bin jetzt bei diesem Durchgang beim Kommunismus wieder gelandet - und ich kann da abschließen, was diesen Punkt betrifft, über den ich da gerade gesprochen habe. Es war ja vielleicht so. Und deswegen müssen wir - aber ich sage es vor allem für mich: muss ich jetzt vorsichtiger sein als vorher, in gewisser Hinsicht, mit mir selbst. Es war wohl so, dass der Kommunismus also viel zugedeckt hat davon. Abgesehen, dass - ich meine jetzt nicht: in erster Linie - dass wir hier so von Grund auf antifaschistisch waren, dass wir uns mit Kindheitsmustern gar nicht mehr befassen mussten, auf der Seite der Sieger der Geschichte. Das ist schlimm genug, es geht um etwas tiefer Liegendes. Es geht einfach darum: Der Kommunismus hat in diesem Willensgestus, den ich da zitiert habe, in der Nichthinnahme des Gegebenen, in »Wir-werden-es-richten«, »Wir-werden-die-Welt-richtig-einrichten«, hat er etwas, wo man vieles von dem, was sich auch in Naziideologie integrieren ließ, sehr gut, an Haltungen - wo man das wieder einbauen konnte. Und es war legitimiert, es war gerechtfertigt, man war völlig in Ordnung - und ich war ein Sanfter in dem kommunistischen System hier.

Also, ich habe die Leute - wie soll ich das ausdrücken jetzt? - ich habe sie gewinnend terrorisiert, sagen wir einmal, im Diskussionsstil. Dass hinter mir die ganze Macht stand, die sonst auch anders kann als ich, war mir eigentlich nicht bewusst genug.

Das habe ich erst spät, beim Forum, gelernt, als ich Peter Kuhnert fertiggemacht hatte, auf meine eigene Rechnung - und dann mich wunderte, was für Geschütze gegen den auf einmal losgehen. Wollte ich nicht, aber die Mächte hinter meiner Schreibmaschine waren mir nicht klar. Jetzt also, nachdem diese kommunistische Formation, die in Deutschland offenbar übergestülpt war - es ist ja selbst unter Erich hier Friedrich auf seinem Denkmal wieder erschienen, nicht? Da haben wir es natürlich mit dieser deutschen Hinterlassenschaft in uns wieder verstärkt zu tun. Und ich bin nun weit entfernt, mit alledem hier jetzt gesagt haben zu wollen: Also bin ich doch ein Ökofaschist oder überhaupt ein Faschist. Es mögen ja Leute sein, die das gerne so verstehen wollen. Was ich damit sagen wollte, ist: Wenn man mit diesen ganzen Hintergründen und mit denen – gerade, was daran nicht von der Oberfläche her diskreditiert ist – also, die ganze Hitlerei, das kann man heute vergessen, irgendwie. Ich meine jetzt, so legitimieren sich Leute, die vielleicht doch nicht sehr weit gedacht haben und wo es auch nicht weit reichen wird, sondern wenn, dann regeneriert sich so was natürlich, und zwar anders - es kommt doch nicht dasselbe wieder - dann regeneriert sich das natürlich aus der heutigen Thematik und aus der Art, wie unsere innersten psychischen Kräfte auf die Welt bezogen sind - und wenn es die Art ist, notfalls einmal mit dem Schwert also den richtigen Schlag zu machen, an der richtigen Stelle, den sauberen Schnitt oder so, dann muss das da nicht so gesagt werden. Es kann sogar sein, dass man es gar nicht machen will, dass aber das mitspielt bei der ganzen Angelegenheit - und das ist also erstens überhaupt die ökologische Frage, zu Machtpolitik herausfordert. Wir haben gar keine Zeit mehr, wenn wir überleben wollen, es muss sein. Und zweitens: Wenn nun die ökologische Bewegung nicht zufällig in Deutschland stärker herausgekommen ist als anderswo, dann hat das auch mit Deutschland zu tun, mit seiner Licht- und mit seiner Schattenseite, mit alledem - ich erinnere noch einmal daran, dass ich sehr ausführlich hier einmal über Horde, Stamm, Volk, Nation gesprochen habe – also, über die tieferen Untergründe jedes gegenwärtigen Regierens, wenn Deutsche in Deutschland Politik machen. Und Deutsche sind wir dann einmal. Das sind wir jetzt wohl bewusster geworden. In Westdeutschland konnte man eine ganze Weile so was gar nicht sagen. Da gab es einen Aufschrei - zumindest aus bestimmter Richtung: wie kann man sich überhaupt deutsch nennen? Das ist auch Verdrängung, glaube ich - und ich ziehe es eigentlich vor, mich so darauf einzustellen, dass wir wissen müssen, wo das spielt, jetzt - und gerade, wenn ich dabei bleiben will, dass wir ökologische Rettungspolitik brauchten. Das heißt dann einfach: Wir sind dabei, uns kaputtzumachen – also, wir brauchten es eigentlich. Vielleicht sollte ich das Wort »Rettung« auch noch wegfallen lassen. Jedenfalls wirklich ökologische Politik zu machen - genannt habe ich das ja eine »ökologische Politik der Umkehr« - und ich habe nach Einrichtung gefragt. Dann ist es aber doch so: Wer bin ich, und was will ich einrichten? Das zielt darauf – also, erstens nicht zu schnell einrichten zu wollen, ehe man wirklich angesehen hat, was ist eigentlich. Und vor allem: Man kann – also, die Oktoberrevolution - ich habe das immer verleugnet - war doch putschistisch, in letzter Instanz - und nicht, weil das dann paar wenige Bewaffnete waren, die das Winterpalais erstürmt haben, sondern da war eine Konzeption, die war mit den Millionenmassen der Bauern, mit der Mehrheit der russischen Bevölkerung in keiner Weise abgestimmt und abgesprochen. Das war ein Gewaltakt über die Köpfe der überwältigenden Mehrheit Russlands hinweg - aus Gründen, die wirklich nicht in Lenins Kopf entstanden waren, das ist schon klar. Darum geht es mir auch nicht, sondern nur - es geht darum, dass also Institutionalisierungen, wenn man sie auch als notwendig darstellen kann - das will ich tun - aber das heißt noch nicht, dass sie jetzt durchgedrückt werden müssen, auch wenn eine Mehrheit der Bevölkerung – also, selbst, dass sie passiv »Ja« sagt, dass sie es sich überstülpen lässt, genügt nicht, sondern - es muss wissentlich gewollt sein, was man da ändert. Und das heißt also, dass das, was man als Vorschlag entfalten kann - dass das auf eine Diskussion orientiert. Ich spitze das in dieser Vorlesungsreihe jetzt so zu, auf eine Verfassungsdiskussion, wie wir sie jetzt nicht zufälligerweise nicht hatten und auch nicht haben konnten - also, das, was wir da geliefert haben in puncto Verfassungsdiskussion vom Runden Tisch her, um ein bisschen die gesamtdeutsche zu verbessern. Abgesehen jetzt davon, dass das kleine Ergänzungen für einzelne Artikel waren, die die Grundfunktionsweise des Grundgesetzes nicht beeinflusst hätten, wenn man dort jetzt den Umweltschutz als Verfassungsziel reinschreibt. Das würde hier funktionell fast nichts ändern, aber - was ich – also, das ist halt abgeschlagen worden. Sie wären gescheiter gewesen, wenn sie viel davon aufgenommen hätten - aber das Problem, um das es mir geht, wäre nicht gelöst worden. Und außerdem will ich sagen – also, wenn das hier wirklich erst einmal ein restaurativer Prozess ist, jetzt in weitem historischen Sinne gemeint, wenn also tatsächlich der Kommunismus zurückgenommen worden ist, wenn also dieser Ausbruchsversuch gescheitert ist und es sind - also, es herrschen jetzt in Deutschland wie weltweit - eindeutig und bedrohende Alternative - die Verhältnisse, gegen die dann man also vor 50 Jahren oder 60; 70 Jahren einmal angetreten ist: Wenn das so ist, dann ist es ja wohl nicht wahrscheinlich, dass im Augenblick dieses Sieges, dieses Triumphs nun also kleine Errungenschaften einer schwachen Opposition in der DDR hier die Verfassung der BRD auf die Höhe der Geschichte bringen. Da würden wir uns auch überschätzen. Also, ich glaube, dass es keine Katastrophe ist und dass man nicht darüber sauer sein muss, dass wir keine andere Verfassung als dieses Grundgesetz haben. Dieses Grundgesetz finde ich als Ausgangspunkt für eine neue Verfassungsdiskussion insofern ausgezeichnet, als es ein Text ist, gegen den man nicht viel haben kann - während auf der Grundlage dieses Verfassungstextes zusammen mit der Realverfassung, die die Gesellschaft hat, die Welt daran kaputtgeht. Also, ganz offensichtlich ist das eine Verfassung, die sozusagen selbstverständlich - mit Selbstverständlichkeit - auf dem Boden dieser vom Besitzindividualismus angetriebenen Expansionsstrategie liegt. Das ist nicht eine Frage von Schild und Schwert in erster Linie, sondern so ist also der europäische Geschichtsprozess in den Zeiten gelaufen, als sich dieser Machtwille - oder diese historische Motorik - dass sich der von kriegerischen Wandervölkern mit Schild und Schwert äußerte - und jetzt äußert sie sich …

Die Verfassung des Grundgesetzes ist gut als Text so, wenn man sie erst einmal in ihren historischen Entstehungskontext stellt und es zeigt sich, glaube ich, jetzt schon - und es wird sich für mehr Leute als jetzt schon zeigen - dass sie völlig ungeeignet ist, mit der Herausforderung, die die ökologische Krise darstellt, zum Frieden zu kommen. Das ist eigentlich meine Ausgangsposition für diese Vorlesung und das heißt nicht, dass das Grundgesetz weggeworfen und durch etwas ganz anderes ersetzt werden muss, etwa gar über Nacht, sondern das heißt, dass man erreichen muss, dass es nicht als verfassungsfeindlich gilt, wenn man diese Frage zum Ausgangspunkt nimmt und jetzt eine Verfassung diskutiert, die den neuen Verhältnissen gerecht wird. Ich will das jetzt nicht sehr ausführlich ausführen, dieses ganze Thema, weil ich es auch in dem Papier, das ausgeteilt ist, da stehen habe - über die Problemstellung dieser Vorlesungsreihe stehen drei Seiten noch mit drin und man würde aus der Vorlesungsreihe selbst, aus meinen Seminaren und so, schon irgendwie sehen, worauf es hinauskommt. Ich will nur sagen, hier jetzt noch einmal: Das wird auch nicht für alle neu sein, dass ich das denke; ich glaube, wir haben jetzt schon in Europa seit Jahrhunderten, wenn wir an die Griechen zurückdenken, schon seit zwei Jahrtausenden keine gesellschaftliche Instanz, die verbindlich über unser Verhältnis zur Natur wacht. Indem der Mensch in die Steppe gezogen ist und jetzt – also, die Bundesrepublik ist Weltstadt, einfach. Hier gibt es kein Land mehr - auch wenn Mecklenburg-Vorpommern noch da ist und auch noch die Oberpfalz, es gibt schon noch ein paar Gebiete - aber das ist im Großen und Ganzen Weltstadt hier. Wir sind in die Steppe gezogen. Und in den Steppen interessiert, was Mensch mit Mensch auszutragen hat, was da an Gerechtigkeit und Ungerechtigkeit spielt, um Herrschaft und um Freiheit wird gerungen, so stand es eben bei Thukydides über den Peloponnesischen Krieg. Und der schloss –Thukydides - solange das so ist, wird sich der Peloponnesische Krieg wiederholen – also, der Typ von Veranstaltung. Und wir tragen also praktisch jeden der Sozialkonflikte, die da entstehen - die werden dadurch gelöst, dass man in die Natur hineingreift und neue Ressourcen herbeizieht und andere Völker. Also, bei denen, die diesen städtischen Weg zuerst gegangen sind und es ist praktisch die Instanz für das Naturverhältnis überhaupt nicht da. Und nun habe ich in der »Logik der Rettung« - vielleicht auch im Sinne dessen, was ich vorhin sagte - einen gewissen Fehler gemacht, indem ich zu schnell von dieser Fragestellung - es müsste also eine Instanz her - auf so etwas wie ein Oberhaus ökologischen Zusammenhangs gekommen bin, auf einen Hohen Rat, der über dieses Naturverhältnis wacht und wo die richtige Kompetenz hin soll und wo der Bundestag als Unterhaus - eigentlich, wo die Interessenhaufen miteinander kämpfen - eben eine zweite Kammer ist, die aber nicht gegen das, was aus der ersten kommt, vorgehen kann. Nur - was mir also erst jetzt richtig auffällt, ist - obwohl es auch schöne Formulierungen in der »Logik der Rettung« gibt, die das begrenzen wollen. Ich stelle die Frage zugespitzt auf die Nationalstaatsebene - und das erweist sich jetzt, wo wir also ein wiedervereinigtes Deutschland sind, doch als noch problematischer als damals, glaube ich. Also, klar ist, aus der Perspektive, die ich hier im Ganzen vertrete – also, was jetzt den Aufbau von unten betrifft, was das Setzen auf Kommune und Lokalität betrifft: Dass die Frage nach einem Ökologischen Rat, nach so einem Oberhaus, was damit gemeint ist - es müsste auf jeder Ebene, wo gesellschaftlicher Zusammenhang sich artikuliert, sei das die Kommune - jetzt meine ich kommunitär wie Kommune - sei das die Kommune alias Gemeinde, sei das der Kreis, sei das das Land - dann stimmt es auch mit der Bundesrepublik - und seien es die EG und - falls wir diese größeren staatlichen Zusammenfassungen denn nicht loswerden (weil sie - in der Art und Weise, wie sie angelegt sind, kann es nur despotisch eigentlich funktionieren, im Großen und Ganzen) - aber ich meine, wenn man es auf die Nationalstaatsebene konzentriert und einfach dort noch eine Instanz mehr schafft: Ich glaube nicht, dass sich das Übel vermehren wird - also, das in dieser nationalstaatlichen machtorientierten Struktur nun einmal sowieso drinsteckt und wo man überlegen muss, wie man damit rauskommt - verfassungsmäßig, wenn es geht, rauskommt -

sondern das ist einfach - da wird der Gedanke entschärft und wird auch in einer gewissen Weise missverständlich. Es ist natürlich die Frage – also, wenn dann so ein Oberhaus berufen ist, wenn die Präsidialfunktion sich dem zuwenden wollte, wieder machtvoll ist, wie sie in Weimar war: gut – also, es wird zwar zuviel Sicherheitspolitik, jetzt also demokratische liberale, gegen diese notwendige Funktion gemacht, nach meiner Meinung - und doch denke ich, dass es Grund gibt, ich werde mich jedenfalls sehr bemühen, ganz genau darüber nachzudenken, vor allem, auf welchen Wegen, in welchen Schritten man an solche Institutionen so herankommt, dass nicht doch bloß wieder ein verbesserter Staatsmoloch dabei herauskommt. Und das war in meinem Herangehen im Schlussteil der »Logik der Rettung« nicht gesichert, sehe ich jetzt. Es mag ja sein, dass die, die dieses Flugblatt verteilt haben da, das auch gesehen haben und darüber also mehr beunruhigt waren - früher beunruhigt waren - als ich. Jedenfalls will ich mit dieser Sache umgehen.

Jetzt will ich also nach diesem Umriss über die Frage: »Was will ich einrichten«, aber auch: »Wie will ich mich auf dieses Einrichten einstellen«, noch ein paar wenige Worte machen, um das Seminarprogramm und das Vorlesungsprogramm etwas zu verdeutlichen.

Das Gesamtprogramm - ich weiß nicht, ob wir noch einmal eines haben werden, das so vollständig ist wie diesmal, weil - die Geschichte, die ich vorhin da erzählt habe über das Institut, die kann natürlich Folgen haben – also, gesichert ist nur, dass eine Vorlesung und ein Seminar und noch zwei Seminare und vielleicht noch ein Seminar – also, dass einiges weitergeht, aber vielleicht können wir nicht so ausführlich bleiben wie dieses Mal. Worauf ich zuerst aufmerksam machen will, das ist eigentlich eine schöne, eine günstigere Ungleichzeitigkeit, die sich diesmal eingestellt hat, nämlich: Die Seminare - fast alle Seminare gehen jetzt eigentlich an einen neuen Anlauf heran, von den anthropologischen Grundlagen, von der Frage her: »Was ist eigentlich der Mensch, diese Sachen zu durchdringen?«. Wenn ihr euch das Vorlesungsthema von Jochen Kirchhoff anguckt, das auf der Rückseite des Dings hier hinten steht: Da geht es um das Menschenbild. Wenn ihr euch anguckt das Seminar von Uwe Haake beispielsweise: Da geht es auch wieder um das Menschenbild. Uwe hat mir vorhin sein Blatt gezeigt, womit er sich näher befassen will - ich sage das jetzt einmal beispielsweise. Er will sich also darauf konzentrieren, die innere Figur des Helden, der wir so - nach der Herkunft, aus der wir kommen - sind, ein bisschen aufzudröseln und zu gucken, welche Archetypen sich jetzt nun einfach besonders zu Wort melden. Ich glaube ziemlich analog zu dem Experiment, das ich da einmal mit mir selbst versucht habe, um herauszufinden – also, um genauer zu wissen: Wer sind wir eigentlich von unseren tiefen Schichten? - und die, um das zu feiern, um es zu verstärken, auch nicht um es mies zu machen - das ist nämlich auch keine Methode, es nur zu negieren, sondern - wie könnte man das integrieren?

Maik Hosang konzentriert sich auf das Thema - neben der Geschichte »Alternative Gemeinschaftsformen« - zusammen mit Michael Wende, »Philosophie des Menschen, Anthropo-Theologie«, das heißt, hier soll sogar von dem, was mit Gott gemeint ist, im Seminar die Rede sein.

Christine Eifler geht der, wenn es dann weitergehen kann - ich weiß, erst einmal geht das los, auch - um das Thema »Mann-Frau-Ökologische-Krise« in verschiedensten Zugängen.

Also, wir sind hier bei dem Grundstoff, aus dem die Krise gemacht ist und nicht bei dem Thema, das durch dieses Ereignis jetzt bei mir sozusagen konterkariert. Ich bin eben noch ein Semester zurück, ich bin bei diesem Thema – also, jetzt der politischen Institution. Und es kann nur gut sein, wenn das also mit zugleich im Raum bleibt. Wir haben es bei den Institutionen mit nichts als sozusagen Vergegenständlichungen von menschlichem Geist zu tun, mit geronnenem Geist - hoffentlich flexibel. Hoffentlich ist er herauslösbar aus Institutionen, die es nicht mehr bringen – also, das ist der Rahmen der ganzen Vorlesung. Jochen fängt nächste Woche Dienstag an, in der Psychologie in der Oranienburger Straße. Und die anderen Seminare sind teils - das steht da aber alles drin - in dem Institut für Sozialökologie. Soweit existiert das schon - es ist nur, dass es als Institut keine Perspektive haben wird. Aber noch ist die Struktur da. Uwe macht in der Canopus-Buchhandlung sein Seminar und Christine Eifler macht es hier am Hegelplatz.

Die Vorlesungsreihe - das sind die letzten Bemerkungen, die ich da jetzt noch machen will - ist also nun so aufgebaut (ich hoffe, dass das vor dem Hintergrund dessen, was ich erzählt habe, dann kenntlicher ist), dass ich zunächst wirklich mich noch einmal dem Weltzustand stellen will, in dem wir Realapokalypse veranstalten, und fragen will: Wozu sind wir da berufen?

Jetzt habe ich heute teils wesentlich über mich gesprochen, um festzustellen, dass man mit dem Einrichten – also, wie sorgfältig an diese Sache herangegangen werden soll. Und in der nächsten Vorlesung, wenn es dann Politik nicht bringt - was ja sozusagen die Ausgangsthese ist, die ich eben losgelassen habe: Dass die Verfassung nicht so angelegt ist - dann sind natürlich sehr viele Hoffnungen da verbunden, dass uns die Wissenschaft aus der ökologischen Krise rettet, dass das sozusagen die eigentlich politische Instanz ist. Keine Umweltpolitik, die sich nicht auf Studien beruft und kein Institut mehr, kein naturwissenschaftlich und technisches, insbesondere wo nicht die Umweltthemen jetzt dominieren. Das ist einfach eine Frage, die will ich irgendwie mit der nächsten Vorlesung ein Stück auf dem Wege bringen. Der Akzent wird sein, das kann ich schon verraten, dass das Problem natürlich nicht in der Wissenschaft, sondern in ihrer Einordnung liegt, dass sie einfach - wenn sie Teil sozusagen dieser Gesamtverhältnisse ist, dann kann man eigentlich nicht hoffen, es wäre sonst die Hoffnung, man kann sich auf ein Segelboot, auf ein eigenes Schiff hinstellen und in die Segel pusten, das also den Kurs ändern soll und Wind machen soll, den richtigen. Und dem will ich halt näher nachgehen. Ich will zeigen, welche Schwierigkeit es mit der Frage hat, ob Wissenschaft ökologisch sein kann. In der dritten Vorlesung will ich sagen: »Wie wir es uns einrichten könnten« - »sollten«. Aber nicht im Sinne – jetzt, sozusagen - des Durchdrückens, sondern: Wie man sich Institutionen der Rettung denken kann - aber natürlich eben nicht ohne eine Diskussion, die wirklich die Mehrheit der Bevölkerung erreicht und wo echte Interessen entgegenkommen. Anders kann es nicht ohne Mord und Totschlag durchgesetzt werden. Durchdrücken bringt da einfach nichts - so ist das gemeint. Das ist alles noch sozusagen Vorhut. Und dann will ich mich noch direkt mit dieser Frage also des Ökototalitarismus, der Ökodiktatur und so auseinandersetzen. In der Literatur habe ich auch dieses Buch angegeben von Dirk Fleck, »Go! Die Ökodiktatur«. Der hat also so ein Szenarium geschrieben, wie das schiefgehen könnte, möchte ich sagen – also, das ist der erste Zirkel von den ersten vier Vorlesungen. Und dann kommen also vier Antwortvorschläge, die andere Leute machen.

Ich setze mich zuerst mit Al Gore auseinander. Ich finde das sympathisch, das Buch von Al Gore. Es wird ja jetzt also überall gelesen und viel verkauft. Und ich sehe also doch, dass es mit dieser General-Mobilmachungs-Methode, die da angesetzt ist – also, er sagt ja, seine Kernthese ist ja: Wir müssen so mit der ökologischen Krise umgehen, wie Amerika mobilisiert worden ist, um Hitler zu besiegen. Dieser Gestus ist nun wiederum das Gegenteil von Ökologie, irgendwie - als Mentalität gesehen. Das heißt aber nicht, dass nichts in dem Buch drinsteht, was sich sehr zu lesen lohnte - also, mit dem Geist dieses Buches will ich mich auseinandersetzen. Und dann habe ich Al Gore sozusagen - der erste Gast, der natürlich nie über den Atlantik kommen wird: Also muss ich sehen, so - wie soll ich sagen?, so ... wie möglich mit ihm umzugehen. Und dann kommt Franz Alt, der ein Buch geschrieben hat: »Die Sonne schickt uns keine Rechnung«, wo er dafür plädiert, mit Solarenergie die ökologische Krise und das ökonomische Problem zu lösen. Und ich will ihn dazu bringen, dass er hauptsächlich über die beweglichen Fragen dabei spricht – also, wie kann denn das durchsetzbar sein? Er beklagt, es gibt ein großes Vollzugsdefizit und so. Es wird nur nicht gemacht - aber das hat ja Ursachen. Also, Energiewende-Politik als Paradigma einer allgemeinen Konversion - das ist natürlich auch die Frage: Wie weit reichen technische Utopien? Das ist natürlich der Hintergrund bei dieser Sache. Das werden wir mit Franz Alt zusammen austesten. Wir beide sind die Diskussion gewohnt, wir sind seit sehr lange verhältnismäßig gut befreundet, Franz und ich. Wir haben uns so manche Diskussion miteinander über solche Sachen gestritten. Und dann habe ich einen Gast aus der Humboldt-Universität, nämlich Prof. Michael Kloepfer leitet hier offenbar ein Zentrum - ob er es leitet, weiß ich nicht mal genau, jedenfalls seine Adresse ist: »Zentrum für Umweltrecht« - und der Hintergrund ist hier, dass er mir eine Konzeption geschickt hat, die zehn gelehrte Ökonomen und Juristen aus dem deutschsprachigen Raum an die EG gerichtet haben, um dort die Rechtsverhältnisse zu beeinflussen. Also, was man dort machen müsste, um die Ökologie in die Verfassung zu bringen. Da gibt es einiges, was sich recht ähnlich zu dem liest, was von diesem Verfassungsentwurf des Runden Tisches nachher nach Bonn transportiert werden soll - und Hans Christoph Binswanger, der hier in der allerersten Vorlesungsreihe gesprochen hat, hat das wahrscheinlich angeregt, dass ich das kriegte, weil - der ist einer der Mitautoren. Da habe ich also Michael Kloepfer eingeladen zu einer Podiumsdiskussion über die Frage: Was kann dieser Ansatz dort bringen, ob das - also, ist eine Rettungspolitik rechtsstaatlich möglich? Und dann, der Anlass ist natürlich: Papier an die EG-Institutionen. Wie kann sie institutionell greifen? Und schließlich in diesen mittleren Zirkel habe ich Ekkehart Krippendorff gebeten. Ich weiß nicht, die Älteren von ihnen - manche werden sich an den Namen erinnern; er war 1968 Assistent - ich weiß nicht, ob es damals schon Otto-Suhr-Institut hieß, jedenfalls ich glaube, damals schon am Otto-Suhr-Institut der Universität - und ich weiß gar nicht mehr ganz genau, um welche Position für ihn es ging. Jedenfalls stand er damals im Mittelpunkt der Auseinandersetzungen in dieser Studentenrevolution 1968 an der Westberliner Freien Universität, er ist jemand, der über Politik stets von links gedacht hat und der also damals jedenfalls auf die Frage, ob man überhaupt irgendetwas Gutes vom Staat - zumindest von dem, mit dem man es jetzt erst mal hier zu tun hat - zu erwarten hat, sicherlich weniger am Hut gehabt hätte. Ich frage natürlich jetzt nicht, damit er nun diesmal sich unkritisch darüber äußert, sondern ich denke, dass sich zeigen wird - er wird halt die Bedingungen formulieren - ich hoffe, dass er das tut - unter denen also Staat, jetzt im weitesten Sinne - das Gemeinwesen hat Institutionen. Wenn also irgendetwas sich hier ändern soll in puncto Ökologie, dann wird es nicht gehen ohne Institutionen - wie gesagt, aller dieser Ebenen. Der Staat ist nicht Bonn, das fängt in der Gemeindevertretung an - und darin, wer da mitwirkt und wie, ob es da sozusagen noch einmal zu innerer Suggeralität - das ist natürlich gegenüber dem Kapital, gegenüber den Antriebskräften der Katastrophe, ob es dazu kommen könnte und damit wieder zu Legitimität, zu mehr Legitimität - jedenfalls als jetzt spürbar ist - man spürt eigentlich, dass sie rapide abnimmt. Das sieht man ja auch – also, insbesondere das, was am Staat, Parteienstaat: es geht ja rapide abwärts. Und das ist also hier das Thema: Staat und ökologische Krise - jetzt von den theoretischen Gründen her. Er kommt da wirklich aus den tiefsten Gründen - ich hab ihn mal sehr erhellend über Kants Schrift »Vom ewigen Frieden« zwei Stunden reden hören – also, das Problem Nationalstaat und Friedensfähigkeit und so. Jetzt geht es natürlich im weitesten Sinne um Friedensfähigkeit anderen Leuten, der Dritten Welt und der Natur gegenüber, eigentlich, und das ungeheuer stark – also, dieser Zusammenhang, welche Institutionen sein müssen. Das ist der zweite

Zirkel. Und dann will ich also im Schlussteil über die geistigen Grundlagen, aber direkt auf die politischen Konsequenzen eingehen. Wie gesagt, ich habe dann - in der dritten Vorlesung habe ich schon gesagt, in der dritten Vorlesung vom ersten Teil - habe ich einmal dargestellt, wie ich mir diese Instanzen denken kann. Aber ich sage das jetzt und sage es in der dritten Vorlesung noch einmal: Das ist verhältnismäßig leicht, sich das vorzustellen – also, eine Utopie zu formulieren, also Punkt 1 bis Punkt 9 – so viel habe ich gerade im Kopf jetzt - wie könnte denn das aussehen, auch in Schrittfolgen, das geht. Die Frage ist: »Wie kommen nicht zuerst der politische Wille«, sondern »Wie kommen die geistigen Voraussetzungen dafür zustande« – also, wie können wir uns in einer so großen Gesellschaft, wo sehr viel geschieht, um Bewusstsein zu zerkloppen, durch vielerlei hauptsächlich unabsichtliche Veranstaltungen, die sich einfach ereignen, bis sie jemand gewollt hat - wie kann unter diesen Umständen also eigentlich die Kraft aufgebracht werden, um die Gesellschaft neu zu verfassen? Das ist ja meine Fragestellung. Und um diesen Punkt – also, um den Weg eigentlich, den geistigen und dann auch den praktischen Weg für das Zustandekommen - so einen Prozess, in dem wir zu so einer Neuverfassung kommen wollen. Das ist ja wieder nicht die Frage des Papiers, des Verfassungsentwurfs. Den setzen sich Juristen zusammen und der ist schnell, wenn die Eingaben da sind - wenn etwas, worüber Konsens da ist, ist das schnell formuliert. Streitigkeiten: Natürlich - aber das ist nicht die große Lücke, die da im Verfassungsentwürfischen entsteht, sondern es geht um die Grundlagen, die in einem Prozess der Um-Verfassung - so will ich das einmal nennen - der Um-Verfassung der Gesellschaft erst geschaffen werden müssen. Und meine erste Frage in dem Zusammenhang ist also, was eigentlich fehlt - und ich will vorab verraten, dass ich mich nicht darauf konzentrieren will festzustellen -

Frage aus dem Publikum:

Die Mitwirkung des Volkes fehlt.

R. Bahro:

Ja, das hat natürlich damit zu tun, dass wir diese Riesenstrukturen haben und keine Feinstrukturen bisher. Aber ich denke, was vom Grunde her fehlt - was also eigentlich die tiefste Ursache dafür ist, dass die Mitwirkung des Volkes fehlt: Weil wir diese ungeheuerliche Megamaschine haben, diese Superriesenstrukturen, die niemand bewältigen kann. Das ist meine These, meine Vermutung - und darüber will ich dann versuchen, ein bisschen konkreter zu sprechen. Dass eigentlich die Subjektivität dafür - ich würde sagen: Die innere Sicherheit in uns selber nämlich - die Sicherheitspolitik ein stückweit überflüssig machen würde: Dass die fehlt. Das heißt also, dass wir ein stückweit tatsächlich erst einmal ganz im Elementaren menschliche Kräfte erwecken müssten. Und was da ganz besonders interessant ist: Dass – also, in der Richtung, die darauf hinausläuft, man sollte lokal die Macht konzentrieren – also, was an politischer Macht da ist, was an gesellschaftlicher Macht da ist, sollte seinen Schwerpunkt auf der Kommuneebene, auf der Gemeindeebene haben und das Obere sollte davon abhängig gemacht werden. Dass die, die das vertreten, sagen: Also, die erste Frage, die da entschieden werden sollte oder irgendwie gesichert werden sollte, ist, dass nicht Leute regiert, sondern Leute ermutigt werden. Die Engländer sagen da »empowered« - das ist das, was in Deutschland »ermächtigt« heißt - aber wenn es sich wirklich auf die Leute bezieht, dann verliert das Wort auch seine Boshaftigkeit, irgendwie seine historische Last. Also, jedenfalls nicht Leute regieren - was immer für Veranstaltungen von oben unvermeidlich ist - sondern Leute ermutigen: So muss der gesellschaftliche Prozess organisiert werden. Und der zweite Gedanke ist: Damit es überhaupt zustande kommen kann, muss die Gesellschaft entmasst werden, gewissermaßen – also, diese Massenhaftigkeit muss aufgelöst werden. Das ist keine Kritik an Massen als Leuten, sondern an Strukturen, wo die Leute also durch die Megamaschine selbst in Ameisen verwandelt werden, die sich nicht mehr artikulieren können - wo nichts ran kann. Das also spielt in diesem Zusammenhang eine Rolle. Also, was fehlt, ist - das ist nicht alles, was ich dazu sagen soll - aber das spitzt sich auf die Frage zu – also, wie kommen wir insgesamt zu dem menschlichen Potenzial? Wie kann sich das auf diese Höhe heben, dass also da was geschehen kann? Und das zweite ist dann, dass man dann auch eine Praxis braucht, in der diese Ermutigung passieren kann. Also, die Naturwissenschaft hat ungeheuer viel darüber erarbeitet in den vergangenen paar hundert Jahren - wie der Mensch mit der äußeren Natur umgeht. In den letzten 100 Jahren seit Freud ist wirklich sehr viel zusammengekommen, wie der Mensch mit sich selbst umgehen könnte. Noch ist auch die Psychologie eine Herrschaftswissenschaft – also, der Mensch geht mit sich selbst nahezu um, wissenschaftlich, wie er mit der äußeren Natur umgeht. Es gibt andere Wege inzwischen – also, die Ermutigung passiert wirklich dadurch, dass Leute eingeladen werden, manchmal auch ein bisschen angestoßen werden, selbst in einen Lernprozess hineinzugehen - über ihr inneres Potenzial. Es ist ja nicht ein Aufrufen: »Ermutige dich einmal!«, oder: »Ermächtige dich einmal!«, oder: »Komm heraus!«, sondern - das ist eine Praxis, die menschlichen Wesenskräfte zu erwecken. Das ist also dieses Thema. Und dann geht es um das geistige Klima in der politischen Regeneration, d. h, es geht darum, wie sich also eine - ich würde sagen: eine höhere Ordnung - und zwar eine höhere Ordnung nicht jetzt in irgendeinem absoluten Sinne, sondern eine höhere Ordnung als die zur Unordnung ausartende Ordnung, mit der wir durch die letzten Jahrhunderte gegangen sind: Wie sich die bewusstseinsmäßig, d. h, geistig artikulieren kann. Wenn sozusagen die psychologische Ermutigung – also, dass man sozusagen sich etwas zutraut: Dass ist die eine Seite, das ist, wenn man will - das ist die nicht rationale Seite. Aber hier geht es dann um die rationale Seite, um die Vernunftseite des Prozesses - darum also, wie das geistig formuliert werden kann. Und der eigentliche Punkt an der Sache ist, dass es natürlich darum geht, geistig zu artikulieren, was vom Ursprung her mit dem Menschen gegeben ist, wieder - und das ist auch der Grund, weshalb ich also als letzte Pointe in dieser Vorlesung die Frage drin habe, »Was ist ein Avatar?« Das ist so ein Name für Gottgesandte in Indien; Krishna war ein Avatar, der Dalai Lama ist ein Wiedergekommener bei denen. Was damit gemeint ist, ob es nun für den Einzelnen im konkreten Fall stimmt oder nicht oder wie man überhaupt darüber denkt: Das ist jedenfalls die Symbolisierung dessen, was der Mensch ist, wenn der Ursprung in ihm gegenwärtig ist. Und das heißt, wenn er nicht besetzt ist, durch alle die Sachen, die z. B. realpolitisch nicht gehen, wo man dann sagt: »Politisch nicht durchsetzbar«, nicht machbar, wir wissen, dass das nicht geht, aus dem und dem Grunde, haben wir alles schon erfahren usw. wo das sozusagen gestrichen ist und fast in einem neuen Sinne naiv - aber geistreich naiv - gesagt werden kann: Wie sieht das denn aus, wenn wir alles neu machen? Also, dieses: »Siehe, ich mache alles neu« - was ja auch im christlichen Evangelium steht. Christus ist auch so ein Avatar, wenn man das indisch bezeichnet. Und nun - Ekkehart, Meister Ekkehart, hat aber die Frage so gestellt: Wie kann er in dir geboren werden? Also, das ist nicht die Frage: Wann kommt einer, der uns dann wieder rettet, ein Avatar - obwohl es so etwas gegeben zu haben scheint in der Geschichte, schon - und vielleicht passiert so etwas wieder - sondern ich stelle diese Frage im Hinblick darauf, wie wir unsere eigenen Kräfte ursprungsgegenwärtig machen können, aber auch eine geistige Lösung dieser Situation finden. Und nach dem ist meine letzte Frage: Ob man nicht kandidieren könnte?

Wenn es also ein Feld von zahllosen Leuten gibt, die sich ermutigt haben und selbst gedacht haben, dann ist es, glaube ich, überhaupt kein Problem, wenn jemand - ein Mann oder eine Frau - herausgestellt wird oder sich herausstellt, als der Kandidat für die Führungsfunktion. Das ist etwas ganz anderes: eine Führungsfunktion – als: Der Führer. Führungsfunktion ist etwas, das mit jedem Prozess verbunden ist, bei dem also größere Zusammenhänge irgendwie organisatorisch bewältigt werden. Da geht es nicht nur darum: Wie machen wir das?, sondern die Richtung - und die wird in so einem Fall, wenn jemand kandidiert, dann wird die nicht von dem erfunden, sondern es wird nur symbolisiert, dieses Prinzip, diese Führungsfunktion. Wir können das im Einzelnen diskutieren, im Zusammenhang mit dieser letzten Vorlesung, denn es geht dann natürlich darum, wenn in diesem allem, was ich vorher gesagt habe, sich ein solcher Prozess der Neuverfassung, der Um-Verfassung - wenn das in Gang gekommen ist, irgendwann muss es natürlich auch besiegelt werden. Und das ist die Frage, mit der ich hier schließen will.

Das heißt, wir wollen in diesem ganzen Durchlauf dieses Semesters hier – »Grundlagen ökologischer Politik« hieß eigentlich der ganze Zyklus, und der Schwerpunkt lag bisher auf Grundlagen, sieben Semester lang, wieder und wieder -und jetzt soll der Ton nur sein: »Grundlagen ökologischer Politik«- und auf die Einrichtung sozusagen für eine Politik der Umkehr, das habe ich ja als Überschrift geschrieben: Darauf soll die Verständigung in unserem Kreise hier gerichtet sein.

Und jetzt - nach einer Viertelstunde - können wir dann hier vorn zur Diskussion zusammenkommen.

Es liegen hier vorne auch noch Plakate sowohl für die Gesamtveranstaltung aus als auch für meine nächste Vorlesung und ich wäre dafür dankbar, wenn einige die noch mitnehmen und irgendwo anbringen, auslegen; auch Zettel liegen da - das wäre schön.

25. April 1994

Kann Wissenschaft ökologisch sein?

Ich will zunächst noch ein paar Informationen rüberbringen, wo ich vielleicht beim vorigen Mal zu kurz damit gewesen bin, und zwar: Das eine ist, die erste kleine Information: Es liegt jetzt die Anwesenheitsliste aus, da drüben. Wer sich also eintragen will, weil er das später einmal bestätigt braucht, die Teilnahme hier an dieser Veranstaltung im Studium generale, kann das da tun. Es ist auch möglich, gegen Ende des Semesters mit Zetteln zu kommen oder mit einem Buch. Ich unterschreibe dann für die, die teilgenommen haben.

Die zweite kleine Information, die ich rüberbringen will, ist, dass, wer sich morgen – nein, übermorgen, am Mittwoch dieser Woche, mit Christine Eifler treffen will, für deren Veranstaltung »Macht und Gesellschaft und zur Situation der Frauen in Osteuropa«: Das ist der Raum 304 hier im Hegel-Bau - da hatten wir nämlich noch einen falschen Termin; da gibt es sowieso gewisse Schwierigkeiten. Aber es wäre schön, wenn man sich dort einfände, um mit ihr die Sache zu besprechen.

Jetzt will ich eine Bemerkung machen zu dem einen Seminar, das wir hier angegeben haben: Wir haben hier angeboten für den 6.5. bis 8.5 – also, für das übernächste Wochenende - ein Seminar mit Jochen Kirchhoff, wo es um Richard Wagner gehen soll. Wir haben mit Jochen Kirchhoff - ich habe mit ihm schon zweimal Musikseminare gemacht, hier in unserem Rahmen habe ich schon einmal eins mit ihm zusammen gemacht. Er allein hat auch schon Musikseminare gemacht. Der Hintergrund war meistens - das Thema, oder die Richtung war meistens das Thema – also, eigentlich auf die spirituelle Substanz, auf das Weitergegebene in unserer großen klassischen Musik zu weisen. Und das war auch praktisch, d. h, man hat sich eingefühlt, man hat anders gehört als sonst. Er hat da gute Anleitungen und man hat es auch mit Körperbewegungen – also, auch manchmal etwas ein bisschen wie Tanz sich angeeignet. Im Mittelpunkt standen dabei immer Mozart und Beethoven und da Wagner ein heißeres Eisen ist, eine schwierigere Materie – also, einfach in dem Fach - wir wollen da aber einmal weitermachen. Das ist das Seminar - »Gegenzug der Anima«, heißt das, Gegenzug der Anima. Und der Gedanke ist eigentlich der, dass sich in dem Aufstand gegen das Patriarchat jetzt - dass sich jetzt diese Fakultät äußert, die C.G. Jung »Anima« genannt hat - und wo aber diese weibliche Seite der menschlichen Existenz, so will ich das einmal nennen - denn es geht dabei nicht einfach um eine Gleichsetzung von Anima und Frau - so, wo diese weibliche Seite der menschlichen Existenz - deswegen heißt es auch Gegenzug, natürlich – also, aus einer Situation von Jahrtausenden der Repression agiert und dass die Art des Durchbruchs - wenn das nun noch ein Mann in Musik setzt, das erklärt viel von der Problematik Richard Wagners und der Problematik dieser Musik. Und ich dachte, dass es gut wäre, da heranzugehen - zumal Jochen Kirchhoff da sehr viel Ahnung hat. In seinem Buch »Erlösung der Natur« - ist noch nicht veröffentlicht, aber das ist der Hintergrund der Vorlesung, auch, die er jetzt ja gleichzeitig hält, oder auch mit einem Hintergrund - gibt es ein großes Kapitel, dort taucht dieses Thema auf unter der Überschrift »Kybele« – also, diese Muttergottheit aus dem Nahen Osten spielt da eine Rolle. Natürlich ist das in Wagners Opern dann anders benannt, dieser Zusammenhang - »Brunhild« etwa als Gestalt, die nachher die Götterburg anzündet - aber es geht um dieses Thema dabei, um dieses große Weibliche in seiner liebevollen und seiner gefährlichen Form, und wie das - Jochen bringt es direkt in Verbindung damit - dass also sehr viele das beansprucht haben. Das war zunächst einmal so was wie Neoromantik, dann haben sich die Nazis darauf berufen. Der Ökologismus – also, Wagner war z. B. ein großer Tierschützer, das Tierschutzmotiv hat eine starke Rolle gespielt - dafür war auch Göring, da haben viele Tierschützer Hoffnungen darauf gesetzt - bloß er spricht halt nicht gegen Tierschutz. Es ist eine komplizierte Materie und dieses Musikseminar will sich darauf beziehen. Das wird im Canopus- Buchladen im Prenzlauer Berg stattfinden, hier unten liegt also dann die Liste dafür aus. Jochen teilt sie natürlich auch in seiner Vorlesung aus. Zu seiner Vorlesung will ich noch sagen: Die fängt morgen an, in der Oranienburger Straße - das ist für die wichtig, die da hingehen wollen. Er hat nämlich am Ende des vorigen Semesters angekündigt: Das geht weiter, da irgendwo hinten in der Hessischen Straße oder so - dort, wo die Naturwissenschaftliche Fakultät ist - ist also nicht dort, sondern ist in der Psychologie in der Oranienburger Straße, morgen um 17:00 Uhr. Das passt gerade zu seinem Seminar hierher.

Dann will ich noch etwas außer der Reihe hochhalten, das hat im Gegensatz zu - da liegen auch noch nen paar Zettel mit dem Porträt drauf - und dort hat es den Anschein, als wäre das auch eine Veranstaltung der Humboldt-Universität. Das ist es nicht direkt, aber - ich habe eingeladen Scheich Nazim al-Haqqani, das ist der Scheich, d. h, der spirituelle Vormann des bekanntesten und des auch am weitesten in die Geschichte zurückreichenden Sufi-Ordens, der Naqschibandi - das ist ein Türke, der lebt auf Zypern; ich habe da unten die Zettel ausgelegt. Auf den andern Zetteln – außer, wo das Porträt nicht drauf ist - steht der richtige Ort. Diese Begegnung mit dem Scheich, die findet statt in der Kulturbrauerei in Prenzlauer Berg, und zwar in dem dortigen Pferdestall. Ich kenne den etwas länger und mir war daran gelegen, dass man sehen und hören kann, wie der Islam von seiner innersten und liebevollsten Seite aussieht. So habe ich nämlich diesen Scheich Nazim al-Haqqani erlebt. Mich erinnert das auch daran - es gibt einen großen Roman von Franz Werfel, »Die vierzig Tage des Musa Dagh«. Der handelt davon, wie die Jungtürken dieses Armenier-Massaker angerichtet haben und wie die dann auf dem Musa Dagh das überstehen. Dort gibt es einen prominenten Türken, der - übrigens in Zusammenarbeit mit Leuten aus Deutschland hier, mit Kirchen aus Deutschland - da einen Rettungsversuch startet. Und das ist der Sufi – also, einer aus so einem Orden - Rifaat Ali Bereket heißt er dort. Und es handelt sich jedenfalls um diese Art Islam – also, um die Mystik des Islams eigentlich - und er ist dafür bekannt, dieser Nazim Al-Haqqani, dass er es bringt, also auch mit sehr vielen Leuten so zusammensein zu können, als wäre jeder einzeln mit ihm zusammen. Ich habe ihn jedenfalls auch so erlebt, der hat mich einmal - Jahre her jetzt - gesegnet, obwohl er wusste, dass ich nicht die Absicht habe, Muslim zu werden. Also das ist am 29. jetzt, am kommenden Freitag, um 15:30 Uhr – und, wie gesagt, nicht in der Humboldt-Universität, wie hier fälschlich steht auf einem Plakat, dass die gemacht haben, weil sie dachten: Bahro - Uni, sondern das ist im Pferdestall, das ist der alte Name da aus der Brauerei, eines Saales in der Kulturbrauerei. Also, U-Bahn Eberswalder Straße, dann in die Dimitroffstraße rein - und gleich Ecke Knaackstraße ist der Zugang.

Was ich noch bemerkt habe, ich vermute das jedenfalls, ist, dass ich über mein Seminar, das ich genannt habe »Staat und ökologische Krise« hier gar nichts gesagt habe, wir waren nur 10 beim letzten Mal. Das ist also noch offen, das findet nicht statt wie im vorigen Jahr in der Canopus-Buchhandlung, sondern das findet statt im Institut für Sozialökologie, da am Ende der Clara-Zetkin-Straße, zwei Häuser vorm Reichstag, Clara-Zetkin-Straße 112 – also, in der Richtung hier. Und diese Skizze, dieses Ei hier, das auf dem einen der beiden Blätter drauf ist und wo ich euch - Sie - bitten möchte, sich jetzt nicht an der Kritzelei allzu sehr zu stoßen: Das, worum es heute geht an der Skizze, das male ich hier noch einmal an die Tafel. Es geht mir heute darum, Wissenschaft von hierher zu begreifen. Aber das ist eigentlich - ich brauche dann jetzt nicht soviel dazu zu sagen, weil - das ist mein Zugang, letzten Endes, mein Zugang zu der Frage »Staat und ökologische Krise«, das heißt, ich will eigentlich nicht diese Art Diskussion im Mittelpunkt haben, in die wir hier am Ende der Vorlesung manchmal leicht geraten, weil das so sehr drängt, eine direkte Antwort zu finden. Dort hängt ein Plakat für dieses Forum der Bürger/Innenbewegung, wo man auch noch einmal versuchen wird, direkt heranzukommen an Politisches, was man jetzt tun könnte, um die Katastrophe aufzuhalten. Ich bin nicht dagegen, sondern - woran ich interessiert bin, das ist: Dass man vom Grunde her begreift, weshalb Politik derzeit nun schon überhaupt nicht mehr aufgeht (wenn sie jemals aufgegangen ist) und wo da Lösungen liegen könnten. Und ich sehe sie eher im Rahmen dieser Zeichnungen und auch dessen, was auf der Rückseite da steht, über Räder des Wissens - denn in der Politik steckt natürlich Wissen, Wissenschaft usw. drin. Also, das ist der eigentliche Punkt. Und die andere Skizze, die hier relativ zufällig auf den Blättern drauf ist, von den beiden Arten an Politik, jetzt heranzugehen - die gehört eigentlich zu diesem Seminar mit. Die steht in meiner »Logik der Rettung« irgendwo, die ist heute nicht so sehr Thema hier. Schade, denn hätten wir sonst das Ei etwas größer auf dem Zettel, aber - ich mach das auch noch einmal ordentlicher. Es ist jetzt nur zu so einer Orientierung - es wird dann durchsichtig, wenn ich das hier mache. Sie brauchen dann nicht unbedingt jetzt gleich auf die einzelnen Übersetzungen von englischen Worten, die ich dann hier dazwischen gekritzelt habe, gucken. Das kommt ungefähr heraus.

Jetzt will ich noch ein paar Bemerkungen machen zu der Literatur, die hier ausliegt und die das Seminar betrifft und die hauptsächlich Texte von mir sind. Das habe ich deshalb gemacht, weil ich jetzt also ja eine Konklusion ins Politische hinein behandele und über die zugrunde liegenden

Dinge zwar immer wieder rede, aber sie nicht im Gesamtzusammenhang darstelle. Nun hat es also vor gut - ich glaube, fast zwei Jahren jetzt - hat es ein intensives Interview gegeben mit einer Forschungsgruppe aus Klagenfurt, die neu bewerten wollte: Was ist eigentlich heute mit Ökonomie los - Ökonomie als Wissenschaft, aber vor dem Hintergrund: Also, wenn wir uns weiter davon leiten lassen, geht alles den Bach hinunter. Die haben 30 Leute halt interviewt, ein breites Spektrum aus Berlin, etwa den Elmar Altvater, noch den alten Trotzkisten Ernest Mandel - mit dem ich auch einmal Beziehungen, freund-feindschaftlicher Art hatte, sozusagen, er hat sich gefreut über die »Alternative« und war auch sehr dagegen, dass ich den Marxismus nicht ganz richtig trotzkistisch wieder hergestellt hatte - aber auch sehr viele andere Leute, Harry Meyer aus der Ex-DDR auch ist da drin und das Interview mit mir, da stelle ich noch einmal sozusagen den Gesamtrahmen meines Denkens 1992 dar. Das ist dieser Text »Die Tektonik des Verderbens«. Da ist also sozusagen mein Konzept, das in der »Logik der Rettung« steht, in so einem kürzeren Gespräch von - ich weiß nicht, 30 - Seiten dargestellt. Und dann ist aus der »Logik« noch die Zusammenfassung meiner ersten drei Teile, »Axiome eines Rettungsweges«, da ausgelegt. Also, das betrifft das - das hat eigentlich hiermit zu tun, das ist sozusagen ein Thesenpapier darüber, dass eine Rettungspolitik, wenn man überhaupt davon reden will, nur noch spirituell begründet werden kann. Das heißt, dass man über - kann man auch so sagen: Dass man über Ökonomie und Politik im engeren Sinne unbedingt hinausgehen muss, wenn man die menschlichen Ressourcen gewinnen will, mit denen da noch etwas zu machen ist. In diese Richtung schlägt auch das Papier »Geistige Voraussetzungen«. Der Titel ist nicht ganz vollständig, gewissermaßen, weil es eigentlich um geistige Voraussetzungen für diese kommunitäre Bewegung geht. Das ist also das Papier, das den Hintergrund schildert für mein Interesse an diesem sächsischen Projekt - wo wir da wenigstens eine Schwalbe zustande gekriegt haben, das jetzt da anläuft, mit der sächsischen Regierung, und wo die Gruppe also am Wirken ist. Das ist das Hintergrundpapier davon. Und diese drei Papiere zusammen – also, die sind sozusagen die Vorinformation, die hier irgendwie mit im Raume steht, wenn ich jetzt über das Politische im engeren Sinne rede. Nur den Schlussteil der »Logik der Rettung« habe ich dann hier nur wenig repräsentiert, das steht - in dem Papier »Tektonik des Verderbens« ist die Tendenz mit drin, weil ich halt an die Sache irgendwie neu denken will, an die Fragestellungen, die da drin sind. Dann noch drei Bücher, die gerade heute eine Rolle spielen werden und in der Literaturliste fehlen - wer das notieren möchte - und zwar heute nur erwähnt, aber - ich kann es nur empfehlen für Anfragen an grüne Politik, das hat er nämlich sehr gründlich befragt – also, die Grundvoraussetzungen grüner Politik, ob sie nicht unzulänglich sind, aber infragen - Hanspeter Padrutt, den wir einmal hier hatten zu einem Seminar und der hier im Audimax auch einmal eine Videoveranstaltung mit Musik, mit Gesang und so gemacht hat. Dessen Buch »Der epochale Winter« war ja da die Grundlage, aber - diese ersten beiden Abschnitte im »Epochalen Winter« - also, die Anfragen an Grüne Politik - und seine Konzeption über den Durchschlag des Maschinenwesens – also, über Technologie: Das hat da nicht so im Vordergrund gestanden, sondern - wir waren dann im weiteren Jahr bei seinem Buch über »Parmenides« – also, über eine sehr frühe Schaltstelle im Prozess der abendländischen Entwicklung im frühen Griechenland: Padrutt. Und dann habe ich hier mit - das wird heute eine Rolle bei mir spielen: ein Buch auch einer bei uns Bekannten, nämlich der Claudia v. Werlhoff, das heißt: »Männliche Natur und künstliches Geschlecht«. Und die Pointe dieses Buches, auf die werde ich nachher noch kommen - dann hat man mehr Vorstellungen, worum sich das hier handelt: Das ist, dass - sie zeigt, wie anthropozentrisch – also, wie immer wieder nur vom Menschen und vom menschlichen Interesse ausgehend die Wissenschaft ist und dass dieser Anthropos, historisch gesehen – also, erst einmal schon empirisch, wir wissen, wer im Lexikon steht, aber natürlich auch jetzt gesellschafts-geschichtlich - dass das eher androzentrisch heißt. Und sie geht einfach davon aus – also, das ist für sie fast schon evident, darüber hat sie nämlich vom Urschleim an ewig gearbeitet, sondern - sie zeigt, was das für unsere Art Wissenschaft bedeutet, dieser Aspekt. Dieses Buch von Claudia habe ich zu zeitig gelesen gehabt, sodass es mir jetzt bei der Literaturliste nicht rechtzeitig eingefallen ist. Und dann kann ich noch sagen, die Claudia ist auch inspiriert von Heidegger – also, Martin Heideggers Anfrage an die Wissenschaft, an das Technologische, spielt hier im Untergrund mit. Ich sage es, weil ich gleich noch ein kleines Buch erwähnen will – also, der Grundansatz von Heidegger, den kriegt man ohne die Problematik, die mit der Person verbunden ist, weil - er war halt Parteimitglied und ist es bis zuletzt gewesen und war für die Nazis Rektor, 1934 in Freiburg, hat dann allerdings selbst geschmissen und angefangen – ja, angefangen - etwas zu liefern, was im Inhalt dieses Buches ist. »Egon Vietta« heißt das, Heideggers Kritik am Nationalsozialismus und an der Technik. Da ist – also, die Urfassung eigentlich aller jetzt aktuellen Technikkritik hat seltsamerweise Martin Heidegger geliefert; wir kommen heute in der Vorlesung noch verhältnismäßig kurz drauf. Das Buch hier, Heideggers Kritik am Nationalsozialismus und an der Technik: Das heißt eben nicht, dass der Anti-Nazi war. Ich muss einmal - ich will es einmal riskieren, das auch so zu formulieren: Ich war ja mit meiner »Alternative« – also, mit der Kritik am real existierenden Sozialismus - nicht Antikommunist. Ich habe es immanent gemacht - und ich hatte vielleicht Glück, dass das System hier wahrlich nicht gar so fürchterlich war, jedenfalls unseres in der DDR, im Vergleich. Er hat halt an dem, was er für die Wahrheit an der Sache hielt, bis 1945 festgehalten - wenn nicht länger. Das ist also die Problematik hier, bei Martin Heidegger - und das ist auch der Grund dafür, dass dieses Buch von Silvio Vietta dieses Thema Kritik am Nationalsozialismus und an der Technik sehr gut und interessant darstellt. Leider ist es zugleich und unnötig apologetisch – also, etwas von Reinwaschen am lieben Martin hat es auch, halte ich nicht für nötig. Ich will es nur sagen - aber das hat den Vorteil eines kleinen Buchs, wo auf gedrängtem Raum Heideggers Leistung, und zwar in ihrem Widerspruch – also, die Kritik an der Technik ist das, was bleiben wird - an Heidegger. Also, er ist eigentlich - vom Fundament her hat er ökologische Theorie gemacht, ob uns das passt oder nicht, weil wir ja - die Grünen sind links gegründet, und zugleich - er ist in dieser Verfangenheit. Und deshalb auch im Zusammenhang war mir wichtig, den Hanspeter Padrutt hier zu erwähnen. Der hat diese ganze 68er Bewegung mitgemacht und ist also nichts in seiner Gestalt. Wir haben ihn ja hier erlebt. Er hat irgendwas mit diesen Altlasten zu tun, aber er hat in seinen Anfragen an die grüne Bewegung Martin Heideggers Konzeption benutzt. Einfach das - bloß hier hat man es also völlig unbelastet, wenn auch - man hat es vielleicht nicht ganz so theoretisch konzis wie in dem eben erwähnten Buch.

Die Konsequenz hier von Padrutt ist eigentlich der Gedanke, an die Grünen - darauf gerichtet: Es genügt nicht, sozusagen, die wissenschaftliche Weltanschauung einmal mehr zu drehen ins Alternative – Alternativexperten, Gegenexperten oder so – also, wir machen das jetzt mit ökologischer Modernisierung. Wir kriegen das noch einmal in den Griff, anders nun, sondern - er fragt, ob wir nicht die Grundhaltung zur Welt ändern müssten und dann vielleicht auch die Wissenschaft – also, das ist so Padrutts Rahmenthema.

Ich will ein letztes Stück Literatur erwähnen. Wir haben einen kleinen englischen Text dort unten, von meinem Freund Eduard Naudascher aus Karlsruhe. Das ist ein Hydromechaniker – also, ein Techniker, der schon vor längerer Zeit, vor zehn Jahren, gefunden hat, die Deutsche Forschungsgesellschaft sollte nicht mehr technische Projekte so sehr finanzieren, auch nicht sogenannte ökologische, weil - die treffen meist den Punkt nicht. Man müsste also an Komplexeres herangehen. Weshalb ich diesen Text dort hingelegt habe über die Frage »Was der Mensch mit den Wasserressourcen macht«. Das sind sechs Seiten oder zwölf wahrscheinlich – also, weil das ja verkleinert ist, englischer Text, wenn ich mich recht entsinne - verhältnismäßig leicht zu lesen, denke ich, wer ein bisschen Englisch kann. Was daran interessant ist: Wie so ein Ingenieur – also, Professor an der TH in Karlsruhe: Wie der das bringt, von der Frage der Wasserressourcen bis zu der Frage der geistigen Umstellung zu gehen - und zwar so, dass das völlig zwingend ist, weil sich zeigt – also, es ist auf den rein technischen und ökonomischen und realpolitischen Ebenen da nichts mehr einzuholen. Wir sind viel zu weit gegangen - es geht nicht darum, das ist schon gut – also, hier beim nächsten Mal werde ich mich auf Ernst Ulrich v. Weizsäckers Erdpolitik beziehen, die steht hier schon drin. Ich will ihn heute auch schon einmal erwähnen. Das ist richtig, es ist jetzt schon viel erreicht worden – also, Wasser siebenmal durch den Betrieb zu schicken und hinten so rauskommen zu lassen, dass dort Goldfische schwimmen können. Das hat Bayer Leverkusen gebracht. Aber der Gesamtverbrauch an Wasser ist einfach so hoch, dass wir mit den großen Städten - dass wir die Mark Brandenburg austrocknen. Und in Ländern, die instabilere ökologische Gleichgewichte haben als hier der begünstigte Nordwesten Europas, ist das viel fürchterlicher, was so ein Staudamm und was Tiefbrunnen - um die nächsten zehn Jahre grüne Revolution zu machen - was das anrichtet. Und diesen ganzen Zusammenhang zeigt er, und es ist interessant im Hinblick, das Thema selbst ist interessant - aber auch, wie er damit umgeht. So.

Jetzt will ich auf das heutige Thema kommen:

»Kann Wissenschaft helfen, wo Politik nicht greift?«

»Von Freiheit und Unverantwortbarkeit der Wissenschaft« und dann, worum es eigentlich mir heute geht: »Kann Wissenschaft ökologisch sein?« - und nun will ich zunächst auf diese drei Fragen - bzw. die zweite Frage wäre dann ja eigentlich der Punkt »Können wir da vor lauter Freiheit das verantworten?«. Das wäre ja auch eine Frage.

Ich will also in einem ersten Teil, der eigentlich nur Vorbau ist, ein paar Bemerkungen machen - allerdings noch irgendwie leichtgewichtige, die auf ein »Nein« zu diesen Fragen hinauslaufen, aber das wäre dann - dann könnte ich auch nach 20 Minuten aufhören. Es ist mit diesen Antworten nichts gewonnen zunächst, mit den Feststellungen, die ich jetzt treffen will. Obwohl - ja doch, was gewonnen sein mag und deswegen - sonst würde ich es überhaupt nicht machen: Was gewonnen sein mag, das ist – also, sozusagen - die Skepsis gegenüber jeglicher Art von Versprechungen in diesem Zusammenhang. Ich will einmal ein den Umgang von Ernst Ulrich v. Weizsäcker, mit dem ich schon einmal einen Austausch hatte und gerade wieder einen angefangen habe - da will ich einmal eine Stelle vorlesen, die zeigt, wie man – also, sozusagen - an der fortgeschrittensten - aber ich wage zu sagen: konventionellen - Position mit diesem Thema: »Was haben wir jetzt von Wissenschaft zu erwarten?« Er sagt, dass es politisch schwierig ist - dass wir also die Verhältnisse erst schaffen müssen, sagt er. Und jetzt - also, wenn es an die Modalitäten geht, wie man also ein Zukunftsmodell herbeibringen könnte, dann ist – also, »Technologie« und »Wissenschaft« sind seine ersten beiden Kapitel – also, man hofft auf Wissenschaft. Und da gibt es dann - auf der Seite 239 unter der Überschrift »Zerstörungswirkung« gibt es folgende interessante Stelle, die erst einmal also viel »Nein« enthält zu den Fragen, die ich da aufgebracht habe - Wissen ist Macht – also, Seite 239 seines Buches: »Erdpolitik«, Wissen ist Macht, hatte schon Francis Bacon in seinem »Novum Organum« gesagt. Es verwundert nicht, dass viele Kritiker der Wissenschaft in Bacon, Galilei und Descartes und in dem Siegeszug des wissenschaftlichen Denkens den Grund für die Umweltkrise sehen. Er widerspricht dem in dem ganzen Buche nicht – also, so einfach nicht, er leugnet das nicht. Das hat schon etwas - der Punkt, meint er. Die neuzeitliche galileische Physik - das ist jetzt ein anderes Zitat von dem Physikprofessor Klaus Müller, einem Deutschen - die neuzeitliche (galileisch) Physik ist von ihrem Ansatz her mörderisch, in letzter Konsequenz selbstmörderisch. Wir haben hier, was diesen Punkt betrifft - eine ganze Menge habe ich schon gesagt und Jochen Kirchhoff hat hier schon darüber gesprochen und sehr viel in seinen Vorlesungen: Dass das so ist - und der Hauptpunkt ist natürlich nicht die Polemik, ist nicht die Anklage: Ihr Mörder und Selbstmörder! - zumal, ich glaube, wir sind Physiker – also, wir haben genug Physik gelernt und geglaubt, bis zur 12. Klasse oder auch davor, um uns das anziehen zu müssen. Also, sie sei mörderisch und selbstmörderisch, vor allem - wir genießen ja die Physik bis zum Geht-nicht-mehr: Als Technik. Es ist jetzt deutlich geworden - das ist jetzt Fritjof Capra, der also schon weiter jenseits steht - es ist jetzt deutlich geworden, dass die Überbetonung der wissenschaftlichen Methode und des rational-analytischen Denkens, die Überbetonung - er sagt nicht: Das ist schlecht, sondern die Überbetonung dessen - dass das zu Verhaltensweisen geführt hat, die zutiefst antiökologisch sind. Und Carolyn Martschint, eine Amerikanerin, gibt der Kritik noch eine feministische Note. Claudia v. Werlhof hatte ich ja schon erwähnt - wenn sie sagt, man müsse die Ausformung einer Weltanschauung und einer Wissenschaft neu überdenken, welche die Beherrschung der Natur wider Frau dadurch sanktionierten, dass man die Wirklichkeit eher als maskulinen denn als lebendigen Organismus betrachtete. Und er sagt dann, Weizsäcker – also, das ist Ernst-Ulrich, das ist der Sohn von Karl Friedrich v. Weizsäcker - ein Mann, der die Reformuniversität Kassel mitgegründet hat, dort einmal Rektor war und jetzt das Zentrum - das Wuppertal-Institut für Klima, Umwelt, Energie (steht auch irgendwo hier drin) - leitet als Präsident, dem als Präsident vorsteht, hat für die EG sehr viel gemacht. Also, jemand, der sozusagen an der vorderen - ich sage ruhig einmal: Front in der Umweltpolitik darum kämpft, etwas von dem, was da notwendig wäre, innerhalb der Bürokratie durchzusetzen - und des Managements in der Wirtschaft auch und da den Dialog pflegt, um ein Stück vorwärtszukommen – also, er sagt - zahllose weitere Zitate ließen sich sammeln, sie alle drücken etwas Wichtiges aus, etwas, was wir alle wissen oder ahnen: So darf es nicht weitergehen mit der Wissenschaft. Wissenschaftler, Techniker, Wirtschaftler, Politiker und Laien müssen diese Warnungen äußerst ernst nehmen und in gewisser Hinsicht - Laien sind eigentlich inzwischen selten – also, für jedes Spezialgebiet natürlich also ist man Laie, deswegen, viele an der Universität hier betrachten ja schon allein meine Vorlesung deshalb als unverschämt, weil ich über zu viele Sachen rede, über die man also in diesem spezialistischen Sinne nicht soviel wissen kann wie jeder Fachmann. (Das ist übrigens wahr: Dass das so ist.) – also, Laien - ich meine, die Laien haben - hier sind viele Leute Laien, die zumindest praktisch Physiker sind, insbesondere Techniker und so - und jetzt kommt aber, was Weizsäcker sagt:

»Und dennoch scheint mir, dass hier zu schwarz gemalt wird. Die Lernfähigkeit des Menschen, der Wissenschaft und der Kultur wird unterschätzt.«

Das ist also sein Schluss hier in dem Kapitel. Ich komme auf dieses Wissenschaftskapitel nachher noch einmal zurück, auf die Punkte, die er dann also ins Spiel bringt, in dem Zusammenhang hier, ehe ich auf mein Hauptthema hinterherkommen will. Aber was ich hier sagen will, ist, ganz allgemein gesagt: Die Lernfähigkeit des Menschen der Wissenschaft und der Kultur wird unterschätzt – also, ich würde hier auch nicht reden, wenn ich nicht für möglich hielte, dass der Mensch lernfähig genug ist, um aus dem - ich sage erst einmal: Wissen statt Wissenschaft - aus dem Wissen etwas anderes zu machen. Ich vermeide den Begriff Wissenschaft jetzt deshalb - es wird später noch deutlicher - weil das einfach ein Strukturkomplex ist und nicht einfach Leute, die etwas wissen oder Gelehrte, die etwas herausgefunden haben, sondern die Wissenschaft ist einfach Teil dieser Megamaschine jetzt und man kann davon nicht absehen, wenn man von Wissenschaft redet, jetzt. Das ist eine Institution und diese Universität hier ist natürlich dazu da – also, Absolventen als Funktionäre für die Megamaschine zu backen, sonst kriegt sie kein Geld mehr. Also, das ist ja der Zusammenhang von Wissenschaft in dem Sinne. Und wenn man in der Feststellung hier, die Lernfähigkeit soll nicht unterschätzt werden, den Unterschied macht zwischen Wissenschaft, meinetwegen auch zwischen Wissenschaft und Wissenschaft - es geht mir hier nicht darum, ein Wort endgültig abzuschreiben, darum geht es mir nicht, nun - sagen wir ruhig, den Unterschied zwischen Wissenschaft und Wissenschaft, Wissenschaft und Wissen macht dann - dann ist der Satz ja richtig. Aber was Weizsäcker hier meint - wir werden das nachher sehen - ist einfach: Er hofft nun meiner Meinung nach sehr viel, zu viel - er hofft ja von Wissenschaft, die innerhalb dieser Struktur, dieser verteufelten, geliefert werden kann. Es ist erstaunlich, weil er selbst in seinem Buch immerhin an vielen Stellen zeigt, dass die Wissenschaft sich da mit lauter notwendigen Sachen befasst - und komischerweise immer die hinreichenden, also ich erinnere an dieses mathematische Spiel - notwendig und hinreichend – aber: Die hinreichenden nicht bringt – also, dann kann man ihr viel zutrauen, was Windräder betrifft und was Wasserreinigung betrifft und mancherlei andere, vielleicht noch gravierendere Dinge als die Solarenergie und so fort. Gut, man könnte auch falschen Trost sich angeschafft haben. Also, jetzt in Kürze will ich einmal auf einen Nenner bringen, was ich da meine: Kann Wissenschaft helfen, wo Politik nicht greift? - Um etwas kürzer zu sein, auch jetzt will ich einmal - da habe ich mir ein paar Thesen formuliert zur ersten Frage - also: »Kann Wissenschaft helfen, wo Politik nicht greift?«. Ich sage: Nein. Denn Wissenschaft und Politik arbeiten offensichtlich in einem Verbund, die betreiben zusammen dasselbe Geschäft. Die zweckrationale Wissenschaft begründet die Technologie, von der wir leben, legitimiert, obwohl selbst oft in sich gespalten – also, in sich in bekriegende Fraktionen gespalten, fast jeden staatlichen Akt. Man kriegt auch immer ein Gutachten, für alles. Die politische Klasse ist als weiteres Argument dafür, dass man das nicht so auseinanderhalten kann - und auf die eine hofft man, auf die andere nicht. Die politische Klasse ist wissenschaftlich ausgebildet, arbeitet mit der Form nach wissenschaftlichen Methoden. Wissenschaft ist überhaupt als gesellschaftliches Organ angesetzt und ihre Ergebnisse werden - staatlich wie privat - gesellschaftlich umgesetzt. Also, ohne den Staat, übrigens, läuft überhaupt nichts mehr, was Forschungsplanung betrifft und wo die Gelder hingehen und wo nicht und wie die Universität bezahlt wird und so fort. Das heißt nicht, dass gar keine Initiative im Fach mehr liegt - heißt es nicht. Das ist ja zu einfach. Aber die Dominanz des Geldes über die Wissenschaft, nicht mehr, also nicht so unbedingt – also, das unterschätzt man – also, bei der Anwendung nachher – also, bei den Milliarden, die ins Produkt gehen – also, Richtung Technologie und Produkt schon. Da sind es dann die Konzerne - aber was die Grundrichtung der Forschung betrifft, Grundlagenforschung und die Vorbereitung der Technologie, die dem Konzern denn auch wieder zu teuer ist, ist es der Staat. Also, da ist das grundverflochten, das ist also nicht ohne Politik zu haben und es wird politisch im weitesten Sinne über den Einsatz der Wissenschaft entschieden. Also, diese Golfkriegsmaschine war eine wissenschaftliche Katastrophe erster Güte: Eine Menschheitskatastrophe erster Güte, dass es die gibt, noch ehe, dass es sie eingesetzt oder auch eine war, dass es sie überhaupt gibt, ist die Quintessenz sozusagen der Katastrophe, die die Wissenschaft ist. Und wieso soll man in den Zulieferbetrieb für diesen politischen Wahnsinn Hoffnung hineinsetzen, und zwar - wenn man es aufs Ganze sieht - dass sozusagen jedes – also, jedes Fachgebiet heute: Es gibt eigentlich keinen Professor mehr, keinen Gelehrten, keinen Assistenten, der nicht irgendein Thema - fast alle jedenfalls - das dann also unter Ökologie firmiert. Wir haben uns ja sozusagen die sogenannte Umwelt so herausgefordert, dass das der Stoff des nächsten Jahrhunderts natürlich sein wird. Aber wir denken nicht daran, einstweilen die Kriegsmaschine beiseitezustellen, sodass also ja das ganze Ding weitergehen wird. Wissenschaft ist ein Teilsystem in der Gesamtstruktur, sage ich als letzte These, der Interessenkämpfe, die die moderne Gesellschaft nach innen und außen ausmachen. Also, die Wissenschaftler treten auch als Lobby auf, wenn es zu wenig Geld gibt - im Vergleich jetzt zu anderen Fraktionen der Gesellschaft, die Geld brauchen. Dann weisen die entsprechenden Gremien der Wissenschaft, Ärzte einschließlich, erpresserisch darauf hin, dass demnächst also wir den Wettkampf mit den Japanern verlieren werden und dass die Gesundheitspolitik niedergehen wird und so weiter und so fort. Also, das ist ein Geschäft erster Güte. Ich sage zu der Frage, ob Wissenschaft helfen kann, wo Politik nicht greift, glatt: »Nein«. Ich neige dazu, zu denken, dass, wenn man also dahin käme, den politischen Bereich zu öffnen, von dort her die Chancen größer wären. Darauf will ich besonders also in dem Seminar hinarbeiten - nämlich das mit diesem Ei, auf das ich noch komme. Ich glaube, dass das Politische, so entfremdet es in Richtung Staat natürlich ist, aber - sogar einschließlich, dass der Faktor Staat im Spiele ist, der wirklich hauptsächlich repressiver Art ist - oder zumindest wesentlich mit repressiver Art ist, aber - Politik ist ja – also, Politeia - ich habe darüber hier einmal ausführlich gesprochen - meint ja das Gemeinwesen, meint die gesellschaftlichen Angelegenheiten. Und da wir diese verflucht komplexe Gesellschaft haben, gibt es da auch Institutionen, unentrinnbar – gibt es da Bürokratie. Vielleicht könnte doch etwas passieren, damit das also noch einmal instrumentell wird - für einen Kurswechsel. Ich sage nur: Vielleicht. Ich frage dem zumindest nach, ich verhalte mich zu dieser Frage nicht gleich hellenistisch. Also, das ist der Sinn meines Seminars und dieser Vorlesung auch – also, eher, denke ich, wird Politik greifen, als dass wir von Wissenschaft - ich meine jetzt das auch, wie die Engländer sagen - als solcher und in dem

Normalverständnis und Betrieb, den wir da vor uns haben. Was zu hoffen ist - also, bis jetzt haben wir von Wissenschaft immer dann etwas zu hoffen, wenn jemand den Nobelpreis hat und auf einmal weise spricht, Erwin Chagraff z. B. der allerdings vorher angefangen hat, zeitiger angefangen hat - der dann also sozusagen den Schleier zerreißt und zeigt – also, den Horizont des Entsetzens enthüllt - was Brecht gemacht hat, als er im Galilei dann die Frage aufwarf, ob es nicht ein universeller Entsetzensschrei sein wird, der eines Tages auf das viele »Heureka« antwortet, das aus den Labors kommt – also, das dazu, zu diesem Punkt. Und was jetzt die zweite Frage betrifft - die Frage, natürlich: »Ob sie verantwortbar ist - von der Freiheit der Wissenschaft her?« Da sage ich doppelt »Nein« – also, ich meine jetzt, unter zwei verschiedenen Gesichtspunkten sage ich dazu »Nein«. Zum einen »Nein«, weil - das habe ich also in meiner »Logik der Rettung« ausführlich dargestellt - die Freiheit selbst exterministisch funktioniert und so in die Welt gekommen ist. Und ich meine damit - um es einzugrenzen, weil - diese Freiheit ist gemeint und wird verfassungsmäßig hier in erster Linie geschützt, weil das die Freiheit ist, die aus der Französischen Revolution konstituiert worden ist und der Besitzindividualismus schon vorausging und wo der wichtigste Satz in der Verfassung dann die Festschreibung der Rechte des Privateigentums, dessen Schutz war - und wir dann anhängen in der Verfassung die Sozialpflichtigkeit und wo das Grundprinzip dieser Freiheit ist, dass das Individuum das Recht hat, mit dem Sein, mit seinem Schatz, mit seinem Kapital heftig zu arbeiten. Und die Grenze ist das nächste Individuum - und dieses nächste Individuum ist wieder ein Mensch, und Mensch und Mensch tragen ihre Kämpfe aus - und das kann nur auf Kosten aller ausbeutbaren Ressourcen gehen. Seien es ausgebeutete Leute - das ist das Nächstliegende und das ist das, was der Linken allein einzufallen pflegte, bis vor kurzem - sei es Dritte Welt, das fällt dann auch für linke Augen mehr und mehr mit rein, obwohl viel von dem Kolonialismus auch links nicht begriffen wird, weil - es gibt einen ganzen Strang, sozusagen, linken entwicklungspolitischen Denkens, das nicht begreift: Wenn wir diese Megamaschine, diese Technologie dahin transportieren, dass das nur dasselbe zur Folge haben kann, verschlimmert wie hier. Aber jedenfalls ist diese - fällt also das Naturproblem aus diesem Freiheitskonzept völlig heraus. Und es ist auch Philosophie geworden, bei Fichte beispielsweise – also, die absolute Freiheit des bei ihm sogar mit

Gott verbundenen Ichs – also, mit dem großen dicken Ich, es war nicht nur sein privates, war also idealisiertes der bürgerlich befreite Mensch, aber die Natur, die steckt voller Kruditäten, voller Grausamkeiten, da wird - Fressen und Gefressenwerden, das ist nicht kultiviert und das muss heraus- und niedergehalten werden. Also, das war Grundstrom des Aufklärungsdenkens im Staatsdenken des Thomas Hobbes - und so war auch die menschliche Natur. Der Staat muss so eingerichtet werden, dass diese fürchterliche menschliche Natur, der Affe in uns, Mord und Totschlag: Dass das niedergehalten wird. Und man hat spät erkannt, man beginnt es erst jetzt zu begreifen, dass wir nicht an unserer äffischen Aggressivität zugrunde gehen, sondern an unserer hochqualifizierten Oberkapazität hier oben. Kein Affe wäre auf das Ding gekommen, was wir hier spielen. Ist ein bisschen platt jetzt, verkürzt am Schluss, um nicht so lange dazu zu brauchen - zu dem Thema.

Also nein, weil - in diesem Zusammenhang hier ist es dann so gekommen, das ist dann also noch eine Stufe mehr, eigentlich, von dem, was ich eben sagte. Inzwischen regiert das ja jetzt nicht mehr die Privatunternehmer-Initiative - der ist ja dann vielleicht noch erschrocken darüber, dass das Tal auf einmal kahl war und die Bäume die Blätter verloren – da, wo die Textilfabrik dann stand und der ganze Dreck im Fluss - und in Sachsen so manche Stelle beispielsweise eben. Man hat ja inzwischen im Ruhrgebiet manches wieder hingepflanzt da, jetzt sind – also, hier sind jetzt juristische Subjekte zugange, und zwar die Großmächte – also, big science, big capital und big labour, Wissenschaft, Technik, Kapital, Staat. Diese Großmächte – also, diese Großinstitutionen sind die wirklichen Subjekte dieser Freiheit jetzt, es ist ein Kopfstand erster Güte, wo – also, sozusagen - deshalb der, ich glaube ja, selbst der Anarchismus noch eine bürgerliche Antwort auf die Katastrophe ist. Der ist nämlich der Protest gegen diese Superveranstaltungen, aber noch sozusagen in idealisiertester Form dieses freien Individuums - wo ich glaube, dass dieses freie bürgerliche Individuum noch eine begrenzte Fassung dessen, was der Mensch eigentlich ist - zu wenig, zu wenig – also, verkürzt, weil – also, gegen den anderen gestellt, mit ihm ausgekämpft und gegen die Natur. Und deswegen - also, ich denke, schon vom Prinzip her, weil jetzt – also, diese Freiheit der Wissenschaft Gefangene der Megamaschine ist. Und das korrespondiert natürlich mit dem, was ich zu der Frage 1 schon gesagt habe. Also, es kann deshalb schon nicht verantwortbar sein, weil das in diesen Zusammenhang eingebunden ist. Und zweitens empirisch viel durchsichtiger, weil ganz systematisch – also, alle diese Anstrengungen, die man jetzt ideologischerweise noch sehen kann, jetzt wird nämlich erneut verstärkt Moral und Ethik gepredigt und ich glaube in vielen Fällen nicht einmal an die Aufrichtigkeit dieser Predigten, denke, dass sie vielleicht schon als Vorhang geradezu projektiert sind in manchen Fällen, weil - die setzen ja voraus, wenn ich jetzt irgendwas Neues finde in der Gentechnik, irgendein Grundlagending ausgeklügelt habe und das publiziere ich irgendwo - und dann sitzen irgendwo in Amerika oder bei Bayer oder sonst wo andere Leute, die denken halt, damit könnte man ja etwas machen – also, ich bin ja schon nicht dafür bezahlt worden für die Grundlagenforschung, damit ich dann weiter kontrolliere, was damit wird, sondern - da war ja ein Auftraggeber, und dann sind da wieder Auftraggeber für das nächste und es liegt wirklich nicht - es hat mit meiner Moral und Ethik und wie ich darüber denke, ob erzreaktionär oder super-fortschrittlich, hat das, was ich da tue, überhaupt nichts zu tun. Das ist also ein Ding, das immer noch nicht angekommen ist, worauf sich Günter Anders also eigentlich 40 Jahre seines Lebens lang konzentriert hat, darauf hinzuweisen, wir sind verantwortlich für das, was wir da machen und nicht nur das, was wir uns im Kopf einbilden, wofür es gut sein sollte und wofür nicht. Also, diese Unterscheidung zwischen Gebrauch und Missbrauch der Wissenschaft ist ein ungeheurer Schwindel. Der Gebrauch der Wissenschaft - erstens ist diese Gesamtkatastrophe, in der wir leben, und der Missbrauch - das sind aufgesetzte Spitzen, wo wir dann finden: Das habe ich nicht gewollt. Das habe ich nicht gewollt. Natürlich, es kommt dann – also, ich meine, wenn man an den schönen Satz denkt - im »Galilei«, glaube ich, ist auch der formuliert, in Brechts »Galilei«: »Die Wissenschaft ist dazu da, die Mühseligkeit der menschlichen Existenz zu erleichtern«. Die schlimmsten Dinge haben eine Wahrheit, ohne diese Wahrheit wäre keine Kraft in ihnen - wenn das also nur so eine Veranstaltung wäre, wie das jetzt am Ende herauskommt, dass wir also vor jeder neuen Grundlagenentdeckung und vor jeder Anwendung eigentlich erschrecken müssen: Was wird da schon wieder Fürchterliches herauskommen? Dafür wäre das nicht zustande gekommen, sondern da war einmal ein geglaubtes Ethos der Wahrheit, sehr eingegrenzt allerdings - vielleicht fällt es mir noch ein, wenn ich bei der anderen Sache bin, vielleicht auch nicht, weiß nicht. Aber jedenfalls diese - es ist einfach so, die Wahrheit wird ja nur gesucht heutzutage - und das Geld dafür wird nur schon gegeben - die Dissertation nur ausgegeben, damit das dann erkenntnisgestützt – also, irgendwas besser ausgebeutet werden kann, besser genutzt und gebraucht werden kann. Dazu ist das da. Also, das ist - auf den breiten Weg zur Hölle ist das alles angesiedelt, im Einzelnen jetzt, sodass man nicht bloß den großen Zusammenhang braucht, sondern - es zeigt sich auch im Kleinen: Das ist nicht verantwortbar. Also, das spricht - was ich bisher gesagt habe, spricht nur für eins: für Generalpause in sämtlichen Labors, solange wir die Verhältnisse nicht von Grund auf geändert haben . Und zu der dritten Frage da, zu der Frage: »Kann Wissenschaft ökologisch sein?« - zu der will ich sagen: Dreimal »Nein« – erst einmal. Einmal, weil sie eben schon doppelt vorweggenommen, nicht einmal subjektiv verantwortbar ist – also, da übernehme ich, was ich eben erzählt habe, sie ist nicht mehr subjektiv verantwortbar. Und subjektiv meine ich jetzt nicht bloß privat in Ethik - meiner als Wissenschaftler - sondern Wissenschaft als Instanz und Gesellschaft, die die Wissenschaft beauftragt, da ist kein Subjekt, das das verantworten kann. Es ist nicht so organisiert. Da geht sowieso das Pferd mit dem Reiter durch, bloß das Pferd ist aus Eisen und nicht eins, das irgendwo biologisch auf uns hört oder mit uns kommuniziert. Die ökologische Modernisierung rettet nicht Mensch und Erde, sondern ist die Fortsetzung der selbstzerstörerischen Zivilisation – also, das, was jetzt, wo Wissenschaft angeblich ökologisch sein soll. Die kostet deshalb auch noch mehr Geld, als es sowieso schon kostet - und Geld ist ja der Ausweis für Material und Energie, das umgesetzt wird auf dem Rücken der Biosphäre.

Das zweite Nein, ob die Wissenschaft ökologisch sein kann, ist grundsätzlich-methodologischer Art. Sie kann es nicht sein – ökologisch - weil sie von ihrer Anlage her – also, so, wie sie bei Bacon in die Welt getreten ist - das hat ja auch Weizsäcker hier angesprochen: Also, das ist eine Wissenschaft, die analytisch vorgeht, die das Leben also konkret dann auch, wenn es dann auch an die Tiere herangeht, an unsere überaus wertvolle Gesundheit - die zerschneidet da. Also, das ist eine Wissenschaft, die ihr Objekt schon bei der Erforschung zerstört und wo auch die Technik, die daraus hervorgeht, Zerspanungszerstörungstechnik ist – also, Abtragen ist die Methode, eigentlich, und es ist – also, praktisch, von der Methode her, wird die Wissenschaft - wenn sie heute versucht, ökologisch zu sein, dann wendet sie sich zwar jetzt neu der Natur zu (was Wissenschaft unter Natur versteht). Darüber haben wir hier einmal ausführlich gesprochen - ist ja völlig abstrakt, was die von Natur behandeln, weil sie natürlich das Huhn nicht schlachten möchten, das die goldenen Eier für sie selber auch legt. Also, das ganze Spiel hört ja auf, wenn man allzu siegreich wäre. Aber ihren Anti-Naturalismus und diesen Sadismus auch – also, diese Folterkonzeption - der Bacon hat es direkt ja ausgesprochen, der hatte Erfahrungen in beiden – also, in Hexenprozessen - das ist eingebaut in die Art und Weise, wie Wissenschaft betrieben wird. Und natürlich, es gibt immer ein paar Leute, Kükelhaus beispielsweise, die sozusagen allgemein auch wissenschaftlich ausgebildet sind und das negieren. Aber das sind immer Randfiguren. Der Mainstream ist nach wie vor derselbe. Sei es also, dass irgendeine scharfe Lauge oder Säure dann drangetan wird, um es zu separieren da - oder seien es die Herbizide: Es ist also stets dasselbe Verfahren, das charakteristisch für das Vorgehen schon der Wissenschaft ist. Und der letzte Punkt, der nun – also, schon bis hierher - ich will einmal sagen: Ehe ich zu dem letzten Punkt jetzt komme - und dann gehe ich auch über zu meinem - zu diesem Ei da, zu dieser Frage, um die es mir heute hauptsächlich geht; ich bin vielleicht schon etwas lange bei dem hier.

Da will ich davor noch sagen – also, bis zu dem, was ich eben gesagt habe, gibt es zwar heute die größten ideologischen Widerstände, sozusagen, in der massenhaften Rezeption - gegen das, was ich eben sagte, treten dann natürlich Verteidiger auf und weisen auf das viele Gute hin und so, was da auch bei der Wissenschaft herausgekommen ist, und - »Nimmst du nicht auch die Medikamente?«, und so. Ich will das jetzt hier nicht diskutieren. Wenn wir wollen, können wir nachher ja noch darauf kommen. Aber was ich feststelle, ist, dass auf dem theoretischen Gebiet – also, dort, wo die am weitesten schauenden Leute - und zwar egal, welchen geistigen Lagers, was dieses Thema betrifft - wo die an der Arbeit sind: Die leugnen diese Sache nicht. Also, hier - Weizsäcker z. B, der, sagen wir einmal, irgendwie sozialdemokratisch denkt - ich sage das deshalb, weil das, was er in dem Buch hier stehen hat, ich habe es von Oskar Lafontaine - fast genau dasselbe, wie er im »Neuen Deutschland« gesagt hat, habe ich in der »Frankfurter Rundschau« gelesen, als das sozialdemokratische Programm jetzt für die Wahlen – also, die Denkweise ist dieselbe. Aber Oskar - weiß ich nicht, ob er es so unterschreiben würde. Er ist Politiker, vielleicht wählen ihn zu viele Szientisten - aber Weizsäcker hat überhaupt kein Problem, das festzustellen, dass die Wissenschaft zerstörerisch und dass sie grausam ist. Es ist direkt eine Kapitelüberschrift auch bei ihm. Nur das ist noch nicht durchgekommen. Aber der letzte Punkt, um den es mir jetzt geht – also, dieser in dem dritten Nein: Der ist - darüber wird geraunt. Aber es wird im Allgemeinen nicht gewusst, worum es sich dabei handelt - und das ist eigentlich, worauf ich dann nach einer kurzen Pause noch kommen will: Das ist, dass diese Wissenschaft so fundamental anthropozentrisch angesetzt ist - und das steht bei mir jetzt im Mittelpunkt, nicht das Androzentrische – also, dass das Mann-zentrisch ist, das habe ich nur für die methodische Komponente jetzt gesagt. Es ist interessant, dass diese Methode eben mit dem männlichen Geist jetzt verbunden ist – also, geschichtlich. Das will ich gesagt haben - aber man kann nicht alles auf einmal behandeln. Das ist dann nicht mein Thema, sondern mein Thema ist die Frage im folgendem - und dazu ist dieses Ei hier sehr gut: Die Frage, warum das so ist - denn das ist doch kein Unfall. So was glaube ich nicht. Manchmal in der feministischen Debatte steht das als Unfall da: Da muss also in der menschlichen Existenz, in der Art und Weise, wie der menschliche Geist in der Welt ist, wie Geist überhaupt in der Welt ist, muss zumindest sozusagen verortbar sein, muss ein Ort sein, von woher sich das ereignen kann. Dann kommen soziale Mechanismen - und alles Mögliche kommt dazu, aber die Entscheidung in dieser Richtung, wenn schon Wissenschaft geistig ist und wenn sie schon sowieso eine Tochter der Theologie auch in unserer Geschichte irgendwann ist, von ihr emanzipiert gegen sie erst mal nicht. Es ist ja wohl wahrscheinlich, dass da ein spiritueller Kern hinter der Sache gesteckt hat - und auf den will ich halt kommen. Ich will daran erinnern, dass die Frage - will ich aber bloß erwähnen jetzt - die Frage, die ich da hier behandele – also, die Definition dieses Standpunkts, der das eigentlich erklärt, warum Wissenschaft so funktioniert: Das ist die große Leistung Kants gewesen. In seiner »Kritik der reinen Vernunft« - und fasslicher dargestellt für – also, auch ich habe die »Kritik«, muss ich gestehen, leider nicht ganz gelesen, aber es ist - die »Kritik der reinen Vernunft«, ist eigentlich schandbar für nen Philosophen, aber es war damals nicht - und ich bin später nicht dazu gekommen. Aber was ich gelesen habe, sind gewesen die »Prolegomena zu einer jeden künftigen Metaphysik« - und das war zwei Jahre nach der »Kritik der reinen Vernunft« sein Versuch, das etwas populärer zu machen. Da geht dann hervor, dass also der Stoff, den Kant behandelt hat 1785 und 1783 - die »Kritik« war, glaube ich, 1783 und das andere 1785, die Prolegomena - dass das in Indien das erste Mal richtig niedergeschrieben worden ist, insbesondere der Ausschnitt, auf den Kant sich konzentriert, 500 nach Christus. Und in Indien jedenfalls ist typisch, dass alles irgendwann Niedergeschriebene sehr viel älter ist, weil Jahrhunderte mündlicher Überlieferung dahinterstehen. Das ist halt mündlich weitergegeben worden, damals - und das ist schon sehr interessant. Und noch interessanter ist deshalb dieses Ei hier - wenn man das einmal hier nimmt, so, wie es hier steht: Kant behandelt also diesen Bereich hier – so, diesen, die unteren zwei Drittel dieses Bereiches - und der obere Bereich hier, der kommt bei ihm als die regulativen Prinzipien - Gott, Freiheit und Unsterblichkeit - noch vor. Er fordert sie regulativ, es ist moralisch, es ist für die Moralphilosophie, es ist pragmatisch notwendig, man weiß auch noch: Da war etwas, aber es ist nicht Gegenstand der Wissenschaft, es kann nicht Gegenstand der Wissenschaft sein, wie er sie konzipiert. Das ist eigentlich »Ding an sich« und alles, was in den Gegenständen, in den Objekten, die man nun also herausgreifend betrachtet, auch vielleicht nicht völlig aufgeht in der wissenschaftlichen Theorie, was darin auch - vielleicht doch mit Gott, Freiheit und Unsterblichkeit - ich meine, mit der Zone zu tun hat, in der diese Begriffe flottieren, das ist auch nicht enthalten. Das ist in der Kant'schen Begründung moderner Wissenschaft - und das war sie – also, es ist nie so wie bei Kant auf den Punkt gebracht worden. Fichtes Wissenschaftslehre, die das in Richtung des Subjekts übertreibt – also, wie großmächtig das Subjekt ist - ist ein Abkömmling, in der Hinsicht, von Kant. Er war in der Hinsicht ganz Schüler Kants, was den Moment an seiner Freiheitsphilosophie von Wissenschaftslehre angeht. Sein Freiheitsbegriff versuchte noch, wieder etwas einzufangen von – was - vorhin, wo ich sagte, was verloren ist. So verantwortungslos gedacht war es nicht, aber -jedenfalls in unserer klassischen Philosophie ist ein Ausschnitt dieser Sache behandelt worden, nicht das Ganze. Für Kant waren jedenfalls die Anschauungsformen - das ist das wichtige Bindungsglied, nämlich Raum und Zeit - und für Kant waren die Kategorien so was wie Kausalität - die Wissenschaft des 19. Jahrhunderts war nicht kantianisch, noch nicht. Die haben das noch draußen gesucht. Für Kant war Kausalität keine Kategorie draußen, sondern eine, die muss im Subjekt sein. Nur - und ich glaube zwölf – nein, 16 Kategorien, ich weiß jetzt nicht genau, muss erst einmal gucken: 16 Kategorien hat er gehabt, 4 x 4 oder so – nein, 4 x 3: Doch 12 nur – also, zwölf Grundkategorien, die sozusagen - also, die irgendwie - heute würde man sagen: Dies ist die Speicherorganisation - so, im Großhirn, würde man heute technokratisch computermäßig sagen. Und wovon Kant eben ausging, war: Das sitzt in uns - und wo das in uns herkommt, das mag ja noch einmal - aber wir können darüber nichts sagen, »Ding an sich«: Das mag ja noch einmal etwas mit Gott, Freiheit und Unsterblichkeit zu tun haben. Ich mache darüber keine Aussagen, sagt Kant, wo das herkommt. Er sagt nur: Ich sehe, da ist etwas - denn anders ist Erkenntnis nicht erklärbar. Da ist immer schon – also, wenn wir bloß drauf gucken auf Fakten: Das organisiert sich nicht von da aus als Erkenntnis, sondern wir haben da Kräfte a priori, sagt er - a priori in uns. Und die Inder haben eine Erklärung dafür, die nun wieder ganz anders ist, dass das so ist.

Ich bin am Ende mit diesem Teil und will jetzt, da es relativ weit fortgeschritten ist, euch und Sie bitten um eine kurze Pause von nur gut fünf Minuten zum Verschnaufen und will dann an den letzten Punkt gehen. Ich kündige jetzt einmal an - für jemand, der dann vielleicht doch einen Augenblick eher gehen: Es wird vielleicht ein kleines bisschen über 20:00 Uhr hinaus dauern, sehe ich jetzt. Ich schaffe es offenbar nicht - aber der zweite Teil ist mir ganz wichtig – also, Viertel nach acht werde ich fertig sein. Jetzt ist fünf Minuten Pause.

- Pause -

So dann, ich fang noch einmal an.

Also, was ich jetzt versuchen will, das ist: Aus einem übergeordneten Gesichtspunkt, der aus einer anderen, uns unvertrauten Kultur stammt, verständlich zu machen dieses letzte Nein zu der Frage: »Kann Wissenschaft, wie wir sie hier betreiben, ökologisch sein?«. Und ich hatte gesagt: Sie ist anthropozentrisch - und ich will auf den Punkt kommen, was das bedeutet, was für eine Position das wesensmäßig ist, die da bei Kant auch erschienen ist.

Der Hintergrund so eines Philosophierens wie bei Kant - und das ist auch sozusagen empirisch, ich meine: biographisch sehr nachvollziehbar, wenn man das liest: Das ist, dass man, wenn man Wissen gegen Glauben stellte - was für die Aufklärung ja eines der Charakteristika war - dass man dann unter Glauben verstand: Das sind Sätze, die irgendwo in einem kleinen Katechismus stehen, da ist nichts erfahren. Das heißt also, man hatte sich - und zwar in seiner Eigenschaft als christliche Mönche, wenn man jetzt die lange Reihe der Wissenschaftlergeschlechter nimmt - hatte man sich soweit verrationalisiert, dass es – also, wenn es in einem Kloster einen gab, der dann einmal selig war – also, die Kirche hatte dann noch kleine Kinder, die einmal eine Marienerscheinung gesehen haben, was auch immer - die Frage, was da erschien, ist ein zweites Thema, das will mich hier nicht interessieren, sondern ich sage nur, die Durchlässigkeit für Erfahrung sozusagen überrationaler Art war nicht mehr da. Etwas später - das hat Kant noch nicht gemacht, Kant hat noch gesprochen von Gott, Freiheit und Unsterblichkeit - etwas später stand das unterm Verdikt, gut 100 Jahre später dann, und 200 Jahre später unter dem Verdikt des Irrationalismus: Da überhaupt noch etwas für möglich zu halten. Und hier, bei dem, was ich hier angemalt habe, da handelt es sich um eine Welt des Menschen – also, um eine menschliche Existenzform, in der es so etwas wie einen Gegensatz von Glauben und Wissen noch nicht gegeben hat, und zwar deshalb nicht gegeben hat, weil - bei alledem, was hier drin steht, handelt es sich nicht umsozusagen mühsam ausklamüserte abstrakte Begriffe - ausklamüsert, das hat ja schon etwas mit mühsam zu tun – sondern da handelt es sich um Sachen, die diese Leute in sich erfahren haben in ihrer - aus dem Potential der gesamten menschlichen Psyche. Das stammt aus den Zeiten, in denen wenn schon nicht mehr alle Menschen, weil wir - das Rationale hat früh begonnen, aber - die wieder - wo einzelne davon, Yogis jetzt genannt, in Indien vielleicht 1500 Jahre lang ungefähr so genannt - wo Leute noch imstande gewesen sind, das Erdbeben mit den Tieren zwei Tage vorher zu wissen und wo das aber nur - das Erdbeben, das ist hier angesiedelt, hier ganz unten in dem System. Das ist die dickste Stelle sozusagen im Geiste, wo der Geist sich am meisten verdickt hat, so. Und es ist in diesem indischen Kulturzusammenhang - und seltsamerweise, die moderne Physik führt auf ihre verschrobene Weise wieder daran – also, führt wieder zu der Frage, ob das nicht Unfug ist, diese Dualität, denn hinter dem Wissen und Glauben steht die Dualität von Geist und Materie. Geist war sozusagen unter Aberglauben abgeschrieben von der Aufklärung – also, von Leuten, die - Kant war nicht der Gröbste, wahrhaftig nicht. Der hat die Sachen, also die Themen noch zusammengehalten. Aber Aufklärung – also, wenn sie dann atheistisch wurde, die hielt das alles für Aberglauben. Und nicht etwa, dass da keiner gewesen wäre, bloß - das waren die Verfallssymptome einer Kultur, die völlig in den Materialismus abgesunken war und wo dann auch sozusagen der materialistischste Anteil der alten Magie, der urmagischen, der schamanistischen Magie, die auch es mit der Beherrschung von Stoffen hauptsächlich zu tun hatte, dann natürlich im Vordergrund stand. »Liebe Mutter Maria, hilf - ich spende jetzt in deinen Opferstock«, und so - und vielleicht hilft es. Und da hier seelische Kräfte im Spiel sind, hilft es manchmal tatsächlich, das war dann ein Hilfsmittel - so was gibt es. Aber jedenfalls: Womit wir es hier zu tun - das ist eine in Kaschmir, und zwar das ist so ein Bergtal, deswegen sind dort älteste indische Weisheiten konzentrierter übermittelt worden, das nennt sich - die Engländer, ich habe es aus dem englischen Text nur – »Kaschmir Sivaism«, seltsamer Name, das kommt von Shiva - und die Engländer übersetzen halt »Sheiva« für »Shiva«, aber - das ist eine Shiva-Philosophie, vorbuddhistisch in ihrem Konzept - die haben da, die haben dem Buddhismus auch standgehalten, aber - Buddhismus und Shiva sind unendlich viel verwandter als die abendländischen Philosophien und Theorien mit diesem sind – also, das ist ein Kontext, und - Parama Shiva, das ist nun allerdings erst einmal ein Begriff, der erst einmal - formell gesehen, stimmt der z. B. völlig mit dem Begriff überein, den ich hier einmal ausführlicher vorgestellt hatte: »Gott allein ist, außer ihm ist nichts«, wie Fichte das formuliert – also, das ist die absolute, die letzte Wirklichkeit. Das ist der Name für die Wirklichkeit schlechthin. Und es ist damit eingeschlossen, dass hier unten nicht bloß Erde 36 als Element – also, Erde, Wasser, Luft und Feuer, sondern auch Erde hier als der Planet, als die Kugel, dass auch das in letzter Instanz – also, das ist dicker Geist, besonders verdickter Geist. Und über den Energiebegriff der Physik – also, man nähert sich der Sache an. Man nähert sich einer solchen Sichtweise an, die Urknalltheorien haben ja auch irgendwie damit zu tun, ob die nun stimmen oder nicht, aber - dass das einmal etwas an einem Punkt so zusammengezogen gewesen sein soll, wenn diese Masse daraus hervorgegangen sein soll, muss das etwas anderes gewesen sein als Eisen und weiß ich was – also, diese Raum füllenden Materien. Also, das ist nicht Idealismus – wichtig, wenn man jetzt in deutscher Philosophie denkt - und das ist auch nicht Materialismus: Das ist keins von beidem - und das ist auch nicht sozusagen ein Versuch dann - wie am Anfang des Jahrhunderts - dann einmal innerhalb europäischer Kategorien diesen Widerspruch zu überwinden, sondern die erklären, durch welches kosmische Gesetz allerdings wir dahin gekommen sind. Nämlich also in diesem Ei hier - ich habe etwas ganz Wichtiges nicht gemalt, dieses Ei hier ist immer noch sozusagen - in der Mitte steht ja hier der Mensch. Und wenn diese Instanz hier überhaupt hingeschrieben werden kann, dann ist vorausgesetzt, dass der Mensch sie erfahren konnte, sonst wäre die da nicht hingeschrieben worden. Das heißt, man spricht davon, dass es Leute gibt - der Ausdruck, den man bei Wilber, Ken Wilber immer findet für das, ist Dharma Khaya, d. h, das ist sozusagen die – also, die dortige Kausalität, d. h, die Ursache aller Ursachen, die letzte Ursachenebene, mit der sich der menschliche Geist im einzelnen verbinden kann. Aber diese - es steht hier hinter - Erfahrungen, die Menschen durch Übungen machen konnten - und wenn man fragt, wie das beweisbar ist, dann gibt es also keinen anderen Weg, als: Mach diese Übung! Was feststeht, ist, dass in Indien vermutlich Hunderttausende Leute, wenn nicht Millionen Leute in der Geschichte solche Übungen gemacht haben und dass es jedenfalls Tausende gewesen sind, die sich darüber austauschen konnten, wie diese Erfahrung ist und welche - es gibt auch noch andere Stufenmodelle da – also, es sind noch andere diffizile Dinge erfahren worden. Was hier - jedenfalls der Punkt, dass diese oberste, diese obersten fünf hier: Das steht hier noch als Rein - und Rein meint: Da ist der Geist noch bei sich, d. h, was hier herausfällt – also, die Potenz Shiva, das ist eigentlich das Sein, das ist die passive Seite, seltsamerweise die passive Seite - während Shakti die weibliche ist. Die männliche ist die - bei uns männliche zunächst einmal, nämlich die aktive Seite, das Moment der Aktivität ist das. Das eine ist das Moment der Ruhe des Geistes, das ist der Aktivität - und dann kommen also Wille, Fühlen, Erkenntnis – also, Wissen als Potenzen, als Potenziale. Aber da ist das noch völlig bei sich - und diese 36 Dinge hier, von 1, von Shiva selbst, bis zu 36, dem Element Erde: Das wird verstanden als Elemente oder als Manifestationen, die aus dem Ei nun hervorgegangen sind - und zwar in dieser Reihenfolge draus hervorgegangen sind und aus dieser Reihenfolge – also, die Erde über den Menschen kehrt dahin zurück. Also, ich meine: Das, was Hegel nannte »Entfremdung«, das wäre dieser Vorgang der Entlassung aus dem absoluten Wissen, wie er das beschrieben hat - und was er nannte »Aufhebung der Entfremdung«, wäre – also, sozusagen - dass sich selbst das Festeste - die Erde - wenn, vielleicht mithilfe des Menschen: Vielleicht braucht sie diese Hilfe. Denn es wird gesagt, dass das Absolute sich hier drin zumindest nicht mehr fühlt – also, der Mensch muss da, wahrscheinlich hat er da eine Aufgabe, sich das da - das ist so verdickt oder der Geist ist so verdünnt: Ist dasselbe, Verdünnung sozusagen im Sinne dessen - oder Verdickung, es ist mehr Masse. Und diese ersten sechs ist »Rein«, und dann kommen die sechs - von sechs bis zwölf - sind mit den beiden Grenzpositionen dann sieben, von sechs bis zwölf. Die Positionen, wo das »Rein« – »Unrein« genannt wird - und zwar: Gemeint ist damit die Tat - was heißt es dort im Indischen – also, diese Manifestationen – Elemente, die auf diesen Ebenen hier spielen, da ist noch Rückkopplung, d. h, die Subjektivität jetzt hier des großen Ichs, wenn man so will – also, des Welt-Ichs: Die greift hier noch insofern über, als bis zu dem Punkt Mensch-Subjektivität - darum auch können wir – also, in dem Modell jetzt einfach gedacht, in dem - bis zum Menschen greift das über, dass man also angebunden ist. Das Wort, das die Inder ja - und ich habe es nicht im Kopf, d. h, im Englischen ist das übersetzt als »bind« - von binden, gebunden, rückgebunden – also, das, was mit »religio« immer gemeint ist. Das reicht genau bis hier in dem Sinne: Hier ist die Subjektivität - erweist sich noch, obwohl hier schon – also, die Positionen dann von 7 bis 11 in dem Bild hier: Das sind dann - das ist dann hier - da entsteht dann bei 7 »Einzelseele« – also, die Seele schon als vereinzelte - und da entsteht dann das Wissen, das auf Einzelnes gerichtet ist. In 8 und in 9: Bestimmte Objekte des Interesses werden bekannt - und dann 10 und 11: Das sind dem Kant seine Anschauungskategorien Raum und Zeit, die reinen Anschauungskategorien - und das also ist noch zurückgebunden. Aber die spannendste in diesem ganzen Feld hier, zwischen dem Ganzen und Mensch ist diese Kategorie Maya – also, diese Manifestation Maya Shakti. Und zwar das ist die Kraft, die trennen und teilen kann, die Kraft der Differenzierung, die Kraft, sozusagen, der – also, es könnten keine Objekte entstehen, wenn die nicht da wären. Und die fünf, die ich eben nannte, einschließlich Raum und Zeit: Das sind die Elemente, mit deren Hilfe sozusagen diese Maya-Kraft diese Trennung vollzieht. Aber das schließt ein – also, das ist die Wendung hier entlang – also, um diese ganze objektive Welt aus sich zu entlassen, gewissermaßen - aber das schließt auch die Drehung ein – also, hier entsteht der Schleier der Illusion, dass wir nicht zurückgebunden seien. Das heißt, in dem Bereich einschließlich der Bereiche des Menschen ist es auch vergessbar, d. h, es ist hier nicht gesichert, dass wir unsere göttliche Natur wissen. Hölderlin sagt: »DER MENSCH IST ABER EIN GOTT, SOBALD ER MENSCH IST« (großgeschrieben), aber er weiß - in seiner Dichtung an sehr vielen Stellen - dass wir so nicht - meistens nicht - leben, dass wir nicht in der Verfassung leben. Und dann sind wir also Maya ausgeliefert, d. h, wir sehen da nicht nur, dass es sich unterscheidet, die Einzelheit - ein Objekt ist da und so, sondern - Raum und Zeit, »Im harten Raum stoßen sich die Kräfte«, sagt Schiller. Wir sehen das nicht nur, sondern wir fühlen uns dem hauptsächlich anheimgegeben und vergessen sozusagen unsere Zugehörigkeit. Während also der Mensch genau die selbstreflexive Manifestation ist, wo das nicht zwingend ist, und - jedenfalls diese Position hier, Mensch massenhaft gesehen, passiert einfach, ist hier bereits danach, nach diesen Punkten 7, 8, 9, 10, 11: Da ist passiert – also, in der Regel: Die Abspaltung in dem Ei. Ich sage einmal - übrigens, das ganze Ei ist immer noch vom Menschen her konzipiert - das hatte ich vergessen vorhin, was ich da noch sagen wollte noch - vom Menschen her konzipiert, auf der Skizze, die ihr habt, gehen von hier oben lauter Strahlen aus, einer geht nur hier durch, durch diese Linie der Entlassung von materiellen Kräften, d. h, hier, dass dieser ganze sonstige Bereich, das ist transzendent – also, das heißt, so weit sieht der Mensch, so hat er die Erfahrung gemacht von Parama Shiva – also, von diesem allumfassenden Bewusstsein. Das ist die dem Bewusstsein zugängliche Welt – das heißt, die Frage, die Kant in den »Prolegomena« und in der »Kritik der reinen Vernunft« behandelt hat: Was ist das Geistorgan, mit dem die Welt wahrgenommen wird? Das ist hier - der Gegenstand ist genau derselbe gewesen, nur ist er - hier steht nicht da oben, das »Ding an sich«, sondern die hatten - ich sage jetzt einmal: Praktiken der Meditation des Yoga verschiedenster Art. Übrigens Hunderte Praktiken, um die Erfahrung zu machen, die Aussagen über diese Bereiche ermöglicht und nicht bloß über Kerzen oder den Stern oder andere Menschen, d. h, die immanente Geiststruktur des Universums war hier wahrnehmbar - und Maya ist das Moment, das trennt. Und auf der nächsten Position, beim Menschen - das ist die Position, die heißt im Indischen, das kann man sich vielleicht merken: Purusha. Also, die bekannteste alte indische Philosophie, die atheistisch war – Shamkhya - die fing hier an. Die behandelte diesen Bereich und die letzten Positionen nicht, weil - die hatten diese Erfahrungen offenbar nicht oder die Philosophen, die das niedergeschrieben haben, vielleicht, hatten sie nicht. Aber es ist der Unterschied, sozusagen, der eingeübten Wahrnehmungsweise hier im Spiel – also, wenn ich über - weiß ich - bis zum Abitur sind es dann 12 Schuljahre und dann kommen die Universitätsjahre und dann Berufsjahre - wenn ich also 20 Jahre lang unseren Rationalismus eingeübt habe und weiß, was Aberglauben ist und dass das alles nicht wahr ist, ich habe keine anderen Organe geübt als die, die diese mathematisch-wissenschaftliche Welterkenntnis einüben können und man hat dann – also, hier ist ein Bruch da gegenüber und das geht, sage ich - in Kants jedenfalls »Prolegomena« und von Descartes her auch ist das überdeutlich: Das ist die Abgrenzung der Wissenschaft nach hier. Und dann kommt eine zweite, nicht weniger wichtige Grenze gleich hier, nämlich alles dieses, wo ich hier »Natur« geschrieben habe – Prakiti heißt das im Indischen – und wo die selber jetzt auch ins Englische übersetzen: »nature«. Worum es sich da handelt, ist im weitesten Sinne Objekt; Fichte hat das am strengsten auf den Punkt gebracht, indem er sagte, »Ich – Nicht-Ich«. Wobei bei ihm das Ich - er hatte hier eine Lücke, in diesem Bruch – also, er hatte da eine gewisse – also, es gibt so was wie Denkyoga (das sagen die auch in Indien), und ich glaube, dass unsere klassischen Denker Kant, Fichte, Hegel, Schelling sowieso: dass die da offene Stellen hatten. Ich meine jetzt das Prinzip, was so ein normales Kantianertum oder Fichteianertum dann ist. Das funktioniert dann jedenfalls ohne das. Also, der Positivismus verbietet schlicht, da irgendwas zu wissen und hier - da ist Objekt, d. h, es ist nicht - ich meine, diese ganzen Fakultäten, diese Manifestationen, die hier auftreten, hier dann Gedächtnis – also, Ich-bezogenes Gedächtnis und dann die Sinne, z. B. Hören, oder Sinnesakte, Sprechen oder Wahrnehmung – Ton: Diese Momente sind sozusagen aus dem Gesamt- aus dem großen Geist – die sind wirklich in die Welt gesetzt, es ist nicht so, dass es da gar nichts gäbe: Das ist Quatsch. Also, der Illusionsbegriff, der Maya-Begriff meinen nicht, dass da nichts ist, sondern: Die Illusion bezieht sich auf die Abgesondertheit, auf das Für-sich-Sein, auf das

Aus-Gott-ein-für-allemal-Herausgefallensein: Darauf bezieht sich das. Aber diese unsere Konzeption von Objektivität, die geht dann einfach davon aus, dass ist, was außer uns gesetzt ist und wovon wir nur etwas erfahren können nicht durch Identifikation, nicht durch Resonanz – also, über die Tiere – also, eine Tierpflegerin hat in der Wissenschaft nichts darüber zu sagen und nichts zu wissen, was mit Tieren ist. Das sind - wie sie wahrnimmt vielleicht sogar - dass da sogar eine Seele ist. Das kann nicht Gegenstand der Wissenschaft sein, d. h, die verbietet sich methodologisch, überhaupt hier Kontakt zu nehmen, während – also, diese Philosophie hier, die geht davon aus, dass Wahrheit überhaupt nur im Kontakt zu haben ist. Und das heißt, dass wir mit dem westlichen Typ von Wissenschaft Wahrheit überhaupt nur in der Gestalt der Unwahrheit – also, vom Eigentlichen her – also, unter dem Gesichtspunkt sozusagen fest jetzt geklopfter Illusionen über dem Abgespaltensein: Nur so kriegen wir es. Und dann taucht also als Ersatz Gottesbegriff, taucht dann die Beschwörung von Komplexität auf, weil sich dann herausstellt: Irgendwie hängen diese ganzen Objekte natürlich doch zusammen. Was man dann feststellt: Dass diese selbe Lineare und aus vielen Linien sozusagen zusammenkommende Verstandesarbeit der Wissenschaft - sie bringt es nicht zusammen. »Fehlt leider nur das geistige Band«, sagt Goethe im »Faust«. Es kommt nicht zusammen und es ist undenkbar, die ökologische Krise einzuholen, so, wie die Natur arbeitet und antwortet auf das, was wir veranstalten, mit Further Research. Diese Formel ist zu nichts gut, als Geld ins Institut zu holen - dass man das braucht. Dazu ist die da, die Formel. Das kann es nicht bringen. Damit sage ich nicht, dass - also, wenn jetzt also herausgefunden ist, woran ganz bestimmte Bäume empirisch kaputtgehen, dass da z. B. Also Mineralien über die Zeit so lange ausgespült worden sind, dass nichts mehr da ist und man muss jetzt da vermahlene Gesteine hintragen, weil da wieder alle Mineralien drin sind: Das heißt nicht, dass das konkret nicht hilft oder einfach sozusagen Wegwerf war - das meine ich damit nicht. Sondern ich meine nur: Der Zugang erlaubt dieses Ganze, erlaubt diese ganze Komplexität - die ein Ersatzname für die eigentliche Ordnung ist, die einfach ist. Das ist nicht einholbar, da. Wir versuchen also praktisch über die Galaxien etwas zu erfahren jetzt, in dem Gefühl, irgendwie das zu brauchen, weil wir sowie die Erde - irgendwann müssen wir die verlassen, so, wie das läuft – also, da wird viel geplant dran. Da muss man also über den ganzen universellen Zusammenhang etwas wissen. Es reicht nicht, dass Buddha Aussagen darüber gemacht hat: Dass es die zu Tausenden gibt, Galaxien. Das ist ja nicht wissenschaftlich erwiesen. Und es steht für meine Begriffe, es ist sehr die Frage – also, wenn wir uns jetzt die Welt so einrichten wollen, dass es noch weitergeht mit menschlichem Leben auf der Erde: Ob da nicht sogar die Art und Weise, wie Buddha von Galaxien wusste, selbst noch nützlicher ist als das, was wir da mit ungeheuren - mit Milliardenaufwänden, mit Beschießung des Universums veranstalten: Das sind nur umgekehrte Geschütze, die sie spielen. Einstein hat ja einmal die Frage gestellt, ob das Universum freundlich ist oder nicht. Das wäre also eine ganz wichtige Frage. Und ich glaube, dass sich das hier entscheidet, ob das freundlich oder feindlich: Wie wir uns da einkriegen. Wir sind dabei, uns aus dem Universum zu katapultieren, wie ja Wissenschaft auf dieser Position - ich will mit der, einfach mit der - indem ich diese Position zeige, auf der die stattfindet: Diese Art Wissenschaft kann nicht ökologisch in dem Sinne funktionieren, dass sie uns wieder einfügt in die Gleichgewichte. Das ist nicht möglich. Und dann bitte ich, einmal das Blatt doch einmal umzudrehen, was ich da ausgegeben habe - weil ich nur noch an eine Vorlesung, die ich einmal gehalten habe, erinnern will - und zwar: einfach in der untersten Schiene hier des Blattes, das unterste Drittel, da haben nämlich Leute, die übrigens immer im Kontakt mit dieser indischen Wissenschaft waren, die Sufis - ich habe ja diesen Scheich Nazim alHaqqani hier erwähnt - und das ist dieser Hussein Abdul Fattah, der hinter diesem Bildchen hier steht; das ist ein deutscher Schüler von dem. Und der hat eine uralte Theorie - dieser untere Teil sagt: Ich war 1500 Jahre lang - das ist 1000 Jahre - da hat sich al-Ghasali auf Mohammed bezogen, damals. Und wovon der spricht hier - wenn man diese Zeilen hier untereinander liest: »Wissen der geschlossenen Tür - Wissen der angeklopften Tür - der offenen Türen - des Eingetretenseins - des Empfangenseins.« Also, das hier, was hier läuft auf der Ebene: Das ist Wissen der geschlossenen Tür – also, nach da ist sie geschlossen, und nach da ist sie geschlossen und wir wollen jetzt etwas erfahren. Und wenn wir dann etwas erfahren wollen - was wir dann machen: Das ist sozusagen die Position, die - auf der - de facto, die Wissenschaft zeigt Welten. Vorher war sie noch rezeptiver - so. Dann kam auch manchmal noch etwas durch. Aber das ist nicht angeklopfte Tür, sondern angedonnerte und aufgeschlitzte Tür – also, umso hineinzublicken in die große Natur. Und es wäre dann, nachdem was wir damals bei Hussein besprochen haben - wo es auch darum ging, ob die Wissenschaft, ob das Wissen Zugang zur Mitte hat – also, das war dort, dort war diese Position in die Mitte gemalt - nur eine Darstellungsfrage, dass die hier anders ist. Ich kann dieses ganze Modell jetzt hier nicht ausführen. Ich will nur für die, die damals schon da waren - will ich einmal daran erinnern, weil - ich hatte damals dasselbe Problem behandelt, auf ganz andere Weise allerdings, nicht unter dem jetzigen Gesichtspunkt.

Wissen der angeklopften Türen – also, Anklopfen heißt - wenn man also anklopft statt andonnern: Das hieße erst einmal noch, dass man wenigstens fallen lässt - was Padrutt dort festgestellt hat, seit den Griechen, und was sich auf Heidegger bezieht: Diesen objektbeherrschenden Subjektivismus – also, diese Position ist erst einmal Subjektivität, in dem indischen System. Und wenn das sozusagen durchgeht durch alles - das ist eine notwendige Position, gegen die ist nichts zu sagen, sondern - durch diese Abspaltung, durch das Gegenstellen gegen das Objekt: Wenn man das betont, dann also: subjektbeherrschender Objektivismus, als - um das Ding dann beherrschen zu können, um das - die Natur ist bedrohlich, wenn ich nicht weiß: Das ist ein Strom, in dem ich bin. Von daher ist Wissenschaft - als Sicherheitsveranstaltung, auch, ist die gebaut. Es gibt Leute, die definieren Ökologie als die neueste Form - die modernste - von Sicherheitspolitik. Habe ich hier in der DDR, jemanden aus der DDR noch, erlebt, der das so definierte. Und – also, wenn man, statt dabeizubleiben anzudonnern: Wenn man anklopfen will, dann muss man erst einmal das fallen lassen – also, diesen Objektbeherrschungswillen. Und dann geht es natürlich darum: Wenn es gelänge, sich hierher zu wenden, erst einmal - in diese Zone, dann käme man vielleicht auf die Schwelle. Wenn man also von der ganzen Frage - also, immer noch mehr wissen zu müssen, ehe man das Verhältnis - hier lang - wieder geklärt hat: Das ist der Punkt, deswegen sage ich: Generalpause. Deswegen - und nicht, weil es schlecht ist, noch irgendwas zu erfahren. Nur – so, wie wir verfasst sind und wie es sich ja gesellschaftlich ausdrückt: Deswegen. Ich will dieses Ei im Seminar auf die Politik darlegen, was für die Politik bei dem herauskommt. Aber jetzt geht es erst einmal um diese Wissensfrage – also, wenn man sich hierher wieder kehrt und in die Zone begibt, in der - hier steht dann: »Rein – Unrein« - in der – also, sozusagen - der Kontakt noch erfahrbar ist – also, das ist die Schwelle. Das ist die Schwelle, da scheint es dann wieder in unser Bewusstsein herein, und - sich hierher kehren: Das sind Dinge des Übens. Also, wenn Heidegger von »Kehre« spricht: Er raunt da nicht zufällig auch, manchmal - also, weil er Stimmung schaffen will für Meditation, für eine andere Haltung. Und das heißt noch nicht einmal, dass man das vergessen muss, was man hier weiß, sondern nur - Meditation heißt ja, ich vergesse das einmal, für diese Zeit, und konzentriere mich nur auf ein Wahrnehmen der Welteigentlichkeit (würde ich einmal sagen). Und dann - wenn es dann darum ginge einzutreten - eingetreten zu sein: Das würde wahrscheinlich heißen, dass der Schleier, hier, von Maya - dass der fällt oder zumindest, dass er - er wird ja vielleicht durchsichtig. Wissen - was hier steht - des Eingetretenseins und Empfangenseins wäre natürlich, dass er wirklich durchschritten ist, dass der Mensch in diesem Bereich - ich würde einmal sagen: momentan auch ist. Das Ganze heißt, dass Meditation dem Fortgang der Wissenschaft vorausgehen muss, wenn die noch Sinn machen soll, wenn die – wenn - kann sie ökologisch sein: nur dann - nur dann, wenn diese Kehre vollzogen wird - also, wenn man hier erst einmal aufhört anzudonnern, sondern - diesen Subjektivismus beherrschen wollen aufgibt, und dann - aber das setzt eigentlich voraus, dass man sich dahin kehrt - und dann natürlich, dann stellt sich heraus, dann fallen diese Linien - das ist alles eins. Das sind Manifestationen des Einen, das sind Momente des Geistkörpers, des universellen Geistkörpers sind das. Und darüber hinaus gibt es wahrscheinlich eben noch mehr, was - Parama Shiva ist eine menschliche Wahrnehmung, eine menschliche Wahrnehmung, die letzte Realität. Von daher also das Ganze gesehen, und zwar nicht Geist gegen Materie, sondern - das ist alles - das schließt das alles ein. Den kältesten Stern – also, der nur noch Mineral ist, und den brennenden Stern – also, das Feuer, und auch das Verbrennungsfeuer - in der menschlichen Existenz - also, es geht darum: Diese Wissenschaft, die strukturell antiökologisch ist und die - wenn von dort aus also wir das nun bewältigen wollen: Das ist der Bock als Gärtner – also, in dem Geschäft - die Welt zu heilen. Das ist nichts als eine Fortsetzung und Rechtfertigung des Projekts, das schon läuft - das ist ja das Schlimme: Dass das Projekt der Moderne, das – also, von Habermas her gesehen – also, das sozusagen der herrschaftsfreien, dann endlich der ganz freien individuellen Kommunikation ist. Dass das hinausgelaufen ist - das war ja Dialektik der Aufklärung: Dass sie das gesehen haben, Adorno und

Co. wenigstens: Dass das umschlägt in die Herrschaft der Megamaschine. Das ist das wirkliche Projekt der Moderne gewesen und das hängt –

... weil unsere herrschaftliche Technologie alles kaputtmacht, auf dem also so etwas überhaupt wachsen kann. Auch das Meditieren machen die Reichen jetzt, Mercedes unterm Hintern, fahren sie hin – also, wo man verhungert, findet das nicht statt. Dort mag es sozusagen noch Urtümliches geben, aber ich meine, die Wissenschaft - auch China hat Wissenschaft entwickelt auf so einer ähnlichen Basis, Taoismus als Naturverhältnis - und die Wissenschaft dort, auch in Bezug auf Asien, Afrika, Lateinamerika: Die beruht auf Geist. Das ist also nicht so, dass einfach der Urmensch das jetzt noch wenden könnte - dass uns die Indianer oder so das nun machen. Die können uns Hinweise geben. Aber ich habe das hier zitiert, weil das eine Philosophie nicht geringerer Höhe als unsere Klassik – also, nicht weniger sophisticated, wie die Engländer zu so was sagen, als unsere Philosophie - aber stärker und hilfreich, um zu begreifen, worum es jetzt geht. Das ist die Entwicklungshilfe, die das Abendland jetzt braucht.

Ich will in der nächsten Vorlesung - das war ja jetzt hier also sehr in die eine Seite, in die geistige Seite - in der nächsten Vorlesung will ich verhandeln über – also, über - erst einmal vorwegnehmen, in gewisser Weise – also, erst einmal nur zeigen, vielleicht spielt das als Horizont hier so ein bisschen - ich will zeigen, wie Institutionen aussehen müssten, die der Tatsächlichkeit der ökologischen Krise gerecht werden können. Das heißt, ich will sagen: Was ist eigentlich das – also, was ist ökologisch notwendig, was für Schritte sind notwendig? Wenn die notwendig sind: Was braucht man dann für Institutionen? - womit sie nicht eigentlich schon begründet sind, weil - sie begründen sich nur so, jetzt. Also, das kann nur so angearbeitet werden. Noch sind das – sozusagen, in dem Sinne, sind das - ich stelle das auch so dar - sind das noch Forderungen, die sind insofern noch Utopie – also, sind abstrakt, weil - es ist noch nicht untersetzt von der Subjektivität her, sondern wir haben - was wir hier angerichtet haben: Die exterministischen Symptome, was die Megamaschine da mit Feuer, Wasser, Luft und Erde macht, und - wir haben das Erschrecken und dass man – also, sozusagen - erst einmal bei Vater Staat Hilfe sucht. Und indem ich mir mehr noch als früher, bei der »Logik der Rettung«, mehr noch als damals, bewusst bin, bei der Problematik überhaupt an Vater Staat zu denken, will ich es doch machen. Ich will diese Frage: Wie wirken denn diese Institutionen, wie müssten die denn sein?, die will ich ausführen, aber mit dem Hintergedanken - ich weiß nicht, wie weit ich dann dazu komme - auch daran zu erinnern, dass das einmal mehr beweisen wird: Wenn das sich füllen soll – nicht, damit es gut geht, sondern damit es überhaupt geht - dann muss auf der Ebene etwas passieren. Also, das ist hier sozusagen der Keim, das ist sozusagen, worum sich diese ganze Vorlesungsreihe dreht - das ist der Grund, auf dem die steht, hier. Und nächstes Mal will ich - also, sowohl was die Herausforderung betrifft als auch was so eine Möglichkeit, mit objektivem Staatsgeist zu antworten: Wie das dann aussehen würde - aber im Bewusstsein: Das ist eine begrenzte Fragestellung, die man so noch gar nicht unmittelbar an die Politik fragen kann, weil die Kräfte dafür nicht da sind und es deshalb wahrscheinlich erst einmal finster ausginge, machte man es sozusagen.

Ihr wart sehr geduldig, danke.

Wir machen dann hier noch eine kleine Diskussion hier. Ich hoffe, dass wir bei dem Stoff bleiben können, heute einmal.

Diskussion

2. Mai 1994

Was ist ökologisch notwendig?

Guten Abend. Ich will mit der Einordnung beginnen, der heutigen Vorlesung und auch der vom nächsten Montag. Ich bin ja zunächst dabei, die politische Fragestellung aufzubauen und so komme ich mit der heutigen Vorlesung verhältnismäßig früh zu meiner und will beim nächsten Mal das Problem Öko-Totalitarismus oder auch - also von der umgekehrten Seite her - das Problem der demokratischen Möglichkeiten, aus der Krise herauszukommen, behandeln, weil ich dann in dem nächsten Vorlesungsabschnitt - die Vorlesungen praktisch Nr. 5 bis Nr. 8 - über die Vorstellung anderer Leute, mit dieser Sache umzugehen, was rüberbringen möchte. Teils allein für Al Gore noch und dann mit Franz Alt, mit Michael Kloepfer, mit Ekkehart Krippendorf – also, andere konzeptionelle Zugänge, damit das ein bisschen breiter wird, die Erfahrung auch die Wahrnehmungsmöglichkeit: Wie lässt sich das Politische eigentlich in dem Zusammenhang denken? Und meine heutige Vorlesung führt andererseits an die Frage der geistigen Ressourcen dafür bloß heran, weil ich diese Frage dann im Schlussteil der Vorlesungsreihe – also, in den letzten vier Vorlesungen - umfassender behandeln will, weil - das eigentlich ist gerade die große Schwierigkeit. Zunächst kann man ein Schema, wie mit der ökologischen Herausforderung umzugehen wäre, entwerfen, das aber nachträglicher Füllung in dem Sinne eigentlich bedarf. Nur wollte ich, da das politische Thema diesmal im Mittelpunkt steht, auch erst einmal präsentieren, wie sich da herandenken lässt an diese Sache. Ich will heute im Prinzip drei Stufen dieser Frage behandeln. Die erste ist, was ökologische Politik entlang den Symptomen der ökologischen Krise – also, Umweltschutz oder was man immer sich da vorstellt: Was das bedeutet. Und als zweites dann die Frage, wenn man kausal herangeht – also, wenn man statt von den Symptomen - wenn man fragt, woher kommt denn der Hautausschlag, sagen wir einmal jetzt, der die ökologische Krise ist? Wenn man kausal herangeht - das ist jetzt die zweite Ebene - auf was für Fragestellungen kommt man dann? Also welchen tieferen Grad an – also, sagen wir besser: Maßnahmen in welchem Sinne tieferen Eingriffs (oder größerer Eingriffstiefe, könnte man auch sagen),, sich dann aufdrängen als notwendig. Und schließlich will ich - und das ist eigentlich mein Hauptanliegen - die Frage behandeln, wo dann die institutionellen Ressourcen dafür überhaupt herkommen. Denn schon, was umweltschützerisch notwendig ist, geht durch das jetzige institutionelle System manchmal nicht durch. Wenn man kausal heranwill, wenn man also von den Ursachen der ökologischen Krise her, zumindest also von tieferen Schichten dieser Ursache heranwill, dann stellt sich erst recht heraus: Die Institutionen sind dafür nicht vorbereitet, sind dafür nicht gemacht. Sie begleiten natürlich diesen Expansionsprozess, sodass dann am Schluss doch die Frage steht: Wie könnte man denn zu Institutionen kommen, mit denen so etwas überhaupt zu machen ist? Wahrscheinlich sogar etwas, was den Namen »Umweltschutz« verdient und nicht bloß beansprucht, hängt an so einer institutionellen Veränderung.

Also, das sind die Themen, die ich heute behandeln will - und die Generalüberschrift für alles ist einfach die Frage, was ökologisch notwendig ist? - d. h,, dass wir uns davon leiten lassen: Was ist eigentlich die ökologische Krise und was sind demnach die Erfordernisse?

Ich will meine Grundposition dazu noch einmal kurz sagen, damit die Orientierung nicht weg ist, weil ich natürlich nicht im Einzelnen das heute entrollen will. Ich will ja über die politische Ebene sprechen. Aber ich denke, dass die ökologische Krise - das ist eine Gleichgewichtsstörung zwischen Menschengattung und der Erde als Ganzem jetzt, eine Gleichgewichtsstörung zwischen Menschengattung und Erde als Ganzem, d. h, diese Gattung Mensch nimmt mit ihren Aktivitäten in allen tragenden Gleichgewichten in der Biosphäre überhand, und zwar - und das ist selbstmörderisch - zu ihrem eigenen großen Schaden. Und die Herausforderung an den ganzen politischen Bereich ist natürlich, ob der Mensch da eine Möglichkeit finden wird zu reagieren. Und ich denke halt, dass es notwendig ist, von dieser Herausforderung her, von dieser Grundgleichgewichtsstörung - die den Boden betrifft, auf den wir stehen, oder den Ast, auf dem wir sitzen - dass es da notwendig ist, sich dem Thema Staat noch einmal idealtypisch zu stellen – so, als hätten wir nie gelernt, möchte ich mal sagen, dass er das Unterdrückungsinstrument einer Klasse zur Unterdrückung einer anderen ist, weil - dieses Thema handelt von innergesellschaftlichen Kämpfen, aber nicht von der Frage, was dabei mit dem Naturverhältnis passiert. Und das ist die Frage, auf die ich die Hauptaufmerksamkeit lenken will. Wohl bewusst, dass die natürlich durch die gesellschaftlichen Kämpfe gebrochen ist – also, dass das andere existiert. Aber die Frage muss von der Seite her gestellt werden, wenn wir ins Gleichgewicht zurückkommen wollen. Schiebt man die Fragen der sozialen Gerechtigkeiten und Ungerechtigkeiten und die innergesellschaftlichen Machtkämpfe immer vor, dann ist es unmöglich, dieses Naturverhältnis wirklich neu ins Auge zu fassen. Meine These ist also - die steckt natürlich auch in der Überschrift der ganzen Vorlesung: Dass in den Rechtsverhältnissen Berücksichtigung finden müsste, dass wir uns selbst auf die Priorität des Mensch-Natur-Verhältnisses gestoßen haben, dass das also die Herausforderung ist. Wenn schon »Jahrhundert der Umwelt«, wie Ernst Ulrich v. Weizsäcker das genannt hat, dann geht es darum, dann geht es um das Mensch-Natur-Verhältnis und natürlich um die verfassungsmäßigen Ressourcen dafür im weitesten Sinne, um Realverfassung von Gesellschaft: Wie sind dort die Pflöcke eingeschlagen - und auch um das, was im Verfassungstexte steht.

Ich will zuerst den Akzent setzen - so will ich auch hineingehen in die verschiedenen Ebenen, jetzt, der Frage. Also, ich habe ja gesagt: Drei Fragen – einmal, wenn man von den Symptomen ausgeht, das andere Mal, wenn man von Ursachen, die dahinter liegen - aber immer noch dem Materiellen - ausgeht und drittens von der Frage: Welcher Geist steckt in den Institutionen? Aber immer will ich von der Frage »Was ökologisch notwendig ist« erst einmal ausgehen – also, wenn man die Symptome ins Auge fasst, die uns in den letzten 20 bis 25 Jahren schon beschäftigt haben, dann – und z. B. bei etwas von der Fragestellung Einfachem anfängt: bei diesem Ozonloch - sieht es ja so aus, zumindest bis jetzt, konzentriert man sich auf eine monokausale Erklärung: Es liegt an diesem verdammten FCKW. Und da haben sie sich ja nun entschlossen, das – langsamer, als unbedingt erforderlich wäre, aber immerhin - zurückzudrehen. Es sieht dann also so aus: Man sieht da einen Schaden, ein Symptom dieser Selbstausrottungslogik, das Ozonloch. Wir machen die Erdatmosphäre auf für kosmische Strahlung, deren Ausschluss die Bedingung gewesen ist für die Entstehung von Leben auf der Erde – also, diese harten Teilchen durften ja nicht her - und der ganze geologische und biologische Prozess hat dazu geführt, dass das aufgebaut wurde. Wir schießen da Löcher rein. Man hat die Ursache gefunden, die Einzelursache erst einmal. Und auf dieser Ebene macht natürlich auch der Beschluss, mit dem FCKW Schluss zu machen,

Sinn. Man kommt allerdings in schwierigere Bereiche, wenn man dann fragt nach der Aufheizung der Erdatmosphäre - die hat dann schon mit dem Gesamtumsatz des Industriesystems zu tun und ist nicht mehr durch so eine Einzelmaßnahme bekämpfbar. Die Zubetonierung der Erde, die Zersplitterung sozusagen der großen Biotope, in denen sich die Arten reproduzieren, das ist auch eine Sache, eine Symptomsache, die man – gut, da gäbe es dann noch Möglichkeiten – also, der Indikator, den jemand, mit dem ich mich damals, vor der »Logik der Rettung«, sehr ins Benehmen gesetzt hatte - den der nannte, war Energieverbrauch pro km2. Den hatten wir von 1880 bis 1980 verzehnfacht, sodass man also den Schluss ziehen konnte: Wenn wir mit dem Energieverbrauch da heftig runtergingen, mit dem Energieumsatz, worin natürlich also sehr viele Effekte dann der Landschaftszerschneidung und der Giftabgabe usw., womit die ja gekoppelt sind, man sieht das auch an der Verbesserung der ökologischen Situation in den neuen Bundesländern durch das Zumachen der ganzen Industrie, dass das natürlich etwas bewirkt. Aber hier hat man es jedenfalls mit komplexeren Veranstaltungen zu tun als im Falle des Ozonlochs – genauso, was die Eutrophierung von Gewässern betrifft. Man hat es dann - sagen wir einmal so - mit der EG-Agrarpolitik insgesamt zu tun und mit Agrarpolitik auf dem Planeten überhaupt. Und was da also drinhängt sowohl an soziologischen Prozessen als auch an politisch-bürokratischen in der EG usw. und an – ja, am Kampf der Besitzstände, was mit dem Kampf der Besitzstände im Bundestag und Bauernverband usw. zu tun hat: Das ist auch klar, dass das eine komplexere Angelegenheit ist. Die Entwaldung des Planeten - wenn man nicht nur unser Waldsterben hier zu Hause nimmt, sondern die Gefährdung praktisch der Regenwälder und der großen Waldbestände auf dem Planeten überhaupt durch die verschiedensten Methoden: Das zu reduzieren, teils von Verarmungsprozessen, von Verelendungsprozessen in diesem Gürtel her, teils von den Verkaufsinteressen, was diese Hölzer betrifft, und die Kaufinteressen für den Nachschub, für die Megamaschine hier bei uns. Also, da hat man es wirklich mit der Weltwirtschaftsordnung zu tun. Genauso bei der Vermüllung des Planeten, indem wir also wachsende Anteile der Erdrinde durch die große Maschine jagen. Das sind lauter Symptome, auf die bezogen bisher eben diese Umweltschutzpolitik stattfindet, und sie hat – also, alle die von mir jetzt genannten Faktoren: Artensterben, Vermüllung, Entwaldung, Eutrophierung, Betonierung usw.: Auf alle diese Faktoren, mehr oder weniger, hat Umweltschutzpolitik, hat vorher auch schon Naturschutz reagiert. Nur dass gerade diese Prozesse alle - das Ozonloch steht ja noch dahin, erst einmal kommt ja noch mehr auf uns zu - aber diese Prozesse alle sind in der Tat nicht aufgehalten worden durch bisherige Umweltpolitik. Also, angesichts dieser Sachen wäre ja erst einmal der Schluss: Was es bedarf, um diese Symptome der Selbstzerstörung des Menschen auf der Erde, der ökologischen nur - und ich habe das soziale Feld jetzt hier ausgelassen, ich habe es nur erwähnt, ich habe es nur indirekt drin, indem ich darauf hingewiesen habe, dass Verelendungsprozesse mit dem Regenwald etwas zu tun haben - in Wirklichkeit ist natürlich diese ganze ökologische Fragestellung jetzt ein Interesse der reichen Länder, die sich da an den Abgrund herangemacht haben - ein Interesse im Sinne: Dort ist es bewusst geworden. Und es kann der übrigen Menschheit einstweilen nur imperial aufgedrückt werden, weil die sagen – also, lass uns erst einmal kommen. Das habe ich jetzt nicht in den Mittelpunkt gestellt, weil es mir erst einmal um einen politischen Ansatz für hier geht. Man muss also sagen, dass umweltschützerische Verbote, auch Gegenmaßnahmen, die vielleicht ein bisschen tiefer greifen, schon verhindern, dass bestimmte Sachen erst in den Prozess hineinkommen, dass man nicht erst am Ende der Rohrleitung, sondern am Anfang der Rohrleitung etwas einsetzt – also, Gegenmaßnahmen, auch Sanierungsmaßnahmen, dass Begrenzungsmaßnahmen wie Ökosteuern - und zumindest Auflagen, ökologische, hat es ja gegeben und auch Effizienzstrategien: Wie kann man mehr – ich sage einmal: mehr - oder, umgekehrt: Wie kann man die Wohlstandseinheit mit weniger Energie und Materialaufwand, also weniger Durchsatz erfüllen, dass alle diese Strategien, die ja im Gange sind und auf die man auch für die Zukunft Hoffnungen setzt: Dass man den Effekt noch verdoppeln könnte, noch verdreifachen könnte, der da bisher aufgetreten ist. Jedenfalls hat das nicht gegriffen - und das wird auch immer eingestanden. Also, Ernst Ulrich v. Weizsäcker in seinem Buch »Erdpolitik«, der auf diese Strategien erst einmal freundlich setzt - natürlich, sie werden auch fortgesetzt werden - gesteht ein, dass das nicht – also, in all diesen Punkten hier bisher nur gedämpft hat, gedämpft hat, die Tendenzen, die da zugrundeliegen, nicht gedreht, nicht umgedreht hat. Er selbst – Weizsäcker - der also wie voriges Mal (ich glaube) schon andeutete – also, exemplarisch und auf höchstem

Niveau so eine ökologische Realpolitik (wie er das nennt) vertritt, hat sich auf eine Stufe drüber begeben, er hat sich nicht konzentriert auf diese Symptome als solche - obwohl er die im Blick hat, natürlich, in seinem Buch - sondern hat sich auf Krisenfelder konzentriert, auf fünf. Um nur einmal einige exemplarisch herauszuheben, wie man damit umgehen könnte: nämlich, auf das Feld Energie – also, wie kann man dort (und er zeigt zumindest die theoretische Möglichkeit) im Rahmen der gegebenen Einrichtung von 100 auf 50, wenn nicht sogar von 100 auf 33 zurückkommen – also, auf 1/3 im Feld Energie. Im Verkehr ist es schwerer, er zeigt, dass erhebliche politische Umgewichtungen gegen die Autoindustrie nötig wären, um im Verkehrssektor zu größeren Sachen zu kommen. Also, es sieht schwerer aus für ihn dort als auf dem Gebiet der großen Energieversorgungsunternehmen - die lassen sich vielleicht, weil sie staatsnäher sind, lassen sie sich theoretisch eher in eine Wende bringen, mit der Zeit, als das für die Autoindustrie der Fall ist. Da müsste mehr politische Substanz angesammelt werden, wenn das gehen soll. Landwirtschaft: ganz unbefriedigend - die Schlüsse, zu denen er kommt – also, wie er die Situation beschreibt. Dass praktisch die ganze EG-Agrarpolitik darauf hinausläuft, die kleinbäuerliche Produktion überhaupt zu beenden und dass diese in der Tendenz dann amerikanische Großstrukturen mit 100 ha, von einem Mann bestellt (und in Amerika: 1.000 ha, von einem Mann oder einer Familie bestellt) - also, wenn das als Tendenz weitergeht und wenn die Transportströme, die mit der EG-Agrarpolitik verbunden sind, weitergehen, wenn also die Bauern praktisch über den Marktmechanismus und über die Verschuldung usw. gezwungen werden, weiter diese Politik der Höchsterträge auf der Erde zu machen: dass das sowohl national und EG-weit als auch international nicht aufgeht. Und was die Dritte Welt betrifft – also, die Schere zwischen Bevölkerungsentwicklung einerseits und andererseits den Ansprüchen, an unseren Lebensstandard heranzurücken, sodass mehr und mehr Menschen den Material- und Energieverbrauch ansteuern, den der Westen vormacht – nicht, der dort notwendig wäre, sondern das als Modell transportiert wird - und dieses Modell, wenn sie also in diese Entwicklung reingerissen werden, erfordert das eigentlich, sich auf das ganze Geschäft einzulassen. Man kann da nicht irgendwelche dortigen autochthonen Traditionen irgendwie - das geht nicht. Das erweist sich als de facto unvereinbar. Auch das sieht er und macht dann gewisse Vorschläge. Ich will die jetzt nicht im Einzelnen vortragen. Er sieht immer, es gäbe Möglichkeiten größerer Effizienz im Umgang mit Energie, Verkehr, Landwirtschaft, Dritter Welt und auch, was die Bewahrung - sein fünftes Krisenfeld: biologische Vielfalt - betrifft, also Biodiversity (was jetzt so ein Stichwort ist – also, dass uns nicht die Arten verlorengehen - auch so ein Effekt des Industrialismus und der Coca Cola-Einheitskultur rund um die Welt). Er weist zutreffend darauf hin, es wären Maßnahmen größerer Eingriffstiefe möglich. Und immer aber auch kommt er zu dem Schluss, das reicht noch nicht. Und unterm Strich - oder am Horizont, immerhin - erscheint der Gedanke, erscheinen eigentlich zwei Gedanken. Der eine Gedanke ist, dass bei all diesen Umsteuerungen, bei all den Eingriffen, die er erst einmal für notwendig hält, wenn sie auch nicht hinreichend sind - und zwar notwendig sowohl national als auch europaweit als auch UNO-weit -: Immer kommt heraus, dass es sehr darauf ankommt, ob man den Staat – also, ob man die Institutionen, die ursprünglich einmal mit dem Schutzinteresse des Gemeinwohls begründet worden sind, obwohl da immer auch schon Heuchelei dabei war - also, der Staat kam eben als Herrschaftsinstrument – also, die Leute, die da schützten und allgemeine Interessen wahrnehmen, haben es halt von Anfang an eigentlich oder sehr früh - diese Konstruktion war der Staat. Dass das Gemeinwohl ausgebeutet wurde für Machtansammlungen in Händen weniger, das ist ja nun Faktum - also, die Machtkonzentration, und es ist die Frage, ob vielleicht die ökologische Krise dazu zwingt. Das ist eigentlich mein Thema in dem Zusammenhang – also, aus diesem Machtansammlungsprozess wieder hinauszuleiten, in dem Zwänge entstehen, die eigentlich eine Weg- eine Endkonzentration der Kräfte von diesen zentralen Niveaus – also, die nur der Ausdruck der Expansion und der Großstrukturen sind, in wieder kleinere - ob das zu machen ist. Nur dass die real-politische Perspektive immer die auf den Nationalstaat und dann auf dessen größeren Rahmen – also, auf die EG und dann auf die UNO ist. Und wir sind da bei Institutionen, die ihrem Zustandekommen nach, ihrer bisherigen Natur nach, sicher der Bock als Gärtner sind. Das heißt, das sind die Verwalter, die am Ende des bisherigen Machtansammlungsprozesses herausgekommen sind. Also, das ist die eine Perspektive, die mit Selbstverständlichkeit am Rande solcher realpolitischen Konzepte steht. Und die zweite Fragestellung, die Weizsäcker an das Ende seines Buches schiebt, dort aber verhältnismäßig ausführlich behandelt, das ist die Frage nach einer Kehre im Lebensstil des Abendlandes. Er ist sich darüber klar - das ist der Hintergrund für diese Fragestellung, das, was auch Biedenkopf hier übrigens vorgetragen hat, vor zwei, vor drei Jahren jetzt, glaube ich -: Dieser Lebensstil der reichen Länder ist nicht verallgemeinerbar, denn wenn die übrige Menschheit in dieselbe Verschwendungswirtschaft reingezwungen wird durch die Verhältnisse im Ganzen: Das wäre - es gibt eigentlich kein rationales Interesse, dass man das wünschen kann; dann verlangt aber die Gerechtigkeit, dass wir hier runterdrehen. Und zunächst also ist der Gedanke so einer gesellschaftlichen Veränderung in diesen realpolitischen Konzepten einfach der an Einsparungsstrategien im weitesten Sinne – also, unterm Strich sind das alles Einsparungsstrategien, wie man mit technischen und ökonomischen Mitteln denselben Wohlstand halten kann. Weil - man denkt realpolitisch: Abgewöhnen können wir das denen nicht, die Menschen wollen das so, der nächste Wahlkampf wird es wieder zeigen – also, was uns hier als Möglichkeit bleibt (und dadurch sind die beiden Strategien dann gekoppelt), das ist: Wir können - also, wir müssen den Weg gehen, uns diese - sozusagen - Einheit an Wohlstand mit geringeren Aufwänden, energiemäßig jedenfalls - man rechnet, bis zu einer Drittelung müsste möglich sein, wenn es sonst so bleibt, wie es ist, und - im Materialverbrauch jedenfalls heftig runter und dazu dann noch Veränderungen im Lebensstil. Beispielsweise könnte man fragen, ob es nicht letztlich luxuriöser wäre, im eigenen – also, jetzt für die Klassen, die das halt nicht lassen können - im eigenen Garten das gute Leben, den Garten Eden zu praktizieren, einschließlich der schönen erotischen Möglichkeiten, die man sich da vorstellen kann, anstatt nach Ibiza und Mallorca und weiß ich wohin zu fliegen. Also, ob man nicht diese materiell so aufwändige Weltreisejagd dadurch ersetzen könnte, dass man sich den Luxus zu Hause organisiert - und vielleicht ist der Luxus größer, wenn man ihn materiell erleichtert. Das hatte ja schon der Thoreau festgestellt, dass der überflüssige Besitz auch eine Einschränkung der Freiheit immer ist. Also, dass wir uns, wenn wir das verschlanken, hier das ganze Ding, vielleicht deswegen auch nicht mehr so sehr rennen müssen, dass also ein Raum entsteht, in dem es spät-römisch weitergehen kann. Das ist nicht so negativ ausgedrückt, wie ich das jetzt genannt habe, aber das ist irgendwie die Vorstellung, in diesem Zusammenhang. Immerhin, es steckt der Gedanke drin, dass wir in den Aufwänden jedenfalls rückwärts gehen, damit also die Schere zu der übrigen Menschheit, wo es also Verhältnisse jetzt von 1: 100 gibt - Galtung hat das einmal erzählt, kürzlich in Berlin – also, dass die Verbräuche eigentlich in 1: 100 auseinanderfallen zwischen Elendsgebieten und dem Durchschnittsverbrauch - wohlgemerkt, dem Durchschnittsverbrauch eines Menschen hier in den reichen Ländern. Also, das ist die erste Ebene - diese Ebene der ökologischen Realpolitik in diesem Sinne. Und dann komme ich auf die zweite Richtung, auf die Fragestellung nach kausalen Therapien – also, auf Therapien, die die Sache von Grund her aufrollen wollen. Ich erinnere jetzt nur daran, dass meiner »Logik der Rettung« ja diese Stufenfolge von Ursachen zugrunde liegt. Ich weiß nicht, ob das der Weisheit letzter Schluss war, dieses Modell - jedenfalls bin ich davon ausgegangen, dass wir sozusagen unter den Symptomen der ökologischen Krise – also, den genannten Dingen hier, den zuerst genannten Dingen, nicht diesen Krisenfeldern, sondern was halt - Atom habe ich jetzt hier gar nicht genannt, sehe ich jetzt gerade - das stand damals mit im Mittelpunkt, auch dieses sogenannte friedliche, die Aufheizung der Atmosphäre, die Eutrophierung usw – also, diese Effekte. Ich sah, darunter liegt das Industriesystem weltweit - und das ist wiederum kapitalistisch, eine Ursachenebene drunter - und der Kapitalismus ist eine europäische Erfindung, selbst wenn die Japaner jetzt unsere Musterschüler sind – also, eine europäische Erfindung, und noch darunter liegt das Patriarchat. Und meine Vermutung war, es muss dann, weil das Patriarchat in so vielen verschiedenen Weltgegenden noch - Stamm für Stamm - relativ unabhängig durchgekommen ist, fast in allen Fällen – also, in einer sehr großen Zahl von Fällen jedenfalls und nicht bloß dort, wo das so ins Auge fällt, wie hier in Europa und in bestimmten asiatischen Gegenden - es muss da etwas Anthropologisches dahinterliegen, das erwähne ich jetzt nur noch mal, das steht in meinem Papier, das hier unten ausliegt, »Tektonik des Verderbens« auch drin. Ich will das jetzt nicht im Einzelnen mehr ausführen, sondern ich will auf ein paar direktere Zugänge, um dieses Ganze irgendwie zu fassen zu kriegen, ohne jetzt genau dieser Differenzierung nachzugehen, wie ich das mal versucht hab in der »Logik der Rettung«. Ich will da auf ein paar Konzepte hinweisen, die da einschneidender auf die Ursachenebene zielen. Jemand, der schon in den 50er-Jahren ganz dezidiert darauf hingewiesen hat, auf welche Weise wir uns mit Megamaschine umbringen, ohne diesen Terminus so in Vordergrund zu stellen, ist der Österreicher

Leopold Kohr gewesen, der vor verhältnismäßig kurzer Zeit gestorben ist. Es liegen - leider habe ich es nur englisch hier - ein paar kleine Aufsätze da, die - anlässlich seines Todes - ihn würdigen. Das ist jemand in England, dem Fourth World Review, Vierte-Welt-Review - Vierte Welt, damit ist gemeint: Die Welt der kleinen Einheiten. Und was dieser Leopold Kohr vertritt, das ist, dass in dieser Elephantiasis, wie man das nennen kann – also, das ist ja dieser Krankheitsbegriff des abnormen Größenwachstums - dass in der Elephantiasis, der in diesem Sinne schlecht unendlichen Massenhaftigkeit (Hegel hat von schlechter Unendlichkeit gesprochen, wenn nur addiert und multipliziert wurde, wenn sich also die Zahl von etwas vergrößerte) - wenn also das menschliche Maß in der Gesellschaft verlorenging – also, der Hauptpunkt den Kohr macht, der ist - obwohl das, vermute ich jetzt, eine Folge der technologischen Entwicklung ist und der Machtkonzentration im kapitalistisch-technologischen Bereich - Kohr macht erst einmal den Punkt, dass er sagt: Also, wenn die Gesellschaft eine bestimmte Größenordnung überschreitet, dann verliert sie fast notwendigerweise die Kontrolle über die Prozesse, die da noch vor sich gehen. Also, diese Dinosaurier, wie er dann auch diese Nationalstaaten betrachtet, und gar - also, Gott sei vor noch größeren Strukturen wie EG oder UNO als denen, von denen die Macht ausgeht; wenn da noch etwas zu regeln mal sein mag über die kleinen Einheiten, dann, sagt Kohr, dann muss die Tendenz sein einfach, dass die höheren politischen Einheiten von vornherein schwächer konstituiert werden als die unteren. Die müssen - also, die Abhängigkeiten müssen umgedreht werden. Also, Dezentralisierung heißt das, die Machtkonzentration - aber dann ist es keine mehr, sozusagen, in diesem Sinne, sondern dass die dann – also, dass da Einheiten, die an der Basis vernetzt sind, verfassungsmäßig das Sagen haben müssten. Und größere Staaten als Liechtenstein hält er für verderblich – also, das sind 30.000 ungefähr. Die Hopi waren ja der Meinung, 3.000 ist eine menschliche Gesellschaft. Also, ich denke jedenfalls, dass es Evidenzen gibt, dass Berlin zu groß ist, beispielsweise - viel zu groß. Also, wenn man – neulich, jetzt erst, ich glaube, vorgestern erst, hat mich jemand, den ich auch schon etwas länger kenne, angerufen - der hat also sein Studium abgeschlossen und ist jetzt in der Landschaftsplanung hier rings um Berlin. Und was er so wahrnehmen kann ringsum, das ist: Dass sich die Stadt Berlin, die halt so ein viel zu großer Organismus ist - was fällt großen Organisationen, großen

Technokratien ein? Natürlich Großprojekte. Also, mit sehr vielen kleinen Sachen kann sich die Verwaltung, die nur eine begrenzte Zahl von Sitzungstagen auch im Monat veranstaltet, gar nicht befassen. Man muss also eigentlich große Zusammenfassungen im Blick haben und gucken, wo auch im großen Stil vor allem wieder für die Ernährung dieser Bürokratien, die dann mit den großen Organismen verbunden sind, auch wieder die Steuern herkommen sollen - die kommen von dem Kleinvieh auch nicht so richtig, jedenfalls in diesen Größenordnungen nicht, die man da heute brauchte. Das ist lange her, das idyllische Preußen, wo es Friedrich sinnvoll erschien, Bauern im Oderbruch anzusiedeln. Das ist lange her, es geht jetzt nicht mehr um die Kulturarbeit im Kleinen. Manchmal, wenn jemand landesväterlich veranlagt ist, dann kümmert er sich in Brandenburg oder im Kreis darum - aber das Ganze, wenn das nun noch zusammengeschlossen wird, Berlin und Brandenburg, dann ist klar: Berlin funktioniert als Staubsauger und ist eine unhaltbare Struktur. Und da hat Leopold Kohr, da bin ich ganz sicher, absolut recht: Gesellschaft als Megamaschine - dst der Punkt. Es ist nicht einfach Megamaschine, wo man sich dann immer noch vorstellt – also, da sind sehr viele technische Einheiten zusammengeschaltet, sondern es ist Gesellschaft, die sich als Megamaschine konstituiert hat und von der her also Geld und Technologie und Computerwesen – also, Information und Bürokratie: Das ist alles, der Mensch hat sich in dieses Ding hinein entäußert, Gesellschaft als Megamaschine. Und deshalb ist die Gegenfrage, die der Leopold Kohr damals ganz richtig gestellt hat, in den 50er-Jahren schon: »Gesellschaft nach menschlichem Maß«. Gesellschaft nach menschlichem Maß. Ich weiß nicht mehr genau, wie Schumacher - sein Buch, »Small is Beautiful«, hat er das genannt, da ging es um das menschliche Maß. Aber die Voraussetzung ist natürlich – also, Technologien nach menschlichem Maß wird eine Großstadt wie Berlin nicht haben. Und das ist auch nur Teil der Bundesrepublik, Teil der EG, Teil also dieser maschinisierten westlichen Gesamtzivilisation, die wird keine Technologien nach menschlichem Maß haben, jedenfalls nicht als vorherrschende - was immer so in den Nischen und Lücken mit der Zeit da wächst. Der Gedanke, dass diese Großgesellschaft aufgelöst werden müsste – nicht, dass die Leute, nicht dass die Kommunikation entfallen sollte, darum geht es nicht, aber - dass der Schwerpunkt der Reproduktion in kleinen Einheiten zusammengezogen werden muss, die den Umgang mit der umliegenden Erde noch verantworten können und die alle diese Krankheiten des Größenwachstums vermeiden. Das scheint mir völlig klar, d. h, es steht an, die Großstrukturen, wenn es denn schon keinen Sinn macht, sie in die Luft zu sprengen (was gar nicht geht) und wenn ein bloßes Dichtmachen von Industrien nur soziale Krise schafft, dann muss es also doch wohl offenbar darum gehen, dass die Kräfte der Gesellschaft - und da ist schon wieder: Staat. Allerdings interessant, weil - mehr als die Hälfte an Mitteln wird über diese Kanäle umgeleitet und vor allem fällt im Staat die Entscheidung darüber, welche Technologien gefördert werden, ob man Kraft-Wärme-Kopplung fördert, die für kleine Gemeinden ist oder ob man diese - energetisch auch die Großtechnologien, selbst Solartechnologie ist förderbar, sodass sie zu Großstrukturen passt statt zu kleinen Strukturen. Und diese Entscheidung, da wäre es schon wichtig anzufragen - uns zu fragen - ob man da vom Staat etwas anderes zu erwarten hätte. Also, man müsste tatsächlich den Staubsauger, der so eine Großstadt ist und was überhaupt die Großstrukturen sind - den müsste man erst einmal von 1.000 auf 800, auf 600, auf 400, auf 100 herunterfahren (in Watt), dass er nicht mehr so stark saugt. Sicher muss sich die Gesellschaft einen Prozess leisten, aber vor allem muss alles das, was in die neue Richtung geht - das muss eigentlich nicht dadurch zustande kommen, dass es herausfällt, weil da etwas zurückgedreht wird, sondern eigentlich müsste dort neu konstituiert werden. Also, es müsste dieser Prozess, der in der spätrömischen Zeit sich sozusagen langsam durch die Jahrhunderte von selbst vollzogen hat: Dass die Leute Rom allmählich verlassen haben und in den Provinzen eine andere Art von frühfeudalem Leben angefangen haben - jetzt nur das Prinzip »kleine Einheit« im Vergleich zu dieser Staubsaugerstadt, die Rom gewesen ist: Das müsste bewusst angesteuert werden. Soviel zu diesem Pionier, der Leopold Kohr gewesen ist, in dieser Fragestellung. Und wenn man die Frage so stellt, übrigens, wie Leopold Kohr: Gesellschaft nach menschlichem Maß, dann kommt man auf sehr viele - dann kommen sozusagen in diesem alternativen Sog - jetzt, dieser Fragestellung - eigentlich fast alle Faktoren zur Geltung, die Kohr bei sich sozusagen nicht entfaltet hat. Aber unter dem Dach, das er damals gezeichnet hat, hat sehr vieles Platz, was darüber hinausgeht.

Die nächste Fragestellung, wenn man jetzt nach kausalen Therapien fragt – also, hier sagte ich, kausal hieße jetzt - diese Größenordnungsfrage ist natürlich mit der Machtkonzentration in puncto Geld, Bürokratie und Technologie überaus verbunden. Und wenn man also da umschalten würde: man ist dann an Ursachen aller dieser Symptome dran; insofern verstehe ich das unter kausal. Die Frage natürlich, die offen blieb jetzt – also, wir müssen die Frage stellen, bei so einem Umschalten auf kleine Strukturen: Kann man darauf rechnen, dass das institutionell gestützt werden kann in absehbarer Zeit – also, bald eigentlich, im großem Stil und nicht bloß, sozusagen: Eine Schwalbe macht noch keinen Sommer? - das, was wir da in Pommritz mit Biedenkopf angeschoben haben.

Die zweite Geschichte: Da will ich nur kurz darauf hinweisen, weil es hier ein deutsch geschriebenes Papier gibt aus einer Zeitschrift »Kurswechsel« gibt, das hängt mit diesem Interview »Tektonik des Verderbens« zusammen, das ich da ausgelegt habe: Arno Bammé, der hier mit Fleissner (?) zusammen Autor eines bestimmten Aufsatzes ist, geht von der Fragestellung aus, die da hinter diesen Interviews gestanden hat – also, hinter den Interviews darüber, was es heute mit der Ökonomie auf sich hat, ob die noch die führende Kraft ist oder ob nicht. Das ist die Fragestellung in diesen Interviews, hinter diesen Interviews: Ob nicht eigentlich - und das ist das Thema dieses Aufsatzes - hinter der ökologischen Krise, und zwar gerade auch aufs 21. Jahrhundert hin, eine Verschiebung von der Ökonomie auf die Technologie steht. Ob nicht die Jagd nach Großtechnologien, die dann also das Geld ansaugen und für die das Geld auch beschafft wird - ob das nicht bereits der Schwerpunkt in dem Versuch der Machtkonzentration ist. Also, wenn man an Kondratjew denkt - ich weiß nicht, wer von euch oder Ihnen diese ökonomische Theorie von den Wellen technologischer Innovation: Wer das schon einmal wahrgenommen hat – also, etwa im 19. Jahrhundert halt Eisenbahn-Schlüsseltechnologie, die die Kapitalakkumulation befördert hat, dann sind es jetzt also Umweltschutz, Informations- Biotechnologien, um die sich das sammeln soll. Und möglicherweise hat hinter oder sozusagen zur Seite des Kapitalakkumulations-Prozesses die Technologie schon immer eine größere Rolle gespielt – also, das jeweils Neueste, das da ausbeutbar war, um Kapital anzusammeln, das stockt ja dann immer – die Akkumulation – wenn eine technologische Innovation irgendwie erschöpft ist – also, Auto, offenbar, bringt es nicht mehr jetzt, das stockt. Also, es ist jedenfalls diese Kopplung – ich hab das auch in meiner »Logik« schon genannt –: Wissenschaft, Technik, Kapital und Staat, eigentlich, als ein Syndrom. Und damals schon war die Frage gestellt, ob nicht der Staat sozusagen da auskoppelbar wäre, weil er ja doch letzten Endes vor die Schranken des Gemeinwesens noch gefordert werden kann, von der Frage her - also, er hat ja Schaden abzuwenden. Damit ist ja einmal legitimiert worden, dass da solche machtvollen Schützer auftreten – also, von daher meine ich, denke ich, dass es die Möglichkeit gibt, das wieder zu befragen. Jedenfalls legt das sehr die Vermutung nahe, das Papier, dass wir es mit Technologie zu tun haben. Wenn wir es aber mit Technologie zu tun haben - für Bammé & Co. Sozusagen der gesammelte Ausdruck, der konzentrierte Ausdruck der Hochzeit von Wissenschaft und Technik - dann liegt die Vermutung nahe - und Bammé lässt sich darauf ein, das ist also ein Phänomen, würde ich sagen, wenn sich Ökonomen auf Heidegger einlassen, Bammé & Co – also, diese ganze Forschungsgruppe da in Klagenfurt, die diese Untersuchung gemacht hat, lässt sich auf die Hypothese von Heidegger ein, dass es sich bei Technik nicht einfach um Werkzeuge handelt, um Hammer bis Zyklotron und Labortechnologien aller Art und Verkehrstechnik usf, sondern dass hinter der Technik eine technische Grundhaltung des abendländischen Menschen steht, der sich also dem Objekt gegenüber beherrschend - der sozusagen für alles schon das Raster bereit hat, wo das in seine Speicher kommt, das Ganze. Also, wo über die Natur vorverfügt ist, von einer herrschaftlichen Grundhaltung der Natur gegenüber in dieser Gegenüberstellung aus. Und wenn die beiden Recht haben hier, dass sozusagen die Technologie jetzt den Akzent schon hat, dann heißt das, dass wir jetzt an dem Punkt sind, wo sozusagen die tiefste, die älteste Vorentscheidung – also, die tiefste Ursache auch, die tiefste geistige Ursache für diese heutige Katastrophe und für das heutige Problem: Dass die ins Blickfeld tritt. Und zwar erst einmal, wie fürchterlicherweise zu vermuten ist – also, das korrespondiert sehr mit dem, was Ernst Ulrich von Weizsäcker in seiner »Erdpolitik« geschrieben hat: Er beginnt seinen Schlussteil – wo es dann um Alternativen geht - mit Technologie und dann mit Wissenschaft und dann mit Arbeit, als Faktoren. Und als Letztes dann spricht er von Lebensstil, als letzter Punkt. Wenn das so herum gedacht wird, dann heißt das, wir rutschen über Technologie, dann würden wir tatsächlich noch in ein Jahrhundert der Umwelt hineinrutschen, d. h, in den Versuch, noch ein Jahrhundert an den verderblichen Prozess anzuhängen, der das Abendland bis hierher geführt hat. Und es ist höchst unwahrscheinlich – jedenfalls, wenn man dem Grundgedanken Heideggers folgt - dass wir mit dem Non-Plus-Ultra eigentlich des Herrschaftsprojekts Technologie jetzt, um uns im ökologischen Gleichgewicht zu halten – aber, sozusagen, in unserem menschlichen Interesse, Herrschaftsinteresse - die Erde managen. Das ist eigentlich das Projekt der ökologischen Modernisierung, das Bammé und Fleissner (?) hier schildern. Sie stehen nicht auf dem Standpunkt dieses Projekts und wenn sie da an Heidegger erinnern, heißt das, sie gucken eigentlich darüber hinaus, fragen nach Alternativen - aber sie schildern es wunderbar. Sie schildern also, dass wir es hier damit zu tun haben, dass die Technologie praktisch einen Durchbruch in Richtung Öko-Modernisierung bringen könnte - und dass, könnte man ja eigentlich sagen, dann Marxens, ich denke, letzten Endes Illusion von Vollautomatisierung als Weg zur menschlichen Emanzipation - wir müssen da nicht mehr, wir haben dann viel Zeit. Wir können dann die Arbeitsteilung aufheben.

Dass also mit der Fernperspektive der Vollautomatisierung sich der Mensch über den Produktionsprozess erheben könnte. So eine Perspektive scheint in diesem Aufsatz von Bammé & Co. Auf, und zwar in folgender Hinsicht: Er sagt nämlich, dieses technologische Projekt – also, Technologie als Lösung, jetzt - das ist insofern ambivalent, als - einerseits und hauptsächlich ist es der Boden, auf dem die ganze postmoderne Ideologie gedeiht, nämlich die, nach der alles möglich ist, jeder sozusagen sein Schaf scheren kann, bis ins Spirituelle hinein (Gott war sowieso lange Privatsache schon) – also, dieser ganze Bereich. Wir können uns im Unverbindlichen jeden beliebigen Vers auf die Lage machen. Die sagen: Das ist deshalb möglich, weil der Selbstlauf sozusagen der technologischen Reproduktion in den Städten jetzt, dass die Infrastruktur da immer wieder - das Geld wird herangeschafft, die Verschuldung wächst halt etwas - aber es dreht sich noch mal weiter, das Rad (in den reichen Ländern, wohlgemerkt). Das ist die eine Variante: Dass also praktisch die Leute über die Moden, über die Werbung und über die Massenmedien im Wesenlosen beschäftigt werden und nur noch – also, dieselben Leute eigentlich, insofern sie Funktionäre sind - funktionieren, betreiben zugleich diese Technologie, die große Maschine weiter. Aber die andere Möglichkeit wäre natürlich, sagt er, dass also doch zu viel Kräfte freigesetzt werden, als dass sie sich mit dieser -

sozusagen - eigentlich des Menschen unwürdigen Beschäftigung (die ja wie Sand umschippen auf dem Kasernenhof ist, auf anderer Ebene): Ob sie sich denn damit zufriedengeben werden oder ob nicht das Vakuum, auf dem geistig-seelischen Gebiet, das da die Folge ist: Ob das nicht – also, sozusagen - den Boden, den Humus dann bilden könnte, auf dem doch eine Alternative im größeren Stil gedeiht. Und da will ich dann noch einmal hinweisen – ich habe noch ein paar Papiere zusammengestellt – also, für die Problematik, wenn man nun Zeit und Kraft und Geist frei hätte: Da habe ich die Anfragen, die Padrutt an die Grünen gestellt hat, noch einmal zusammengestellt in einem Papier, das auch noch andere Sachen zu der heutigen Vorlesung hier enthält, wo man sich dann den Denkrahmen noch einmal zu Gemüte führen kann. Also, da ist dann die Frage: Wenn wir angesichts der - wenn das durchkäme mit der Technologie: Wir werden nicht ruhig schlafen in dieser Phase der ökologischen Modernisierung, wenn das passiert - und soweit das passiert. Dann geht es natürlich genau um diese Umstellung in der Tiefe, die dann eigentlich nur sich noch um die Frage drehen kann: Wenn dieses Projekt, die Erde zu beherrschen und nunmehr in der ökologischen Krise also auf diese Weise Versöhnung zu erreichen mit der Natur - wenn das nicht aufgeht (und die Zeichen werden sich mehren), dann müssen wir wahrscheinlich diesen Herrschaftsanspruch aufgeben und müssen uns neu einrichten auf – ja, auf die Eingliederung in die Natur. Dann kann eigentlich diese ganze abendländische Grundstellung, die hinter dem, was Heidegger da aufgedeckt hat, steht – nämlich: Der Mensch als Subjekt stellt sich als Objekt gegenüber, die Natur stellt sich die Natur als Objekt gegenüber. Das, was ich hier beim vorigen Mal in diesem Bilde von Paramashiva angedeutet habe – also, abgespalten sozusagen von den Quellen eigentlich der geistigen Existenz des Menschen und abgespalten und gegenübergestellt, entfremdet allem Objekt. Diese Grundstellung, die muss ja dann infrage stehen und es muss Schluss sein mit der kompensatorischen Überhebung, die diese Subjektivität sich geleistet hat: Vor lauter Angst im Walde – also, durch diese Abspaltung haben wir uns ja in diese prometheische Position hineingesteigert, die sich nun als so gefährlich erweist. Also, das Himmelsfeuer rauben - und jetzt: Wir praktizieren damit und es ist also die Frage, ob wir da in der – das abendländische Individuum, das sich ja nun stärker herausgearbeitet hat auf diesem Wege als anderswo die Leute: Ob das nun in der Lage ist, sich da in die Zucht und Disziplin zu nehmen und sich die institutionelle Hilfe auch zu schaffen. Ich will einmal die weitestgehende Position, die ich kenne zu dieser Frage - also, wo es nicht als Frage gestellt ist, sondern einfach schon als Position behauptet wird, ich habe das beim vorigen Mal schon oder zumindest als Position angedeutet und ich hab es schon erwähnt, ich will ein paar Sätze einfach, nur als Andeutung, erst einmal, aus der Claudia von Werlhoff, hier, aus ihrem Buch »Männliche Natur und künstliches Geschlecht«, einfach zum Anhören geben, die diese Wende zeigen. Und ich will versuchen, sie sozusagen verständlich zu machen, denn wenn sie sonst ein normaler Marxist beispielsweise liest, dann missversteht er das erst einmal. Er missversteht nämlich das gesellschaftliche Motiv und den gesellschaftlichen Charakter ihrer Frage nach Natur. Die sagt: Seit zehn Jahren beschäftige ich mich nun mit dem Naturbegriff. Natur ist für mich seitdem eine Bezeichnung für das zentrale gesellschaftliche Verhältnis überhaupt. Und dahinter steht, dass sie nämlich herausanalysiert hat, dass die Ausgebeuteten, die in diesem abendländischen Kulturprozess ausgebeuteten Momente oder Elemente, nämlich die Natur selbst, die Frau und neun Zehntel der Bevölkerung, der Weltbevölkerung – die nicht einmal Lohnarbeiter in unserem Sinne des versicherten Gewerkschaftsmitgliedes sind - und dann als letzte eigentlich und am geringsten ausgebeutete Klasse eben diese Lohnarbeiter der reichen Länder. Alle diese Ausgebeuteten und das, was an ihnen ausgebeutet ist, das wird nämlich vom Kapital als Natur behandelt. Wenn man diesen Gesichtspunkt zum Gegenstand nimmt, dann würde es sich wirklich bei dem, was Marx genannt hatte »die lebendige Arbeit« wieder zum Herrn des Lebens zu machen - da war ja nur an die Lohnarbeiter der reichen Länder zunächst gedacht. Das genügt da nicht, sondern dann muss man fragen, wie - im weitesten Sinne - alle diese Momente von kolonisierter Natur befreit werden können, das ist eine im Interesse des Menschen liegende Frage. Also, das zentrale gesellschaftliche Verhältnis, überhaupt Natur, in Anführungszeichen von ihr das Wort »Natur« gesetzt, damit man es eben recht verstünde. Sie sagt: »Mit der ersten Natur glaubt man, sich nach wie vor nicht befassen zu müssen, d. h, mit der Natur, die nicht von uns – Marx sagt ja, das ist zweite Natur, was wir geschaffen haben - und die Claudia kommt ja aus der Linken und hat also Marx durchaus studiert mit heißem Bemüh'n. Man glaubt immer noch, mit der ersten Natur sich nicht befassen zu müssen, was den Ort und die Art der Problemlösung angeht, sondern – z. B. Helmut Thielen, jemand, mit dem ich lange im Gespräch bin über dieses ganze Naturproblem, betont immer wieder, dass unser Naturverhältnis natürlich eine gesellschaftliche Angelegenheit ist, dass wir gesellschaftlich entschieden haben, die Natur auszubeuten - das ist schon richtig, bloß wenn wir also praktisch - dass praktisch alles, womit wir die Erde kaputtmachen, die Welt kaputtmachen, bis in den gesellschaftlichen Prozess hinein: Wenn das damit zusammenhängt, dass wir es als Natur behandeln, dann ist es wahrscheinlich zu schmal, auf die klassenmäßigen Machtverhältnisse zu gucken. Und man muss - sicher kann man die nicht auslassen, sondern vom Grunde her: Das gibt einen unendlich viel breiteren Zugang als die Mühe, sozusagen, dann aus der Perspektive der gesellschaftlichen Klassenkämpfe: Wer herrscht denn hier und warum liegt es am Kapital und so - um dann auf dem Umweg sozusagen zu der Ausweitung zu kommen, die da erforderlich wäre. Es gelingt nicht, weil man schon ideologisch in den ganzen kleinen Kampfinteressen, die auf der Titanic spielen, viel zu befangen ist. Also sie sagt, die erste Natur kommt nur scheinbar gerade nicht infrage. Es würde gelten, sich genau mit ihr zu befassen. Dann allerdings ist es erforderlich, wirklich aus dieser abendländischen Grundstellung auszusteigen, wonach Natur geistlos ist. Claudia würde sagen, wenn das nicht so selbstverständlich wäre, dass Natur geistlos ist, dann wäre es nicht möglich gewesen, dass nicht bloß Adam Smith, sondern auch Marx sich diese Engführung auf Arbeitswerttheorie geleistet haben: Nur Arbeit ist produktiv, Natur ist nicht produktiv. Erst jetzt gibt es auch marxistische Kreise – in Kassel z. B – die sich mit Naturproduktivität und so befassen. Und wenn man jetzt also von Ökosteuern im großen Umfang spricht, statt die Arbeit zu besteuern, dann heißt das, dass wir uns empirisch gezwungen sehen, da wohl etwas aufzugeben. Also, empirisch direkt wird die Arbeitswerttheorie negiert, wenn man demnächst – man wird dazu kommen, also über Ökosteuern da etwas – man wird also praktisch Material- und Energieverbräuche besteuern, hauptsächlich - und zwar von Grund auf, nicht bloß das, was dann oben als Spitzen herausguckt, wo man dann willkürlich eigentlich Werte festgelegt hat, die nicht überschritten werden sollen, sondern von Grund auf. Das ist ein Umsturz in der ökonomischen Theorie übrigens, aber das setzt voraus, dass man aufhört - es wäre gut, das meine ich, dann auch theoretisch nachzuvollziehen – Natur als geistlos aufzufassen. Das

Modell, das ich hier angezeichnet habe, sagte ja: Natur ist vom Grund her Geist, und Natur ist objektivierter Geist - das ist die dicke Seite des Geistes, die Verdichtungsseite des Geistes. Die moderne Physik gibt ja mancherlei Hinweise, dass man das ganze Spiel von Intelligenz und Materie durchaus so betrachten kann. Energie als Mitte - und dass aber die schwachen Energien, die Steuerungsenergien vielleicht die entscheidenden sind. Die ganze Chaostheorie übrigens geht ja auch von diesem Gedanken aus – also, Claudia sagt, man muss aufhören, das Denken als das Erste anzusehen wieder, sondern man muss davon ausgehen: Das ist Teil der Natur. Nach dem alten Verständnis, schreibt sie, wäre das Denken eine dem Menschen gegebene Naturfähigkeit, nach dem alten jetzt, dem vorkapitalistischen Verständnis, und dahin weist sie zurück; wäre das Denken aber eine dem Menschen gegebene Naturfähigkeit, die er mehr entfalten kann als andere Wesen - die dafür besser fliegen, schwimmen, hören, sehen, riechen können - und wenn das Denken zur natürlichen Ausstattung des Menschen gehört, dann wäre seine Anwendung nicht notwendig mit feindseliger Distanzierung zur ersten Natur verbunden wie in heutiger Technik. Also, das ist eine ganz tiefe Kehre - genau die Kehre, die hier auch angedeutet war, wenn sich dieser Purusha - also, diese Figur der Subjektivität; das war Position 12, da so ungefähr in der Mitte, in dem vorigen Bild - wenn sich die, statt immer weiter mit dem Objekt zu kämpfen und dort nun zu sehen, wie können wir die Katastrophe aufhalten, die wir selber sind, sich zurück zu wenden also zur Quelle - es ist egal, ob man das Geist nennt oder die große Natur - für Spinoza war Gott und Natur das Gleiche; wir haben das im Abendland – also, sich dort zurückzuwenden und von dort her – also, alles Objekt von vornherein wieder mit drin zu haben – also, so stellt sich Claudia von Werlhoff die neue Grundstellung vor. Dann fragt sich natürlich, was geschehen könnte, damit wir aus der jetzigen Grundkonstellation der Herrschaft via Technologie und Arbeit herauskommen. Und es ist dann offensichtlich, dass wir für dieses Verhältnis - also, das Technologie und das Arbeit sind, das ist unser praktisches Naturverhältnis, das ist unser Stoffwechsel mit der Natur: Dass wir dafür überhaupt keine Steuerungsmittel in der Hand haben. Das ist in unserem verfassungsmäßigen und gesellschaftlichen Kontext bisher nicht geregelt. Dafür haben wir Umweltminister, die tatsächlich am Ende des Rohrs - also, jetzt im Umweltschutz im engeren Sinne ist man längst dafür zu gucken: Was passiert am Anfang des Rohrs? - oder gar nichts erst rein ins Rohr -; aber institutionell: Der Umweltminister, das ist das Beste, was wir bis jetzt gefunden haben gegen die ökologische Krise: Der geht auf diese Tatsache, dass wir mit Technologie und Arbeit mächtig die Natur – also, Grundlage – zerstören, das ist sozusagen am Ende des Rohrs – also, dieses gesellschaftlichen Gesamtprozesses, der in die falsche Richtung geht. Da wollen wir dann noch etwas abfangen. In Wirklichkeit erhebt sich hier natürlich eindeutig die Frage, wenn wir mit Technologie und Arbeit – und natürlich, Technologie ist finanziert – also, wenn in diesem Komplex Technik, Wissenschaft, Kapital - und Kapital schließt Arbeit ein, so, wie sie eingesetzt wird, natürlich; man kann auch sagen: Kapital und Arbeit – wenn das also sozusagen das ist, was auf die Natur losgelassen wird: Wo sind die Institutionen, mit denen da etwas aufgehalten werden kann? Also, mit denen wir überhaupt eine Chance haben, dies irgendwie bewusst unter Kontrolle zu nehmen. Also, wir haben es hier mit der Frage zu tun, wie die Eingriffsmöglichkeit in puncto ökologische Krise überhaupt aussehen könnte und es ist dann klar, dass also Eingriffrichtungen wie Umweltschutz auch im weitesten Sinne oder wie Umbau des Industriesystems, ökologischer Umbau des Industriesystems - dass das also nicht ausreichen kann, um dieses Problem zu ändern – also, das Subjekt, das da auf die Natur losgelassen wird, das ist gerade der Inhalt dessen, womit ich an Claudia von Werlhoff erinnert habe. Dieses Naturverhältnis, das ist das gesellschaftlich grundlegende Verhältnis. Und wie wir uns darin reorganisieren jetzt: Das ist die Herausforderung der ökologischen Krise. Wie wir uns in diesem massenhaften Prozess der Naturzerstörung jetzt - und natürlich, wir müssen produzieren, also, das lässt sich wohl nicht aus der Welt schaffen, dass wir produzieren müssen, also, dass wir den Stoffwechsel mit der Natur brauchen, um überhaupt zu existieren. So ist der Mensch gebaut, indem er also weniger rennen, sehen, hören usw. kann - dieses Organ hat. Aber wie wir dieses Organ der Natur gegenüber im Zaum halten, diese Frage »im Zaum halten« haben wir uns Jahrtausende lang - jetzt, eigentlich - wir hier jedenfalls - spätestens seit den Griechen nicht mehr gründlich gestellt oder seit der Renaissance, ich meine inzwischen; wir waren ja nicht so weit. Also, das frühe Mittelalter war keine technologische Gesellschaft in dem Sinne, auch nicht ansatzweise, erst einmal, wenn sie auch Technologien hatten. Bei uns ist es also erst seit der Renaissance so richtig entfesselt, aber anknüpfend an die Griechen.

Und das also vor Augen, erhebt sich die Frage, was man mit den Institutionen eigentlich machen müsste? Es ist dann, glaube ich, klar, dass sich für eine Alternative zur ökologischen Krise - dass man dann den Überlegungsschwerpunkt von den technischen und technologischen Vorstellungen weg verlegen muss. Das scheint mir völlig klar zu sein. Das würde bedeuten, dass also alle Leute, die über das ökologische Thema und über die ökologische Krise sprechen und etwas Technisches, eine technische Lösungsmöglichkeit in den Vordergrund oder in den Mittelpunkt stellen - die stellen sich und der Sache ein Bein. Das heißt nicht, dass technologische und ökologische Fragen – und ökonomische Fragen – irrelevant sind. Das heißt es nicht, sondern es heißt nur, dass alle diese Strategien kurzschlüssig sind. Das, was als Minimum gefordert wäre - und insofern haben dann also altmodischere Leute wie etwa der Marxist Helmut Thielen, von dem ich da schon gesprochen habe, erst einmal recht, relativ recht. Eher noch muss man dann schon die Frage sozial-ökologisch in diesem marxistischen Sinne stellen - muss also fragen: Wenn das also so ist, dass wir massenhaft die Natur kaputt machen, wodurch wird denn die Mehrheit der Bevölkerung in diesen Prozess hinein gezwungen? Das ist eigentlich da diese sozialökologische Fragestellung. Also, wie könnte man über Prozesse der Gerechtigkeit und bei Leuten, die weitblickend sind – Thielen gehört dazu – steht da erste, dritte Welt im Vordergrund - und dann erst hier bei uns zu Hause. Also, das ist dann soweit auch dann richtig gedacht. Es muss so herum gedacht werden. Was denn, wenn einer der großen Drücke auf den Regenwald – wenn das Leute sind, die auf andere Weise gar nicht mehr zu ihrem - zum Anbau von Lebensmitteln kommen? Da muss ja erst sozial etwas gelöst werden, sagen die. Und ich denke - die Frage der Priorität, die ich anders stelle, lautet nicht, dass da jetzt nichts sozial gelöst werden muss, sondern dass eine sozialökologische Lösung den umgekehrten Schwerpunkt haben muss. Sie muss von der Ökologie - von der Naturfrage, wie die Claudia von Werlhoff das gesagt hat, von daher - gedacht werden. Das heißt, die Priorität ist eine Frage der Gewichtung im konzeptionellen Ansatz und nicht des Erstens, Zweitens, Drittens in einer zeitlichen Reihenfolge. Diese Entlastung von der Jagd nach dem Existenzminimum muss mit ins Auge gefasst werden. Insofern waren auch diese Konferenzen natürlich – spiegelten Wirklichkeit wider, Brundlandt-Kommission und so - und Brandt also vorher schon Nord / Süd – also, wo bei Brundlandt dann eindeutig Entwicklung und Ökologie gekoppelt war. Aber natürlich von dem Konferenzergebnis noch, unter dem Primat der sozialen Frage - was von der Dritten Welt her sehr verständlich ist - der innere Klassenkampf der reichen Länder ist ja auf die abgeschoben worden, sodass sich dort die soziale Frage so in den Vordergrund drängt. Und doch – also, geistig jedenfalls - sind wir herausgefordert, diese soziale Frage einzuordnen in die Naturfrage, so wie sie die Claudia von Werlhoff stellt - und zwar geht sie ja auch an die soziale Frage auf die radikalste Weise heran, indem sie sagt: Also, erst einmal ist überhaupt die halbe Menschheit, die weiblich ist, unterdrückt – also, die ist enthalten in ihrem Ansatz des Naturkonzepts, bloß es ist sozusagen ein völlig anderer Integrationsversuch. Und um den geht es und nicht darum, irgendeine Frage, die im gesellschaftlichen Raume steht, für nicht wichtig zu halten, bloß weil sie nicht direkt ökologisch funktioniert. Ich finde es nur eben verheerend, wenn die Leute, die eine Alternative zur Politik in der Bundesrepublik jetzt im Auge haben – also, die sich da als Forum bei den Grünen konstituieren, jetzt am Wochenende – wenn die eine Konferenz machen über Arbeitslosigkeit und Demokratie – also, praktisch auf die Vordergrundfragen dieser verrückten Gesellschaft ihren Schwerpunkt legen, auf das ökologische Thema nur in einer kleinen Stelle untergeordnet zu diesen beiden offenbar allein wichtigen Prozessfragen sich treffen.

Zwischenfrage:
Ob er da war?

R. Bahro:
Nein, ich war ganz absichtlich nicht da, weil ich gesehen habe, dass das Gesamtkonzept genau im Sinne dieser Irreführung funktioniert, über die ich hier gesprochen habe. So ist das Konferenzprogramm. Wer das liest, der ist eindeutig wegorientiert von der Fragestellung, um die es mir jedenfalls hier hauptsächlich geht - um die es mir hauptsächlich geht. Also, ich habe dieses Konzept nicht anders lesen können. Es stellt die Frage genau umgekehrt zu dem, wie ich das hier aufzurollen versuche - und ich halte das für verheerend. Ich sehe eigentlich den ungeheuren Rückschlag, den die Ökologiebewegung, die grüne Bewegung in der Bundesrepublik eigentlich jetzt erlitten hat. Die ist am Nullpunkt angekommen, was also auch nur den

Zugriff zur Fragestellung betrifft. Es muss eigentlich erst neu - bin ich ganz überzeugt - neu die ökologische Problematik in ihrer Wirklichkeit ins Bewusstsein einbrechen. Die ist politisch überhaupt nicht repräsentiert, bei keiner der politischen Kräfte, die jetzt auf dem Felde hier des bundesrepublikanischen Karussells tanzen – steht überall im Anhang in Machtprojekten, wie man also mitspielen kann auf der großen Bühne.

Die politische Einrichtung für eine Umsteuerung in dem Sinne, dass wir uns für die Bewältigung des Naturproblems konzentrieren, die sehe ich also darin, dass man nicht irgendwelche Politik kennt – also, »policies«, wie die Amerikaner das nennen - ändern muss und kleine Neuerungen einführen, sondern dass es wirklich einer Revision der politischen Gesamteinrichtung bedarf, mit der wir hier vorgehen, und zwar als Schlüssel, als gesellschaftlicher – um ein gesellschaftliches Instrument in die Hand zu bekommen, um diesen auf die Natur gerichteten gesellschaftlichen Prozess so steuern zu können, dass wir uns wieder reinfinden. Das heißt also, es müsste in die Projektierung des politischen Prozesses eine versöhnliche, eine versöhnungsfähige Grundhaltung zur Natur eingehen, d. h, es ist eigentlich die Entstehung so einer Grundhaltung - der Austritt aus dem ganzen technologischen und politischen Spiel, das hier an der Oberfläche läuft, der Austritt sozusagen unserer eigentlichen Bewusstseinskräfte, und dass das wenigstens erst einmal eine Minderheit vormacht. Das ist die Bedingung dafür, dass man die politische Substanz überhaupt zusammenkriegen kann. Anders also kann es nicht sein, dass wir daran gehen, das Modell fallenzulassen, mit dem wir die Welt kaputt machen, weil - dieses Modell ist sozusagen darauf gerichtet, die innergesellschaftlichen Kämpfe um Mehrverbrauch und Mehrgewinn nicht bloß auf materieller Ebene, sondern an Prestige, an Macht und sofort: Das wird weiter ausgefochten und es wird auch der Kampf um eine ökologische Alternative bisher - soweit er noch auf dem Programm steht, wird diesen Überlegungen – also, wie könnte man auf dem Machtkarussell einen Fuß rauf kriegen - wird dem unterordnet. und es wird absolut nichts bringen. Es müsste – also, nötig wäre ein ökologischer Umbau, der die gesamte institutionelle Einrichtung der Gesellschaft so ändert, so neu ordnet, dass alle Weichen auf die Hinausleitung der Kräfte aus dem jetzigen megamaschinellen Zusammenhang, nämlich auf die Hinausleitung der Kräfte, auf die Hinausverteilung von Mitteln, von Menschen, auf das Hinausgehen - und dass sie das mitnehmen, das, was man braucht, um neu zu konstituieren, auf kleinerem Maßstab. In erster Linie sage ich: Der menschlichen und der finanziellen Energien – also, das Hinausleiten und Hinauskonzentrieren, das müsste die gesellschaftliche Ordnung leisten, die wir uns geben. Und natürlich ist es wichtig, dass das, was da hinausgeleitet wird, nicht nur zerstreut, d. h, es braucht eine Vision darauf - das habe ich schon angedeutet, ich will jetzt nicht weiter ausführen - wie man stattdessen zusammenleben müsse. Das ist diese ganze Frage der kleinen Einheiten und ihres Lebenszusammenhangs.

Jetzt machen wir eine kurze Pause und dann will ich noch sprechen - nach der Pause - über die Logik oder die Ablauflogik eigentlich, wie wir zu dem institutionellen System kommen könnten, das da jetzt notwendig wäre.

Also, ein paar Exemplare von diesen Papieren, von denen ich vorhin gesprochen habe - wo auch das von Padrutt drin ist - liegen jetzt da und dann will ich noch daran erinnern, ich habe das vorige Mal von diesem Seminar gesprochen – über Richard Wagner – über dieses Musikseminar, das der Jochen Kirchhoff machen will. Ich will da auch teilnehmen. Da liegt eine Liste aus, wer sich da einschreiben will, das wäre jetzt in der Pause gut. Das ist am nächsten Wochenende.

Der Marko (Ferst) schreibt gerade noch eine Sendung mit Franz Alt an, weil wir den Franz Alt ja in Kürze hier haben werden.

So. Ich gehe jetzt noch einmal hinein, will versuchen, verhältnismäßig kurz damit fertig zu werden. Ich habe in dem Papier, das der Helmut inzwischen auch mitgebracht hat, das hier unten liegt – also, mit ein paar Materialien zur heutigen Vorlesung und das wird auch nächste Mal noch einmal da sein - habe ich ein paar Notizen zu diesem Thema, wie man zu den Institutionen kommen könnte – sechs Seiten ungefähr - ausgelegt. Ich habe das riskiert, obwohl ich mit diesem Thema nicht eigentlich fertig bin, d. h, das ist sozusagen ein gedanklicher Entwurf eben zu der Frage, wie könnte man für dieses Mensch-Natur-Verhältnis die - sagen wir es einmal so –

zunächst die notwendige institutionelle Ergänzung zu dem System, das wir da haben, denken.

D. h, ich habe das ja in meinen früheren Überlegungen letzten Endes zugespitzt auf die Frage, dass - der Bundestag, den wir haben, ist ein Unterhaus, das ist der Platz, wo die gesellschaftlichen Interessen, auch die Interessenhaufen sozusagen, um ihren Abgleich innerhalb der Gesellschaft hauptsächlich streiten und wo von diesem Interessenkampf her die Verhältnisse zur übrigen Menschheit und auch zur Natur abhängig behandelt werden. Und meine Vorstellung war, dass man so etwas wie ein Oberhaus brauchte – also, einen Hohen Rat, der die Frage so einer kulturellen Wende, die das Naturverhältnis hauptsächlich ins Auge fasst, dass man also das als eine zweite institutionelle Ergänzung brauchte. Ich habe beim vorigen Mal schon darauf hingewiesen, dass ich den Mangel damals in der »Logik der Rettung« - also heute - darin sehe, dass das also sozusagen noch zu direkt auf die Staatsebene so zugespitzt war, auf die Nationalstaatsebene – während das eigentlich ein Moment ist, das es auf jeder beliebigen Ebene, wo das Gemeinwesen eine institutionelle Zusammenfassung hat – also, von der Gemeinde bis zum Weltmaßstab, wo die Menschheit verschiedenen Grades gemeinschaftliche Angelegenheiten an sich zu regeln hat: Überall dort müsste also neben der Instanz sozusagen, die für den Ausgleich sorgt – zwischen den verschiedenen Parteien und Völkern auch – also, in der menschlichen Gesellschaft auf der Erde - müsste es zugleich eine Instanz geben, die das Naturverhältnis betrifft. Und ich bin mir natürlich völlig darüber klar, dass sozusagen diese Zweischenkligkeit – also, Gehen auf zwei Beinen, die ich da jetzt zunächst ins Auge fasse: Das ist der Situation geschuldet, in der dieses andere, das zweite Bein, überhaupt nicht ins Auge gefasst ist. Ob das auf die Dauer zwei Instanzen bleiben müssen oder sollen und ob es überhaupt so zustande kommt, ist für mich zunächst nicht die Frage, sondern für mich ist zunächst die Frage, was uns passiert, wenn wir uns auf diese Gedankenrichtung, auf dieses Gedankenexperiment einmal einlassen. Und ich will also versuchen, eine Schrittfolge jetzt noch kurz zu entrollen, in der man auf so eine Verfassung und auf diese notwendige Veränderung, die ich da im Auge habe und die meiner Meinung nach also unerlässlich ist - wie man sich das Draufzugehen vorstellen könnte - nicht, um die Fantasie damit überzubesetzen. Denn ich bin nicht sicher, dass das der Weisheit letzter Schluss ist. Ich hatte in meiner »Logik der Rettung«

also diese Gesamtfrage noch so formuliert als wie die nach den Fürsten der ökologischen Wende - aber nicht einen Mann oder eine Frau damit gemeint, sondern die Institution, die diese Aufgabe irgendwie bringt. Mir ist inzwischen – also, im Laufe der letzten Jahre - ein Beispiel aus der europäischen, aus der griechischen Geschichte immer näher gekommen, immer aktueller geworden, für die Frage, wie man sich also so etwas erst einmal in einem westlichen Zusammenhang denken kann. Und zwar - ich weiß nicht, wer von euch eine genauere Vorstellung davon hat, wie diese solonischen Reformen in Athen gelaufen sind. Das war also eine Situation damals in Athen, in der Zeit des Solon – also, am Anfang des 6. vorchristlichen Jahrhunderts (694, glaube ich, waren diese Reformen), wo sich in Athen die soziale Differenzierung überaus zugespitzt hatte. Und der Hauptmechanismus war gewesen, dass über die Verschuldung der kleinen freien Bauern, auf denen eigentlich die Athener Souveränität beruht hat - dass darüber also das Gemeinwesen eigentlich vom Auseinanderfallen bedroht war. Und nun hatte sich also das Geld und damit die Verfügung über den Boden, über vielen Boden direkt oder indirekt in den Händen von Großkopfeten angesammelt und es wurden immer mehr Leute – also, mehr kleines Volk - zur Auswanderung aus Athen auch gezwungen - und nicht wegen Überbevölkerung, weil es zu viele gab, die sich um den Boden stritten, sondern weil die Souveränität bei der eigenen Reproduktion verloren gegangen war. Die Krise war lange sichtbar gewesen und Solon von Athen, jemand aus der Aristokratie – also, aus der alten Aristokratie - der sich aber von seinen Sonderinteressen losgemacht hatte, der war auf den Gedanken gekommen: Hier braucht man einen Ausgleich zugunsten der Unteren. Und das Konzept, das er vorgeschlagen hat, war – und insofern kam es natürlich auch den Oberen entgegen; die Unteren waren so sauer geworden, dass sie eine Bodenreform überhaupt mit Enteignung verlangten für die anderen - und Solon hat den Vorschlag gemacht, und zwar bevor er eingesetzt wurde, er wird nicht das machen, aber er wird diejenigen, die da im Laufe der letzten Generation in Verschuldung geraten sind - er wird für die Entschuldung sorgen, dafür also, dass praktisch die gesellschaftliche Ordnung so eingerichtet wird, dass der Staat selbst – der Athener Staat – dabei hilft, die von den Schulden zu befreien. Da gibt es eine Klasse, die verliert etwas dabei - aber was man wiedergewinnt, ist der soziale Frieden und die Perspektive für Athen. Nun war das damals eine Angelegenheit, die nur mit internen gesellschaftlichen Kämpfen zu tun hatte, nicht mit der Herausforderung vom Naturverhältnis her - obwohl das mitgespielt hat, schon eine gewisse Rolle spielte, weil nämlich kolonisierbares Land – also, dort hin, wo die noch absegeln konnten, um sich anderswo einzurichten: Das war am Ende des 7. Jahrhunderts, Anfang des 6. Schon knapp geworden. Das wurde aber nicht so sehr thematisiert, sondern im Vordergrund stand die Frage - also, wie können wir mit dieser sozialen Krise fertig werden. Und nun war das Gemeinwesen damals jedenfalls noch klein genug – Athen und die freie Bürgerschaft sind vielleicht nur ein paar 10 000 Leute gewesen – jedenfalls haben die sich, nachdem Solon seine Politik angekündigt hatte, dazu entschlossen, ihn vorübergehend - und er hat auch versprochen, er zieht sich wieder zurück und hat das auch eingehalten nach vollbrachter Tat – ihn vorübergehend für so etwas wie einen - es wird da nicht Tyrannis genannt, weil er sich zurückgezogen hat - aber die Funktion war die: Ich trete an und ihr gebt mir alle Vollmachten, um diese soziale Reform, für die es dann also einen mehrheitlichen Konsens gegeben hat, durchzuführen. Es haben sicher nicht alle gute Miene zu dem Spiel gemacht, aber er hat es tatsächlich möglich gemacht, dieses sozial-ökonomische Problem dort zu lösen, d. h, es war möglich, mächtige soziale Interessen – Klasseninteressen – dem Gemeinwohl der Athener unterzuordnen. Und wir stehen vor einer viel extremeren Herausforderung mit der ökologischen Krise, als die damals in Athen gestanden haben - obwohl die auch das Gefühl hatten, dass es um alles geht, das spitzt sich dann leicht so zu. Und ich denke, dass es sich lohnt, darüber nachzudenken - ich meine, ob man nicht für eine große Gesellschaft, wie wir das jetzt sind – also, eine zu große Gesellschaft, darauf habe ich ja hingewiesen, sodass das also nicht leicht organisch geht: Ob man nicht dennoch auf den Gedanken kommen kann, wie so ein Öko-Solon zustande kommen könnte. Und das muss diesmal nicht eine Person sein – wahrscheinlich ist das damals übrigens auch eine Bewegung gewesen, er muss ja getragen gewesen sein, und - jedenfalls hatte er den Konsens fast aller Leute dafür, für diese Neuerung. Das ist wahrscheinlich keine Neuerung, die in den anderen Interessenkämpfen jetzt bei uns hier angesiedelt werden kann, sondern da müsste es darum gehen, dass man praktisch quer zu dem ganzen politischen Spektrum, das die Gesellschaft hat und zu dem ökonomischen Interessenspektrum - dass diejenigen Leute sich zu einer geistigen Selbstverständigung zusammenfinden und zu einer ökologischen Erneuerungsbewegung, die das erst einmal sehen, die also so viele Kräfte frei haben, dass sie sich sagen: Ich konzentriere mein Interesse jetzt auf eine Gemeinwohl-Angelegenheit und ich konzentriere es nicht darauf, mich um die Brötchen und um den Anteil an dem alten Machtkuchen – also, mich darauf zu werfen. Es ist - also, für mich ist die erste Frage die Ansammlung und Vernetzung von Elementen, die wirklich diesen Durchgang in Bezug auf ein neues Naturverhältnis machen können. Ich hab das irgendwie hilflos in der »Logik der Rettung« noch »Unsichtbare Kirche« genannt. Der Kirchenbegriff muss da raus, weil er nur - er muss irritieren. Aber diese Frage - also, dass diese Kehre, die ich beim vorigen Mal hier in dem Ei da angedeutet habe, dass die nicht individualistisch vollzogen werden wird, sondern dass sich da auch Leute gemeinsam auf den Weg machen als Individuen, die auch selber denken dabei. Das scheint mir also der erste Punkt zu sein: Dass man also die Umstimmung, die da gesellschaftlich notwendig ist und die Voraussetzung ist, dass man überhaupt an so eine Institution denkt - denn es geht ja um den Vorbereitungsprozess für so was erst einmal - dass man die in Angriff nimmt und dann von da aus – also, wenn von da aus dann die Vision ausstrahlt, wir könnten uns da mit einer institutionellen Umstellung retten, dann wäre es für meine Begriffe auch denkbar, dass sich eine Bewegung herausbildet – also, ökologisch eine Bewegung für diese institutionelle Veränderung und für das Maßnahmepaket, das dann notwendig wäre, um das Naturverhältnis in Ordnung zu bringen, die - ich würde einmal so sagen - zwischen die jetzige institutionelle Einrichtung und das, was Wissenschaft, Technik, Kapital da veranstalten – also, wo der Name Technologie sozusagen das Führungsprinzip ist, wo der Staat bis jetzt also sozusagen über die Wissenschaft und über die Technologieförderung in die alten Großstrukturen lenkt. Wenn es gelänge, dass wirklich eine Bewegung Anlauf nimmt, die das verstanden hat, dass wir aus diesen Großstrukturen rausmachen und die dann – also, eine geistige Bewegung, die kann Platz nehmen in jedem menschlichen Individuum. Das ist natürlich eine Sache, die auch die sogenannten Eliten in den Institutionen dann spalten würde – also, die dort die Ämter innehaben, in der Wirtschaft wie in der Wissenschaft wie auf der staatlichen Ebene. Dass da eine politische Kraft auf den Plan tritt, die sich einfach sagt, dass die langfristigen, die fundamentalen Interessen jetzt einmal Vorrang kriegen müssen gegenüber den vorhandenen und zu ihrem Recht kommen sollenden Interessen, die also gegenseitig weiterhin sicher ausgefochten werden müssen, aber - dass man auf den Gedanken kommt, wir müssen den Staat, der, wenn man ihn einmal abgetrennt vorstellt von den wirtschaftlichen und technologischen und Wissenschaftsinteressen – also, den Apparatinteressen, meine ich da, nicht den Wahrheitsinteressen der Wissenschaft - wenn man ihn davon einmal abgekoppelt denkt oder sozusagen, wenn er politisch zumindest davon distanziert worden ist, dann könnte man sich natürlich vorstellen, dass sich dort eine verfassungsmäßige Umformung vorbereitet. Es wäre also denkbar, dass man von so einer Bewegung aus, die also in alle gesellschaftlichen Schichten hineinreicht und die nicht klassenmäßig ist oder so, sondern die psychologisch differenziert ist, von denen her, die da ein Gefühl entwickelt haben und eine Änderung machen wollen, dass man von denen aus einen Kongress zusammenruft, der erst einmal -

...

- ehe das in der Verfassung steht, so einen ökologischen Rat wählt, und zwar einen, der zunächst ehrenamtlich fungiert, der aber der Gesellschaft schon eine Weile vorführen könnte, welche Art von Intervention dann nachher auch regulär und mit wirklicher Macht versehen – also, mit Richtlinienkompetenz versehen - für das Naturverhältnis -

... schon eine Weile vorführen könnte, welcher Art von Intervention dann nachher auch regulär und mit wirklicher Macht versehen – also, mit Richtlinienkompetenz versehen, für das Naturverhältnis. Aber wenn da mit einer Autorität - die aus einer großen Bewegung stammt - entworfen würde, was jetzt anstünde: Wie also ein tieferer Eingriff, insbesondere was die Verkleinerung der Strukturen betrifft und die Umlenkung von Investitionen in diesen neuen Richtungen - wenn da also laufend immer wieder gut begründete Vorschläge kämen, dann würde wahrscheinlich ein wesentliches Element einer dann auch juristisch neuen Verfassung vorweggenommen. Ich meine, die Juristerei - das ist notwendig, sozusagen, oder unvermeidlich: Dass die nachklappt. Also, in Wirklichkeit schreiben neue Rechtsverhältnisse in der Regel fest, was sich in einem gesellschaftlichen Prozess schon irgendwie Geltung verschafft hat. Und es ist zunächst auch kein besonderer Schade, wenn das erst einmal gegen Widerstände geht, wenn diese Anläufe verlacht werden. Aber es kommt sehr darauf an, wie autorisiert auch die Menschen sind, natürlich, die in diesem Rat hier zusammenkommen. Ich meine jetzt »autorisiert«, was die Autorität der Persönlichkeit betrifft, die natürliche Autorität, die rüberkommt – die Ausstrahlung meine ich damit. Wenn da also Leute, die auch in der bisherigen Gesellschaft schon einen Ruf haben – ich nenne zufällig, obwohl ich diese Familie damit nicht so meine -: Carl Friedrich v. Weizsäcker ist bei allen diesen Diskussionen im Spiel gewesen, Richard v. Weizsäcker, wenn er als Präsident auftritt, wäre frei, Ernst Ulrich v. Weizsäcker ist ernstlich dran gelegen – also, wenn: es sind drei Menschen - und genauso, wenn ich daran denke, wer Petra Kelly war. Wenn also Frauen, die diesen Schwung haben und aus einer tieferen Schicht, eigentlich, als diese philosophischen Männer – mich eingeschlossen, auch – an diese Sache herangehen: Wenn von dort aus der neue Anlauf kommt und aus diesem Bereich dann so etwas konstituiert würde, das hätte wahrscheinlich eine Bedeutung, das heißt, es würden sich größere Teile der Gesellschaft fragen, ob man so etwas nicht offiziell einrichten müsste. Und dann könnte man natürlich daran denken, dass so eine Bewegung bereits für das Parlament kandidiert, jemand aus dieser Bewegung – also, Parlament heißt jetzt: für dieses Unterhaus, denn es gibt ja keine andere Instanz, es ginge ja dann um Verfassungsänderung. Es liefe auf Verfassungsänderung hinaus, wenn so ein Rat, der das Naturverhältnis betrifft, wirklich eingesetzt werden sollte. Wenn ich mir das vorstelle als einen Prozess, der demokratisch bewältigt werden soll, dann müsste eines Tages ein Bundestag zustande kommen, in dem eine Zweidrittel-Mehrheit auf den Gedanken kommt: Wir müssen uns da eine neue Instanz schaffen. Und wenn die vielleicht nicht gleich zu einer gleichberechtigten Kammer ernannt wird, sondern wenn da erst einmal ein hochgeachtetes Gremium berufen wird – so, wie das jetzt Kloepfer und Binswanger und andere für die EG vorschlagen: Das wäre inkonsequent, aber vielleicht doch ein Schritt, der letztlich in diese Richtung ginge. Also, man muss sich das nicht als einen Sonntagsspaziergang vorstellen, wie es dazu kommt - aber so eine Kandidatur, die sich dann von neuen Grundpositionen auf die bisherige politische Struktur einlässt – also, ein zweites Mal so einen Anlauf, wie ihn die Grünen jetzt eigentlich verspielt haben: Ich kann zunächst nicht sehen, dass das vermeidbar wäre, wenn man das innerhalb der verfassungsmäßigen Ordnung bewältigen will. Also, ich kann mir vorstellen, dass der Druck der ökologischen Probleme aufs Bewusstsein groß genug wird, damit sich so eine Bewegung formiert. Wie sich das dann umsetzt und ob das verlangt, dass das über 50 % kommt, das weiß man vorher überhaupt nicht. Manchmal - die Chaostheorie sagt ja, dass manchmal kleine Effekte ungeheure Wirkung haben können. Und wenn man dann also tatsächlich – ich weiß nicht, ob im ersten Anlauf oder im zweiten oder dritten – eine parlamentarische Mehrheit zustande kriegte, die für so eine grundlegende Veränderung ist, dann könnten eigentlich davon zwei Prozesse ausgehen. Nämlich einmal, dass man mit einem ganz klaren Auftrag dieses Parlaments, das auch die Richtlinien festsetzt dafür - dass da schon jemand als Kanzler in die Arena geschickt wird, der ungefähr diese Rolle so eines Öko-Solons spielt, indem er also erst einmal die notwendigen unmittelbaren Schritte macht, um die schlimmsten Symptome unter Kontrolle zu halten, um auf den Feldern, die Weizsäcker da abgesteckt hat, weitergehende Maßnahmen durchzusetzen. Also, Weizsäcker z. B. denkt jetzt – Ernst Ulrich – über so eine Steuerreform über 20, 25 Jahre - was auf diesem langen Wege, bei lauter Widerständen passiert: Ich weiß es nicht. Wenn wirklich ein Bewusstseinsumschwung wäre, dann könnte es sein, dass man - auch nicht übers Knie gebrochen, aber - dass es zu einem schnelleren Prozess kommt, der auch politisch geführt werden muss, wo die Regierung auch – also, gestützt auf eine Volksbewegung - so etwas hineindrücken kann insbesondere in die Großorganisationen, die einfach kraft ihrer Masse den meisten Widerstand leisten werden. Voraussetzung ist natürlich, dass es im Volk einen Umschwung gibt: Weg von den Ängsten, die ans Wohlergehen der Banken etwa gekoppelt sind. Noch ist es ja so. Man fürchtet um die kleine Einlage und schützt damit das große Spiel – also, das ist die eine Sache und die andere ist, dass man dann - so eine erste radikalisierte ökologische Politik, die bringt immer erst noch Zeit- und Raumgewinn für die tiefer gehende Veränderung. Das ist immer noch annähernd eigentlich ökologische Realpolitik, würde ich zumindest denken - dass man das in der Konzeption da noch unterbringen könnte. Und zugleich ginge es dann darum, eigentlich Verfassungsarbeit zu leisten in diesem Zusammenhang – also, den Vorschlag so eines erst zu wählenden - das müsste ja erst kommen - so eines Wahlprozesses, der auf ein Oberhaus hinausläuft. Der Verfassungsvorschlag müsste im Dialog zwischen so einem gewählten Parlament, das schon unter dem Einfluss in der Bewegung zustande gekommen ist und der ganzen Gesellschaft - das müsste dann in die Wege geleitet werden: dass so ein Entwurf zustande kommt. Ich meine, das Ausformulieren - das bleibt nach wie vor die Arbeit von Juristen - ist nicht die Schwierigkeit, sondern die Schwierigkeit ist natürlich die Herbeischaffung der politischen Ressourcen dafür. Also, des Bewusstseins, dass wir zur Bewältigung der ökologischen Krise - weil wir ja den Ernst erkannt haben - so eine institutionelle Veränderung auch brauchen. Und diese Verfassung, die kann auch nur von der Volksmehrheit akzeptiert werden. Das heißt, die muss zu einer Volksabstimmung stehen und erst danach kann man eigentlich a) so ein Oberhaus wirklich konstituieren und von dort aus auch etwas einrichten, was ich einmal das Regiment einer ökologischen Wende im tieferen Sinne nennen würde. Also, so was ist natürlich ein völlig verrückter Gedanke: Dass so eine gesellschaftliche Gesamtveränderung durch eine Diktatur zu bewältigen wäre, durch eine Veranstaltung, die gegen die Mehrheit der Bevölkerung durchgesetzt wird und die wichtige, sozusagen, Motive der überlieferten Kultur nur gegen sich hätte. Das ist völlig undenkbar, sondern ich kann mir das nur so vorstellen, dass ein verhältnismäßig großer Konsens für eine so unbequeme Umsteuerung des gesamtgesellschaftlichen Prozesses zustande kommt und dass man sich dann auf die Wege macht sozusagen einer Politik der Umsteuerung und Uminvestition im großen Maßstab. Das heißt - Uminvestition heißt für mich vor allem, dass also diese Mittel, von denen ich schon gesagt habe, sie müssen hinausgeleitet werden - dass die zur Verfügung gestellt werden, und zwar in einem großen Umfang zur Verfügung gestellt werden, um sich selbst reproduzierende kleinere Gemeinwesen herzustellen - um diese große Weltmarktstruktur, die gekoppelt mit den Kriegsmaschinen einen ungeheuerlichen Aufwand bedeutet, den die Erde gar nicht aushalten kann: Die die sukzessiv – also, sozusagen - in der Bewusstseins- und der materiellen Alltagspraxis der Menschen überflüssig macht. Überflüssig macht in dem Sinne: Wir sind nicht mehr davon abhängig, dass das funktioniert. Ernst Ulrich v. Weizsäcker in seinem Buch schreibt an einer Stelle: noch: Wir können die Technologie, die wir haben, nicht wegschmeißen. Ja, das ist natürlich – also, wenn man von heute auf morgen früh denkt, ist es wahr. Denn wir leben davon, sagt er, wir nähren uns davon. Also, wenn in der Bundesrepublik das wegradiert würde, was da unser Selbstvernichtungsmechanismus ist, dann haben wir in 14 Tagen nichts mehr zu essen. Dann bricht in den Städten alles – die Versorgung – voll zusammen. Es sind keine

Ersatzstrukturen da, sodass es eines Prozesses bedürfte, um alles, was die Ernährung, die Kleidung, die Wohnung, die Bildung usw. betrifft, zu sichern. Wo so etwas – also, ich sage einmal: kibbuzhaft, um ein Modell zu erwähnen, das funktioniert hat, in Israel (7 % der Gesamtgesellschaft) - aber das hat spezifische Gründe, dass das dort funktioniert hat. Aber etwas in dieser Richtung: self reliance, sagt Galtung, ist die einzige Form, die die Menschheit als Ganze auf dieser Erde sich noch leisten kann, bei 7, 8, 9, 10 Milliarden Menschen nachher, weil – also, die Großstrukturen fressen wirklich pro Kopf unvermeidlicherweise zu viel – die Großstädte und überhaupt die Großstrukturen. Das ist aber ein so angstmachender Umgestaltungsprozess. Wenn man das übers Knie brechen will, dass wirklich – also, ich bin überzeugt, dass es eine gesamtgesellschaftliche Institution geben muss, auf jeder Ebene – für das Dorf, für den Kreis, für das Land, für die Nation - solange es halt diese Strukturen gibt - für Europa, für die Welt, für überall – dass es solche Institutionen geben muss, die das verträglich ablaufen lassen und dass diese Institution angesichts der Gefahr geschaffen werden sollten. Also, ich werfe zumindest die Frage danach auf. Dann erst, wenn man diese Institution hat, kann man den Prozess einleiten von diesem ganzen sozialen Größenwachstum, von den Großstrukturen, von Gesellschaft als Megamaschine wegzukommen und kann sich darum kümmern, welche Altlasten man wirklich der Natur überlassen kann und wo man wachen muss – etwa da, wo Plutonium liegt – also, wo diese Überreste der Atomtechnologie sind, wo man sanieren kann, welche Kräfte dafür da sind. Aber alles das bringt nichts, solange die Großstrukturen in der alten Richtung weiterlaufen, solange also unangefochten diese Todesspirale weiterläuft und wir nur versuchen - an den Rändern - das Schlimmste zu verhüten, wie das eben bisher läuft – also, so stelle ich mir erst einmal die Möglichkeit vor, zu einer Veränderung im gesamtgesellschaftlichen Maßstab zu kommen, der Weg dahin und die Hauptfrage ist wirklich Bewusstseinsbildung, aber nicht bloß im Sinne sozusagen nochmaliger rationalistischer Aufklärung – also, dass man in Worten begreift, was da vorgeht, sondern: Diese Neueinstellung auf die Natur, das ist eine Umstellung, die der Methoden wohl bedarf, die in den ganzen therapeutischen und meditativen Praktiken der letzten 20 Jahre - auch wenn da viel Schaum ist bei New Age - die da eingeübt worden sind und wo wir gucken müssen, wo wirklich Qualität da ist.

Also, das ist der Umriss, den ich heute einmal zeichnen wollte, wie ich mir die Voraussetzung und den Weg zu so einer Veränderung vorstelle. Und ich will die Schattenseite dieses Thema »Öko-Totalitarismus versus Demokratie« in der nächsten Vorlesung als eigenes Thema behandeln. Ich will die Frage aufwerfen, woher eigentlich diese große Gefahr ist, weshalb - ich kann es auch so sagen: Weshalb es bei - sagen wir einmal: 20.000, 30.000 wirklich einbezogenen Leuten - damals in Athen, bei Solon - weshalb es da relativ wahrscheinlicher ist, dass das ein Prozess in Richtung athenischer Demokratie wird (as war es nämlich damals) als bei diesen anonymen Megastrukturen und dem Grad an Ängsten, den die heute machen. Sodass es also ein schwierigeres Ding ist, das sehe ich wohl – also, mit dieser Rechtsgefahr im weitesten Sinne, mit dem Thema Ökofaschismus usw. klarzukommen. Ich will mich dem, soweit ich es vermag, also in der nächsten Vorlesung stellen – das ist der Sinn dieses Themas - und: Woher droht Öko-Totalitarismus wirklich? (natürlich, ich nehme es da von der negativen Seite, heute war es die positive). Und ich komme noch einmal darauf zurück – also, was ist eigentlich mit Demokratie - was da eigentlich bewahrt sein soll. Sicher nicht einfach - was da als besitz-individualistischer Rest sozusagen da jetzt übrig geblieben ist und wovon in Wirklichkeit verhältnismäßig wenig übrig ist.

So, ich danke Euch für die große Geduld. In 10 Minuten können wir uns hier unten noch austauschen.

(Beifall)

R. Bahro:

Ja, wer fängt denn an?

Gast:

Schönen Dank. Also, dieses Gesellschaftsmodell, was Sie vorgestellt haben aus Griechenland, Solon als eine Art Öko-Fürst und einer großen gesellschaftlichen Bewegung, vielleicht getragen von einem ökologischen Rat – also der ökologische Rat dann als Spitze einer Volksbewegung – das finde ich zunächst einmal sehr eindrucksvoll. Und dann habe ich mir überlegt: Inwiefern entspricht das den Bestrebungen, die heute schon in Gange sind und was sind die Ergebnisse, die wir über die Jahre gesehen haben? Also, aus meiner Sicht: Auf der internationalen Bühne ist Greenpeace eine

Bewegung, die Ähnliches anstrebt – sagen wir das einmal so. Und - ich verfolge die Arbeit von Greenpeace, ich bin auch aktiv darin seit Jahrzehnten und ich sehe die Widerstände – die großen Widerstände, mit denen eine solche Bewegung zu kämpfen hat. Ich möchte ein bisschen ausholen. Meine Überlegung, weshalb dieses Modell – das Solon-Modell – der griechischen Gesellschaft kaum anwendbar ist in einer Gesellschaftsform, wie wir sie heute haben: Und zwar möchte ich ausgehen von dem Begriff der »Unterdrückung«, den Sie hier mehrfach gebraucht haben. Ich bin kein Kenner der marxistischen Literatur, also ich weiß nicht, wie der Begriff dort definiert oder verwendet wird, für mich ist Unterdrückung einfach eine Form der Abhängigkeit. Und diese Abhängigkeit in ihrer ersten und ursprünglichen Form, wenn ich Sie richtig verstanden habe, ist die Unterdrückung der Natur - und eine solche Abhängigkeit kann man also ganz konkret auch in unserer Welt sehen. Wenn wir heute Naturreservate haben, Naturschutzgebiete, Ökosysteme, dann sind die abhängig, vom Menschen abhängig - sie hängen am Tropf der Megamaschine. Es sind zum großen so stark Teil denaturierte Gebiete, dass wenn – also, nehmen wir einmal Serengeti oder irgendeinen Naturpark - wenn da bestimmte menschliche Eingriffe nicht mehr stattfinden, diese Gebiete, sich selbst überlassen, jedenfalls nicht in der Form weiter bestehen können, wie wir sie als Naturschutzgebiet erhalten wollen. Und darin sehe ich eine gewisse Perversion, dass die Unterdrückung zur Abhängigkeit führt und diese Abhängigkeit einen suchtartigen Charakter annimmt, möchte ich sagen - und was ich mit »Sucht« meine, will ich hier auch erklären, ich komme dann zu Greenpeace zurück. Aber zunächst einmal möchte ich diese Struktur versuchen klarzumachen.

Wenn ein Mensch eigenverantwortlich, selbstbestimmt arbeitet, dann ist er nicht abhängig, nicht unterdrückt und auch nicht süchtig.

In einer Megamaschine, in einer Industriegesellschaft arbeitet der Mensch nicht eigenverantwortlich und selbstbestimmt, sondern hat einen Arbeitsplatz. Die Arbeit ist entfremdet – o. k, dieser Begriff ist bekannt, aber - ich behaupte: Ein Arbeitsplatz macht süchtig. Nach einem Arbeitsplatz wird der Mensch genauso süchtig auf der einen Seite, wie er seine Arbeit zur Verfügung stellt, wie er auf der anderen Seite auch nach den Produkten einer Industriegesellschaft süchtig wird - im Gegensatz zu den Produkten, die er selbst herstellt, z. B. in einer Subsistenzwirtschaft, z. B.

im Kibbuz - da gibt es verschiedene Modelle - wo er eben den vollständigen Überblick über das Produkt hat. Wenn es sich um hoch arbeitsteilige spezialisierte Prozesse handelt, entsteht Abhängigkeit und Sucht, d. h, es kommen Machtinteressen, es kommen Prestige, es kommen die verschiedensten Momente hinzu. Sie haben das eine »sinnleere Arbeit« genannt, das ist völlig richtig, das empfinde ich auch so. Durch die Sinnentleerung entsteht als Ersatz dieses Suchtphänomen. Und dieses Phänomen macht es so schwierig für eine Organisation - und sei sie noch so einleuchtend, vom Verstand her, von der Logik her – einen großen gesellschaftlichen Widerhall, ein starkes gesellschaftliches Echo zu entfachen. Es ist im Prinzip so ähnlich, wie wenn man einem Drogenabhängigen erklärt, dass ihn die Droge zerstört, dass sie ihn kaputtmacht. Er mag es begreifen, im Kopf - aber von ihr lassen ist ungeheuer schwer. Ich hoffe, dass ich diesen Punkt klar gemacht habe, weshalb selbst die besten Argumente und auch das persönliche Beispiel von Menschen, die ihr Leben aufs Spiel setzen, um bestimmte Kreaturen zu retten, um zu verdeutlichen, um was es geht, so wenig fruchten im großen Maßstab – Danke.

Frage v. R. Bahro an den Redner:

»Glauben Sie, dass das zu irgendwelchen Zeiten anders war?«

Gast:

Also,ich meine, wenn ich deutscher Ritter bin und glücklich vom Kreuzzug zurück gerade - wahrscheinlich bin ich in demselben Maße süchtig, wie wenn ich hier Diplom-Ingenieur für irgendwas bin oder überhaupt einen Arbeitsplatz habe. Also, ich meine, das ist - der Grad an Gewohnheiten und wie das sich gesellschaftlich organisiert, scheint mir also da auch etwas Durchgängiges zu haben. Und ich glaube, dass alle bisherigen Wenden in der Geschichte – also, wenn z. B. Moses die Juden dahin bringt, aus Ägypten auszuziehen: Dass gegen die Möglichkeit, dass das gehen kann, ebenso viel sprach - die waren, die saßen ja relativ lange da am ägyptischen Rande fest und es hat einfach erst einer Zuspitzung bestimmter Phänomene bedurft, damit das anders wird.

Ich meine, die Leute, aus denen sich Greenpeace rekrutiert, die haben ja vielleicht zunächst einmal ihr Suchtverhalten umverlagert, könnte man sagen – also, im Sinne Ihres Gedankens gesagt – die haben also ihre Arbeit an einer anderen Stelle konzentriert. Greenpeace kämpft sehr auf westliche Weise, benutzt sozusagen den Mechanismus. Also ich würde da eigentlich vor allem Folgendes mit in Rechnung stellen: Nämlich also – also, nicht sehr viel, aber ich kenne eine ganze Reihe in der Psychologie und im spirituellen Bereich vertretener Standpunkte, die darauf hinauslaufen, dass Leute, die besonders süchtig sind – also, was Drogen betrifft zunächst, wo es sich direkt zuspitzt – also, wo es um Suchtverhalten oder auch Spielsucht geht - ich will es einmal so sagen: Dass der Fall Dostojewski verhältnismäßig typisch ist, kommt dabei heraus – bei dem, was da gesagt wird. Mumford hat sogar in seinem »Mythos der Maschine« darauf hingewiesen, dass die Biologen im Gehirn eine Stelle gefunden hätten, die, sozusagen, dieses Triggern – Gewohnheiten, die man erwirbt – dass das dann sein muss, sei es Schokolade fressen oder alles Mögliche. Das also hier etwas arbeitet und dass es sozusagen genau hier auf der Kippe steht: Gibst du dich sozusagen irgendeiner von außen kommenden Befriedigungsmöglichkeit hin oder gibst du dich gleich dem Ganzen hin? - Also, dass da möglicherweise in äußersten Zeiten viel kippen kann. Dass etwa die Milleniumsbewegung hier, um 1000 in Deutschland - dass die sich möglicherweise aus denselben Kräften genährt haben, die zu anderen Zeiten oder kurz zuvor – also, sogar befestigend noch für die Ordnung funktioniert haben. Ich halte es also nicht für ausgemacht, dass so, in dem Sinne, der Prozess blockiert ist. Ich habe deshalb auch nicht verstanden, weshalb das nun damals bei Solon gegangen sein sollte und heute so nicht geht. Also, ich meine – auf diesen Strang, den Sie machen, hab ich es nicht verstanden.

Frage von R. Bahro:

»Wenn Sie da noch etwas hinzufügen wollen?«

Gast:

Den Unterschied aus meiner Sicht habe ich, glaube ich, von der Gesellschaftsform klar gemacht. Die Arbeit, die damals geleistet wurde, war im Rahmen einer Subsistenzwirtschaft – eine ganz andere Form der selbstbestimmten Arbeit, die Menschen hatten ein unmittelbares Demokratiegefühl, möchte ich sagen. Nicht nur ein Demokratieverständnis im Kopf, sondern - sie konnten im hohen Maße selbstbestimmend leben und ihre Entscheidungen auch umsetzen in die Realität. Während hier - was ich also in der heutigen Gesellschaft oder schon seit 20 Jahren, seit es die Ökologiebewegung gibt, verfolge, ist eine Art Schizophrenie. Menschen reden und machen Absichtserklärungen, Politiker werden gewählt aufgrund bestimmter Programme - und nachher passiert nichts. Und das wird nicht geahndet, das wird nicht zur Verantwortung gezogen.

R. Bahro:

Also, ich denke, dass die Sache wirklich an der Zuspitzung des Dramas hängt, das sich jeweils abspielt. Solon hat erst einmal auch eine ganze Reihe von Jahren bloß seinen Standpunkt vertreten, ehe das kam. Übrigens war die Stelle, an der er intervenierte, gerade die, wo die beginnende - sagen wir einmal: geldwirtschaftliche Entwicklung - in Athen die Subsistenzwirtschaft kaputt zu machen begann. Die waren gerade von Subsistenz enteignet da – also, die einfachsten Leute, was so der bäuerliche Rand war. Die hatten seit Hesiod schon – also, gut 50 Jahre früher - schon beklagt, dass sie von der Stadt ausgesaugt wurden. Dort saßen bereits Kaufleute, die eigentlich das Heft in der Hand hatten und dann wieder Boden unter Kontrolle kriegten und dann Sklaverei – also, als Konkurrenz für die Bauern: Die Konstellation. Und es gab eben eine Zuspitzung, wo das gesamte Gemeinwesen sich von der Herausforderung bedroht sah – also, im Ganzen ging es nicht mehr auf. Und ich rechne einfach damit, dass sich die ökologische Krise noch anders bemerkbar machen wird, als wir die bisher schon gesehen haben. Also, wir bringen es wirklich dahin, dass große Gleichgewichte kippen und dass - also, die Spaltung - diese Schizophrenie hat ja eigentlich vor allem ihre positive Seite, würde ich sagen, von der Sie sprechen, weil – also, die bedeutet, dass im Laufe der letzten 25 Jahre hier ein Bewusstsein aufgekommen ist – also, summa summarum: Es wird nicht gut ausgehen. Das war ja Mitte der 60er-Jahre nicht da, da war - also, wir hatten es wirklich richtig herrlich weit gebracht. Der Wohlstand für alle war - schien nun irgendwie gesichert, und erst seit der Brandt-Ära und dem Umkippen der Brandt-Ära und als dann das ökologische Thema aufkam, hat sich in der Hinsicht das Klima in Richtung Pessimismus verschoben, sozusagen, so eine pessimistische Grundströmung. Die ist nun nicht wertvoller als vorher - in der Eigenschaft des Pessimismus - sondern nur: sie sagt, da kommt etwas an, da bohrt etwas - und wir können einfach nicht wissen, wann das umschlägt, wann das durchschlägt. Also, ich habe mir diese Geschichte der letzten 30 Jahre vor der Französischen Revolution noch einmal angeguckt: so um 1750/60 waren die Vordenker im Gange, Diderot und sie alle heißen - und dann fand ideologisch überhaupt nichts statt, es ging also nicht über die Fragen, die die gestellt hatten, sondern es ging darüber, dass nachher sich im Ökonomischen für die Bauern – also, zwischen Bauern und Gutsbesitzern: es spitzte sich der ganze ökonomische Prozess zu, über die Steuerpolitik des Staates, alles das. Und auf einmal waren die Aristokraten zusammen zu aufgeklärt, um das Ancien règime zu verteidigen, in der entscheidenden Minute von 1789 - und sie haben das, was sie da umgestoßen hatten - das haben sie nie wieder eingeholt, den Moment. Und ich glaube, dass wir nicht wissen einstweilen, wie sich der - auch diese Herausforderung, die arbeiten in gewisser Hinsicht über dieselben Suchtmechanismen, denke ich mir. Es sind da - also, der Mensch ist eigentlich nicht frei, sich so etwas wie der ökologischen Krise zu stellen oder nicht zu stellen. Ich glaub das nicht, dass wir dem entgehen.

Gastvortrag:

Ja – also, ich glaube, dass diese Gedanken zu oder dieses Gedankenexperiment, so, wie man dieses durch ein Programm ausarbeiten kann - sind nicht schlecht, aber ich glaube, dass wirklich die Frage - die jedenfalls für mich wirklich ansteht - ist die Voraussetzung dafür, dass man überhaupt so weit kommt. Mit anderen Worten: Wie stellt man diese Bewegung auf die Beine und was macht man persönlich, um dazu beizutragen? Das stellt sich für mich als ein sehr dringendes Problem dar. Ich bin gerade mit meinem Studium fertig geworden und suche jetzt Arbeit. Die Frage ist: Was für Arbeit soll ich denn suchen in so einer Situation? Wie kann ich dazu beitragen? Ich mache schon seit zwei Jahren jeden Tag Meditation usw – also, ich glaube, dass ich versuche, mich ernsthaft auf dem geistigen Wege in diese Richtung zu bewegen, aber ich will auch sozial aktiv sein in dieser Richtung. Und das ist also eine Frage, die ich wirklich habe; ich weiß nicht, ob man die beantworten kann, weil – also, alles, was man tut – na ja, man ist schon ein gewisses Stück pessimistisch. Wenn ich versuche, mich im Hochschulbereich als Hochschullehrer zu betätigen, dann kriege ich keinen Job, wenn ich versuche, Bücher zu publizieren: es werden sowieso zu viele Bücher geschrieben. Also, egal, wo man sich hinwendet - habe ich jedenfalls das Gefühl - irgendwie klappt das nicht so richtig. Parteien gründen:

Wir sehen andauernd, was damit passiert. Also, wie bringt man solch eine Bewegung jetzt auf die Beine, wie kann man dazu beitragen - was würden Sie dazu sagen?

R. Bahro:

Ich finde es auch schwierig. Also, was mir zuerst einfällt, ist meine Erinnerung an hier, das ist jetzt 30 Jahre her – also, Mitte der 60er-Jahre kriegte ich mit, dass wir hier etwas anderes spielen, als ich mitspielen wollte. Ich war ganz überzeugter Kommunist und irgendwie wuchs aber immer die Rolle der Partei und des Staates, sollte immer wachsen. Ich hatte also das Gefühl, das ist wie – Tucholsky hatte damals zur Sozialdemokratie gesagt: stimmt dann für den Sozialismus, wenn man sie wählt – aber mit der Partei kommt er ganz gewiss nicht. Und so war das hier mit der SED, was den Kommunismus betrifft, für meine Wahrnehmungen Mitte der 60er -Jahre. Ich hab dann bis 1977 gebraucht – also, zwölf Jahre im Ganzen, und vor allem den Zorn über die Intervention in Prag – also, gegen den »Prager Frühling«, um mich aufzuraffen, diese »Alternative« zu schreiben - und habe zugleich die Jahre von 1968 bis 1977 unausgesetzt fleißig in der Industrie hier gearbeitet, sogar noch in dem Gefühl, das ich im Westen dann nie mehr gehabt habe – also, ich sollte hier nicht auf Kosten der Arbeiterklasse, wie ich das selbst damals noch nannte, irgendwie was Abseitiges suchen. Ich war also fleißig im Gummikombinat und ich hab da Rationalisierungsarbeiten mitgemacht und Normarbeit, das war nicht besonders schlimm - die wurden in Wirklichkeit nicht mit der Uhr gemessen, sondern ausgehandelt, auch wenn sie gemessen waren - hinterher. Und dann habe ich natürlich immer geguckt: Was ist mit meinen Kindern? Die waren 1962 und 1964 geboren - und als ich dann 1968 beschloss: Also, das kann ich jetzt nicht mehr tragen, ich muss irgendwas machen gegen die Panzer in Prag, da waren die 6 und 4 Jahre, und dann hab ich – auch deshalb habe ich es ein Stück innerlich unbewusst vielleicht sogar hinausgezögert, es war dann fertig Anfang der 70er-Jahre. Und ich habe es dann aber - durch Freunde wurde ich aufgehalten eigentlich, die mir gesagt haben, das ist noch zu schwach, am Ende da, am Schluss – und ich habe es erst 1977 dann also wirklich gemacht. Also, ich glaube, wenn man das einmal aufgenommen hat - man findet dann den Weg aus dem Dschungel, irgendwie. Ob und wie schnell – also, ich hab das jetzt einfach einmal so erzählt - in dem Sinne: ich richte jetzt nicht über mich, dass ich mich da aufgehalten habe. Ich weiß, ich hab mich doch aufgehalten, eine Weile. Ich hatte noch Zeit, ein ganzes Jahr lang, von Mitte der 60er-Jahre bis 1977 habe ich hauptsächlich - das ging von mir aus, nicht vom Jungen - haben wir »kleine Eisenbahn« gespielt, da ging viel Zeit rein. Also, irgendwie wusste ich das auch, dass da etwas in mir zögert, dass ich irgendwas - das war gerade 1967 etwa, wo ich schon las, ich wusste dann schon, was eigentlich ansteht - aber ich hatte den Zorn noch nicht wegen 1968. Und also hab ich dann noch gezögert. Das habe ich jetzt deshalb gesagt, weil ich denke - also, es sind jetzt wirklich zahllose Leute in dieser Lage, im Osten ja nun auch noch doppelt, und es ist irgendwie - also, es ist erst einmal die Frage, ob man es vielleicht - genauso stark wie das Suchtproblem hier ist natürlich auch das Angstproblem. Also, wenn ich mich nun auf gar keine irgendwie noch approbierte Karriere einlasse, wenn ich dann - also, zunächst lassen sie einem keine andere Möglichkeit als die der Gammelei, eigentlich, und das - der Aufbau von alternativen Lebenszusammenhängen, das dauert seine Zeit, weil das ja ist: Wie rücken Menschen zusammen? Ich finde eigentlich, wenn man sich auf den Weg macht – also, für sich selbst innen zu suchen und Weggefährten zu suchen, irgendetwas zusammenzubringen, was ein bisschen über den Individualismus hinausführt. Und neue Gesellschaft entsteht zunächst nicht im Materiellen – also, das ist ja derart flächendeckend hier, die Struktur - bis in den Sozialstaat hinein, den sich das reiche Land gerade noch leisten kann, immer bietet sich noch eine Ausflucht für die meisten - und für diejenigen, die wirklich gekniffen sind, ist die Tür am ehesten zu. Dann liegt man doch fest in der Reproduktion des Alltäglichen und muss also ins Büro rennen - während es sehr viele Leute gibt, für die das einfach die Frage ist: Wie entscheide ich mich im Lebensweg? Ich denke, wenn wir - ein Freund von mir, der Dieter Duhm, der hat einmal 12 Thesen aufgeschrieben, die hatten die Überschrift »Wovor haben wir Angst?« - und die Substanz eigentlich dieser Fragestellung war, dass wir vor lauter sozusagen zweitrangigen Dingen Angst haben und dass wir Gefahr laufen, darüber unser Leben zu verlieren in dem doppeltem Sinne: in diesem geistlichen, der irgendwo im Neuen Testament steht - aber auch materiell, weil wir uns diesem Prozess hier, dieser Todesspirale irgendwie nicht wirklich in den Weg stellen, nicht wirklich in den Weg zu stellen versuchen. Es ist irgendwie eine Frage des

Muts zum Durchhalten in so einer Alternative und des Zusammenschlusses dafür – also, andere Leute zu finden und schon einmal – sozusagen - anzufangen. Vielleicht wirklich motiviert hat mich – ein paar Jahre hab ich direkt Kommune gelebt und bin jetzt eigentlich nicht so froh wie in den Jahren damals, was so das Alltägliche betrifft - obwohl es mir im Augenblick wieder sehr gut geht, so im Menschlichen und Persönlichen, weil - eigentlich muss man sehen, muss ich auch sehen, wie ich wieder in so einen kommunitären Zusammenhang komme - und zwar eigentlich wegen der größeren Freude, die man da hat. Also, es ist so in dem kleinsten Kreise, in dem man lebt - und wenn man, vor allem wie ich jetzt: Ich bin schon damit einverstanden - und doch hat es seine Schranke, das: mit den Büchern arbeiten und im Sommer statt der Sonne mich hier den Vorlesungsvorbereitungen zu widmen. Es hat etwas Melancholisches - und die Melancholie gehört bestimmt zu den gründlichsten Ausflüssen der Zivilisation, die wir hier betreiben. Das ist also irgendwo ein - es geht wirklich, glaube ich, um ein Rausfinden aus dem -

anderer Gast:

Sie haben in der heutigen Vorlesung angefangen, von den Symptomen, sozusagen, über die verschiedenen kausalen Ebenen unserer Problematik geredet und ich möchte Sie fragen: Würden Sie dem zustimmen - Sie haben das zwar nie so genannt, aber - ein bisschen hörte sich das so an, dass wir doch die größten Probleme eigentlich mit uns selber haben und dass letztendlich unsere verhaltensbiologische Ausstattung das ist, was uns da die meisten Probleme bereitet. Ich will das vielleicht nur einmal an dem einen Beispiel deutlich machen. Sie sagten, wir müssten also versuchen, so auf kleinere Strukturen umzuschalten - und da gibt es meiner Ansicht nach von der Verhaltensbiologie her ein ganz, ganz großes Dilemma, in dem wir stecken. Einerseits hat uns die Natur für Streben nach Rang, Ansehen und Macht mit keinem Abschaltmechanismus ausgestattet, d. h, das ist also nicht so wie bei Hunger und Durst: Wenn wir gegessen haben, dann sind die Bestrebungen erst einmal gelöscht - sondern da ist es also umgekehrt: Jeder Erfolg motiviert zu weiteren Siegen - so ungefähr. Da gibt es also keinen natürlichen Abschaltmechanismus. Und auf der anderen Seite sind wir durch die Verhaltensbiologie mit einem unzureichend großen Horizont ausgestattet, um die riesigen Systeme, die auf diese Weise entstehen, zu beherrschen. Das haben Sie mit anderen Worten heute in der Vorlesung eigentlich auch gesagt: Dass wir das einfach nicht mehr kontrollieren können. Diese Systeme wirken dann über unseren Kopf weg und wir sind denen ausgeliefert. Und da, auf dieser Ebene sehe ich also das ganz große Dilemma: Dass wir heute mit Verhaltensmustern herumlaufen, die aus der Steinzeit kommen. Da würde ich Sie fragen, ob Sie das so etwa akzeptieren können. Und dann würde ich noch etwas zu dem Kollegen da hinten sagen - wie so eine Bewegung zustande kommen könnte.

Ich finde, das deutet sich eigentlich schon dadurch an, dass es doch überall verteilt Menschen gibt, die diese Probleme zu sehen beginnen, die anfangen, darüber nachzudenken, sich Wissen aus allen möglichen Wissensgebieten zusammenzusuchen und die dann auch Leute um sich gruppieren. Ich glaube, dass alle diese Zentren sozusagen den Schritt gehen müssen, sich in einen öffentlichen Diskurs einzuschalten - und diese Vorlesung hier sehe ich als einen solchen öffentlichen Diskurs, und das wird von verschiedensten Zentren, denke ich, ausgehen und irgendwie auch einmal zusammenwachsen.

Antwort R. Bahro:

Also, den wichtigsten Punkt, was sozusagen das über das menschliche Verhalten Bekannte betrifft – also, die wichtigste Kopplung zu dem, was ich da denke, ist: Es hat mit dem Begriff des menschlichen Maßes zu tun.

Ich glaube, dass uns da wirklich kleinere Sozialstrukturen und infolgedessen kleinere Technologien usw. Feineres und so - dass uns das vorgeschrieben ist, dass also diese großen Strukturen schiefgehen müssen. Das heißt, zu dem zweiten Ihrer Punkte gesagt: Den würde ich letztlich nicht gravierend finden – also, den der Nichtbeherrschbarkeit der Komplexität, und zwar deshalb nicht, weil - der heißt einfach, dass wir uns diese Komplexität nicht leisten sollen, dass wir das als eine Verirrung ansehen sollen – also, die Art und Weise, wie wir diesen Differenzierungsprozess voran getrieben haben, in dem es, glaube ich, nicht darum geht, die Differenzierung zwischen Schlosser und Maurer - das ist wahrscheinlich nicht das Hauptproblem (obwohl es da manchmal systematische Qualifikationsunterschiede gibt, die vielleicht nicht sein müssten), sondern das Hauptproblem ist, dass wir aus dem ersten der Motive, von dem Sie sprachen – also, aus diesem ungebremsten Machtstreben: Dass wir von daher einmal die Möglichkeit der Selbstverstärkung durch Hineinrauben von Material und Energie, Geldform usw – also, dass wir da in Multiplikationen gegangen sind, die nichts mit natürlichen Differenzierungsbedürfnissen zu tun haben, sondern dieses ganze Größenwachstum kommt von diesem verfluchten Machtstreben – also, von dieser Angelegenheit. Und - ein Zurückkommen auf die Steinzeitausrüstung sehe ich optimistisch. Ich würde nicht darüber klagen, dass wir noch die Steinzeitausrüstung haben - wir waren in der Steinzeit nicht weniger Menschen, als wir jetzt sind, würde ich sagen. Also, es gibt ja dann die verschiedenen Phasen, diese zwei, drei Phasen der Jungsteinzeit, die ja jetzt ziemlich systematisch ausgegraben worden sind, an vielen Orten des Planeten. Überall zeigen sie das menschliche Ingenium in unserer Qualität - nur, dass sie sich nicht anders materialisiert haben. Und was dieses Machtprinzip betrifft, da haben wir bis jetzt nur den Hinweis aus der Zeit, wo also der Machtwille das erste Mal sozusagen anorganische Explosionen im sozialen Bereich verursacht hat – also, wo die Macht über den Stammeszusammenhang, wo sie noch organisch-empirisch war, und - sozusagen, am Großvater führte nichts vorbei, wenn er nun das Sippenhaupt war, führte kein Weg vorbei. Aber als das dann Großväter aus sehr entfernten Clanen waren, die das mit Reitern gesichert haben – also, als diese anorganische Großstaatenbildung zustandekam, da – also, parallel damit sind diese Leute dann - hat das Anlauf genommen, was sich nachher als Jesaja äußerte oder als Buddha oder als Christus oder als Mahavir oder als Mohammed oder so, wo dann irgendwie versucht worden ist, eigentlich: Wie kann der Mensch in seinem Machtwahn sich bremsen? Und was sich dort gezeigt hat, würde ich sagen, ist vielleicht nicht die menschliche Anlage – ich will einmal vorsichtig sein – also, doch über die Machtsucht hinauszukommen – also, als Anlage - aber: Dass es in der menschlichen Natur nicht unbedingt verhindert ist.

Seite 2

... auf den Wegen des Buddha oder des Christus oder so gemacht worden sind, waren immer, also dass sich mit dem Versuch, etwas weniger selbstisch zu sein, erst einmal die Versuchungssituationen zuspitzen. Also, der Teufel kommt dann da zu Christus und bietet ihm gleich die Herrschaft über alles an, um ihn zu verführen. Und zu Buddha kommt in seiner

Stunde unterm Bodhibaum, wo er dann kurz - an dem Abend, bevor das dann alles läuft und in der ganzen Nacht - also, kommen die Mhara, dieser Obergeist der Verführung und der Trägheitskräfte und des Machtwillens, kommt erst mit dem Lustprinzip und gaukelt ihm alles vor - und dann kommt er mit den ganzen Höllengeistern, mit alldem, was Bosch gemalt hat bei uns - also, das alles erscheint vor Buddha und er ist nicht beschießbar. Das heißt, in der Biografie des Buddha ist irgendwie – also, ich will mal sagen, zumindest hat sie an den Rand des menschlichen Machtwillens geführt. Dass das dann auch machtvoll war - es ist so eine Sache, ob es nun wirklich – er wird zugleich gefeiert als sozusagen der große spirituelle Krieger, der da den absoluten Sieg errungen hat. Und insofern also kommt Christus dann ärmer raus - indem das Kreuz angeboten ist, das zunächst einmal weniger Macht versprechend ist.

Aber was ich beim vorigen Mal hier behandelt habe, das war eigentlich, dass in der menschlichen Natur die Möglichkeit angelegt ist, sich soweit eins mit dem natürlichen Gang zu finden, wieder, und zwar energetisch erfahren, dass man den Tod akzeptieren kann. Also der Canetti – Elias Canetti, einer, der, glaube ich, besonders tief erfahrenen Leute im 20. Jahrhundert mit diesem Machtding, »Masse und Macht« heißt sein wichtiges Buch – kommt zu dem Schluss, dass die, wenn man so will, die teuflische Gestalt – also, die, mit der der Tod kommt: Dass das der Überlebende ist, paradoxerweise – also, der jeweils, wenn es denn um Tod oder Leben geht zwischen – immer ist gemeint: zwischen Menschen – der es dann also schafft, dass andere über die Klinge springen. Sei es aktiv, sei es passiv, so in dieser Konstellation – also, der Gewinner in diesem Machtkampf. Also, ich weiß nicht - vielleicht ist doch an der Stelle etwas zu machen, wollte ich mit der Geschichte sagen.

Erster Gast:

Ich möchte doch noch einmal auf diesen verhaltensbiologischen Ansatz zurückkommen, denn der ist auch ein zentraler Punkt in meinen Überlegungen zur Suchtproblematik. Es geht hier um eine positive Rückkopplung. Jeder Erfolg im Sinne: mehr Macht, mehr Prestige, mehr Einfluss führt dazu, dass der Betreffende, der dieses Hochgefühl erlebt, sich stärker davon angezogen, beherrscht fühlt und zur nächsten Tat schreiten will. Und was mir da Mut macht, ist ein Gespräch mit einem Herrn der vorigen

Generation – also, noch in der Zeit der Nazis groß geworden - der hat einen Besuch in Mexiko gemacht und kam zurück und war in gewisser Weise erschüttert. Und ich hatte dann dieses Gespräch mit ihm und fragte, was ihn da eigentlich – ja, er hat also mit Bauern gesprochen, mit einfachen Leuten. Und die hatten da so ein kleines Wehr gebaut und hatten auch eine relativ primitive Landwirtschaft und er hatte einige Vorschläge gemacht und die sind da überhaupt nicht angekommen - und er formulierte das so: Die Leute sehen die Arbeit nicht. Sie sehen die Arbeit nicht, die für ihn selbstverständlich war. Wenn er dieses Land bearbeiten würde, dann würde er als Nächstes das, als nächstes das und als Nächstes das - und dann kam für mich so die Vorstellung: Vielleicht sind diese Suchtmechanismen auch sozial bedingt, dass auch schon in der Schule – also, hier, dieses preußische Pflichtbewusstsein und - ja, das Leistungsprinzip so verinnerlicht wird, dass es nicht unbedingt biologisches Verhaltensmuster ist. Denn in anderen Ländern ist die Siesta eben Selbstverständlichkeit, man macht nur das, was unbedingt nötig ist und sieht keine Notwendigkeit darüber hinaus. Also, es gibt diese Mentalität und die ist weit verbreitet in andern Ländern: Es muss nicht so sein.

R. Bahro:

Ja, da kann ich nur sagen: Völlig d'accord:

Gast(Frau):

Ja - also, diese andere Gesellschaft, die keine Megamaschine wäre, die würde irgendwo anfangen, ich sag jetzt einmal: in einem Land. Und haben Sie eine Vorstellung davon, wie das Nebeneinander existieren von der »Noch-Megamaschine« und der »Schon-nicht-mehr-Megamaschine« - wie das zu realisieren ist? Wie dort ein einmal entstandener Bewusstseinsumschwung aufrecht erhalten wird - und wenn der nicht aufrecht bleibt: Was dann getan wird?

R. Bahro:

Das eine ist eine Empfehlung – ein altes Buch, Ernst Callenbach, »Ökotopia«. Dort ist die modellmäßige Vorstellung, irgendwas - in Nordkalifornien, glaube ich, aber mit viel Rocky-Montains-Bereich - hat sich aus Amerika heraus abgespalten und macht dort Öko. Und es erscheint sozusagen in dem Ding vorstellbar, dass das nebeneinander existieren kann, für eine Weile jedenfalls. Und dann, denke ich, dass die Prozesse so zeitverschoben eigentlich jetzt in den reichen Ländern dazu nicht sein können. Also, ich meine, dies Europa – überall stehen die Leute unter dem Druck derselben Probleme. Natürlich macht es jetzt noch einen Unterschied, ob man in Spanien und Portugal ist - zwischen den beiden Ländern übrigens auch noch - oder in Deutschland, aber hier, zwischen Deutschland, England, Frankreich, Skandinavien, Schweiz, auch Italien, ist eigentlich der Problemdruck, ist nicht sehr verschieden, es gibt nur noch unterschiedliche Offenheit für diese Art von Problematik. Also, da scheinen die nördlichen Gebiete – Skandinavien, Irland auch – also, wo das nicht so durchgezogen ist, das kapitalistische Prinzip, wo das verspätet war und wo also die politischen und ökonomischen Strukturen des Kapitals nicht erfunden worden sind. Hier in Deutschland, die sind ja – England, Frankreich waren ja eher – scheint also noch eine größere Wahrnehmungsbereitschaft zu sein, relativ. Aber das sind, ja das ist halt – die Deutschen freuen sich im Augenblick darüber, wenn sie mal in der EG irgendeine höhere Umweltnorm oder so durchgesetzt haben – mehr ist da einstweilen nicht drin. Aber ich glaube, dass so einer Politik - ich nenne es einmal so: einseitiger Abrüstung in tiefstem Sinne, also nicht bloß militärisch betroffen - dass die eigentlich eher das geringste Risiko ist.

Neuer Gast:

Ja, Herr Bahro, ich hab sie hier 1980 gelesen, die »Alternative« und mit dieser solonischen Institution - ja, da wollte ich Sie einmal fragen, ob Sie auch immer die Mediendiktatur – ich fühle mich in einer Mediendiktatur lebend – mit einbeziehen, ob das nicht zu spät ist, dass man überhaupt so eine obere Institution einrichten kann, weil die Kapitalisten doch dann ihre Macht abgeben müssen. Wenn, sagen wir einmal, die Bedürfnisse heruntergeschraubt werden aus dem Bewusstsein der Massen heraus, dann ist ja der Kapitalismus gar nicht möglich, da müssen sie ja ihre Macht abgeben - und insofern ist das wahrscheinlich gar nicht mehr möglich, was Sie – also, das ist ja wunderschön, dass das so initiiert werden könnte, aber ich glaube da nicht mehr dran. Dann wollte ich noch was sagen: Dieses Hochhalten von – also, dass das Volk irgendwie heutzutage noch politisch wäre, das stelle ich in Abrede. Ich wohne im Märkischen Viertel schon sehr lange und ich wohne immer deplatziert zwischen den Menschen, ich fahre nicht irgendwo hin und so – und ich glaube nicht, ich glaube, die sind schon entsinnlicht, die gehen nur noch zum Auto und gucken nur noch die Farben von den Ampeln – ja, und ich glaube nicht, wenn man das über demokratische Wege machen will, dass das möglich ist, weil, da müsste doch irgendwie Gewalt eingesetzt werden.

R. Bahro:

Also, in dem Kontext, wie Sie es eben geschildert haben - um mal dabei anzufangen, glaube ich auch nicht an demokratische Wege - aber in dem Sinne: Weil - diese demokratischen Wege, die einem dann zunächst einfallen, die sind von demselben Zeug imprägniert wie alles Übrige, die haben diesen selben Ampel-Rot-und-Grün-Charakter und sind – also, diese Demokratie ist so gründlich vormanipuliert und nachmanipuliert, da geht es um nichts, eigentlich.

Zwischenruf Gast (akustisch nicht verständlich)

R. Bahro:

Dieser Kontext ist auch der Grund, weshalb ich z. B. es einfach sozusagen als Mitwirken an der Verschleierung finde, wenn jetzt also alternative Leute - wenn die also über Demokratisierung reden, während dieser ganze Kontext erst genommen wird, wie er so ist. Also, wer jetzt hier einbezogen werden würde, sich einbeziehen ließe, weil das so schön demokratisch - es könnte ja demokratischer gehen mit Berlin/Brandenburg und was hier im Umland alles passieren würde - und dann da irgendwo in diesen Gremien mitwirkt, der ist einmal mehr in den April geschickt und hat geholfen, dass da noch ein bisschen Energie zufließt, zu dem, was falsch ist. Was aber andererseits nicht stimmt, ist – also, dieser Typus Leute, von dem Sie da sprechen, den gibt es wiederum so nur aus dieser Wahrnehmungsperspektive – das sind sie als gesellschaftliche Wesen. Und das deutet darauf hin, wie ärmlich das ist, das gesellschaftliche Wesen –

Gast:

Die entwickeln sich ja nicht mehr weiter - und nur, wenn man sich weiterentwickelt –

R. Bahro:

Ja, bloß dass auch diese Leute - wenn man zufällig aus irgendwelchen familiären oder sonstigen Gründen dann einmal persönlich mit solchen zusammenkommt, die genauso aussehen – jetzt, aus der dritten Perspektive, wie Sie sie auch so sehen - dann stellt man fest: Das kann auch anders gehen.

Gast:

Ja, aber die Mediendiktatur stumpft die doch so ab, dass die gar keine Chance mehr haben.

R. Bahro:

Das Thema, das Sie aufwerfen, sehe ich insofern anders – also, zum einen glaube ich, dass es letzten Endes um psychischen Gewinn geht, auch in den Machtzentren. Also, es kann diese Konstellation darauf hinauslaufen, dass der Kaiser nicht mehr will, in Rom, dass er einfach nicht mehr will. Und wenn – also, sozusagen - der Krisenstoff, wenn die Erfahrung: Wir bewältigen es nicht – also bei Rilke steht irgendwo, allerdings nicht für diesen ganz profanen Stoff, steht also »Wir überstehens« – ich glaube – »wir ordnen's, es zerfällt, wir ordnen's wieder und zerfallen selbst« - und wer diese Erfahrung macht - also, dass sich nichts mehr fügt, dass also nur noch im rein Persönlichen noch irgendwie es sich lohnt, Mensch zu sein, dann fällt einerseits - also, dann wächst die Bereitschaft -

Gast:

… im rein Persönlichen lohnt sich ja nicht -

R. Bahro:

Das ist nicht gesagt. Das würde ich nicht sagen, also die Begegnung -

Gast:

… ich glaube, das es nur in der Gemeinschaft sich lohnt -

R. Bahro:

Das schließe ich damit nicht aus. Ich meine nur - ich meine damit die persönliche Begegnung statt die auf der Arbeit, in der Institution oder so - wo es formell ist.

Gast:

. dann habe ich noch etwas vergessen: Die Zeit – ja, das muss man ja auch sehen, dass uns die Zeit da wegläuft. Sie sagen, das dauert alles lange und eine Bewusstseinsveränderung der Menschen dauert lange -

R. Bahro:

Ja, es gibt Umstürze im Bewusstsein.

Gast:

... ohne Gewalt klappt es höchstwahrscheinlich nicht mehr und ich befürchte, dass die von der anderen Seite kommen, und zwar die strukturelle psychische Gewalt -

R. Bahro:

Die ist immer da.

Gast:

... die sich immer mehr ausbreitet und die Menschen immer unfähiger macht, irgendwas Vernünftiges noch zu unternehmen -

R. Bahro:

Die ist da. Aber die Sache mit den Medien – also, mit der Übersetzung der – sozusagen: Der Interessen: Ich glaube, dass wir es nicht genau genug ansehen und beurteilen, was die Medien sind. Soweit ich das sehe, sind die Medien in der bürgerlichen -

Gast (akustisch nicht verständlich)

R. Bahro:

Ja, das glaube ich eben – ich will gerade sagen, dass ich das nicht für ganz zutreffend halte, sondern -
Gast (akustisch nicht verständlich)

R. Bahro:

Ja, das ist so. Das heißt – also, das ist eindeutig so ein Suchtvorgang –

Gast:

Mit der Sucht, da bin ich nicht so einverstanden, weil - uns fehlt es an Bewusstseinsebenen und ich glaube, dass die Masse der Menschen zu wenig Bewusstseinsebenen kennt … auch zu lernen.

R. Bahro:

Dann setzt Sucht ein. Nur, ich meine - also, der Kern Ihrer Argumentation ist doch, dass da kein Durchkommen ist und das genau halte ich – also, ich glaube, dass die Medien in Wirklichkeit vom Zeitgeist getrieben sind und ihn nicht produzieren, sondern dass sie – also, dass die Kultur des Autofahrens – einsam und mit der Ampel und alledem: Die hat in den Medien, in diesem Betrieb hat die die passende Ergänzung. Und wenn man guckt, was mit den Medien also in der Zeit als die »grüne Bewegung« aufkam, was da wirklich vorgegangen ist, da würde ich sagen - also, die Medien bis hin zu den Schlachtschiffen wie »Stern« und »Spiegel« so des Betriebs da, die haben eigentlich eine ganze Menge dafür getan, Problembewusstsein zu wecken. Die sind ein Stückweit mit den Grünen gegangen, mehr und mehr - ich meine jetzt erst einmal auf der Ebene - sozusagen - des Stoffes, nicht der Parteipolitik (das ist wieder ein anderes Ding) - aber des Stoffes mit den Grünen gegangen. Und totgelaufen hat sich das in den Medien eigentlich mit dem Steckenbleiben der 68er in sich selbst, würde ich sagen. Also, es ist ein Prozess – ich sehe das gar nicht so, dass da dann Opfer vor der Mattscheibe sitzen, hauptsächlich -

Gast:

… in Verbindung zur Natur, weil - diese Katalogästhetik verhindert, dass die Menschen die Natur lieben, es geht immer nur um ihre Gesundheit, es geht nie um die Achtung, um die Verinnerlichung.

R. Bahro:

Wahr, wahr – also, was ich daraus schließen würde, wäre sozusagen: Dass die Gewalt hauptsächlich von der anderen Seite kommen wird, nämlich von den Rückschlägen in der ökologischen Krise. Und dann, natürlich, dann wird das mit struktureller Gewalt zu bewältigen versucht, mit Notstandsregelungen der verschiedensten Art, was ich als Alternative zu dem Prozess, den ich hier eben – es gibt einen Aufsatz von mir, der heißt »Notstandsregierung oder Rettungsregierung in der Krise der weißen Weltzivilisation«; worüber ich heute geredet habe, war allein ein rettendes Regiment, wie man es sich vorstellen könnte. Das Wahrscheinlichere finde ich auch – also, sozusagen wahrscheinlich im Sinne der historischen Trägheitskräfte - ist, dass das ein - fast in gewisser Hinsicht sogar unbeabsichtigtes - Notstandsregiment wird, das sich aufdrängt, um zu regeln, wenn die Fluten steigen zum Beispiel.

anderer Gast:

Da hat ja der Katastrophenschutz eine große Zukunft -

R. Bahro:

Ja, der Katastrophenschutz hat eine große Zukunft.

Gast:

Ich werde mich recht kurz fassen. Die Geschichte der Sozialutopien hat ja nun gezeigt, dass von den Utopien - das sind ja nun eben solche - keine gelungen ist. Dass da keine irgendeinen Erfolg gehabt hat. Meine Frage an Sie: Halten Sie das, was Sie lehren - halten Sie selbst für einen Utopisten?

Frage Nr. 2:

Muss das so deutlich sagen, Sie stellen dem Grunde nach dar, dass die Entwicklung der Technik - und das stütze ich auch - einen entscheidenden Anteil an der Destabilisierung der Natur gehabt hat. Da Sie einen religiösen Touch hatten vorhin, kurzzeitig, komme ich jetzt auch dazu, ich komme auf einen Bibelvers zurück - nicht auf einen Vers, sondern auf die biblische Geschichte zurück: Dort wurde dem Menschen verboten, vom Baume der Erkenntnis zu essen. Und jetzt, in unserem Zeitalter, kann ich es erst begreifen, was Gott eigentlich mit diesem Verbot, vom Baume der Erkenntnis zu essen, gewollt hat.

Meine 2. konkrete Frage:

Halten Sie es für falsch, technische Erkenntnisse zu haben, in deren Anwendung wir uns jetzt befinden - und daraus resultierend: Wäre nicht die einzig mögliche Methode (zweifelsfrei auch eine Utopie), die Gymnasien abzuschaffen, die Universitäten abzuschaffen und den Bildungsstand beim Lesen und bei der Prozentrechnung zu belassen? Dann würde sich zweifellos in Europa die technische Bildung reduzieren, sicherlich würde die Bevölkerungspolitik anders laufen – wir würden uns vermehren wie in den Ländern, wo die technische Bildung nicht so so weit fortgeschritten ist und hätten ähnliche Probleme - nur eben nicht auf dem Gebiete der Bevölkerungsexplosion.

R. Bahro:

Also, in der mir liebsten asiatischen Tradition, im Tao Te King, in diesem asiatischen Weisheitsbuch wird die Sache genauso entschieden, wie Sie eben zugemutet haben. Also: Das Land sei klein - und gibt es auch Pferde und Wagen: man benutze das eigentlich möglichst nicht - und lehrt die Leute – also, sozusagen - die einfachsten Tugenden - und sie sollen, statt mit großen Zahlen zu rechnen, wieder Knoten knüpfen – die hatten solche Knoten, um zu zählen: soviel Säcke Reis waren da. Und im Juantse - der Laotse ist ja eine mythische Figur, man weiß nicht, ob er da war - aber Juantse, 200 Jahre später, hat mit Sicherheit gelebt, das war so ein Weiser des alten China; der erzählt zustimmend eine Geschichte, wo ein Mönch vorbeikommt bei jemanden, der einen Brunnen betreibt und da mit einem Rad arbeitet und hochzieht, und er findet das zuviel, der vorbeikommende Mönch – also, hol es so hoch mit dem Eimer oder steig unten rein, mach das so. Was dort dahinterstand, war – also, auf kleinerem Maßstab erfahren genauso dramatisch wie bei uns - dieselbe Geschichtsstory, die wir jetzt hin … Also, dass dort sieben chinesische Kriegsherren, die je eine Provinz unter Kontrolle hatten - und die wechselten auch durch die - ja, dass die sich schon lange schlugen miteinander und immer mehr brauchten für ihren Krieg – also, rausholten aus der Landschaft - und dass das offenbar eine Frucht des Fortschritts war, dass die Waffentechnik – also, scharf geschliffene Klingen und so: Dann wächst nicht viel Getreide - und so was steht im Tao Te King.

Was aber hinter dieser meiner Erwähnung der Technologie stand – also, in der Rolle der Technologie stand: Das war der Gedanke, dass der Mensch nicht immer in dieser machtorientierten Weise – also, es spricht einiges dafür, dass das so ist, wie Sie zuletzt gesagt haben: Dass das nicht einfach anthropologisch ist, dass manches Verhaltensbiologische vielleicht zunächst noch die Abstraktion von bestimmter, aktiver, europäischer, expansiver Kultur ist. Dass es also menschliche Verhältnisse gab, in denen der Mensch sich noch gleichgewichtsweiser verhalten hat und soziale

Anerkennung nicht herausragend gefunden hat. Also, das Tao Te King hat noch – also, was das Tao Te King behauptet (ob es nun stimmt oder nicht): Das ist irgendso eine Art Goldenes Zeitalter, wohin wir wieder zurückmüssen - wo das noch nicht so war, dass die mit der Klinge da sich was gerafft haben. Also, ich denke mir, dass - in so einer Krise wie jetzt war der Mensch noch nie und er hat noch nicht alles probiert. Also, wenn sich herausstellt, dass Egoismus irgendwie nicht egoistisch genug ist, dass es wirklich ein Selbstmordinstrument ist, also die Fortsetzung dieser – wir mussten ja erst einmal die Erfahrung machen, offenbar – dann ist vielleicht eine Umkehr möglich. Was diese Geschichte betraf, die ich hier vorgetragen habe: Ich halte es eigentlich nicht für utopisch, sondern ich denke, dass Zwänge in dieser Richtung arbeiten, dass es also einen Druck gibt, der es wahrscheinlich macht, dass das ungefähr so läuft.

Ich habe in meiner »Logik der Rettung« mich einmal auf den Franz Werfel bezogen, auf das Buch »Die vierzig Tage des Musa Dagh«. Dort gerät eine Armenier-Gemeinschaft - sieben Dörfer, die unter einem verteidigungsfähigen Berge zufällig leben, dem Musa Dagh – also, dem Mosesberg, da an der Ecke von Türkei und Syrien – die geraten unter diesen Ausrottungsdruck der jung-türkischen Bewegung (wie das mit den Juden war hier, ähnlich haben die Türken das damals versucht). Und da ziehen also sieben Dörfer – also, normale Großbauern-Dörfer waren das, würde ich mal sagen: es gab eben Leute, die hatten sehr viele Schafe und Leute, dann gab es welche, die hatten wenig und dann gab es welche, die gingen bei denen mit den vielen Schafen halt arbeiten - und dann sind die auf den Berg gezogen. Und dann hat die Verteidigungsnotwendigkeit – also, das Überlebensproblem dieser sieben Dörfer - dazu gezwungen, diese ganze Sozialstruktur - mit Knirschen, aber dennoch – preiszugeben. Und es hat eine eindrucksvolle geistliche Führung gegeben, allerdings. Die gerade sozusagen diese kommunistische und demokratische Tendenz aus der Not heraus – also, die Verteilungstendenz, dass das hier allen gehört und nicht: Also, du zählst nicht mehr, bloß weil du mehr gehabt hast - das ist da durchgekommen. Ich komme noch einmal darauf zurück (wenn wir über Al Gore sprechen, der mit der Ökokrise umgehen will), wie sie mit Hitler umgegangen sind - und das ist doch also nicht übertragbar ganz, also - Aber was sich zeigt, ist, dass Menschen in verzweifelten Situationen zu Unerwartetem fähig sind und noch – also, noch schläft einfach das Volk hier, ich meine: Was eine reale Gefahr betrifft, schläft es. Also, sozusagen - was die Ökologie betrifft, war die Schlacht von Stalingrad noch nicht - im Vergleich, jetzt. Danach wussten die meisten Deutschen: Das geht wohl nicht gut. Und jetzt hier hat man das irgendwo im Gefühl: Da ist auch was falsch, etwas haut nicht hin. Aber wie bedrohlich die Gesamtsituation ist - nicht da.

Gast:

… wie das auf die Pflanzen wirkt, wenn das immer weniger … wachsen die Bäume überhaupt noch oder Getreide auf offenem Feld oder …

R. Bahro:

Nein, es ist angewiesen darauf, dass wir den Wahnsinn mit den Düngemitteln und den Herbiziden fortsetzen. Jaja - und zwar schon alleine deshalb, weil wir die Fruchtbarkeit wegspülen ins Meer - auch durch den schnellen Wasserumschlag.

Gast (weibl.):

Ja, gerade, was du eben selbst zuletzt gesagt hast – wegspülen ins Meer und Pestizide usw.: Das führt eigentlich auf das zurück, was ich die ganze Zeit schon ein bisschen im Sinne hatte. Also, ich meine: von oben her - die Sache mit Regierung oder auch Öko-Rat, da zweifle ich ein bisschen dran, ob das so herum richtig ist. Ich meine eher: von unten her, also eine Regionalisierung. Du hast ja auch davon gesprochen, lokale Ebene und überschaubare Gesellschaft und so. Und ich meine, politisch ist das durchaus machbar, die Kompetenzen nach unten zu verlagern. Da braucht es eigentlich gar nicht so furchtbar viel - aber auch ich finde, in Deutschland geht es immer noch eher andersherum. Aber ich glaube, das ist eine Sache, die wir erreichen können. Ich arbeite da so in der Kommunalpolitik, ich sehe, dass das da einen anderen Überblick, einen anderen Zugriff hat, als wenn man da so auf so einer höheren Ebene ist. Ich glaube, dass man von da, von der Region her, von dem Wachsenlassen: Dass man da eher rankommt an das Problem.

R. Bahro:

Also, dem stimme ich völlig zu - schon alleine deshalb, weil die durchgängige Rätestruktur, die ich mir da vorstelle - die ist ja gar nicht möglich, wenn es nicht also wirklich von unten getragen ist, also Stufe um Stufe von unten getragen ist. Nur glaube ich – es geht nicht von oben, also geht es nur von unten - dass wir damit sozusagen in einem Dilemma festhängen blieben. Also, so eine komplexe Weltgesellschaft, die wir jetzt haben - wenn auch die Komplexität des Teufels ist – also, die einzelnen lokalen Initiativen, 95 % ihrer Kraft reiben sie sich ja auf an den untersten Ausläufern einer Struktur, die gegenläufig arbeitet, eigentlich - und deswegen bin ich sicher: Was man wirklich brauchte, wäre eine Gesamterneuerung dieses gesellschaftlichen Zusammenhangs. Es ist - nie in der Geschichte ist es positiv ausgegangen, wenn praktisch keine - also, wenn die kulturellen Institutionen gegen das, was notwendig ist, arbeiten. Dann kam immer – also, es hat immer zu einer institutionellen Erneuerung geführt.

Eine ganz andere Frage ist, ob das paradiesisch ausgeht, wenn das auch vielleicht die Frage mit der Utopie vorhin mit eingeschlossen hat - also, ob wir so 100%-ige Aussichten hatten, dass das dann eine ideale Veranstaltung wird. Ich vermute, so schnell nicht - dass das also auch wieder widersprüchlich wird. Aber ich denke, dass man es wirklich – also, verdammt noch mal, Brandenburg braucht auch eine gute Regierung und der Kreis …

Gast (weibl.):

Eine Regierung wäre dann gut, wenn sie bereit ist, die Kompetenzen nach unten zu verlagern. Also, dass sie wirklich das tut, was sie tun muss, aber nicht die Macht unbedingt festhält.

R. Bahro:

Beim guten Regieren ging es ja eigentlich überhaupt nicht darum, Macht festzuhalten, sondern es ging es einfach darum zu vermitteln. Die Kommunikation zu vermitteln. Ja, es ist wahr, die Hauptfrage ist nicht einmal die Kompetenz, sondern auch das Geld: Wo lang wird denn das eingesetzt? Ich meine, Brandenburg und Berlin stecken es in Großprojekte, in erster Linie. Also, sozusagen: Wo schon der große Haufen ist, scheißt der Teufel drauf. Das ist das Prinzip, das mit den jetzigen Strukturen verbunden ist. Aber das im Machtsystem umdrehen, was ökologisch nötig ist - das ist noch etwas anderes, als wenn man jetzt einen kleinen Erfolg an der

Basis erzielt. Das wäre also eine Öffnung, die dann hoffnungsvoll eigentlich fürs Ganze sein könnte – also, deswegen glaube ich, dass man das auch für alle Ebenen wirklich stellen muss, das Thema einer Neuinstitutionalisierung, will ich einmal sagen.

Zwischenruf (weiterer Gast):

Es muss eine neue Orientierung her – also, weg von dem Mehrheitsprinzip, hin zum Konsensprinzip.

R. Bahro:

Ja - das kultivierter ist, übrigens, als das Zählprinzip: Das Konsensprinzip.

Gast:

Die Verwaltungen und die Regierung: Da gibt es ja doch einen riesigen Abstand. Die Regierungen kriegen die Verwaltungen ja gar nicht mehr in den Griff. Es gibt ja heutzutage schon den Verwaltungsfaschismus -

R. Bahro:

Also, ich glaube, dass es irgendwie so ist - es gibt einfach einen historischen Fall, der für unsere Verhältnisse gar nicht so unvergleichbar ist: Die römischen Reichsstrukturen, die sind im Laufe der letzten Jahrhunderte des Imperiums einfach sukzessiv ausgefallen, und es hat sich lokal – also, dies war nicht möglich, und das wird wahrscheinlich jetzt auch nicht möglich sein, so zu machen, und dann sind die weg – sondern: Die verlieren einfach sozusagen an Substanz, zuletzt haben sie nur noch fürs Militär eingesammelt und es gab den Augenblick in der spätrömischen Zeit, dann so im 5. Jahrhundert, ehe dann die Goten kamen, so ungefähr – gab es eine Zeit, wo auf einmal der Bischof Verwaltungschef war, was nicht einmal die Absicht war, was dann auch Kirche wieder verschlechtert hat noch, natürlich, wenn dann die Staatsfunktion dabei -
Gast (unverständlich)

R. Bahro:

Ich meine, die Legitimität sozusagen der Gesamtveranstaltung bricht sich wirklich an diesem Ökothema, bricht sich da und das geht – also, dieser Krug geht dann solange zum Brunnen, bis er bricht.

Gast.

Das wollen wir ja verhindern, dass erst die Katastrophe dazu führt, dass wir endlich vernünftig werden.

R. Bahro:

Ja, ich meine ja jetzt, dass erst einmal – der Krug, sozusagen, mit dieser Institution – die es nicht mehr bringen. Wenn sie dann nicht mehr einhalten können, Schaden abzuwenden – wozu der Staat ja – also, die Schutzverpflichtung, die die Begründung dafür ist, dass sich Helmut in meinen Sessel setzen soll.

Gast:

Was meinen Sie, wie das dann vor sich geht – immer mehr Ozonlöcher oder Sauerstoffmangel -

R. Bahro:

Na, und die Erfahrung: mit unseren - mit den Institutionen ist da nichts zu machen. Und es liegt aber nicht bloß an den Institutionen, sondern es liegt auch daran, dass wir sie eigentlich beauftragt haben, diese Lebensform aufrechtzuerhalten, noch - und das ist etwas, was erst einmal sozusagen in einfachere Köpfe hinein muss. Also, wenn ich die da völlig vergessen soll – von denen Sie vorhin gesprochen haben – dann ist es - ich glaub nicht, dass die alle tot sind.

Gast (unverständlich)

R. Bahro:

Also, auch davon können noch welche aufwachen, würde ich sagen – So, jetzt machen wir Schluss.

(Applaus)

9. Mai 1994

Woher droht Ökototalitarismus wirklich?

25. Mai - das ist der Mittwoch nach Pfingsten - um 19:00 Uhr - es steht auch in den Papieren, die ich ausgegeben habe, drin - um 19:00 Uhr in der Buchhandlung »Canopus«: Andrew Cohen. Das ist ein junger Amerikaner, Mitte 30, glaube ich - ein junger Amerikaner, der den Durchgang bei spirituellen Meistern gemacht hat und selbst weit gekommen ist auf seinen Wegen, den aber bedrückt oder der bedauert, dass das, was dann auf die Weise - »New Age« - in unseren Gefilden hier daraus gemacht wird, aus den therapeutischen und spirituellen Wegen: Dass das so schnell auf Privaterlösung, auf Individualismus zurückfällt und dass ein eigentlich verantwortungsvolles Verhalten in der Gesellschaft - dass dann auch eine Lebensveränderung ablesbar wäre - selten dabei herauskommt. Und er fragt eigentlich, woran das liegt und ob dann also an den Errungenschaften dieser Wege so individuell - nicht allgemein, sondern individuell: Ob da so viel dran ist, wie wir uns einbilden. Und ich habe jetzt die Hoffnung, dass wir an dem Abend irgendwie darauf kommen können, wie sich also diese Befreiung, eigentlich – Erleuchtung heißt ja eigentlich Befreiung – wie sich diese Befreiung von ansozialisierten Mustern, wo wir die Quellen eigentlich nicht mehr wissen, die uns besetzt halten - wie sich das im Politischen auswirken könnte – also, wie da - die Nahtstelle interessiert zwischen solchen Erfahrungen und der Umsetzung im wirklichen Leben. Jetzt nicht die Modelle, was man da machen könnte – kommunitäre Praxis oder dergleichen – sondern wie sich das in uns entscheidet, dieser Punkt. Und wer vorher etwas hineinschauen möchte: Es gibt hier unten ein kleines Büchlein »Wer hat den Mut, allein in der Wahrheit zu stehen?«, heißt das, Texte zum Thema Erleuchtung, Reinheit, Korruption – also, dieses schwarze kleine Heft, das ist von diesem Andrew Cohen.

Ich nehme an, dass meine Bezüge heute in der Vorlesung auf Lewis Mumford und auf Joseph Campbell - den letzteren werde ich wahrscheinlich nur erwähnen - auf zwei Amerikaner, die ich zu dem heutigen Thema heranziehe: Dass die das vielleicht noch spannender machen, was ein junger Amerikaner also unseres vielleicht hier mittleren Alters - wie der heute auf den Stoff reagiert, den diese inzwischen alten Männer – also, beide sind schon tot, Mumford ist vor zwei Jahren, glaube ich, erst, über 90-jährig, in New York gestorben. Und Joseph Campbell ist auch - war nicht ganz so alt wie Mumford, aber er ist auch noch nicht lange tot. Ich komme nachher auf diese Bücher.

Das war also voraus. Ich sage noch einmal den Termin: Das ist am Mittwoch nach Pfingsten im Canopus-Buchladen in der Husemannstraße, da im Prenzlauer Berg, um 19:00 Uhr, Andrew Cohen – und es geht um ein Gespräch – also, über das Thema, das ich angerissen habe.

Jetzt ein Hinweis auf Papiere, die ich zu der heutigen Vorlesung ausgelegt habe, unten. Ich habe auch noch - beim vorigen Mal hatte ich auch welche vorbereitet, wir hatten aber zu wenig für die vorige Vorlesung – also, zu der Frage: Was ist ökologisch notwendig, und welche Rechts- und Staatsverhältnisse wären dann die Folge? Dazu liegt das heute auch noch einmal hier. Und dann will ich kurz erwähnen: Die Papiere, die heute ausliegen - ich will daran erinnern zuerst, dass wir also über den Hintergrund der heutigen Thematik – nein, das ist falsch – eigentlich richtig gesagt: über den Vordergrund der heutigen Thematik insbesondere anlässlich der ausgefallenen Duhm-Vorlesung hier ausführlich gesprochen haben. Ich habe damals dann, weil die da mit im Hintergrund stand, einen ganz ausführlichen Brief an Jutta Ditfurth geschrieben und sie eingeladen, hier herzukommen – ich habe das schon einmal erwähnt, in der ersten Vorlesung – und diesen Brief lege ich hier jetzt einmal mit aus - für die diejenigen, die sich da interessieren. Wie gesagt es ist eigentlich eher vordergründig - es war mein Versuch, der Jutta klarzumachen, dass vielleicht also ihr Feindbild von mir nicht ganz stimmt, aber sie hat überhaupt nicht darauf reagiert – also, überhaupt nicht, obwohl der Brief ausführlich war und ich auch noch vieles dazugelegt hatte; vielleicht war es ihr zu viel - möglich, aber - jedenfalls es ist einfach gut, wenn wir den Rahmen wissen.

Dann habe ich hier ein zweites Papier, das einen älteren Bezug hat, aber zu den Hintergründen, nicht zu den Vordergründen gehört, nämlich - dieses blaue Papier hier, das mein Freund Alfred Mechtersheimer mit in seine Publikationen da aufgenommen hat.

Ich habe hier einmal eine Vorlesung gehalten über Horde, Stamm, Volk, Nation und Religion unter dem Gesichtspunkt: Das, was da Realien sind -

dass man das kommen lassen muss, aber - um es loszulassen, um sich nicht neu zu identifizieren, etwa im Nationalen - was ja im Vereinigungsdeutschland scheinbar anzustehen schien. Also, der Text dieses Artikels behandelt sozusagen die nationalen oder die völkischen - oder wie immer man das auch nennen will – Untergründe, mit denen wir es tatsächlich zu tun haben, und ich schlage halt vor, sie anzusehen. Nicht einfach zu sagen: »Tabu! Wir gucken da nicht hin!«, der Stoff als solcher ist böse, sondern - den Stoff ansehen und wie damit umgehen.

Diejenigen, die damals hier waren, für die habe ich jetzt das natürlich nicht so sagen müssen, weil - die werden sich entsinnen, aber wer neu hier ist: Das ist dieses blaue Papier, überschrieben »Das Eigene und das Fremde«.

Dann habe ich hier - weil das heute eine verhältnismäßig große Rolle spielen wird - eine alte Rezension von 1900, ich weiß gar nicht mehr ganz genau, weil ich das dort, wo das gedruckt ist, gar nicht genau dokumentiert hatte - da habe ich für die Zeit – also, für »Die Zeit« – also, für die Hamburger Wochenzeitung »Die Zeit« einmal eine Rezension gemacht über Elemente und Ursprünge totaler Herrschaft, über dieses Buch von Hannah Arendt.

Ich beziehe mich heute auf das Buch - und hier ist meine alte Rezension, die würde heute nicht mehr ganz genauso ausfallen. Damals bin ich noch - vielleicht unnötig oder übertrieben - gekränkt dafür, dass sie, weil Hitler nun ausgefallen war, ihren Angriff auf den Totalitarismus auf den Osten konzentriert hatte und weil dann Chrutschow schon gewesen war und offenbar da in der Sowjetunion Auflösungsprozesse des Totalitarismus im Gange waren - sie hat nämlich einen strengen Begriff von Totalitarismus - sodass, was seit Chrutschow lief, schon richtig keiner mehr war. Dann hat sie es umso mehr in China gefunden, irgendwie, weil da anscheinend Massen noch dahinter standen. Das habe ich ihr damals sozusagen übel genommen, im Nachhinein - es war ja lange nach dem Erscheinen des Buches. Das Buch gehört noch in die Zeit - also, als der Kalte Krieg hier auf Hochtouren lief und der Totalitarismusbegriff so der Vereinigungsbegriff gegen den Osten war.

Ich habe das Buch hier gewürdigt in der Rezension, weil der Stoff von ungeheurer Bedeutung ist und mich auch belehrt hat; zugleich hatte ich auch das Problem, dass das, was ich in der »Alternative« dem Osten noch gewünscht habe - dass sie das irgendwie so nicht ganz zur Geltung kommen ließ, wahrscheinlich – es ist aber, glaube ich, nach wie vor interessant - oder gerade: Wer eben dahinter gucken will - mir ist eben einfach daran gelegen, dass ihr durchsehen könnt, was ich hier praktiziere.

Dann habe ich hier einen weiteren älteren Text, der nach der »Logik der Rettung« entstanden ist, und zwar einen verhältnismäßig populären Vortrag aus der Gorbatschow-Zeit, den ich gehalten habe vor österreichischen Sparkassenleuten, die mich dazu eingeladen hatten. Da ging es um die Zukunft der Demokratie, so lautete der Sammelband, der da herausgekommen ist; ich habe dort gesprochen über »Notstandsregierung oder Rettungsregierung in der Krise der weißen Weltzivilisation« - und das war also der Schlussteil meiner »Logik der Rettung«, in einer schlichteren Fassung.

Noch ein älteres Material habe ich hier, das aus meiner Freundschaft mit Jochen Kirchhoff hervorgegangen ist, nämlich mein Vorwort zu seinem Buch »Hitler, Nietzsche und die Deutschen« – nein, »Nietzsche, Hitler und die Deutschen«, diese Reihenfolge natürlich, Nietzsche war ja früher – »Die Perversion des neuen Zeitalters - Vom unerlösten Schatten des Dritten Reiches«, so heißt Kirchhoffs Buch. Viele werden - manche werden es kennen von euch, mein Vorwort dazu. Man hat dann – also, meine - was ich jetzt alles aufgeführt habe, ist sozusagen ein Einblick in die Vorgeschichte meiner Position zu der Sache und ich glaube, dass man da auch eine Kontinuität und eine Stringenz in der Art und Weise des Herangehens finden wird.

In dem Brief an Jutta Ditfurth stehen übrigens dort hinten noch mehr Materialien, wer es nun ganz genau durchsehen will - meine »Logik der Rettung«, der Schlussteil sowieso natürlich, wäre da wahrzunehmen.

Das Neueste, was hier dabei liegt, ist ein 4-seitiger Brief an Dirk Fleck, der mir vor ein paar Monaten sein Buch »Go!« – seinen Roman »Go! – Die Ökodiktatur« geschickt hat, »Go! – Die Ökodiktatur«: Ich schreibe die Bücher, um die es dann heute auch geht - die schreibe ich dann noch schnell an die Tafel.

Diese - was ich ihm darauf geschrieben habe: Er hat mir das geschickt, hat mir gesagt, er hat da auch von der »Logik der Rettung« profitiert (hinten stehen so ungefähr 20 oder 25 Bücher, die seine Bezugspunkte für den Umgang mit dem Thema sind); er hat also den Versuch gemacht – wie soll ich sagen – mahnend vorwegzunehmen, was da passieren könnte, »Go! – Die Ökodiktatur« - und diese Rezension ist das, glaube ich, sechste von den Papieren, auf die ich hier gerade hingewiesen habe – also, das ist für diejenigen, die den Rahmen der heutigen Vorlesung - den des Näheren nachgehen wollen.

Jetzt zur Sache selbst - das Buch von dem Fleck schreibe ich schon einmal an - das ist ein Roman – Dirk C. Fleck – »Go!«, d. h, Go ist die Abkürzung »Global observer« – also, für den globalen Beobachter – also, irgendetwas, was mit dem großen Bruder, oder so - sicher was zu tun – Global observer – »Go! – Die Ökodiktatur«. Steht jetzt an der Spitze, obwohl es mir im heutigen Zusammenhang nicht das Wichtigste ist. Ich habe es schon erwähnt, jedenfalls: »Go! – die Ökodiktatur« ein Roman, der also versucht, damit umzugehen, was passieren könnte – also, so eine Art negative Utopie in der Schule von Orwell oder so, aber – gut, man kann einmal - mag es lesen. Ich will es eigentlich nicht beurteilen.

Die Schwierigkeit, die ich heute habe bei der Vorlesung, das ist eigentlich folgende: Ich habe voriges Mal ja meine Vision dargestellt, wie es mit einer Neuinstitutionalisierung - auf die Bewältigung der ökologischen Krise hin - gehen könnte – also, positiv dargestellt: Was man da hoffen könnte. Es ist natürlich so, dass jeglicher institutionelle Vorschlag, der den Staat betrifft, mit der Frage belastet ist, ob aus Staat eigentlich jemals etwas anderes als diese Horrorveranstaltung herauskommen kann, die das seit Anfang der patriarchalen Zeiten ist. Also, wo in der Geschichte - jedenfalls der Klassengesellschaft – das, was am Staat je nach Akzentuierung dann notwendig oder unvermeidlich ist – also, das, was die Regulierung größerer Zusammenhänge betrifft: Wo das so vermengt ist mit den Herrschaftsinteressen derer, die sich da als Schützer befohlen haben - dass es überaus schwer ist, das auseinanderzuhalten - und dass also auf der positivsten Vision da ein Verdacht liegt.

Ich bin mir jetzt inzwischen darüber klar - das habe ich hier schon gesagt - dass der Schlussteil an meiner »Logik der Rettung« also an manchen Stellen so formuliert ist, dass vielleicht diese Angst etwas eher heraufgerufen wird, als so, wie ich das neulich gemacht habe, aber das Thema bleibt. Und heute ist nun eigentlich umgekehrt die Schwierigkeit, dass, wenn man über das Thema »Totalitarismus« oder »Ökototalitarimus« spricht, man es da zunächst mit der Negativität für sich – also, mit dem, was wir fürchten, zu tun hat - und ich werde das, sozusagen -wahrscheinlich heute nicht völlig einholen.

Ich will nur am Schluss also einen Hinweis noch geben, in welcher Richtung ich also die Antwort auf die Herausforderung, die da mit dem Thema gegeben ist, sehe – also, was eine Lösungsrichtung betrifft, dass wenigstens also eine Linie sichtbar wird oder Linien sichtbar werden, die auf den Punkt hinführen - so in einer Art nicht zu Ende geführter Konvergenz. Ich will ja über die - sagen wir einmal: geistigen und geistlichen, die psychischen Voraussetzungen, diesen ganzen Komplex der Subjektivität in den letzten vier Vorlesungen der Reihe ausführlich sprechen - und gefüllt werden kann das erst dann und nicht heute. Aber immerhin.

Jetzt will ich erst einmal die Werke erwähnen, auf die ich mich heute besonders stützen will.

Das eine hier habe ich schon erwähnt und das andere sind erst einmal - da dominiert erst einmal Angelsächsisches.

Ich will mal am Anfang Hannah Arendt hinschreiben, das ist keine Angelsächsin, aber - die Emigration im Westen – also, in Amerika - hat natürlich wesentlich dazu beigetragen, wie sie in ihrem Buch – also, »Elemente und Ursprünge totaler Herrschaft« heißt das, »Elemente und Ursprünge totaler Herrschaft«: ein ganz dicker Wälzer. Ich habe es hier in einer Taschenbuch-Ausgabe. Das sind drei Bände, zwei behandeln irgendwie die Vorgeschichte – antisemitismus und Imperialismus – und die Hannah Arendt geht davon aus, dass Antisemitismus – so, wie er aus der Geschichte des Abendlandes und dem Kampf der Kirche gegen die Juden, die Christus gekreuzigt hatten und so - wie der Antisemitismus daraus hervorgegangen ist, dass das noch nicht der Antisemitismus der Endlösung ist, d. h, der wird in diesem Buche - der steht am Horizont, aber der ist noch nicht das Thema. Also, was die Franzosen beispielsweise in der Dreyfus-Affäre sich an Antisemitismus geleistet haben – ein großer Teil der Franzosen – das ist Stoff, und was es in Wien und in Deutschland in der Hinsicht gegeben hat, aber als Vorgeschichte – »Elemente und Ursprünge totaler Herrschaft«, Vorgeschichte - und genauso mit dem Imperialismus.

Das sind - also, Imperialismus bei ihr jetzt, das ist nicht der Marx-Lenin'sche Begriff, sondern - ich könnte sagen: »Imperialismus« kommt von »imperial«, hier. Das ist keine ökonomische Theorie im engeren Sinne, sondern - das ist, wie sich aus der Konkurrenz der Nationalstaaten etwas aufbaut, das dann kolonialistisch und weltherrschaftsorientiert verläuft und wo die Pan-Bewegungen – also, Pan-Germanismus, Pan-Slawismus und so - da eine bestimmte Rolle spielen: Auch Vorspiel. Und dann kommt der Band, auf den ich mich heute dann einmal beziehen werde. Ein bisschen mehr Elemente und Ursprünge totaler Herrschaft: Band 3 - »Totale Herrschaft«. Mich interessiert jetzt daran nur noch, was aufschlussreich ist und ich habe – also, was in meiner Rezension da an Kritik steht, das mag noch gültig sein, mehr oder weniger – also, mag zumindest ein Gesichtspunkt sein, aber -das ist für mich jetzt nicht besonders interessant mehr. Und dann ist Lewis Mumford wichtig für mich, und zwar sein Buch »Mythos der Maschine« - und ich werde mich auch noch beziehen, auf ein zweites Buch, das heißt hier - in Deutsch ist es herausgekommen - »Hoffnung oder Barbarei«, im Untertitel steht, wie der amerikanische Titel war »Transformation of Man« und hier heißt es dann: Die Verwandlungen – also, Mehrzahl - des Menschen. »Transformation of Man« - das ist, glaube ich, Mumfords letztes Buch, wo er – also, letztes großes Buch - wo er noch einmal zusammengefasst hat, wolang er also eine Lösung sieht vor dem Hintergrund, das er in seinem Buch »Mythos der Maschine« - das steht auch, und Hannah Arendt, glaube ich, stehen auch im Literaturverzeichnis.

Dann, was nicht im Literaturverzeichnis steht: Joseph Cambpell. Das ist ein 4-bändiges Riesenwerk: »Die Masken Gottes«. »Die Masken Gottes«, das heitß, das – also, die verschiedenen Urreligionen und dann, was der Osten zu bieten hat, was der Westen zu bieten hat - noch immer in der Vorzeit – also, die Griechen etwa - und dann schließlich, was das Abendland seit der Renaissance zu bieten hat - oder auf die Renaissance hin. Das sind die vier Bände, in denen er also sagt, dass die Menschheit viel mehr zusammenhängt, wenn man die Mythen studiert, als zu denken ist - und mich interessiert hier in diesem Zusammenhang bei Campbells »Masken Gottes« also, dass von ihm her gesehen - wie übrigens auch von Mumford her - vor allem das deutlicher hervortritt, als ich das in meiner »Logik der Rettung« behandelt habe - vielleicht zum Nachteil des Buches - was sozusagen an der westlichen Demokratie das Wahre ist, und zwar, indem die alle beide gar hauptsächlich nicht über Demokratie sprechen, sondern über die geistige Verfassung, die im Abendland neu herausgearbeitet worden ist und mit uns durchgegangen ist. Also, diese schöpferische Individualität, die - wie dann Hanspeter Padrutt (den habe das vorige Mal ja noch erwähnt) in seinem Buch vom »Epochalen Winter« sagt - die halt sich in rücksichtsloser Form konstituiert hat. Das ist das Problem: in rücksichtsloser Form konstituiert hat – sodass also damit die politischen Formen damit behaftet sind, um die es geht. Aber vor der - wenn man sieht - also, was das Besondere an den, sagen wir einmal, an den abendländischen Masken Gottes ist, dann ist einem erst einmal klar, wieso also bei den Griechen angefangen und dann insbesondere bei uns – also, diese Tendenz zur Demokratie (die übrigens tatsächlich nicht Volksdemokratie war) - das zeigen auch Cambpell und Mumford ganz klar - sondern immer noch auf Minderheiten beschränkt, die das also voll heraus entwickelt haben. Und ich meine jetzt das Wort »Volksdemokratie« einmal ohne die Belastung, die hier mit der Sache verbunden gewesen ist: Das erklärt - darauf komme ich dann in der weiteren Vorlesung - dass sie das nicht war, erklärt – ich sage jetzt einmal: Das kommunistische und auch faschistische Ressentiment, das diese Demokratie gegen sie auf den Plan gerufen hat. Das rechtfertigt es nicht, aber es erklärt. Darauf will ich nachher kommen.

Also, Joseph Cambpell - das ist vielleicht der Hintergrund der Hintergründe für die heutige Vorlesung, indem also bei ihm auch kenntlich wird, worauf diese alten despotischen Strukturen, was das menschliche Bewusstsein jetzt betrifft, beruhen – also, das, was asiatische Despotie war - ich habe - in meiner »Alternative« bin ich ja damit umgegangen - und auch, was in den älteren Zusammenhängen Tyrannis und Diktaturen gewesen sind, in Rom etwa - etwas völlig anderes übrigens als diese moderne totalitäre Diktatur, die wir hier in zweifacher Ausfertigung vor nicht sehr langer Zeit erlebt haben – also, das erkenntlich.

Dann erwähne ich noch einmal Hanspeter Padrutt – ich schreibe ihn mal dazu - und schließlich - ich bin mir nur nicht darüber klar, wieweit es mir gelingen wird, das alles wirklich auszufüllen heute, weil die Zeit natürlich für so was dann kurz ist - ich habe hier zuletzt Antonio Gramsci und Ernst Jünger genannt. Gramsci – das Buch, auf das ich mich beziehe, ist ein erster Auszug – also, Versuch sein Gesamtwerk zu repräsentieren. Das war vorher einmal bunt - ich habe das dann in so einem schwarzen Raubdruck einmal wieder in die Hände gekriegt: »Philosophie der Praxis«: Das war Gramsci Name für den historischen Materialismus. Der hat da in Mussolinis Gefängnis den Begriff geprägt, weil - historischer Materialismus durfte das Ding nicht heißen. Und von Ernst Jünger ist es sein berühmt-berüchtigtes Buch – also, beide in gleicher Weise - wird es auch immer betrachtet. Gramsci ist nicht so aufgefallen mit diesem Buch, der war natürlich viel eingebundener in die Resistance dann, in Italien - als der Vordenker der italienischen Kommunisten. Und Jünger: »Der Arbeiter«, d. h, Herrschaft und Gestalt - der Arbeiter, Herrschaft und Gestalt – das sind die Gesichtspunkte, die er da behandelt: Herrschaft und Gestalt. Und der Grund, weshalb ich diese beiden Bücher hier gebracht habe: Es ist ganz unmöglich, Gramsci oder Ernst Jünger in der Vorlesung irgendwie komplex gerecht zu werden. Das sind riesige ausgedehnte Werke jeweils. Worum es mir geht, ist, dass das auffällige Moment, dass die beiden Konzeptionen, die kommunistische und die futuristisch faschistische – also, Jüngers Buch ist von 1932, da ist er noch ganz auf der Welle, es gefällt ihm nachher nicht – 1938, glaube ich, entsteht sein »Auf den Marmorklippen«, wo er sich gegen die Nazis bereits wendet, wo er das als Oberförster-Diktatur - wo er den Unterweltscharakter, Oberförster ist da nicht der Beruf, sondern Oberförster ist sein Name für so einen Führertypus aus der Unterwelt - das hat sich also über diesen Standpunkt hinaus entwickelt, aber das Buch »Der Arbeiter« ist also so etwas futuristisch auf die Technik Setzendes. Und beide - bei ihrer politischen Strategie, die dann natürlich überaus verschieden ist - wollen den Tiger »Megamaschine« reiten, aktiv reiten – also, es gibt keine Alternative dazu, sich diesem Geschick zu stellen, das da der technische Fortschritt ist - und das soll mich an dieser Stelle interessieren. Dass ich diesen Aspekt hervorhebe, das hat natürlich damit zu tun, dass ich in meinem - in meiner - dass die Zentralthese dieser Vorlesung – also, woher droht denn der Totalitarismus wirklich?, dass die darauf zielt zu zeigen, dass die Megamaschine selbst eigentlich das Geheimnis der Sache ist. Dass dort der Ursachenzusammenhang wirkt, der zu totalitären Explosionen tendiert und dann auch erklärt, weshalb diese beiden inzwischen abgeschlagenen Bewegungen – also, die linke und die rechte Reaktion auf den Sieg sozusagen des Mainstreams der Megamaschine: Wieso die erst einmal in die Extreme geführt haben. Man muss es ja verstehen, ehe man versucht, erstens sich damit auseinanderzusetzen - und zweitens, ehe man sich die Frage stellt: Wie wäre denn da was zu vermeiden.

Also, das ist der Rahmen, auf den ich mich da beziehe. Klar ist, dass das, was ich hier zusammengezogen habe an geistigen Anstößen, um das Thema zu bewältigen - dass das sehr komplex ist und dass ich diese Arbeit selbst: Das ist ein - was ich jetzt vortrage, das ist ein Zwischenstadium meiner Überlegungen.

Ich will zunächst jetzt - ich will drei Fragen behandeln und mit der ersten dann anfangen.

Das eine ist die Frage, erst einmal: Was die Warnungen vor einer Neuinstitutionalisierung motiviert – das heißt, was eigentlich die Beunruhigung ist, die auf jeglichen Gedanken, man könnte also etwas anderes neu einrichten - darum geht es natürlich - als den nach dem 2. Weltkrieg in (West-)Deutschland nun auch installierten westlichen Typ von repräsentativer Demokratie, wo da also – jeweils leuchten da Warnlampen auf, ohne dass darüber viel nachgedacht wird, aber - so etwas hat natürlich einen Grund - also, etwas, was da den Schrecken auslöst. Da muss schon etwas da sein - und wahrscheinlich mehr, als nur die konkrete historische Erfahrung mit Hitler und Stalin, sondern - da ist etwas, da fühlt sich etwas bedroht, dem man irgendwie auf den Grund gehen müsste. Und die zweite Frage dann ist: Woher droht Öko-Totalitarismus wirklich?

Und die dritte - kurz: Von woher sich eine tatsächliche Alternative dazu denken ließe?

Weil ich eben - für eine tatsächliche Alternative halte ich etwas Positives und nicht einfach Anti-Totalitarismus oder -Faschismus oder irgendwas, von dem ich denke, das ist ehrenhaft. Aber das reicht nicht aus, sondern - das hat ja schon einmal die Sache nicht aufgehalten – so, das ist der Gedankengang da.

Also, was motiviert die Warnungen vor einer Neuinstitutionalisierung?

Ich will es einmal, indem ich eine Erinnerung von Lewis Mumford aus »Mythos der Maschine« aufgreife, in einer kurzen – also, bildlichen Analogie nennen, was da gefürchtet wird: Das ist die Verameisung der Gesellschaft und damit natürlich des Individuums. Also, das war ja der Blick, zum Beispiel, auf die – projizierte Blick – auf die blauen Kittel in China - dort, diese Ameisengesellschaft.

Man wusste nicht viel auf der einen Seite, die vor den blauen Ameisen Angst hatten - und dann, die Maoisten wussten auch nicht besonders viel –

also, die es nun positiv genommen haben, was in China vorging. Die Kulturrevolution schien ja auch eine sozusagen Gegenperspektive - auf den ersten Blick – zu bieten.

Ich denke, dass beides nicht stimmte. Ich erwähne das jetzt nur deshalb, damit man also eine Erinnerung daran hat, dass da etwas ist, das sich in diesen Ausdruck zusammenzieht.

Mumford sagt also, dass wir dieser - vor ungefähr 60 Millionen Jahren - also, evolutionsgeschichtlich etwa in dieser Entwicklung zu diesen Insektenstaaten, zu diesen Staatsinsekten, zu Termiten und dergleichen - er geht davon aus, dass wir offenbar dieser Tendenz noch nicht entronnen sind - und fragt sich, wieso - und fragt sich das insbesondere vor dem Hintergrund - das ist eigentlich sozusagen der Anstoß zum Entsetzen. bei ihm wie übrigens – was das Entsetzen betrifft – noch schärfer bei Hannah Arendt, die es nun am eigenen Leib direkt von Deutschland aus erfahren hat - er fragt es sich insbesondere deshalb, weil - wenn wir, geschichtlich gesehen, bis auf den Höhepunkt unserer Aufklärungszeit hin betrachtet, im 18. Jahrhundert: Wenn es dann irgendwo so was gab, das in diese Richtung des megamaschinellen Ameisenstaates zu weisen schien, dann wusste man so was von den Griechen über die Perser und von Babylonien und von Ägypten und vielleicht vom alten China, aber in Europa hier – also, es gab da allerhand zu bekämpfen und zu befürchten, wenn es eine totalitäre Instanz – ich sage einmal jetzt: in Anführungszeichen – gab, dann war das die viel gefürchtete und bekämpfte katholische Kirche. Aber auch die hat das in Reinkultur nicht gebracht - es war ja immer: Kaiser gegen Papst, und die Feudalitäten haben das ja auf allen Ebenen – Bischof gegen Territorialherr usw – weitergespielt, d. h, es kam zu so einer Verdichtung hier nicht. Und dann kam es in der - von Renaissance über Reformation bis zur Aufklärung kam also es zu der – also, man durfte ja vermuten, dass sich das, was da noch in diese Richtung gezielt hat, der asiatische Anteil, sagen wir einmal, an Kirche - dass das ausgetrieben werden kann bzw. gar schon ausgetrieben worden ist und dass also praktisch im Westen der Liberalismus triumphiert - und ich meine das jetzt nicht als spezifisches Stichwort, irgendwie FDP oder so was, sondern ich meine Liberalismus in seiner edelsten Gestalt - wo es also um die Durchsetzung der individuellen Freiheit geht und wo eigentlich nichts zu befürchten schien. Dass das nun – also, das ist Mumfords Entsetzen, eigentlich – dass bei der Explosion dieser individuellen

Kräfte, wie Kapital, Wissenschaft, Technik: Dass da etwas herauskommt, das eigentlich noch gefährlicher ist als diese nicht-technischen Megamaschinen – also, technisch jetzt im Sinne des Maschinenwesens, in dem Sinne technisch. Sonst waren die auch schon technisch, aber - als diese nicht-maschinellen – also, nicht im Sinne der Industrieproduktion maschinellen - Megamaschinen, die es vorher schon gegeben hat – also, was diese beiden großen Konzeptionen, die sich mit dem Totalitarismus also vom Kern her auseinandersetzen, Hannah Arendts und Mumfords: Was die beide zusammenbringt, das ist das Entsetzen darüber: Das bricht in Europa durch – das heißt, es handelt sich hier eigentlich um einen aus der eigenen Geschichte sich gestaltenden anti-demokratischen Durchbruch, in dem Sinne – also, wo Demokratie, erst einmal idealtypisch genommen, gar nichts anderes ist - ehe überhaupt irgendeine einzelne Verfassungsfrage gestellt wird - als diejenige politische Ordnung – also, jetzt idealtypisch gedacht - die sozusagen der individuellen Autonomie den passenden politischen Rahmen bietet. Also, wenn denn das schöpferische Individuum das ist, was das Abendland schon in der Theorie – also, in seiner Philosophie und Kunst - auszeichnet, dann sollte natürlich also dieses Reich der Freien und Gleichen – also, das, was die Französische Revolution proklamiert hat: Freiheit, Gleichheit, Brüderlichkeit – das sollte die Realverfassung der Gesellschaft sein. Und ich habe ja am Anfang meiner Konzeption für die »Logik der Rettung« einmal ein Essay geschrieben über Exterminismus und Emanzipation und hatte da schon vor dem Hintergrund meiner Leseerfahrung - auch Mumford, glaube ich - gezeigt, dass also diese Prinzipien der Französischen Revolution mit der Selbstausrottungslogik verheiratet sind und dass das über die Megamaschine läuft. Also, was jetzt für mich an diese Frage herangeführt hat, war ja zunächst nicht Hannah Arendts Fragestellung - also, die noch ohne die ökologische Krise ist - sondern bei Mumford ist die ökologische Krise bereits die Pointe und nicht mehr der Faschismus, weil der ausgetrieben ist und weil er Russland nicht so sehr fürchtet - obwohl in Amerika, in der McCarthy-Ära der »Mythos der Maschine« also angefangen worden ist. Also, bei Mumford ist schon die ökologische Fragestellung im Mittelpunkt - also, die Zerstörungskapazität der Megamaschine nach innen, was die Menschen betrifft - und was die Demokratie betrifft, in diesem Sinne - also, dass das Individuum tatsächlich etwas zu bestimmen hat, egal, was in der Verfassung geschrieben steht - und nach außen, was die Natur betrifft - und das eigentlich ist – also, glaube ich - der Hintergrund dieser ganzen Totalitarismus-Diskussion: Dass das Abendland hier die Erfahrung macht, dass wir entgegen unserem Herunterschauen auf weniger Entwickelte, auf Indien, auf Ägypten – Hegel hatte ja also klar festgestellt, dass der Westen dann - also, so ist die Weltgeschichte gegangen - die anderen Völker (das ist Vergangenheit, das ist bestenfalls - das ist aufgehoben bei uns, die Ägypter, schon bei den Griechen usw. und sofort über die Römer) – also, wir haben es in der Hinsicht doch zu der besten aller möglichen Welten, eigentlich, bis dahin gebracht. Und dann sollte also die große Lösung kommen – Hegel wäre nicht auf den Gedanken gekommen - der hinterher natürlich also irgendwie verständlich erst einmal ist, obwohl ich glaube, dass es nicht trifft, aber - nicht auf den Gedanken kommt, dass man seine Konzeption dann mit Totalitarismus in Beziehung setzen könnte – er stand ja am Ende dieser Aufklärungswoge und hat nur danach gefragt: Wie könnten eigentlich möglichst alle Individuen zum absoluten Wissen vorstoßen? Also, praktisch zu der Qualifikation, die wirklich den Staat natürlich nur noch zu einer Veranstaltung der Verwaltung macht. Denn dann sind alle on top versammelt und können gemeinschaftlich entscheiden, was nun eigentlich angesagt ist - sie denken ja die Gedanken Gottes oder des Universums oder so, mit. Aber dass die Erfahrung des ausgehenden 19. Jahrhunderts schon, insbesondere der Einschlag 1. Weltkrieg und das, was dann folgte auf den 2. Weltkrieg hin: Das hat praktisch das abendländische Zutrauen in den - ich würde einmal sagen: in den demokratischen Charakter des Prozesses, in die demokratische Tendenz dieses Prozesses – also, jetzt Demokratie in diesem weiten idealtypischen Sinne genommen - das hat das gründlich infrage gestellt. Das heißt, es sind - übrigens auf der Rechten und der Linken, Adorno ist genauso erschrocken wie Jünger, was diese seltsame Dialektik der Aufklärung betrifft – also, den Umschlag betrifft in eine totalitäre Tendenz - und das ist also jetzt die große Frage: Was da eigentlich passiert ist. Und ich denke, dass - wenn man sich da nicht herandenkt, wenn man sich über diesen Zusammenhang nicht klar ist - dass es dann also schwierig ist, überhaupt vernünftig - ich sage: gerade rational - mit der Gefahr umzugehen, die da existiert und dass – also, sozusagen - das vordergründige Identifizieren: Also, da gibt es braune faschistische, totalitäre Tendenzen drauf - der bisherige Gang der Geschichte spricht eigentlich nicht dafür, dass das hinreicht, einfach, sondern - es muss da mehr gewusst werden, erst einmal, damit wir uns der Sache überhaupt vernünftig stellen können.

Was zunächst also festgestellt worden ist, von Hannah Arendt - und was, glaube ich, einfach erst einmal zur Kenntnis genommen werden muss, sozusagen als Unterm Strich-Resultat ihres Werkes – also, ich kann dem wirklich - den drei Bänden natürlich - nicht gerecht werden; wer das wirklich wissen will, der möge insbesondere den dritten Band hier lesen (die zwei ersten Bände sind auch nach wie vor wichtig, wenn man wissen will, wie diese Frau also das aufbaut) - aber den dritten Band muss man dann im Einzelnen lesen. Ich komme nur auf ihre Quintessenz erst einmal, die sich, was die politische Seite der Sache betrifft, mit Mumfords Quintessenz deckt. Der Unterschied ist - das will ich noch einmal sagen, damit es irgendwie klar ist: Mumford ist sozusagen viel »geschichts-materialistischer« (ich setze das in Anführungsstriche), er ist nämlich nicht Marxist, aber er bringt den ganzen Stoff, den wir immer unter »Produktivkräfte – Produktionsverhältnisse« hier abgehandelt haben, als Stoff: Den bringt er sozusagen aus der ganzen Weltgeschichte bei - um zu zeigen, was da für Linien in der modernen Megamaschine sozusagen zusammenkommen. Aber worauf ich jetzt erst einmal hinweise, ist die politische Quintessenz - und in der deckt sich das, was er sagt, und das, was Hannah Arendt sagt, in etwa folgendem Punkte:

Sie sagt, die Moderne – also, dieser moderne Totalitarismus, diese moderne Despotie (das ist etwas anderes als die antike Despotie – ich komme nachher noch darauf, wie Mumford zeigt, dass der Unterschied - dass der tatsächlich in der Rolle der Technik dabei, des Technischen im weitesten Sinne: Dass der dort liegt) – sie sagt erst einmal, es unterscheidet sich von der alten Despotie - da also Mumfords zusätzlicher Hinweis - und aber auch von allem, was sonst in der Geschichte der frühen Zeiten – also, auch in Griechenland, Solon z. B. war ja etwas in der Richtung: Tyrannis, und nach Solon gab es dann Peisistratos und seine Söhne Hippias und Hipparchos sowie Perikles - und es gab viel solche. Und in Rom haben die sich ja auch in Notzeiten einen Diktator geholt, und - ich meine, Formen von Diktatur, zeitweise, hat es ja immer wieder gegeben. Aber die Hannah Arendt sagt - also, das ist ein neuer Typ von Herrschaft. Und sie zeigt dann die ganzen Formen von diktatorischen Regimen, die auch in dieser totalitären Geschichte wiederkehren. Was aber anders ist als je zuvor und was selbst also alte Theokratien so nicht verwirklicht haben: Das war - der spezifische Akzent war: Ideologie also verbindlich gemacht – also, du musst dieses oder jenes Grundstudium absolvieren und dem folgen: Das ist die Wahrheit, hier knie nieder – also, Hauptverwaltung ewiger Wahrheiten und Terror - die Kombination von Ideologie und Terror, das zusammen macht für Hannah Arendt also das Plus, das der moderne Totalitarismus gegenüber jeglichen älteren Formen von Diktatur, Tyrannis - auch Despotie – hat. Und zwar - der Punkt ist, dass Ideologie - und das unterscheidet tatsächlich auch von der alten Despotie: Dass Ideologie reingedonnert werden muss, dass die also praktisch erst richtig neu geschaffen wird, dieser Antisemitismus und Hitlerismus als verordneter Volksglaube in den alten Despotien, die beruhten darauf, dass sich sozusagen der Konsens darüber, was es mit den Göttern auf sich hat und wie die richtige Ordnung ist, der verstand sich nur und war inzwischen von der Despotie sozusagen übernommen worden und wurde jetzt auf einmal von oben verwaltet. Aber der ideologische Stoff, den haben die nicht neu erfunden - während es hier sozusagen eine Kreation gewesen ist.

Interessant ist natürlich, woher das kommt. Das ist dann die Frage - also, woher kommt das wirklich. Aber ich bin noch bei der ersten Frage, die ich jetzt dann bald auch abzuschließen hoffe – also, bei der Frage: Woher kommt eigentlich das Entsetzen darüber, was diese Verameisung – also, wenn dann dem westlichen Individuum – also, der freien Individualität - und der Punkt ist wahrscheinlich, darauf komme ich jetzt gleich: Dass das aber eine Minderheit ist, die die wirklich voll entwickelt hat, dass das eigentlich eine bürgerliche Minderheit ist, die dann die Intelligenz der verschieden kämpfenden Parteien stellt. Aber natürlich muss sich also diese aus der Aufklärungsbewegung hervorgegangene Intelligenzschicht im weitesten Sinne, die natürlich in die herrschenden Klassen weit hineinreicht, die muss sich natürlich entsetzen – also, ins Personal, meine ich, in die Personen der herrschenden Klasse weit hineinreicht, ins eigentliche Bürgertum – die muss sich natürlich entsetzen, wenn auf einmal – also, Denken abgeben und ganz bestimmte, also verordnete Ideologien übernehmen, und dass sozusagen - die Disziplin dieser Gesamtveranstaltung wird dann terroristisch durchgesetzt. Also das ist, worauf also das Entsetzen reagierte, und dann natürlich – also, Ameisenstaat schien ja tatsächlich die Perspektive zu sein, die bei diesem totalitären Regime im Hintergrund stand.

Mumford jedenfalls hat dann gezeigt - gegenüber Hannah Arendt, die am Ende ihres Buches also es dann mit Stalin und Mao Zedong zu tun hat - Mumford demgegenüber zeigt - und ich glaube, darin ist er stärker - dass die Megamaschine, die die eigentliche Wurzel dieser Bewegung ist - aber darauf komme ich noch, das habe ich bis jetzt nicht behandelt, sondern nur - ich sag das jetzt. Mumford kommt darauf, dass die natürlich den Hitlerismus überlebt hat. Und er sagt, dass sich gerade Amerika mit dem Atombombenprojekt und mit der Generalmobilmachung gegen Hitler den Stich der Wespe noch mitgekriegt hat – also, angesteckt worden ist. Ich weiß nicht, ob er das nicht noch unterschätzt, ob er nicht unterschätzt, was da an innerster Triebkraft in dieser industrialistischen Machtansammlung von sich aus liegt, aber - was Mumford jedenfalls sieht, ist, dass der sozusagen tragende Grund dieser Entwicklung mit der Hitlerei keineswegs aus der Welt verschwunden ist. Und jetzt kommt ein Punkt, den ich - wo ich hier sogar vergessen habe anzuschreiben noch einen Angelsachsen, den wir zum Schluss dieser Fragestellung noch – wohin? – also, woher rührt dieses Entsetzen und woher rührt diese Konstellation auf Totalitarismus hin - die wir noch brauchen, um den Zusammenhang zu verstehen. Und zwar gibt es einen englischen Historiker - Arnold Toynbee - den ich auch schon bei meiner »Alternative« und dann bei der »Logik der Rettung« Pate stehen ließ: »Der Gang der Weltgeschichte« - und dieser Arnold Toynbee hat einen zum Marxismus alternativen Proletariatsbegriff entwickelt, der, glaube ich, ein Schlüssel ist durch die ganze Geschichte seit den alten Despotien, um diese Aufbrüche in Russland und in Deutschland 1933 und vorher 1917 - der da sehr viel erklären kann.

Worauf dieser Proletariatsbegriff eigentlich hinweist, das ist erst einmal Folgendes - das heißt, da knüpfe ich an etwas, was ich schon gesagt habe, an - dass nämlich auch im Abendland diese viel gepriesene Errungenschaft der freien Individualität eine Minderheitenangelegenheit ist, dass nie mehr als 10 % der Bevölkerung – einmal üben Daumen gesprochen – wirklich die Errungenschaften, diese schöpferischen, dieses kreativen Weltverhältnisses – also, das, was da lexikon -würdig macht - was also die Kultur bestimmt, negativ oder positiv, was sich dann also bestimmend durchsetzt: Dass das auch im Abendland immer Minoritäten gewesen sind - dass also das

Demokratieversprechen in dieser Hinsicht, von den Voraussetzungen her, niemals eingelöst sein konnte für alle. In Athen war das nun überaus deutlich – also, alle nachgearbeiteten Sozialstatistiken zeigen, dass die Zahl der freien Bürger gering war dort und dass das ganze verfassungsmäßige Spiel und alles, was davon berichtet ist, eigentlich unter den Männern dieser Stadt gespielt hat - und dass es also 10 % der Männer sind, die dieses demokratische Spiel miteinander machen. Die Frauenwelt ist überhaupt aus der Politik rausgedrückt. Und das ist ja bis vor Kurzem im Abendland auch so gewesen - auch wenn es - im Zugang auf die Renaissance - einen Augenblick innerhalb der herrschenden Klassen Europas so was wie ein »feministisches Erwachen« gegeben hat. Der Ausdruck ist jetzt sozusagen anachronistisch – also, passt nicht in die damalige Zeit. Aber die Zeit des Minnesangs, die Zeit, die im »Tristan« gestaltet ist, beispielsweise: Da war etwas im Gange, was damit zusammenhing, dass die germanischen Stämme hier ein relatives Gleichgewicht - im Vergleich zu den Griechen - ein relatives Gleichgewicht zwischen Mann und Frau, wenn auch nicht politisch, aber in der Bedeutung, in der Wahrnehmung - dass sie irgendwie gleich zu gleich gestanden haben: Das hat es gegeben.

Aber worauf ich jetzt hauptsächlich hinaus will: Das ist die Tatsache, einfach, dass in allen diesen auch europäischen Entwicklungen - von den Griechen angefangen, über die Römer bis zu den nördlichen Entwicklungen, die dann über Rom hinaus geführt haben - es in Wirklichkeit immer nur Minderheiten waren, die wirklich beteiligt waren. Und in den Zeiten, wo es zu Reichen kommt, d. h, wo nicht mehr Völker Geschichte machen - wie die Griechen als Athener, und dann die Römer als Römer im eigentlichen Sinne (denn - das Römische Reich: ich meine jetzt »die Römer« als diese kleine Stadt, die allmählich aufstieg und sich, bis Cäsar kam, im Mittelmeer – also, noch als Gemeinwesen geriert hatte) - solange das noch der Fall ist, haben sozusagen diejenigen, die nicht voll auf ihre Rechnung kommen unter den Römern - und selbst unter den freien Griechen: Die haben an sich also noch das Angebot - die Chance also. Die demokratische Form ist auch noch klein genug, dass sie wenigstens per Scherbengericht sagen können – also, hier der muss hinaus aus Athen, beispielsweise - so. Die haben ja da bestimmte Leute, die da zuviel Ambitionen - gucken oder lesen, zuviel Machtambitionen - dann einmal aus der Stadt hinausgetrieben. Aber wenn dann ein Großreich da ist, dann drücken natürlich – also, eigentlich 99 % der Menschen, die in so einem Großreich einbezogen sind, haben nichts zu sagen, und das läuft mit ziemlicher – also, de facto nichts zu sagen, welche Form ihrer Einbindung man auch immer gefunden hat: Es wird in einer schmalen Oligarchie, ob da nun noch einer an der Spitze ist oder ob das - wie der Klüngel sich organisiert, ist eigentlich zweitrangig. Aber Geschichte - z. B. des Heiligen Römischen Reiches - geht unvermeidlich über die Mehrheit der Bevölkerung hinweg, auch wenn auf einem einzelnen Dorf noch germanische Gemeinfreiheiten, für die die Bauern dann aufgestanden sind, restlich übrig geblieben sein sollen. Aber im Ganzen gesehen. Solche Großreiche können natürlich nicht wirklich demokratisch sein, nicht eigentlich demokratisch sein. Und für Rom hat Toynbee nun – also, dort hat er es besonders klar exemplifizieren können - seinen neuen Proletariatsbegriff kreiert, der mir also ein Schlüssel zu sein scheint, um zu verstehen, was im 20. Jahrhundert passiert ist. Er fasst, glaube ich, mehr von der Wirklichkeit als die Faschismus- und Sozialismustheorien, die wir hier gemacht haben. Die fassen natürlich auch einen Teil der Wirklichkeit, aber - was er zeigt, ist Folgendes: Er sagt: »Solche Großreiche« – und er spricht insbesondere für das Rom nach der Republik – also, für das Rom der Kaiserzeit – »solche Großreiche«, sagt er, »enteignen immer die Mehrheit der Bevölkerung, und zwar selbst im Zentrum von der Mitwirkung an der Stiftung des gesellschaftlichen Zusammenhangs und von dem Genuss sozusagen dessen, was an Kultur von den Herrschenden versprochen wird, nämlich - was die sich selber leisten«. Sie sind also da immer sozusagen »Underdogs«, die Mehrheiten - auch in Rom, auch wenn der Augustus immer einmal Sesterzen ausstreut – also, Sozialstaat veranstaltet, aus dem Zusammengeraubten wird immer Geld unters Volk gestreut, nach den Siegen jeweils. Aber das allein – »Sozialstaat« in dem Sinne - ist natürlich ein Hinweis auf »Underdogs«, auf Unterentwicklung. Und für Toynbee ist der Begriff »in dem Sinne Enteignete« - der also an der kulturellen Errungenschaft der Minderheit nicht Beteiligten -: Das ist sein Proletariatsbegriff. Und das ist ein Proletariatsbegriff, der auch einem Intellektuellen - der eigentlich Anteil hat an den Errungenschaften ermöglicht, sich auf der anderen Seite zuzuschreiben und den Ideologen der Underdogs zu spielen, beispielsweise. Und es gibt dann für Toynbee in solchen Reichsstrukturen - gibt es inneres Proletariat, d. h, das sind die Underdogs in diesem Sinne im Zentrum des Imperiums: Die stellen - also, das sind durchaus Bedienstete der Macht, in sehr vielen Fällen, die sind nicht alle völlig aus dem Herrschaftszusammenhang entlassen - aber sie haben das Gefühl, nicht zu dem Ihren zu kommen: Das ist das innere Proletariat. Und dann gibt es das äußere Proletariat: Das sind diejenigen, die im großen Stile ausgeraubt werden – also, an den Peripherien - wovon denn die Prokonsule und Prätoren in den Provinzen das für Rom zusammenraffen. Und wenn man das so nimmt, dann hat natürlich die Geschichte etwa Deutschlands im 20. Jahrhundert – also, der 1. Weltkrieg bringt den Zusammenbruch des imperialen Traumes und danach fliegt die ganze Sozialstruktur auf und es werden selbst begüterte Schichten – es hat ja vor keiner Schicht, eigentlich, außer den ganz großen Haien - und auch da organisierte manches um. Also, Thomas Mann beklagt ja in den »Buddenbrooks« den Untergang einer Kaufmannsdynastie gegenüber Newcomern, die Buddenbrooks und dass - also, dass es hier eine kulturelle und politische Enteignung großen Stils gegeben hat, auf einer Ebene, die viel wichtiger ist als das, was jetzt an Parteien-Demokratie gegenüber dem wilhelminischen Staat zugeliefert worden ist – also, das bisschen, was da formal-demokratisch dazu kam, wog bei weitem nicht so viel wie - sozusagen - die Vernichtung, eigentlich, der gewachsenen Sozialstrukturen, in denen man wenigstens seinen Berechtigungsschein für eine bestimmte Rolle in dem ganzen Spiel gehabt hat – also, was dann, mit der Inflation und mit der Weltwirtschaftskrise - was da hier in Deutschland passiert ist, das hat also in diesem Sinne die Mehrheit der Gesellschaft proletarisiert - und das dürfte sich Ausdruck verschafft haben in dieser faschistischen Bewegung. Und wenn man nun auf Deutschland 1929–1933 etwa guckt, da sieht man, was die kulturelle Gestalt, die die Sache annahm, dass man also Faschismus und Kommunismus da – also, äußerlich, wenn man nur die Kampfform usw. nimmt, hier noch gar nicht richtig unterscheiden kann, weil das sozusagen zunächst zwei Bewegungen im inneren Proletariat sind. Und die Kommunistische Partei in Deutschland hatte sozusagen ihre Besonderheit natürlich darin, dass sie auf die Russische Revolution orientiert war, d. h, dass sie als Verbündete und als Stoßtrupp, auch als Avantgarde eines äußeren Proletariats hier auftrat, sodass wir also eine ungeheuer spannende Situation in Deutschland damals hatten. Und wie gesagt – also, wie bekannt: Erst 1929 dann – etwas spät – hat sich die KPD dann darauf besonnen, eine deutsche Programmatik auszuarbeiten – also, eine nationale Programmatik - einfach, um nicht das ganze Feld den Nazis überlassen zu müssen: Sowjetdeutschland ist dann die Programmatik gewesen. Aber jedenfalls, wir haben es hier mit - ich glaube, dass das innere Proletariat ein Erklärungsschlüssel ist - der dann natürlich gefüllt werden muss, da gehört dann vieles mehr dazu, auch der vom Marxismus kommende Proletariatsbegriff hat in der Weimarer Zeit natürlich noch seine Bedeutung. Aber als - im Ganzen gesehen, diese Konstellation lässt sich jetzt vom Ende her tatsächlich so überschauen, dass wir im Bolschewismus und Faschismus inneres und äußeres Proletariat im Protest, im Aufstand eigentlich gegen diese – ich würde einmal sagen: gegen diese westliche Minderheit der Menschheit - selbst im Westen eine Minderheit der Menschheit - hatten, die jetzt also mit der sozialen Situation der 20er-Jahre nicht mehr glaubhaft machen konnte, dass das jemals bei allen ankommen wird. Also, Lenin stellt die Frage, ob es nicht für Russland einen anderen Weg zu den Errungenschaften der Moderne geben könnte als den Bismarck'schen Weg, als den Weg, den Deutschland gegangen ist - mit Recht, sozusagen, als Fragestellung. Und hier in Deutschland gab es also den Aufstand der Unterwelt eigentlich quer zu den Klassen und Schichten der Gesellschaft, denn – also, eine Klassentheorie kann eigentlich den Aufbruch der Hitlerbewegung nicht erklären – also, da muss ja etwas gewesen sein, ehe Hitler in der Harzburger Front dann kungeln konnte mit dem Großkapital – also, der Aufmarsch war ja vollendet, ehe ihn das Kapital im großen Stil so richtig bezahlen konnte. Und das - ich glaube, dass das der Erklärungszusammenhang ist. Und jetzt mache ich Pause, um nach der Pause - nicht hinlänglich, ich meine, es ist eine Andeutung, essayistisch, und - um nach der Pause also auf die Frage zu kommen, was nun eigentlich in dieser – also, hinter diesem - von mir ja jetzt bloß vordergründig politisch beschriebenen – Prozess: Was da im Hintergrunde / Untergrunde steht und ansteht und wie das sich natürlich zuspitzt, wenn man es nun zusätzlich zu der Situation der 20er-Jahre mit der ökologischen Krise zu tun hat.

Pause

Der Zusammenhang, der hinter der Enteignung so vieler Leute in der Moderne steht - wie der sich begreifen lässt: Wie man dem also vom Wesen her auf die Spur kommen kann; es ist ja das eine, dass man feststellt, wie sich diese totalitären Tendenzen also Bahn schaffen, besonders in der ersten Hälfte des 20. Jahrhunderts - es ist ein anderes die Frage: Woran das liegt - und insbesondere - also, das Seltsame ist ja, dass also mit dem Ausfall jetzt der beiden Anläufe, über die ich da gerade gesprochen habe – also, damit, dass diese von Ressentiment getragenen, von innerem und äußerem Proletariat getragenen Gegenbewegungen ja teils besiegt, teils stecken geblieben, jedenfalls - also sie stehen nicht mehr im Wege, während also die Angst vor dem Totalitarismus und vor der Verameisung seltsamerweise überhaupt nicht ausgefallen ist und sich jetzt ganz auf diese grüne Problematik verschoben hat.

Ich meine - was mir jetzt schon klar zu sein scheint, ist, dass das Öko-Thema wirklich nicht erfunden werden musste, um also diese totalitäre Tendenz zu erzeugen, sondern dass es sich eigentlich – also, dort höchstens um einen, sozusagen, um einen neuen Stoß von Legitimation für totalitäre Maßnahmen handeln könnte. Also, in dem Buch von dem Dirk Fleck, das ich hier habe, ist dann halt vorausgesetzt, dass irgendwann - und zwar gerade Leute aus dem technokratischen Bereich, Wissenschaftler, die es nun eingesehen haben - die Volksstimmung wegen der Gefahren der ökologischen Krise ausnutzen und dann ein Regiment einrichten, das auf Prinzipien beruht, wie erst die Erde, dann der Mensch – wo also der Gegensatz von Mensch und Erde festgehalten ist, so, wie ich das hier an dem Parama-Shiva-Modell dargestellt habe: Wenn der Mensch in dieser Position des Abgespaltenseins in beiden Richtungen – also, zum Universellen hin, zum Göttlichen und zu den Objekten - ist, dann stehen sich Mensch und Erde natürlich gegenüber, das ist vorausgesetzt: und dann erst die Erde, dann der Mensch. Also, »Earth first« - so eine Bewegung in Amerika, die dann auch sagt – also, dieser Aussatz muss dann weg, den der Mensch halt darstellt, wenn daran die Erde kaputt geht – also, eine Konzeption, die ihrer Natur nach schon also so eine Ideologie ist - Hannah Arendt sagt ja: Ideologie und Terror zusammen - und dazu gehört dann: Alle Arten von Medien sind verboten, als Informationsquelle dient das Staatsarchiv bei dieser konzipierten Ökodiktatur, weil sonst einfach zu viele Sachen da hineinkommen, die die reine Lehre, wie das nun zu sein hat, stören würden. Und dann sind - also, es ist Bauen verboten - man darf nur reparieren; es ist Reisen verboten - weil das zu teuer ist. Und es wird also alles - es wird halt terroristisch durchgesetzt. Die Erde gehört nicht den Menschen, sie gehört sich selbst. Also, die Umkehrung des Prinzips, da: Macht euch die Erde untertan. Eine ganz billige und glatte dualistische Konzeption, Mensch und Erde gegenübergestellt - aber das Modell, das er hier dann durchzieht in dem Buch – und, wohlgemerkt, das ist jetzt keine Kritik an dem Fleck, was ich mache, sondern es liegt eigentlich drin. Es denken sich nicht wenige Leute, wenn dann von Ökodiktatur die Rede ist, die Sache so. Also, dann müssen wir uns retten, indem wir also entschieden etwas durchsetzen, was dann der Erde nützt - und was ihr schadet: Das wissen wir, wissenschaftlich ausgebildet, technokratisch. Und der Rest wird mit Propaganda durchgesetzt. Man weiß, das verstößt gegen Bequemlichkeiten, da werden Leute protestieren: Das wird niedergewalzt – um des Überlebens der Menschheit willen.

Also, tatsächlich - das Besondere, was die Hannah Arendt herausgearbeitet hatte, was den Totalitarismus auszeichnet gegenüber Übrigen, das ist hier unter den unschuldigen Namen »Ökodiktatur« gebracht. Das ist Öko-Totalitarismus – also, was hier als Prinzip beschrieben worden ist – also, eine Ideologie, die mit Terror durchgesetzt wird. Und wer davon abweicht, kommt – das steht auch noch hier - wer eins der Grundgesetze bricht, wird ins Stadtlager verwiesen, d. h, Stadtlager, das ist - die Städte lässt man bewusst verkommen, da darf es nicht weitergehen, klar - das ist zuviel Verbrauch, und hier ist aber noch etwas abzubauen mit der Zeit, da ist noch die Kanalisation zu reinigen – also, es gibt da sehr viele Arbeiten: Also, wer das nun machen will, der kann auch noch da bleiben – es dürfen da auch Freiwillige im Stadtlager sein - steht Freiwilligen offen, wer also diese dekadente Stadtkultur noch weiter pflegen will. Es ist genau in Wirklichkeit nicht Diktatur – also, wenn man jetzt den Arendt'schen Unterschied zwischen Diktatur und Totalitarismus ernst nimmt - sondern es ist etwas völlig anderes.

Wenn ich in meiner »Logik der Rettung« davon gesprochen habe, dass einzelne – ich habe das noch sozusagen in Anführungszeichen gesetzt – »öko-diktatorische« Maßnahmen gut wären, d. h, also bestimmte Fabriken z. B. dichtzumachen – so, wie Böhringer dicht gemacht worden ist: Es wird immer gegen Sonder- gegen einzelne Interessen gehen, aber - mein Gedanke war, dass man, wenn man rechtzeitig und richtig selektiv das eine oder andere Ding bremsen würde, mit dem wir uns um die Ecke bringen - genau dann könnte man das als System vermeiden, als Struktur vermeiden

– so. Und hier ist also diese ökototalitäre Lösung in Wirklichkeit als – natürlich, als der Teufel an die Wand gemalt, und das Buch ist auf jeden Fall warnend gemeint. Nur - was also durchaus erkannt ist dort, das ist, dass also bestimmte technische Veranstaltungen wir uns in dem bisherigen Umfang nicht mehr leisten können – also, es sind nur noch regenerative Energien usw. erlaubt, eben die Fernreisen – also, das Auto ist abgeschafft und so. Aber das ganze Ding ist aus dem Prinzip der Megamaschine konzipiert - also, die modernsten Technologien, die Informationstechnologie natürlich ist geblieben. Und es gibt dann für die Armee, die das durchsetzen muss, auch noch Spritzen, die sie psychologisch in die richtige Verfassung setzen – also, sozusagen - die Fronterrungenschaften der Megamaschine bleiben erhalten zugunsten – also, wegfallen sollen nur diese – also, diese schweren – eigentlich, in erster Linie – diese schweren Sachen, die den naturbelastenden Schaden vordergründig verursachen. Und das ist - also, wenn der Versuch, aus der ökologischen Krise herauszukommen, so angefangen und so gedacht wird, dann ist also das Problem, in dem wir uns hier bewegen - ist die Megamaschine als solche überhaupt nicht verstanden – also, weder ist sie verstanden auf der Ebene, wo sie Mumford beschrieben hat, wo er einfach zeigt, wie sich also ein Machtkomplex aus Wissenschaft, Technik, Kapital und Staat so zusammenzieht, dass die einzelnen Menschen nur noch Funktionäre dieses Zusammenhangs sind - dass also Gesellschaft praktisch als Megamaschine konstituiert ist. Mumford geht auch den Ideologien nach; er wendet sich aber übrigens gegen Heidegger in seinem Buch. Ich glaube, dass er ihn nicht wirklich kennt, sondern dass er nur diese Verhaftung Heideggers in seiner mittleren Zeit an den Nationalsozialismus kennt, während - also, wenn man die philosophische Technikkritik von Heidegger unter den Mumford legt, d. h, wenn man versucht, das, was der auf der empirischen Ebene jetzt über die Megamaschine sagt, noch vom tieferen Grund her zu verstehen, dann zeigt Heidegger, dass also diese ganze Megamaschine - und das trifft meiner Überzeugung nach zu -: Dass die der Ausfluss eines über die Technik laufenden Herrschaftsverhältnisses - des schon herrschaftlich organisierten Menschen, übrigens - das war schon die alte Megamaschine, aber in der Moderne noch viel mehr: Dass also dieser Machtkomplex Wissenschaft, Technik, Kapital und Staat in seinem Zusammenhang, dass Technik im tiefsten Sinne – also, das Wesen der Technik die Intension auf Weltbenutzung und Vernutzung und Weltbeherrschung: Dass das also da der Antrieb ist. Und was der Heidegger eigentlich als die innere, die Innenseite der Megamaschine herausarbeitet – ich muss es leider wegen der Zeit jetzt sehr verkürzt erzählen – das ist: Er hat da den Begriff des »Gestells« - und meint mit dem »Gestell« keineswegs also die Baugerüste, die außen aufgestellt sind, sondern meint mit dem Gestell – also, dass wir unser ganzes Großhirn als technischen Verstand konstituiert haben, der also praktisch die Informationen, die er über die Wissenschaft aus der Welt bezieht, und die Information zur Verarbeitung dieser Informationen – also, was jetzt dann in die Zeichnung gerät und was in die Kapitalanlage gerät und was in die Computer reingeht: Dass das alles sozusagen – also, dass das Machtsyndrom innen sitzt, dass - also, die Megamaschine ist eigentlich der Verstand des abendländischen Menschen, aber in seiner Eigenschaft als Funktionär der großen Maschine – so, wie ich das in meiner »Logik der Rettung«, in dieser Skizze, die ich auch schon einmal ausgegeben habe, ich glaube, in der ersten Vorlesung dieser Reihe hier, dargestellt habe - und dass also der lebendige Geist sich in dieses Gestell hineinbegeben hat, wo er also auf diese sozusagen von vornherein machtinteressierte Position der Naturbeherrschung - und Mensch als Naturbeherrschung mit -: Wo also von dorther der ganze Informationsprozess organisiert ist, und zwar sowohl der Wissenschaft – also, der theoretische - als auch der finanzielle Informationsprozess ist darauf ausgerichtet, die Naturkräfte mobil zu machen - nur im Hinblick auf dieses menschliche Projekt, die Erde sich in diesem weitesten Sinne zum Material zu machen, um Nutzen zu bringen. Das ist also der - ich glaube, der tiefere philosophische und theoretische Untergrund der Sache - die Mumford übrigens auch auf diese Weise analysiert, bloß er bringt es nicht bis auf diesen Begriff, der meiner Meinung nach dort noch mehr verdeutlichen kann als die – also, als die Beschreibung, die sich an der Techno-Sphäre als solcher festhält. Also, die Heidegger'sche Frage ist: Woher kommt die Techno-Sphäre, wie kann die so überhand nehmen, wie kommt es, dass der Mensch - der doch eigentlich ein Naturwesen aus Fleisch und Blut ist - wie kommt es, dass der sich also zum Agenten dieses maschinellen Projektes macht? Das muss doch in ihm vor sich gegangen sein. Das sind doch - es können doch nicht – also, diese Umstände, von denen wir heute sagen: Die lassen uns gar keine andere Wahl - mit denen sind wir ja nicht auf die Welt gekommen, die müssen also - langfristig gesehen - Produkt sein. Da bleibt immer noch die schwierige Frage, wie man sie wieder loswerden kann, weil sie jetzt vordergründig natürlich uns erst einmal haben – also, unseren ganzen schulischen - vom Kindergarten bis zur Universität und das Arbeitsleben bestimmt dieses Gestellsyndrom.

Wir werden – also, ja - praktisch, es wird genau uns das eingetrichtert, was Heidegger unter dem Oberbegriff »Gestell« zusammenbringt – also, diese Speicherorganisation und dazu der Servomechanismus, der immer neue Informationen machtbestimmter Art und machtinteressierter Art da hineinholt. Das wird da – also, die Gesamtsteuerung des gesellschaftlichen Prozesses läuft über das. Und was für Hannah Arendt bei ihrer Analyse des Totalitarismusproblems jetzt sozusagen der spannende Punkt gewesen ist: Das ist, wie dieser Prozess in der Moderne jetzt - wie der dahin führt, also praktisch diese in die Underdog-Position geworfenen Massen hervorzubringen, die – also, die keine - ich würde sagen: gesellschaftlich wohl geordneten Verhältnisse mehr vorfinden – wohl geordnet jetzt nicht in einem sozusagen moral-positiven Sinn – also, dass die feudalen Verhältnisse, die die Leute eingebunden haben, etwa, gut gewesen sind - sondern was - wovon die Hannah Arendt in ihrer Analyse jetzt der subjektiven Konsequenzen, die mit diesem technischen Prozess verbunden sind, ausgeht: Das ist ein Begriff, der noch am Anfang dieser Entwicklung von Emile Durkheim geschaffen worden ist; das Wort, das Durkheim da brauchte, war »A-Nomie«. Platon hat einmal einen - nachdem er sein Buch über den Staat geschrieben hat, »Politeia« – hat er noch ein zweites geschrieben, das ungefähr den beiden biblischen alttestamentarischen Gesetzesbüchern da entspricht: »Nomoi« heißt dieses Buch, »Nomoi« – »die Gesetze«. Und »Anomie« – so, wie der Durkheim'sche Begriff - das heißt dann »Gesetzlosigkeit«, aber gemeint ist: Ordnungslosigkeit für das Individuum. Und er zeigte damals, dass die kapitalistische Entwicklung - bis dahin schon - die Leute in so einen Anomie-Zustand versetzt hat, besonders in England, dort noch mehr als in Frankreich - weil also dieser Manchester-Kapitalismus einfach für zahllose Leute die gesellschaftliche Sorgepflicht völlig außer Kraft gesetzt hat. Das englische Königtum hatte sich in den Dienst gestellt, millionenfach Bettler da zu erzeugen, was – also, ein altmodisches Königtum noch, das preußische Königtum hier, unter Friedrich II, hat eigentlich das Gegenteil versucht - hat also versucht, diese kapitalistische Entwicklung so zu veranstalten, dass alle Leute dabei ihr ärmliches - aber doch: ihr Auskommen haben, während um dieselbe Zeit der englische Prozess schon so lief, dass zahllose Leute hinausgeschmissen wurden und keinen Platz in der Sozialstruktur mehr fanden. Das hat England dann erst im 19. Jahrhundert mit einer bestimmten Sozialgesetzgebung - Bismarck hat es dann für Preußen, da war mehr Kontinuität mit der Sozialversicherung - auch irgendwie abzufangen versucht: Dass das überhand nimmt. Und das ist also erst im 20. Jahrhundert - nach dem 1. Weltkrieg ist das Ding wirklich explodiert. Das heißt noch nicht, dass - die Kapitallogik als solche, die dann in den Metropolen die Mehrheit der Bevölkerung dann doch in Lohn und Brot zu bringen vermochte, wie das dann heißt, hat das bewirkt, sondern - der Zusammenbruch im 1. Weltkrieg hat praktisch - die Hannah Arendt sagt direkt, dass es einen Zusammenbruch der Klassengesellschaft gab - und meint damit nicht, dass auf einmal die Ausbeutungsverhältnisse weg waren, sondern dass die Zuordnungen und Selbstdefinitionen und das Zuhausesein in diesem oder jenem Stand oder in dieser oder jener Klasse für so große Teile der Bevölkerung aufhörte – also, wenn dann der Druck der Arbeitslosigkeit allgemein wird: Ist man Arbeiter, ist man Ingenieur - was ist man eigentlich? Dass da also praktisch die Gesamtgesellschaft sich von sozialer Enteignung in diesem Sinne - und dann natürlich zugespitzt durch die materielle Enteignung - bedroht gesehen hat und dass dann - das ist dann ihr Begriff von Massen und Vermassung: Dass dann Massen herauskommen im Sinne dieser A-Nomie, dieser Gesetzlosigkeit, dieses sozialen Uneingeordnetseins, die dann darauf warten, dass irgendeine neue zusammenfassende Ideologie kommt, nachdem das andere zusammengebrochen ist. Also, was Kaiser und Kirche da einmal geredet haben, gilt nicht mehr: Die unsichtbare Hand – also, jetzt die nächste Schicht, das kapitalistische Ordnungsversprechen: Dass das – also, wenn nur alle gehörig nach ihrem privaten Besten streben, für alle dann das Gute herauskommen wird: Das war deutlich widerlegt durch die Inflation und durch die Weltwirtschaftskrise zusammen. Und da standen also in mehreren europäischen Ländern und besonders halt in denen, die den Weltkrieg verloren hatten, auf diese oder jene Weise, standen Massen – also, in Italien ja gleich nach dem 1. Weltkrieg, in Deutschland etwas später, standen einfach in dem Sinne Massen von Menschen an. Das Massenhafte daran war, dass sie nicht mehr in einen bestimmten Stand, in eine bestimmte Klasse hineindefiniert waren, sondern einfach darauf warteten, dass es eine Neubestimmung ihrer Rolle gibt - und das ist dann auf diese faschistisch-imperiale Weise erfolgt. Und Hannah Arendt zeigt also sehr ausführlich - ich kann das hier nicht deutlich machen - wieso diese Konstellation die Bedingung dafür war, dass man also praktisch auf eine Definition gegen das Judentum reisen konnte. Man hat einfach ausgenutzt, dass zu der privilegierten Minderheit der Gesellschaft – also, zu den 10 %, auch in Europa - die wirklich diese moderne individuelle Entwicklung vollziehen konnten, verhältnismäßig viele Juden aufgrund - ich weise darauf hin, welches Nationalschicksal da spielt - verhältnismäßig viele Juden gehörten, statistisch gesehen eben mehr, als dem gesellschaftlichen Durchschnitt entspricht - und dass man da eine Gelegenheit hatte, ein Feindbild zu schaffen: Die herrschende Klasse in schaffendes und raffendes Kapital zu teilen, ideologisch - das gehörte halt mit zu dem Geschäft dazu, dass der Antisemitismus - zeigt sie - diese neue Rolle, die Rolle – also, praktisch ein ganzes Reich auf diese Weise zu organisieren, sei es auch nur für 10,15 Jahre: Dass das also diese neuen Bedingungen zur Voraussetzung hatte. Sie zeigt: Selbst in Frankreich, mit der Dreyfus-Affäre am Anfang des Jahrhunderts hat es noch nicht geklappt, hat sich praktisch dieser Antisemitismus so organisatorisch nicht durchsetzen können, obwohl er einen Anlauf genommen hat. Aber hier war das also möglich. Und es wird erst richtig verständlich, glaube ich, wenn man sich darüber klar ist, dass der Untergrund des ganzen Prozesses war, dass die moderne Megamaschine diese alten Klassenunterschiede nicht mehr macht und die Leute eigentlich nur in Funktionäre verschiedenen Grades – also, ob man nun Abteilungsleiter oder bloß Meister ist, oder man ist Direktor, und so: Auf den verschiedensten Ebenen: Dass also praktisch eine Neuorganisation durch die Technologie selbst erfolgt. Dass das sozusagen stärker wird, prägender wird für den gesellschaftlichen Zusammenhang als die damit nicht ausgefallene, aber tendenziell untergeordnete Klassenstruktur – also,. wo ich beim letzten Mal darauf hingewiesen habe: Dass möglicherweise Technologie den stärkeren Akzent trägt gegenüber Kapital. jetzt. Das würde also heißen, dass das schon – also, der Weltkrieg war ja technologisch - dass das mit diesem Krieg schon Anlauf genommen hat und da es jetzt - es ist leider zu spät geworden, ich hatte vor, das ausführlich zu machen; ich kann nur darauf hinweisen, jetzt einmal, dass also die beiden Bewegungen, die jetzt versucht haben, aus dieser massenhaften Enteignung in einem sehr komplexen Sinne, der Massen - massenhafte Enteignung der Massen - und Masse: ein Begriff, der meint jetzt keine Qualifizierung, negativ, der Individuen – jetzt bist du auf einmal Masse – sondern der meint, dass sie in diese soziale Eigenschaft – also, der Eigenschaftslosigkeit, eigentlich - hineingestoßen sind. Einer der größten Romane heißt »Mann ohne Eigenschaften«: Der hat auch damit zu tun, auf der einen Seite; auf der anderen Seite ist er also der Versuch, nach vorwärts da etwas daraus zu machen, dass man keine solche klassenmäßigen und sonstigen Bestimmungen mehr hat, aber - der spielt auf dieser Folie, Musils großer Roman »Mann ohne Eigenschaften«. Und diese Eigenschaftslosigkeit gerade, diese soziale Eigenschaftslosigkeit: Das ist dieser Massenbegriff, der nach neuer Organisation schreit und der versucht, den jetzt - also vom Grunde her, und gerade - sagen wir einmal: ursprünglich die beiden Gegenbewegungen gemacht haben. Und das zeigt sich in diesem Buch von Jünger, und das zeigt sich in dem Buch von Gramsci. Das ist, den Arbeiterbegriff so umzudefinieren, dass der Arbeiter jetzt in einem - der Begriff weitet sich dann aus, der zieht dann – also, alle, die an diesem Umgestaltungsprozess der großen Maschine etwas zu tun haben, zieht dieser Begriff dann ein, um von dort aus praktisch das historische Subjekt positiv neu zu definieren - aber gegen die alten Eliten, die irgendwie überflüssig und parasitär geworden sind und es nicht bringen.

- Also, Gramsci hier, zum Beispiel, in seiner »Philosophie der Praxis«, in diesen Gefängnisschriften: Da gibt es dann einen Abschnitt, der ist überschrieben »Amerikanismus und Fordismus« und der nimmt den vor dem Hintergrund der russischen Anstrengungen – also, jetzt: industriell aufzubauen, Grundlagen des Sozialismus, hieß: Taylor zu übernehmen – also, dieses Taylor-System der Arbeitsorganisation; Ford war fast ein Säulenheiliger der russischen Industrialisierung. Amerika, nicht mehr Deutschland. Lenin hatte noch gesagt, mit Deutschland verglichen: Dort sollte die Revolution kommen. Als aber dann die Stalin'sche Industrialisierungswelle im Gange war, war auf deutsche Revolution nicht zu rechnen. Aber amerikanische Technik war vorbildlich. Und Gramsci – vor diesem Hintergrund, irgendwie – sagt dann für die italienischen Fabrikarbeiter, sie haben weder als Individuen noch als Gewerkschaften, weder aktiv noch passiv den Erneuerungen sich in den Weg gestellt, die Kostensenkung, Rationalisierung der Arbeit, Einführung perfekterer technischer Organsisationsformen im gesamten Betrieb anstrebten – also, die Arbeiter waren eigentlich die progressive Klasse, indem sie also die Agenten dieser Megamaschine waren. Da waren bloß noch ein paar zuviel – also, das, was Kautsky schon gesagt hat: Man muss da zuletzt das Bankkapital und so - diese Spitze, die muss weg. Aber dieser Industrialismus als die eigentliche Tat der Arbeiter - das wird von Gramsci bejaht und dass gerade, sagt er, die Arbeiter Träger der neuesten und modernsten industriellen Forderungen waren und sie auf ihre Weise tapfer vertraten. Und wenn man ganz erkennen will, was für eine im Grunde verhängnisvolle Konzeption da der kommunistische Denker hat - denn was er dann feststellt, ist, dass sich also dieser von Rationalisierung, Produktion und Arbeit geforderte neue Menschentyp - er ist einfach dafür - nicht entwickeln kann, solange der sexuelle Instinkt nicht entsprechend reguliert ist, nicht auch selbst rationalisiert ist. Und dann wendet er sich gegen den Libertinismus – also, gegen dieses alles, was da Otto Dix gemalt hat, was so in der Weimarer Gesellschaft an Entartung gespielt hat; er wendet sich gegen - sozusagen gegen das Sexualleben der herrschenden Klassen: Das ist ein schlechtes Beispiel für die Arbeiter, die müssen sich nämlich diesem technologischen Prozess asketisch anpassen, damit das richtig vorwärts geht.

Die Geschichte des Industrialismus war stets ein Kampf gegen das tierhafte Element im Menschen, und – wohlgemerkt: Der Gramsci behandelt das alles positiv - und es ist also praktisch dieselbe Konzeption, die Ernst Jünger in seinem »Arbeiter« - den kann ich jetzt nicht mehr zitieren, weil - es wird sonst zu spät - Ernst Jünger in seinem »Arbeiter« hat. Der einzige Unterschied ist eigentlich in der Grundeinstellung zu dieser Megamaschine und zu der Frage »Reiten dieses Tigers«. Gramsci: Dahinter steht die Sowjetunion und das internationale Prinzip. Und bei Jünger geht es um dieselbe Angelegenheit unter dem Namen des Arbeiters, aber um nationale Mobilisierung – das heißt, hier schwimmt er natürlich auf diesem deutschen nationalsozialistischen Mobilisierungsprozess heftig mit – also, praktisch – dass, wenn wir nun, die wir den Weltkrieg überlebt haben – der Punkt also, das muss ich einmal - eine Stelle muss ich einmal vorlesen – 67 - die Ernst Jüngers Grundposition irgendwie kenntlich macht, und zwar als eine typische, nicht als seine private – Na, habe ich das richtige Buch jetzt – nein, ich habe das falsche, von drei Hannah-Arendt-Bänden, hier – also, sie stellt fest, dass die Leute, die aus dem – ich finde die Stelle jetzt doch nicht schneller, ich kann sie aber ungefähr zitieren. Sie stellt dort fest, dass – also, im Gegensatz zu der Erwartung, die man haben könnte – etwa, wenn man Rita Bösters »Feuer« gelesen hat - dass die Mehrheit der Leute, die den Krieg überlebt haben – die Formel ist wichtig: Der Überlebende – dass die also keineswegs pazifistisch optiert hat nach dem 1. Weltkrieg, auch in anderen Ländern nicht - nur dass sich das besonders charakteristisch in Deutschland durchgesetzt hat, dass die Weltkriegsgeneration, eigentlich - also, wie der Elias Canetti - den habe ich einmal erwähnt hier, paarmal erwähnt schon, Canetti – Elias Canetti, »Masse und Macht«, heißt das Buch, Masse und Macht - er zeigt dort, wie faktisch der Überlebende, den er für die zentrale Figur des historischen Horrors - also, des Horrors, der sich durch die Weltgeschichte zieht - diese Figur des Überlebenden: Wie dieser Überlebende eigentlich mit jedem, den er überstanden hat - gerade auch dann, wenn er auch selbst getötet hat, dass das - also, eigentlich allerdings schwarzes Charisma einbringt, dass man also dann das Gefühl hat - also, gerade durch diesen Selektrionsprozess, der der Krieg war, auserwählt zu sein. Und nun noch mehr, weil - dieser 1. Weltkrieg der erste war, der in dem Sinne schicksalhaft funktionierte, dass – also, diese Projektile, die da rumgeflogen sind – also, sozusagen - das war nicht mehr: Wer der bessere Mann war, jetzt - als Kämpfer oder Krieger. Das konnte da offenbar nicht mehr den Ausschlag geben. Man konnte das aber zusätzlich schwarz spiritualisieren: Warum haben die Kugeln immer den Weg um mich herum gewählt? – also, so platt und dumm ist Jünger, Ernst Jünger - selbst nicht gewesen. Das war jemand, der – übrigens, eben nach der Katastrophe von 1933 - insbesondere 1934, noch vor dem Röhm-Putsch - wurde er kritisch, und dann, 1938, hat er sein Gegenbuch geschrieben. Also, ich halte das Werk von Jünger insgesamt für bedeutend, auch gerade dieses Werk »Der Arbeiter – Herrschaft und Gestalt«, aber - was er zeigt, ist – also, dass - er ist - praktisch vor dem Hintergrund seiner Kriegserfahrung ist er dafür: Man muss versuchen – also, praktisch der Dirigent dieser modernen Maschinerie zu sein, und Arbeiter sind alle die, die sich dieser Herausforderung stellen. Und seine Ideologie dazu ist völlig analog zu unserer marxistisch-leninistischen - zu der Ideologie, die da sagte – Hegel, verballhornt -: »Freiheit ist Einsicht in die Notwendigkeit«, und wer also maximal die historischen Gesetze exekutiert, der - also, das ist der Held der Geschichte. Aber exakt auf dieselbe Weise: Jünger. In seinem Buch des

Arbeiters setzt er sich selbst - und natürlich als Typus, der Arbeiter ist für ihn ein Typus, eine Gestalt im historischen Sinne; es ist die Gestalt, die das technokratische Prinzip durchführt - die dazu berufen ist, das durchzuführen und so auf diese Weise die Welt zu ordnen und zu begradigen – also, nationale Generalmobilmachung bei Jünger. Erst – also, als dann dies - gewissermaßen das aristokratische Prinzip, das er in den Arbeiter hineingelesen hatte, als Gestalt, jetzt - als das also sichtlich blamiert war durch das Faktische der Nazidiktatur, hat er also umgeschaltet und gesehen: Das wird es nicht - und ist dann später andere Wege gegangen, hat vorsichtig versucht, sich aus dieser - aus seiner eigenen Mentalität herauszuarbeiten, obwohl er - also, natürlich diese Prägung durch das Kriegserlebnis nie ausgefallen ist. Aber spannend jedenfalls, dass diese beiden Bewegungen in ihrer aktivsten Phase den Versuch gemacht haben, die besseren Industriellen zu sein – also, dass man für die zweite industrielle Klasse, für die Unterklasse, innen wie außen solche Durchbruchskonzepte erarbeitet hat und dass natürlich für das innere Proletariat - und jetzt den Begriff im weiten Sinne gemeint, das wollte also alle einbeziehen, die in diesem Sinne produktiv sind – also, ein Begriff, der ganz ähnlich war wie der, mit dem wir hier umgegangen sind. Bei uns war ja auch jeder Parteiarbeiter Arbeiter und mit- produktiv – also, das Subjekt der Megamaschine, der Gesamtfunktionär der großen Maschine: Das war das Konzept. Und der Hintergrund von Jürger war - was wir noch haben, ist Werkstättenlandschaft - und worauf das hinauslief, und - insofern – also, sein linkes Auge war immer positiv auf die Sowjetunion gerichtet, auf den dortigen Industrialisierungsprozess, den er mit ebensolchen Illusionen sah, wie wir hier manchmal das, was in China ablief – also, de facto mit positiven Illusionen: Die machen irgendwie unter schwierigen Bedingungen dasselbe. Und der Gedanke war: Planlandschaft als das Ziel, bei dem das dann endlich einmal zur Ruhe kommt. Also, maximale Bewegung - Bewegungskrieg auf industrieller Ebene, jetzt - und dann Planlandschaft – also, dann ein sozusagen durch Technologie befriedeter Planet.

Das war also in diesen beiden totalitären Bewegungen das Konzept. Und ich glaube, dass jetzt nur die Konzeptionen ausgefallen sind – also, die sind beide unmöglich geworden, während – also, diese Megamaschine ist ja über das Stadium hinaus entfaltet, das sie damals gehabt hat. Und was sich herausstellt, ist - das ist ja das Problem der Arbeitslosigkeit heute: Dass also noch viel mehr Menschen als damals – also, sozusagen - aus der schöpferischen Gestaltung dieses technokratischen Prozesses in Wirklichkeit hinausgeworfen sind; die Mehrheit der Menschheit sowieso. Ich erinnere noch einmal: Die Claudia v. Werlhoff sagt: 90% derer, die in der Welt heute Proletarier sind, sind aber keine Lohnarbeiter in dem Sinne also des bezahlten Gewerkschafters, sondern - die sind auf alle mögliche Weise – also, nur indirekt an den Prozess angehängt, sodass das Kapital keine Sozialversicherung bezahlen muss. Und selbst im Lande findet also eine zunehmende Nichtbeschäftigung bzw. nur noch parasitäre Befassung mit allen möglichen bürokratischen und sonstigen Angelegenheiten statt - und das heißt also, dass sich die Proletarisierung in dem Sinne von Toynbee – also, die Produktion von enteigneten Menschen, Individuen innen wie außen: dass sich das fortsetzt. Und mir scheint klar, dass das sozusagen der Hintergrund für die Möglichkeit ist, jetzt auch in puncto Ökologie totalitär zu mobilisieren. Wenn sich also nun die ökologische Krise dahin zuspitzt, dass einerseits lebensbedrohende natürliche Umstände entstehen – also, Öko-Katastrophen in diesem Sinne - und dass andererseits für eine durch die Megamaschine immer noch wachsende Menschheit die Versorgung knapp wird: Dann entsteht natürlich ein Gebräu, das nur zu wahrscheinlich dazu führt, dass politische Kurzschlüsse gezogen werden und dass die rechtsstaatlichen Erhalterungen dann nicht funktionieren.

Also, ich hätte viel mehr zu dieser Sache zu sagen, Ich will nur noch darauf hinweisen, zum Schluss, jetzt - weil es ja schon wieder viel zu spät geworden ist - das Versprechen noch einlösen: zu sagen, wo da unter diesen Umständen – also, eine - in welcher Richtung man eine Hoffnung sehen könnte, wenn überhaupt.

Dann, paradoxerweise, würde es sich – glaube ich - darum handeln, dass man erkennt: Diese ganze Konstellation auf Totalitarismus hin - und zwar, ehe das ökologische Thema noch auftrat - die hat damit zu tun – ich erinnere an meine Ausführungen von vorhin – dass selbst im Zentrum des jeweils herrschenden Blocks – also, des Imperiums des weißen Mannes, jetzt - die Mehrheit der Menschen in diesem Toynbee'schen Sinne proletarisiert sind, d. h, an –

...

- muss man ja geradezu umkehren, wenn nicht freie Entwicklung eines jeden - dann kann es nicht die freie Entwicklung aller geben, d. h, die politische Sphäre verdustert sich und wird - und diese Tendenz zu totalitären Ersatzlösungen drängt sich auf. Dann wäre natürlich der Schluss – also, die Frage, die sich stellen würde, wäre: Wenn sich nun dieses Minderheitenprojekt, das die Technokratie in Wirklichkeit ist, das die Megamaschine in Wirklichkeit ist - wenn das nun auch bei der Mehrheit der Menschheit gar nicht richtig ankommt? Dann müsste man doch fragen, ob es nicht möglich ist, die individuelle Emanzipation endlich von diesem materiellen Exzess abzukoppeln. Also, die Losung war ja: Industrie und Glück, bei Marx, war ja – und bei Gramsci auch noch durch Industrialisierung, durch Reiten dieses Tigers Megamaschine – also, der Wohlstand für alle.

Jetzt stellt sich heraus, dass das einerseits auf die Naturschranke steht - ökologisch nicht geht und außerdem die Mehrheit der Menschen nie erreichen wird, es sei denn, es wird noch fürchterlicher mit der ökologischen Krise. Also, muss man eigentlich fragen, wie das denn möglich wäre – also, aus diesem Selbstlauf der Multiplikation von Material und Masse um diese Megamaschine, aus diesem ganzen Projekt herauszukommen. Es handelt sich um eine Dysfunktion dabei des Individuationsprinzips, d. h, um Autonomie - aber rücksichtslos egozentrisch und nicht um diejenige Autonomie, zu der der Mensch – also, aus diesem indischen Modell, das nur eines der möglichen ist, das ich hier vorgeführt habe in der zweiten Vorlesung, eigentlich bestimmt wäre – also, zur Realisierung der menschlichen Wesenskräfte nicht in einem Kirchenglauben an Dogmen, sondern in der Erfahrung, dass wir alle eins sind - sogar eins mit dem Universum und dass es deshalb nicht so großer materieller Sicherheitsveranstaltungen bedarf - die ja erst einmal bloß machtakkumulatorischer Art sind - dass sich diese Minderheit ihre privilegierte Individuation sichert: Das erzeugt den Totalitarismus, erzeugt diese Gefahr, bringt also die Underdogs, bringt das innere und äußere Proletariat gegen sich auf – also, dieses Geschäft genau muss abgebrochen werden - um der Möglichkeit, erst einmal, der Individuation für alle willen. Das heißt: Wir müssen uns gerade deshalb eine kleinere materielle Veranstaltung ausdenken, damit der Weg frei wird, auf dem die große Mehrheit der Menschheit sich da befreien kann. Und in seinem Buch hier, der Padrutt - damit will ich dann hier schließen - der Hanspeter Padrutt in seinem Buch »Der epochale Winter«, der hat dann ungefähr das Folgende gesagt: Der sagt, der bisherige Gang der Geschichte ist eigentlich der gewesen: Am Anfang dieser Gottkönig, das ist die alte Despotie - sozusagen ein Vorversuch in Totalitarismus - und dann in der westlichen Moderne ist es eigentlich über Ludwig XIV – jetzt, als Modell einmal gedacht - und über dessen Sturz so gelaufen: Wir wollten alle Sonnenkönige werden, erst einmal - wenigstens die Männer – und herausgekommen ist, dass praktisch eine Minderheit es in etwa in die Rolle jedenfalls des Autotouristen da gebracht hat, als dass wir so eine unzulängliche Figur davon zustande gebracht haben – Gestell, jetzt (wovon ich gesprochen habe): Was Heidegger da in den Holzwegen - sagt Heidegger - in den Holzwegen: Das sei das fotografische Negativ dessen, was sich eigentlich ereignen soll, nämlich - diese menschliche Emanzipation, diese Wiedereingliederung in den universellen Zusammenhang, dass wir mit dem Sein uns wieder auf du und du stellen könnten; das Gestell ist genau die Umkehrung – das Gestell also als der innerste Geist der Megamaschine – und davon in der Individuation und um der Individuation willen uns verabschieden. Padrutt sagt dann: Abstieg des Sonnenkönigs - aus dieser Rolle des Technokraten nämlich, zu mehr haben wir es damit nicht gebracht: in die Armut und Freiheit des Hirten - weil Heidegger gesagt hatte: »Hirte des Seins sollte der Mensch sein«. Und Padrutt drückt es auch noch so aus: Wir sollten uns sehen als Botengänger, die diesem Ereignis, das da kommen soll, zugehörig sind - statt also als diese Leute, die immer machtvoll den Tiger reiten und es jetzt - im schlimmsten Falle oder im besten Falle, so wie man - je nachdem, wie man das denkt – also, mit Öko-Modernisierung dann noch einmal bringen wollen – also, mit noch einer Variante innerhalb der Megamaschine stattdessen uns zu Botengängern des Ereignisses machen. Wobei mit dem Ereignis gemeint ist, dass uns die eigentliche Wirklichkeit, die große Natur und das, was die menschliche Natur ist: Dass das sich uns wieder zuspricht. Und Botengänger machen: Das heißt also eigentlich, dass wir natürlich in diese Richtung üben müssten - und das ist, wo ich im Schluss dann meiner ganzen vierfachen Vorlesungsreihe dann hin will.

Der Lewis Mumford in seinem letzten Buch hat es eigentlich auf genau dieselbe Perspektive gebracht, wenn er es auch nicht in diese philosophische Terminologie kleidet. Der sagt dort – also, auf die kürzeste Formel gebracht: Der Mensch ist doch - eher noch, als er verstand- und arbeitsteilig ist – das heißt, das, was wir in unserem Menschenbild so völlig in den

Vordergrund gestellt haben, und dann: Homo oeconomicus, Verstand- und Arbeitsteilung - er ist doch eher noch als diese beiden Sachen - die der Mensch nämlich mit den Ratten und den Termiten gemeinsam hat – also, so weit genau sind wir eigentlich noch nicht übers Tier hinaus - er ist doch - darüber hinaus ist der Mensch doch Durchbruch der Liebe. Das kennzeichnet die Menschwerdung – also, über das, was bisher ist, hinaus. Also, Liebe in dem Sinne - das führt er auch noch weiter aus: Das ist die Öffnung über Gattungsinteressen hinaus, über die Durchsetzung, über die machtvolle sonnenkönigliche Durchsetzung des Gattungswesens hinaus eine Öffnung – also, die dann Solidarität mit Ratten und Termiten – also, im weitesten Sinne - mit ihren Existenzmöglichkeiten: Die das dann erst ermöglicht, wenn wir in der Lage sind, gerade von unserem Interesse abzusehen. Solange wir bei unserem sozusagen machtmäßig durchzusetzenden Interesse bleiben: Genau dann werden wir unser Leben verlieren - ist ja auch eine alte christliche Aussage. Während, wenn wir zur Liebe fähig sind, das heißt, auf Egoismus im Sinne: Wir zuerst! – auf das verzichten und uns da wieder eingliedern - in dem Sinne Botengänger des Seins werden – also, dessen, was ich uns zusprechen will - dann gäbe es noch eine Möglichkeit. Und ich denke, dass nur über diese – also, über individuelles Erwachen in diesem Sinne - und dafür, dass man sich dafür versammelt: Dass nur dann also wirklich – also, Grundsatzarbeit zur Vermeidung von Totalitarismus gemacht werden kann. Und das bedeutet nun wiederum nicht, dass man alle politischen Sicherungen – hier, Gewaltenteilung oder so, die es da jetzt gibt: Dass man die wegwerfen muss. Aber das sind nicht mehr als Sicherheitsgurte bei dem sicheren Autounfall, den wir haben werden. Also darauf sich zu verlassen - das reicht nicht aus, sondern es muss – also, die Hauptarbeit muss ganz woanders liegen als bei dem, was man da jetzt neuerdings eben Verfassungspatriotismus nennt – also, Schutz der paar Sicherungen, die da sind. Und ich glaube, dass also dieser Versuch – also, essayistisch erst einmal bloß in der Tiefenanalyse: Wo liegt das Problem mit dem Totalitarismus? - dass das eindeutig macht, dass wir also nur über so eine Grundsatzarbeit an den inneren Bedingungen, die in die eine und in die andere Richtung tendieren und in der Umsetzung dessen, in kleine Sozialstrukturen – also, in einen wirklichen Ersatz für das Versorgungsinstitut, das jetzt die Megamaschine ist: Dass nur solche kommunitären Wege also die der Selbstentwicklung und die der Selbstversorgung zusammen - dass es nur in dieser Richtung also wirklich liegen kann. Alles andere sind – mögen - notwendige Dinge, aber – jetzt, in politischen Bereichen – nicht hinreichende sein.

Ich spreche dann das nächste Mal über Al Gores Versuch, mit dieser ganzen Problemstellung: Stopp der Megamaschine – und dem politischen Problem für Amerika umzugehen - weil das also die jetzt sozusagen am meisten publizierte Konzeption ist.

Ich gehe jetzt in den Abschnitt hinein, wo ich die Antwortvorschläge anderer Leute untersuchen will.

So - in 10 Minuten ist hier vorn noch eine Diskussion.

(Beifall)

Diskussion:

Gast:

Sie haben punktuell den Marx zu den naturausbeuterischen Technokraten gezählt, wenn ich mich recht entsinne - aber ich glaube, das war ein Bild von Marx, was die DDR, bedingt durch den Wettbewerb mit dem Westimperialismus, gezwungen war zu vermitteln. Und wenn ich mich an die Studienarbeit »Umweltbewegung der DDR« erinnere, haben die doch entdeckt, dass Marx in seinen Intentionen von einer Harmonie zwischen innerer und äußerer Menschennatur doch daran dachte, dass die Natur grundsätzlich nicht so weit geschädigt werden darf, dass Leben dadurch gefährdet wird. Haben wir da - sind wir da irgendwie einer Meinung oder gibt es da Meinungsunterschiede noch - was die konkrete Studie angeht, von den Marx-Werken?

R. Bahro:

Also, Marx selber hat ja in seiner frühen Phase - insbesondere vor 1848 und in den ökonomisch-philosophischen Manuskripten am allerstärksten – also, direkt im Brennpunkt seiner Überlegungen gehabt die Wiedereingliederung des Menschen in die Natur, Naturalisierung des Menschen, Humanisierung der Natur und zu diesem Zusammenhang. Nur war er ein

Fortschrittsmann des 19. Jahrhunderts, wie er im Buche steht, zugleich - also, dass der Industrialismus finster ausgehen könnte: Auf den Gedanken ist er eigentlich nicht gekommen - und wenn, dann hat er das Problem tatsächlich nur in der kapitalistischen Form des Prozesses gesehen. Erst einmal hat er die Durchbruchskraft des Kapitalismus gepriesen – also, das ist für mich kein selbständiges Problem, dass er das gepriesen hat. Also, die Bourgeoisie war da sozusagen der Vorreiter der Industrieproduktion für das Glück - sagen wir einmal: Der größtmöglichen Zahl - so war das gesehen. Und dann ging es darum - also, das Subjekt herauszukristallisieren, das diesen Durchbruch machen wird. Und es ist in der Hinsicht - ich meine jetzt, wenn man auf die Plattheiten kommt, die dann übrig geblieben sind in unserer eben durch die Konkurrenz - internationale Konkurrenz - bedingten Sache, dann mag es ja so sein: Man behandelt Marx dann ungerecht, wenn man ihn da unterordnet. Aber Gramsci, der für mich in der Zeit, als ich die »Alternative« schrieb, noch ungeheuer wichtig war - nicht aus dem Grund allerdings, den ich jetzt hier behandelt habe, sondern wegen seiner Parteitheorie: Da gibt es also eine echte Kontinuität zu Marxens ganzem Werk - und es geht nicht zufällig in diese Richtung – also, Kautsky - indem er sagte: Man muss dieser großen Maschine da nur den Kopf abschlagen - war Marxist im guten Sinne – also, noch nicht ein –Ismus, den man vergessen kann.

Also, ich glaube, dass es sozusagen nichts bringt, Marx jetzt nachträglich für den Umweltschutz zu retten. Das stimmt – also, bei Engels steht auch irgendwo dann im Anti-Dühring, dass man die Natur nicht beherrschen kann, wie ein Eroberer ein fremdes Volks beherrscht.

(Frage des Gastes – unverständlich)

R. Bahro:

Was Marx betrifft - ja, ja – also, das ist aber nicht das Problem; ich glaube, das ist – also, zumindest mein Problem ist es nicht. Also, mir geht es wirklich nicht darum, Marx zu entblößen, auch Gramsci nicht, sondern nur - ich meine, das Spannende ist gerade, dass ein Denker von der Integrität und von dem Format - Gramsci also - und andererseits von dem Format Jüngers - das ist auch ein Format: Hier sind zwei Leute, die was haben und die nicht – also, mit Integrität meine ich, die nicht privat in ihre Tasche sammeln, alle beide- Und wenn die also zu so einem Fehlschluss kommen - dem ich also auch lange angehangen habe, auf die Marx'sche Weise, mit Gramsci – also, als ich den Gramsci das erste Mal las, mir ist das nicht besonders aufgefallen. Ich dachte: Gut – also, mit dem Taylorismus in der Sowjetunion, das musste sein. Gramsci verteidigt das - alles klar, so - die Not als Lehrer. Aber es stellt sich - wenn man jetzt – gut, wir sind etwas schlauer inzwischen, im Rückblick, aber - ich glaube, dass das, was ich dazu gesagt habe, irgendwie Wirklichkeit ist, jetzt - und dass Marx da - also, ja das ist es nicht mehr. Er hat keine Antwort auf die jetzige Konstellation.

Gast (unverständlich)

R. Bahro:

Also, das ist ja unser Unglück: Dass wir - ich wundere mich auch manchmal, wie spät ich in dem und jenem Satze schlau geworden bin. Und ein Jahr später sehe ich dann: Mensch, das war es ja wieder noch nicht.

anderer Gast:(Ernst)

Eine Antwort, die wir heute bekommen haben, war: Die Antwort kann nur sehr kurz sein und vieles muss offen bleiben. Das möchte ich auch jetzt für meine Frage noch einmal betonen - umso mehr, als eine Frage gegenüber dem Referenten zeitlich noch mehr im Gedränge ist.

Der heutige Abend, zu dem wir eingeladen waren, versuchte eine Antwort auf die ausgedruckte Frage - ich zitiere: »Woher droht Öko-Totalitarismus wirklich?«. Und mit »Öko« ist hier nicht Ökonomie gemeint - die vielleicht der Vorfrager irrtümlicherweise gemeint hat - sondern hier ist mit »Öko« Ökologie gemeint. Ein Begriff, der nicht nur im Lehrstuhl unseres Referenten vorkommt - im Titel »Sozialökologie« - sondern auch schon während der Zeit von Marx geprägt worden ist, allerdings nicht von dem Herrn Marx, sondern von dem Professor Dr. Haeckel, 1864, für die Neuzeit. Die Antike kannte den Begriff auch - das nur nebenbei - und die Antwort auf dieses hier noch einmal vorgelesene Thema lautet, soweit ich das verkürzt verstanden habe, für Deutschland, das 1919 einen ersten Weltkrieg verloren hatte – also, für einen verlorenen Staat, der seinerseits auch noch Geld zahlen sollte, hinterher: Die Enteignung des Mittelstandes - und ab

1929 - ich erinnere an den »Schwarzen Freitag«, gemacht von einer einzelnen, in jüdischer Hand befindlichen Bank in den USA: Die Enteignung der Arbeitsplätze - ab 1929. Diese beiden Enteignungsvorgänge sind also mit ein Anlass gewesen für das, was wir heute als Ökototalitarismus bezeichnen. Und wie das dann im Einzelnen auszusehen hätte: Das ist nachzulesen bei Hannah Arendt und ihren Überlegungen zum Totalitarismus, die ich nur jedem empfehlen kann. Aber diejenigen, die sie vielleicht schon gelesen haben, wissen, dass die Hannah Arendt den Totalitarismus nur für das Industriezeitalter referiert und analysiert, nicht aber am Beispiel ihres eigenen jüdischen Volkes. Zum Beispiel, als die Juden in der Babylonischen Gefangenschaft waren, war das natürlich auch ein Totalitarismus - und zwar in zweifacher Weise, nämlich: für die Juden, die dort als Beutegut hingeschleppt wurden und für die Babylonier, die eine entsprechende Gesellschaftsform hatten, obwohl sie noch nicht im Industrialismus untergegangen waren – also, das wäre erst einmal hier festzuhalten.

Die Frage bleibt aber noch, wieso nun das ganze als Ursache zu sehen ist für den Ökototalitarismus, denn weder Ernst Haeckel hat das vorausgesehen noch Marx noch der andere Sozialökologe, nämlich Jakob v. Uexküll und andere Ökologen haben das auch nicht vorausgesehen - müsste man also jetzt im Nachhinein doch noch irgendwie Literatur uns nennen, wo also noch einmal nachgelesen werden kann, wie das mit dem Ökototalitarismus ist - denn das kommt bei der Hannah Arendt nicht vor - und wie es dann eventuell weitergehen kann. Und um auf die Frage des heutigen Abends zurückzukommen: Wie denn das wirklich verhindert werden könnte?

R.Bahro:

Also, die Hannah Arendt hat ein neues Phänomen behandelt. Diese assyrische Konstellation z. B, die kommt bei ihr vor in ihrem Buch, aber nur am Rande - das ist nicht ihr Thema. Also, sie sagt es deutlich, sie definiert es auch deutlich, dass der Begriff des Totalitarismus, mit dem sie umgeht, auf diese alten Zustände nicht passt, weil also nicht alle Bedingungen, die sie da herausanalysiert hat, für diese alten Zustände dort auftreten. Also, was die Assyrer da veranstalten, von außen, über die Juden, das mag uns heute – also, wir haben ja eine Inflation der Begriffe – Faschismus, Totalitarismus und so; ich glaube, das ist es nicht. Und was jetzt also diesen ganzen Gedanken betrifft, wie ich das hier behandelt habe - ich habe auf meinem Plakat – ich muss einmal jetzt eine Nebenbemerkung machen, erst, ehe ich zu dem Plakat komme – also, ich habe heute besonders das Gefühl gehabt, ich hätte eigentlich den ganzen Stoff - das hätten drei Vorlesungen sein müssen, die einzelne Punkte betreffend. Ich habe da zuviel in einem Ding bewältigen wollen. Vielleicht mache ich über dieses Thema einmal ein Semester - so. Das ist mir heute so richtig aufgekommen. Und jetzt, Ernst, es ist Folgendes:

Ich habe auf dem Plakat bewusst »Öko« mit Fragezeichen in die Klammer gesetzt, bevor ich »Totalitarismus« schrieb - und meinte damit Folgendes - ich habe es ein bisschen herübergebracht, aber vielleicht nicht deutlich genug: Ich habe hauptsächlich die Frage stellen wollen: Woher droht Totalitarismus wirklich? - und dann, wenn man das Zweite draufsetzt: Woher droht Ökototalitarismus wirklich? - da wollte ich zeigen - ich weiß nicht, wie klar ich das herübergebracht habe, dass man für den Totalitarismus am Ökototalitarismus das »Öko« eigentlich gar nicht braucht - eigentlich gar nicht braucht, an und für sich zunächst einmal, obwohl - und das wäre vielleicht jetzt noch ein Punkt - die ökologische Krise sozusagen zusätzliche Brisanz liefert, die die totalitäre Tendenz - die nicht von »Öko« kommt - aber extra noch nähren kann. Das ist eigentlich mein Gedanke in dem Zusammenhang.

Also, ich denke, dass alle die Sachen, die über Totalitarismus gesagt worden sind von Hannah Arendt – also, die sind gesagt worden, ehe die ökologische Krise überhaupt aufkommt. Nur, es ist allerdings so - und da wird es -

(Zwischenruf eines Gastes – unverständlich)

R. Bahro:

Bitte -

Noch Zwischenruf Gast, unverständlich.(Ernst)

R. Bahro:

Also, lokale ökologische Krisen gab es oft in der Geschichte - aber die ökologische Krise, von der wir jetzt sprechen: Das ist in meinen Augen die

Gleichgewichtsstörung zwischen Menschengattung und belebter Erde überhaupt. Von dieser ökologischen Krise rede ich - und da ist sozusagen Gesellschaft als Megamaschine für mich das Subjekt. Und Gesellschaft als Megamaschine, als so – schon - produziert offenbar Totalitarismus, so. Und was man nun allerdings gesehen hat - und zwar viel mehr in Deutschland als in Russland - das war: In die faschistische Mobilisierung ist in Deutschland das Öko- Thema in gewisser Weise schon eingegangen. Also, die deutsche Naturschutz- und Heimatschutzbewegung hat nicht zufällig also große Hoffnungen auf die Hitlerbewegung gesetzt - und zwar in Zeiten, als man noch nicht wissen konnte, wo das am Ende herauskommen wird, sodass es - also, sie damit nicht einfach verurteilt ist, sondern einfach – ich sage das Faktische – ich weiß nicht mehr wie er jetzt heißt, aber der Präsident den Heimatschutzbundes (habe ich neulich erst einmal ganz ausführlich gelesen): mit welcher Motivation – die, für sich genommen, völlig unschuldig ist - er also seine Hoffnung auf die Nazibewegung gesetzt hat. Viele haben ja gedacht, dass die Nazibewegung also eigentlich diesem technokratischen Durchmarsch, dem industriellen Durchmarsch eine Grenze setzt - und das Gegenteil ist passiert.

Gast, unverständlich.(Ernst)

R. Bahro:

Ja, gut – gut, ich meine, das sagt – also, sozusagen - zur Charakteristik dessen, was das Dritte Reich wirklich war, gar nichts, sondern es ist ein Faktum, das in der deutschen Geschichte, vom Anlauf auf die Nazibewegung her - schon vom Hohen Meißner her - Nationalismus und, sagen wir einmal, Heimatschutz - aber in einem Sinne, der schon Grünes enthielt - das ist da irgendwie - war vermengt und ist dann also durch Weltkrieg und Versailles, Inflation, Weltwirtschaftskrise - die grünen Blätter sind alle braun geworden, und zwar gründlich - so. Das war also der Gang. Insofern hat also der deutsche Totalitarismus - hat ideologisch also den ökologischen Ansatz mit belastet, das muss man sehen.

Gast, unverständlich (Ernst)

R. Bahro:

Nein -

Noch Zwischenruf, Gast, unverständlich. (Ernst)

R. Bahro:

Also, weißt du, ich habe auch derartige Behauptungen nicht aufgestellt. Was mich interessiert, ist nicht der Ökologismus oder die ökologische Theorie hier, sondern - wenn ich dort »Öko« sage, dann meine ich »ökologische Krise« – also, diese Gleichgewichtsstörung zwischen Mensch und Erde. Und das Totalitarismusproblem und was man da - was man da sagen kann: Ich meine, das ist wirklich spannend – also, ich werde einmal eine Passage aus Hannah Arendt vorlesen - im Hinblick darauf, wie - also, die Aufmerksamkeit einmal beim Zuhören bitte darauf lenken, wie leicht dieser Stoff, den Hannah Arendt hier entfaltet, gefüllt werden kann mit ökologischer Thematik – also, das, was dann - und zwar mit Krisenthematik, jetzt - nicht mit dem Thema von Haeckel, und so, sondern - mit ökologischer Krisenthematik.

Sie schreibt - das ist Seite 240 in der Zusammenfassung ihres letzten Bandes »Totale Herrschaft« – ich nehme bloß einfach einmal ein paar Sätze, die natürlich nicht alle jetzt das Thema betreffen, aber - man mag hineinhören:

Es ist in der Tat die monströse, aber sehr schwer zurückweisbare Behauptung der totalitären Machthaber – also, jetzt meint sie beide Couleur, beide Farben, Rot und Braun - dass sie nicht nur nicht gesetzlos und willkürlich handelten, wie sonst man immer in alten Zeiten der Diktatur usw. zu trieb - dass sie nicht nur nicht gesetzlos und willkürlich handelten, sondern, im Gegenteil, zu den Quellen der Autorität zurückkehrten, von denen alles positive Recht sich speist und seine Legitimität erst erhält. Also, sie beriefen sich auf die Quellen des Lebens usw.

Damit wird zwar der Unterschied zwischen Schuld und Unschuld, der immer nur an positiven Recht zu messen ist, abgeschafft - indem sie sagen: Also, das Leben - die Russen beriefen sich auch gerne aufs Leben als Gesetz - und damit alle Beurteilungen, Aburteilungen und Bestrafungen unmöglich gemacht - denn wir folgen ja – also, objektiven Gesetzen größter Art, in

Klammer - meint sie auch - gleichzeitig aber angeblich eine höhere Form von Gesetzestreue, die es sich leisten könne, mit den kleinlichen Buchstaben positiv erlassener Gesetze nach Belieben umzugehen, stellt die Hannah Arendt fest.

Sie spricht von - dass es hier - die Befehle, die da gegeben werden – also, meint jetzt – also, sagen die Machthaber, das seien Anweisungen, die Geschichte oder Natur selbst gegeben haben. Man hat die jetzt nur in Befehlsform gekleidet - im Gegensatz zu dem legalen Handeln, das durch positives Recht ermöglicht wird und das immer durch einen Mangel gerade an Gerechtigkeit deswegen dann gekennzeichnet ist, weil - das geht ja über andere hinweg, nicht wahr, hier geht es - also, das allgemeine Gesetz wird auf bestimmte Fälle angewandt, die nie in ihrer Besonderheit vorauszusehen sind: Das ist das Ungerechte. Aber hier, wo sozusagen dem natürlichen Gesetz und dem, wie Gemeinwesen und Gemeinschaft so vom Ursprung her zu sein hat: Wenn dem Rechnung gegeben werden soll, dann, so behauptet die totalitäre Herrschaft, eine Welt herstellen zu können, die von sich aus, unabhängig vom Handeln der Menschen in ihr, gesetzmäßig ist - in Übereinstimmung mit den die Welt eigentlich durchwaltenden Gesetzen - so. Also, das ist, was also auf verschiedene Weise die Deutschen eigentlich - Hitler, die Faschisten haben das sozusagen eindeutiger so formuliert, wie das hier vorgelesen wird. Aber die historischen Gesetze Stalins waren auch nicht von schlechten Eltern – also das, sagt sie, ist sozusagen die Struktur - und wenn man jetzt - also, wenn man will jetzt, unter der Flagge Earth First - deswegen habe ich das vorgelesen, von »Go! - Die Ökodiktatur« – also, als Antwort nicht auf Haeckel, sondern auf die ökologische Krise: Wenn die sich jetzt darauf berufen können mit dem, wie wir das bisher betrieben haben, mit dem Großstadt-Moloch oder so geht die Welt kaputt – also, wir hören auf, die Infrastruktur dort zu reproduzieren, die Menschen mögen sich danach richten, das ist im Interesse des Naturgesetzes – ja, mehr noch: letzten Endes des Überlebens des Menschen. Also, so lässt sich mit der ökologischen Krise hervorragend pseudobegründen, dieses Vorgehen – das ist Hannah Arendt. Und jetzt will ich auf den heutigen Stand kommen, was Erdpolitik betrifft, und zwar sozusagen auf den rationalen Punkt - mit jemand wie Ernst Ulrich v. Weizsäcker, der nun des Totalitarismus völlig unverdächtig ist – also, als Absicht jetzt das - der totalitären Absicht - und das wieder – also, das ist geradezu eines seiner Glaubensbekenntnisse hier: Das muss vermieden werden. So meint er das nicht, wenn er in seinem Buch hier über Erdpolitik Folgendes feststellt - und das ist, glaube ich, Stoff, der in den bisherigen sozusagen politischen Diskussionen überhaupt nicht aufgeworfen und bewältigt worden ist - ich meine, auch von Haeckel und von Uexküll, die sind über diese Fragestellung, die Weizsäcker hier jetzt macht angesichts der realen ökologischen Krise - da sind sie nicht drauf eingegangen, kurz - hatten auch Gründe damals, das wegzulassen.

Weizsäcker sagt Folgendes – in der Einleitung, noch, seines Erdpolitik-Buches:

»Jahrhundert der Umwelt«: Das klingt zunächst wie eine schöne Verheißung, aber das ist offensichtlich nicht gemeint – von ihm jetzt – als schöne Verheißung, sondern gemeint ist die grausame Realität, die sich einstellt und die unvermeidlich kulturbestimmend wird, wenn die Plünderung des Planeten durch den Menschen sich noch ein bis zwei Jahrzehnte fortsetzt. Und wegen der Schwerfälligkeit aller Prozesse steht es außer Zweifel, dass die Plünderung noch jahrzehntelang weitergeht - und dies bedeutet, dass das 21 Jahrhundert von seinem Beginn an unter dem Eindruck einer von Menschenhand ausgeraubten, im Kern gefährdeten und teilweise gestörten Natur stehen wird - hoffentlich ist er da nicht zu optimistisch - teilweise gestört stehen wird. Sämtliche Politikbereiche - von der Außen- und Entwicklungspolitik bis zur Forschungs- und Technologiepolitik - werden unter diesem Eindruck stehen. Religion und Kultur, Bildung, Recht und Wirtschaft, ja, Wirtschaft – seine Wiederholung – ja, Wirtschaft werden im Jahrhundert der Umwelt vom ökologischen Diktat bestimmt sein - schreibt Weizsäcker. Und was er hier meint – also, er macht hier nicht einmal eine Anmerkung, dass er nicht Ökodiktatur meint - weil für ihn ist völlig klar, dass er mit dem »ökologischen Diktat« nichts weiter meint als den Naturzwang, den wir uns selbst auf den Hals geholt haben. Er meint mit »ökologischen Diktat« nichts als: Keiner in diesen Bereichen - Religion, Kultur, Bildung, Recht, Wirtschaft ja Wirtschaft - wird sich dem Diktat entziehen können. Also, das ist das Thema Nr. 1, das meint er: Ökologisches Diktat. Aber es ist jetzt die Frage: Wenn es um Lebens- und Überlebenswillen, umso eine Situation geht - also, was leisten dann die bisherigen Institutionen? Was er meint, ist - sein nächster Absatz - er hofft, davonzukommen - lautet so:

Der Übergang von unserem Jahrhundert der Wirtschaft in das Jahrhundert der Umwelt - so nennt er das eben - was jetzt kommt, ist also nicht einfach dadurch zu schaffen - der Absatz schließt unmittelbar an - nicht einfach dadurch zu schaffen, dass man die Grenzwerte für Schadstoffe in Wasser, Luft und Boden noch etwas ehrgeiziger formuliert und dass man die Position des Umweltministers in den Regierungen der Welt etwas aufwertet – also, insofern sagt Weizsäcker: Was ihr bisher hier betreibt, das ist nun bestimmt nicht das Gelbe vom Ei, denn das ist ja, was sie jetzt machen - Höchstwerte und Umweltminister. Was wir brauchen, ist ein deutlich tiefer greifendes Umdenken und Umsteuern unserer Kultur und unserer Wirtschaftsweise - soweit gut: Je früher wir uns auf die Transformation einlassen, desto besser sind unsere Aussichten, die positiven Seiten, die Annehmlichkeiten des ökonomischen Jahrhunderts in die künftigen Jahrhunderte hinüberzuretten, und - für ihn selbstverständlich - unter dann auch sozusagen dem ökologischen Diktat nicht diktatorisch zu antworten. Das steht so nicht hier, aber ich weiß, dass er das so meint. Es steht auch anderswo dann. Also, genau dann – also, insoweit muss ich sagen, das ist genau die Konzeption meiner »Logik der Rettung«.

Ich habe dort gesagt - also, wenn wir nicht bereit sind, heftige Einschnitte zu machen, die manche Leute ärgern werden und wo es auch – also, hier sind ja Bauarbeiter für – also, gegen die Umweltschützer auf die Straße gegangen, wegen einer bestimmten Autobahn in Berlin - also, der Konflikt ist unvermeidbar. Und es wird dann auch mit solchen Öko-Gesetzen Macht ausgeübt, die bestimmte Interessen von Leuten verletzt. Nur - ich sage gerade: Wenn man das rechtzeitig und - für den Punkt, um den es geht - radikal genug macht, genau dann werden wir dem allgemeinen totalitären Syndrom, hoffe ich, entgehen. Und deswegen sage ich - also, Notstandsregierung ist das, was normalerweise passieren wird, wenn wir das nicht wollen - und die hat da eine totalitäre Tendenz: Dann müssten wir also gerade rechtzeitig eingreifen. Und das ist eine Thematik, die haben Haeckel und Uexküll einfach - die haben dieses Gleichgewichtsthema formuliert, aber zumindest Haeckel – bei Uexküll weiß ich es jetzt nicht, aber - Haeckel hat noch nicht gesehen, dass wir dabei sind, uns über den Rand zu produzieren. Also, diese ökologische Krise - die meine ich, mit »Öko« in Klammer - und noch einmal zu dir gesagt: Es schien mir so, dass diese Öko-Thematik zwar eine zusätzliche Gelegenheit für totalitäres Sich-

Aufraffen ist von Leuten, die geladen sind, aber - die geladen sind mit ganz anderen Ressentiments – also, der Grundstoff, mit dem die Leute geladen sind - das ist das, wo Hannah Arendt drauf hingewiesen hat. Und deswegen scheint mir Ökototalitarismus - also, eben - wie gesagt, das liegt nicht am Öko-Thema als solchem, sondern an der Nichtbewältigung der Gesamtkatastrophe, die diese moderne Struktur ist.

Du willst noch was sagen?

Derselbe Gast: (Ernst)

Unser Gespräch läuft 1994 – 50 Jahre, ungefähr 50 Jahre, nachdem die ökologische Krise in Hiroshima, in Nagasaki demonstriert worden ist. Und diese ökologische Krise ist militärisch auch heute noch produzierbar durch fünf Staaten - nur durch fünf Staaten. Und das muss man dann doch auch noch einmal mitdenken - denn selbst das hat die Hannah Arendt nicht gesehen, konnte sie auch nicht sehen. Aber andere aus ihrem eigenen Volk haben diese ökologische Krise produziert – Taylor und andere - und da muss natürlich wahrscheinlich auch als Lernender und Lehrender der Ökologie, insbesondere der Sozial-Ökologie, langsam heran ans Thema, denn da liegt der Totalitarismus begraben, dieser Hund -

R. Bahro

Ernst, jetzt gehe ich absolut nicht mit - absolut nicht. Diese wissenschaftliche Entwicklung, die auch durch wichtige jüdische Namen repräsentiert ist, hat nicht Israel produziert, wie du anscheinend hier ausbreiten willst. Bitte? – also, weißt du, ob die Leute Hahn und Strassmann hießen oder ob die Oppenheimer hießen, macht den Unterschied nicht.

Gast (unverständlich)

R. Bahro:

Ja - und Oppenheimer nicht, oder wie?

Gast (unverständlich)

R. Bahro:

Ja, und der Russe auch - Sacharow, der Held der westlichen Welt.

Gast (Ernst - unverständlich)

R. Bahro:
Also, Ernst, anscheinend willst du eine antisemitische Konzeption verbreiten.

Gast (Ernst – unverständlich)

R. Bahro:
Die setzt voraus - das habe ich hier ziemlich deutlich gemacht - dass wir mit unserem Welt-beherrschen-wollenden Wissenschaftsverständnis brechen, an dem Juden, Christen, Moslems, Ungläubige aller Arten - Russen, Deutsche – egal, welche Nationalität - beteiligt sind. Und wenn die Intelligenz des jüdischen Volkes in dem europäischen Projekt eine hervorragende Rolle gespielt hat, dann spricht das nun nicht spezifisch gegen die Juden, aber wirklich nicht.

Gast (Ernst – unverständlich)

R. Bahro:
Ja, und? Also, was sagt das? Das sagt - also, das sagt doch, was du jetzt sagst, bedeutet, dass der Hinweis auf die Juden also nur ein Ressentiment von dir zum Ausdruck bringen kann.

Gast (Ernst – unverständlich)

R. Bahro:
Ja – also, ich meine, so, wie du es jetzt machst, kann es doch nur dann thematisiert sein, wenn du eigentlich sagen willst, dass der Geist, der in der Megamaschine steckt, der jüdische ist. Wenn ich meine Konzeption nehme -

Gast (Ernst – unverständlich)

R. Bahro:

Ach – also, dann wolltest du sagen, dass die Hannah Arendt, da sie nun diesem Volke angehört, auch einmal auf ihr Volk hätte gucken sollen – also, ich meine, dann nehme ich es aber sehr milde, was du da loslässt.

Gast (Ernst – unverständlich)

R. Bahro:

Also, Hannah Arendt hat ihre Analyse hier in den letzten Kriegsjahren angefangen - und die Bombe kam dazu. Und klar ist, dass in der Nachkriegssituation hier - und dazu war ihr Totalitarismusbegriff übrigens auch gut, das war ja ein Begriff für den internationalen Klassenkampf – also, gut jetzt, das war vielleicht nicht einmal ihr Zweck, aber - so hat der Totalitarismusbegriff dann funktioniert, dass - sie und ihr Freund Jaspers zum Beispiel hatten dann die Atombombe sehr wohl erkannt in ihrer – also, für die Menschheit selbstzerstörerischen Bedeutung. Da sie aber beide den noch lebenden Totalitarismus in Moskau sahen und nicht genug gesehen hatten, sozusagen, die Tiefenstruktur des westlichen Systems, was diese Sache betrifft, da waren – ich weiß nicht, Hannah hat sich wohl nicht so ausführlich darüber geäußert, aber Jaspers jedenfalls, und wohl d'accord mit ihr - die waren dann dennoch für die westliche Bombe, um halt die Horden aufzuhalten.

Insofern waren die beide im Kalten Krieg befangen - aber das war, bevor die jetzige Weltsituation wirklich herausgehoben ist. Jetzt gibt es mehr als diese fünf - fürchterlicherweise.

Gast (Ernst – unverständlich)

R. Bahro:

Also, Ernst - das ist ja unser Versuch hier. Gut.

anderer Gast:

Also, ich hoffe, dass ich die Vorlesung richtig verstanden habe, aber - ich habe da eine Frage, und zwar zu Ihrer Lösung – zu der Lösung durch Liebe – also, was den Menschen wieder von Tieren trennt – und was meine

Frage war: Also, wie es möglich ist, dass Liebe - oder was, sagen wir einmal, über das persönliche Interesse hinausgeht: Wie es möglich ist, da zu einem - dass es nicht individuell interpretiert wird – also, dass es dann nicht irgendwie dann wieder durch das Individuum gefärbt wird, oder - wie Sie das dann sehen - also, ja - wenn Sie etwas dazu sagen könnten.

R. Bahro:

Also, das ist die sozusagen ost-westliche Schwierigkeit – also, wenn ich jetzt einmal Osten als Indien nehme und Westen als »bei uns« – also, von der - ich würde einmal sagen: Von der spirituellen Entwicklung im Abendland her - so sehr die jetzt erdrückt ist von der Megamaschine, aber - von daher stellt sich die Frage nicht wie in Indien – so - dass das Individuelle ausgeklammert werden soll. Also, was für die indische Spiritualität so charakteristisch ist, ist, dass die Einzigartigkeit des Individuums - jedes Individuums - im Grunde nicht thematisiert wird. Also, die Ich-Aufgabe dort ist - wir haben sozusagen alle das gleiche Ich, und dieses gleiche Ich ist sowieso im Bereich der Illusionen beheimatet und wird sozusagen als weltbewegende Naturkraft, die es außerdem ist - wird es gewissermaßen aus dieser Erlösungsperspektive nicht zur Kenntnis genommen. Und das ist also im Abendland anders – also, sodass hier die Frage so steht, wie die – ich würde sagen – also, Graf Dürckheim etwa, der ja ein Student des Zen war - also, ernstlich, der asiatischen Konzeption da, nun - abgesehen davon, dass er sehr aristokratisch insgesamt die Sache thematisiert hat, aber - was für ihn eigentlich etwas anders als zumindest im asiatischen Mainstream herauskam, das war: Dass die Meditation oder auch das Abwerfen der Egostrukturen in dem normalen Sinne dieses Begriffes - dass dadurch gerade das Sinnbild erst wirklich herauskommt, und zwar auch das, was - dein Sinnbild und meins: Die sind nicht völlig identisch. Die sind in der Wurzel: Wir sind Menschen - und vielerlei mehr wahrscheinlich, da wir nun auch noch Weiße sind und so, und in einer Kultur, aber - da ist, da bleibt etwas, was nicht - sagen wir einmal: Dem Nirwana preisgegeben wird bleibt etwas stehen in unserer Konzeption. Und jetzt - wenn ich da auf das Thema zurückkomme, auf diese Frage der Liebe: Dann müsste es allerdings wahrscheinlich darum gehen, dass wir diesen – also, was Selbstverwirklichung im Abendland dann heißt – also, sozusagen - die Mittäterschaft an Gottes Werk, wenn man so will. Das heißt, dass ich - ich muss originell sein, ich muss originell sein, ich muss der Schöpfung noch ein Extrading hinzufügen. Und wenn die die Flosse so gebaut haben an diesem Straßenkreuzer, dann, vielleicht - ich ändere die Flosse - oder ich lasse sie weg und finde noch etwas Schöneres. Das ist die individuelle Kreativität - und das ist der Abweg. Da kommt die eigentliche – also, Subjektivität - wir sind doch nicht dazu bestimmt, in dieser oder jener Flosse uns zu materialisieren, sondern das heißt – also, diese Objektivierung, diese materielle Projektion, die wir da veranstalten, darin zurücknehmen und uns nicht daran vergleichen, wer das dickere Schiff da als Chefkonstrukteur zu verantworten hat. Also, um diese Art Zurücknahmen geht es eigentlich, darum geht es und – also, uns - in dem Lebensstil – also, jetzt, was die Aufwände betrifft, so, wie wir uns das einrichten; wir mögen uns da unterscheiden, aber - das darf nicht das Thema sein. Also, ich habe meine Wände nun weiß gestrichen und du hast sie noch schwarz - was bist du für ein -

Gast: (Frau)

Ja - vielleicht auch eine Frage, die da anschließt: Die Liebe ist ja eigentlich etwas, was uns hilft, Grenzen zu überwinden. Und ich meine, dass da ganz wichtig ist, dass nicht - wie vorhin dieser Diskussionsbeitrag war - zwischen den Menschen wieder neue Grenzen aufgerichtet werden und noch befestigt werden, nämlich - zwischen verschiedenen Nationalitäten. Dass wir nicht als Deutsche sagen - auf Weltkrieg zurückgehen und sagen: Jetzt haben wir den Anspruch, als etwas ganz Besonderes berücksichtigt zu werden und unsere alten Grenzen müssen wir wieder herstellen, oder: Da sind die Juden, die haben das und das Böse getan, oder: Da sind meinetwegen die Moslems oder so weiter, und - dass diese Nationalitätengrenzen nur überwunden werden können, wenn man nämlich das, was du eben »die Liebe« genannt hast, dabei auch einsetzt und also ein Zusammenwachsen von der Menschheit in Bezug auf die Abwendung der Gefahr – also, auf Rettung, ja.

Gast (unverständlich)

Diskussion beendet.

16. Mai 1994

Al Gores amerikanischer Traum

So, ich bitte darum, einmal Platz zu nehmen. Tja, Guten Abend.

Zunächst wieder ein paar kleine Informationen.

Das erste ist ein Hinweis, dass ihr doch bitte die kleine Schutzgebühr, die hier auf den Papieren, die wir immer auslegen, drauf ist: Dass ihr die uns gebt. Ihr wisst, es wird jetzt sowieso alles gekürzt, und - damit wir das aufrecht erhalten können, das wäre schon wichtig. Ich bitte einfach darum.

Jetzt ein paar Informationen in der terminlichen Reihenfolge.

Das erste ist: Hier vorn liegt ein Zettel aus - schon beim vorigen Mal, glaube ich, auch im vorvorigen Mal war der da - über eine Übung, die nennt sich »The one experience – Die eine Erfahrung«. Ich habe das voriges Jahr im Sommer, im August, einmal mitgemacht. Das ist eine Sache, die Frank Natale - der hier gesprochen hat über Schamanismus - veranstaltet, sozusagen seine Summa, könnte ich einmal sagen – also, wo die ganze Erfahrung, die er auf seinen Wegen gesammelt hat, herüberkommt. Ich war also am Ende dieser zehn Tage – also, ich hatte das Gefühl, dass der Titel stimmt: »The one experience« – ich kann es also nur empfehlen. Und ich sage das deshalb, weil - am Mittwoch jetzt, am 18, um 20:00 Uhr - das steht eben hier dann auf dem Zettel auch drauf - ist so eine Informationsveranstaltung, da kann man noch einmal näher hineinriechen, was das werden soll. Die Information steht dann da unten - wer sich dafür interessiert; auch mit Ort und Termin.

Dann will ich noch einmal erinnern - da ist auch ein kleiner Zettel, vorn an der Tür, noch - worüber ich beim vorigen Mal schon kurz gesprochen habe: Am Mittwochabend nach Pfingsten spricht Andrew Cohen, ein junger Amerikaner - vielleicht auch interessant im Kontakt zu dem heutigen Thema, wo es auch um einen verhältnismäßig jungen Amerikaner geht: Zehn Jahre älter als der Andrew Cohen ist Al Gore.

Der Andrew Cohen ist bei asiatischen Meistern in die Schule gegangen und ist - aber im Blick auf den Westen - zu dem Schluss gekommen, dass es wohl sehr darum ginge, hier auch, dann Verantwortung für das eigene

Leben und für die Zustände zu übernehmen und sich nicht einfach zurückzuziehen in den – sozusagen, auf den reinen individuellen Weg. Der ist also zu sehen und zu sprechen am 25. Mai – also, am Mittwoch nach Pfingsten - in der Canopus-Buchhandlung in der Husemannstraße 27 um 19:00 Uhr - schon um 19:00 Uhr abends. Das ist etwas eher, weil - nächste Woche – also, nach Pfingsten dann - findet mein Seminar nicht statt, das sonst von 17:00 Uhr bis 19:00 Uhr ist, und – also, da: Andrew Cohen.

Dann hat mein Freund Marko Ferst hier noch zwei Seminare ausgelegt, zwei Diskussionsrunden, die er moderieren möchte. Das ist hier sein kleiner Zettel: »Von der inneren Vision«, heißt das, und zwar geht es um Termine am 3.6. und am 1.7, -jeweils Freitag ist das, immer um 18:00 Uhr. Das bietet er im Institut für Sozialökologie an. Wie gesagt, man kann sich die Information im Einzelnen - Termin und so - hier vorn holen. Wer sich interessiert: Er hat zwei Themen. Das erste, am 3.6. da geht es um die Relation zwischen den Nöten des Broterwerbs, die man nun einmal hat, und der Suche nach einer Alternative, auch dem Versuch – also, eigentlich, dem Produktionsprozess des Unheils zu entkommen, an den man mit den meisten »Brötchenverdienens« irgendwie eingebunden ist, unvermeidlicherweise – also, wie kann man sich da befreien, wie kann man in der Balance da auch innovativ bleiben: Das ist das Thema am 3.6. Wer darüber also Austausch will: Marko Ferst moderiert das - und die Überschrift »Von der inneren Vision« - da kennt man das Blättchen dran. Und am 1.7 – also, einen Monat später ungefähr, am Freitag, 18:00 Uhr, geht es um das Thema »Kommune und Selbstversorgung«, und zwar - was da besonders Thema sein soll: Ob das eine allgemeine Perspektive ist, eine historische, wie man so zu sagen pflegte bei uns, oder mehr das Experimentierfeld für Alternativen - und wie man das alles betrachten kann. Und immer das Thema, was über beiden Seminaren steht: »Innere Vision«, weil - ohne das fallen natürlich solche Entscheidungen nicht.

Ein letzter Hinweis, der schon mit der heutigen Vorlesung enger zusammenhängt: Es gibt inzwischen dieses Buch »Erdpolitik« von Ernst-Ulrich v. Weizsäcker, das in mancherlei Hinsicht durchaus analog zu Al Gore – man kann die Bücher tatsächlich im Vergleich lesen, es würde sich auch lohnen, den Vergleich anzustellen – das ist jetzt hier als Taschenbuch da. Das hat also der Canopus-Buchladen hier mit, und - da kostet es nur 19,80 DM, ist also viel billiger - so.

Es beginnt also jetzt – heute - die Reihe von vier Vorlesungen, in denen es im Wesentlichen darum geht, andere Konzepte vorzustellen und zu diskutieren oder überhaupt erst einmal wahrzunehmen - als das von mir Vorgestellte.

Ich werde also heute bei Al Gore sein und will deshalb auch den Versuch machen – also, hauptsächlich - ich würde sagen: Zwei Drittel dessen, was ich heute erzählen will, will ich mich einfach in den Dienst stellen, da ein wenig referieren, wie dieser amerikanische Vizepräsident jetzt - der das Buch aber konzipiert hat, als das noch nicht so war: Wie dieser amerikanische Vizepräsident über die ökologische Krise denkt.

Also, ich glaube schon, dass ich das noch ein bisschen akzentuierter darstellen kann, als man beim Überfliegen des Buches sonst herauskriegen würde.

Beim nächsten Mal, am Montag - also nach dem Pfingstmontag, heute in 14 Tagen - haben wir Franz Alt hier. Der Hintergrund, vor dem er spricht, ist natürlich seine jetzt schon - seine 20 Jahre währende Aufklärungsarbeit in Sachen Frieden und Ökologie. Ein Mann, der da versucht hat, besonders die konservative Mehrheit der Bevölkerung in Bewegung zu bringen und praktisch auf dieser Strecke - was die Ökologie, was Frieden und so betrifft - dieses blöde Rechts-Links-Schema gerade zuzuschütten und die heute wichtigen Fragen in den Vordergrund zu stellen.

Franz Alt hat neulich in Berlin ein Buch vorgestellt, das der Hintergrund seines Vortrags sein wird: »Die Sonne schickt uns keine Rechnung«, Pieper - ein Exemplar liegt da vorn, nächstes Mal wird es mehr davon geben.

»Die Sonne schickt uns keine Rechnung« meint also die Solarenergie und das, was von der Solarenergie abkommt: Wind usw. und die grünen Pflanzen und so fort - also, das, was aus der Fotosynthese hervorgeht - zusätzlich zu dem, was man direkt daraus machen könnte. Und es ist natürlich die Suche nach der Antwort dahinter - auf diese Gefahr für das Klimagleichgewicht, die mit dem Verbrennen der fossilen Rohstoffe verbunden ist, und der Versuch – also, auch etwas dem Sprachrohr der Atomlobby entgegenzusetzen - das in anderen Ländern noch stärker erschallt als in Deutschland: Dann doch mit Kernenergie weiterzumachen, wie die das da nennen: Weiterzumachen - um diesem Verbrennungseffekt, der die Atmosphäre aufheizt, zu entgehen. Und der Franz Alt will einfach an dem

Beispiel der Energiepolitik so einen – behandelt es geradezu, würde es als Modell behandeln für eine ökologische Wende überhaupt, wie er die halt sieht, wie er da herangeht. Ich kann es nur empfehlen. Plakate müssten hier vorne auch liegen, die bitte ich dann mitzunehmen. Ich glaube, hier unten - ich weiß nicht, doch - hier vorn liegen sie: Franz Alt: Wie kommen wir zu einer Politik der Sonnenenergie – und Fragen, die in dem Zusammenhang stehen.

- Das ist also die nächste Vorlesung. Und dann werden wir mit Prof. Michael Kloepfer, hier, von den Humboldt-Universität, eine Diskussion haben, über - welche, ich würde einmal sagen, verfassungsmäßigen Änderungen der und zehn andere - die sich aus dem deutschen Raum für so einen Vorschlag zusammengetan haben - der EG vorschlagen wollen. Und schließlich wird dann Ekkehart Krippendorff über »Staat und ökologische Krise« sprechen – also, vor dem Hintergrund seiner ganzen linken Tradition und Erfahrung wird er den Versuch machen, einmal darauf einzugehen: Macht es überhaupt Sinn - so würde ich sagen – macht es überhaupt Sinn, angesichts dessen, was man seit Jahrtausenden jetzt auch über die repressive Rolle von Staat - und darüber, dass er für das meiste, was er vorgibt, sich zu eignen, ungeeignet ist - angesichts dieser Konstellation doch danach zu fragen, ob vielleicht von den Erfordernissen der ökologischen Krise her da noch einmal etwas neu betrachtet werden muss, ob da neue Souveränität – also, innere Souveränität - und Legitimität dem Staat zuwachsen könnte? Ein Ding, das natürlich vor dem Hintergrund unserer DDR-Erfahrung – gerade: Staat und Ökologie – brisant ist.

Ich hoffe, dass die vier Vorlesungen spannend werden.

Jetzt zur heutigen Vorlesung.

Ich habe in der Überschrift von Al Gores »amerikanischen Traum« gesprochen und ich habe das deshalb getan, weil es wenig Sinn macht, über dieses Buch – gerade, was auch den Unterschied jetzt etwa zu Weizsäcker betrifft – also, zu jemand, der aus der deutschen Perspektive schreibt, macht es wenig Sinn, dieses Buch zu besprechen oder auch zu lesen - wenn man sozusagen keine Einstellung auf Amerika hat.

Also, das ist ein vergleichsweise sehr optimistisches Buch. Und es steht damit in einer amerikanischen Tradition, die inzwischen problematisch ist, aber dennoch hin und wieder - und in diesem Buch ist das der Fall – also, dazu geeignet, eine Mutprobe anzuregen, das heißt, einmal frontaler als je ein Politiker des Westens auf dieses Thema »Ökologische Krise« zuzugehen. Das Buch ist ein Versuch, sich dieser Sache wirklich zu stellen. Das kann man von wenigen sagen.

Ich habe Biedenkopf ja ähnlich aufgefasst, seine »Neue Sicht der Dinge«, aber - so scharf wie Al Gore geht Biedenkopf nicht heran.

Also, erst mal ein paar Worte zum »amerikanischen Traum«:

Dahinter steht die Sehnsucht der Europäer, die dahin aufgebrochen sind in dem Versuch – also, den hiesigen Zuständen auf diese oder jene Weise zu entkommen, den Zuständen des 16, 17 – also, insbesondere dann 17, 18, 19. Jahrhunderts - dort, in Gottes eigenem Land, den Himmel auf die Erde zu holen - also, diese Vision des Neuen Testaments und auch der Apokalypse: »einen neuen Himmel und eine neue Erde«: Die hat natürlich Pate gestanden bei diesen Auszügen.

Amerika war in einem Grade wie heute kein Emigrationsland - nicht einmal Neuseeland oder so - ein Land der Hoffnung damals. Und man muss sich darüber klar sein, dass das in der amerikanischen Tradition bis heute noch teils demagogisch beschworen wird, teils aber auch tatsächlich drin steckt – also, es reduziert sich im Bewusstsein der Leute da drüben oder zumindest derer, die aus den westeuropäischen Ländern gekommen sind, noch immer nicht auf Illusion. Die Leute haben das dann dort drüben sehr oft in Gemeinschaften versucht, um fern von und unvergiftet von Königtum, Feudalismus, Kirche und Kapitalismus den Versuch zu machen, so eine neue Welt aufzubauen - neuen Himmel, neue Erde eben, und die Unabhängigkeitserklärung, die damals am Anfang der Staatsgeschichte stand, 1776. Aber da ging ja schon ein Jahrhundert - mindestens ein Jahrhundert vorher, das ist nicht zuletzt eine Unabhängigkeitserklärung von der Vergangenheit, wenn man sich vorstellt, was das für die Mentalität der von hier aus Aufgebrochenen bedeutete - und das waren natürlich schon verhältnissmäßig energischere Leute, die sich da über den Ozean trauten, damals ja noch – am Anfang jedenfalls – mit Segelschiffen, und das Land dort schien grenzenlos zu sein und forderte dazu auf, eine Grenze nach der anderen zu überwinden. Also diese Frontier- - also, Grenzer- Grenzlandmentalität hat ja selbst noch den Mondflug dann, in Konkurrenz mit dem sowjetischen Sputnik, beflügelt. Nichts schien der menschlichen Selbstvervollkommnung auf dieser Erde im Wege zu stehen, wenn man also in den

Weiten des amerikanischen Landes dann angekommen war und die Technik hat dabei natürlich eine positive Rolle gespielt – jetzt, in der Mentalität der Leute: Die Maschinen, die Werkzeuge waren ein Befreiuungsversprechen, insbesondere dann - was ja am Anfang dort aussichtsreich schien - wenn man die selbst in der Hand hatte, die gesellschaftlichen Großmächte waren ja nicht nach Amerika ausgewandert. Also waren es zunächst kleine Strukturen.

Allerdings spielte die Technik schon deshalb eine Rolle, weil - was also lange nur in romantischen Geschichten eigentlich eine wirkliche Rolle gespielt hat, was erst in diesem Jahrhundert als Skandal so richtig bekannt geworden ist, erst im 20, weil man natürlich Gewehre, Messer und alle möglichen anderen Stahlwerkzeuge brauchte, um den Indianern das Land abzukämpfen. Es war ja ein Vernichtungsprozess, ein Kolonisierungs- und Vernichtungsprozess erster Güte, die Schattenseite, die Negativseite dieses Prozesses und beiläufig in dem Buch von Al Gore, im Mittelteil, wo es dann um seine Psychologie, um seine Mentalität geht, er da auch viel davon darstellt – also, im Untergrund, ohne dass das immer ausgesprochen ist, steckt ein bisschen - bei anderen ist das stärker, aber - steckt ein bisschen von dem Versuch, endlich sich auf dieses indianische Erbe anders einzustellen als bisher; ich meine, Abbitte geleistet - so rein psychologisch, ohne dass das schon wirklich durchgekommen ist in der amerikanischen Politik, in der amerikanischen Innenpolitik auch, bis auf so kleine Korrekturen. Aber im Grunde hat man ihnen ja das Land ja nicht wiedergegeben – also, Abbitte leisten: Das ist Mode in Amerika inzwischen. Aber die wirkliche Herausforderung, die das indianische Erbe dort vorstellt, die ist also erst dabei, sich mit dieser - mit der sonstigen amerikanischen Mentalität zu vereinen. Also, diese Pioniere jedenfalls, die dort dann in das Land eingezogen - und aus indianischer Perspektive natürlich eingebrochen sind - bei denen hat sich also das, was in Europa dann Romantik war, und das, was Utilitarismus / Pragmatismus war – also, die Werkzeugorientierung und die Romantik: Das hat sich dort, weil es klein-klein angefangen hat – also, mit Unternehmungen von Individuen und verhältnismäßig kleinen Gruppen – auswanderergruppen – da hat sich das zunächst verhältnismäßig gut vertragen.

Henry Zorro zum Beispiel, der also den Versuch gemacht hat, sich dem Modernisierungsprozess - »Wir leben in den Wäldern« - zu entziehen, hat zugleich dafür gesorgt, dass das Familienunternehmen, das Bleistifte herstellt, nicht untergeht. Das war beides klein angelegt, aber das war also eine Ausgangssituation. Und Mumford - Lewis Mumford, den ich jetzt sehr oft hier erwähnt habe als einen für mich sehr wichtigen Gewährsmann, der sagt nun dazu: Der reine Tisch, den man zu machen meinte – also, Unabhängigkeitserklärung von der Vergangenheit, Abwendung - war eine Falle. Der westliche Mensch, schon in dem Bewusstsein, dass an verschiedenen Punkten der menschlichen Entwicklung etwas grundlegend fehlgegangen war, durfte nun wirklich neu beginnen - um wirklich neu zu beginnen, nicht vor seiner Vergangenheit davonlaufen. Das hat natürlich dringesteckt in der Sache, und: Vergessen wir, was hinter uns liegt und fangen hier völlig neu an! - sondern er musste ihr – der Vergangenheit – mutig ins Auge sehen und ihre traumatischen Momente buchstäblich in sich selbst überwinden - das heißt, das wäre zu verlangen gewesen. Nach außen fungieren eben unsere besten Kräfte kolonial - und je stärker wir sind, umso schlimmer – also, je mehr Energie wir da mitgebracht haben, umso schlimmer.

Mumford weist dann darauf hin, dass die Sklaverei, die also bis in die Mitte des vorigen Jahrhunderts dort noch existiert hat, dann immerhin abgeschafft wurde und dass also vielerlei Versprechungen für die ersten 100 Jahre - so, nach der Unabhängigkeitserklärung - sich erst mal zu bewähren schienen. Das heißt, es kam nicht so schnell zur Konstituierung dieser Großmächte der Moderne – also, zu großem Kapital, zu großem Staat, zu den Großveranstaltungen der Wissenschaft und Technik. Aber in der Außenpolitik ist Amerika auch schon im 19. Jahrhundert ein ganz normaler Nationalstaat gewesen, das heißt, da ist – Mexiko, beispielsweise, haben sie ja um diese Zeit Kalifornien abgenommen - und Mumford zeigt, wie sehr praktisch durch den kapitalistischen Prozess in Amerika dann diese ersten Illusionen, man würde dort – also, sozusagen - in kleinen Formen bleiben und die Autonomie des Individuums würde den amerikanischen Prozess wirklich unter Kontrolle behalten: Wie sehr das also dann schon im Prozess des 19. Jahrhunderts verloren zu gehen begann und dass die Grundlage Landraub an den Indianern war und dass man sich dabei natürlich auf die Errungenschaften der kapitalistischen Zivilisation stützte, ist sicher eins der entscheidenden Momente auch der Korruption gewesen. Wenn man dann immer noch auf den Traum, auf diesen amerikanischen

Traum baut, heute - nachdem er Illusion geworden ist, wenn nicht ins Gegenteil verkehrt wurde - dann werden entsprechende Projekte wahrscheinlich genau in die falsche Richtung gehen. Wenn man – also, sozusagen - die Ursprungsenergie und die Vorstellung - also, dass an diesem amerikanischen Prozess so die Widersprüche der Geschichte Europas aufgelöst werden könnten und man doch vielleicht auf dieser ebenen Erde im Paradies ankommen könnte: Wenn das festgehalten werden wird, während die Großkonzerne herrschen und die amerikanische Militärmaschine die ganze Welt regiert - dann ist es natürlich problematisch. Ich meine, es steckt tatsächlich noch etwas drin, vielleicht auch im Guten – also, es sind manche Duckmäusereien, die wir in der deutschen Geschichte so als verhängnisvoll kennengelernt haben, in Amerika auch heute nicht möglich - noch nicht möglich. Das Problem ist eher, dass sehr viele schlafen, dass sie nicht genügend wahrnehmen - und da ist also immer noch eine Reserve, aber es verkoppelt sich dann schnell verdammt mit – also, mit dem ideologischen Schleier, den die Erinnerung an diesen Traum über die heutige Wirklichkeit legt.

Bei Demokratie zum Beispiel – also, wenn man das unter den heutigen Bedingungen betrachtet, handelt es sich dann leicht um die Frage, wie ein möglichst breiter Konsens für die nächste Entwicklungsphase der Megamaschine beschaffbar ist, mit der man halt jetzt lebt - also, dann wird einmal eine große Diskussion aufgemacht und es gibt einen Kampf etwa zwischen Al Gore hier und Präsident Bush, der ja der Vertreter des Rückbaus in der ökologischen Frage gewesen ist, als der residierte – das hat Al Gore gut ausgenutzt, um sich zu profilieren, so ein Kampf. Aber es ist zunächst nicht von vornherein wahrscheinlich, dass dabei etwas anderes herauskommt, als dass sich die ökologische Modernisierung der Megamaschine dabei abspielen wird.

Das universelle menschliche Verlangen nach politischen Gestaltungsmöglichkeiten, was also hinter der demokratischen Forderung steht, das wird dann so verbraucht, dass es gegen sich selbst, gegen die eigenen ferneren Interessen funktioniert - und besonders dann, wenn man die übergreifende Macht der Megamaschine und die totalitäre Tendenz, die da in der Sache selbst liegt: Wenn man die gar nicht wahrnimmt, weil man immer noch auf die Prinzipien starrt, die einst die Gründerväter also motiviert haben, dann passiert es eben leicht, dass man genau das regeneriert, reformatorisch – also, mit Reformimpuls das regeneriert, was die Ursache der Malaise ist. Und das scheint mir die amerikanische Situation zu sein, in der Al Gore mit seinem Buch, hier - »Wege zum Gleichgewicht - Ein Marshallplan für die Erde«, ist die Unterzeile - zu agieren jetzt versucht.

Jetzt will ich also auf die Konzeption von Al Gores Buch eingehen.

Also, vorweg: Al Gore erinnert mich an Kennedy – also, an John F. Kennedy – auch, was das Format betrifft. Das ist jemand, der sozusagen seine – sowohl, glaube ich - seine Sinne als auch seinen Geist zusammen hat, um zu sehen, wo etwas zu sehen ist und der seine Erfahrungen auch verarbeitet - der also nicht einfach blindlings guckt: Wo ist der Mainstream, was muss ich erzählen, damit ich gewählt werde? - Er hat übrigens als Präsident schon einmal sich aufstellen lassen wollen, als dann – 1988, als Bush dann durchkam, hat er sich bei den Demokraten als Präsidentschaftskandidat aufbauen wollen und ist daran gescheitert, dass er das ökologische Thema viel zu sehr in den Vordergrund gestellt hat. Das wollten damals nicht bloß die Politiker - die Kaste da um ihn herum - sondern das wollten auch die Wähler noch nicht in dem Maße wahrhaben um die Zeit. Das hat er aber sich geleistet. Wahrscheinlich haben wir einen US-Präsidenten in spe vor uns, denn – also, das Thema drängt sich auf. Wenn Weizsäcker mit »Jahrhundert der Umwelt«, wie er das nennt, Recht hat - und Al Gore geht ganz klar davon aus - dann sitzt er nicht auf einem trockenen Ast, wenn er dieses Thema in den Mittelpunkt stellt. Was er uns bietet, ist eine angesichts der ökologischen Krise erneuerte Vision von »Allianz für den Fortschritt« – also, das war die Losung John F. Kennedys damals, »Allianz für den Fortschritt«. Und die war in der Auseinandersetzung mit dem Osten - das ist nun weggefallen, das will er auch positiv ausnutzen, der Al Gore, aber - in der Auseinandersetzung mit dem Ostblock wollte das der Dritten Welt eine Perspektive bieten, die die nicht zwingt, kommunistisch zu werden. Also, das war der politische Hintergrund. Aber gedacht war damals, man kann in Lateinamerika im kurzsichtig verstandenen nationalen Interesse – also, amerikanischen nationalen Interesse, ist gemeint - Diktatoren unterstützen, weil da irgendwelche besondere - weiß ich, United Fruit oder so - Konzerninteressen der Amis auf dem Spiel stehen. Dagegen wandte sich Kennedy nämlich - oder man kann einen Prozess von

Entwicklung - in dem Sinne, natürlich: kapitalistischer Entwicklung und kapitalistischen Fortschritts - und Demokratisierung dort befördern, in der Perspektive des nordamerikanischen Weges selbst. Man kann also sagen - also, wenn - wir Amerikaner, wir sind nicht darauf angewiesen, anderswo Diktatoren zu unterstützen, wir müssen sozusagen nur unser Modell da voll hineinbringen und auf diese Weise also die Leute ein wenig erlösen - jedenfalls von den schlimmsten Übeln und ihnen einen Weg aufmachen in die – ja, in Richtung auf die USA-Perspektive. Und es ist irgendwie doch ähnlich jetzt: Man kann die Ressourcen der Gesellschaft - der amerikanischen Gesellschaft jetzt, einerseits - und das tun natürlich, die konservativen Geister – ich meine jetzt nicht die Partei, sondern die konservativen Geister: Man kann diese Ressourcen zur Verdrängung der ökologischen Krise benutzen, für lauter Notmaßnahmen, die die Belastung nicht zuletzt für das immer noch weitgehend öko-blinde Durchschnittsbewusstsein hinausschieben – also, das sollen künftige Generationen regeln, wenn es einmal wirklich heiß geworden ist - noch ist Amerika riesengroß. Also, das ist ja das Problem in Amerika: Dass also die Last pro Quadratkilometer noch nicht – also, bei weitem nicht so hoch ist wie hier, durch die Weite dieses Territoriums, sodass sich das Alltagsbewusstsein leicht täuschen kann. Also, man kann noch weitermachen mit der Verdrängung: Das ist die konservative - das sind die Trägheitskräfte, einfach, mit denen man es zu tun hat - oder man kann sich darauf konzentrieren, den Stier so rasch wie möglich bei den Hörnern zu packen und dabei von den langfristigen Interessen ausgehen - immer noch in der Überzeugung, dass da die US-amerikanischen mit denen der übrigen Menschheit irgendwie konvergieren, irgendwie zusammengehen.

Auf Seite 175 - da will ich ihn das erste Mal zitieren - schreibt Al Gore:

Könnte man diese Nation überzeugen, als Katalysator und Koordinator einer wirksamen globalen Strategie aufzutreten - gemeint ist: in puncto Umwelt – also, Ökologie - so würde sie überdies ein weiteres Mal ihr Versprechen einlösen, die letzte und beste Hoffnung der Menschheit auf Erden zu sein.

Also, das ist sozusagen eine Formel, die nur aus dem amerikanischen Traum erklärbar ist, die würde heute kein sozusagen repräsentativer europäischer Politiker für sein Land riskieren, nicht nur in Deutschland – also, das hieße »amerikanischer Traum«: Amerika könnte doch noch einmal eine letzte und beste Hoffnung der Menschheit werden - indem es sich dort als Pionier bewährt.

Also, da ist - das ist klar bei Al Gore: Diese Pionierqualität ist natürlich nun nicht mehr auf Durchbruch zum Pazifischen Ozean oder so gerichtet, sondern auf diese Herausforderung - die in gewisser Hinsicht Rückzug bedeutet, was also den Druck auf die Erde betrifft. Also es ist nicht sinnlos, so die Frage zu stellen, wenn man amerikanischer Präsident werden will und dann auch Politik machen will.

Al Gore, Jahrgang 1948, kommt aus einer für Amerika hoch politischen Farmerfamilie im Staat Tennessee - das heißt, der ist früh dort mit dem ganzen politischen Geschäft geistig in Berührung gekommen. 1948 – also, er ist jetzt 46. Einer seiner frühesten Eindrücke war - berichtet er jedenfalls jetzt - wie schnell kleine Rinnsale - im Zusammenhang mit dieser extensiven Landwirtschaft – also, so viel wie möglich herausholen aus der Erde - und wenn es dann etwas mehr regnet, wie schnell kleine Rinnsale sich, wenn man nicht sofort etwas tut und eigentlich die Strategie umstellt der Bodenbearbeitung: Wie schnell das reißende Flüsse werden und dafür sorgen, dass zum Beispiel – sagt er dann – im Staate Iowa die Hälfte von – 48 cm hatten die dort Mutterboden, und 24 cm davon sind schon weg. Und was Tennessee betrifft – also, wo er her ist: Die Flusssysteme dort, das, was da zu Hause weggespült wurde auf seiner Farm, das landet halt im texanischen Golf, so – die Bodenfruchtbarkeit. Das war eine seiner frühesten Erfahrungen. Und er war dann - hat er - seine Mutter in der Familie Rachel Carsens Buch »Der stumme Frühling« – also, als ein besonderes hervorgehoben, nicht wie die anderen Bücher - diese Frau Carsen hat damals gezeigt, wie die Herbizid-Politik – also, die Politik, so viel Pflanzenvernichtungsmittel wie möglich zu streuen, damit die Landwirtschaft so bequem wie möglich wird - wie das also die Vögel und die Käfer und die Pflanzen, wie das also Kahlschlag in der Natur veranstaltete. Das war also der erste Aufschrei und das erste Buch - 1962, und zwar in Amerika, 1962 - wo man wirklich weit entfernt war, das Thema wahrzunehmen. Das hat seine Mutter also aufgegriffen, zu Hause. Und dann hatte der das Glück, der Al Gore, auf Erik H. Erikson zu treffen, einen, der sensitivsten und tiefgründigsten Psychologen - einen, der in Amerika gelandet ist auch durch die europäische Katastrophe, durch die hitler-faschistische - von der hitler-faschistischen Zeit her. Erik H. Erikson ist also sein Lehrer gewesen, sodass er also einen Zugang zur Psychologie hatte, ehe man von Human Potential und so etwas also so modemäßig gesprochen hat. Erik H. Erikson hat in seinem Buch »Kindheit und Gesellschaft« die Stufen, den Stufenweg des Menschen in seiner Biografie - was man von sich verlangen sollte, um die Chancen, die die Natur uns eigentlich gegeben hat, auch zu realisieren: Das hat Al Gore bei Erikson aufgenommen. Und dann hat er sich nach der Präsidentschaftskampagne, die natürlich erst einmal gescheitert ist – also, die Vorkampagne, um Präsidentschaftskandidat der Demokraten zu werden - hat es einen Einschlag in seiner Familie gegeben, nämlich einen fast tödlichen Unfall seines 6-jährigen Sohnes. Und das hat den inneren Motor - ich meine, wenn man - nach so einer Präsidentschaftskampagne, da ist natürlich man in voller Fahrt - das hat ihm geholfen, den inneren Motor einmal auszuschalten und monatelang in sich zu gehen. Und heraus kam bei dieser - durch diese Erfahrung der Entschluss, eigentlich, dieses - und zwar angesichts auch der Kinder und seines Sohnes und –überhaupt, der Kinder - der Entschluss, in Zukunft eigentlich weniger Kompromisse zu machen, was das Aussprechen der Wahrheit betrifft in puncto Ökologie. Er hatte in der Präsidentschaftskampagne dann unter dem Druck seiner Berater - und weil die Wähler das nicht so richtig goutierten - manches zurückgenommen - also, oft, sagt er, die Phrasen zu den allgemein für wichtig gehaltenen Dingen verbreitet - und höchstens noch, wenn er dann mit Presse, einmal mit jemand sprach, der ein bisschen Hintergrundinteresse hatte, davon noch etwas verbreitet. Und er kam zu dem Schluss: Er muss das radikalisieren - und das Buch jetzt hier, da sagt er selbst davon – er hat hier also die Sachen hineingeschrieben, die er als Politiker bisher immer noch verschwiegen hat. Er will das nicht mehr, er will sich festlegen auf die Feststellungen, die er da drin getroffen hat.

Also, er geht jetzt so heran - das ist der Grundgedanke seines ganzen Buches und das bestimmt auch die beiden ersten Teile, ehe er dann zu den Schlussfolgerungen kommt: Dass es um eine Umstellung im Mensch-Natur-Verhältnis geht - das heißt, die ökologische Krise sieht er im Prinzip genau wie ich als eine Gleichgewichtsstörung, wie auch übrigens Ernst-Ulrich v. Weizsäcker – also, alle, die sich mit mehr als Umweltschutz befassen. Er sieht es als eine Gleichgewichtsstörung und er sieht außerdem, dass zwischen der Störung der Ökologie außen und der Störung sozusagen unserer inneren - der Kräfteverhältnisse in unserem Innern, nämlich zwischen abstrakten Verstand und der Gefühlsebene, der Wahrnehmungsebene, den tiefen Schichten der Person: Dass diese beiden Störungen irgendwie miteinander zusammenhängen und die zweite Störung – also, die der inneren Ökologie - die ist für ihn leitend bei dem zweiten Teil seines Buches, wo er dann - Suche nach der Möglichkeit, das Gleichgewicht wiederherzustellen: Auf der Suche danach ist.

Der erste Teil – also, »Ist Gleichgewicht in Gefahr?« – und hier ist interessant, was bei dieser Gleichgewichtsstörung - welche Unterscheidung er eigentlich trifft, um dramatisieren zu können und den Punkt zu finden, dem sich also amerikanische Politik - und er denkt natürlich: Weltpolitik – also, es geht um eine globale Störung: und gleich ein Marshallplan für die Erde. Das ist also gleich global orientiert, um dort einen wirklich weit gefassten Ansatzpunkt zu finden. Und er unterscheidet deswegen erst einmal lokale Störungen – also, wenn auf seiner Farm zu Hause da der Boden weggeschwemmt wird: Das wäre zunächst einmal lokal - und wenn das charakteristisch für den Staat Tennessee etwa ist oder für Iowa, wo die Hälfte der Ackerkrume weggespült ist: Dann ist das ein regionales Problem. Man könnte das bezweifeln, aber zumindest – also, unter dem Gesichtspunkt des politischen Zugriffs: Das müssten wir ja zu Hause unter Kontrolle kriegen – also: regional. Aber dann gibt es globale Bedrohungen - und die nennt er »strategische Bedrohungen« - strategische Bedrohungen. Und da führt er vier eindeutig als strategische Bedrohung auf - und eine fünfte, die führt er so auf, dass man denken kann, er sieht die auch noch als strategische Bedrohung. Ich will die alle fünf einmal erwähnen.

Das erste und im Grunde noch einfachste Problem ist das Ozonloch über der Antarktis und die Ausdünnung der Ozonschicht überall. Weitestgehend darauf zurückzuführen ist das, dass wir in den letzten 40 Jahren den Chlorgehalt der Luft um 600 % erhöht haben, dieses FCKW – also, wo Fluorchlorkohlenwasserstoff - das Chlor ist da das Problem, das da zurückgeschraubt wird. Und das einfachste Problem ist das deshalb - obwohl es noch lange dauern wird - weil so viel schon drin ist - und etwas geht immer noch hinein - aber man hat wenigstens Beschlüsse gefasst. Das Einfachste ist dieses Problem deshalb, weil es eine greifbare Ursache hat. Also, diese Chlorabgabe in die Atmosphäre, das müsste man ja steuern können und da das so eindeutig war, haben die wichtigsten sozusagen innenpolitischen Mächte in den reichen Ländern da auch kapituliert und sich Beschlüsse aufdrängen lassen - auch noch einmal eine Radikalisierung der Beschlüsse – nur, dass bestimmte Entwicklungsländer also um »halblang« bitten – also, einfach, weil sie aus der Aufholsituation das nicht gleich machen wollen. Die verhalten sich da ja eigentlich ähnlich, wie die DDR sich da auch verhalten hat. Aber das ist das erste strategische Problem deshalb, weil – also, das macht ja für die kosmischen Partikel die Erdatmosphäre auf, und wir sind einer Invasion von - erst einmal vordergründig - Hautkrebs und ein paar ähnlichen Schädigungen ausgesetzt. Aber wahrscheinlich ist das ja nur das Vorzeichen von einer größeren Gefahr. Besonders, wenn das völlig zusammenbräche, hieße das, dass das Leben auf der Erde kaputtgehen würde – die Ozonschicht - also, das wird sich noch verschlimmern, das Problem - aber man hat wenigstens die Beschlüsse fassen können und auch die Kontrollmechanismen, um das vielleicht abzufangen.

Der zweite Punkt ist die mögliche Zerstörung des klimatischen Gleichgewichts durch die Aufheizung der Atmosphäre - vor allem Kohlendioxid, das heißt, es handelt sich um die Konzentration von Kohlendioxid und anderen wärmedämmenden Molekülen. nämlich vor allem Wasserdampf und Methan, in der Atmosphäre, die - also, die zur Folge haben, dass mehr von der Sonnenwärme an der Erde festgehalten wird. Und er zeigt nun sehr ausführlich, auf welche Weise, auf welche vielfältige Weise ein Klimaumsturz, der damit zusammenhängen könnte – also, größte Verwerfung in der Zivilisation hervorrufen würde. Also, wenn die Meere tatsächlich steigen - und zwar braucht es da in manchen Fällen nur wenige Zentimeter, die Malediven, zum Beispiel, liegen insgesamt 2 m überm Meeresspiegel, sodass Sturmfluten da sowieso schon höchst gefährlich sind, aber - wenn das weiter steigt, dann würden nur die reichsten Länder die Möglichkeit haben, zunächst überhaupt noch - mit Dammpolitik, wie in Holland - zu begegnen. Es würde ungeheuer teuer werden. Es leben - ein Drittel der Menschheit lebt in Zonen, die wahrscheinlich durch das Meer verschlungen werden würden. Das würde natürlich fürchterliche Verschiebungen zur Folge haben – also, einen ungeheuren Wanderungsdruck. Und man sieht die Institutionen nicht und die Ressourcen nicht, mit denen das zu bewältigen wäre, droht er also. Oder - ein anderer Punkt ist, dass die

Erwärmung, wenn sie dann auf die Meere übergreift, die Ozeanpumpe (wie sich die Wasserwissenschaftler da ausdrücken) zum Halten bringen könnte – also, den Golfstrom, der hier Nordeuropa erwärmt, wenn da das Absinken der Wassermassen im Norden und das Wiederaufsteigen – also, der warmen Wassermassen im Norden und der Wiederaufstieg der kalten Wassermassen im Süden - wenn dieser Zirkel, diese Pumpe, durch die Veränderung der Wärmeverhältnisse insbesondere an den Polen: Wenn das aufhören würde, wenn also die Temperaturdifferenz von Äquator zu Pol sich erheblich ändern würde - und genau das ist im Gange: Die Pole erwärmen sich auch schneller als andere Zonen - dann ähnlich bedrohliche Effekte für die – übrigens, in erster Linie für die nördliche Zivilisation – also, für die Zivilisation gerade des weißen Mannes. Die Landmassen konzentrieren sich ja dem Nordpol näher als dem Südpol – also, das ist der zweite Punkt, die zweite strategische Bedrohung, die er sieht.

Also, das heißt, hier müsste nun gewaltig etwas passieren, um diese - insbesondere die Kohlendioxid-Emission, aber auch die Methan-Emission, die zum Beispiel mit der vielen Rinderzucht, mit dem vielen Fleischfressen zusammenhängt, die Methangeschichte – also, man müsste sich wirklich überlegen, wie man von der Verbrennung der Fossilien und von mancher anderen Technologie wegkommt.

Worauf er aufmerksam macht, ist, dass der Himmel viel kleiner ist, als wir uns denken – also, das so genannte Himmelszelt zumindest - das, weshalb wir einen blauen Himmel haben: Das kann, sagt er, ein Langstreckenläufer, ein schneller - ein Marathonläufer wohl - kann das in einer Stunde durchmessen. Das heißt, das ist eine verhältnismäßig kleine Lufthülle, in die wir verhältnismäßig sehr viel Luftverschmutzung - der verschiedensten Art, übrigens - hineinblasen und besonders also strategisch das Problem dieser Erwärmung.

Ein nächster Schrecken ist der Verlust von beinah einem Hektar Regenwald in jeder Sekunde - beinah ein Hektar in jeder Sekunde. Es werden im nächsten Jahrhundert alle tropischen Regenwälder verschwunden sein, wenn das so weitergeht wie bisher. Er weist auch darauf hin, dass das Schicksal besiegeln würde von fünf Millionen Menschen, die jetzt noch in dieser Zone leben.

Er schreibt: Im täglichen Kampf - zum Beispiel, um Weideflächen für den nördlichen Fleischkonsum - zwischen einer wuchernden heißhungrigen Zivilisation und einem uralten Ökosystem - dem dortigen eben - ist das Ökosystem haushoch unterlegen – also, was könnte man hier dagegen tun - strategische Bedrohung, gegen diese strategische Bedrohung? Und dann eine der größten: Dass die Pflanzen und Tierarten - das ist die vierte - dass die Pflanzen und Tierarten gegenwärtig eintauisendmal schneller von der Erde verschwinden als zu irgendeinem anderen Zeitpunkt in den letzten 65 Millionen Jahren, dass wir damit in der Spanne eines einzigen Menschenlebens – also, eines vollen, jetzt nicht bloß eine Generation, 20 Jahre, sondern rechne: 75 Jahre: in der Spanne eines einzigen Menschenlebens die Hälfte der Tier- und Pflanzenarten auf Erden ausrotten. Und das ist insbesondere auch deshalb unmittelbar gefährlich für uns, weil das die wilden Arten, die hinter unseren Nutzpflanzen stehen, mit wegreißt und die jetzigen Getreidesorten – also, überhaupt die Nutzpflanzensorten, die sind ja dahin manipuliert worden, dass die alle in verhältnismäßig wenigen Jahren - 5 bis 10 Jahren - eine Auffrischung aus wilden Pflanzen brauchen in ihrem Genbestand. Das wird ja heftig praktiziert und damit - also, dass er auf das hinweist, macht er noch einmal mehr deutlich, dass wir unmittelbar betroffen sind von den Folgen dieser Planierung im Garten Eden, wie er sich da ausdrückt - dass wir mit Bulldozern den Garten Eden plattmachen, ist seine Formel für diese Vernichtung dieser Artenvielfalt. Und dann eine fünfte Problematik, die er nicht so eindeutig einreiht unter diese Schäden - aber man kann darauf schließen, dass er sie auch für strategisch hält: Das ist die Müllproduktion insgesamt – also, dass wir - und zwar jetzt nicht im Sinne der Luftverschmutzung, das sind Extraprobleme, die er gesondert betrachtet - aber dass - insbesondere in Amerika ist das also noch stärker, noch dramatischer stellt sich das dar als in Europa, wo wir ungefähr halblang machen (aber auch viel zu viel) - aber in Amerika: Insgesamt jeden Tag mehr als sein doppeltes Körpergewicht an Müll erzeugt jeder Amerikaner - oder wird für jeden Amerikaner erzeugt. Das ist nicht bloß das, was durch die Haushaltsmülltonne geht, sondern was das Industriesystem an - insgesamt an Müll (er differenziert das) erzeugt. Also, es erschreckt ihn summa summarum dann - und so drückt er das auch aus: Der Umstand, dass der Mensch - und hauptauslösend speziell der westliche – also, die europäische Zivilisation mit Amerika und das übernommen worden ist in Japan und so - dass diese Zivilisation diesen Grad an Gleichgewichtsstörung überhaupt bewirken kann und dass sich bisher die Menschen der hauptverursachenden Länder dieser Herausforderung nicht wirklich gestellt haben - dass also Umweltschutzpolitik das bisher nicht hinreichend aufgreift. Ursache sind bahnbrechende Fortschritte in Wissenschaft und Technik, es sind ungeahnte Machtinstrumente zur Außenweltveränderung – und, sagt er: Bevölkerungsanstieg - und sieht dabei - er drückt es auch so aus: Als direkte Folge und alarmierender Ausdruck jetzt eben jedes Jahrzehnt eine Milliarde mehr. Und die Maßstäbe werden vom Westen natürlich gesetzt: Was die haben müssten. Wir hatten - bis 1945, sagt er – also, hat er ausgerechnet - in zehntausend Generationen es auf 2 Milliarden gebracht -

- es auf 2 Milliarden gebracht; wiederum in der Spanne eines Menschenlebens - also, von ab 1945 folgenden 75 bis 80 Jahren - auf 8 bis 9 Milliarden.

In einem Bericht hier zur Rettung des Planeten Erde, auf den er sich auch bezieht – also, die arbeiten auch zusammen Lester Brown, Christopher Flavin, Sandra Postel - einmal anschreiben: Lester Brown, »Strategien für eine ökologisch nachhaltige Weltwirtschaft«: Dort gehen sie davon aus, dass - 8 Milliarden Menschen ist bereits das Unvermeidliche – also, da greifen keine Politiken mehr, die direkt oder indirekt da irgendwas ausrichten wollen. Also, die Kombination von dieser wissenschaftlich-technischen Eingriffstiefe mit den Erfordernissen - davon geht er aus: er geht aus von den Erfordernissen, der Menschheit ungefähr einen gleichen Lebensstandard zu bescheren – also, dem Wohlstandsanspruch: Wenn man den anerkennt – also, dann ergibt es da eine ungeheure Zuspitzung. Das ist sozusagen sein Blick auf die Herausforderung, auf die Gleichgewichtsstörung. Die drückt sich unter anderem darin aus - das ist vielleicht noch einmal ein Indikator, der sehr viel deutlich macht: Dass wir jetzt schon nach bestimmten Berechnungen 40 % des gesamten Photosyntheseprodukts, d. h, der Grünproduktion des Planeten, in unseren zivilisatorischen Prozess hineingerissen haben und dass das - also, wenn die Entwicklung so weitergeht, ungebrochen und mit dieser Bevölkerungsentfaltung: Dass wir auf 80 % kommen werden, dass also das, was an der Erde autonom bleibt, ungebraucht von uns, nicht bei uns durchgemüllert - dass das nur noch 20 % eigentlich der Pflanzenwelt wäre. Und man kann sich vorstellen, dass das also den Zusammenbruch dieses ganzen biologischen Gleichgewichts bedeuten würde. Das also seine Voraussetzungen.

Jetzt mache ich eine Pause von zehn Minuten ungefähr und komme dann auf den interessantesten Teil, nämlich - die Suche nach dem Gleichgewicht. Wo er sich vor allem danach fragt - das ist seine Schlüsselfrage dazu: Verstehen wir auch, warum wir sie – also, diese neuen strategischen Bedrohungen - geschaffen haben, d. h, warum – also, warum diese Effekte, diese Symptome, die er jetzt hier als strategische Bedrohung sieht - warum es dazu gekommen ist. Und da hat er seine Version, woran das liegt und baut die auch auf.

(Pause)

In seinem zweiten Teil, der überschrieben ist: »Die Suche nach dem Gleichgewicht«, wendet sich der Al Gore also praktisch der Innenseite des Ökologie-Themas zu - in doppelter Hinsicht. Einmal kann man ja auch die gesellschaftlichen Verhältnisse schon als Innenseite - wenn man also sonst das Verhältnis Mensch-Natur, was beim ersten Teil ja der Gegenstand ist: Was wir da außen verursachen und womit wir uns selbst bedrohen, dann geht es jetzt eigentlich darum, wie auf dem gesellschaftlichen Feld und aber auch in unserer inneren Verfassung die Weichen bisher eben falsch gestellt sind. Und Suche nach dem Gleichgewicht heißt natürlich - er stellt die Frage aktiv, er stellt die Frage: Was könnte man – er behandelt die Themen auch so, dass wenigstens eine Denkrichtung herauskommt – wo entlang könnten denn Lösungen liegen?

Er beginnt mit dem politischen System, und zwar, weil er denkt, dass Änderungen dort – also, der Schlüssel dazu wäre – nicht, weil es sozusagen die stärkste, das stärkste Hemmnis ist: Das denkt er eigentlich nicht, sondern - er meint, dass im ökonomischen Bereich die Sachen dichter gepackt sind, die die Schwierigkeiten machen - immer bezogen, natürlich, auf die USA und die Welt unter der Dominanz des westlichen Systems. Aber das politische System hält er für den Schlüssel, wenn man etwas ändern will. Und er lässt sich dann natürlich über seine Erfahrungen mit Mediendemokratie aus - das heißt, er findet es hoch bedenklich, dass - angesichts der elektronischen Imagepflege, die ausschlaggebend dafür ist, wer für irgendein Amt gewählt wird und wie die Popularitätswerte bei Meinungsumfragen usw. Sind: Dass da der rationale Diskurs, der für die Gründerväter – also, für sozusagen die positive Kraft in dem amerikanischen Traum, was das Politische betrifft - sozusagen die erste Forderung gewesen ist, dass die eine Gesellschaft aufgeklärt - das war ja damals auch die Zeit - in der Lage sein sollte, vernünftig über die jeweils zu entscheidenden Angelegenheiten zu sprechen - und dass die Art und Weise, in der Politik als Waschmittel-Reklame passiert, diesen Diskurs zerstört - und das findet er sehr bedenklich. Er meint, man muss im politischen Felde Umwelt- und Demokratiebewegung verbinden, aber - dass es die Voraussetzung dafür ist - erst einmal in den Ländern wie Amerika selbst - dass der demokratische Prozess nicht durch die Inflation mit Information und Pseudoinformation kaputt gemacht wird. Das heißt, dass die meisten Leute überhaupt keine Möglichkeit haben, wirklich noch zu entscheiden: Was ist denn wichtig - und was ist unwichtig? Also, die dicksten Flächen sind ja mit der Werbung für dies oder jenes Produkt bepflastert, und auch Politiker, die das Richtige wollen, müssen etwas – also, je nachdem, wie man das nun bewertet, ob es das Richtige ist – aber: müssen sich ja verkaufen unter Slogans und Bildern, die vielleicht mit dem, was ihnen wichtig ist, gar nichts zu tun haben. Er hat ja selbst die Erfahrung gemacht, dass er mit Ökologie nichts werden konnte - und sich selbst auch abtreiben ließ - das gesteht er auch zu: sich abdrängen ließ von dem, worum es ihm ging. Er sagt - als sozusagen als den schwersten Vorwurf, den man auf der politischen Ebene eigentlich erheben kann - dass die ernstesten Beispiele von Umweltzerstörung in der heutigen Welt Tragödien sind, die von Regierungen geschaffen oder aktiv unterstützt wurden. Das stammt natürlich auch noch aus der Zeit der Auseinandersetzung mit Bush, um den Umweltgipfel da in Rio - aber er sieht, dass das politische System eigentlich saniert werden müsste und dass man etwas dafür tun müsste, um die Menschen instand zu setzen – also, überhaupt ihre Urteilsfähigkeit in den entscheidenden Punkten zur Geltung zu bringen. Das übrigens ist für ihn genauso wichtig in puncto Dritte Welt – also, in puncto weniger entwickelter Länder - in der Terminologie, auf die - in der Erste / Dritte Welt in der Regel da behandelt wird. Also auch dort ging es um viel Information, es ist auch nachher - einer der entscheidenden Punkte in seinem Marshallplan ist die Ausbreitung von zutreffender Information über die Wirklichkeit – also, von dort her, also von den Voraussetzungen her, den politischen Prozess qualifizieren, ist also da sein Punkt.

Dann kommt als Zweites das ökonomische System, von dem er sagt, das sei noch viel schwerfälliger als das politische. Und um die Richtung, für die er ist, zu kennzeichnen, will ich einen Buchtitel, auf den er sich auch beruft - den er auch in der Literaturliste lässt – erwähnen: Herman Daly - das ist ein Mann, der ist bekannt dafür, dass er ein Konzept entwickelt hat, das nennt sich »Steady state economy«, und es meint also eine – »Steady« – also, eine Stetigkeit, eine Ökonomie, die praktisch eben nicht mehr auf Wachstum ausgerichtet ist, sondern auf die Herstellung eines bestimmten kreislaufartigen Gleichgewichts, bei dem wir nicht unbedingt morgen mehr Material und Energie vermüllern als heute – also, dahinter steht auch die Idee, dass man Lebensstandard und gar Wohlbefinden (!) im höheren Sinne abkoppeln können müsste von Materialverbrauch. Und eben die neueste Fassung von Herman Dalys Theorie - der ist ein Berater der Weltbank, übrigens, und versucht, da so etwas hineinzubringen, das heißt »For the common good« – also, »Für das Gemeinwohl«, heißt das eigentlich, für das allgemeine Wohl – und die Unterzeile, die ist hier interessant, ist: »Redirecting the Economy Toward Community« – also, das heißt: Reorientierung der Ökonomie zur kommunalen Ebene – also, zur lokalen – also, das ist - eine Orientierung auf lokale Ökonomie ist damit gemeint. Und zur Umwelt - ist nächster Punkt - zur »Environment« und zu einer dauerhaften Zukunft. Also, das ist wieder das Thema: Wie kann man zu einer Kreislaufwirtschaft kommen - nennen wir sie »ökologisch« oder nicht, aber - zu einer Kreislaufwirtschaft. Das steht also hier im - schwebt ihm als Orientierung für die Ökonomie vor. Und die Frage, die er am ausführlichsten behandelt, die er also offenbar für die Schlüsselfrage hält, ist dann eine - ebenso wie im Politischen – also, die Herstellung eigentlich von gesellschaftlicher Wahrheitsfähigkeit über den ökonomischen Prozess, was die Ökologie betrifft. Und das heißt konkret: Das Bruttosozialprodukt - das ist jetzt eine Formel, bei der - das ist sozusagen der Gipfel der Katastrophe, die er da sieht - bei der ein großer Teil der Aufwendungen, die nötig waren, um diese Exxon-Valdez-Katastrophe da vor Alaska zu bereinigen, diese Öltanker-Katastrophe: Das erscheint als Zuwachs im Bruttosozialprodukt. So funktioniert dieser Maßstab, der also an der Investition von Arbeit eigentlich orientiert ist – also, sozusagen - an dem kapitalistischen Seitenstück für die Arbeitsökonomie, die wir ja hier auch mit Marx verfolgt haben, wo Arbeit – also, das Produktschaffende und so: Das war das, was zählt und so - und er ist einfach dafür, das Bruttosozialprodukt gründlich zu redefinieren. Also, wenn wir schon so etwas brauchen, um den ökonomischen Fortschritt zu messen, dann müssen die - dann muss also die über Steuern und über Preise und über die verschiedensten ökonomischen Mechanismen sichergestellt werden, dass die Wahrheit über die Kosten - und in die Kosten geht natürlich also der Naturverbrauch und das, was wir zur Restabilisierung, zur Sanierung usw. Aufwenden müssten und müssen: Das muss natürlich in die Kosten eingehen, das heißt, der ökonomische Prozess muss auf diese Weise neu berechenbar gemacht werden, damit uns nicht die Zahlen immer irreführen. Und das muss bis in die Betriebsökonomie hineingedrückt werden.

Das ist also sein Herangehen an diese Fragestellung mit der Ökonomie. Und dann kommt das Technologiekapitel - das dritte von fünf in diesem Mittelteil: Das Technologiekapitel. Das ist natürlich eins, wo der Stoff schon viel subtiler ist, denn bei Technologie ist es klar, dass das also - übrigens unter Regierungseinfluss, die ja mit der Finanzierung ungeheuer viel dazu zu sagen hat, ob in Atomenergie oder Solarenergie etwa investiert wird: Das ist ja Steuerung des Einsatzes von »human potential« im höchsten Sinne – also, was mit Wissenschaft und Technik passiert - und auch hier wieder -also das zieht sich durch die ersten drei Kapitel durch - setzt er sich mit dem, was er »Informationsverschmutzung« nennt, auseinander.

Wir verstopfen nicht nur die Atmosphäre mit Kohlendioxid, sagt er, wir verstopfen auch sozusagen den wissenschaftlichen Informationsprozess der Gesellschaft durch zuviel Information. Und das, worauf er hier bereits kommt und was mit dem - wo also bereits eine Koppelstelle zur inneren Ökologie ist, das ist – er sagt direkt: Je mehr Informationen wir konsumieren, desto stärker wurde unser geistiges Leben beherrscht von Information, welche die Welt darstellt, statt von unmittelbarer Erfahrung der Welt selbst – also, er meint, die ganze Technik ist entlang von Information konstruiert, die gar nicht die Welt als ganze berücksichtigt, sondern - Informationen, die für unseren unmittelbaren Nutzen und für die Geldvermehrung usw. Ausgefunden sind - natürlich auch für Bedürfnissbefriedigung, das verleugnet er nicht. Aber die Folge ist: Während wir bereits mehr als genug Informationen besitzen, um zu wissen, dass gehandelt werden muss, erlauben wir uns also ständig auf das – also, wenn jetzt Konzerne oder auch wenn die Regierung angegriffen ist wegen bestimmter Politiken, dann sagen die: Es bedarf fernerer Forschung, noch mehr Geld für diese oder jene Untersuchung, wir wissen noch nicht genug - wir wissen nicht genau genug, wie die Ursachen zusammengesetzt sind, die diesen oder jenen bösen Effekt zur Folge haben. Und er sagt: Das müsste man durchbrechen – also, wir wissen bereits genug und wir müssen uns unmittelbar auf rettende Technologien besinnen. Der kumulative Effekt der Technologien, mit denen wir jetzt vorgehen – also, was wir da auf die Erde abgeladen haben - das sehen wir doch jetzt - verändert grundlegend unser Verhältnis zur Erde, und es ist einfach Hybris, wenn wir meinen – also, mit dieser selben Art Technologie noch einfangen zu können, was wir da anrichten – »technologische Betörung«, sagt er - das heißt, das ist eigentlich Selbstanbetung des Menschen, das verdrängt die alte Bezauberung durch die Wunder der Natur. Also, er ist sich darüber klar, dass wir mit der Technologie da etwas zwischen uns und die Natur geschaltet haben, was wir nun wichtiger finden als die Natur selbst - und dass das eigentlich die Ursache hinter den Ursachen dafür ist, dass die technologische Weltbemächtigung meistens schief geht. Und er sagt also, dass - die falsche Konzeption, die, wo es also unterbrochen werden müsste: Das ist der Impuls, schädlichen Ergebnissen, die aus früherer Manipulation der Natur entstanden sind – also, eben diese Bedrohung - mit weiteren Manipulationen entgegenzuwirken anstatt also den Grundkurs in puncto Weltbeherrschung doch infrage zu stellen durch die Technologie – also, hier nimmt er Kurs auf eine Tiefenumstellung und unterstreicht de facto etwas, was ich hier oft, unter Hinweis auf Heidegger, erwähnt habe - er sagt: Es gilt, unsere Definition von Technologie uns zu klären - das heißt, was wir sozusagen normalerweise unter Technologie zu verstehen - und dann würde herauskommen: Neben allen Verfahren, die Rohstoffe in Fertigprodukte umwandeln, sollte dieser Sammelbegriff auch System und Organisationsmethoden umfassen, die unsere Fähigkeit steigern, der Welt unseren Willen aufzuzwingen. Jedes Verfahren, das eine Stärkung unserer Macht ergibt oder die Durchführung einer Aufgabe erleichtert, kann als Technologie verstanden werden. Und wenn das so ist, wenn das also so machtorientiert, so naturbeherrschungsorientiert ist, dann müsste man natürlich sehr viel vorsichtiger mit den Sachen umgehen. Und seine Auskunft ist hier erst einmal: Dass man viel mehr Technologie-Folgen-Abschätzung brauchte und zwar komplexer, als das bisher gemacht wird, denn - und da gibt er viel zu - er sagt: Bei FCKW – also, bei der Ursache für das Ozonloch, da hat man ein Verfahren durchgeführt und hat den Effekt, der da oben in der Ferne passiert, überhaupt nicht im Blick gehabt. Man hat nämlich festgestellt, dass es im Unmittelbaren – also, im Nahbereich, hier, unserer so genannten Umwelt: Dass es dort keine negativen Effekte hat – also, es schadet nicht im Kühlschrank - den Bewohnern des Hauses, kurzum. Das ist festgestellt worden - und die eigentliche Folge hat man nicht gefunden. Und er sieht nun – also, wir gehen mit 80.000 Chemikalien massenhaft um. Wenige von denen sind getestet - und was das im Ganzen macht: Darum – also, um diese Wirkung haben wir uns nicht genügend gekümmert. Ein Akzent, den übrigens Ernst-Ulrich von Weizsäcker ebenso setzt – also, da hätten wir sehr viel zu tun. Das ist sein Punkt, erst einmal.

Dann kommt ein nächstes Kapitel, das auf die Gesellschaft umschaltet, voll auf die Gesellschaft umschaltet, nachdem er bisher – also, er war bei Politik, dann bei Ökonomie, dann bei Technologie und kommt jetzt zu Soziologie. Und hier erweist er sich eben als Schüler von Erikson und sehr vielen anderen in Amerika und befasst sich damit, wie im gesellschaftlichen Zusammenhang tradierte Einstellungen, Einstellungen aus anderen Zeiten, an die man sich aber gewöhnt hat, ähnlich weitergegeben werden - und vielleicht sogar noch verstärkt wie, sozusagen, schlechte Familientraditionen. Wo also auf die nächste Generation von Kindern immer wieder das vererbte Problem, das Fehllaufen der Kommunikation – er geht hier viel auf Alice Miller ein in dem Zusammenhang, übrigens – also, was die gezeigt hat über das Schicksal des begabten Kindes etwa in so einer Familie. Und das Kapitel ist überschrieben: »Dysfunktionale Zivilisation« und er geht davon aus, dass also alte psychologische Erstarrungen in neue Situationen mitgebracht werden und dass dasselbe jetzt auch sozialpsychologisch funktioniert und dass man also überlegen müsste, welche neue Deutung des Verhältnisses zwischen Mensch und Erde man dann sozusagen in den sozialen Prozess eingeben müsste, damit sich also auf mittlere Sicht die Grundeinstellungen über das Naturverhältnis ändern. Ähnlich wie eben neue Informationen etwa von Erikson und von Miller - diese Bücher von Alice Miller haben ja manches bewirkt, vielleicht nicht so viel, wie man sich da manchmal versprochen hat, aber doch manches, wenigstens erst einmal an Aufklärung bewirkt. Und das ist immer wieder sein wichtiger Gesichtspunkt: Die Information erst einmal zu bereinigen – also, auch hier in diesem familiären wie im gesellschaftlichen Kontext, den er zusammenhängend sieht, schwirrt eben viel - das ist ja der Hintergrund von dysfunktionalem Verhalten: viel dysfunktional – also, schlecht funktionierende gegen die eigentlichen Intentionen auf das größtmögliche Glück, der größtmöglichen Zahl funktionierende Information eben ist da drin und die müsste man – also, man müsste die allseits akzeptierten Grundmuster moderner Zivilisation eben absuchen nach solchen dysfunktionalen Mustern, die sich immer wieder fortzeugen und da müsste - also, müssten die verschiedensten – also, von der Schule angefangen – ganz besonders auch Schule! – da müsste also viel umgepolt werden.

Ein Schwerpunkt sozusagen, auf den er sich hier analytisch konzentriert, ist der Aufweis von Suchtverhalten als Folge von Ohnmachtserfahrung - dass also die moderne Zivilisation nicht beherrschbar ist. Und insbesondere sagt er: Wir sind der Eroberung der Erde wie Süchtige verfallen - und er meint, das ist ein Ablenkungsmanöver, wo wir mit Problemen im Nahbereich auf der Gefühlsebene nicht fertig werden. Da werfen wir uns auf die leichtere verstandesmäßige und konstruktive Arbeit und erobern also die Erde, anstatt auf dem jeweiligen technologischen Niveau, das der Mensch schon einmal hatte, vor allem seine menschlichen Probleme und seine Einordnung in den großen Zusammenhang zu pflegen. Also, hier - insofern bestätigt er geradezu, was Galtung gezeigt hat: Dieses Grundmuster »Homo conquistador« – also, dass der weiße Mann auf Welteroberung programmiert ist und hat - also, ist an den psychologischen Mechanismen sowohl für Familie – also, individualpsychologischen da noch oder gruppenpsychologischen - wie auch für Gesellschaft. Er sagt vor allem, dass die Regeln, die also diese Verhaltensweisen in Individuum, Kleingruppe und Gesellschaft steuern: Dass die derselben philosophischen Weltanschauung zu danken sind oder von derselben Weltanschauung geformt sind, die zur wissenschaftlich-technischen Revolution geführt hat und dass – also, sozusagen - die negativen Konsequenzen, die wir jetzt sehen, dass also dieses Pferd mit uns durchgeht: Dass das natürlich auch in diesen Verhaltensweisen drin steckt - dass das also ein Syndrom ist, was er jetzt eben hier unter dem Gesichtspunkt der sozialen Einstellungen und Verhältnisse untersucht. Also, eines der Phänomene, die er hier aufzulösen wünscht, ist, dass die Unterdrückung der Gefühle und Gemütsbewegungen durch die Übermacht des verstandesmäßigen Denkens – also, diese Fluchttendenzen jetzt, diese Eroberungstendenzen, die Kompensation, die Aggressivität und so verstärkt - also, dass es gut wäre, wenn es gelänge, da die Reproduktion praktisch dieser Muster zu durchbrechen. Und was er hier für den Vorteil hält, wo er also eine Hoffnung sieht, das ist – also, in diesem Herangehen, in dieser Betrachtungsweise: Das ist, dass diese verhaltensorientierten Psychologen nicht das Individuum, das jeweils, wenn man dann will, versagt oder nicht richtig funktioniert: Dass das nicht verantwortlich gemacht wird, nicht hauptsächlich verantwortlich gemacht wird, sondern - dass gezeigt wird, wie hier Muster, wie hier Verhältnisse falsch funktionieren, wie es sozusagen die Co-Produktion von negativen Effekten gibt, von Unglück auch, von Unglücklichsein - was dann also sich falsch in schlechte Art von technischem Fortschritt umsetzt. Also, er sagt: Lasst uns die Aufmerksamkeit auf die Verbesserung der Beziehungen lenken und dadurch die Individuen für ihre Umstellung entlasten. Das ist sozusagen die psychotheoretische Konzeption, die er in diesem Kapitel hat. Und dann kommt das letzte - und eigentlich, von ihm her gedacht jedenfalls, weitestgehende - Kapitel in diesem zweiten Teil, das handelt von der Ökologie des Geistes. Und hier ist er nun tatsächlich bei derselben Konzeption, die wir so im Laufe der letzten Jahre hier immer einmal wieder berührt haben – also, wo sozusagen der Bogen von Capras Analyse des westlichen Wissenschaftsmodells – er geht da vor allem auf Descartes zurück – bis Heidegger reicht. Und was Al Gore hier liefert, ist, dass er - ausgehend erst einmal von der Kritik - die Capra auch geliefert hat – also, dass diese Trennung von Geist und Natur, von der Descartes mit Selbstverständlichkeit ausgegangen ist: Dass die also eine lange abendländische Tradition hat und er hat dann - die weiter zurückreicht, bis zu den Griechen - und er hat dann in seinem Buch hier - mal sehen, ob ich den Ausschnitt gerade finde: Ja, er hat hier in seinem Buch – ich erkläre es dann, weil man es von ganz hinten nicht sehen kann – er nimmt hier Raffaels Bild »Die Schule von Athen« zu Hilfe - er nimmt hier Raffaels großes Wandbild »Die Schule von Athen« zu Hilfe, wo im Mittelpunkt die beiden großen Philosophen Platon und Aristoteles stehen und wo der eine, Platon, nach oben weist – also, auf die Ebene der von der Natur unabhängigen Ideen und großen Gesetzmäßigkeiten, während neben ihm Aristoteles die Hand so hält – also, das ist die Orientierung auf den Himmel, über Platon, auf die Erde bei Aristoteles. Und was Al Gore kenntlich zu machen sucht in diesem Teil, ist, dass über Descartes – also, auf dieser weltanschaulichen Ebene - über Descartes dieses von der Scholastik immer noch irgendwie – übrigens, durch Hilfe der Araber ist Aristoteles erst richtig in die christliche Scholastik eingedrungen und - bei Thomas von Aquino gab es dann einen gewissen Ausgleich zwischen Platon und Aristoteles. Das hat auch bis in das 17. Jahrhundert hinein getragen, aber - die radikale Trennung von Natur und Ich – also, bei Descartes dann von denkender und ausgedehnter Sache (»ausgedehnte Sache« war das Materielle): Diese radikale Trennung, sagt er, bedeutete den einseitigen Sieg des Platonismus - und das steckt also drin: Dass wir also Informationen sammeln nicht aus der wirklichen Naturerfahrung, sondern dass wir uns von der wirklichen Erfahrung der Natur immer weiter entfernt haben und dieses technische Kampfspiel mit ihr betreiben. Die Ökologie des Geistes würde also vor allem bedeuten, dass wir diese – also, dass wir den Versuch machen, unsere Anpassung an die Natur von der Dominanz des Verstandes und der Technik – also, von deren Übermacht wieder zu befreien. Denn das, sagt er, ist zerstörerisch für unser Verständnis, wer wir sind und was der Sinn unseres Lebens sein könnte: Wenn wir uns also diesem wissenschaftlichen Weltumgang, der auf Descartes beruht und diese lange griechische Tradition hat, allein anvertrauen und den Hinweis des Aristoteles auf die Wahrnehmungsebene und auf die Gültigkeit von unmittelbarer Wahrnehmung nun auch noch verwerfen, obwohl das schon also verhältnismäßig schwach genug gewesen ist.

Er fragt, ob wir noch immer unbewusst der Richtung folgen, in die Platons Finger weist und überall nach dem Heiligen Ausschau halten, nur nicht in der realen Welt. Also, das ist eine, glaube ich - unter dem Gesichtspunkt jetzt der Welthaltung und der Umstimmung in der Welthaltung - eine sehr weitgehende Formulierung. Er sagt: Letzten Endes sind alle Diskussionen über Moral und Ethik in der Wissenschaft praktisch sinnlos, solange die Welt des Intellekts als getrennt von der physischen Welt angesehen wird. Dann, dann – also, das bringt da nichts, weil - die Entscheidung ist mit der jeweiligen Feststellung - ist gefallen. Also, diesen Hinweis: Dass man es dann nicht einholen kann – egal, ob man sich verantwortlich fühlt oder nicht – den gibt er auch. Das Wesen unseres Selbst, sagt er, nur in Begriffen zu bestimmen, die mit der analytischen Aktivität des Neokortex korrespondieren – also, mit dem Großhirn und seiner Speicherkapazität - heißt, ein unerträgliches Dilemma schaffen, nämlich: Wie können wir uns allein auf abstraktes Denken konzentrieren, wenn der Rest unseres Gehirns, unser Bewusstsein mit Gefühlen, Gemütsbewegungen und Instinkten überflutet - übrigens umso mehr überflutet, je mehr wir uns also die Welt natürlich gefährlich einrichten? Er sagt nicht direkt, dass der Angstpegel steigt - er sagt nur, dass die Desorientierung zunimmt, aber das hat das natürlich zur Folge.

Unmittelbar zuvor steht bei ihm, dass die Bedeutung der zunächst speziellen Heisenberg'schen Unschärferelation – also, dass wir, wenn wir da irgendeinen Gegenstand im subatomaren Bereich erforschen: Dass wir also den Zusammenhang gleich stören durch den Eingriff. Ich will das jetzt nicht weiter ausführen, die meisten haben davon gehört.

Er sagt, das hat in Wirklichkeit gesamtgesellschaftliche Bedeutung. Uns ist nicht genügend klar, dass wir es mit der Natur, wie sie wirklich ist - bei unserer Art technologischer Eingriffe und bei den Rückmeldungen, die wir da kriegen - gar nicht mehr zu tun haben, dass wir also sozusagen im Großen auf Heisenberg'sche Unschärferelation fahren, aber ohne uns dessen bewusst zu sein - dass also es hier unvermeidlich ist, dass die Sachen da mit uns durchgehen. Der abgesonderte Beobachter fühlt sich frei und berechtigt, eine Menge Experimente und Manipulationen durchzuführen, die ihn ohne die intellektuelle Loslösung vielleicht nie in den Sinn gekommen wären. Das heißt - er sagt: Indem wir das gar nicht wissen – mit dieser Unschärfe - dass wir - dass unser Eingriff jeweils schon in der Naturerkenntnis selbst enthalten ist, auch im Großen - sonst würden wir gar nicht die Hybris aufbringen so großer Eingriffe, von denen wir gar nicht wissen, was die Folge sein wird. Und er fragt nun also, ob wir in der Lage sein werden am Schluss dieses ganzen Kapitels, uns eine Ordnung zu geben, die der Chaotisierungstendenz angemessen ist, die aus diesen ganzen Dysfunktionen hervorgeht. Also, dass sozusagen uns - an allen Stellen scheinen die Dämme zu reißen und wir wissen gar nicht, wohin wir zuerst greifen sollen, um etwas zu verhindern. Also, er fragt, ob wir eine Ordnung hinkriegen könnten, die auf die Bewältigung dieses ungeheuren Krisenpotenzials vorbereitet wäre. Er meint, wir sind lächerlich unvorbereitet - und meint damit: Wir haben eine Schönwetter-Demokratie in

Amerika, die also der eigentlichen Herausforderung so nicht gewachsen wäre - die Dämme werden brechen. Indem ich das sage, hoffe ich nicht etwa darauf, sondern schlage zwei Dinge vor – also, er hofft nicht etwa, dass die Dämme brechen, sondern - wenn es so weitergeht: sie werden brechen; schlägt zwei Dinge vor:

Erstens: Voll ins Auge zu fassen, was auf uns zukommt - und das ist wieder das ganze Thema – also: Wie kommen wir zu richtigen Informationen, wie erreichen wir, dass wir uns nicht mit Stuss zuschütten?

Zweitens: Wie können wir rechtzeitig eine Linie aufbauen, die dann standhält sozusagen - auf die konventionelle Weise das aufhalten zu wollen: Das ist eben ziemlich aussichtslos. Al Gore ringt jedenfalls deutlich mit den Problemen, vor denen wir da stehen.

Die Maschinen der Ablenkung, sagt er, zerstören allmählich die innere Ökologie der menschlichen Erfahrung – also, dieser ganze Prozess, der das Durchbrechen der wirklichen Erfahrungen und der richtigen Informationen stört. Und wir verlieren damit sowohl die Rückverbindung zur Vergangenheit, in uns selber vor allem, und wir zerstören auch das Engagement für die Gemeinschaft - und wenn das beides kaputtgeht, dann können wir uns natürlich nicht zusammenfinden, um die notwendigen Lösungen vorzubereiten.

Und jetzt - weil es sonst zu knapp wird, werde ich, ehe ich über den Schluss spreche, über seine Lösung, auf die für meine Begriffe entscheidende Lücke aufmerksam machen - die er allerdings zwischen dem, was er jetzt gesagt hat, als Zugang, und den Schlussfolgerungen hat, weshalb – was, glaube ich, die Gesamtaussage des Buches dann schwächt. Nur - wenn ich das hinten anhänge jetzt, dann schließt sich wahrscheinlich der Kreis nicht mehr genug.

Ich will also jetzt einmal die Darstellung - ich war bisher fast völlig bei Darstellung - einmal kurz unterbrechen, um gar nicht sehr ausführlich auszuführen, wo ich das Problem sehe.

Also, er hat auf den Feldern der Politik und der Ökonomie und der Technologie - er hat eigentlich nur als kritisch behandelt: Probleme der Störung im Informationsprozess auf der jeweiligen Ebene - und hat die in Zusammenhang gebracht damit, dass wir unter wachsend Angst erregenden menschlichen Verhältnissen leben und dass wir - also, dass unser – durch die viele Technologie – unser Naturverhältnis heftig gestört haben.

Aber dass es so eine Struktur gibt wie diese Megamaschine - die ein anderer Amerikaner, Lewis Mumford, schon in den 50er und 60er-Jahren für Amerika analysiert hat - das behandelt Al Gore überhaupt nicht. Er geht optimistisch dafür aus, dass Privateigentum, Kapitalismus und Demokratie in sich überhaupt keine Probleme enthalten, obwohl – also, beispielsweise, was die Demokratie betrifft, er selbst zahllose Hinweise darauf gibt, dass der - praktisch der technologische Prozess auf allen Gebieten, der techo-ökonomische Prozess – also, der ist ja der Erzeuger dieser Störungen. Und er glaubt einfach sozusagen, dass durch eine idealistische politische Anstrengung vor dem Hintergrund des amerikanischen Traums – also, wenn man die besten Kräfte und Motive, die die Gründerväter in diese amerikanische Unabhängigkeitserklärung und in ihre Verfassung gesteckt haben: Dass das uns helfen wird, praktisch diese Probleme, die er dort lösen würde, möchte – also, einigermaßen, wenn nicht aus der Welt zu schaffen, so doch beiseite zu drängen. Das heißt - also, die megamaschinelle Struktur, mit der er hier umgeht, die ist ihm überhaupt nicht klar. Und ich will einmal nur - um es nicht mit eigenen Worten, sondern einmal mit Lewis Mumford anzudeuten – kenntlich machen, er hat – Mumford – ich glaube - muss einmal gucken, ob ich die Zahl gleich finde – 626, glaube ich – ach, ich werde wahrscheinlich kürzer, wenn ich einfach erzähle, was Mumford darstellt: Mumford stellt dar, wie insbesondere in der Anstrengung, den Faschismus abzuwehren - und vor dem Hintergrund dessen, dass der amerikanische Präsident für die Zeit, für die er gewählt ist, eine ungeheure Macht um sich versammelt und dass also Roosevelt sehr starke Entscheidungen damals treffen könnte. Mumford zeigt sehr ausführlich, wie also unter dem Druck der Megamaschine, die von Hitlerdeutschland her drohte, die Reste der demokratischen Struktur in der amerikanischen Gesellschaft sowohl auf politischem als auch auf ökonomischem Gebiet abgedrängt worden sind und man eine Konzentration der Anstrengungen auf diese – also, sozusagen auf eine - auf das Manhattan-Projekt praktisch zustande gebracht hat. Da ging es dann nicht nur um die Atombombe, sondern überhaupt darum, alle Kräfte der amerikanischen Gesellschaft über die politische Instanz - die dabei übrigens viel stärker geworden ist als sie in Amerika vorher gewesen ist - auf diese Aufgabe, Hitler niederzuwerfen:

Dass sie darauf konzentriert worden ist. Und Mumford zeigt also, wie viel von den Resten der ursprünglichen amerikanischen Kultur – also, dieses amerikanischen Traums auch - die dem 19. Jahrhundert noch standgehalten hatten, innenpolitisch gesehen: Wie viel davon – also, dann zusätzlich Mc Carthy – also, diese anti-kommunistische Hysterie – dazu - wie das alles zusammen also dazu geführt hat, dass dieses megamaschinelle Syndrom von Amerika Besitz ergriffen hat. Und sein »Mythos der Maschine«, Mumfords Buch: Das ist ja gerade von dem Entsetzen über diese Konstellation bestimmt gewesen und – also, diese gesellschaftliche Problematik, die ist bei seiner psychologischen Analyse, wo er von Dysfunktionen im Sozialbereich und in der Gruppe, Familie und so spricht: Das ist alles, was er über die gesellschaftliche Struktur eigentlich sagt. Das andere sind - dass die Konzerne da sind, dass man mit denen umgehen muss, dass es politischen Lobbyismus gibt und so, das sind für ihn also Selbstverständlichkeiten: Das sind Faktoren, die sind im Spiel. Aber der Zusammenhang - dass das eine Gesamtstruktur, eine Systemstruktur ist, die man also punktuell überhaupt nicht in den Griff bekommt: Das ist außerhalb des Wahrnehmungsfeldes von ihm geblieben, sodass er praktisch sich – also, der Gipfelpunkt der Analyse und der Hoffnung ist diese Capra-Analyse – also, diese New-Age-Physik, die in meinen Augen in sich selbst etwas Wahres enthält. Also, das, was ich hier vorgetragen habe über die Ökologie des Geistes, halte ich in sich selbst für richtig, nur - wenn es damit einhergeht, dass die wirkliche Struktur des Problems, die tatsächliche Sozialstruktur der amerikanischen Gesellschaft, die von diesem supermächtigen Komplex zusammengehalten ist: Dass die verschwindet - das heißt, wenn es so ist, dass der Al Gore in der Hinsicht einfach blindes Mitglied des Establishment, dieser Megamaschine ist, als Kongressabgeordneter und als Präsidentschaftskandidat und so – also, dann ist es schon richtig, was manche sagen: Dass New Age ablenkt. Also, dann wird eine Teilwahrheit - eine wichtige Teilwahrheit - so eingesetzt, dass sie die eigentliche Gefahr immer noch heruntertransformiert und verschleiert. Und wenn wir jetzt am Schluss zu seinen Konsequenzen kommen, zu dem Vorschlag, den er macht, dann wird man sehen, was es bedeutet, wenn dieses - wie ich eben angedeutet habe: Ausgeklammerte – wenn das: Das steht in seinem Buch einfach nicht drin alles – also, man müsste ihn bitten, einfach - es kommt auch in der Literatur nicht vor - man müsste Al Gore bitten, sich einmal mit

Mumfords Buch – vielleicht schreibe ich ihm das einmal – mit Mumfords Buch zu konfrontieren. Wenn er das – also, und es ist ein Mann - wenn er das brächte - ich meine jetzt: Wenn er es in seinen Zeitplan - wenn er es brächte, das zu machen: Er wäre bereit, sich darauf einzulassen – also, das ist ein integrer Mann; die Erfahrung habe ich mit seinem Buch gemacht. Es würde sich also lohnen - aber wir werden jetzt sehen, was einfach passiert, wenn man das nicht macht. Ich kann es nur noch andeuten, weil ich nicht allzu sehr überziehen will.

Das 14. Kapitel, das ich kurz behandeln kann, das ist jetzt überschrieben - und zwar, nachdem - die Überschrift jetzt ist: »Die Wiederherstellung des Gleichgewichts«, und da kommen halt zwei Kapitel, die das behandeln.

Ein gemeinsames Ziel das erste - und das zweite: ein globaler Marshallplan. Und dann kommen Schlussfolgerungen, wo er sich auch zu seiner persönlichen Odyssee bekennt – also, zu dem Prozess, in dem er sich geistig befindet – also, ein Schluss des Buches, das noch einmal darauf hinweist: Der Mann lohnt sich, der nimmt es ernst auch mit sich selbst. Der arbeitet an seiner inneren Umgestaltung auch. Aber diese beiden Schlusskapitel, ehe dann dieser Abschluss kommt, der Epilog kommt, handeln von Folgendem.

Der erste, da geht es um ein gemeinsames Ziel. Und hier spielt eine Rolle, dass er noch ein Moment des amerikanischen Traums mobilisieren will, nämlich - er sagt: Amerika ist nicht nur individualistisch, Amerika ist - in seinen Gründerzeiten: Die sind nämlich als Gruppen gekommen - auch kommunitaristisch, und es gibt jetzt eine ganze Welle von Denkern - Robert Bella zum Beispiel, in den Vereinigten Staaten, McIntire heißt ein anderer - die also praktisch danach fragen: Wie könnte denn unter den Bedingungen der Zersplitterung der Gesellschaft dieser Gedanke der Gemeinschaftsbildung - sie stellen es allerdings nicht auf Kommune, sondern auf Nachbarschaften ab, aber - wie könnte – also, sozusagen - das Gewebe, das soziale Gewebe der Gesellschaft wiederhergestellt werden? Und das spielt hier mit, wenn er sagt: Ein neues gemeinsames Ziel, das ist natürlich nur zu haben - und er spricht zuerst für Amerika und dann für die Welt -

Wenn das überwunden wird - und übrigens auch, wenn man mehr unternimmt, um das soziale Unrecht zu bekämpfen, sowohl, ich meine er hat dann wahrscheinlich Illusionen, wie das besonders für die Dritte Welt zu machen ist und Amerika ist ja auch viel mehr Zwei-Drittel-Gesellschaft als wir hier. Aber den Punkt sieht er, dass also die Zuspitzung sozialer Gegensätze im Innern natürlich diese große Aufgabe, das gemeinsame Ziel, nur behindern könnte. Er wendet sich auch gegen die Korruption, die die klaren Verantwortlichkeiten verschmutzt, die auch in der amerikanischen Gesellschaft vordringt - und insbesondere eben gegen die Duldung sozialen Unrechts, und zwar da – also, deswegen: »Allianz für den Fortschritt«, auch noch einmal, was die Dritte Welt betrifft - als Absicht, die Intention jedenfalls steht da. Und - worum es aber geht bei diesem gemeinsamen Ziel: Das ist - man muss ja eine Vision haben, einen Punkt haben, um zustandezubringen - um dafür sorgen zu können, dass die Abwehr der ökologischen Krise - das ist hier die Formel - zum zentralen Organisationsprinzip der Weltzivilisation wird, die Abwehr der ökologischen Krise zum zentralen Organisationsprinzip der Weltzivilisation. Das heißt, er schlägt eigentlich – also, erst einmal in der Formel schlägt er genau das vor, was ich in meiner »Logik der Rettung« auch einmal dargestellt habe: Dass man die Themen des sozialen Prozesses nicht integrieren müsste in der Richtung: Was haben wir in der Verteilung auszukämpfen im Lande, und dann: Was haben wir in der Verteilung auszukämpfen mit den Japanern, mit der Dritten Welt und so, und dann - dritter Punkt: Ökologie, sondern – umgekehrt: von der Ökologie über die internationale Situation - Gerechtigkeit, zur Gerechtigkeit im Innern im eigenen Lande. Also, das empfiehlt er eigentlich, er sagt – also, zum zentralen Organisationsprinzip der Weltzivilisation machen, das heißt: Alle anderen Politiken und policies von dort her aufbauen. Gut soweit, der Gedanke - und dann kommt die Idee eines globalen Marshallplans und der Einstieg in die Argumentation. Und jetzt wird es also im Hinblick auf das Ausgelassene spannend - das ist: Dass er genau an die Erfahrungen anknüpfen will, um die Kräfte jetzt zu konzentrieren und diese Herausforderung zu bewältigen, die Mumford als sozusagen das verhängnisvolle Erbe der Auseinandersetzung mit dem Hitlerfaschismus konstatiert hat – also, was die Amerikaner da hineingenommen haben. Es ist mit Mumford darüber zu reden, ob da nicht auch autochthone Tendenzen in diese Richtung gegangen werden - in Amerika sowieso, aber – er lässt sich auch darauf ein, übrigens – er sagt: Was sonst hundert Jahre gedauert hätte - in einem Jahrzehnt, in dieser Konfrontation, ist das gemacht worden. Und Al Gore sagt nun – also, die Amerikaner haben im

Kampf mit dem deutschen Faschismus einmal bewiesen, dass sie zu so einer Generalmobilmachung, zu einer Mobilisierung aller Kräfte und zur Durchorganisation – also, sie haben damals den Kampf, den Sieg über Hitler zum zentralen Organisationsprinzip gemacht bei sich. Und so müsste man mit der ökologischen Krise umgehen - wohl wissend, dass wir jetzt sozusagen selbst der Feind sind, der im eigenen Lande steht. Also, er sieht schon: Das ist also eine Sache in uns selber, die Kräfte ringen in uns - aber er will dieses Prinzip übernehmen. Das ist sein erster Hinweis – also, sein politischer Einstieg in diese ganze Debatte. Und sein zweiter ist also die Erinnerung an den Marshallplan, wo er sagt – also, damals haben es die Amerikaner allerdings noch verhältnismäßig leicht gehabt, weil sie – also, es waren ja ihre Vettern, die jetzt durch den Krieg so zurückgeworfenen Vettern, aber - es gab einen Konsens über Demokratie und Fortschritt und Technologie - und vor allem gab es einen Konsens über die Abwehr des Kommunismus. Ist übrigens die zweite blinde Stelle bei Al Gore, glaube ich - neben der Frage mit der Megamaschine - dass er nicht erkennt, dass die Despotismen überall sonst in der Welt, die politischen Katastrophen, die man da sehen kann und auch was Faschismus und Realsozialismus betrifft: Dass das Schatten sind. Das könnte er sozusagen bei seinen psychologischen Studien mitgekriegt haben, dass das – wie gründlich das mit uns zu tun hat: Aber das sind aie anderen - und wir haben jetzt gewonnen. Allerdings leitet er gerade aus dem Sieg, in dem Ost-West-Konflikt jetzt, ab, dass man zu etwas - mit dem Marshallplan, meint er damit - dass man zu etwas Ähnlichem verpflichtet wäre. Und diesmal geht es also um die ökologische Krise dabei, um deren Bewältigung. Und es wird - das ist eben – nein, ich will es erst einmal zitieren, ist besser, nicht gleich kommentieren – also, was er darunter versteht, unter diesem Marshallplan - das ist gewissermaßen so etwas wie der Marshallplan, gewissermaßen jetzt – versteht: Ein globales Hilfsprogramm ist heute dringend vonnöten, an Umfang und Komplexität wird ein solcher Plan das Vorbild bei weitem übertreffen. Er muss eine Kombination vielfältiger Maßnahmen umfassen - umfangreiche, langfristige und sorgfältig zielgerichtete finanzielle Hilfen an Entwicklungsländer, gewaltige Anstrengungen zur Entwicklung neuer Technologien, die für dauerhaften wirtschaftlichen Fortschritt gebraucht werden, und ihr Transfer in die armen Länder, ein weltweites Programm zur Stabilisierung der Bevölkerung - Zahl ist da gemeint - und bindende Verpflichtung der Industrieländer, die eigene Umstellung auf eine umweltverträgliche Lebensweise zu beschleunigen.

Also, das ist der Inhalt dieses Marshallplanes - und was einfach auffällt, ist, dass auf dieses neue Ziel hin - was nun viele Umstellungen im Einzelnen natürlich verlangt - das neue Ziel hin, aber - es geht darum, die Megamaschine umzuprogrammieren auf diese Sache. Entwicklungspolitik ist gut – Punkt 1 bei ihm - und dann sieht er - und dann kommen ganze Passagen, wo er zeigt, was aber damit schief gegangen ist und dann - bessere Entwicklungspolitik, aber von demselben Subjekt aus, von der – also, praktisch einfach von der Struktur, von der realen Sozialstruktur und Technostruktur, die die amerikanische Gesellschaft und die diese westlichen Länder halt haben – also, Deutschland und Japan und – also, Westeuropa - alles das. Das heißt also, dass praktisch der soziale Organismus, der die – also, der die weltweite Katastrophe doch verursacht, die die Ökokatastrophe und die ökosoziale Katastrophe weltweit verursacht: Dass der Al Gore ihm zutraut - und durch das punktuelle Herangehen, indem er die einzelnen Sachen für sich so - da fragt er nach Politiken, macht er sich das möglich: Dass er glaubt, auf dieser Grundlage, auf diesem Fundament könne man ändern. Das Fundament bleibt unangetastet und es soll dann eine Rettungspolitik geben. Das Seltsamste ist, dass er angesichts der Misere, in die Amerika durchs Wettrüsten geraten ist und in die Verschuldung - dass er fertig kriegt zu schreiben: Heute können die USA verständlicherweise nicht die Hauptgeldgeber für ein weltweites Hilfsprogramm sein. Er meint nicht, dass sie nichts geben sollen, aber - nicht die Hauptgeldgeber, wir geben schon zuviel, für die UNO unter anderem, heißt es immer bei denen, und: sie können wichtige Entscheidungen nicht allein oder nur mit einem engen Verbündeten treffen. Die Finanzmittel müssen heute aus Japan, Europa und den wohlhabenden Ölförderländern kommen. Er meint nicht, dass nichts aus USA kommen soll, aber - das ist die Botschaft, natürlich, vor allem für Amerika auch.

Ich will dann damit schließen, dass ich noch kennzeichne, welche Hauptlinien jetzt also das strategische Ziel dieses Marshallplans sein sollen. Und ich will vorher sagen – also, die haben mehr Kontakt mit diesen ersten vier oder fünf Bedrohungen, als man unmittelbar manchmal sehen kann - weil es nämlich darum geht, sozusagen die Gesamtbedingungen dafür zu schaffen, dass diese Belastung auf der Erde zurückgenommen werden kann. Das ist der Hintergrund für die fünf Strategien, die aber noch einmal kenntlich machen, natürlich auch, wie man vor dem Hintergrund der Megamaschine zu sehr auf technokratische - von oben – Strategien, natürlich, verfällt, weil dann wenig anderes übrig bleibt.

Das erste strategische Ziel sollte die Stabilisierung der Weltbevölkerung sein, sagt er - und dann tritt er nicht ein für repressive Geburtenbeschränkung oder so, sondern - weil man nun herausgekriegt hat, was da am wirksamsten ist: Das ist Alphabetisierung, und in dem Zusammenhang - das geht natürlich nur, wenn die soziale Situation überhaupt aufgebessert wird, sonst klappt das nicht - und das ist die Senkung der Säuglingssterblichkeit. Wieder die Frage – also, wie kann man - das ist ja eine Sache, die nicht bloß durch ein paar Hygienemaßnahmen zu machen ist, sondern die die gesamten Lebensverhältnisse dort betrifft - und dazu dann Kondome und Pille und dergleichen. Also, so stellt er sich die Stabilisierung der Weltbevölkerung vor, als - durch eine intelligente, nicht repressive Politik also.

Das zweite strategische Ziel, die schnelle Schaffung und Entwicklung ökologisch angepasster Technologien - und da einfach dadurch, dass die Regierungspolitik – also, was die Aufträge betrifft und auch, was die Steuerpolitik – also, die Finanzpolitik betrifft: Dass das heftig umgeschaltet wird - dass also der größere Teil der Steuern im Extremfall dann also die Prämie für neue Technologien, für die Einsparung von Material, für die Senkung von vor allem der Kohlendioxidabgabe usw. ist - damit also die Atmosphäre geschont wird. Und was den Technologietransfer betrifft: Da will man also die Technologie hingeben gegen ökologische Entlastung, dass die in Brasilien also aufhören, den Urwald zu roden und will - also, er will diese Schuldenproblematik – also, dass Schuldenerlass unvermeidlich ist, das sieht er. Das ist einfach - wer also das Gesamtfunktionieren der Formation, der kapitalistischen, im Sinn hat, der weiß auch, dass das so nicht weitergeht.

Das dritte strategische Ziel sollte eine umfassende allgemeingültige Veränderung der wirtschaftlichen Spielregeln sein, mit der wir die Auswirkung unserer Entscheidung auf die Umwelt messen. Das ist das schon erwähnte – also, wie kriegt man das Bruttosozialprodukt so umdefiniert, das es nicht im Gegenzug zu dieser ökologischen Wende arbeitet?

Das vierte - das ist die Aushandlung und Verabschiedung einer neuen Generation internationaler Abkommen. Also, hier geht es darum - auf der Linie, wo der Brundtland-Bericht gearbeitet hat – also, Entwicklung im Sinne jetzt: Wie kann man den Lebensstandard in der Dritten Welt so anheben, dass das auch mit der Bevölkerungsbegrenzung geht – Entwicklung und Umwelt halt – und wie kann man da die Interessen Erste Welt - Dritte Welt austarieren?

Was er da nicht behandelt, ist, dass man natürlich auf diesen Konferenzen immer nur mit den herrschenden Schichten der Drittweltländer zu tun hat, die eigentlich eine westliche Agentur sind.

Das fünfte strategische Ziel schließlich ist der Aufbau eines kooperativen Bildungsplans für die Aufklärung der Weltbevölkerung über die globale Umwelt – also, noch einmal dieses Informationsproblem – also, wie erreichen wir, dass die Bedrohung, die bis jetzt noch nicht einmal die Amerikaner richtig begriffen haben - sagt er auch - dass das also weltweit hinlänglich bekannt wird. Und übrigens setzt er Hoffnungen darauf, dass in den Entwicklungsländern – also, wie er das halt nennt: in den unterentwickelten Ländern - dass dort die soziale Krise und die ökologische Krise – etwa, wenn das Holz knapp wird und die immer weitere Wege haben, um sich überhaupt für den Kochtopf noch etwas zu besorgen - dass der sozialökologische Zusammenhang da sozusagen greifbarer ist und dass die Aufklärung vielleicht sogar schneller geht dort. Und es wird in einem parallelen Buch hier – also, die arbeiten schon zusammen - wird direkt darauf hingewiesen, auch, dass ungefähr eine Million Menschen in solchen Überlebensinitiativen eigentlich organisiert sind - und das wird hier positiv behandelt. Und das denkt Al Gore auch – also, es ist dort eine Aufgeschlossenheit da, was die Menschen der anderen Kontinente betrifft.

Das allgemeine umfassende Ziel des Plans also nach diesen fünf Punkten sollte sein, besonders in den Entwicklungsländern die sozialen und politischen Voraussetzungen zu schaffen, die der Entstehung einer nachhaltigen Gesellschaftsordnung am ehesten dienlich sind. Und er spricht eben von den sozialen und politischen Voraussetzungen, weil er weiß: Unmittelbar ist das Ökologie-Thema dort gar nicht angehbar, wenn es nicht über diese Sache vermittelt ist. Er weiß, dass das Problem auch in den entwickelten Ländern existiert, aber dort ist es wirklich also entscheidender.

In dem anderen Buch – hier, von Lester Brown, die also wohl kooperieren - gibt es einen Hinweis, der ganz wichtig ist: Nachdem also das ja hier vorwiegend doch ökonomische, politische und administrative Strategien sind, die in diesem Marshallplan eine Rolle spielen sollen - auch ein großes SEI-Projekt ist vorgesehen, SEI gegen SDI - das war diese strategische Verteidigungsinitiative, Defense, das »D« - und wenn es dann hier heißt: »SEI«, dann ist gemeint: Environmental – also, »strategische Umweltinitiative« – also, um diese ganzen Technologien und so herbeizuschaffen. Aber was hier steht bei Lester Brown, das würde sich der Al Gore wahrscheinlich als Kritik anhören:

»Die Erreichung des Ziels einer dauerhaften Gesellschaft hängt davon ab, den Motor der Wirtschaftsentwicklung, der im vergangenen Jahrhundert unermüdlich den Globus umgestaltete, in eine neue Richtung zu lenken. Obwohl sie notwendig sind, werden wirtschaftliche Instrumente, wie die in den vorhergehenden Kapiteln - die behandeln hier alles, was Al Gore auch behandelt - in den vorhergehenden Kapiteln ihres Buches, die da behandelt worden sind, ohne begleitende große politische Veränderungen kaum effektiv sein. Letztlich dreht sich der Kampf um eine lebensfähige Welt, um die Überwindung von Konzentrationen wirtschaftlicher Macht, um das universelle menschliche Verlangen nach politischer Gestaltungsmöglichkeit und um den Kampf für Menschenrechte und Menschenwürde.« Das heißt, die sind sich hier darüber klar, dass das eigentlich revolutionäre Veränderungen sind, um die es sich handelt - und ich denke, dass sich Al Gore über diese Sachen im Grunde genommen auch klar ist, dass er zumindest dicht dran ist, dass aber eben das Verständnis für die – also, für den dichten Kern eigentlich der Katastrophe für die Sozialstruktur, für Gesellschaft als Megamaschine: Dass ihm das wahrscheinlich noch bevorsteht.

Ich denke, dass es vielleicht gut ist, am Schluss noch einmal daran zu erinnern, dass die indianische Weltsicht, auf die sich in Amerika – also, die Antennen doch mehr und mehr ausrichten jetzt: Dass diese indianische Weltsicht mit derselben Grundproblematik völlig anders umgeht als Al Gore, der mit Bedrohungsanalysen und Gegenstrategie – SEI – also, Gegenstrategien vorgeht. Die gehen davon aus, dass also zwischen Mensch und Erde, Mensch und Kosmos also eine ursprüngliche Entsprechung da ist, die durch alles bei uns hindurchgeht und dass wir angesichts der jetzigen kulturellen Krise also erst einmal in unserer Gottähnlichkeit - was das technische Bewältigenkönnen der Krise betrifft - kapitulieren müssten. Das ist also eine völlig andere Grundhaltung, die darauf hinausläuft: Lasst uns nicht die Megamaschine dazu benutzen – also, vielleicht mit ihr im Bunde - das doch noch aufzufangen - denn das ist Al Gores Strategie, so - sondern lasst uns das Empire State Building krümeln. Das ist ja dieses Repräsentativgebäude da in New York, das so den amerikanischen Traum - neben der Freiheitsstatue - so symbolisiert. Lasst es uns krümeln - lasst uns also wirklich in die dezentrale Richtung gehen. Andeutungsweise ist er dafür, aber - er rechnet mit der Finanzbeschaffung für diesen riesigen Marshallplan durch den Output der großen Maschine. Und da also wäre es wahrscheinlich - ich sage es deshalb, weil es denkbar ist, weil die letzten beiden Kapitel seines mittleren Teils über die Psychologie in der Familie und Gesellschaft und über die Ökologie des Geistes - da könnte sich eine Tür öffnen und man würde wahrscheinlich dasselbe noch einmal neu bedenken. Ich sage das nicht in der Illusion, dass dieser Versuch, mit der Megamaschine die Krise aufzuhalten - dass der dadurch ausfallen würde, sondern - man könnte also wahrscheinlich einen besseren Pfad finden, auch für die allernächsten Jahre, wenn wir – also, wenn das, was an dem amerikanischen Traum - Wir machen das schon! - was in uns allen drinsteckt, den haben die aus Europa auch mitgebracht - wenn wir davon noch etwas fallen ließen, glaube ich gar nicht, dass sich die Aktivitäten abschwächen würden, sondern im Gegenteil -also wir brauchten eine größere Gelassenheit auch angesichts der Gefahr. Und da ist es eben einfach wichtig mir gewesen, am Ende noch einmal darauf hinzuweisen, dass Al Gore nicht das ganze Amerika repräsentiert - dass die Indianer in der ökologischen Krise mindestens ebenso viel, wenn nicht sogar noch mehr wiegen, so geschwächt sie durch den historischen Prozess sind.

Danke.

(Beifall)

Diskussion

R. Bahro:

Ich habe zu lange gepredigt, offensichtlich. Ja, jetzt könnte etwas kommen.

Zuhörer:

Es geht also in die Richtung, wenn man vernünftig denkt - wie viele attraktive Leute, die tief nachdenken, sagen: in die Richtung dezentraler Strukturen. Jetzt kriege ich eine Postkarte zur Europawahl, irgendwann im Juni - (unverständliche Wiedergabe) was da los ist - (unverständlich).

R. Bahro:

Na ja - ich meine, vor dem Hintergrund der heutigen Vorlesung – also, des Stoffs, meine ich einfach, den ich vorwiegend ja referiert habe, ist das nicht problematisch.

Also, der Al Gore würde einfach sagen: Auf allen Ebenen, auf denen halt Politik zusammengefasst wird, sei es die Ebene der Kommune – also, jetzt - ich meine, der Gemeinde - sei es die Ebene des Bundesstaats, sei es die Ebene der USA oder jetzt Deutschlands, der EG und so: Auf all diesen Ebenen müssen die entsprechenden – also, Reorientierungen stattfinden und dann lohnt sich das - und besonders in Europa; man könnte also die Kompetenzen des Parlaments gegenüber der Brüsseler Bürokratie erhöhen und so fort. Aber was ich ja denke, ist, dass – also, die Ausdehnung des gemeinsamen Marktes beispielsweise vermehrt das Transportvolumen um ungefähr 60 % und das heißt also einfach, dass sich die ökologische Belastung - mit den schönsten Politiken, die damit kombiniert werden können: Dass die zunimmt und dass es in meinen Augen einfach unsinnig ist, irgendwelche Zusammenfassung – also, irgendwelche größeren Organisationsformen weiterhin mit dem Austausch von Massengütern, von Material – also, diese riesigen Material- und Energieflüsse müssten eigentlich zurückgenommen werden und - bis jetzt ist das umgekehrt. Nur könnte man zugleich sagen – also, wahrscheinlich ist natürlich, dass auf allen Ebenen weiter etwas passieren wird, sowohl auf der Gemeindeebene wie auf der Kreis- auf der Bundes- und Europa- und internationalen Ebene wird natürlich etwas passieren. Und in letzter Instanz entscheiden natürlich Konsensumstellungsprozesse breiteren Charakters, die vielleicht manchmal gar nicht an einer Einzelfrage festzumachen sind, darüber, wozu was am Ende gut ist - also, dass es Dinge auf europäischer Ebene zu koordinieren gibt: Wenn die Luftverschmutzung beispielsweise an keiner Ländergrenze Halt macht - soweit ist es ja richtig. Nur, dass - der Punkt ist ja eben einfach - das ist, was ich zu Al Gore ja auch gesagt habe: Dass - die ganze EG ist eine Veranstaltung, die die nationale Megamaschine noch einmal um eins überhöht - und das ist das Problem. Ich denke allerdings, dass die Reform dann gar nicht in Brüssel und Straßburg, sondern dass - Brüssel und Straßburg können nicht besser sein - also, die spiegeln einfach wider, was die Nationalstaaten liefern und die Nationalstaaten wiederum spiegeln wider, was das Bewusstsein der Bevölkerung hergibt - auf längere Sicht. Auf kürzere Sicht sicherlich ist da – also, setzt sich einfach das Hergebrachte durch, aber – also, ich, -gut, ich gehe halt nicht wählen – privat – aber das ist keine Empfehlung zugleich, weil - ich sehe keinen Sinn in der Veranstaltung – jetzt, da in der Wahl. Aber wenn Sie das richtig finden zu wählen, habe ich absolut nichts dagegen - so.

Zuhörer:

Al Gore - sein Buch steht ja schon seit mehreren Jahren, seit Monaten, auf der Bestsellerliste. Wie schätzen Sie das ein, hier an Umsetzung seiner Idee - eigentlich in seinem Amt vorwärtskommt?

R. Bahro:

Bisher gar nicht.

Zuhörer:

Das ist ja recht niederschmetternd.

R. Bahro:

Nein, das würde ich nun nicht sagen. Also, ich meine jetzt einmal die Kritik an ihm weggelassen dabei, bloß betrachtet - also, wenn man so ein Programm hat wie er, so ein weitreichendes - und man wird dann bloß Vizepräsident - und die Clinton-Administration hat überhaupt erst einmal sich vorgenommen, die konservative, die republikanisch-konservative Ära da - Bush - zu beenden, dass da - also, ihm geht es ja nicht darum - ich weiß nicht, ich überblicke jetzt nicht, ob eine oder andere kleine Verbesserung in puncto Umweltgesetze herausgekommen ist. Aber das würde er auch nicht meinen - dass das das Ding ist, worum es geht, sondern - diese Neuformierung des politischen Feldes: Da, denke ich, konnte sich bisher nichts ereignen. Und es ist damit nicht gesagt, glaube ich, dass sich auch nichts ändern würde - wenn er es schaffen würde, Präsident zu werden.

Zuhörer:

Stößt er da an Grenzen - Sie hatten vorhin gesagt, ein Makel seines Werkes oder seiner Idee ist eigentlich, dass er die Megamaschine nicht beschreibt oder das Wirken der Megamaschine nicht erkennt: Kommt er da an die Grenze?

R. Bahro:

Ja, das wird ihn nun jedenfalls nicht daran hindern, Präsident zu werden, im Gegenteil, sozusagen - er kauft den Grundbestand, sozusagen, des Status quo - nämlich Privateigentum, Kapitalismus und so, das kauft er ein, sagt aber deutlich – also, es muss politisch beschränkt werden. Und was dabei wahrscheinlich herauskommt, sage ich jetzt einmal, was wahrscheinlich herauskommt, ist, dass natürlich die Megamaschine ihre grüne Seite herauskehrt – also, den Aspekt der Öko-Modernisierung, des Versuchs also, diese schlimmsten Dinge zu verhindern. Ich will nun nicht sagen, dass das ohne jeden - sagen wir - über unmittelbar lebensgünstigen Effekt jetzt läuft, während es auf die Dauer – also, meine ich, uns gerade nicht retten wird. Aber zunächst einmal also mittelfristig gerechnet, gebe ich dem eine Chance. Also, ich denke, dass sich die amerikanische Gesellschaft vielleicht mobilisieren lässt, wenn ihnen einmal richtig klar geworden ist - er ist übrigens ein guter Journalist, Al Gore, hat auch eine Weile so gearbeitet, das Buch ist so gut geschrieben - wenn denen einmal klar ist, dass es Folgen hat für Amerika, wenn das mit dem Urwald beendet werden sollte, mit dem Regen- Urwald völlig beendet werden sollte, dann – also, die Zustimmung ist einwerbbar für mancherlei Sachen - Amerika kommt dann mit dieser Mobilisierung, die wir ab 1970 hatten, 20 Jahre später. Aber es kann sein, dass das dort weiterführt – also, jetzt, weil das Schwungrad größer da -

Zuhörer:

Aber das berührt ja den Punkt, der vorhin auch schon von Ihnen angesprochen wurde: Dass er entweder in seinem Buch oder in seinen Überlegungen eben die revolutionären Umwälzungen, die ja irgendwo aus diesen Entwicklungen, aus dieser Krise ja irgendwo sich mittlerweile als einziger Lösungsweg eben herausschälen, entweder wirklich noch nicht sieht oder eben nur erahnt - oder eben halt in seinem Buch nicht erwähnt oder noch nicht durchblicken lässt und da ist er wahrscheinlich nicht nur guter Journalist, sondern auch guter Politiker, weil er ja eben auf den Konsens in der Bevölkerung nicht stoßen würde, wahrscheinlich - als Politiker - und eben nicht gewählt werden würde. Und insofern – also, ob er wirklich – also, ich würde sagen, er sieht, wenn er schon so weit geht - ich habe das Buch jetzt nicht gelesen, aber - aus dem, was ich in der Vorlesung eben entnehmen konnte: Wenn er so weit in seinen Gedankengängen geht, dann wird er wahrscheinlich auch irgendwo - zumindest im Hinterkopf - erkennen, dass es mit der Megamaschine eben so nicht weitergeht und eine Umwälzung in wie auch immer revolutionär gearteter Weise eben kommen muss.

R. Bahro:

Na ja - es ist erst einmal so, dass er den - dass er zu seinem Glück den Begriff nicht hat – also, wenn er in der Zeit, als er das Buch schrieb, den Mumford gelesen hätte, das hätte erheblich gestört und wäre sozusagen schade um sein Buch, so sozusagen – also, das ist schon erst einmal gut. Also, was er jetzt gemacht hat, ist, er hat - seine Kritik an den Zuständen hat er auf die Punkte konzentriert, wo er Konsens werben kann – also, auch die wissenschaftlicher sind, heute eigentlich damit einverstanden, unsere Art und Weise da Modellchen zu machen – also, da ist etwas faul damit. Also, das ist inzwischen sozusagen annehmbar, während - an den Grundstock, sozusagen, des amerikanischen Selbstverständnisses geht er nicht heran; er macht es eher so, dass er sagt - also, Mensch, wenn wir weiter dafür verantwortlich sind - und wir verschwenden ja am meisten (das gibt er schon zu), wir sind die größere Verschwendungsgesellschaft - und wenn wir weiter dafür verantwortlich sind: Das wird dem Ansehen Amerikas schaden – also, könnten wir uns da nicht - und so. Also, das ist diese – also, deswegen ja dann auch - der politische Gipfel ist ja, wo er dann schreibt – also, wir könnten der Welt noch einmal Hoffnung geben, letzte und beste –

also, ist - noch einmal bestätigen, dass wir das sind. Nur – also, wenn man aufs Ganze denkt - Friedrich Engels hat im »Anti-Dühring« irgendwo einmal geschrieben, dass das Schicksal sozusagen beliebiger historischer Initiativen auf den Nenner herauskommt, was keiner gewollt hat - und es ist möglich, dass - also, dass jemand, der nicht die Absicht hat, die Megamaschine wirklich ins Visier zu nehmen, doch etwas tut, was an der Sache etwas auflöst - was an der Sache etwas auflöst. Das ökologische Thema ist in sich selbst eigentlich so, dass die Leute lokal Verantwortung übernehmen müssen und der Punkt ist auch anerkannt - nur, dass er bis jetzt nichts gegen die großen Strukturen sozusagen vorhat – also, zumindest steht es nicht geschrieben, sondern - er will die Leute, die dort ... sind, dafür gewinnen, die neuen Entscheidungen in die richtige Richtung zu treffen. Und er hat ja nun mit den großen Haien, immer in den Ausschüssen und so, lange zusammen gesessen - und wahrscheinlich die Erfahrung gemacht, dass die privat vernünftiger sind als offiziell. Er berichtet auch, wie ihm in Ausschusssitzungen eine Wand gegenüberstand von Ablehnung, weil das nicht passte in die Konzernstrategien, die dort am Tisch versammelt waren, an der anderen Seite des Tisches. Aber man muss das sehen - ich meine, wenn man denkt, was Gorbatschow vorhatte und was dabei herausgekommen ist, das heißt – also, man - ich habe das auch deshalb heute mir vorgenommen gehabt, möglichst viel zu referieren, weil das Quatsch ist – also, immer gleich mit dem Besserwissen dabei zu sein. Ich sehe zwar diesen Punkt als schon eine wichtige Denkschwäche an – also, dass er das nicht auf seinen Weg - dass ihm das nicht aufgegangen ist, in welchem Molochsbauch er da arbeitet. Aber ich billige ihm da eine echte Naivität zu.

Zuhörer:

Na, ich nicht. Es ist auf jeden Fall sehr viel in die richtige Richtung gegangen. Es ist wesentlich besser, als - was Bush und Reagan jemals zustande gebracht hätten.

Zuhörer:

Es war gewiss ein glücklicher Einfall, an das Ende Ihrer Vorlesung eine indianische Stimme zu setzen.

Sie wissen aber, dass Sie da Unvergleichbares nebeneinandersetzen - von der Macht, von der Kraft, von der gesellschaftlichen Wirkung – jetzt, im Augenblick. Könnten Sie bitte noch etwas sagen, was hinter dieser indianischen Stimme steht? Was formiert sich da, welche Kraft ist da oder kann dort kommen?

R. Bahro:

Ich glaube, dass – also, dass Potentaten auch immer Unrecht haben, wenn sie wie Stalin sagen: Der Papst hat keine Divisionen - so will ich einmal sagen. Ich glaube, in der Hinsicht ist es mit dem Kräfteverhältnis so, dass die Amerikaner für das gegenwärtige herrschende Amerika nun wirklich keine Bedrohung darstellen, dass sich – also, da werden sich keine Kräfte gegen sie konzentrieren. Und Amerika ist voller schlechtem Gewissen, das offizielle Amerika auch, und sie – wenn es dann also um Uran geht (und das ist für den Kampf mit dem Kommunismus unerlässlich), dann werden sie halt verjagt. Aber wenn es geht, sucht man dann also irgendwelche Kompromisse. Also, es geht ihnen inzwischen etwas besser als in Südamerika - den nordamerikanischen Indianern insbesondere. Aber was die große Stärke der Indianer ist: Das ist ihre Prophezeiung des Weltuntergangs. Also, ich bin gerade dabei, ein Buch zu lesen, das heißt - das hat ein österreichischer Rakaketentechniker geschrieben, Josef F. Blumrich – das heißt »Kasskara und die sieben Welten« - und auf den ersten hundert Seiten schildert er einfach oder er gibt wieder die Stimme eines Mannes, der »Weißer Bär« oder so heißt. Das ist die Hopi-Überlieferung - wo unterm Strich eigentlich steht - von uns - wir sind bereits in der vierten Welt, jetzt - sie selbst – also, Amerika war für sie die vierte Welt. Uns sind schon drei Welten untergegangen, berichtet ihnen die Überlieferung - das berührt sich auch mit dieser Atlantis-Geschichte, da scheint etwas dran zu sein auch. Und immer fing das damit an, dass sich Leute unter uns überhoben haben und besser über den Großen Geist und dessen Ansprüche Bescheid wissen wollten - wo sie das Große entsprechend berichtigen wollten und so und sich nicht mehr an das halten wollten, was Sitte war – ist auch ein sehr konservatives Moment drin – was Sitte war, dann ist es auf irgendeine Weise passiert. Und es gibt dann Clans von uns, die verantwortlicher waren, zum Beispiel für den Feueruntergang unserer ersten Welt und dann für den Wasseruntergang, glaube ich, der zweiten, und so - und die sind jetzt nicht mehr so gewichtig bei uns, wir sind in diesem Zeitalter jetzt verhältnismäßig wichtig, weil wir früher keine so großen Verantwortungen hatten, sagt der. Und es kommt dabei heraus: Sozusagen die Symptome - alle Symptome, die man jetzt ablesen kann an der - wie heute der weiße Mann auf der Welt das Heft in der Hand hat - lassen darauf schließen, dass es schon sehr sehr spät ist für das, was bei ihnen die vierte Welt ist. Sieben sind es bei denen halt – und zwar sind das nicht Welten - also, das heißt nicht, dass eine neue Erde, oder so, sondern - das sind Welten auf der Erde – also, Zeitabschnitte auf der Erde. Und die Wahrscheinlichkeit des selbstgeschaffenen Weltunterganges öffnet natürlich die Seelen für das – also, noch gründlicher als in der Macht sind wir ja verschieden in unserer Einstellung auf die Wirklichkeit.

Es gibt einen deutschen konservativen Denker namens Werner Müller – das heißt, das ist - Blumrich heißt der Autor, J. F. Blumrich: »Kasskara und die sieben Welten« - ach so, was ich vergessen habe: Nach den ersten hundert Seiten - durch den Rest bin ich aber noch nicht hindurch - bringt dann dieser Österreicher historischen Stoff, der zeigt, dass diese Überlieferung da Hand und Fuß hat. Das berührt sich in manchem mit dem - wie heißt er denn schnell? Der immer die Kosmologiegeschichte da macht – wie? - Däniken, ja – es ist aber völlig unabhängig von dem Däniken seinen Sachen, bloß - er bezieht sich auch auf Sachen - da, in der Wirklichkeit der indianischen Stämme - die schon darauf schließen lassen, dass sie nicht spinnen, wenn sie sagen, sie seien da auch von großen Wissenden geleitet gewesen, die aus anderen Welten waren. Und zwar sind das keine christlichen Engel nun wiederum, sondern - das scheinen reale – also, nach der Überlieferung zumindest handelt es sich um andere Leute, gewissermaßen, die nur in einer anderen Weise in der Welt sind. Und ich habe jetzt gerade noch erwähnt: Da gibt es ein Buch von Werner Müller über indianische Welterfahrung, das also kenntlich macht, dass wir nicht erst seit Platon, sondern schon seit den Ioniern – also, seit der ionischen Naturphilosophie - andere Wege gehen – also, Wege, die darauf hinauslaufen, das Universum belehren zu wollen, verbessern zu wollen, das Universum! - statt zu sagen: Wir müssen entsprechen der großen Einrichtung, die da gegeben ist.

Zuhörer:

Im Rahmen unserer Vorlesung, die wir hier hören, war das heute das erste perspektivische Modell, das also in die Zukunft zu weisen versucht - offenbar angeregt von dem, was die Bibel sagt: Ein Volk ohne Vision geht unter.

Ich kenne das Buch nicht – habe es heute zum ersten Mal vorgestellt bekommen, dafür herzlichen Dank. Nach meinem bescheidenen Dafürhalten war das, was wir gehört haben, mit Sicherheit keine Vision - vielleicht war es eine Utopie, eine programmatische, ökologisch angetörnte Utopie: nichts dagegen. Wohl dem, der das macht, der das zu Papier bringt, der das anderen auch versucht, weiter zu vermitteln, aber - zu einer Vision gehört schon auch der Versuch, dem Leser - den Autor - den anderen zu vermitteln: Es ist realistisch möglich, wenn wir zusammen diesen Weg gehen, den ich vorschlage. Und dazu ist es meiner Meinung nach notwendig, Beispiele kleinerer Art mit in diese Vision einzubauen bzw. in die Utopie einzubauen. Und da, würde ich meinen, hilft ein anderer, der vier-Jahre vor dem amerikanischen Vizepräsidenten geboren ist: Der Enkel von Jakob von Uexküll, nämlich Jakob von Uexküll, der den alternativen Nobelpreis gedacht und geschaffen hat und jetzt da sowohl Einzelleute, die den neuen Weg zu gehen versuchen, versucht auszuzeichnen als auch Gruppen. Und soweit ich weiß, ist dieses Experiment »Alternativer Nobelpreis« - ich glaube, es läuft etwa zehn Jahre - bisher fündig geworden in Asien, auch wohl in Afrika, in Europa - aber in den USA, soweit ich weiß, kaum – also, da ist möglicherweise noch nachzuarbeiten. Dies als eine Anmerkung zu unserem heutigen Autor, den wir gehört haben.

R. Bahro.

Ja, habe ich nichts hinzuzufügen - war einfach ein Hinweis.

Zuhörer (unverständlich)

R. Bahro:

Naja - so kurzfristig und eklatant, wie das in der Sowjetunion vor sich gegangen ist, wird es mit Sicherheit nicht vor sich gehen.

Zuhörer:

Könnten Sie das bitte noch einmal kurz wiederholen - (unverständlich)

R. Bahro:

Ich werde ihn einmal wiederholen - es ist die Frage, ob es nicht sein könnte, dass – so, wie Gorbatschow - de facto: Das ist ja dann nach innen eingestürzt in der Sowjetunion - ob nicht Al Gore dieselbe Funktion haben könnte in Amerika für die Megamaschine, nur - ich glaube das allerdings - zumindest kurzfristig - nicht. Ich habe ja vorhin auch für möglich gehalten, dass dabei etwas anderes herauskommt - vielleicht auch mehr, als er jetzt unmittelbar im Kopf hat. Dass das vielleicht - also, der Umstand, dass dieses Thema nicht auftaucht, nicht heißt: Das wird nicht berührt werden. Nur – also, die Anlage des Buchs im Ganzen – also, das ist 1992 herausgekommen - und dieses – ich glaube, das ist herausgekommen vor der Wahl – ich weiß es nicht ganz genau. Aber wenn es auch herausgekommen wäre – also, nach der Wahl erst: Das Profil von Al Gore war bekannt - das heißt, die Mehrheit der amerikanischen Gesellschaft muss ihm abgenommen haben, dass er dazugehört, dass er in die Mitte gehört, sonst wird man – also, in Amerika kann zwar so mancher Vizepräsident werden, aber - gerade das ist natürlich entscheidend, so eine Grundkonformität wird schon vorausgesetzt dafür. Und diesen Eindruck – also, das Erstaunliche an solchen Leuten wie Kennedy und Al Gore ist, dass sie – also, dass dieser Grad an Kritik: Das ist sozusagen strukturell vorgesehen - also, der ist mit diesem Buch zugleich nicht Dissident - ist er nicht.

(Zwischenruf, unverständlich)

R. Bahro:

Ja, ja - bloß der war schon für Krisenmanagement bestellt – also, das war - der ist ja nicht in einem öffentlichen Prozess dort an die Macht gekommen, sondern in der Politbüroabstimmung hat es eine Stimme - nämlich seine - mehr gegeben für ihn, da, in diesem engsten Zirkel. Und es war - also, der Hintergrund war, dass es nicht mehr weiterging, während in Amerika - also, das Buch zeigt auch - und dass er damit Präsident wird- dass die amerikanische Gesellschaft Spielraum hat, ein Stück Spielraum hat, Probleme, die noch nicht unmittelbar in den Hinterhof einschlagen – also, so ins Auge zu fassen – also, diese - seine Kapitel haben auch immer einen – also, die praktischen Kapitel dann besonders – haben immer einen kleinen Abschnitt, wo dann steht: extra noch die Rolle der USA – also, wo der imperiale Bonus ins Gute und Schöne gekehrt wird.

(Zwischenruf, unverständlich)

R. Bahro:

Ja, ja - ich meine, nun ist Kalifornien nicht typisch, so – also, das ist - ungefähr ist Kalifornien das, was Petersburg in Russland 1917 war, so (Heiterkeit) – also, das ist - selbst gegenüber den Ostküstenstädten ist Kalifornien - dort fing ja auch diese ganze Ökologieüberlegung und New Age: Es fing alles dort an. Aber ich glaube schon: Wenn da einmal etwas kapiert ist in Amerika – also, das Potenzial an Enthusiasmus für bestimmte Sachen ist dort größer. Die sind noch optimistischer und so – also, die Hoffnungen, die mit dem richtigen Kandidaten je verbunden sind: Das ist in Deutschland nicht mehr glaublich, wenn man guckt – also, welchen Grad an Interesse so Politiker hinter sich ziehen. Da ist noch etwas drin. Und ich habe direkt - ich meine, ich bin mir selbst des Anti-Amerikanismus hinlänglich verdächtig, dass ich mir extra einmal vorgenommen hatte, für heute auch – also, ich stelle es doch einmal sozusagen einfach in den Raum und hole aus Amerika auch das Beste heraus, was da zu erwarten ist. Ich meine, die schlechte Nachricht erreicht uns sowieso. Wollen wir Schluss machen.

(Beifall)

Guten Nachhauseweg!

26. April 1994

Weshalb richten wir uns keine rettende politische Struktur ein?

Ja, guten Abend.

Mein Name ist Dr. Pürschel, ich bin so locker dem Max-Delbrück-Zentrum in Berlin ankristallisiert und ich möchte Sie auf ein Material aufmerksam machen, was ich in der Gegend auf dem Tisch dort für Sie hingelegt habe. Ich halte es auch noch mal hoch. Da ist die Ankündigung einer Bucher Zukunftswerkstatt, ein Projekt für Sie verzeichnet, das im Herbst mit einem Pilotprojekt beginnen soll unter dem Titel »Verhaltensbiologische Grenzen menschheitlicher Überlebensfähigkeit«.

Wir haben zu dieser Veranstaltung prominente Verhaltensbiologen eingeladen, die Ihnen vom Namen sicher bekannt sind: Irenäus Eibl-Eibesfeldt aus Andechs, Bernhard Hassenstein aus Freyburg, Günter Tembrock aus Berlin. Und wir wollen uns mit diesen Wissenschaftlern zusammen mit Künstlern, Politikern, Journalisten, interessierten Bürgern und Studenten treffen, um unsere – hier auch diskutierten Lebensfragen – zu bereden. Von der politischen Richtung hat zum Beispiel auch Jens Reich, der in Berlin-Buch wirkt, zugesagt.

Der Grundgedanke dieser Sache besteht darin, dass sehr wahrscheinlich unsere steinzeitlichen Verhaltensmuster ein ganz wesentlicher Punkt sind, der unsere Fähigkeit beschränkt, wirkliche drastische Verhaltensänderungen durchzuführen, die unser Überleben sichern werden. Und diese Muster treffen uns eigentlich auf zwei Wegen, einmal direkt, indem natürlich jeder damit ausgerüstet ist, und indirekt dadurch, dass sie eingeflossen sind in die historisch entstandenen gesellschaftlichen Funktionsstrukturen. Und diesen Dingen wollen wir nachgehen. Wer daran teilnehmen möchte - das ist am Wochenende 12./13.11. den bitte ich ganz herzlich, mir eine Information zu geben, entweder indem man an die Adresse schreibt, die da steht oder indem man mir einen Zettel mit seiner Adresse in die Hand drückt.

Bedanke mich.

Rudolf Bahro:

So, noch ein paar Informationen, die das andere Programm betreffen, und zwar habe ich da unten ausgelegt einen Stapel mit Papieren, wo eigentlich die Unterschrift erbeten ist von denjenigen, die sich da engagieren wollen, und zwar - die Überschrift ist »Die Tiergartentunnel, Umwelt zerstörend, verkehrspolitisch fatal und irrsinnig teuer«. Da gibt es eine Antitunnelgruppe, die halt Unterschriften sammelt, um, wenn es noch irgendwie möglich ist, diese Sache infrage zu stellen oder gar zu verhindern. Da ist also praktisch, wenn man das aufklappt, hier unten dann Platz für Unterschriften. Man kann selbst noch welche sammeln oder es mit der eigenen Unterschrift hinschicken. Darauf wollte ich also einleitend aufmerksam machen, das liegt da.

Das zweite, worauf ich aufmerksam machen will, oder woran ich noch mal erinnern will, das sind die Sommerferien 94 dort draußen in Vogelsang. Ich habe schon mal darüber gesprochen. Das ist etwas für Kinder zwischen 8 und 12 Jahren und das geht vom 26.07. bis 04.08, und es geht da um Begegnung mit der Natur, umso einen Einfühlkurs für die Kinder in diesen fast 10 Tagen dort.

Ich kann bei der Gelegenheit gleich noch erwähnen für diejenigen, die sich da interessieren, dass die Vereinsversammlung - wir haben so einen Verein für Sozialökologie - in diesem Jahr auch da draußen in Vogelsang stattfindet, und zwar am 10. Juli.

Die genauere Information haben wir nächstes Mal noch dabei, nur dass ich's vorher schon mal gesagt habe.

Jetzt zu der heutigen Veranstaltung.

Da habe ich hier einen zweiseitig bedruckten Zettel, der sich irgendwie eignet so als, na, wie sagt man, »Aide-Mémoire«, also dafür, dass man zum Festhalten noch was hat - im Hinblick auf den Durchgang der heutigen Vorlesung.

Ich habe auf der einen Seite vergrößert drauf jetzt - und in einer lesbareren Form - das, was dieses Ei hier betrifft, also dieses Shiva-Modell aus Kaschmir, über das ich in einer Vorlesung schon mal ausführlicher gesprochen habe und das für die nächsten vier Vorlesungen mit Bezugspunkt ist. Ich würde sagen, nehmt es doch mal mit hinter, dass es unter die Leute kommt Und auf der anderen Seite ist ein kleines Modell, das auch nur etwas in Erinnerung hält, was ich heute an der Tafel auch noch in dem Kern, der heute interessiert, hervorheben werden, sodass es also nicht darum geht - weder auf der einen Seite noch auf der anderen - sich jetzt in die Einzelheiten zu vertiefen - wer will, kann sich da zu Hause noch mal rein versetzen - sondern eigentlich um eine Erinnerung an die Grundthematik, um die es in den nächsten vier Vorlesungen und dann heute das erste Mal also geht. Und ich sag's noch mal, also gerade; was auf der Rückseite ist, also dieser Kreis; wo auch der Name Aurobindos da unten auftaucht, den Kern davon male ich auch noch mal an die Tafel. Es ist also nur, dass man's zur Orientierung hat, man braucht dann sonst sich jetzt nicht besonders da rein vertiefen. Es erinnert also an ein Modell, von dem ich schon länger ausgehe. In einer sehr abgewandelten Form habe ich das vor zwei Jahren schon mal benutzt, nur dass es heute auf einen anderen Schwerpunkt hinauslaufen wird. Und wenn das alle haben, können wir also in die heutige Vorlesung einsteigen.

Also, über allen vier Vorlesungen, die jetzt den Abschluss machen sollen für dieses Semester über »Einrichtung für eine Politik der ökologischen Umkehr«, da steht »Geistige Bereitschaft für eine politische Neueinrichtung« als sozusagen die Gesamtüberschrift für alle diese Themen. Die Frage nach der geistigen Bereitschaft für eine politische Neueinrichtung, das hat in jeder der vier Vorlesungen dann einen anderen Aspekt. Aber die Dachzeile, wie gesagt, gilt für alle.

Heute also die Frage nach der geistigen Bereitschaft für eine politische Neueinrichtung im Hinblick auf das Thema »Weshalb richten wir uns denn keine rettende politische Struktur ein, und könnten wir, wenn wir wollten?«, und dann die Frage: »Was fehlt?«, um die es mir dabei dann eigentlich geht - und zugleich die Frage also nach dem Schatten, über den wir da springen müssten. Also, das ist der Kreis, den ich heute ausschreiten will.

Der Hintergrund gerade für den Einstieg in die heutige Vorlesung sind die beiden vergangenen Vorlesungen zum Thema »Staat und Recht« oder zum Thema »Staat«, also die Vorlesung von Professor Michael Kloepfer und die Vorlesung von Professor Ekkehart Krippendorff beim letzten Mal, weil - von da aus eigentlich wird für meine Begriffe erst richtig kenntlich, was für ein Unternehmen, das eigentlich ist, mit dem wir uns hier befassen.

Ich will es so aufbauen, dass ich zuerst also über die Frage, weshalb wir uns keine rettende politische Struktur einrichten, also, dass ich zunächst mich auf die konzentriere - eben im Hinblick und Rückblick auch auf das in den beiden letzten Vorlesungen schon Diskutierte. Und dann gehe ich zu Aurobindo über, auf den gestützt ich dies heutige Thema entfalten will und der mich auch noch weiter begleiten wird. Und zwar - aber zunächst ziehe ich dann mithilfe - also auch orientiert an Aurobindo schon, weil der da sehr hilfreich ist - diese Schattenproblematik rein – also, über welchen Schatten müssten wir springen - das kommt an die zweite Stelle - und danach die eigentliche Thematik. Was fehlt – das ist dann die Frage dieses Kreises, der auf der einen Seite auf dem Blatt hier drauf ist.

Wenn man ein - vorab gleich, damit es also nicht so schwerfällt, sich noch mal an die beiden Vorlesungen zu erinnern, an die vergangenen Vorlesungen - wenn man versucht da einen - allerdings zu pauschalen - Strich drunter zu ziehen, dann ist eigentlich ziemlich klar aus den beiden Sachen hervorgegangen, dass es allerdings hoch problematisch und eigentlich aussichtslos wäre, sich - wenn man denn vom Staat als Prinzip, von Staat als Prinzip in der ökologischen Krise was erwartet - wenn man sich dann auf die bestehende Einrichtung, auf die bestehende Struktur stützen wollte.

Ich habe das in meiner ganzen politischen Theorie, die in der »Logik der Rettung« steht, ja auch immer wieder hervorgehoben. Ich erinnere nur noch mal in aller Abkürzung, weil - ich hatte das auch schon mal als Blatt ausgegeben in dieser Vorlesung - ich erinnere noch mal an mein Bild mit diesen beiden Kreisen, mit dem kleinere Kreis und mit der großen Ellipse da drüber. Und ich sah also praktisch, dass das aus der Urzeit bis hierher aufgestiegene Bewusstsein dann auf dieser Ebene der modernen Gesellschaft - hier oben Institutionen - also das heißt auch Staat - dass das dann praktisch so rum sich weiter aufgebaut hat, dass das Bewusstsein sich entfremdet hat - hinein in diesen technischen Prozess - und dass der Staat eigentlich zum Dienstboten, zum Diener dieser technischen Struktur geworden ist - und dass von daher das Bewusstsein also eigentlich doppelt verhaftet, abgesperrt ist von den Naturprozessen, und dass ich also aus meiner eigenen Konzeption - also mindestens ebenso wie Ekkehart Krippendorff - der Meinung bin, wir haben von den Institutionen, die in dieser Weise von der großen Maschine abhängig sind, eigentlich nichts zu erwarten. Was natürlich nicht heißt, sektiererisch wäre das - und so hat es Krippendorff ja auch behandelt. Was natürlich nicht heißen kann, dass man mit Leuten, die da auf der Brücke der Titanic irgendwelche Funktionen inne haben, nicht reden kann.

Denn, was da das Problem ist, das ist, dass wir in einer Struktur gefangen sitzen - nicht unbedingt, dass Menschen in dem gleichen Maße davon abhängig sind. Natürlich, also in der Regel, ist man dann auch subjektiv Bürokrat und Funktionär der großen Maschine in diesen verschiedenen institutionellen Funktionen. Aber das Individuum reduziert sich nicht darauf. Und man sieht halt, dass sehr viele Leute, die dort ihren Sessel haben, privat durchaus also an derselben Art von Diskussion interessiert sind und zuweilen auch teilnehmen, wie wir sie hier führen. Aber, was ich hervorheben möchte - an den beiden Vorlesungen, die wir hier an den beiden Konzepten, die hier vor uns entfaltet worden sind - das ist eigentlich die Dramatisierung, die es von der ersten zur zweiten Vorlesung gegeben hat, im Hinblick auf die Rolle des Staates in dem Zusammenhang.

Also, bei Michael Kloepfer war im Hinblick eigentlich auf diese Einbindung und auf die Gefahr, dass der Staat sich unter dem Druck der ökologischen Krise noch neue Kompetenzen an Land zieht und dadurch also praktisch die repressive Macht, die mit der Maschine einfach verbunden ist, dass die sich verstärkt. Ich habe es auch manchmal so ausgedrückt, dass die Zuspitzung der ökologischen Krise also eigentlich ein besonders gutes Material dafür liefert, also, jetzt ideologisch Material dafür liefert, eben staatlich durchzugreifen - im Hinblick auf ökologische Notwendigkeiten - und das genau hatte ja Kloepfer beunruhigt. Er hat ja seine ganze Vorlesung im Zeichen gehalten, sozusagen, der Unterscheidung zwischen seinen beiden Herzkammern und dass der Grundrechtsspezialist, der Verfassungsspezialist in ihm halt fürchtet, dass dadurch die Verstärkung auf der Ebene noch etwas über den Haufen gerannt wird, während er also Umwelt – Staat im Sinne jetzt also einer staatlichen Politik, die versucht, das Schlimmste zu verhindern - für richtig hielt.

Die Zuspitzung, die Ekkehart Krippendorff da geliefert hat, war natürlich der aus der Entstehungsgeschichte des modernen Staates hergeleitete, also, unzweideutige Hinweis darauf, dass der Staat also, wenn nicht überhaupt die Ursache, dann zumindest eine der Hauptursachen der ökologischen Katastrophe ist. Der Hinweis war halt also etwa, dass die ganze

Investitionspolitik - was Forschung und Entwicklung betrifft und was die Stützung von Investitionen überhaupt betrifft - bei Umverteilung von mehr als der Hälfte des sogenannten Bruttosozialprodukts über den Staat, dass das ja belegt, wir haben es in alles Mögliche investiert - also in die Entfaltung der Atomenergie, ins Militärsystem usw. nur nicht, also, nur nicht in nennenswerter Größenordnung in irgendwelche Alternativen, die ökologisch hilfreich sein könnten. Also, da war bei Ekkehart Krippendorff, der sich auf meinen Begriff der Megamaschine da auch bezogen hat, war - also stand eigentlich diese ganze obere Struktur hier - stand im Zeichen des Staates. Also, auch unter Berücksichtigung des nachweislichen Umstandes, dass also bei jedem nächsten Schritt in diese Riesenstruktur, in diese überwüchsige Struktur, also Megamaschine, dass da stets also der Staat mehr als flankierend zur Seite gestanden hat. Ich habe es so ausgedrückt: Das ist ein Syndrom, ein Komplex von Wissenschaft - Technik - Kapital und Staat, immer mit Bindestrich geschrieben, weil ich fand, dass der Hinweis auf den Kapitalismus als Ursache, auf die kapitalistische Struktur, allmählich zu eng wird. Wir haben hier auch darüber gesprochen, inwiefern man den Akzent inzwischen auf Technologie setzen könnte. Aber gerade bei dieser Konzentration aufs Technologiethema hatte sich also ja noch mal herausgestellt, dass dort also die Technologiepolitik, also, die Art und Weise, wie Forschung, wie Universitäten usw. Ausgerichtet und bezahlt werden - auch die Ausbildung von Funktionären für die große Maschine - so ist es ja ausgerichtet - eine Universität. Also, es bestätigt eigentlich, was Krippendorff vorgetragen hat. Und ich wollte mit dieser Vorbemerkung zu dem Thema, also, wie sich das auch zu meiner eigenen Auffassung stellt, was wir in den letzten beiden Vorlesungen gehört haben, wollte ich eigentlich vor allem eins unterstreichen:

Also, wenn irgendwie, in dem, was ich hier manchmal sage, der Eindruck rauskommt, es ginge darum, also die Staatsmaschine, wie sie jetzt in den westlichen Ländern, nach ihrem Sieg nun eigentlich unangefochten als die Weltregierung dasteht - wenn auch nicht bisher in eine Weltregierungsform gebracht. Aber die sieben, die da sich auf dem Gipfel treffen, ob das erweitert wird oder nicht, EG und so - das ist diese Weltregierung. Man kann also nicht hoffen, dass da irgend was passiert. Und wenn mich die Staatsfrage dennoch interessiert, also, irgendetwas Rettendes passiert - passieren wird eine ganze Menge, und es ist auch denkbar, dass die eine oder andere Verzögerung des Unheils da mal mit passiert - wenn das also, wenn der Schrecken weit genug durchgedrungen ist - also, es gibt da auch aufrichtige Bemühungen - nur, strukturell gesehen, ich glaube daran nicht - und das heißt also - ich will nur unterstreichen, was aus meiner Vorlesung heute dann hoffentlich auch wieder noch deutlicher rauskommt. Ich denke dann an eine Neukonstituierung des Staates.

Ich habe damals hier zu diesem Modell gesagt, also hier irgendwie, wo dieser Bruch zu dem, was im naturwüchsigen Gemeinwesen noch an - ich würde sagen - Kontakt da war, an der Stelle hatte ich den großen Bruch eingezeichnet, auch auf dem Zettel hier am Anfang, den ich, ich glaube, in der zweiten Vorlesung ausgegeben habe.

Ich sagte, hier muss das konstituieren, aber das war, das hieße - bitte nicht hier und auch nicht natürlich in den alten Verhältnissen. Also, es ist ja nicht denkbar, dass so ein, dass dieses naturwüchsige vom Sowieso, vom Mutterrecht zum Vaterrecht schon unterwegs gewesene Gemeinwesen, dass das so wiederkommt. Das habe ich natürlich auch nicht gedacht, sondern ich hatte nur erst mal so eine irgendwie exterritoriale Vorstellung. Ich hatte gesagt, an der Druckstelle müsste da was neu konstituiert werden,um aber zumindest mehr dem Thema der Wiederversöhnung mit der Natur - und diesem hier also angerissen Thema ist eigentlich meine heutige Vorlesung – also, die zielt darauf, die Frage zu beantworten, was denn dann, wenn man das erst mal hier anzeigt, was denn da eigentlich genau genommen fehlt. Also, weil man zumindest vermuten kann, dass einfach - wenn Leute, die sich hier rausziehen, erst mal bloß fürs Wochenende oder für den Feierabend und dann Übungen machen, Natur wieder zu erfahren - denn das stellt wahrscheinlich also dieses ursprüngliche Eingebundensein in die natürlichen Zusammenhänge, von denen her man nicht zu solchen großmächtigen Fehlern verführt ist - das stellt das wahrscheinlich so ohne weiteres nicht wieder her, sodass das also immer noch irgendwie eine - es ist erst mal bloß der Hinweis darauf. Man müsste neu über den Ort nachdenken, und die Frage des Ortes ist natürlich eine nach dem Inhalt dessen, was an diesem Ort passieren soll - und darauf zielt nun die Vorlesung.

Wenn man jetzt erst mal fragt, weshalb wir uns keine rettende politische Struktur einrichten, nachdem ich jetzt nur umrissen habe, wo es hin soll mit der Vorlesung, dann muss man zunächst - kann man einfach empirisch feststellen - das ist inzwischen belegt - dass die Diskussion um eine neue Verfassung für das wiedervereinigte Deutschland, die im Grunde genommen gar nicht stattgefunden hat - die hat nur gezeigt, dass offiziell gar keine Bereitschaft da ist, auf der politischen Ebene die Frage der Verfassung überhaupt neu zu stellen. Und auf den Umstand, dass es sich da um ein Verfassungsproblem handelt, was das Naturverhältnis der Gesellschaft vom Grunde her betrifft, darauf ist man gar nicht gekommen. Also, der nicht einmal realisierte Wunsch etwa, Tierschutz in den Grundrechtskatalog aufzunehmen – also, damit der Freiheit von Wissenschaft und Forschung gleichzustellen. Selbst wenn das geschehen wäre, das hätte natürlich nicht das Grundmuster, das expansionistische Grundmuster, das Stillschweigen, das in unseren Verfassungen, in unseren abendländischen Verfassungen verborgen ist, ausgesetzt. Und Umweltschutz, also als Grundrechtsverpflichtung genauso, das sind Dinge, die da nur was aufgebessert hätten, aber nicht grundsätzlich das Grundgesetz verändert. Aber es schien einfach, als wenn das Grundgesetz überhaupt keine eigentliche Verbesserung braucht. Es ist also - was überhaupt diskutiert wurde bisher in Bezug auf so eine ökologieverträgliche Verfassung - das waren zwei Dinge, das war

a) die Frage:

ob nicht Demokratie die Bedingung einer ökologischen Wende überhaupt ist, das heißt, ob nicht mehr Demokratie her müsste, mehr Demokratie gewagt werden müsste - noch einmal, das war ja die Losung, mit der Willy Brandt damals, damals rangekommen ist - weil also, es ist schon richtig, also nur wenn es wirklich einen Volkskonsens für Veränderungen gibt, dann wäre da was zu machen.

Soweit ist es richtig, dass das – zumindest, was mit Demokratie gemeint ist, nämlich die wirkliche Mitwirkungsmöglichkeit und Mitwirkungsbefähigung für alle Leute an der Bestimmung eigentlich der Richtung, in die der gesellschaftliche Gesamtprozess gehen - soweit ist die Frage schon richtig gestellt. Aber zugleich haben wir in der Diskussion insbesondere nach der letzten Vorlesung hier noch gesehen, dass es natürlich die Art und Weise, wie die Verfassungsentwicklung seit Hobbes - also mit dieser Modernen, megamaschinellen Staat - gelaufen ist, dass es da eigentlich durchaus eine

Komplizenschaft zwischen der zivilen Gesellschaft und diesem Staat gegeben hat. Das heißt, dass die Korruption durch die Errungenschaften dieser industriellen Entwicklung - wir sind ja erst durch die ökologische Krise in den letzten 20 / 25 Jahren auf diesen Pferdefuß aufmerksam geworden - der hat bis dahin nicht interessiert. Also, man hat eigentlich Mitte der 60-er-Jahre vor allem gesehen, wie herrlich weit wir das gebracht haben. Und es herrscht eigentlich ein tiefgehender Konsens darüber, dass wir bei der Grundeinrichtung hier bleiben müssen und dass, wenn - dann geht es bei Ökologie darum, wie wir also weitermachen können, ohne dass der Ast nun wirklich noch ganz durchgesägt wird, auf dem wir sitzen, sodass also, ich bin ziemlich sicher, dass also bloß, also wenn man bloß formell dieser Losung folgt – mehr Demokratie wagen – dass da, unmittelbar gesehen, eine Bestätigung des bisherigen Kurses dabei rauskommt, schwankend wie wichtig Umweltschutz ist. Wir haben gesehen, wie das auf und nieder ging, wie die Vereinigung hat da eingeschlagen, also insofern die Losung »mehr Demokratie wagen« einfach auf die zivile Seite baut, auf das, was an der bürgerlichen Gesellschaft nicht Staat ist, das ist zu kurz gedacht - das ist zu kurz gedacht, während an dem Gedanken, also, dass es eine Gelegenheit geben muss, dass die Mehrheit der Bevölkerung sich zu so einer großen Wende äußern kann - das ist natürlich völlig richtig. Insofern fehlt es, sozusagen, an mehr als formeller Demokratie.

Und der 2. Punkt, unter dem die Sache diskutiert worden ist, und zwar eigentlich noch häufiger, dass ist die, mit der Michael Kloepfer hier angefangen hat, also die Frage:

ob die Demokratie nicht vom Diktat dessen, was auch der Ernst-Ulrich v. Weizsäcker den ökologischen Sachzwang nennt, ob davon nicht die Demokratie – also, die Form der Demokratie und diese Grundrechte, wo man eigentlich nur dadurch eingeschränkt ist, dass andere Individuen die gleichen Rechte haben und darin nicht verletzt werden sollen – also, ob das nicht gefährdet wird. Und beide Fragestellungen aber, so sehr sie sich in sich noch unterscheiden, bedeuten, dass die ökologische Herausforderung selbst nicht ungebrochen wahrgenommen wird, sondern sogleich vermittelt über ein besonderes soziales Interesse, nämlich, dass wir den politischen Komfort nicht verlieren wollen, der dann das Ergebnis sozusagen der westalliierten Seite im Sieg über Hitler gewesen ist. Also, dass die im demokratischen Prozess fortgeschritteneren westlichen Mächte, England,

Frankreich, Amerika, Kanada, also die, die von der westlichen Seite her den Zweiten Weltkrieg gewonnen haben, die haben der Bundesrepublik ja irgendwie das Grundprinzip der Verfassung gegeben - das ist zu halten, das wird als Vorbedingung gesetzt, also, um der ökologischen Herausforderung begegnen zu können. Und ich meine, dass sozusagen in der Logik des Herangehens falsch herum gebaut ist. Es handelt sich überhaupt nicht darum, irgendetwas davon preisgeben zu sollen, aber es ist charakteristisch für gewisse ideologische Verhinderungsstrategien, dass man diese Demokratiefrage vor die ökologische Frage rückt und dann also eigentlich zum ökologischen Thema, zu dessen Diskussion, nicht mehr vom Grund her kommt. Es ist in meinen Augen jedenfalls so, dass die unabdingbare Forderung, das Naturverhältnis der Gesellschaft von Grund auf und umfassend in seiner tatsächlichen Priorität gegenüber allen übrigen Verhältnissen zu berücksichtigen, das dem eben in dieser ganzen Weise der Diskussion nicht Genüge getan wird. Das wird also immer wieder verschleiert, dass da etwas von umfassenderer Bedeutung zur Diskussion steht und irgendwie verdrängt wird.

Wenn man jetzt also sich fragt, was auf diese Weise inhaltlich versäumt wird, also über welche Schranke bisheriger ökologischer oder Umweltpolitik - der Name ist dann fast gleich, weil, auch Ökologie wird in diesem Zusammenhang dann jetzt gebraucht - aber ohne, dass man dem Begriff gerecht wird - dann ist es so, dass sich ja bis jetzt der Umweltschutz vorwiegend auf inhibitive Maßnahmen, also auf Sachen, die das Übel begrenzen und einschränken sollen, konzentriert - dass man aber auf diese Weise zugleich vermeidet, dass es einen Verfassungsrahmen brauchte, der positiv einen tiefgreifenden Umbau der Kultur begünstigen würde, denn das ist ja eigentlich das Thema. Man brauchte einen Verfassungsrahmen, der zwar nicht diesen Umbau dekretiert, aber der den ermöglichen und erleichtern würde. Und es ist deshalb für mich ja immer die politische Schlüsselfrage, wie der Konsens dafür heranwächst, der Konsens für systematisches Umsteuern - inhaltlich eben in der Richtung auf Dezentralisierung, auf kleine Grundeinheiten des sozialen Lebens, auf self-reliance, auf eine subsistenzorientierte Produktion und Reproduktion, auf das Vorwiegen von horizontalen Verknüpfungen in Kommunikation und Verkehr, also dass wir dieses Prinzip - small is beautiful – wenn wir uns darüber klar sind, dass die Ökologie daran hängt, dann braucht man eine Verfassung, die es ermöglicht, von diesen Großstrukturen wegzukommen. Während jetzt also nur Gesetze gemacht werden, egal also welche - selbst wenn man mit Steuern und mit Orientierung der Kapitalbewegung rangeht - es geht immer auf diese großen Einheiten, die als solche überhaupt nicht infrage gestellt werden, also juristisch jedenfalls nicht. Wenn man diese Staatsfrage bisher zur Debatte stellt - es ist überhaupt kein Raum vorgesehen bis jetzt in der Verfassung und in der staatlichen Ordnung, der es also auch nur annähernd ermöglichen würde, also, diesen großen Umsteuerungs- Uminvestitionsprozess in kleine Strukturen in Angriff zu nehmen. Es ist eigentlich noch nicht dieses Thema erkannt. Und das ist irgendwie das Verhängnis, dass mit der Oberflächlichkeit der politischen Debatte bisher um Demokratie und Ökologie zusammenhängt, dass man also - irgendwie wagt man es angesichts des Sieges jetzt der formellen Demokratie in der Welt - wagt man es eigentlich gar nicht mehr, wirklich darauf aufmerksam zu machen, dass die herrschenden ökonomischen Strukturen - und wie Staat und Ökonomie da zusammenwirken - nicht mal mit dieser formellen Demokratie inhaltlich eigentlich was zu tun haben. Denn das machen Bürokratie und Bankentürme letzten Endes miteinander aus, und das wird dann nur zur Beschlussfassung dann vorgelegt und mit Inhalt - das heißt, mit der Möglichkeit des Volkes über die Richtung mitzubestimmen - hat es überhaupt nichts zu tun. Zumal die Parteien in diesem Punkt überhaupt keine Alternative anbieten. Das heißt, es kommt in dem dafür vorgesehenen Verfassungsrahmen nicht einmal zur Sprache, worum es eigentlich geht - es ist der Platz gar nicht vorgesehen.

Wir hatten nun zwei Varianten jetzt im Angebot, auch in der Diskussion – also, im Gespräch hier nach Ekkehart Krippendorff jetzt - in zwei Varianten die These, dass der Staat - jedenfalls zunächst einmal - alles andere als das Heilmittel, dass er vielmehr eine, wenn nicht die spezifisch gewichtigste, Ursache der ökologischen Krise ist - da erinnere ich an meine Einleitung – darauf habe ich hingewiesen -

Die eine Variante geht aus von Hegels idealtypischer Staatstheorie, wonach heute der Staat in seiner eigentlichen Würde als Verwirklichung der Sittlichkeit in den Rechtsverhältnissen und Institutionen, da ist er gar nicht da.

Also, die These, die Michael Wende in einem Seminar - in dem Seminar, das ich da halte - entwickelt hat, war die, also, das Fehlen von Staat in dieser eigentlichen Funktion ist die Ursache dafür, dass es zur ökologischen Krise gekommen ist. Wäre das, was Hegel vor dem Hintergrund der Französischen Revolution vom Staat verlangt hat - wäre das verwirklicht, dann wären rechtzeitig innerhalb des verfassungsmäßigen Rahmens die Entscheidungen gefallen, die die ökologische Krise notwendig machen (?). Nur - also, was man natürlich dagegen halten kann, und was in der Diskussion auch im Seminar, wie auch in der Vorlesung hier - Krippendorff hat dann mit Recht gesagt, das, was Hegel da ins Auge gefasst hat, hat es nie gegeben. Das heißt, dieser Idealtypus ist nicht realisiert worden so, zumindest also nicht in einer jetzt für Europa geschichtlich interessanten Zeit. Also, auch wenn man zu den Römern zurück guckt - der war nicht da. Also war Krippendorffs These - die war ja also ein starkes Moment seines Vortrags - kann das eigentlich nur illusionierend funktionieren, kann also nur indirekt den bestehenden Staat schützen, wenn man immer noch für möglich hält, es könnte da ja auch was anderes vor sich gehen. Also, insofern muss man, wenn man dennoch auf die Staatsfrage - sozusagen parallel zu Hegel – setzt - ich will das ja am Ende eigentlich tun, ohne mich da an Hegel zu orientieren - dann muss man also sich zumindest dieser Gefahr natürlich stellen. Und die zweite, die andere Variante, die in Bezug auf dieses Staatsproblem im Raum stand, war eben, dass der Staat die Quintessenz der Megamaschine ist, das heißt, dieser machtförmige Lenkungsmechanismus - und damit als Instrument prinzipiell unzulässig und untauglich. Und das ist eben dann - womit ich schon angefangen hatte, nur um die Überblickorientierung zu bewahren - das erfordert dann natürlich, dass man sich fragt, ob es möglich ist, politische Autorität anzusammeln und aufzubauen jenseits der Megamaschine - und Ekkehart Krippendorff, in der Diskussion nachher, hat auch in diese Richtung orientiert.

Also das Problem der Dezentralisierung, der kleinen Einheiten, der politischen Diskussion und des politischen Vorschlagswesens aus kleinen Lebenskreisen - das ist für ihn der Zugang gewesen. Er hat die Frage, auf die ich eigentlich dann am Ende hinaus will, dass das ohne spirituelle Ressource nicht zu machen sein wird, die hat er nicht gestellt. Aber wenn man das Feld der kommunitären Entwicklung ansieht, da gibt es natürlich dort auch jetzt schon eine ganze Reihe therapeutisch und/oder spirituell orientierter Kommunen, die an der Vorbereitung für solche Sachen sind, während es zugleich sich dort immer - aller Erfahrung nach - als ungeheuer schwierig erwiesen hat, dann wieder zum Politischen zurückzukommen. Das also ist die Herausforderung.

Also mir geht es tatsächlich um die Frage, auch wenn ich den Weg über eine spirituelle Perspektive gehe, die politische Autorität anzusammeln und aufzubauen, die nötig wäre, um die Megamaschine zu stoppen und um den Zugang zu einer anderen kleinteiligen Sozialstruktur zu finden, die ich für den Schlüssel halte, um überhaupt über die Runden zu kommen. Und wenn man sagt - also, jenseits der modernen Megamaschine - das ist dann eigentlich erzwungen, weil also, auf der Brücke der Titanic das Schiff umsteuern oder - entweder setzte das eine politische Revolution voraus, die überhaupt nicht am Horizont erscheint oder es wäre irgendwie die Illusion, dass man den Wind machen kann, indem man auf dem Segelboot, auf dem man sitzt, in die Segel bläst. Es ist also irgendwie dann unvermeidlich, dass man also fragt, wo man also jenseits des großen Geschäfts - und das kann dann zunächst nur ein geistiger Ort sein - an diese Sache rangehen kann.

Das heißt, zunächst hatten wir – wenn ich jetzt an Ekkehart Krippendorff denke – gerade auch auf dem Boden dieser Kritik, dass politische Alternativvorschläge leicht vereinnahmt werden können – leicht, sozusagen, indirekt noch mal den Schleier über der Staatsmaschine verstärken können. Da war also die geistige Bereitschaft für eine politische Neueinrichtung - blieb vorsichtig, also nicht zu schnell was konstituieren. Es spielt dabei auch natürlich eine Rolle, dass nach 68 eigentlich so viele unglückliche Versuche gemacht worden sind - dass über Parteigründung, die also noch mal auf Machtergreifung aus waren, also, so kleine feine kommunistische Parteien verschiedenen Typs – kommunistischer Bund, KPD, ML und wie sie alle hießen – dass das, die Erfahrung, dass das also nur noch mal der Versuch war, das, also, staatsbürokratisch irgendwie zu lösen - der spielt da eine Rolle. Und es spielt natürlich vor allem eine Rolle, dass dahinter ja die tiefere Erfahrung liegt. Deswegen gab es ja überhaupt diese Splitterparteien, dass man also einen - dass ein Mehrheitskonsens für so einen Umschlag - für einen sozialpolitischen und auch für den ökologischen Umschlag noch nicht da war.

Ich glaube, dass wir heute eine größere Bereitschaft hätten, uns auf so eine ökologische Wende einzulassen, als sie damals 68 in Wirklichkeit in der Gesellschaft da war - sich auf diese soziale Alternative einzulassen, die die 68-er im Kopf hatten.

Wenn man in der Diskussion mit Positionen, die zunächst die spirituelle Perspektive vermeiden wollen, einen Schritt weiterkommen will, da will ich noch mal erinnern an einen Vortrag, den hier im Jahre 1990, glaube ich, ja, im Herbst 1990 oder Anfang 1991, ich weiß es nicht mehr ganz genau, Johan Galtung gehalten hat, wo er sein Modell von europäischer Kosmologie vorgestellt hat. Und ich will daran erinnern, dass dieser Vortrag von Johan Galtung in dem Buch »Rückkehr – Die In-Weltkrise als Ursprung der Weltzerstörung« – in dem dieses erste Semester zusammengefasst, also unter meinem Namen »Rückkehr«, Rudolf Bahro – Rückkehr – da ist dieser Essay, den Galtung hier vortrug - an einem Sonntagvormittag - der ist darin enthalten. Und Galtungs Begriff von Kosmologie ist in sich selbst nämlich nicht spirituell, sondern das ist einfach ein Versuch, entlang von sechs verschiedenen Fragestellungen, nämlich der Frage: Wie hats der Mensch mit der Zeit, wie hat er es mit dem Raum, wie hat er es mit Wissen, wie hat er's Mensch/Mensch, wie hat er es Mensch/Natur und wie hat er es mit Mensch/Gott, also mit dem Transzendenz-Problem - also diese sechs Themen. Jetzt aber das spirituelle Problem nicht als irgendwie, als eine Linie der Entwicklung, sondern einfach festgestellt - wie halten es z. B. der Islam, wie halten es die Christen – der Mensch mit Gott – also, dass zum Beispiel klar ist für die Juden, für die Christen, für den Islam - dieses patriarchale Gottesbild aus dem Alten Testament, das ja in keiner der drei Religionen verschwunden ist - also Gott über den Menschen und über der Natur. Anstatt also, dass wir, wie es in den Naturreligionen der Fall ist, sozusagen von innen – immanent – daran beteiligt sind und es dann noch den großen Geist gibt. Also Gott gegenüber und überall ist »big brother is watching you« als Moment enthalten.

Er hat einfach für alle diese Punkte - sowohl für Mensch und Gott, wie für Mensch/Mensch und für Mensch/Natur - also der Mensch über der Natur und als kontrollierend und als forschend in der abendländischen Struktur und für die Weise, wie man daher weiß. Und dass der Raum also sozusagen in diese schlechte Unendlichkeit hin der Expansion offen steht, und dass die Zeit zu dramatischen Katastrophen immer tendiert, also auf - wir müssen kämpfen und dann kommt der Brand Walhalls. Er hat also diese - für alle Weltzivilisationen eigentlich - so eine strukturelle Kosmologie ermittelt, also einfach beschreiben, strukturalistisch eben, wie das da bei den verschiedenen Völkern aussieht. Und er hat für den Westen, und zwar jetzt im Sinne des ganzen Westens, der diese kapitalistische Entwicklung vorangetrieben hat - also Deutschland, England, Frankreich - insbesondere aber für die Nordwest-Ecke Europas - eben daraus dann eine Figur destilliert, die nennt er »Homo occidentalis.« Und dieser Homo occidentalis also als - ich würde mal sagen, er nennt das Tiefideologie und er nennt das - es ist sozusagen die soziale Tiefenpsychologie, die bis in die Stammesgeschichte zurückreicht - das hat er nicht so ausdrücklich behandelt, aber es geht gerade aus der Unterscheidung der Zivilisationen hervor, die bis in die Stammesgeschichte zurückgeht. Also, dieser Homo occidentalis ist sozusagen ein tiefideologisches oder tiefstrukturelles Porträt davon - Porträt davon, wie wir in der Welt sind. Und was für diesen nord-westeuropäischen Typ, für den Homo occidentalis also, als Hauptcharakteristik bei Galtung rauskam, das war die Eigenschaft von Homo conquistador, also ein Mensch, der welterobernd vorgeht und der aber, und nun ganz besonders in Deutschland - also wenn der Homo occidentalis dann Homo teutonicus ist, dass in solchen Gefolgschaftsstrukturen Macht - wie Galtung selbst auch in Erinnerung hat für den Nordgermanen – er ist ja Norweger – also die Wikinger, das waren auch solche patriarchalen Gefolgschaften - wo also Eroberung angesagt war und Führerprinzip - das zusammen - und Galtung hat also in seinem Erklärungsmuster dafür - also eigentlich ist das eine Erklärung dafür, wie man zu diesem Typus von megamaschinellem modernen Staat in Europa gekommen ist. Das hat ja - Krippendorff hat das nur beschrieben - und ich glaube, dass Galtungs Hinweis auf den Homo occidentalis - und wenn man dann nach der Rolle Deutschlands in diesem Zusammenhang und nach der Hitlerzeit in diesem Zusammenhang fragt - da hatte Galtung auch Auskunft, indem er sagt, der Deutsche dann - er sagt Homo teutonicus - das ist eine Figur, die ist eigentlich der Westmensch, also Homo occidentalis im Extremen - und Homo hitlerensis oder Homo Nazi - das ist der Deutsche, also Homo teutonicus im Extremen - und hat dann also an bestimmten Äußerungen, die ich uns jetzt ersparen will, also an bestimmten Zeichen einfach kenntlich gemacht, wie das ist. Dass das also tatsächlich so eine Spezialisierung, so eine Engführung in dem Modell schon - aber des in Gefolgschaft Welt erobernden Abendländers - hier ist, dass das also eine sehr alte Struktur ist, die in den Tiefen der Stammesgeschichte verwurzelt ist. Und es gibt eigentlich kaum eine bessere Erklärung für den Grund dieser Entwicklung als dieses Wissen über Völkerwanderung. Das Wissen auch um die Sachen, die Heide Göttner-Abendroth in den Mittelpunkt ihrer Analyse bei Patriarchatsentstehung gestellt hat, dass also durch wahrscheinlich am frühesten Punkt geologische Veränderungen - vielleicht waren die auch schon menschbedingt - also dadurch, dass die Großwildjägerei die Tiere dezimiert hatte - aber dass jedenfalls Leute, die auf Ackerbau angewiesen waren - wenn dann der Verwüstungsprozess kommt, also jetzt geologisch gesehen, dass die zur Expansion getrieben sind. Und wenn sie dann noch ein reiches Kulturzentrum vorfinden, wie Griechenland oder wie das Römerreich - sie stürzten sich darauf. Und diese Dynamik von Kriegsvölkern - die ist nachher auch in die feudale und kapitalistische Form, die diese Völker dann aus ihrer eigenen Entwicklung heraus gefunden haben, eingegangen. Das heißt, wir haben hier eine - im Grunde immer noch historisch-materialistisch - ich will es in unserem östlichen Teil hier mal so nennen – eine, die, also sagen wir mal so, den historischen Realgehalt heraus holt - und da nur also unter der Schicht von Kapital – er will erklären eigentlich, warum ist das so expansiv, und er findet, dass dann da ältere Schichten von geronnener sozialer Psyche eigentlich die Erklärung dafür sind. Das also ist ein Schritt, der über diese beschreibende Analyse von Leviathan, also wie die Europäer sich nun also zwecks Expansion und Konkurrenzkampf gegeneinander diese moderne Megamaschine geschaffen haben, die da ein Stück dahinter geht und was dann klar ist und was für mich sozusagen der Einstieg in eine - in diese spirituelle - Problematik ist, das ist – es erhebt sich dann die Frage, wie die Kosmologie der Expansion …

… die verbunden ist mit diesem Gefolgschaftsmodell, also was die autoritäre Seite dann betrifft, was also eine Formierung betrifft, die im kapitalistischen Betrieb - also Fabrikdespotismus – Marx hat das ja gefunden – dann auch passiert. Aber das ist nicht alles, sondern es hat – in Deutschland jedenfalls – hat das aus älteren und tieferen Seelenschichten des Volkes dann also fröhlichen Urstand gefeiert. Also, wie diese Kosmologie der

Expansion, wie die eigentlich umzubrechen wäre. Wie eine Kosmologie - ich sage es mal auch im Fremdwort - der Stasis - für Stehen, hier bin ich, für ein Innehalten - wie eine Kosmologie der Stasis Platz greifen könnte, weil - wenn sich da also in der Art, wie wir mit unseren Energien umgehen, nichts ändert, dann muss man neuerdings halt um Ökotechnologien konkurrieren - und kann die Konkurrenz um Technologie überhaupt - also um die Bewährung im Kampf, sei es jetzt mit dem Schwert, sei es mit der Wissenschaft - irgendwie nicht lassen. Und auch die Unterordnungsverhältnisse, die sich einfach aufzwingen, wenn man dann die Mittel für den Erfolg, die Voraussetzung für Konkurrenz haben will. Schon alleine und konzentrisch kann man viel besser zuschlagen, und so. Also, nur wenn es zu einer Kosmologie der Stasis - des Innehaltens - kommt, kann man auch annehmen, dass diese sozial-psychischen Zwänge sich arbeitsteilig zusammentun, um zum Beispiel die Konkurrenz gegen die Japaner zu gewinnen und die Festung Europa zu halten. Alle diese - wenn das wegfallen soll, dann braucht es eine neue Grundeinstellung. Und das ist eigentlich der Punkt, auf den ein zweiter Blick, würde ich mal sagen, auf die sonst aussichtslose Betrachtung der Staatsproblematik in Europa dann hinführt. Also, mein Gedankengang jetzt bis hin zur Pause - jetzt mache ich Pause - ist einfach der – auf der Ebene sozusagen der Analyse - einfach, was passiert, wenn wir den Kampf um die Weltbewahrung dem Staat überlassen? Da sieht es - wenn man den Staat in seiner bestehenden Form und mit dieser Geschichte - also das ist ziemlich aussichtslos. Es ist nur zu wahrscheinlich, dass wir das Problem nur reproduzieren können, dass wir also tiefer in die ökologische Krise reinmarschieren. Und nun ist es aber so, dass diese europäische Staatsentwicklung nicht ohne Ursachen gedacht werden kann. Und das zeigte ja auch Krippendorff, dass die kapitalistische Entwicklung also sich gar nicht nur kapitalistisch erklärt, sondern, dass da - ältere Strukturen müssen da drin sein - er hat sie nur nicht befragt - und mit Galtung ist man da eine Schicht tiefer. Ich kann also nur zu dem Essay raten, der in dem Buch drin ist. Wer sich damit wirklich befassen will, weil - das würde hier zu sehr die Zeit belegen - aber man kommt dann auf den Punkt, wie sich diese Kosmologie - bei ihm ein beschreibender Begriff - ändern kann. Und in der zweiten Stunde will ich diesem Thema, was die Innenseite der Sache betrifft, nachgehen. Und wir kommen dann auch auf den kleinen Auszug aus dem Flugblatt, das ich ausgegeben habe - auf den

Kreis mit der Grundeinstellung Aurobindos am Anfang - nach der Pause zu sprechen.

Pause.

So, jetzt im zweiten Teil will ich also die beiden Fragen – also, was fehlt und die Frage, also, über welchen Schatten man da springen müsste - will ich im Zusammenhang behandeln. Und das hat den Grund - der ist schon hier sichtbar, wenn ich noch mal zurückkomme auf - womit ich eben geschlossen habe.

Die Kosmologie ist also die tiefere Schicht als das, was auf der politischen, gesellschaftlichen, staatlichen Ebene erscheint. Und wenn man hier noch mit abstrakten Begriffen auskommt, um Dinge zu beschreiben - hier geht es um Grundhaltungen, also, die sich jedenfalls nicht auf Rationales reduzieren, das ist völlig klar. Und auf der Ebene der Kosmologien, wenn man da ranrührt an die Motivation für – ja, für den 1. Weltkrieg, für das was in den Zwanzigerjahren war, für den Aufstieg der Nazibewegung, für den 2. Weltkrieg, für Wiederaufbau, für ökologische Krise - ist egal bei welchem Thema – es wird sich immer - also ich würde sagen der Mensch mit seinem Schatten oder das, was an uns vielleicht Licht ist oder hell oder wie immer man das nennen will, oder hell - es wird sich immer mit der Schattenseite artikulieren. Das ist ja auch eigentlich der Grund - wenn man wirklich in den tieferen Schichten sich einlassen will - weil von hier die Kräfte kommen. Für jede Lösungsmöglichkeit kommen von hier die Kräfte - dann hat man es auch mit der Schattenseite, mit dem Negativen, mit dem, was gefahrdrohend ist, zu tun. Schon wie Galtung die europäische und ganz speziell die deutsche und dann die Nazikosmologie beschrieben hat – also, man weiß dann, wenn man davon liest, man hat damit zu tun, auch wenn an der Oberfläche erst mal die Begriffe, mit denen die Nazis dann umgegangen sind, entwertet sind, sodass man manchmal nicht mehr weiß, wie man manche Dinge nennen soll, weil - da ist ja alles gebraucht worden - oder fast alles gebraucht worden - aber da ist eine Schicht, also, um die es eigentlich geht, und die erklärt auch, weshalb es so schwierig ist, also, da mit dieser Sache umzugehen, also, ohne Ressentiments der verschiedensten Art aufzudecken. Und da will ich also, ehe ich jetzt auf die Schattenfrage komme - weil es auch eben, weil beides sehr zusammenhängt, das aus diesem dem kleinen Modell hier – also, die Rückseite des Modells vortragen, was für den jetzigen Zweck auch ausreichend ist. Nämlich das ist dieser Kreis, der, also, eigentlich hier an der untersten Stelle, ist der von Aurobindo her, also der Urgrund oder auch, je nachdem wie man die Bezeichnung wählt, Parama Shiva wie auf der Rückseite, oder ich schreibe hier mal Parama Atman hin, das ist aber derselbe Name. Shiva ist eben einer, der - also gemeint ist dasselbe damit - in einem bestimmten Zweig der alten hinduistischen Philosophie hat man das Atman genannt, was in dem Zusammenhang hier Shiva ist auf dem anderen. Das sind nur verwandte Namen, ich komme deshalb auch auf Atman, weil ich hier noch etwas eingezeichnet habe auf dem Blatt, das sich Atman-Projekt nennt. Der Grundgedanke, der in der Kreisbahn hier angelegt ist, das ist, dass der Mensch - geistig gesehen - eine Evolution durchmacht, die von der Geburt bis zum Tode - aber der Tod am anderen Ende sozusagen des Weges, eigentlich als der Ort der Wiedervereinigung mit dem Urgrund geht. Also, ein Aufstieg im Bewusstsein, und zwar sowohl gattungsgeschichtlich gesehen, als auch individuell gesehen. Und es gibt jetzt auf dem Weg zurück – also, wenn der Mensch in der Lage wäre, stets bei dieser geistigen Evolution nur zu bleiben, dann würde er also rein diesen oder fast nur diesen Weg zurücklegen. Und es würden von dem Weg, sozusagen, keine - würde nichts abführen - wie hier, was ich gemalt habe - Atman-Projekt. Eigentlich ist der Gedanke, dass an jeder beliebigen Stelle des Entwicklungsprozesses sich da auch was verselbstständigen könnte, vermaterialisieren könnte, dass also jede Phase, wenn man zum Beispiel hier am Anfang ist - die unterste Stufe hier bei Aurobindo ist physisch, nennt er den Punkt, bei dem es losgeht und einfach wenn, zum Beispiel Unterversorgung in der frühsten Phase der menschlichen Existenz irgendwo auftritt, dann wird sich Gier aufs Materielle da breit machen und es wird vielleicht, ehe man überhaupt zu weiteren Entwicklungsstufen kommt, irgendwie eine starke Tendenz hier schon, aus dem idealen Kreis sagen wir mal, sich entfernen und das ist erst mal mit diesen Pfeilen gemeint, dass da Kräfte, die eigentlich dafür bestimmt wären, uns wieder zu verbinden, dass die sich aus dem Kreis, der eigentlich die Evolution zu der der Mensch bestimmt ist, dass die sich entfernen. Und ich habe nun an dieser Stelle dort das Atman-Projekt jetzt mal angemalt – weil, dort oben ist jetzt die Stufe, wo - statt hier unten physisch - ich füll das gleich noch aus - wo wir rational sind, und zwar eigentlich rational zwei, will ich das mal nennen. Das heißt, hier geht es schon darum, dass Vernunft im Spiel ist, also Verstand und Vernunft, hier ist die Wissenschaft mit gemeint, und wenn ich das Atman–Projekt jetzt hier angezeichnet habe, an der Stelle gerade, dann deshalb, weil uns in unserer Vorlesung und im Zusammenhang mit der ökologischen Krise also das interessiert – nicht, was in der frühsten Phase vielleicht passiert ist und was heute sozusagen individuell-biografisch immer noch interessant ist - und dort wo Völker überhaupt zu kurz kommen. Aber hier oben geht es also praktisch um die Verselbstständigung der materiellen Wesenskräfte, die wir in die große Maschine gesteckt haben, um es sehr verkürzt zu sagen. Aber da zählt also dieser ganze Zusammenhang hier, also die Megamaschine, der Staatsaspekt, Bildung und alles, was also auf diese Maschinerie hin ausgerichtet ist, das zählt hier dazu. Und der Gedanke, der zugrunde liegt und der in einem Buch von Ken Wilber, das Buch heißt »Das Atman-Projekt«, auch Gestalt angenommen hat – also, es ist auch zugleich ein Buchtitel. Der Gedanke ist folgender, dass die, also, die Weisheitslehren sagen, man folgt entweder sozusagen dieser geistigen Evolution, also entweder folgt man dem Atman, ist dann, sozusagen, das persönliche gehöre Selbst – das aber nur, sozusagen, eine andere Seite des allgemeinen Selbst, des göttlichen großen Selbst ist, in dieser Konzeption. Man folgt entweder Atman oder man macht ein Projekt - Atman oder Atman-Projekt - das ist die große Alternative, die Ken Wilber da festmacht. Das ist dieselbe, die also in dieser Versuchungsszene im Neuen Testament, wo Christus dann auf den Berg geführt ist, und der Teufel lässt ihn wählen, und sein Vorschlag ist, ich zeige dir die Reiche der Welt und ihre Herrlichkeiten, und wer das wählt, der ist auf dem Weg von Atman-Projekt. Und wenn man jetzt also auf die moderne abendländische Geschichte guckt, dann ist halt der besondere Haken bei dem Atman-Projekt, das an dieser Stelle ansetzt, in unserer, also, auf der Ebene, wo die Megamaschine dann sich voll entfaltet, dass also über diese technische Materialisierung, das was - unsere Philosophie hat eigentlich fast dasselbe unter den Entfremdungsbegriff gebracht – Hegel und Marx dann – also praktisch, dass die menschlichen Wesenskräfte in Objekte gehen und dass dann – in der DDR hatten wir unter anderem die wunderbare Formulierung, das Erreichte kommt mit neuen Forderungen – also, wenn wir uns nun mal auch auf den Wettstreit mit dem Kapital da eingelassen haben und beim Mercedes noch nicht angekommen sind - wir müssen weiter kämpfen, um dort den Anschluss zu kriegen. Das heißt, man kann sich also völlig in der Konkurrenz um diese materiellen Realisierungen verlieren, und der größte Teil der Energie, bis in den Schlaf hinein, bis in die Träume hinein sind wir dann mit Stoff beschäftigt dieser Kämpfe, zum Beispiel, dass wir immer den Zug verpassen oder so. Das hat in der Regel also eher mit solchen Sachen zu tun - also, dass uns das aus dem Traum aufschreckt - als mit den menschlichen Wesenskräften, die also entweder auf die eigene Höherentwicklung oder – überhaupt - oder auf die sozialen Beziehungen im engeren Sinne, auf Freundschaft und Liebesverhältnisse und so zielen. Sondern, meistens, unsere Ängste sind gesteuert über das, womit sich die Gesellschaft hauptsächlich beschäftigt und woran man also Leistung misst - und das Leistungsprodukt - genau - und die Orientierung darauf - das ist das Atman-Projekt.

Also das Thema eigentlich ist, bei der ganzen Geschichte, wenn das eine tödliche Richtung eingeschlagen hat hier, dann fragt sich also irgendwie, wie es denkbar wäre, dass diese Energie, dass das in dieser Richtung zurückgeholt wird. Es geht sicher nicht darum, den Beton zurückzuholen, aber die Orientierung an Beton, an Stahlproduktion, an Arbeit in diesem produktivistischen Sinne. Und jetzt interessant bei Aurobindo ist nun, das ist ein siebenstufiges Evolutionsmodell, also 7 Stufen durchläuft die Gattung Mensch, und 7 Stufen auch durchläuft das Individuum, im Idealfall jedenfalls bis hierher, und zwar physisch. Und dann kommt die Stufe Vital, und dann kommt die Stufe Rational - oder Mental auch kann man sagen, Rational eins - das ist hier also - der Akzent ist hier Verstand und dann eben Rational zwei – Vernunft – und hier dann auf dieser Ebene etwa und dieser Gegend hier, das nennt er Subjektiv oder auch Psychisch, er nennt es hauptsächlich Psychisch, deswegen unterstreiche ich das mal. Dann kommt hier Spirituell und hier am Ende dann, ich hab hier zuviel zu stehen, ich schreibe also etwas zu weit oben an, hier kommt dann Supra-Mental.

Kurz, was mit den Stufen gemeint ist, noch mal - rekapituliert kurz - weil, es geht auch aus dem Blatt da noch ein bisschen zusätzliche Information dazu hervor - aber das ist der Kern dessen, des Evolutionsmodells, das Aurobindo da entfaltet hat. Physisch ist also, das sind erst mal die Bedürfnisse, die mit der Reproduktion des Körpers als solchem verbunden sind, körperliche Reproduktion, was der Mensch als Körper braucht.

Wobei klar ist, dass die Psyche, dass alles das, wenn es nicht im Körper angelegt wäre, natürlich also nie herauskommen würde, sondern ihr geht es nur erst mal um das, was halt im Magen verbrannt wird. Also, was zur Ernährung in jeder Hinsicht nötig ist, einschließlich - am Anfang gehört dazu auch die Mutterliebe. Das gehört schon mit dazu, und Vital dann, das ist die Ebene, wo es um die emotionalen Interessen geht, also um die Befriedigung im Kontakt, um Anerkennung aus der Gemeinschaft, und zwar also, man kann auch sagen, das verdeutlicht die Sache dann vielleicht noch ein bisschen mehr. Man hat es hier mit dem Körper – Ich – zu tun, aber der Ton liegt dann auf dem Ich an dieser Stelle bereits. Also, diese vitalen Interessen, die artikulieren sich schon zeitig, ab anderthalb Jahre eigentlich, ab anderthalb bis spätestens zwei Jahre gibt es da schon einen Ich-Begriff, ich habe das Bedürfnis, dass du mich jetzt in den Arm nimmst, zum Beispiel, sagt die Kleine. Und die ganze, also, Schwierigkeit, die es in einer sinnenfeindlichen Gesellschaft, wie sie dann - die dann die christliche Kultur im Abendland hervorgebracht hat, das ist zum Beispiel eben eines der Momente, dass an der Stelle dann so ein Pfeil, der von der eigentlichen Entwicklung abführt - mal, alsodass man einerseits eine Kirche hatte, die die Leute dahin führen wollte und andererseits eine Kirche hatte, die genau das also systematisch zu verhindern wusste, indem sie schon auf einer verhältnismäßig elementaren Stufe den - sozusagen - die Psyche stört. Und bis hier oben hat man es dann mit dem reichen Ich zu tun - darunter ist verstanden eines, das seine Interessen wohl schon reflektiert. Das heißt, auf dieser Ebene hier oben, das ist die große Problematik, da wissen wir im Grunde genommen über unsere persönliche wie über unsere gesellschaftliche Konstellation einigermaßen Bescheid. Also das, was wir heute hier jetzt reflektieren, die Fragen, die ich hier behandelt habe und dort behandelt habe und auch das Modell - das ist ja, also das ist immer - das bleibt einstweilen noch auf der Stufe, sozusagen, selbstbewusster Reflexion. Wir können uns auf dieser Stufe auch leisten, sozusagen, zu sehen, ich kompensiere zum

Beispiel da und damit eine bestimmte Schwäche, die mich vielleicht hier betroffen hat. Nur, dass man auf dieser Ebene, sozusagen, die Entfremdung doch noch nicht überwunden hat. Dass also das bloße Wissen darum, - das war ja eine Kritik, die Marx übrigens mit Recht an Hegel hatte - dass das bloße bessere Bewusstsein die Verhältnisse selbst noch nicht ändert, weil die in diesen tieferen Schichten verwurzelt sind und hier also Schläge, die wir früh bekommen haben, Minderwertigkeitskomplexe beispielsweise, die besonders gerne, also machtvoll, kompensiert werden, dass wir solche Komplexe nicht einfach dadurch, dass wir uns jetzt was bewusst machen, überwinden. Also hier ist es auf der Ebene dann, hier ist es also so ein, man kann es - also -genannt ist es da in dem Ding auch frühes und mittleres Ich, also, es gibt ja dazwischen auch noch, sozusagen, die Fakultät, wo das »Ich« noch ganz der Gruppe unterliegt, also, was im Kollektivismus sowohl der Nazis als auch des real existierenden Sozialismus dann eine Weile ausgebeutet worden ist, dass man also auf das Individuelle nicht guckt, sondern auf die Gruppen-Ich-Position. Das ist also die Zwischenstation, wo wir also eigentlich noch nicht vernünftig, sondern erst mal verständig auf die Welt reagiert haben. Das ist bis dahin - und dann kommen wir hier erst in eine Dimension, die ein bisschen jenseits dieser Vernunftreflexion schon des rationalen »Ichs« liegt. Mit psychisch ist gemeint, eigentlich, dass die Leute, wenn sie auf dieser Ebene irgendwie sich stabilisieren können, also, wieder mit der gesamten gegebenen menschlichen Existenz reagieren können, also, dass - der Körper als Ganzes ist ja von Fußsohle bis zum Kopf seelisch, die ganzen körper-therapeutischen Methoden weisen daraufhin. Und es ist ja ein Irrtum, dass wir nur mit dem Verstand in diesem Abstraktionsprozess, gegen den wir dann im Einmaleins und in der Wissenschaft usw. dann auch hier mit Vernunft festhalten, sondern es ist ja immer an diesem Erkenntnisprozess unsere Gesamtnatur beteiligt. Und der Ken Wilber hat für diese Ebene hier, die vielleicht die Spannendste ist, weil sie das ist, worauf hier unmittelbar manches zuläuft jetzt, der hat den Ausdruck hierfür gebraucht, wir wären dann Zentaur und meint damit - also diese Figur, die auch in Goethes »Faust« auftritt der Zentaur Chiron, der ihn zur Sibylle führt, also zu der eigentlichen Weisheitslehrerin wird, die das sozusagen hier lehrt, das Spirituelle, wird Faust geführt durch den Zentaur Chiron, und gemalt werden die immer mit Menschenkopf und Tierleib - aber gemeint ist da, dass das Tierhafte unserer Existenz, dass das Körperliche unserer Existenz mit dem Seelischen und Geistigen einigermaßen integriert ist, und dass wir aus dieser Gesamtverfassung wahrnehmend in der Welt sind. Und dann also zum Beispiel, wenn jemand wirklich also Tierleib auch ist, und zwar sogar bewusst ist, also sowohl seelisch als auch empfindend als auch geistig bewusst ist, dann wird es zum Beispiel - keine rationale Diskussion ist dann mehr nötig, ob man Tierversuche machen kann oder nicht. Also es würden kurzum auf dieser Ebene, ich deute das mit der Problematik nur mal an, es würden eine Menge Sachen entfallen, die jetzt als Probleme diskutiert werden, die aber eigentlich und in letzter Instanz Scheinprobleme sind, die nur Probleme sind auf der Stufe hier, wo wir mit der Vernunft, die aber der Welt sozusagen machtvoll gegenübertritt und die wir auch als - was von uns selbst da noch getrennt ist.

Also wir denken über Vernunft heute vor allem - die Wissenschaft ist sozusagen die Objektivierung der Vernunft - aber das ist etwas, dem wir unterworfen sind. Also hier in der DDR war zum Beispiel klar, die Imperative des Weltmarkts, Wissenschaft, Technik und so Fortschritt, das ordnete jede, sozusagen, Möglichkeit der Individualitätsentfaltung im Sozialismus, theoretisch gemeint, einfach unter. Es ging um die Leistung für die Volkswirtschaft und am Weltmarkt, und das, was an der Sprungstelle hier irgendwie symbolisiert ist, das ist der Punkt, dass dieser Art Probleme, die auf der Ebene produziert werden, also die können bis hier, solange man sich in dem Bereich bewegt - die werden eigentlich immer an Bord der Titanic, also auf der Ebene dieses Atman-Projekts dann, als Probleme diskutiert und finden keine Lösung, sondern es steht endlos in den Zeitungen, in den Büchern und Broschüren über diese Probleme dasselbe drin, also, im Sozialismus wie im Kapitalismus auch dasselbe.

Also ich habe zum Beispiel meine Dissertation geschrieben darüber, was die Hoch- und Fachschulkader im sozialistischen Industriebetrieb daran hindert, da voll ihre Kraft zu geben. Und man hat mir dann – drüben haben mir da Leute, die es wagten so was einzugestehen – gesagt, also im Konzern ist das für die dort Angestellten nicht wesentlich anders. Da ist der Spielraum für die eigentliche Unternehmerinitiative auch nicht mehr da. Du musst so oder so gehorchen. Manchmal haben sie lockere Regeln als ihr, also, wie hier drüben. Aber - das ist also, es ist auf dieser Position - und gar, sozusagen, wenn man damit geht in die Probleme, dann geht man immer mit in die Materialisierung - in das, was wir sozusagen aufgrund einer beschränkten Vorentscheidung, die Welt also jetzt mit einer vernünftigen Megamaschine zu überziehen und auf diese Weise uns - die Illusion ist ja, dass Industrie, dass das Glück schaffend letzten Endes ist, dass wir also die ständig wachsende Befriedigung der materiellen Bedürfnisse - das war ja ökonomisches Grundgesetz - dass wir das brauchen für die Befreiung letzten Endes. Und was sich herausstellt unter dem Gesichtspunkt, der Aurobindo hier sieht, das ist - es gibt gar keine Lösung, sondern es gibt nur eine Lösung, wenn sich die Menschen da in einem gewissen Sinne - in der Richtung hier - verabschieden, weil, um hierher zu kommen, an diese Position, die liegt irgendwie - also jetzt natürlich es ist mechanisch in der Darstellung - diese Position, die liegt wieder auf der Linie, und das heißt also, man kommt hierher nur, insofern man das dort lässt.

Also jemand, der sich einem Masseur anvertraut beispielsweise, umsozusagen diese physischen Kräfte wieder zu erwecken, der geht also - selbst wenn das unter Geschäft heute auch mit fällt, das muss ja bezahlt werden, der Masseur muss ja von was leben - das fällt also nicht dann unter diese Sache hier, zumindest wenn es einigermaßen bewusst vollzogen wird. Das findet nicht auf der Titanic statt, auch wenn – natürlich ist man nicht aus der Stadt Berlin damit raus – sondern geistig gesehen und, auch was tatsächlich passiert ist, dass ein Ort des Wiedergeborenwerdens der Einheit von Körper, Seele, Geist - und damit ist man auf dieser Linie. Nur, dass es also oft eben nur für diese Stunde passiert und unmittelbar manchmal nur rauskommt, dass man wieder besser gerüstet ist für den Kampf auf der Brücke da oben, für irgendwelche Vertretertätigkeiten, oder weiß ich was halt anliegt, oder Lehrer oder was auch immer man abliefern muss in diesem Zusammenhang - und diese nächste Stufe, also diese Stufe hier erst mal, wenn man die jetzt also auf den Bezug auf das Ganze und auf den Urgrund hier sieht, dann ist es so - subjektiv heißt das auch deshalb, also das Psychische hier, die psychische Stufe - subjektiv deshalb, weil also – hier kann man sich, in Anführungszeichen, Gottes oder des Atman oder des Paramashiva in seiner eigenen Existenz gewahr werden – so will ich das mal ausdrücken. Es geht hier gar nicht hauptsächlich um Bewusstsein, sondern es geht um die Momente, wo es fließt. Eigentlich ist das hier sozusagen eine – dass, wenn man hier noch - es hat eigentlich hier noch was mit dem »Ich« zu tun, weil das also noch der Rahmen ist, in dem das stattfindet, also, zumindest das »Ich« ist noch mit dabei. Man könnte sagen, dass es hier überfließend sich erfährt und vielleicht auch so überfließend, dass manchmal also ein Fluss kommt, dass das nicht nur das Eigene überfließt, sondern, alsodass überhaupt - die Energie jedenfalls wird wieder flüssig. Und es ist auch ziemlich wahrscheinlich, dass sich manche Fixierungen auf Begriffe dann lockern, einfach in den Sachen, die man immer behauptet hat. Wo man sagt, wenn diese These fällt, ich sage sofort meine Gegenthese, das denke ich schon immer, lange und immer, alsodass das dann auf einmal weniger wichtig wird, das Spiel immer zu wiederholen. Dass sich also sozusagen Energie aus der Verkrampfung - und die Begriffe - frei macht und also zurückkehrt, ein Stück weit eigentlich schon zurückkehrt in den Zusammenhang des großen Ganzen, aber eben noch subjektiv und spirituell hier. Damit ist gemeint, also, dass dasselbe Subjekt natürlich, das dem Ganzen hier zugrunde liegt, also der Mensch, dass der Mensch hier also eher die Erfahrung hat des Überfließens des Universums zu uns, also, das ist – er sagt auch, das ist kosmisches Bewusstsein und mit Kosmos ist da aber nicht gemeint, und jetzt ist nicht die Frage gemeint, also den fernsten Stern zu fühlen, sondern, den Kosmos als, also dass - die Geordnetheit eigentlich der Natur. Das Wesen dieser natürlichen Ordnung – Kosmos versus Chaos – also versus Chaos jetzt im Sinne des, aus der eigenen Wahrnehmung Ungeordneten, wo man mit dem Verstand auch manchmal das nicht schafft. Also hier auf dieser Ebene dann, ist unter anderem also etwa viel leichter noch als auf der psychischen hier möglich zu begreifen, dass Gott das Ganze auch insofern ist. Man kann dann den Teufel nicht mehr abspalten. Also, dass die Natur, also Pflanzen, Tiere, dass das etwa dieses böse Fressen und Gefressenwerden einschließt.

Das ist auf dem Standpunkt dieses Bewusstseins kein Gegenstand der Sorge mehr. Was hier eher klar wird, was dasselbe Thema betrifft, ist, dass der Mensch vielleicht nicht den Auftrag hat - also ausgerechnet diesen elementareren Vorgang, der auf dieser vitalen Ebene liegt - mitzumachen, das hat er Kraft seines Geistes eigentlich überhaupt nicht nötig. Also, dass wir sozusagen mit unserer Overkillkapazität diese Tierversuche und diese Schlachthäuser überhaupt betreiben, das heißt schon, dass wir sozusagen – also das beruht schon auf solchen Abweichungen, die wir auf irgendwelchen früheren Schritten unserer Entwicklung schon gemacht haben, wo also – schon damit, dass man dazu übergegangen ist, Tiere überhaupt zu versklaven. Und hier ist es dann natürlich festgeschrieben in Technologien - und hier, wenn jemand, der auf dieser Ebene wahrnimmt - schon auf dieser eigentlich - da sagte ich also, es wird dann unmöglich, weil man selbst Körper ist und da Resonanz ist: Und hier wird es sozusagen geistig unmöglich, weil hier klar ist, dass also der Kosmos, dass die Ordnung natürlich gestört wird, wenn ein einzelnes Wesen mit der Tierproduktion so aus dem – und dem Essen der Tiere und so – derart, also mit seiner außerordentlichen Kapazität so aus den materiellen Gleichgewichten ausbricht. Das wird einfach als ein Ungleichgewicht erfahren. Und so beschreiben sie das auch. Und wenn man mal, also zeitweilig - hier ist natürlich die Vorstellung, der Mensch könnte sich stabilisieren auf so einem Niveau, aber zeitweilig – also, es gibt so Augenblicke, wo, ich habe so eine Erfahrung mal gemacht, für einen Moment, so eine Erfahrung gemacht, wo also, wo ich von einer Menge meiner Aktivitäten irgendwie ganz deutlich wusste, das liegt - das ist falsch, und zwar, das ist kein moralistisches Empfinden dann, sondern man weiß, es gibt hier irgendwas zu korrigieren, man müsste ins große Gleichgewicht zurück. Und die letzte Stufe hier, die Supra-Mental genannt wird, das ist die, wo nicht mehr, sagen wir mal, das Subjekt die kosmische Ordnung wahrnimmt, das ist hier der Punkt, der Schwerpunkt - das Subjekt nimmt die kosmische Ordnung wahr. Das bleibt natürlich erhalten … das Vergangene bleibt erhalten, die Fähigkeit. Aber hier, auf dieser supra-mentalen Ebene, auf der Ebene Übergeist sozusagen, auf dieser Ebene, die wird auch kausal genannt in dem Sinne - man ist da bei dem Ursächlichen des Weltzusammenhangs überhaupt. Das heißt, die Perspektive ist nicht mehr die des einzelnen »Ichs«, sondern eigentlich die Perspektive der universellen Intelligenz überhaupt. Es ist sozusagen die Wahrnehmung in dem Sinne des Einsseins mit dem Universum, man unterscheidet sich davon nicht mehr - also, das, was im Evangelium »ich und der Vater sind eins« genannt wird. Da habe ich nie einen … gehabt bisher. Aber wenn man also in der Logik dieser Evolution denkt, und an dem Punkt, und an dem Punkt sozusagen eine gewisse ahnungsvolle Wahrnehmung bisher schon hatte, dann - was Aurobindo selbst betrifft, er hat das alles aufgrund eigener Erfahrung niedergeschrieben. Also, es gibt diese Dimension und die wird von - also ich denke, dass es selbst überliefert, tausende, ich sage wirklich tausende Meister gegeben hat, die das mal realisiert haben. Also die Namen, die in der indischen Geschichte da überliefert sind, sind sehr viele, und es ist höchstwahrscheinlich, dass Leute wie Dante solche Erfahrungen auch mal gehabt haben. Was nicht heißt, dass die ganze göttliche Komödie also aus dieser Psychologie heraus geschrieben ist - wahrscheinlich wäre sie dann gar nicht mehr geschrieben worden - sondern nur, dass es also Zugangsmöglichkeiten also auch in Europa gegeben hat. Also diese Ebene hier, das ist die - ungefähr die Heiligen. Also die, die das, wo da also wirklich Franz v. Assisi oder so - das ist dann wahrscheinlich so diese Ebene gewesen - und jetzt also ist die große Schwierigkeit, die sich aus der Denkweise von Aurobindo jedenfalls ergibt, ist die, wenn ich sagte, dass wir Probleme, die hier entstanden sind, auf dieser Ebene - auf dieser Ebene unlösbar sind. Das betont der ganz eindeutig für alles Politische. Was er da sagt ist - immer wieder zwingen die Widersprüche, auf die wir stoßen dazu, also, irgendeine unmittelbare politische Lösung zu suchen. Und es mag dann sein, dass irgendein kleiner Fortschritt für einen Moment durchgesetzt werden kann. Aber dann stellt sich raus, dass das Bewusstsein schon der Leute, die die Initiative haben - und noch mehr das Bewusstsein von Leuten, die also zu so viel Selbstbewusstsein noch gar nicht vorgedrungen waren - dass das also - es stellt sich einfach heraus, es ist, wie es ist. Und es gibt dann also, wenn Leute, also, die Sozialisation in den Unterklassen, in der Weimarer Republik etwa, durchgemacht haben - oder in der 1. Weltkriegszeit - und sie werden dann politische Führer in der DDR - es ist dann - also die Formel wäre einfach »man kann vom Ochsen nicht mehr als Rindfleisch erwarten«, die sich dort ergibt. Und es ist dann allerdings auch die Konsequenz, also, dieser Denkweise, die Aurobindo in seinem Buch da »Zyklus der menschlichen Entwicklung« - er sagt das da auch ausdrücklich, dass es keine Chance eigentlich gibt, sozusagen, in dieser rationalen Ebene hier - was die ökologische Krise jetzt betrifft - eigentlich auf etwas zu kommen, das aus diesem verteufelten Zusammenhang herausfällt. Sondern, das Subjekt, das diesen Zusammenhang, diese Megamaschine konstituiert hat, also das Bewusstsein, das ist gerade also dieses hier - und das ist, wenn man es jetzt an den Idealtyp der Evolution anschließt, wie in der Zeichnung, dann ist - hier ist noch gar nicht zu sehen, ist noch gar nicht angedeutet, in welchem Grade das hier befangen ist. Das heißt, dass unsere Vernunft alles andere als frei ist. Sie ist doppelt - sie ist ausgesetzt einerseits dem viel mehr als in der Frühzeit Abgedrängtem, also, ins Unbewusste abgedrängten Dingen, die wir über uns nicht wissen wollen und die uns aber dennoch antreiben. Und andererseits ist es eben abhängig in diesem Entfremdungszusammenhang dessen, was es selbst geschaffen hat. Und das zusammen ermöglicht also, von Aurobindo her gesehen, hier auch keine Lösung. Und nun kommt - das Schärfste ist - dass von Aurobindo her gesehen, das und das und das - sehr lange Zeiträume, ich sage mal, zumindest sein können, bis die Menschheit oder, sagen wir mal, irgendeine qualifizierte, weiß ich, Minderheit / Mehrheit - an sichgehts da nicht um Zahlen – sondern, wenn es eine genügend große Zahl - so eine kritische Masse, eine kritische Masse jetzt als eine Minorität - die einen Schritt weiter ist - wenn es das gibt, dann mag es möglich sein, etwas Weitergehendes schon zu institutionalisieren. Aber so lange die Verhältnisse so sind, wie sie jetzt sind, dass also die Mehrheit der Bevölkerung, das sagte ich vorhin, also die zivile Gesellschaft eigentlich befangen ist in der Megamaschine und diese ökologische Krise heilen möchte, ohne dass dem Bären das Fell nass wird - also das Tempo im Auto auch bei Ökologens - man muss es nur deichseln, dass wir so weitermachen können. Also, so lange das der Zustand ist, da wird er also - die schönste politische Einrichtung hätte nur sehr begrenzte und vorübergehende Auswirkungen, sodass es also von daher sich eigentlich nicht empfiehlt, zu schnell, also, wirklich praktische institutionelle Konsequenzen zu ziehen. Weil, wahrscheinlich würde man was zuwege bringen, was sich nur sehr schnell blamiert. Also, wie es ja das Schicksal von Revolutionen sehr schnell oft ist - und das, also, sieht er, sei jetzt im Gange schon, und das hier und das hier, das sind bisher also kleine Minderheiten, die daran experimentieren und - allerdings, wenn man von hier aus also ökologischen Rat betreiben würde, von diesem, was er hier nennt – Psychisch – Subjektiv - also, wo der Mensch - subjektiv heißt hier auch, wo er zu seiner Erfahrung mit der Megamaschine steht – also, das Leid, das sich da durchsetzt, das war ja Buddhas Anstoß, das Leid wird in die anderen Dimensionen treiben. Das Leid, das damit verbunden ist in seinem eigenen Körper, in seiner Seele auch wahrnimmt und dann den Versuch macht, also, weniger leidensträchtige Strukturen zu schaffen. Das können dann keine diktatorischen sein. Also dann, auf dieser Ebene, wäre etwas möglich. Und ich komme nun, ich will dann, ich komme jetzt nur verhältnismäßig kurz zu dieser Schattenproblematik. Aber ich will sie nicht auslassen, um dann zuletzt zu sagen, was eigentlich passieren könnte, um an dieser Stelle hier, an der wir uns irgendwie befinden und wo es darum geht, diese – hier - Energien rauszuziehen. Was für eine Konstellation in Bezug auf – wo müsste es stattfinden - auf den Ort, wo man sich in diesem Zusammenhang denken könnte - damit will ich schließen dann. Aber vorher will ich wenigstens noch eine Bemerkung machen über das, was Aurobindo zu sagen hat, an vielen Stellen in seinem Buch übrigens - ich kann sie nun leider doch nicht vortragen - über diese Gefahr, die mit Totalitarismus zusammenhängt, mit Hitler zusammenhängt, mit, also mit dem Ge- und Missbrauch von Spiritualität auch. Also ich erinnere noch mal daran, hier auf dieser Ebene der Kosmologie, an die ich spirituell heranzugehen suche, da sind einfach Gott und Teufel nicht getrennt. Das ist eine späte Unterscheidung, wir haben moralisch gefunden, was ist gut, womit wollen wir identifiziert sein, was ist schlecht, womit wollen wir nicht identifiziert sein. Und das Nichtidentifizierte, das, womit wir nicht identifiziert sein wollen - was wir aber sind, woran wir beteiligt sind - das nennt Jungk den Schatten. Und deswegen habe ich da von Schatten gesprochen und habe nun versucht - in der Zeichnung, die auf dem Plakat ist, habe ich dann halt ein Bild des Heiligen Geistes genommen, und zwar, dass er dann das Kreuz trägt, das stammt irgendwoher, muss man das Bild dann nehmen – also, meine Perspektive ist in diesem engen Sinne nicht christlich - es ist dieses mit gleich großen Balken, nicht das lange Kreuz, sondern so ein bestimmtes katholisches Kreuz. Das, was ich damit meine - es symbolisiert die Hoffnung, dieses Thema Heiliger Geist, die Hoffnung, auf eine höhere Bewusstseinsstufe. Und der Heilige Geist hat auch damit zu tun, das ist nun Aurobindo sehr wichtig, dass es nicht nur das gibt, was aus uns selbst heraus in diese Richtung geht, sondern diese Richtung selbst, die ist in der Evolution - also im Kosmos - die kann nur angelegt sein, weil das Prinzip dieser Evolution im Kosmos selbst vorhanden sein muss. Das heißt, es ist auch etwas, was uns entgegenkommt. Ich habe [in den] Anfang der 80er-Jahre mal ein langes Religionsgespräch mit Helmut Gollwitzer gehabt. Da habe ich noch nicht verstanden, warum dieser evangelische Theologe – Helmut Gollwitzer, ganz links orientiert – warum der sagte, ich kann nicht leben ohne »Veni, Creator Spiritus«, das ist diese christliche Formel für - also lateinisch – komm Heiliger Geist – heißt die. Also er kann nicht mit einer nur immanenten Vorstellung leben, es muss da auch was entgegenkommen - jetzt jenseits noch der Frage, ob das nun Personal ist oder nicht ist, also ob Gott Person ist.

... Wilber und andere, was die in Indien, in Asien lehren - ich habe inzwischen - ich weiß inzwischen, dass es das auch ist, und insofern symbolisiert diese Taube, wie sie da dargestellt ist, nämlich von oben nach unten und dann das Kreuz da im Schnabel, die symbolisiert auch Herabkunft. Das heißt, das Prinzip ist hervorgehoben, und Herabkunft ist vielleicht wiederum falsch, wenn man das in oben / unten denkt, sondern in dem Ganzen, also, eigentlich ist das eine - eine Herkunft zu uns aus dem universellen Ganzen, also, von dem intelligiblen Prinzip, das das Ganze regiert. Es ist ja doch nicht einfach Masse dort – also ein Sack voll Beton oder ein Sack voll Kartoffeln - da ist nichts dann in dem Sack - außer durch den Sack selbst - ist nichts organisiert. Aber so ist die große Natur nicht, sondern - dort spielt ja auf der Ebene des Gases, auf der Ebene der Steine, auf der Ebene der Pflanzen, der Tiere überall - das ist ein Informationsprozess - und nur im Tierreich allmählich - und im Menschen endlich - kommt das zu Selbstbewusstsein. Und es steht eigentlich wahrscheinlich ein Auftrag, also eine natürliche Tendenz dahinter, sodass also die Philosophen, die immer gesagt haben, zugleich gibt es da eine Finalursache – also, eine Ursache, die am Ende des Prozesses steht. Nur, dass es am Ende steht, ist wahrscheinlich falsch – Ende und Anfang ist da ein und dasselbe. Also, dieser Urgrund - der ist nicht etwa, wie man denken könnte, wenn der Mensch dann auf die Erde geboren ist, physisch unbewusst - sondern der Urgrund selbst ist hoch bewusst. Das ist nur in dem Kleinen – in dem Säugling - ist die Intelligenz halt in den Genen, und das wird sich erst entfalten. Aber dass es sich entfalten wird, wenn nicht Störung eintritt, das ist klar. Das ist also das, was da entgegenkommt - und jetzt habe ich auf dem - und ich baue darauf, dass man - dass wir mit dieser Kraft arbeiten. Und nun bin ich mir völlig darüber klar, dass man sozusagen die Geister, oder den Geist, nicht rufen kann, ohne dass sich alles meldet, was auf dieser Ebene im Menschen passiert ist. Also, wir sind nicht der universelle Geist, in dem es in Wirklichkeit Gott und Teufel nicht gibt, sondern, da wir diese ich-intelligente Kraft haben, da wir in unserem Interesse sozusagen praktisch in den Kosmos eingreifen - und dann in der Konkurrenz Erfahrungen machen, dass der Mensch des Menschen Wolf ist - und leiden und uns schützen. Dadurch entstehen also in uns Strukturen, also, zum Beispiel also Homo conquistador, dieser Eroberergeist. In letzter Instanz - also religionspsychologisch gesehen - ist das kompensatorisch, ist diese Aggression nicht sozusagen das, was Aggression ja auch heißt - einfach rangehen an eine Sache – sondern, also, dieses Zuschlagen müssen dabei - und zwar geistig genauso wie praktisch - es ist ja nicht nur das Schwert. Das sind Sachen, die haben mit Verletzung zu tun. Und es ist klar, dass sich sozusagen, wenn man jetzt an die Psyche rangeht und an den Geist rangeht, dass sich der mit seinen Verschattungen zeigt. Und deswegen habe ich sozusagen hinter den Heiligen Geist auf dem Plakat - also da liegt der Reichsadler mit dem Hakenkreuz dahinter - und ich wollte für unser heutiges Thema irgendwie daran kenntlich machen, weil – ja, also, jegliche Staatsdiskussion in Deutschland findet irgendwie vor diesem Hintergrund statt – also, das ist in den Köpfen. Dass es schon nicht nur möglich sondern wahrscheinlich ist, dass wir uns mit den Sachen, die damals also in der bekannten Weise praktiziert und gebraucht worden sind - dass wir es aber mit dem Stoff, an dem sich das abgespielt hat, natürlich wieder zu tun haben werden - und zwar eigentlich ist es ja – wenn ich an Krippendorffs Vorlesungen denke - das war ja tatsächlich also Homo hitlerensis. Das war im Extremen das, was er beschrieben hat, wie der Leviathan so funktioniert. Das war eigentlich nur eins drauf in Fortsetzung. Und ich meine, wenn also das Material, das seelische Material, das Hitler in dieser Weise zusammenfassen konnte - das ist - wie man inzwischen also auch forschungsmäßig weiß - heute nicht mehr in genau derselben Konstellation vorhanden [ist] - es gibt viel weniger autoritäres Potenzial zum Beispiel. Aber qualitativ gesehen gibt es noch denselben autoritären Typus auch noch, diesen rebellisch autoritären, der dann besonders, also, aktiv mit Hitler gegangen ist, beispielsweise. Und wenn diese Art Zusammenfassung, die die Nazis damals für diese Tiefenkräfte gegeben haben - diese finstere Art an Zielorientierung - wenn die heute so nicht wahrscheinlich ist, so ist es andererseits überaus unwahrscheinlich, dass nicht, sozusagen, diese Mentalitätsmomente in uns, dass die also ausgelassen werden, wenn man irgendeiner Art politischer Formierung - sei es auch für das Beste - heute zu Stande bringt.

Also, es ist ja mit Recht darauf hingewiesen worden, dass sich auch die Friedensbewegung des Öfteren, also, ziemlich aggressiv gezeigt hat. Oder wenn ich daran denke - das habe ich hier mal erwähnt - die ersten 10 Jahre habe ich ja noch in der Nazizeit gelebt - und natürlich bin ich auf autoritäre Weise, also, sowohl in die Partei reingekommen als auch habe selbst, also, ich habe autoritäre Vorstellungen gehabt. Und noch mein Buch »Die Alternative« hat natürlich - also die Idee war, Reform von oben, durch Reform von oben, den Sozialismus hier zu retten. Und die Anlage dazu, die ist nicht nur – also, wenn ich jetzt eine Generation früher geboren wäre - die wäre nicht nur in mir gewesen für die Nazizeit, sondern für jede beliebige frühere und spätere Periode der Geschichte - solange man, sozusagen, da nichts abgearbeitet hat, solange man nicht wenigstens gesehen hat und damit umgegangen ist. Deshalb ist diese Schattenarbeit unbedingt nötig. Und es fragt sich nur, also, ob man diese Schattenarbeit, ich würde mal sagen jetzt, den individuellen Seelendoktor - das ist mein letztes Thema jetzt - also die Frage – was denn dann, wenn man da was konstituieren will – also dem Doktor Freud oder dem tiefenpsychologischen Dr. Jungk oder der Körpertherapie, der Massage oder so, alle dem individuellen Prozess allein überlassen will - oder ob der Umstand, dass der Mensch gesellschaftliches Wesen ist, und dass es eigentlich die kollektive Psyche ist, die in Staatsangelegenheiten so oder so funktioniert - also, ob dann nicht noch was anderes nötig wäre. Und mein Gedanke ist nun, dass man - das mag vielleicht zunächst auch ein Lächeln hervorrufen, weil das also soviel konkreter zunächst nicht aussieht - aber ich glaube, dass es eine Konkretisierung ist, wenn ich von hier, wo ich da in meiner Zeichnung in der »Logik der Rettung« auch - wo ich sage, hier wäre der Ort an dem Spalt, wo etwas neu konstituiert werden müsste. Wenn ich sage, worum es eigentlich geht, das wäre - ich arbeite mal auch mit der Mechanik des Modells noch - wenn auf der Kreisbahn hier was rausgeschleudert wird - wenn man jetzt nach einer Kraft fragt, die das bewirken kann, da müsste man eigentlich denken, dass also hier eine Stelle sein müsste. Das soll auch mal Licht sein – weiß - hier müsste eine Stelle sein, innen, eigentlich natürlich für jede beliebige Position, die es in dem Ganzen hier gibt. Da müsste hier also ein Ort sein, an dem, sozusagen, die entwickelteren Momente der seelisch geistigen Entwicklung - wo die sich sammeln. Also, es ist ja klar, der Prozess ist ja im Gange, dass hier immer mehr Menschen – also, wenigstens mit Anteilen ihrer Energie, irgendwo - die werden nicht einfach hierher gesaugt, sondern die werden eigentlich eher abgestoßen - also das menschliche Vakuum, das mit diesem Projekt Megamaschine irgendwie verbunden ist, mit dem Typ des Fortschritts, des materialistischen Fortschritts, den wir seit der Renaissance verstärkt eingeschlagen haben. Es geht natürlich so manches, in Anführungszeichen »Elektron«, jetzt, also manches - oder »Foto«, wenn wir bei Licht bleiben - also, ich meine aber jetzt bewusste Bestrebungen, manche also, und zwar nicht bloß im Kopf, sondern was so an Körperarbeit jetzt geleistet wird - das hat ja mit demselben zu tun. Also, es geht viel hierher. Und nun ist die Frage also - da das doch also organisiert ist - ob es nicht – aber in einer völlig anderen Art und Weise als staatliche Organisationsstrukturen – dass wir also die Frage nach dem Politischen - dass das anders gemacht werden müsste, wie Krippendorff hier sagt. Das finde ich völlig richtig, aber das wäre irgendwie eine - es müsste konstituiert werden, dass die Menschen sich hier innen versammeln und dass sozusagen eine - dass dadurch also der, also, dass der Prozess der Selbstauflösung hier, dass der auch beschleunigt wird. Dass der beschleunigt wird, indem man Kräfte, die da rauskommen, indem die von den – also, von den höheren Ebenen her, eigentlich sozusagen aus diesen Dimensionen hier - die stehen ja zur Verfügung, das steht ja zur Verfügung - und es handelt sich nicht darum, sozusagen, die rationale Analyse nun wegzulassen, sondern nur - sie muss eingeordnet werden, untergeordnet werden in der Frage, wie müsste denn der Mensch in seiner ökologischen und zivilisatorischen Krise leben jetzt. Und dann wird es wohl wahrscheinlich sein, dass also an der Stelle hier irgendwie eine Mischung, irgendein Mischungsverhältnis, das man nicht definieren kann - das ist ganz unmöglich - ein Mischungsverhältnis, sozusagen, aus diesen Bereichen sich hier ansammelt. Also, nicht einfach meine ich damit vor allem - nur der Treffpunkt für die Vernünftigen, weil, das reicht nicht, sondern es geht hier, also die Einteilung auf der kleinen Skizze ist ja – dass es hier in dem ersten Drittel vorrational zugeht und hier rational und hier überrational, das heißt auch übervernünftig. Das heißt, die Wahrheit über die universellen Gleichgewichte und Gesetze, die kommt nicht rechnerisch zustande - Gott würfelt nicht, hat Einstein zum Beispiel gesagt - also, was die Wahrscheinlichkeitsrechnung betrifft, sondern da - und auch unser Bewusstsein, unser Erkenntnisorgan kann da auf diesen Ebenen anders arbeiten - und zwar intuitiv - und Lösung finden, die für, ja die für unser ganzes Bewusstsein, auch für die rückständigen Teile, und zwar, ich sage jetzt bewusst mal, es sind nicht nur - es gibt auch Leute, die rückständig sind, die also ihren Schwerpunkt auf niedrigen Ebenen der Evolution haben. Aber wenn man an Therapie und so was denkt, da handelt es sich immer um rückständige Teile und unentwickelte Teile in uns - und das ist für meine Begriffe, in Bezug auf das hier, sehr viel interessanter.

Also, es muss eine Möglichkeit geben, sozusagen, die besten Kräfte unserer Existenz, also irgendwie – also, ich sage erst mal vorsichtig - zu vernetzen, weil es also hier auf jeden Fall um keine hierarchische Organisation gehen kann. Also, in diesem Sinne ganz bestimmt nicht um Kirche – ich habe da mal von unsichtbarer Kirche für das gesprochen – aber auch, wenn sie unsichtbar sein soll - also, der Begriff Kirche stört, weil - das ist ein hierarchisches Ding. Also suche ich danach, was man stattdessen sagen könnte, weil - das ist nicht gemeint - eine hierarchische Organisation - sondern einfach das, dass nicht nur einfach Leute zusammenrücken. Das ist auch Gemeinschaftsbildung – ist da auch wichtig - aber man kann auch bloß auf der Ebene der vitalen Interessen zusammenrücken, oder es kann sich zeigen, man hat sich zusammengetan, um irgendein hehres Projekt zu veranstalten. Und dann liegen sich die Hirsche in den Haaren und fechten einen Kampf auf dieser Ebene aus, eben weil - Teile davon sind in uns da.

Also ich habe da auch fürchterliche Erfahrungen gemacht, einschließlich meiner eigenen Beteiligung, dass da also solche Sachen rauskommen. Und das ist also der Punkt - ob man es schaffen kann, also, mit viel Bewusstheit auch im Rationalen – nämlich, was diese ganze Konstellation hier betrifft – also, die besten – also, sich zu versammeln, um die besten Kräfte zu pflegen und um von hier aus auch den - sozusagen die Entleerung eigentlich dieses Atman-Projekts - also, den Wegfall eigentlich von Atman-Projekt auf dieser Stufe zu erreichen, ohne dass man sicher sein kann, es passiert hier nicht noch mal. Also, dass wir nachher uns anbeten zum Beispiel dafür, was für herrliche Feelings wir rausgeholt haben bei irgendeiner - am schönen Wochenende mit Massage und was es da so alles Schönes gibt - das wäre auch hier noch mal so was. Wir sind dem nicht entgangen, nur, die Hauptsache ist – also, für meine Begriffe jetzt - da was aufzulösen und irgendeine Instanz zu schaffen, die mit der Zeit eine höhere Autorität erlangt als was hier regiert. Dass also, sozusagen, die Sachzwangregierung, mit der wir es da zu tun haben, dass irgendwie stets also der Narr schon dabei sitzt dort am Tische und sagt, also – eigentlich, wir befassen uns nicht mit dem Wichtigen – also, dass die Motivation eigentlich hier verschwindet, das ist eigentlich die, sozusagen - von daher gesehen ist das der Verlust, der ihm zugemutet wird - die Motivation für das Weitermachen in der großen Maschine, dass die an der ökologischen Krise sich entmutigt und andererseits, dass die Energie ermutigt wird, sich eher hierher zu begeben und wieder zu sammeln. Also, ohne das Angebot von Sammlungen - und dass dann hier auch Anfänge von dieser kleinen Struktur, in der Lebenskreise entstehen, in denen man sich das auch gegenseitig auch noch bestätigen kann, also, wo die physischen, die vitalen - die Bedürfnisse wollen ja zu ihrem Recht kommen, auch unter diesem Gesichtspunkt. Aber das ist für mich der Hauptpunkt. Und wenn hier viel entwickelteres Bewusstsein versammelt ist, dann kann man auch hoffen, dass institutionelle Neuerungen, die von hier aus kommen – also, ich denke, dass das irgendwie hier mit dem, was ich da vorschlage, dieser ökologischen Rat, also, ich nenne es das Oberhaus, also, auch mit Richtlinienkompetenz, also, das Vordringen dieses Gedankens von hier aus - wenn also hier viel verhältnismäßig reine Energie versammelt ist, dann ist das weniger wahrscheinlich, dass das bloß die nächste Krudität wird, dass es also letzten Endes doch bloß eine Ergänzung des Staates - wie er nun mal war oder wie er ist – darstellt, denn irgendwie - worauf Krippendorff eben nicht eingehen konnte - war, wie soll man denn das Ding los werden, den Leviathan. Also irgendeine Art von Entwicklung, die nicht völlig an der Realität vorbei gehen kann, die das jetzt noch ist, muss es ja geben und ich bin eben einfach nicht - ich könnte mir denken, dass es da auch Neuerungen gibt, die dieses Wesen des modernen Staates aufsprengen. Und ich will den Gedanken zumindest riskieren, dass man also sagt, das, was Hobbes da festgestellt hat, das war nicht die letzte Stufe gesellschaftlicher und menschlicher Entwicklung im Abendland, sondern wir können also, indem wir auch lernen - von Indien beispielsweise - Aurobindo war jemand, der in beiden Kulturen aufgewachsen ist, das hatte ich voriges Mal schon angedeutet - bis 21 hat der in England gelernt und hat wirklich, also das ist nicht einfach eine indische Konzeption, was der hier hat, sondern das ist eine, die ist mit der abendländischen Rationalität vermittelt - und dass wir da auch mithilfe, die sich Europa nimmt in dem Sinne, dass wir da also auch irgendwie, sage ich mal, das Recht erwerben könnten, aus dieser Position heraus, institutionell kreativ zu werden. Also, etwas zu setzen, zumindest erst mal Vorschläge zu setzen, uns aber, sozusagen, unserer Verhaftung - und dass man den Schatten nicht einfach los ist - so dies, dass man sich dessen bewusst bleibt, wirklich bewusst bleibt.

Danke schön – Beifall

Diskussion

27. Juni 1994

Initiation in höhere Wesenskräfte

Noch ein Hinweis auf diese Flugzettel, die hier liegen, was den Tiergartentunnel betrifft. Es ist noch bis zum 4, glaube ich, ja, dass die sich wünschen, dass man - dass es Unterschriften gibt, die sich gegen die Untertunnelung des Tiergartens - nicht weniger als drei wollen sie da runterlegen - die sich dagegen wenden. Die liegen hier unten auf dem Tisch - und dann ein paar Termine noch.

Marco Ferst, der schon mal so eine Runde veranstaltet hat, solche an Robert Jungk auch orientierte Zukunftswerkstatt, der macht an diesem Freitag um 18:00 Uhr im Institut für Sozialökologie – also, hier am Ende der Clara-Zetkin-Straße - das nächste - das nennt sich »Anfragen an die eigene Lebensart« und betrifft irgendwie die Frage, ob kommunitäre Angelegenheiten - ob das was ist, das man nebenher betreibt oder ob das überhaupt eine Perspektive ist. Und wer über diese Sache diskutieren möchte, der ist dazu eingeladen – also, an diesem Freitag um 18:00 Uhr.

Und dann gibt es drei Sachen - zwei habe ich davon schon mal erwähnt - die alle den Ort Vogelsang betreffen. Und zwar, das erste ist – ich erinnere noch einmal an diese Möglichkeit der Sommerferien vom 26.7. bis 4.8. für Kinder zwischen 8 bis 12 - und hier vorne ist die Karin – Karin Wolff, die dort in Vogelsang auf dem Hof, das ist bei Prenzlau, lebt. Und wenn es jetzt Leute gibt, die sich da näher interessieren ihrer Kinder wegen, dann trifft man sich dann in der Pause dort vorn in der Ecke mal.

Auch der zweite Termin betrifft denselben Ort - dort in Vogelsang. Und zwar, es gibt so eine Gemeinschaft für Sozialökologie als eingetragenen Verein - das hat sich in den Jahren, seit wir das hier machen, herausgebildet - und da ist in Vogelsang am 10. Juli, am Sonntag, den 10. Juli, also einen Tag vor Schluss hier - ab 12:00 Uhr - bei Hofgemeinschaft ist die Versammlung für - einmal im Jahr muss man ja so eine Vereinsversammlung machen - die ist an diesem Sonntag.

Und schließlich ein drittes - auch in Vogelsang. Und da ist der Hintergrund - manche haben, ich glaube, auch heute wieder, noch nach dem

Papier gefragt – Dolores La Chapelle – Wir haben in Berlin jetzt nicht dieses Wochenende hingekriegt, aber einen Abend in der Buchhandlung - wo wir ungefähr 10 oder 12 gewesen sind - zu einer Runde über Weisheit der Erde, das heißt über das, was Dolores La Chapelle - das Buch liegt auch hier vorne - oder die Bücher. Was die an Tiefökologie, also, an Gedanken zu bieten hat! Und jetzt waren wir uns bei dieser Runde auch einig, dass es viel besser ist, die entsprechenden Sachen in der Landschaft zu probieren und zu üben. Und genau in der Richtung - bloß nicht mit dem theoretischen Hintergrund jetzt, den spezifisch die Dolores La Chapelle hat und den wir dann mit einbeziehen würden - wollen wir in Vogelsang zur Herbstzeitgleiche - also um den 23. September herum, genau vom 21. bis zum 25. September herum - so einen Einübungs-Naturerfahrungs-Wochenende - wenn man Mittwoch schon dazu rechnet - dort machen. Wer sich darauf einstellen wollte – also, die Verhältnisse, in die man kommt, sind frugal. Es geht schlafen im Zelt - wenn man das mitbrächte - oder in der Scheune auf frischem Stroh. Da ist eine große luftige Scheune - und bei der - wenn's ums Essen geht, das müsste sich die Gruppe, die es dann macht, selbst bereiten. Das würde sehr dazu passen, zu der Gesamtveranstaltung, die da gedacht ist.

Ich jedenfalls freue mich darüber, dass Karin bereit ist, das an ihrem Ort mal mit denen, die das machen wollen, zu versuchen.

Also, es geht an den engeren wie an den weiteren Kreis, der sich auf diese Dinge bezieht.

Das zu den Ansagen. Was ich zuletzt jetzt ansagte - vom 21. bis 25. September - das legen wir nächstes Mal auch noch mal als Zettel aus. Es geht uns ja dann um Anmeldungen, weil wir uns ja vorher dann nicht mehr sehen, das Semester beginnt ja erst danach.

So. Jetzt zum heutigen Thema. Also über allen diesen vier Vorlesungen, mit denen ich das Semester schließe - die erste dieser vier war voriges Mal - da steht - die Grundfrage ist eigentlich geistige Bereitschaft zu einer politischen Neueinrichtung - und ich spreche über vier Aspekte davon.

Das vorige Mal also über die Frage »Was fehlt« und das nächste Mal, ach, da komme ich noch drauf - das Plakat liegt - das sage ich am Ende dieser Vorlesung.

Heute geht es um das Thema »Initiation«.

Ich will erst einmal noch kurz den Anschluss herstellen an die vorige Vorlesung - was wir vor allem festgestellt haben.

Ich habe daran - an die vorige Vorlesung - noch mal im Schema erinnert, weil wir das heute in einem anderen Zusammenhang noch einmal brauchen können. Also, das ist dieses Grundprinzip – Grundrad - da von Aurobindo mit dem Atman-Projekt.

Ich habe die Begriffe alle voriges Mal eingeführt. Da haben wir voriges Mal festgestellt, dass eigentlich - was fehlt ist, dass diese psychische, diese Fakultät des Psychischen hier - ich hatte hier noch so ein - etwas reingemalt als eine zugehörige Instanz. Ich will das jetzt nicht direkt wiederholen.

Was eigentlich der Kernpunkt war, dass die volle Manifestation dieses Bereiches eigentlich fehlt, dass wir im Grunde nicht vorbereitet, man könnte auch sagen – also, geistige Bereitschaft ist ja das Thema - dass wir nicht eingeführt, dass wir nicht eingeweiht sind in einem bestimmten Sinn, dass wir nicht initiiert sind aus dieser uns mitgegebenen Qualifikation hier, die nur aufgedeckt zu werden verlangt, was zu machen. Denn wir hatten gesagt, gesehen, dass es der Schlüssel eigentlich zur Versöhnung, zur Integration alles dessen, was bis hierher läuft - und auch der Schlüssel zur Eröffnung in diesem spirituellen und supramentalen Bereich.

Wie gesagt, das wird noch mal lebendiger heute, weil ich aus einer anderen Richtung noch einmal darauf komme, jetzt nur, also, damit der Zusammenhang da ist.

Was fehlte, sagte ich, ist also, dass diese psychische Fakultät - oder Aurobindo sagt auch, das ist eine Entität, das heißt ein eigentlich alles das umfassendes Wesen. Es ist jeweils in sämtlichen Positionen immer alles vertreten, aber der Akzent ist jeweils anders - und hier, das ist eigentlich der charakteristische Akzent für die menschliche Existenz, rückwärts, sozusagen, wie vorwärts im geistigen Prozess - und da also ist die Lücke. Und im Grunde soll es heute bei diesem Initiationsthema - soll es darum gehen, also, was man sich eigentlich darunter vorzustellen hätte. Ich meine, in einer Vorlesung kann man keinen Initiationsweg irgendwie betreiben, das ist nicht denkbar. Sondern, was man hier versuchen kann ist, eine Einstellung darauf - eine Wahrnehmung – worum handelt es sich da eigentlich – zu nehmen. Das Thema ist also in Bezug auf Initiation eins, das ich früh einmal über einem Gedicht von Johannes R. Becher gefunden habe: »Lernt vorbereitet, übt euch« hieß das - und da war natürlich die sozialistische

Revolution gemeint. Es geht um etwas viel Umfassenderes, darüber haben wir hier oft gesprochen. Aber »lernt vorbereitet, übt euch«, das ist eigentlich die Botschaft, die von allen diesen Traditionen, die sich auf die geistige Substanz, auf die spirituelle Perspektive des Menschen beziehen, ausgeht. Das heißt, der Ausgangspunkt ist immer, dass wir naturwüchsig - Marx hat ja dieses Wort »naturwüchsig« oft gebraucht und geliebt - dass wir naturwüchsig - wenn wir weiter nichts, also, tun als geschehen lassen, was aus der Evolution heraus vom Tier her, also jetzt darwinistisch gesehen, in uns angelegt ist - dass wir da nicht viel weiter als bis zum Verstand kommen, im günstigen Falle bis zur Vernunft. Aber wir sind da nicht oft - und dies war der Hintergrund eigentlich für die Fragestellung, also, ob es da was zu initiieren, was einzuüben gibt.

Es ist auch die Fragestellung - eine der – das kann man vielleicht noch einbeziehen – eine der sieben Todsünden, die man in den spirituellen Traditionen Asiens kennt, ist Trägheit bzw. Faulheit. Und unter Faulheit ist nicht unbedingt verstanden, also, dass jemand spät aufsteht, den Tag über nichts tut und früh ins Bett geht. Sondern, mit Faulheit ist eigentlich gemeint ein Stehenbleiben, ein Einschlafen auch auf bestimmten Positionen, die das volle Potenzial der menschlichen Existenz gar nicht erschließen. Es ist damit auch ausgesprochen, dass Lernen nicht immer bequem ist, das heißt, dass das hier um manchmal langwierige - und Übungen, um Insistieren geht. Also, das ist der Ausgangspunkt für dieses Initiationsthema. Und ich glaube, dass es in äußersten Zeiten, also in Zeiten wie der, in der wir jetzt leben, wo es also anscheinend doch um den Bestand geht, um die Existenz des Ganzen, darum, ob Seelen - wenn man denn so denkt - überhaupt noch einen Landeplatz auf der Erde finden, denn ohne Biosphäre, ohne biologischen Grund, ist das jedenfalls nicht. Ich glaube, es geht da auch um eine materielle Basis. Und das droht ja – also, durch diese Verstärkung des materiellen Prozesses hier - droht das ja verloren zu gehen.

Das hatte ich angedeutet als Rahmen. In diesem Sinne also ist Initiation angesagt. Und nun, damit man sich über das Spezifische klar ist vor dem realen Hintergrund dessen, was Erziehung, was Pädagogik eigentlich in jeder Gesellschaft ist. Die Menschen werden in die Alltagsgeschäfte ihrer Gesellschaft natürlich immer eingeweiht. Das ist klar. Also der Unterschied eigentlich zwischen damals und heute, also zwischen frühen Zeiten und heute, ist nur, dass eigentlich die Einweihung in das, was für eine Stammesgesellschaft für deren Alltag charakteristisch war, immer vollständig ausgefallen ist - im Großen und Ganzen. Die wenigen Spezialisierungen - also Berufsspezialisierung - derjenige der vielleicht die Pfeile machte oder besonders qualifiziert war, die Steine zuzuschlagen oder so - das war im Blickfeld aller. Das heißt, es gab diese Arbeitsteilung, die hat sich psychisch – also, geistig gesehen - in der Aneignung dessen, was so eine Stammesgesellschaft ausmacht, noch nicht wesentlich ausgedrückt. Dennoch hat es natürlich schon in diesen frühen Zeiten - sehr früh jedenfalls - so etwas wie Schamanismus gegeben. Und das war doch immer ein besonderer Einweihungsweg.

Die Leute haben übrigens physisch etwas riskiert. Das war ein Wagnis. Die haben physisch etwas riskiert und - noch genauer - die haben psychophysisch was riskiert – es könnte da was passieren, man könnte dabei abstürzen. Also, es war eine Gratwanderung, wo - die Sumpfseite war die Psychose, mehr als die späteren Neurosen, die so Widersprüche sind zwischen dem eigentlichen Wesen der Existenz und dem begrifflichen Überbau, den Gründen der Existenz und dem begrifflichen Überbau – sondern, also Störungen, die, ich würde sagen, die die Justierung der Seele in der Welt überhaupt betreffen. Das heißt, das waren Leute, die vorwärts experimentiert haben. Und man wusste noch nicht soviel wie Aurobindo am Anfang des 20. Jahrhunderts dann - nach 1500 Jahren indischer Philosophie - sodass das also kühn gewesen ist. Jedenfalls war es so, dass man damals in diesem Stammesleben immerhin zu den Quellen, zu den Wurzeln der menschlichen Existenz - was die Umwelt im Sinne des Waldes betrifft und des Flusses und der Felsen und so - da war einfach das Aufwachsen in diesen Kreisen, in diesem Kreis, in diesem großen Stamm, der das ja auch mit umfasste, war schon die Initiation. Und dann gab es also eine Ausbildung für die Schamanen zum – ich sage mal – zum Fliegen. Das konnte sein, dass die tatsächlich Sprünge machen konnten, die sich auch physisch manifestierten, zumindest ist es gesehen worden. Man weiß es heute nicht mehr so genau, aber, dass Levitation - also Fliegen - eine Fähigkeit, mit der Seele an andere Orte zu gehen - dass das also eine wirksame, eine tatsächliche Praxis war - sei es auch, dass es nur eine Ortsveränderung eines Teils von uns - also, vielleicht ist der Körper nicht mitgegangen - war. Soviel jedenfalls ist klar - ich glaube auch, dass die Hexenflüge zum Blocksberg nicht pure Erfindung gewesen sind, dass da von etwas gesprochen worden ist - und das sind Dinge, die wurzeln in diese Einweihungsprozesse ganz am Anfang der Geschichte zurück.

Der Kern der Einweihung in den indianischen Stämmen beispielsweise, der hat sich eigentlich um das besondere menschliche Wesen genau gedreht, nämlich indem der Mensch frühzeitig darauf gekommen ist, dass er überhaupt - da ist man dann hier oben - dass er überhaupt »Ich« ist, dass es also einen Selbstbezug gibt und dass es schwierig ist - das kam dazu bei dieser indianischen Hauptinitiation - dass es schwierig ist, sich aus dem Gruppendruck – aus dem Konformismus der Gruppe, der hier irgendwo in dem Bereich so angesiedelt ist – das steht jetzt hier nicht dabei, aber das spielt in dem Zusammenhang eine Rolle - dass es schwierig ist, sich von dem zu befreien. Darum sind die auf Namenssuche ausgezogen, und zwar auf die Suche nach dem genau ihnen gemäßen Namen. Und es ist ihnen meistens irgendein Tier eingefallen, auch weil sie, durch die schamanistischen Techniken angeregt, vielleicht ihrem Krafttier begegnet sind. Aber es waren nicht nur solche Namen. Es waren jedenfalls immer - haben sie sozusagen - das war eine Jagd nicht nach Tieren, sondern nach Eingebungen. Und es handelt sich hier vor allem um Sammlerinnen und Jägerstämme. Später, als man dann schon Ackerbau betrieb, ist das nicht mehr die charakteristische Initiation gewesen. Da haben dann Opferriten und so eine größere Rolle gespielt. Aber der Anfang dieses Initiationsprozesses, der war genau in die eigene Subjektivität - vor dem Hintergrund eines sehr starken Gruppen-Ichs, eines starken Gruppendrucks - aber doch, das Individuum hat sich gezeigt. Es war also sozusagen paradox. Gerade etwas, was da auf Individualisierung vorwärts gewiesen hat, der Kern dieses Initiationsvorganges und die Erfahrung, die damit verbunden war, das wurde in der Regel also mit schamanistischen Praktiken unterstützt. Also, sei es, dass, gerade vor dem Hintergrund der Eingebundenheit in die Gruppe, jemand acht Tage in die Wildnis ging, was auch bei den jägerischen Veranstaltungen nur in ganz bestimmten Fällen sonst üblich war, aber das war sozusagen der erste einsame Waldgang. Und diese Erfahrung der Einsamkeit vor dem Hintergrund der bisherigen Aufbewahrung da in der Gruppe - der hat natürlich die gesamte psychische Befindlichkeit geändert - und besonders in der Nacht war da von mancherlei Geistern umgeben. Also, was auch der heutige Schamanismus immer noch wieder zeigen kann, wenn sich da jemand wirklich solchen Prozessen anvertraut. Und das zweite, das da oft im Spiel gewesen ist, sind Lehrerpflanzen gewesen. Also die bewusstseinserweiternden Pflanzen, nicht aus der Apotheke und nicht aus dem Labor, sondern die in dem dortigen Naturzusammenhang gefundenen. Das war sozusagen die Herausarbeitung des Besonderen, der Individualität vor dem Hintergrund einer Stammessozialisation, in die das natürlich zurück mündete - den Mann auf diese Weise, wie Jäger, sagte ich gerade - die Frau, da waren die Rieten anders. Man weiß weniger darüber, weil die Völkerkundler immer mit den Männern geredet haben. Aber die haben getrennte Einweihungsprozesse gehabt. Und es ist wohl so, dass diese Einweihung in den Lebensprozess des Stammes, also, vielleicht sogar das entscheidende Mittel gewesen ist, um die Kultur weiterzugeben. Denn damit waren die mündliche Übergabe der Mythen und die Verfahrensregeln für die Rieten - die ja wichtig waren, damit das überhaupt passierte - das geschah alles in diesem Zusammenhang. Das heißt, die Generationsfolge hat sich hier dann auch psychisch umgesetzt. Es ging da jedenfalls bei der Einweihung um mehr. Es ging um eine Art Schulungsweg. Es ging nicht um das Lernen der Sachen, die man beim Zugucken lernt, was so die alltäglichste Praxis betrifft - also die Einweihung in die Bäume oder so - das brauchte man erst heute eigentlich - obwohl es indianische Baumzeremonien gegeben hat, aber die betrafen dann nicht, dass man überhaupt mit dem Baum reden kann, sondern da ging es dann schon um bestimmte gesellschaftliche Verhältnisse, die da besprochen werden sollten. Heute ginge es eigentlich darum, also, die uns vorhergehenden natürlichen Welten - Mineralien, Pflanzen, Tiere - irgendwie so zu erfahren, dass man ihrer Wesenshaftigkeit im Austausch gewärtig wird. Das wäre es eigentlich heute. Jedenfalls galt damals schon - und ich denke, dass das unverändert so ist - als verhaltensgesichert nur, wofür wirklich initiiert worden war. Das heißt, wo eine einschneidende Erfahrung - in den meisten Stammesfällen auch mit Gefahr verbunden – also, eine Mutprobe war auch im Spiel - dass das also geschehen ist. Während also diese Einweihungsprozesse, die wir heute vollziehen – also, wenn in der Konfirmation der kleine Katechismus gelernt wird oder in dieser Jugendweihe mal was mit etwas erhobener Stimme über die Verpflichtungen der sozialistischen Gesellschaft gegenüber erzählt wurde - was sowie so in der Schule immer mit anlag - das ging nie in die Tiefe.

Also, schon ein Sonnenwendfeuer oder so - habe ich nur noch mal ganz kurz nach 45 erlebt – also, diese Jahresfeste, die eine gute Gelegenheit dazu geben würden, sind mit verdrängt worden, und zwar nicht nur in Deutschland - wo man noch besonders begreifen könnte warum das geschehen ist, nach den Hitlerjahren, wo das noch mal Urständ gefeiert hat in diesem unglücklichen Zusammenhang - aber auch sonst. In der Moderne findet die Einweihung eigentlich mit der ersten Autofahrt und solchen Dingen statt - und der ganze Ausbildungsprozess im normalen Kindergarten, in der Schule, in der Hochschule läuft darauf hinaus, also, die – ja, eigentlich sozusagen die Verstandes- und im höchsten Falle die Vernunftbegriffe zu lernen, mit denen die Gesellschaft ihre große Maschine regelt. Also der Bezug ist immer - das, was ich hier Atman-Projekt genannt habe - da. Die ganze Initiation, also die Einweihung, konzentriert sich – also, es ist geradezu eine Einweihung in die Zivilisation als große Maschine, in Gesellschaft als Megamaschine. Und es ist, wenn der Satz stimmt, dass nur wofür man wirklich initiiert worden ist, dass das auch verhaltensverläßlich ist, dann muss man eigentlich damit rechnen, dass wir als gesellschaftliche Wesen nicht initiiert sind - bis auf das, was man wie im Stammeszusammenhang auch - also alltäglich - abguckt. Und wenn man dann also die zerstörten Gemeinschaftsbeziehungen bis in die Familie hinein - wenn man die als den Gegenstand dieser, sozusagen, Lernprozesse, die ohne Einweihung - also jetzt ohne eigentliche Einweihung - ohne dass es als Ereignis erlebt wird - und doch, das schleift sich ein. Und manche Ereignisse, die initiatorischen Charakter haben, führen halt zur Neurose oder - wenn es zu früh passiert - zur Psychose, wenn es zu früh passiert. Aber die sind keine bewusste gesellschaftliche Veranstaltung. Also, das ist die Situation, in der wir uns jetzt befinden. Das heißt, physiologisch in uns gespeichert ist zum Beispiel eben nicht die Erfahrung dieser Suche nach der eigenen Identität, dieser Namenssuche, sondern physiologisch gespeichert ist der Rhythmus der Maschine, das Tempo mit dem das Leben gelebt wird, wenn man im Großstadtverkehr ist, usw.

Soviel zur Einführung des Themas »Initiationen«. Und jetzt habe ich vor, etwas zu dem Hintergrund zu sagen.

Der einzigen - soweit ich sehen kann - der einzigen pädagogischen Praxis, die es im Westen hier gibt, die zumindest also in ihren Grundlagen auf so einer hochkulturellen eigentlich – also, das berührt sich weitgehend mit dem was Aurobindo behandelt hat und was ja nicht stammesmäßig ist mehr. Also, diese indische Gesellschaft war - über die die Denker da die letzten 1500 bis 2000 Jahre in Indien gesprochen haben - das war auch schon eine nicht mehr primäre Gesellschaft, jedenfalls keine Stammesgesellschaft mehr. Und es hatte sich also der Initiationsprozess - dort jedenfalls - schon klassenmäßig strukturiert. Und es ist klar, Aurobindo ist jetzt mit seinem integralen Yoga auf der Suche nach etwas, was diese Klassenteilung – in Indien ja noch verschärft durch die Kastenteilung, weshalb es besonders hervortrat – was das wieder überwinden will. Also, das steckt hier drin. Und diese Schulpraxis - über die selbst ich gar nicht reden will, sondern über deren Hintergrund - die es hier im Westen seit etwa den zwanziger-Jahren dieses Jahrhunderts gibt, die geht natürlich genauso darauf aus, dass die Klassengesellschaft, die modernste auch, die bürgerliche Klassengesellschaft, dass die überwunden werden muss, weil diese Klassenteilung die Menschen eigentlich noch im Unwesentlichen festhält. Ich habe mich auch deshalb entschlossen, das heute hier einzubeziehen und mit dem in Beziehung zu setzen, weil ich mehr – also vielfach eigentlich – so im Laufe der Vorlesungen bin ich etwa zehn Mal danach gefragt worden, warum ich mich nie auf Rudolf Steiner - das ist es nämlich – Waldorfschule »Rudolf Steiner« – warum ich mich nie darauf bezogen habe. Ich habe immer gesagt - und das ist nicht völlig behoben - dass ich die Schwierigkeit habe, nicht alles nachvollziehen zu können, was er gesehen hat und was der Hintergrund seiner letzten - was der Hintergrund seiner Konzeption ist. Er hat beispielsweise Engelsmächte in ihrer konkreten Hierarchie beschrieben, als selbst erfahren - also Dinge, die in den okkulten Bereich gehen. Und ich habe das gelesen, aber ich habe solche Erfahrungen nicht gemacht. Ich habe aber jetzt - zumal meine Kleine auch in den Waldorfkindergarten geht, die ist jetzt fünfeinhalb, und ich vorhabe, sie auf die Waldorfschule zu schicken, einfach weil es dort, soweit ich sehen kann, humaner zugeht, in sehr vieler Hinsicht, das will ich jetzt nicht ausführen, es geht nicht darum. Darum habe ich also gedacht jetzt - ich will noch mal an die Sachen von Steiner rangehen, die, erstens, mir selbst völlig vermittelbar erscheinen - also, sich mir vermittelt haben. Und dabei habe ich erst festgestellt, in welchem hohen Grade sich das also mit dieser Vorstellung Aurobindos deckt, obwohl es im Aufbau nicht dasselbe ist. Aber, ich glaube, man wird - wenn ich das jetzt mal versuche zu entfalten, dieses Steinersche Schema - man wird die Ähnlichkeit sehen. Und dann werde ich auch noch versuchen, das direkt in Beziehung zu setzen. Ich will es aber nicht gleich vermengen, weil dann der falsche Eindruck entsteht, es sei wirklich ganz dasselbe. Das ist es nicht - es ist ein anderes Schema - aber es zeigt sich erst am Ende dann. Es läuft auch auf solche sieben Positionen - wenn man will auch acht - hinaus und behandelt, grob gesagt, zumindest denselben Stoff, und zwar - Steiner macht eine Unterscheidung von vier verschiedenen - er nennt das Wesensgliedern - Wesensgliedern des Menschen. Und zwar - Wesensglieder - das hat schon eine Verwandtschaft mit den Stufen, die Aurobindo hier bevorzugt - vier Wesensglieder des Menschen. Und der Hintergrund, von dem aus er diese Wesensglieder entscheidet, ist eigentlich der, dass mit der Geburt, mit der ersten Geburt gewissermaßen, eigentlich nur gesichert ist, dass sich der Genotyp entfaltet. Aber eine bestimmte Sozialisation ist ja noch nicht gegeben. Die wird sowieso erst, also erst, wenn man in die Völkerkunde reinguckt und nicht bloß in die eigene Gesellschaft, wenn man unsere eigene Gesellschaft mal mit Distanz sieht - nehmen wir mal an, aus Afrika oder aus Polynesien her betrachtet - sieht man, wie spezifisch diese Sozialisationen sind. Und das ist der erste Gesichtspunkt, der ihn interessiert, also, dass die jeweilige Kultur diese Wesensglieder, auf die ich jetzt gleich komme, also so spezifisch unterscheidet. Was ihn aber viel mehr interessiert, ist doch das menschliche Wesen im allgemeinen. Deshalb spricht er [von] Wesensgliedern des Menschen - das sich da bemerkbar macht, und das in den verschiedensten Kulturen - selbst wenn das ganz unterschiedlich ausfällt. Oft ist es nur eine paradoxe Umkehrung desselben grundsätzlichen Stoffes. Also, die Unterscheidung - ich fange jetzt mal - ich baue das Modell von unten auf - mit der er erst mal anfängt, ist die: es stecken im Menschen, sagt er, die Ebene »Mineral« drin - werde es mal doch ein bisschen günstiger schreiben – Mineral. Und zwar, er meint, das entspricht dem physischen Leib des Menschen. Also, das sind die – also, eigentlich, das ist der Aufbau aus den Elementen des Mendelejew'schen Systems - könnte man das auch übertragen. Das heißt, der Mineralbegriff ist vielleicht ein bisschen zu - ja, zu steinig - nicht Steiner - sondern steinig. Also, weil - er meint mit Mineral alle Elemente, aus denen das aufgebaut ist.

Das ist der physische Leib, und zwar - das ist nur eine Entsprechung. Das ist eine Entsprechung zwischen dem physischen Leib und dem Mineral. Wir werden dann noch sehen, dass es erstaunlicherweise zugleich als das Geistigste herauskommt, wenn es mal geistig durchdrungen ist. Aber das ist zunächst das Bezugssystem - und auch, sozusagen, es weist auf Herkunftsumstände hin. Klar ist, dass es den menschlichen Leib überhaupt nur geben kann, wenn es diese Elemente gibt. Im Übrigen steckt hierin natürlich auch Erde - ich meine jetzt, der Planet Erde. Zum Beispiel sind wir, was unseren Anteil H2O betrifft – also, spiegeln wir genau die Verteilung zwischen Kontinenten und Wasser auf der Erde wieder - was wahrscheinlich nicht zufällig ist. Also, das erscheint im physischen Leib.

Und dann gibt es die Stufe »Pflanze«.

Da hat Steiner dafür den Ausdruck - ich nehme den mal zuerst, es gibt da noch einen spezielleren Leib – Seelenleib – und er sagt, auf dieser Ebene - nein, nein - das ist falsch, ist falsch! Ich habe jetzt nicht gedacht, sondern nur auf meinen Zettel geguckt und auf die falsche Zeile! »Pflanze« - das nennt er den »Lebensleib«.! Es ist klar, wo Pflanze ist, ist schon Leben, also wir haben die Schwelle von Mineral zu Pflanze überschritten. Und er meint nun also, in der menschlichen Existenz gibt es dieses selbe Prinzip Leben, das erscheint als Lebensleib. Und er meint, dass es nicht jetzt sozusagen ein zweiter Leib - außer dem physikalischen, also dem aus den Mineralien zusammengesetzten - sondern, das ist sozusagen ein innerer Zusammenhalt, das ist sozusagen die Struktur, in der diese Mineralien - oder diese Mendelejew'schen Elemente - so viele ihrer im Körper vertreten sind - ja auch nicht alle - aber jedenfalls diese Elemente im Körper zusammengehalten sind. Also, das Ordnungsprinzip eigentlich auf der Lebensebene. Und er hat dafür noch ein Fremdwort – er nennt das den »Ätherleib«. Und das ist nun ein für uns hier schwieriger Begriff - in dem, was ich - so oft ich es bei ihm gefunden habe, stand auch nur »wir nennen es so« drin. Es ist aber – also, wenn ich es irgend richtig sehe - wir haben ja in dem Parama Shiva-Modell, das ich in meiner zweiten Vorlesung, glaube ich, hier behandelt habe. Also, wenn ihr euch erinnert - an dieses Ei, wo oben der Parama Shiva war, also das Ganze, und in der Mitte dann der Purusha und Praktiti - ich mache das jetzt kurz, weil - das haben wir besprochen. Das heißt, der Mensch und die Natur - in ihrer Gegenüberstellung schon - nachdem wir also aus dem ganzen Zusammenhang rausgekommen sind - da haben wir hier unten nicht vier Elemente gehabt - in dem Modell aus Kaschmir dort - sondern wir hatten, also von Erde - als dem Untersten - Erde, Wasser, Feuer, Luft. Und davor hatten wir hier noch das Moment als fünftes - oder vielmehr als erstes dieser fünf grobstofflichen Elemente – Äther – und das war die Vermittlung zu der Sinnesebene, zu der Empfindungssphäre - und in dem Sinne hier kommt Ätherleib vor.

Ich kann an der Stelle anmerken - weil es sich gerade gut macht hier - das ist natürlich letzten Endes kein Zufall, dass die Steinersche Konzeption und die von Aurobindo irgendwie zusammenpassen, denn die Anthroposophie, wie Steiner seine Lehre nennt – also, Anthroposophie, das heißt Menschenweisheit, also, Weisheitslehre - könnte man auch sagen - über den Menschen. Die Vorstufe davon - und er ist da auch stark dabei gewesen - das nennt sich Theosophie, das sind Frauen aus Russland und - ich glaube aus - ich weiß nicht genau - aus Frankreich Annie Besant, Helena Blavatsky - oder Blavatskaja und Annie Besant - und dann, selbst dieser Krischna-Murti ist in dieser - der sich später von Theosophie frei gemacht hat - gehörte auch ursprünglich in diesen Zusammenhang hinein.

Die Anthroposophie stammt über die Theosophie aus den Schätzen des Ostens und aus dem, was zum Teil allerdings auch früher über Rosenkreuzer und so nach Europa gekommen war. Aber alle diese – also, dieser Stoff, mit dem Steiner eigentlich umgeht - das wird immer wieder kenntlich, das es Wurzeln in dem indischen Bereich hat.

Ich sage das nur, weil dann kenntlich wird - solche Sachen sind kein Zufall - und auch nachher - auch die Passfähigkeit nicht. Anthroposophie, dahinter steht etwas, was sich Theosophie genannt hat und wo also - das sind sozusagen seine Früchte aus diesem Studium und, würde ich sagen, aus dem Studium Goethes. Den Mann nehme ich jetzt mal als, sozusagen, als eine Gestalt, die den westlichen Kulturkreis ganz symbolisiert. Aber Goethe, aber ... zum Beispiel auch die Richtung in den Orient – also, diese Kontakte in den Orient sind schon immer dafür wichtig gewesen, also, wenn es darum ging, also, mehr als vordergründig in Weisheitslehren einzusteigen. Ich glaube, ich habe das mal erwähnt. Der große Unterschied - wenn man Griechenland und Indien nimmt - ist, Indien hat sich zusätzlich zu der - zum Thema, sozusagen, der Arbeit in der Gesellschaft, zum Thema des Handels oder der sozialen Ebene und zum Thema - jetzt also sozialen Ebene im Sinne der Austauschverhältnisse - und zum Thema des politischen – also, wie wird die Stadt gut regiert - das waren die großen drei Schwerpunkte der griechischen Polis, der griechischen Geschichte. Und die spirituelle Dimension ist allmählich in dem Modernisierungsprozess dort mehr und mehr entfallen und dann auf Mysterien, Kulte, die von Intellektuellen belächelt wurden - hat es sich abgespalten dahin. Und das ist in Indien zusammengeblieben, sodass also die spirituelle Dimension - also das, wo dort Brahmanismus dafür steht und die Götternamen Vishnu Shiva und so - das hat sich in der indischen Spiritualität halt bis hierher bewahrt und ist nicht, also, einfach abgesunken - abgesehen davon, dass die indische Zivilisation als Ganze eine abschwingende Kurve zumindest gewesen ist bisher. Aber das erklärt zum Teil auch - dieser griechische Rückschluss und die germanische Kosmologie ist ja ähnlich gewesen, sodass die Götter eines Tages nicht mehr als Götter glaubhaft waren. In Indien ist das anders. Und das erklärt, weshalb, also, für solche Weisheitslehren, wie sie hier Steiner auch zu vertreten sucht, im Westen - dass man da also den Bezug auf den Osten immer braucht.

Also wir waren jetzt bei Mineral - physischer Leib, bei Pflanze – Lebensleib / Ätherleib. Und jetzt kommt die Ebene, wo wir Tier sind - jetzt undifferenziert - aber man kann ja mal annehmen, dass wir den Vergleich an der Obergrenze, also bei den Säugetieren zumindest, ansetzen - nur um eine Assoziation zu haben.

Hier spricht er jetzt von »Seelenleib« - ich hatte da auf die falsche Zeile geguckt vorhin - von Seelenleib. Das stimmt natürlich auch völlig mit den asiatischen - etwa buddhistischen - Auffassungen überein. Also die Wiedergeburtslehre, die übrigens bei Steiner auch eine Selbstverständlichkeit ist in seiner Denkweise. Diese Wiedergeburtslehre rechnet ja damit, dass der Mensch auch durch die tierische Existenz durchgehen kann und die Tiere Menschen werden, also indem - dass Seelen, kurz gesagt, ihren Kreislauf haben – der Geburt und der Wiedergeburt – das steckt hier. An dieser Stelle steckt das nur indirekt drin. Und es gibt den zweiten Begriff, den er hier gebraucht, das ist »Astralleib«. Anders als im Falle Ätherleib - auch da - er erklärt es nicht. An den Stellen, wo ich - an drei oder vier verschiedenen Stellen seines Werkes, habe ich den Begriff gefunden - und dann also endlos in der anthroposophischen Literatur benutzt. Das Wort - ich weiß nicht, was es genau bedeutet - aber Astral bezieht sich natürlich auf die

Sterne. Aber in welchem genauen Kontext das in seiner Findstelle steht bei Steiner, das habe ich nicht rausgekriegt.

Ich nehme an, dass es sich ähnlich verhalten mag wie im Falle des Äthers, also es gibt bestimmt einen Bezug. Er hat den Begriff halt eingesetzt, aber wir können uns auf Seelenleib hier beziehen. Das ist dann auch verhältnismäßig einfacher, also: physischer Leib – Lebensleib – Seelenleib. Und immer haben wir es auf diesen Ebenen mit Körper zu tun. Also, das geht praktisch so eine Entwicklung. Und nun mache ich mal ein dickes Semikolon und schreibe hier – leider wirds dann etwas schwach - und Platz - muss vielleicht was löschen – ich schreibe das mal hier noch hin. Steiner sagt - und gibt auch Gründe dafür an - ich will das nicht im Einzelnen ausführen - dass dieser Seelenleib, also, das ist zugleich die Ebene der emotionalen Wahrnehmung. Und da wird schon - also der Begriff »Empfindung« - das ist ja so ein Mittelbegriff zwischen Wahrnehmung - jetzt als rein biophysikalisch gedachtem Ereignis, also Reizreaktion - in dem Sinne redet man ja manchmal von Wahrnehmung, vielleicht fälschlich auch da, wo überhaupt kein Leben ist. Aber für Steiner ist klar, dass Seelenleib und Empfindungsseele - also, hier geht eigentlich, dass die Evolution - selbst im Tier - geht zu Seele über. Und das ist sozusagen die erste - die Empfindungsseele ist die erste - auch von drei Seelenfakultäten. Also, wir haben hier drei Leibfakultäten: Physischer Leib, Lebensleib, Seelenleib – und dann kommt »Empfindungsseele« - und dann kommt hier »Verstandesseele« bzw – das schreibe ich mal kleiner, weil wir sonst nicht mit dem Raum auskommen – »Gemütsseele« - das ist bei ihm zusammenhängend genannt, Verstandes- bzw. Gemütsseele - wäre auch noch unterscheidbar. Es gibt auch Denksysteme, in denen diese beiden unterschieden werden - aber »Verstandesseele« - und dann kommt »Bewusstseinsseele«. Und das - für ihn - ist erst der eigentlich menschliche Bereich, also, dort, sagen wir mal so, der Mensch, wie er gemeint ist, das ist der Bereich der Bewusstseinsseele. Und diese drei hier - das ist jetzt durch die Enge in der Schreibweise bedingt, dass ich das hierher schreibe - da sind, also, das sind eigentlich Empfindungsseele, Verstandesseele, Bewusstseinsseele. Das sind Ich-Fakultäten für ihn, also, die Seele ist eigentlich der Ich-Bereich. Und hier, also, in diesem Bereich, haben wir es mit Reflexion zu tun bereits. Also, sozusagen, die Empfindung beim Menschen jedenfalls - er legt da auch noch Wert auf eine Unterscheidung zum Tier - aber die Empfindung beim Menschen wird auch als solche in der Regel bewusst im Augenblick danach. Und zwar wird sie auch dann bewusst, wenn man nicht einen Verstandesbegriff darüber macht. Also, der Mensch, das ist schon ein doppelter Bereich – der Bereich des Fühlens und der Bereich des Denkens – und da gibt es Beziehungen dazwischen – also, und das ist eigentlich in dem seelischen Bereich eine Dialektik zwischen Verstand und Gefühl oder zwischen Vernunft und Gefühl. Und die Verstandes- bzw. Gemütsseele – unterstreichen wir mal Verstandesseele – das ist die, die der Welt Begriffe gibt, also die - wenn man von hier aus denkt - in diesem Parama-Shiva-Modell - die vom Purusha aus - also, das ist ja die Subjektivität, das ist der Mensch mit großen Buchstaben - in dieser indischen Philosophie, die hier ein Objekt gegenüber hat und dafür jetzt mithilfe der Sinnesorgane und des ganzen Erkenntnisvorganges, der hier drunter dann angeordnet ist in dem Modell, der dann also praktisch Objekte bildet.

Also, die Seele ist bei Empfindungen - wie auch beim Verstand - ist die eigentlich nicht völlig bei sich, sondern, die ist bei Objekten – seien es Schmerzen, Lustdimension in der Empfindungsseele, sei es - hier – verschiedene Objekte der Tätigkeit oder der Erkenntnis - Bäume, also, andere Menschen und so fort. Und erst die Bewusstseinsseele ist die, in der es dann zugeht, wie soll ich sagen, also, sodass die Seele sich auf sich selbst bezieht - dass also der Mensch seiner Existenz schon gewiss ist. Und das Spannende an Steiners Modell ist jetzt, dass es zu dieser Aufstiegsbewegung, die bis hierher gesehen noch biologisch angelegt ist, einschließlich der Bewusstseinsseele – also, der Umstand, dass wir reflektieren können, der ist mit dem Menschen geboren einfach. Also, ich meine - das ist falsch ausgedrückt, weil - das andere ist auch mitgeboren. Aber, genauer gesagt, das kommt naturwüchsig - das ist ungefähr bis hier - das kommt naturwüchsig aus dem Menschen raus, ist - besser gesagt - nicht mitgeboren – mitgeboren ist alles – aber das kommt naturwüchsig aus dem Menschen raus. Wenn jemand gesund geboren worden ist ohne genetischen Schaden, dann führt das bis zu Selbstbewusstsein, bis zu menschlicher Selbstreflexion und - von Steiner her gesehen - wir sind damit nicht besonders weit. Allerdings, worauf er hinweist ist, dass schon das Auftreten von Lebensleib eben organisierend auf das Physische zurückwirkt. Fällt nämlich der Ätherleib im Tode aus, dann fällt das - der Physische Leib - in seine Elemente auseinander. Und fällt der Seelenleib aus, dann wird wahrscheinlich aus dem Ätherleib die Motivation verschwinden. Also, auch schon von hier aus wird der physische Zusammenhang gefährdet. Und die Bewegung jetzt in den gesellschaftlichen Zusammenhängen ist natürlich ohne das alles nicht möglich. Und wenn die Empfindungsseele zum Beispiel durch die Umstände entmutigt wird, das hat – also, die Art und Weise wie wir hier hinein sozialisiert werden, und zwar normal - ohne besondere Initiationen erst mal schon - wie wir einfach so hineinwachsen im Selbstlauf - in unserem Falle auch des Schulwesens, das ja eben nun höchstens am Rande noch Initiationen betreibt. Das hat Folgen auf den Körper. Also das, was man, wenn man den Säugling fotografiert und wenn man das dreijährige Kind fotografiert und wenn man das zehnjährige usw. fotografiert, nicht – also, das ist nicht einfach bloß die – das, was unter allen Umständen an diesem Kinderbild geschehen würde, sondern die Differenzierung aus der Sozialisation hat Rückwirkungen - soweit schon. Aber das eigentliche Thema Steiners ist, sozusagen - wir sind an der Stelle hier – ist, dass jetzt praktisch sich die Bewusstseinsseele im Namen dieses Gesamtprozesses rückwärts wendet, um auf diese Ebenen - das hier nämlich – Ich - hatte ich vergessen, dann wird es noch deutlicher – das ist die Ebene Mensch. Und zwar in dem Sinne, dass also - das alles ist da gemeint – Seelenleib wird dem Tier auch zugesprochen - wenn hier Empfindungsseele steht, dann ist noch ein Unterschied gemeint, den ich jetzt nicht ausführen will, aber noch ein Unterschied. Hier hat man die Ebene Mensch, und auf der Ebene Mensch übernimmt jetzt die Bewusstseinsseele die Führung oder kann sie übernehmen, um etwas zu machen …

… Ebenen hier, und zwar auf der Ebene Seelenleib oder Astralleib, auf der Ebene Ätherleib und auf der Ebene Physischer Leib.

Ich lösch mal das – »Vital« schreib ich mal ein bisschen hier – Moment - dichter dran, damit wir Platz haben dafür, ganz nahe der Bewusstseinsseele, und zwar so nahe wie hier Seelenleib und Empfindungsseele. Die sind ja irgendwie - ich mach es mal so – die sind ja irgendwie verbunden - und im selben Sinne sagt er, sind verbunden - Bewusstseinsseele und Geistleib. Wir waren jetzt bei Seele – Seele - hier waren wir bei Körper – also, bei Körper - bei Körper jeweils - nicht wahr - Leib. Jetzt sind wir bei Seele, und jetzt kommen nach der Bewusstseinsseele - kommen drei geistige Fakultäten der menschlichen Existenz. Und der Punkt ist jetzt, dass der

Geistleib - das soll nach Steiner jedenfalls nichts anderes sein als der vom Geist her durchdrungene, begriffene, ja sozusagen in sich selbst erkannte Seelenleib. Also, es ist, wenn jetzt die Bewusstseinsseele sich rückwendet, um das Tier in uns zu begreifen, um den Seelenleib zu begreifen, dann erkennen wir uns in unserer Eigenschaft - das ist vielleicht die beste Formulierung - in unserer Eigenschaft als Geistleib. Es ist gar nicht wahr, heißt das an der Stelle, dass wir in puncto Seelenleib Tier und nur Tier sind. Indem wir Bewusstseinsseele haben, indem es also hier etwas gibt, was über den ganzen Leibbereich hinausreicht, sondern hinüberreicht in den Seelenbereich, da zeigt sich - da kann sich zeigen - dass wir Geistleib sind. Und von der Anlage her heißt das natürlich auch, dass es eine Bestimmung gibt auf den Menschen hin in der Evolution, schon im Tierbereich. Und es geht weiter in Richtung auf die Pflanze. Da kommen wir dann auf – also erst mal die beiden sieht er als besonders gekoppelt hier, und zwar so wie hier Seelenleib und Empfindungsseele gekoppelt sind - praktisch so, als wären Bewusstseinsseele und Geistleib nur Vor- und Rückseite ein und desselben Prozesses. Und man kann dann gucken. Wenn man von unten guckt, ist das die Vorderseite und am anderen Ende stellt sich raus, es ist eigentlich Geistleib. Oder umgekehrt, wenn man vom Ende der Evolution aus guckt, dann ist das halt die Vorder- und das die Rückseite. Jedenfalls, so hängen die für ihn zusammen. Und jedenfalls, aus der Bewusstseinsseele geht das hervor - und aus der Bewusstseinsseele, wenn sie sich tiefer anstrengt, dann erkennt sie hier etwas, was Steiner Lebensgeist nennt. Geistleib ist einfach also der Leib, um den es ja hier geht, der Seelenleib geistig durchdrungen, und das ist hier Lebensleib - also ist die Dimension Leben. Hier haben wir es dann mit Lebensgeist eben zu tun - Geistleib / Lebensgeist - und an der tiefsten Stelle mit Geistesmensch. Das heißt, wo wir hier nur einen physischen Leib vor uns haben und gesehen haben - wenn die Bewusstseinsseele also stark genug ist, in der Übung, im Versuch, sozusagen, das, was in der Evolution hinter ihr liegt, was in ihr steckt, das zu durchdringen, und zwar auf verschiedene Weise. Steiner sagt, einmal können wir das intuitiv probieren, so wie es die alten Kulturen - archaischen, arabischen - in diesen Zeiten - so wie die das dort gemacht haben. Das Spezifische an Steiners Konzept jetzt ist, dass – Entschuldigung, ich sag es noch mal - in den alten Verhältnissen, sagt er, hätte man vorwiegend also sich sozusagen in Intuition, in Trance, in verschiedenste solche

Zustände versetzt, um möglichst viel von diesen Ebenen zu realisieren - um sich auf möglichst vielen von diesen Ebenen zu realisieren - während in der - wenn das hier, wenn der ganze Bereich Bewusstseinsseele und Verstand, Vernunft - wenn das voll ausgeprägt ist, dann gibt es hier bereits eine Möglichkeit, vernunftgeleiteter Anstrengung. Insofern ist Steiner ganz westlich. Eine Möglichkeit vernunftgeleiteter, vernunftgetriebener, also intelligibler Vertiefung - er sagt da auch Kontemplation, aber meint damit also wirklich Betrachtung - die auch mit Begriffen, mit Vernunftstrukturen, arbeitet und [um?] so also praktisch zu realisieren, dass in dem physischen Leib natürlich de facto alles drin ist, dass wir ihn hier auf Mineral gebracht haben - das ist natürlich letztlich eine Reduktion. Das Physische besteht daraus, schon richtig, aber es ist von vornherein diese - wir sind als Mensch geboren, das heißt also mit dem physischen Leib kommt alles das zur Welt, was er hier dargestellt hat. Das heißt, man hat praktisch hier, von der Bewusstseinsseele aus, eine große Anstrengung zu der eigentlichen Existenz, zum Wesen des Menschen – Wesensglieder - er zählt also diese - je nachdem wie man jetzt zählt - eins, zwei, drei, vier, fünf, sechs, sieben, acht. Und er hat aber, wenn man das noch dazu zählt, neun. Aber er hat eben die beiden zusammengefasst - und die beiden auch wesentlich zusammengefasst, sodass er auf sieben kommt. Das ist komischerweise erst einmal dieselbe Zahl an Fakultäten, die ich dort bei Aurobindo angeschrieben habe - ich komme gleich drauf, wie es da passen kann. Die Sache ist die, er kann Bewusstseinsseele und Geistleib, das heißt Geistleib als begriffenen, gewissermaßen, oder realisierten Seelenleib, als das - wenn das Tier in uns sich verstanden hat. Das ist - ich hatte da mal hingeschrieben, schreib ich jetzt mal noch dazu, »Zentaur« - das ist dasselbe, also, im Großen und Ganzen - im Großen und Ganzen ist das damit gemeint. Also, dass das Bewusstsein gut mit dem Seelenleib, also, mit dem, was in uns tierisch ist - tierhaft ist - aber mit der besonderen Qualität - nicht einfach mit dem Körper gleich - sondern mit der besonderen Qualität, sozusagen, tierischen Seelenvermögens - wenn das richtig integriert ist - das ist, sagt er, noch verhältnismäßig einfach, weil - wir können immer das leichter durchdringen, was uns nahegelegen ist. Uns ist die Pflanze schwerer, uns ist der Stein noch viel schwerer – also, das Element Mineral, also, die chemischen Elemente, aus denen das aufgebaut ist. Die Atome und alles das, das ist uns alles noch viel schwerer, sodass also die Durchdringung in diesen Stufen vorgeht und dass also die, wenn das realisiert ist, was mit uns auf der physischen Ebene gegeben ist - nur, wenn das wirklich geistig realisiert ist, das ist die höchste Stufe. Also Geistesmensch ist seine oberste, wenn man so will, seine äußerste Fakultät.

Anfrage aus Publikum – unverständlich –

R. Bahro:

Ja.

Also in der Terminologie Aurobindos wäre es genau so, also, der spricht da von Transformation. Während Steiner sucht, hat immer - man sieht, das sind lauter deutsche Begriffe. Also, das ist auch seine Mühe gewesen.

Anfrage aus Publikum – unverständlich –

R. Bahro:

Ja, ja. Also, das ist jedenfalls das Grundschema Steiners. Und es ist nun interessant - in der Waldorfschule wird das als solches nicht gelehrt. Wer Lust hat, kann natürlich zu den Abendvorträgen immer gehen, die die Anthroposophen da gerne veranstalten. Man wird also auf diese - auf dieses Erkenntnisschema nicht dort eingeschworen, aber es liegt der Pädagogik schon zugrunde. Das heißt, es geht darum, dass der Mensch initiiert werde in - erst einmal darin, dass er vollen Gebrauch von dieser Bewusstseinsseele macht und dann sich also hinein arbeitet, könnte man sagen, in die tragenden Kräfte. Das wäre – also, wenn Aurobindo sagt »Integrales Yoga«, dann meint er ja auch, dass sozusagen alles aufgehoben sein soll, dass also nichts schlecht gemacht und unbenutzt bleibt. Aber es ist der Unterschied - wenn man jetzt dort guckt, ist natürlich erst mal, dass wir hier diese Ebenenverbindung jeweils haben. Und er sagt jetzt übrigens, wenn das realisiert ist - wenn das realisiert ist, das macht noch mal Unterschiede bis in den physischen Leib hinein, in den Lebensleib und in den Seelenleib hinein.

Also, die menschliche Wirklichkeit spiegelt die Grade der Selbstverwirklichung - würde ich mal sagen jetzt - aber nicht in diesem humanistisch-psychologischen Sinne, sondern der Selbstrealisierung - sage ich mal besser. Also, der Realisierung dessen, was der Mensch einfach ist, und zwar jetzt nicht im Sinne – ich bin Künstler oder so – sondern als Mensch, also, dass er als Geistesmensch zu sich kommt, also, das besondere Wesen des Menschen, dass er also außer über die Seele hinaus Geist ist, diese Reflexionskapazität. Das kommt erst als Letztes heraus - das ist nichts, womit das einfach beginnt, sondern das kommt als Letztes heraus. Obwohl er sagt – es ist gut, wenn man von dem Wissen um dieses Ganze hier, geleitet ist, weil man dann, also - man nimmt ja auch nur wahr, was man weiß. Es ist zwar doppelt, dass man da auch reinfallen kann, es kann sich das leicht in ein Dogma verwandeln. Es gibt Anthroposophen, die es verdammt dogmatisch machen so - und nicht mit sich reden lassen, selbst über den Terminus – also, darf man dann nicht fragen, Transformation, ob man das sagen könnte. Solche gibt es, aber das sind auch nicht alle. Also, solche gibt es in jeder Richtung, die irgendetwas zu vertreten hat. Und ich will noch hinzufügen, wenn ich da richtig sehe, dass es eigentlich die einzige Richtung ist, die hier im Westen auf so etwas gekommen ist, dass es da eine Gefahr der Sektiererei gibt, wenn man damit lange alleine ist. Das hängt mit der Begrenztheit erst mal des Kreises zusammen, der etwas durchtragen will, das kann sich öffnen - das kann sich öffnen.

Ich bin da eigentlich zuversichtlich, ich habe Leute, die offen sind auch unter den Anthroposophen kennengelernt. So, und jetzt will ich noch den Versuch machen, die Kopplung herzustellen – hier. Und zwar, das Erste, was da auffällt, ist, dass Steiner selbst noch feststellt, dass diese in der morgenländischen Weisheit, sagt er - in der morgenländischen Weisheit heißt dieser Geistesmensch, der heißt da Atman - nur das »n« hat er weggelassen - er sagt Atma. Das kommt darauf an, wie man sein Script aufgenommen hat, wahrscheinlich - ich kann es nicht. Wahrscheinlich - vielleicht hat er es gekannt, nimm es an - theosophisch – Atma sagt er. Das heißt also, nicht bloß in dem Punkte Äther - wo es fast noch am Anfang der Sache - sieht man da eine Verbindung, sondern hier, spricht er - hat er sie auch ausgesprochen, dass es also die Verbindung gibt von diesem Modell - Parama Shiva und Parama Atman ist dasselbe - sagte ich schon mal, beim vorigen Mal, glaube ich - und Atman ist sozusagen die persönliche Seite davon. Das ist der Mikrokosmos, der aber alles enthält, was das Ganze auch enthält. Atman, also, das ist, was hinter dem Purusha steckt, hinter dem Menschen mit großem ... das ist die Weltseele - aber als in dem Individuum gegeben - und eben Geistesmensch und Atman ist dasselbe. Das heißt, hier drin steckt zugleich das Höchste. Also, wir sind damit genau an der Stelle angekommen – Urgrund – und wir haben also praktisch - wenn ich jetzt mal rückwärts mache - dann haben wir an der Stelle, wo hier Supramental steht, und bei Aurobindo auch Übergeist - also, weil hier Mental, Supramental, Geist, Übergeist – ich habe das voriges Mal erklärt – das steht hier also am Ende, wir haben es jetzt gleich gefunden gehabt - Geistesmensch. Bei »physisch« ist es sowieso dasselbe, also physischer Leib. Ein Unterschied jetzt - und zwar, eine Aufteilung gibt es bei Steiner jetzt – ich mach es mal kurz, weil - es sind jetzt diese beiden Fakultäten – schreib jetzt nur mal in Anführungszeichen »Pflanze« und »Tier«, die sozusagen hier an dem Kreise dann angesiedelt sind. Und dann kommt zunächst die Empfindungsseele im Tier noch nah - oder nein, es ist besser, ich lass die weg, weil die Empfindungsseele ja hier - sonst komme ich da durcheinander – ja, die Empfindungsseele ist ja eben weitgehend mit diesem Seelenleib beim Tier gekoppelt. Also, ich schreib mal bloß das – »E« – schreibe ich hier dazu. Und dann kommt also die, die - weil hier Mental eins - das ist also die Verstandesseele - und das hier oben wäre die Bewusstseinsseele. Aber da das hier ein Seelenbegriff ist - hier ist es eher der Vernunftbegriff - die hat also sozusagen die Richtung hierher im Zusammenhang mit der umgekehrten Seite. Also, mit dem hier bei Psychisch steht dann eben Geist selbst - die beiden sind eben sehr aufeinander bezogen - die stehen sich etwas näher in dem Modell als bei Aurobindo vielleicht. Und dazwischen, eben hier an der Stelle, Spirit / Lebensgeist - das heißt, der Kosmos bei Aurobindo hier, das kosmische, das spirituelle Bewusstsein im Sinne also - die Beziehung zwischen Individuum und Kosmos und universellem Zusammenhang, das ist eben - das heißt hier bei Steiner Lebensgeist. Ich vermute, also soweit ich Aurobindo dazu gelesen habe, ist es hier zum Beispiel nicht ganz identisch - auf der Ebene – also, der Akzent ist verschieden. Der Akzent ist auch deshalb verschieden, weil es bei Aurobindo hier immer mehr in Richtung auf, ja, nicht bloß auf Atman, sondern auf Parama Atman oder auf Parama Shiva geht, das heißt auf das allumfassende Bewusstsein, während es ja bei Steiner – anthroposophie – also, der Akzent ist das Individuum. Das tritt in den Begriffen hier also, wo Supramental - da ist natürlich Geistesmensch ein viel, sozusagen, sinnlicherer Begriff - Supramental ist natürlich auch gemeint, das ist eine Fähigkeit des menschlichen Geistes. Also, sozusagen, die Gesamtstruktur aufzunehmen des Universums – übrigens - also, alles was ist. Nur, der Akzent bei Steiner ist halt, dass das ganze Universum, alle Elemente - und auch die Bildungsprinzipien aus der Evolution heraus - im Menschen repräsentiert sind und dass man deshalb an derselben Stelle ist – Atman.

So jetzt mache ich, obwohl es schon fast halb acht ist, doch noch eine kleine Pause – 10 Minuten – und mache dann den Schluss, wo ich auf die Frage kommen will, einfach, was das jetzt für gesellschaftliche Praxen bedeuten könnte.

Ich erinnere, dass - die Karin steht dort vorne, wer mit den Kindern da Interesse hat.

So, zuerst noch eine Kleinigkeit - ich hatte mich an der Stelle hier verschrieben. Das muss da »Geist selbst« heißen und nicht Geistleib – Geist selbst - ist es dann richtig - aber hier habe ich mich verschrieben, die Stelle wo der Pfeil hinzeigt.

Und dann will ich, wen es interessiert, noch nennen das Buch von Steiner, in dem er das am einfachsten dargestellt hat. Einerseits gibt es das als ein Taschenbuch, das heißt, das habe ich nicht angeschrieben. »Durch den Geist zur Wirklichkeitserkenntnis der Menschenrätsel« - durch den Geist zur Wirklichkeitserkenntnis der Menschenrätsel - da ist dieser Abschnitt, um den es da besonders geht, auch enthalten. Der Abschnitt ist - »Wesen der Menschheit«, heißt der - und im Gesamtzusammenhang hat man das in dem Buch »Die Geheimwissenschaft im Umriss«. Jetzt, weil das sehr irritieren kann, der Ausdruck hier mit der Geheimwissenschaft. Steiner erklärt es also. Es ist vor allem nicht gemeint, dass das eine geheime Wissenschaft ist, dann wäre es ja auch absurd, das als Buch zu veröffentlichen - und es gibt es jetzt ewig - sondern, eigentlich ist gemeint, dass ein Geheimnis, das, sozusagen - das ist sein Ausdruck, ich schreib den noch mal dazu, für das, womit er seinen Zugang kennzeichnet - das Geheimnis ist übersinnlicher Erkenntnis zugänglich. Hier ist ein Geheimnis für, sozusagen, für den normalen Erkenntnisgang bis zu den Stufen hier – also, Mental eins, Mental 2, also bis zu Verstand / Vernunft - weil es darum geht, dass diese Erfahrungen, die man braucht, um das zu erkennen, die bedürfen halt Übung. Das heißt, man muss sich an das Geheimnis ranmachen, das ist gemeint. Die Geheimwissenschaft im Umriss - und im vorderen Teil dieses Buches ist wieder dieses Kapitel über – ich guck noch mal, ob es wirklich genau dasselbe ist, - ja, »Wesen der Menschheit« - ist genau dasselbe, genau dasselbe Kapitel ist enthalten.

Ich meine, der Grundgedanke, der bei Aurobindo wie bei Steiner hier drin steckt, der ist eigentlich nicht, dass wir durch eine ungeheuere Krise gedrückt sind, uns auf diese Wege zu machen, sondern, also dies ist nicht – beides ist nicht für die ökologische Krise erfunden. Und höchstwahrscheinlich ist das die Stärke der Sache. Also, hier geht es darum, wohin der Mensch aus seiner Anlage heraus, im kosmischen Zusammenhang, also, nach seiner vom Universum auch mitgetragenen Anlage, schon immer bestimmt ist - dass das rauskommen möge. Und jetzt muss man sich vorstellen – also, schon allein - also, wir haben neulich mal am Küchentisch mal darüber gespottet, weil wir das also - oder gespottet gekriegt - irgendjemand wusste, dass die Kinder, die in die Waldorfschule gehen in der 6. Klasse immer noch nicht Rechtschreibung können und bestimmte Sachen in der Mathematik noch nicht so bringen. Dann heißt das einfach - ich kenne den wirklichen Gang der Waldorfschul-Pädagogik, kenne ich gar nicht bisher - ich habe jetzt mal gelesen, aber ich bin damit nicht vertraut. Aber, was das höchstwahrscheinlich heißt, das ist, dass sozusagen diese berühmte linke Gehirnhälfte, die rechts steuert - also das Schreiben und das Rechnen und das Lesen und alle diese verstandesmäßigen, die logischen Fähigkeiten schult - dass das in dieser Schule nicht so sehr im Mittelpunkt steht. Und dass daher also für die Intuition, für das Wahrnehmen, für die Empfindung, für alle diese anderen Fakultäten von vornherein mehr Raum gelassen ist - und dass sie es auch wagen – also, wer sein Kind dahin schickt, der muss dann wissen: es gibt nachher noch eine Schwierigkeit. Also, nach der 11. Klasse, glaube ich, 11. oder 12, ich weiß jetzt nicht genau, wie das neuerdings taktet - aber das Abitur, wenn man dann die Hochschulzulassung will, das muss noch mal - da müssen die sich noch mal gegenüber dem offiziellen Schulsystem dann rechtfertigen, die Schüler, weil möglicherweise das eine oder andere also nicht in dieser Weise ausgebildet ist. Aber wenn man allein diesen kleinen Punkt nimmt und wenn man sich jetzt vorstellt, dass die mit den Kindern, die dann noch die Rechtschreibung nicht ganz können, die das aber noch lernen – also, die Anthroposophen schreiben immer richtig in ihren Büchern, also, sie haben es auch gelernt - aber es ist also - das Kind wird nicht so früh zugepflastert. Wenn man jetzt sich mal vorstellt, eine ganze Gesellschaft, die auch nur ihre Schule, die ja in Wirklichkeit auch nur ein Teil der Einweihung ist, in dieser Art einrichten würde - ich meine, es kann natürlich fürchterlich sein, wenn alles Waldorfschule wird - das meine ich jetzt so auch nicht - das ist ein Versuch in der Richtung, ist also ein Pionierversuch - aber ich meine Schulen, die sich diesem Problem stellen. Ich sag noch, ich habe es, glaube ich, voriges Mal auch mal gesagt, es ist immer wichtig, dass eine - hier sowohl bei Aurobindo als auch bei Steiner - das sind Beschreibungen, und dort kann Subjektives eingehen und jeder Dogmatismus kann sich anhängen - es ist auch eine Frage des Menschen, der damit umgeht – sondern, ich glaube, dass durch die Beschreibungen - auch gerade weil es nun zwei verschiedene sind - gäbe es eine Dritte und so - dass da etwas durchscheint. Da gibt es eine Realität, auf die sich das bezieht - und jetzt, wenn man sich vorstellt, das würde gelten - werden also breiter in der Gesellschaft. Und die Grundorientierung ist die, dass der Mensch sozusagen in seinem physischen Leib auf diesem Wege wieder ankommen muss - und auf diesem Wege ... Urgrund. Ich glaube, es ist dann klar, dass sich sozusagen das Leistenwollen, also die Umsetzung von Verstand und Vernunft in technische Gegenstände und wissenschaftlich-technische Arbeit und Organisation von Großgesellschaft, dass das also einfach im Gewicht sinken würde erst mal - und dass man sich fragen würde, was ist denn eigentlich das Produktionsziel in so einer Gesellschaft? Ist das wirklich die Befriedigung der ständig wachsenden - in Klammern jetzt - Konsumbedürfnisse? Ist es das überhaupt? Oder kommt das nicht dadurch zustande - dieses vordergründige Produktionsziel - dass wir uns eigentlich um diese Initiation nicht mehr kümmern? Und die entscheidende, also, Frage - jetzt auch für ein gesellschaftliches praktisches Herangehen an die Sache – folgende Entscheidung haben wir zu treffen: Wollen wir uns darauf konzentrieren, uns darüber zu beschweren, dass die Megamaschine und die Umstände und Verhältnisse, diese Initiation erschweren - dann sagen wir, dass wir uns für so etwas entscheiden, ist davon abhängig, ob das große Ding irgendwann sich mal dreht oder - ich meine, dass beides zusammenhängt, will ich nicht bestreiten - oder ist eigentlich doch der richtige Zugang. Und da würde ich sagen, die Waldorfschule ist ein kleiner Beweis, dass es sie gibt. Wäre es nicht doch richtig, gegen diesen Mainstream Sachen durchzusetzen, die einen anderen Charakter haben? Und es steckt eine große Klugheit jedenfalls darin, dass es überhaupt möglich war, so eine Schule zu installieren, auch wenn es da Anpassungsmomente gibt. Das ist ja unvermeidlich - wenn man so eine kleine Insel in so einer Großgesellschaft - dass die Spuren trägt dessen, wovon sie sich absetzt, das ist ja klar. Aber ich denke, dass es sich darum handelt: Wir müssen begreifen, also, man muss sich für so eine Perspektive entscheiden - und für Initiation, die in diese Richtung geht. Dann würden wahrscheinlich - auf Langzeit würde die Folge sein, dass sich zunächst einmal, ich würde vielleicht sagen schon mittelfristig, dass, sozusagen, der Trieb, der in dieses Atman-Projekt reingeht ... Ersatz für die Vollendung des menschlichen Lebenskreises, dass das ... und wahrscheinlich, wenn das wirklich allgemein verbindlich werden würde, sozusagen, einmal in die menschlichen Wesenskräfte – Anthroposophie in diesem, dann gar nicht mehr bloß Steinerschen Sinn – wo er bloß einer der Sprecher dafür ist. Wenn das leitend würde ... Gesamtprozess, dann wahrscheinlich, würde sich das ganze Thema völlig anders stellen, dass der Mensch immer die Tendenz hat, auch abzuweichen, das Lernen ist ... hat immer so gesagt aufrichtig, schwimmt gegen den Strom und mit dem Auto fährt man zurück ... also das Thema, Atman-Projekt, das bleibt. Aber, die materielle Ausstattung, die das hier hat, dass das so ein ungeheures Ding ist, ich habe ja meine Skizze da, meine ich ja, an sich ist das genau diese Ellipse, dieser riesengroße Kreis über den kleinen, dass ist ... das könnte als Gesamtstruktur verschwinden, wenn die Menschen in kleineren Lebenskreisen sich darum bemühen würden, Einweihung in das zu betreiben.

Man weiß übrigens, dass - damit das nicht so rein erkenntnistheoretisch stehen bleibt - welche große Rolle bei den Leuten, bei den Anthroposophen da die Farben spielen – also, die Farbgebung und das bildnerische Gestalten. Die Art, wie sie ihre Gebäude schon bauen ist nicht also diese Rechtwinkligkeit, die die Indianer so fürchterlich finden, also, so unnatürlich den rechten Winkel. Natürlich wird er da noch etwas künstlich vermieden, weil - das ist ja ein Anfang - und genauso Eurhythmie etwa – also, dass das auf Ästhetik geht und auch auf eine Ethik geht, deren Kern nicht das ist - du sollst das oder jenes tun oder lassen - sondern deren Kern ist also das Wachstum. Das Wachstum - und bei Integration aller dieser Kräfte, mit Akzenten, die, würde man sich da näher beschäftigen, würde man da noch auf vieles kommen. So, und jetzt will ich - also, das war mein Gedanke, dass man also so einen Initiationsprozess - vielleicht ist das und die Schaffung des Ambiente dazu, also eine Schule, wenn sie dann noch eine Kommunität um sich herum hätte - das wäre wahrscheinlich noch mehr. Da ist also um den Initiationsgedanken herum ein gesellschaftlicher Neuanfang offenbar erst einmal in dem kleinen Maße möglich. Also, nach Prenzlauer Berg ist schon ein Waldorfkindergarten gekommen, also, die bringen das - und die neue Schule an der Mauer ist auch entstanden, gleich nach der Wende – also, sie sind aktiv. Das also ist, glaube ich, eine Orientierung. Und jetzt will ich mit zwei Sachen schließen, die, sagen wir mal, noch mal unterstreichen, um welchen Grad an Realitäten es sich bei diesen Sachen handelt. Und zwar unterstreichen die, besonders die erste Geschichte, die ich direkt mal vorlesen will, als einen Teil einer Geschichte, die die Realität, von der da geschrieben wird - die bedeutet da nichts Spezielles in dem Zusammenhang, sondern es ist nur ein Hinweis davon, dass es wirkt erst einmal - dass es wirkt, denn weiter nachvollziehen kann man das nicht. Man kann nur dem Manne hier, Lama Anagarika Govinda, trauen, dass er, also, von diesen Sachen viel weiß. Es ist aus dem Buch »Der Weg der weißen Wolken«. Das ist ein Deutscher, der Lama geworden ist. Lama, deswegen auch Anagarika Govinda, das heißt, der wirklich sich initiieren hat lassen und initiiert worden ist in die tibetische Kultur - und zwar vor der Zerstreuung, also, bevor China da rangegangen ist, in Tibet selbst das zu vernichten. Und zwar, wovon er hier spricht, das ist der Tod des Rimpoches Tomo Geshe. Und Rimpoche, das ist ein Name, mit dem sie ihre also größten Meister ehren, das heißt, kostbaren - ein kostbarer Geist - also kostbarer Rimpoche.

Rimpoche, das heißt also der Kostbare, ein kostbarer Geist Tomo Geshe. Und zwar, ich les mal die Stelle, um die es mir geht - anderthalb Seiten:

Während der gewöhnliche Mensch vom Tod überrascht und überwältigt wird, sind diejenigen, die sowohl Körper wie Geist unter ihre Kontrolle gebracht haben, imstande, sich freiwillig aus dem Körper zurückzuziehen, ohne den Leiden eines physischen Todeskampfes ausgesetzt zu sein, ja, ohne die Herrschaft über ihren Körper selbst in diesem entscheidenden Augenblick zu verlieren.

Das ist eine Vorbemerkung, und jetzt kommt die Geschichte:

Dies wurde im Fall von Tomo Geshes Abscheiden durch die Tatsache demonstriert, dass sein Körper unverändert und in aufrechter Meditationshaltung verblieb, auch nachdem er ihn lange verlassen hatte. Niemand weiß den genauen Tag, an dem dies geschah. Einige Tage mögen bereits vergangen gewesen sein, als der Spiegel vor sein Gesicht gehalten wurde.

Das ist so ein Prüfungsmittel, das die da haben. Der hatte ja vorher schon mal erzählt davon.

Wochenlang danach noch blieb der Körper in der gleichen Haltung, wie auch H. I. Richardson, der damalige britische Geschäftsträger in Lhasa bezeugte. Einige Wochen nachdem die Nachricht vom Hinscheiden Tomo Geshes zu ihm gedrungen war, einige Wochen zu ihm gedrungen war, reiste er durch das Tal, in dem das Kloster der weißen Muschel – Dungkar-Gompa – gelegen ist. Und da er den Rimpoche während seiner Lebenszeit gekannt hatte, unterbrach er seine Reise und ritt hinauf zum Kloster, das auf einem isolierten Felsgipfel inmitten des fruchtbaren Tals emporragt. Der Abt begrüßte ihn mit größter Höflichkeit, doch bevor ihm Mister Richardson noch sein Beileid aussprechen konnte, sagte er, dass der Rimpoche sehr erfreut sei, ihn zu empfangen. Überrascht und ein wenig bestürzt durch den Gedanken, dass er vielleicht falsch informiert worden sei, folgte der Gast dem Abt in die Privatgemächer des Rimpoche. Wie groß aber war sein Erstaunen, als er den Raum betrat und Tomo Geshe auf seinem gewohnten Platz sitzen sah. Bevor er jedoch seinem Erstaunen Ausdruck geben konnte, wurde ihm klar, dass es nur der Körper des Rimpoche war, dem er sich gegenüber befand. Der Abt schien allerdings anderer Auffassung darüber zu sein, denn er verhielt sich genauso, als befände er sich in der lebendigen Gegenwart des Meisters. Er meldete Mister Richardsons Besuch und lud den Gast zum Sitzen ein. Dann sagte er, als ob er die unhörbar gesprochenen Worte des Rimpoche wiederholte »Der Rimpoche heißt sie willkommen und fragt, ob sie eine gute Reise hatten und sich bester Gesundheit erfreuen«. In dieser Weise entspann sich ein regelrechtes Zwiegespräch zwischen dem Rimpoche und dem Mister Richardson während Tee serviert wurde und alles seinen gewohnten Gang nahm, sodass der Besucher kaum noch seinen Sinnen zu trauen wagte. Es war ein wirklich fantastisches Erlebnis und wenn Li Gotami - das ist die Gefährtin von Govinda hier - Li Gotami und ich es nicht aus Mister Richardson eigenem Munde gehört hätten, als wir ihn in Djangtse einige Jahre später trafen, so würden wir die Glaubwürdigkeit dieses Berichts angezweifelt haben.

Selbstverständlich war es nicht die Absicht des Abtes, einen mediumistischen Kontakt mit dem Geist des Rimpoche vorzutäuschen. Er handelte einfach in Übereinstimmung mit seiner Überzeugung, dass der Guru in irgendeiner Weise gegenwärtig sei. Solange das heilige Gefäß, das den Geist des Gurus beherbergt hatte, in der Form seines Körpers gegenwärtig war - und augenscheinlich wurde dieser Körper noch immer von der Macht eines Willens beherrscht und aufrecht erhalten - hatte ihn der Abt mit demselben Respekt zu behandeln wie zu Lebzeiten des Gurus.

Also, das hat der zu berichten. Und es gibt eine Vielzahl von Berichten, die die ungeheuere Kraft, die von der Energie im Tode solcher Leute ausgeht, handeln. Anderer Art als dieser, die in der tibetischen Literatur berücksichtigt sind - und eines weiß man eben sicher, dass diese Kostbaren dort – diese Rimpoche – und andere Leute, die dort also sehr sich auf diese Selbstentwicklungswege begeben haben, dass die also, sagen wir mal, statistisch und unter sich bereits den Beweis erbracht haben, dass das geht, das heißt, dass man sich dieser Sache widmen kann, dass es also eine Frage der Einrichtung der - einer Kultur ist, wie das läuft. Der Einrichtung einer Kultur, das ist dort also, ich denke …

… peinlicher, dass das rauskommt aus dem Menschen, unter anderem. Das spielt übrigens in dem Buch von der Dolores La Chapelle auch eine Rolle, wo wir dann im September, am 21. bis 25, in Vogelsang das machen wollen.

Ich lese zum Schluss ein kleines Gedicht von Hermann Hesse, das aus seiner – wie soll ich mal sagen - bei ihm ist es eigentlich ein utopischer Roman, also eine Vorstellung, eine Vision nur von der Einübung in so kulturell Überliefertes – nämlich, der berühmte Roman »Das Glasperlenspiel« handelt von solchen Sachen. Obwohl also in Hesses Fall noch als von einer abgeschiedenen Provinz – also, für den Westen ist es wirklich zunächst mal schwer vorstellbar, dass so wie in Tibet - anders allerdings dann in unserem Fall sicherlich - eine Gesamtkultur dafür bestimmt wird. Aber er hat im Zusammenhang mit dem Glasperlenspiel ein kleines Gedicht geschrieben, das irgendwie an die westlichen Schätze erinnert, die da - Kunst sagte ich hier bei den Anthroposophen auch - die da herbei zu holen wären, um in diesen Austauschprozess, in diesen Flussprozess mit der eigenen Existenz und, wie man dann sieht, also, mit der Struktur des Universums eigentlich zu kommen. Also, das ist die Bedingung, um natürlicherweise zu Hause und richtig zu sein - und Hesse ist da einer der Vorgänger, gehört zu der Vorgängergeneration, dieser Öffnung in Richtung Osten, die im 20. Jahrhundert natürlich noch ganz andere Dimensionen angenommen hat als im 19. und im beginnenden 20. Jahrhundert, wo Leute wie Hesse, Romain Rolland noch Einzelgänger waren. Ich habe über … da mal gesprochen, entlang Romain Rolland.

Also, Hesse hat diese Beschäftigung - steht hier in einem Buch, das über Meditation im Spiegel einer universalen Kunst handelt - da hat er sich - also, nannte die Beschäftigung mit altem Kulturgut - dieses mystisch-meditativen Charakters »Glasperlenspiel« - und schrieb darüber folgendes Gedicht:

Das Glasperlenspiel

Musik des Weltalls und Musik der Meister
Sind wir bereit in Ehrfurcht anzuhören,
Zu reiner Feier die verehrten Geister
Begnadeter Zeiten zu beschwören.

Wir lassen vom Geheimnis uns erheben
Der magischen Formelschrift, in deren Bann
Das Uferlose, Stürmende, das Leben,
Zu klaren Gleichnissen gerann.

Sternbildern gleich ertönen sie kristallen,
In ihrem Dienst ward unserm Leben Sinn,
Und keiner kann aus ihren Kreisen fallen,
Als nach der heiligen Mitte hin.

So, jetzt will ich nur noch auf die nächste Vorlesung hinweisen.

Da ist die Fragestellung, die ist an Mumford geschult – eine neues Selbst als Träger eines neuen Staates – das geistige Klima einer politischen Erneuerung. Und der Schwerpunkt, auf den ich noch eingehen will, ist die Frage – Was ist ein Avatar?

Das ist nämlich eigentlich die Frage nach dem tibetischen Meister, von dem ich da gesprochen habe, der würde als Avatar, als ein Herabgekommener gelten, als ein Wiedergekehrter. Was ist ein Avatar? Das heißt - etwas näher - was steckt in dieser Gestalt drin? Und natürlich im Hinblick auf die Frage - das ist ja ein Mensch - wir sind - tendenziell sind wir das alle. Also, Eckhart fragt, wie kann Christus in dir geboren werden, sodass das also letzten Endes nicht die Frage nach dem Einen ist, sondern die Frage nach dieser Figur des Avatar in uns. Und das aber im Hinblick auf das geistige Klima einer politischen Erneuerung will ich das nächste Mal behandeln und weise halt auf die Plakate hin, wo ich mich wie immer freue, wenn man sie mitnimmt.

In 10 Minuten noch Diskussion.

Ende der Vorlesung.

4. Juli 1994

Das geistige Klima einer politischen Regeneration

Das ist jetzt die vorletzte Vorlesung dieses Semesters - aber vor allem von den vier, bei denen es mir um die geistige Voraussetzung, die geistige Bereitschaft für eine politische Neueinrichtung geht – also, eigentlich nicht Voraussetzung, sondern - genauer gesagt -: Bereitschaft. Also, was dann einschließt irgendwie, tatsächliches Bereitsein, Befähigung. Und es soll heute also gehen um das geistige Klima für eine politische Regeneration. Ich habe das jetzt zwischen - sozusagen - zwei Perspektiven gestellt, die ich im Laufe der-Jahre hier wieder und wieder ins Gespräch gebracht habe. Wenn da nämlich einerseits drüber steht »Ein neues Selbst als Träger eines neuen Staates« - das ist eine Forderung und Formulierung, die Lewis Mumford aufgestellt hat, dieser amerikanische Denker, der über Kritik an der Zivilisation, Kritik an der städtischen Existenz des Menschen zu einer Tiefenanalyse darüber gekommen ist, wie wir uns in den entfremdeten materiellen Strukturen festgefahren haben und wo also dieses Thema »Neues Selbst« in der Perspektive eigentlich immer noch der Aufklärung und der Evolution - ich würde auch mal sagen: Befangen bleibt. Zugleich werden wir heute sehen, welche Stärke darin liegt, dass er diese Perspektive, an die ich noch einmal erinnert hatte und die ja der Rahmen für meine letzten vier Vorlesungen hier ist, nicht explizit einbezieht. Ich habe eben deshalb diese beiden Akzente gesetzt: einmal ein »Neues Selbst als Träger eines neuen Staates« (was also an Mumford erinnert - wir werden sehen, wie er darauf kommt). Und auf der anderen Seite: »Ursprungsgegenwart - oder: Was ist ein Avatar?« - Die Frage nach dem Avatar ist eigentlich die Zuspitzung dieses Aurobindo-Modells. Ich will noch einmal kurz daran erinnern, worum es hier ging, nur damit wir den Anschluss an das Ganze haben.

Aurobindo, ein indischer Denker oder derjenige indische Denker, der in seiner Biografie am meisten Ost und West zusammenbringt, weil seine ganze Jugendentwicklung im Zeichen einer westlichen Erziehung - zunächst in Indien, die ersten sieben Jahre, und dann die nächsten 14 in England - stand, sodass also da durchaus westliche und östliche Gesichtspunkte integriert sind. Aurobindo geht also davon aus, dass der Mensch sieben Stufen durchläuft, damit die Seele, die er vor allem an dieser Stelle hier, wo auch Psyche steht - damit die Seele das Mittel des Universums ist, zu sich zurückzukehren – also, hier schließt sich praktisch der Kreis von der Geburt zum Tode. Aber vorausgesetzt ist, dass wir in dem Urgrund von Anfang an angelegt sind und dass das Physische natürlich alles enthält bis zurück zu Atman als dem persönlichen Selbst. Ich habe darüber mehrfach gesprochen und zu Param-Atman oder Paramashiva (wie die verschiedenen indischen Namen für nicht mehr das persönliche Selbst, sondern einfach für die kosmische Existenz sind). Sei es nun persönlich oder sei es nicht persönlich betrachtet, das habe ich hier offen gelassen. Der wesentliche Unterschied zwischen der indischen und der westlichen Konzeption - also, jetzt der theologischen Konzeption - ist gerade, dass man in Indien eigentlich nur in einigen Fällen auch auf die Persönlichkeit des Universums zu sprechen kommt. Eigentlich nur insofern, als man davon ausgeht, dass Atman als das höhere Selbst des Menschen kaum gegeben wäre, wenn nicht der kosmische Zusammenhang auch die Anlage dazu enthielte – also, dass insofern das Prinzip der Person, das Prinzip des Menschen, das Purusha, wie die menschliche Persönlichkeit, eine Subjektivität genannt wird, da enthalten ist und die Stufen, die Aurobindo hier gesehen hat - also, »Physisch«, das ist auch dann die entsprechende Ebene der Bedürfnisbefriedigung, und »Vital«, das sind also unsere emotionalen, an die körperliche Existenz gebundenen Bedürfnisse, und »Mental«, das ist der Verstand – Mental 1 hier – und Mental 2, das ist die vernünftige Reflexion - und hier die psychische Existenz, das ist die seelische Stufe. Wohlgemerkt, von Anfang an alles mit enthalten, nur dass das Entfaltungen sind, dass das Entbergung ist, dass das hervortritt im Laufe der Zeit erst. Und ich habe hier zwischen diesen beiden Phasen als die große Herausforderung, mit der wir zu tun haben und von der Mumford halt auch ausgegangen ist, dieses Atman-Projekt, Statt-Atman, noch einmal angezeichnet. Das ist also, wo wir uns - anstatt uns im Bogen zu halten und uns darum zu sorgen, wie der Mensch ins Universum und damit eigentlich erst richtig zu sich selbst heimkehrt - auf expansive Projekte begeben und als das Drama der Gegenwart uns halt hier die Megamaschine hingestellt haben. Das ist gerade der Begriff, den Mumford in den Mittelpunkt seiner Analyse gestellt hat: Dass der Mensch aus sich selbst heraus eine Struktur produziert hat, eine gesellschaftliche Struktur, die als Megamaschine funktioniert. Ich sage noch einmal: Diese Megamaschine bei Mumford ist nicht einfach technisch, das heißt, es ist das weder Beton und Stahl und Silizium – also, was die Computer dann betrifft - noch ist es allein die institutionelle Struktur, sondern es ist eigentlich eine Gesellschaft, die sich so organisiert, dass das Individuum von dieser Maschine verbraucht wird, dass es der Funktionär dieser großen Maschine ist. Und das hängt damit zusammen, dass wir unsere Kräfte also auf so einer hier tangential wegführenden Bewegung verlieren. Der Ausgangspunkt dieses Gedankens mit dem Atman-Projekt ist, dass wir auf jeder beliebigen Ebene also unsere Rückbindung verlieren können. Aber hier haben wir durch die Koordination von Kopf und Hand – also, durch die Art und Weise, wie der Mensch in der Welt produktiv ist und also Gesellschaften schafft, die darauf begründet sind, dass wir materiell produzieren - und mehr und anders als wir für die Befriedigung unserer unmittelbaren Bedürfnisse gebrauchen - unsere unmittelbareren Bedürfnisse auch im Sinne der Rückkehr hier ausgedrückt. Gerade Aurobindo geht davon aus, dass wir das im Grunde nur dann wieder einholen können, dass wir nur dann, ich würde mal sagen: Die Entspannung von der großen Jagd nach materieller Selbstverwirklichung gewinnen werden – also, dass wir uns davon nur befreien können, wenn wir unsere Einordnung in den Kosmos und unsere Identität letzten Endes mit der göttlichen Natur des ganzen Universums - wenn wir das in uns subjektiv irgendwie werden realisieren können. Erst dann wird es uns gelingen, das wieder einzuholen. Ich hatte darauf hingewiesen – darauf kommen wir jetzt mit Mumford auf andere Weise noch mal zu sprechen – dass also die ungeheure Schwierigkeit eigentlich darin besteht, dass für Aurobindo hier immer Epochen! Damit verbunden sind, das auch menschlich zu realisieren, während wir hier an einer Stelle zwischen der Vernunft und unseren psychischen Kräften an einer Stelle des Bogens uns so engagiert haben in einem materiellen Projekt, dass es da sehr schwer vorstellbar ist, dass wir die Zeit haben, alles das noch zu bewältigen - sodass also hier der Gedanke wichtig ist, dass Zeit in jeglicher spirituellen Konzeption nicht einfach das ist, was man in Stunden und auch in Jahrzehnten und in Jahrhunderten zählen kann, sondern dass in der geistigen Entwicklung - auch mit der Uhr gemessen - unwahrscheinliche Abkürzungen passieren können. Es ist so, dass Aurobindo selbst in der Konstituierung sozusagen des Menschen auf dieser psychischen Ebene eine Chance sieht, schon Kraft zu gewinnen, um etwas von diesen Kräften wieder zurückzubinden – also, um diese Überproduktion an Masse eigentlich, mit der wir uns in Gefahr bringen zu reduzieren. Diese Konzeption von Aurobindo, die ich in den Mittelpunkt gestellt habe, sieht den Menschen eigentlich als Organ des Universums und das Übergreifende in dieser ganzen Geschichte ist eigentlich, dass das Stufen des Lebens überhaupt sind - Stufen der Existenz des Universums, kosmische Stufen und dass das Atman hier – also, das ist das menschliche Selbst und die kosmische Struktur. Das stimmt sehr überein und es ist eigentlich das Übergreifende, ist das Ganze und ist nicht – also, der Mensch ist eigentlich das Organ, in dem das Universum zu sich zurückkehrt. Das ist eine geistige Figur, die auch das europäische Denken in Hegel beispielsweise vollzogen hat.

Ich habe beim vorigen Mal die Steiner'sche Konzeption hier mit vorgetragen, um einmal zu zeigen, dass es einen Versuch gibt, auf theosophische und nachher anthroposophisch genannte Weise etwas davon im Westen zu reproduzieren - was ich nicht so stark hervorgehoben habe beim vorigen Mal, weil ich erst einmal das stehenlassen wollte. Was Steiner dazu sagt, ist, dass der Akzent in Steiners Weltbild - das ist schon ausgedrückt in Anthroposophie statt Theosophie - darauf liegt, den Kosmos eigentlich als zum Zwecke des Menschen vorhanden darzustellen. Das ist eine in Wirklichkeit nicht indische Vorstellung, das ist der europäischen Ich-Entwicklung geschuldet und in meinen Augen eine Verkürzung. Bei Steiner geht es ja darum - das hatte ich ja voriges Mal angedeutet: Wir sind Mineral, wir sind Mineral, wir sind Pflanze, wir sind Tier, und dann sind wir Bewusstseinsseele - und dort, also in der höchsten Stufe dann, geistesfähig. Und von dort aus rückwärts begreifen wir dann uns im Tier und schwerer uns in der Pflanze und am schwersten uns in der Physis. Aber es ist der Mensch selbst, um dessentwillen dieser ganze Zusammenhang überhaupt existiert. Und ich habe die Vermutung, dass das eine Zuspitzung ist, die mit der westlichen Kosmologie zusammenhängt und jetzt ein für uns hier in dem ganzen Vorlesungszusammenhang - auch wenn ich die ganzen ersten vier-Jahre, die jetzt zu Ende gehen, überblicke - sehr wichtiger Gesichtspunkt; selbst dieses von Aurobindo stammende Modell, diese Vorstellung, stammt aus einer im Patriarchat gründenden Praxis.

Also das Yoga, das Aurobindo da betrieben hat, geht aus der – ich würde sagen: Aus den letzten vielleicht 3000, vielleicht 2500 - philosophisch gesehen, letzten anderthalbtausend Jahren - in Indien hervor, in denen die Gesellschaft an der männlichen Art und Weise, willentlich zu gestalten, gelitten hat und wo also die natürlichen und die weiblichen Kräfte ungeheuer unter Druck geraten sind, auch im Manne selbst, und es einen Versuch gegeben hat, zugespitzt in der Person des Buddha - mit dem Leben ist Leiden verbunden und mit dem Leben ist Schicksal verbunden und Schicksal als Leiden des Individuums: Dem eigentlich zu entgehen, indem man eine Stufe höher springt. Und wenn man dem entgehen will, dann heißt das, also dass die tieferen Stufen – nämlich, von Steiner her gesehen: Tier, Pflanze, Mineral in uns - dass diese niederen Stufen sozusagen auch geistig abgewertet werden, dass man sich über die erheben muss, dass sozusagen das ganze Reich der großen Mutter so infrage gestellt wird, dass Steiner zum Beispiel dann eigentlich von seiner Auffassung – kontemplativer Meditation, die also immer nur die Dinge betrachtet, geistig betrachtet und sich das Erleben eigentlich verbietet, dass von dort her also die mütterliche Seite, die weibliche Seite der menschlichen Existenz eigentlich nur negativ in die Reflexion gerät. Das ist also eine Problematik, die sozusagen hinter diesen letzten vier Vorlesungen in dieser Reihe insofern steht, als ich mich einmal auf diese indische Perspektive habe werfen wollen. Und da ist die Steiner'sche Anthroposophie eingebettet, jedenfalls in der europäischen Geistesgeschichte schon – also, etwa Theodor Lessing oder Ludwig Klages, die diesen Gesichtspunkt zur Geltung gebracht haben, dass der Geist in der Form, wie wir hier damit umgehen, lebensfeindlich und seelenfeindlich ist. Die haben eine entschiedene Ablehnung - bei Theodor Lessing zum Beispiel, ganz klar, dieser Steiner'schen Anthroposophie - aus diesem Grunde: Nicht, weil der Versuch gemacht wird, Tier und Pflanze und Mineral auch im Menschen und über den Menschen zu begreifen (das scheint mir völlig richtig zu sein), sondern weil das geschieht in dem Versuch, die Frau und die große Natur zu überwinden statt aufzuheben. Das ist eigentlich dort das Drama und man kann sagen, dass es zwischen der sozusagen an der großen Mutter, am Mutterrecht auch noch orientierten Konzeption und der eher patriarchal orientierten Konzeption zu diesem kosmischen Zusammenhang und zu der Einordnung des Menschen - dass es da vor allem sozusagen eine Unterscheidung gibt, nämlich: Die betrifft die Frage, wie das besondere Wesen des Menschen – also, seine Reflexionskapazität, seine Fähigkeit zum Selbstbewusstsein, zur geistigen Reproduktion des ganzen Zusammenhangs – also, in diesem Punkt: zum Für-sich-sein und dann gar zum An-und-für-sich-sein: Wie das eingeordnet wird. Die patriarchale Konzeption neigt im Allgemeinen dazu, den Akzent völlig auf diese Besonderheit zu setzen und von dort aus das Ganze also rückwirkend und im Sinne auch der Abstoßung von dem, was da an dem Mütterlichen gefährlich erscheint, von dort aus zu ergreifen. Bei Steiner ist das ganz eindeutig – also, die Kundalini, diese Schlangenkraft, die im Menschen von unten nach oben aufsteigt, die soll man nicht erst wecken, die arbeitet sowieso. Davon geht er aus. Aber auf jeder dieser Stufe springen nur die Dämonen ein, wenn wir das von oben her noch nicht richtig bewältigt haben - und wann ist das schon der Fall? Also wir lassen das Leben gar nicht mehr so hinlänglich zu. Das ist also die patriarchale Tendenz in allem, die ich da zumindest gesehen habe. Und im Gegenzug dazu, etwa bei Dolores La Chapelle (über die ich auch mal ausführlich hier gesprochen habe), dort versteht sich von selbst - und das steht nun auch nicht für sich allein, sondern - mit gutem Grund beruft sie sich auf diese ganzen Forschungen übers Mutterrecht und auf das Tao Te King. Dort geht man davon aus, dass diese menschliche besondere Kapazität der Reflexion etwas ist, das die Natur sich selbst an ihrer höchsten Stelle vielleicht - aber diese Unterscheidung nach der höchsten wird dann in der Regel auch gar nicht gemacht - dass die sich selbst hinzufügt. Und es ist dann also von vornherein eingeordnet und es wird dann das große Drama – also, dass wir uns hier überhaupt auf diese Weise in die Megamaschine stürzen können, in das Projekt verlieren können. Das wird damit in Zusammenhang gebracht, dass wir auf diese Besonderheit bauen, dabei durch die Abstoßung, durch das Unbehagen in der Kultur unglücklich werden und dann also für unser Ich, also für diese eigentliche Kapazität des reflektierenden Bewusstseins im Subjekt - das ist da nicht Atman, sondern auf der Stufe da oben, vor allem das vernünftige Ich, das ich schützen muss – also, dass wir auf dieser Stufe sozusagen aus unglücklichem Bewusstsein uns in dieses Projekt stürzen. Darauf macht diese mutterrechtliche Konzeption aufmerksam. Und insofern bin ich eigentlich überzeugt - sozusagen entgegen dem Moment, das ich in dieser Vorlesungsreihe jetzt, in den letzten vier Vorlesungen, im Mittelpunkt habe, entgegen diesem Moment - dass es im Grunde darauf ankäme, sich also sich dessen bewusst zu sein, dass diese Auffassung - dass das sozusagen die letzte Blüte eines naturgeschichtlichen

Prozesses ist. Das ist eigentlich das Übergreifende und es dürfte eigentlich in jeder Konzeption, die dann auch rückwärts - das ist ja kein Fehler, dieselbe Sache zu behandeln, die von der Besonderheit ausgeht. Man müsste sich absolut bewusst sein, das ist eine zweite Lösung, das ist ein sekundärer Gesichtspunkt. Und ich glaube, wenn man jetzt fragt nach dem geistigen Klima - das ist ja der zentrale Punkt, um den es mir heute geht, den ich zwischen Mumford und dieser indischen Konzeption behandeln will – wenn man nach dem geistigen Klima für eine politische Regeneration fragt, dass es da also sehr ausschlaggebend, für meine Begriffe, ist, dass man genau diesen Gedanken festhält. Das erste, nämlich das Hineinwachsen, von unten eigentlich, in diese – also, aus der Natur heraus und damit die Verweigerung der Abstoßung vom Physischen, vom Vitalen und auch vom Verstand, die Weigerung der Abstoßung: Dass das – also, sozusagen - erst einmal festgehalten werden muss, dass das alles aufgehoben, dass das alles integriert werden muss. Und dass Integration dann eigentlich erst unter diesem Gesichtspunkt überhaupt durchgehalten werden kann, wenn man es auch rückwärts betreibt. Also das muss das Zweite sein, wenn man von hier ausgeht - wenn man vom Geiste ausgeht, und zwar das Zweite jetzt nicht deshalb, weil vielleicht das Universum oder Gott selbst - oder wie immer man das nennen will - diesen Unterschied so wichtig fände, sondern weil dieser Unterschied real in der Geschichte gemacht worden ist und weil das mutterrechtliche Prinzip – also, das Prinzip des Gewachsenseins und der Rückbindung an die Lebensgründe, die uns tragen, in 5000 Jahren Patriarchat und dann spezifisch im Westen in 2000 Jahren oder 2500 Jahren Patriarchat, um dann durch den Triumph der Megamaschine in der Moderne (also, seit etwa 1750 und noch einmal in Deutschland besonders seit 1850 und noch einmal besonders seit 1945, wo es völlig explodiert ist) - total untergebuttert worden ist und es also, wenn man da nach der Wiederherstellung des Gleichgewichts sucht, es entscheidend ist, die richtige Priorität zu setzen.

Ich will an dieser Stelle noch einmal daran erinnern, dass hier unten handschriftlich ausliegt das Angebot - ich habe das vorige Mal davon gesprochen - um die Herbst-Tagundnachtgleiche in Vogelsang (das ist bei Prenzlau) so eine fünftägige oder viereinhalbtägige Übung zu machen, vom 21. bis zum 25. September, entlang der Ratschläge und Hinweise, die Dolores

La Chapell in ihrem Buch »Weisheit der Erde« für diese Priorität von Erde zum Himmelhaus gibt. Also für die Priorität, die – sie zitiert es auch - im Tao Te King heißt: Es folgt der Mensch der Erde und die Erde folgt dem Himmel und der Himmel folgt dem Tao – also, dem großen Gesetz - und das folgt sich selbst, aber der Mensch erhebt sich aus diesem Zusammenhang nicht als irgendwie herrschaftlicher Geist heraus. Das muss schiefgehen, mindestens wenn dieser Grundgedanke »Es folgt der Mensch der Erde« nicht festgehalten ist. Und ein Einüben in diesen Zusammenhang - das wollen wir in den fünf Tagen dort üben. Die Information liegt da vorne. Es wird die Karin Wolff, die in Vogelsang lebt, daran mitwirken, es wird Karin Kremer daran mitwirken, eine Frau, die einige von euch bereits kennen, aus dem Zen-Zusammenhang stammt die, und ich werde auch da sein. Wir werden also einfach eine schöne Zeit in der Landschaft haben, weil - solche Sachen lassen sich - es ist ja immer noch abstrakt, wie ich das hier bespreche. Ich kann sagen, es wird maximal 100 Mark kosten unter den frugalen Bedingungen, die dort allerdings herrschen. Man kann sich Zelte mitbringen oder man wird in der Scheune schlafen können - man wird also auch sozusagen dem Grunde nahe sein – also, wer da einmal was erfahren möchte: Das wird gut sein dort.

Das also sozusagen zur Grundstellung, in den ich diese Frage nach dem geistigen Klima für eine Regeneration einordnen will. Und jetzt will ich einmal versuchen, teils gegenüberzustellen und teils auch zu kombinieren miteinander – also, den Ergänzungsaspekt zu zeigen. Diese Versuche von Lewis Mumford, der also mit der Kritik an diesem Punkt hier ansetzt, an dem Atman-Projekt - »Mythos der Maschine«, das ist das Buch, aus dem ich auch diesen Begriff der Megamaschine in meine Theorieform hereingenommen habe - der da also sehr früh umfassend war, das ist in den 50er-Jahren entstanden, dieses Werk. Ich habe jetzt nicht den »Mythos der Maschine« dabei, sondern sein Buch »Hoffnung oder Barbarei«, was aber im Untertitel heißt, »Die Verwandlung des Menschen« und der englische Urtitel, der das vielleicht noch kenntlicher macht, der heißt »The transformation of man«. Also, wir hatten voriges Mal die Frage, ob Durchdringung - das kam von einer Frau hier aus dem Publikum - ob Durchdringung für sozusagen dies Rückbegreifen von Tier, Pflanze und Mineral in uns das beste Wort ist, ob es nicht eher um eine Transformation in uns geht, die uns das wieder zugänglich macht. Also, in dem Sinne kann man den Begriff »transformation of man« hier bei Lewis Mumford wohl begreifen.(Pause)

Um Zugang zu nehmen zu dem, was Mumford hier sagt, und was auch von der ersten dieser beiden Richtungen, über die ich eben gesprochen habe, noch einmal in Erinnerung gerufen zu werden verdient - das ist eine Orientierung, die Friedrich Hölderlin so ausgedrückt hat: »Wenn der Meister euch ängstigt, fragt die große Natur um Rat.«. Das heißt, es ist da - was Mumford überaus wichtig ist in seinem Werk von »Transformation of man« - davor gewarnt, sich also meisterlicher Führung irgendeiner Art, aus einer subalternen Position, die uns nur allzu sehr nahe liegt, aus einem Anvertrauen an die väterlichen Mächte - einfach mitzuspielen. »Wenn der Meister euch ängstigt« - das ist dann eine Erfahrung, eine Erinnerung an diese patriarchale Erfahrung – »fragt die große Natur um Rat«: Das heißt, dass wir dann wahrscheinlich eine gelockertere Beziehung haben zu - ich würde sagen: zu der irgendwie erst einmal einigermaßen unentrinnbaren Tendenz in uns, dass wir jedes Angebot einer geistigen Konzeption irgendwie so behandeln, wie Marx das in dem Überbaubegriff behandelt und kritisiert hat. Das heißt, dass wir uns daraus eine Ideologie machen, von der wir dann Erlösung erwarten - dass wir uns ein Begriffsystem zurechtschneidern und nicht auf die Sachen gucken, um die es da eigentlich geht. Der Gedanke, der hinter der Mumford'schen Auffassung von einem neuen Selbst steht, das ist - wenn ich das also, um es einzuordnen in die Problematik, mit der wir hier umgehen - eigentlich der Gedanke des Loslassens von solchen Überbauten und auch der Sucht, solche Überbauten zu schnell zu stiften. Und wenn man das also unter diesem Gesichtspunkt sieht, dann ist besonders charakteristisch für die Art und Weise, wie Mumford auf die Situation mit der Megamaschine – also, mit diesem Atman-Projekt hier - reagiert, dass er zunächst in einem Buch, das diesen Stoff dann nicht mehr explizit behandelt, sondern wirklich eben das Transformation des Menschen behandelt - dass er dort auf diese Sache zurückkommt, indem er vom Standpunkt der Frage, wer das Subjekt dieses Atman-Projektes ist, dann eine Kritik liefert des posthistorischen Menschen und damit des posthumanen Menschen, indem er sich auf eine Arbeit stützt von jemand, der Roderich Seidenberg heißt. Ich lese das einmal kurz vor, weil man dann konkret seinen Einstieg in Erinnerung hat.

Erst einmal sagt er: Die Linie der Entwicklung des Menschen, die ich nun als spekulative Möglichkeit aufzuzeigen versuchen werde – und zwar meint er hier die Linie des Atman-Projekts, das heißt das, was sozusagen im schlimmsten und zugleich normalsten Falle uns passieren kann -: Das beruht auf der Annahme, dass unsere Zivilisation immer ausschließlicher der Ideologie der neuen Welt folgen wird. Damit ist die seit der Renaissance gemeint und er als Amerikaner meint – also, Amerika im Sinne, dass dort das Projekt auch besonders exzessiv ausgeführt wird - dass sie sich in steigendem Maße der Methoden bedienen wird, die der Kapitalismus, die Maschinentechnik, die Naturwissenschaften, die bürokratische Verwaltung und der totalitäre Staat eingeführt haben. Das zusammen nämlich – also, Kapitalismus, Maschinentechnik, Naturwissenschaften, bürokratische Verwaltung, totalitärer Staat: Das ist sozusagen normal. Das sind fünf Namen für die Megamaschine, für Gesellschaft als Megamaschine. Dass uns das passiert – also, das fürchtet er. Er zitiert dann diesen Roderich Seidenberg, der da sagt - dessen These es im Grundriss ist, dass der Instinkt des Menschen, der ihn auf dem dunklen Weg durch seine lange tierische Vergangenheit leitete – also, von hier her, von hier aus leitete, im Verlauf seiner menschlichen Entwicklung seinen bestimmenden Einfluss verlor. Das ist ein anderer Name dafür, dass da Kontakt verloren gegangen ist, seinen bestimmenden Einfluss verlor, während sein Verstand seine Tätigkeiten eine nach der anderen unter Kontrolle nahm, und zwar - diese Verstandeskontrolle war ja immer verbunden, also mit der Negativierung, mit der Abstoßung, mit der Diskriminierung eigentlich dessen, was im Menschen physisch, instinktiv - Leben, Frau, Sexualität usw. ist. Indem er diese bewusste Kontrolle ausübte – das ist immer noch Referat dieser Position von Seidenberg, auf die Mumford halt sich bezieht – übertrug der Mensch die Autorität vom Organismus auf den Prozess, den der Verstand analysiert und steuert. Das heißt, auf den kausalen Vorgang, in dem der handelnde Mensch die gleiche Funktion hat wie der nicht menschliche Faktor. Das heißt, die Unterordnung des Organischen – und das alles ist organisch, selbst das Supramentale ist eine Blüte des Bios im Kosmos - und wenn wir also auf der Verstandesebene eine riesige technische Veranstaltung machen, erst in unserem Kopf - was Heidegger Gestell nennt - wo wir das vorwegnehmen, und dann in der Wirklichkeit – also, dann wird das Organische dem untergeordnet. Und das ist übrigens für Mumford, wie wir gleich noch sehen werden, auch eine Erklärung dafür, dass das dann von unten sich rebellisch und abstrus äußern kann bis in die Konsequenz faschistischer Versuche, mit den Folgen der Sache umzugehen – also, aus den Prozess selbst heraus, wo das Herangehen schon vergiftet ist.

Er sagt, durch Emanzipierung vom Instinktiven, Zweckgerichteten und Organischen und durch Assoziierung mit dem Kausalen und mit dem Mechanischen – also, mit dem Ursachendenken, das abstrakt ist - und mit dem Mechanischen hat der menschliche Verstand immer mehr Bezirke des Lebens erobert und stößt jetzt aus dem Bereich des Physischen vor in die Bereiche des Biologischen und Sozialen. Und dieser Teil der menschlichen Natur, der sich dem Intellekt nicht willig unterordnet, wird mit der Zeit ausgeschaltet und vernichtet werden. Das heißt, wenn ich das richtig lese, dann besteht hier – also, sozusagen - die große Warnung, dass das, was Steiner da beschreibt - wenn wir dann also aus der Bewusstseinsdimension, aus der Dimension von Verstand und Vernunft den Versuch machen, also, im Menschlichen, über das menschliche Interesse damit auch unvermeidlich gebrochen, wenn man sich auch einbildet, es ist kosmisch angeschlossen - aber das ist ja nicht wahrscheinlich, dass das gelungen ist in der Moderne, auch wenn man plötzlich Anthroposoph wird und wenn man dann also Tier, Pflanze, Mineral sich so wieder aneignet, es gibt die Gefahr jedenfalls, das ist nicht gemeint bei der Anthroposophie - ich glaube, dass man der Gefahr nicht ohne Weiteres entgeht, dann eben, was hier steht - stößt jetzt aus dem Bereich des Physischen vor in die Bereiche des Biologischen und Sozialen: Damit ist gemeint, nachdem diese Verstandeswissenschaft sich mit dem Physischen im Sinne von Physik schon beschäftigt hat, dann - das war das 19. Jahrhundert der Naturwissenschaft - wird Psyche und wird das Soziale genauso mechanistisch behandelt, wird also solchen formellen Organisationsstrukturen unterworfen, wie sie zur Megamaschine passen. Das ist nicht der Weg, den er hier beschreibt, den das bei Steiner geht - der will sauber erst über die Seelenebene, dann in die Pflanzenebene und dann in die physische Ebene gehen. Aber die Orientierung ist dieselbe. Die Orientierung ist die vom Verstand aus sozusagen, dem Menschen das alles zu assimilieren - und der Mensch ist aber der Verstandesmensch, reduziert eben. Und das ist der Punkt, wo Mumford den Menschen des Posthistoire festmacht, nämlich - er hat eigentlich geschichtlich abgegeben, es ist nicht mehr seine Geschichte, die er dann macht in dieser - er sagt es ja: in dieser spekulativen Perspektive. Es ist eine Übertreibung dessen, was droht, natürlich, sonst hätte Mumford das Buch nicht geschrieben, wenn er da nicht noch was anderes sehen würde. Aber das ist die Gefahr, die sich in der Herrschaft eigentlich dessen liegt, was wir hier die Technologie und Technokratie genannt haben, was Heidegger die Herrschaft des Gestells nennt, was sich da durchzusetzen droht. Es passiert, sagt er, diesem posthistorischen Menschen, dass vor lauter Hingabe an das Objektive - sei es als Wissenschaftler, sei es nachher als Techniker, sei es als Funktionär der Verwaltung - dass der Verstand sozusagen seine Funktion (an sich ist da ja nichts, das gehört zum Menschen), aber - dass der Verstand seine Funktion im Dienste der Physis, und zwar der eigenen Physis wie der natürlichen Physis, wie der Emotion und so - dass er das vergisst und selbst einfach sich nur noch als Bestandteil dieser entfremdeten Struktur wahrnimmt.

Ich glaube, dass es eine gute Stelle ist, um eine Pause zu machen, weil ich dann nach der Pause zu der entgegenlaufenden Fragestellung übergehen kann - ich will dann anfangen mit der Faschismusproblematik, so, wie sie Mumford behandelt, weil das die Schaltstelle eigentlich für seine Alternative in Richtung eines neuen Selbst ist.

Mumford stellt sich die Frage, was denn die wahrscheinlichste erste Reaktion ist, wenn man auf dieser Position der großen Maschine, des Atman-Projekts oder so, zur Verzweiflung kommt. Und das ist für ihn sozusagen der Schlüssel - sozusagen dieser tiefste Punkt ist der Schlüssel, um dann zu seiner Idee einer Alternative zu kommen. Er sagt: Da der Mensch mit den Anlagen und Fähigkeiten, menschlich zu werden, geboren ist – also, dieses Potenzial ist ja da - wird er früher oder später gegen die posthistorische Lebensform revoltieren – also, posthistorisch war die, die mit der Herrschaft der von ihm gemachten Dinge verbunden ist. Wenn er seine Befehle von einer Maschine entgegennehmen muss, bleibt ihm nur eine Form des Widerstandes, und zwar - der Mensch ist so veranlagt - dass er, wenn schöpferische Betätigung nicht mehr möglich ist, Befriedigung in negativer Betätigung, in der Zerstörung sucht. Er wird die menschliche Initiative wieder übernehmen, indem er zur Gewalt greift, wird, um sich zu rächen, sadistische Grausamkeiten begehen und seine Macht nur benutzen, um zu foltern, zu verstümmeln, zu vernichten.

Hier erinnert Mumford zunächst an Dostojewski, und zwar an dessen Briefe aus einem Totenhaus – »Aufzeichnungen aus dem Untergrund«, ist das hier übersetzt, weil man wahrscheinlich auf die Quelle nicht zurückgegangen ist; es sind die Aufzeichnungen, Briefe aus einem Totenhaus. Der weinerliche Held dieser Briefe, sagt er, der die Ordnung und den Komfort des 19. Jahrhunderts ablehnt, erinnert sich, dass ihm eine Form der Freiheit geblieben ist: Die des Verbrechers. Dostojewski hat das Kommen eines neuen Hitler, eines neuen, Hitler seltsam ähnelnden Menschentypus vorausgesagt, der diesen ganzen vermeintlichen Fortschritt durchschauen und sich entschließen wird, ihn mit einen Fußtritt zu zertrümmern. Hier ist natürlich nicht ins Auge gefasst, dass das Bündnis dann die Harzburger Front mit der Technologie, mit der Geldgesellschaft ist - sondern dieser Antrieb, der zunächst in der Nazibewegung auch enthalten gewesen ist. War es nicht ein durch Militarismus und Absolutismus zum sturen Gehorsam erzogenes und in den Naturwissenschaften so tüchtiges Land, in dem systematische Folterungen in Form von wissenschaftlichen Experimenten durchgeführt wurden? Hat nicht Deutschland das Grauen der Vernichtungslager in die Welt gebracht? In der Kombination von kaltem wissenschaftlichen Rationalismus und kriminellen Irrationalismus erzeugte das Gift sein ebenso tödliches Gegengift. Und er bringt das in Beziehung damit, dass sozusagen der Firnis der Zivilisation in Deutschland wohl - sozusagen - rissiger gewesen ist, weniger perfekt als in Frankreich oder England, aus verschiedenen Gründen. Und er erinnert dann an eine Voraussage aus dem Pali-Kanon - das heißt, aus einer Zusammenstellung von Äußerungen, die auf den Buddha zurückgeführt werden - der also sozusagen noch eine tiefere Dimension dieser Entfesselung von - kurz vor 1933 und aus der faschistischen Zeit bringt, nämlich eine Voraussage, die darauf hinweist, dass - dieses Zurückgeworfenwerden, wenn man dann also auf dieser Ebene in einer aussichtslosen Lage sich befindet und wenn es also psychologisch fast gesetzmäßig ist - dass, wenn keine Vorwärtslösung gefunden wird, dass dann eine Rückwärtslösung gefunden wird – also, auf niedrigerem Niveau versucht wird, mit den Sachen umzugehen.

Worüber er hier berichtet, dieser Pali-Kanon - und weshalb er ihn noch einmal auf die Nazi-Geschichte in Deutschland hin zitiert: Das ist die sekundäre, die Re-Infantilisierung, die erfolgt - dass also, auf diese Ebenen und auf die Nöte dieser Ebenen zurückgeworfen und auf frühere Entwicklungsstufen der menschlichen Existenz - dass von dort aus dann die Antworten drohen.

Das Zeitalter - ich zitiere Mumford jetzt in Bezug auf den Pali-Kanon - das Zeitalter der Männer, die zehn Jahre alt sind, in den Pali-Texten des Buddhismus vorausgesagt, ist bereits sichtbar. Es wird eine Zeit kommen, in der Kinder zu Männern geboren werden, die nur ein Alter von zehn Jahren erreichen - gemeint ist damit: emotional, auf dieser Ebene. Die also nicht einmal die Reife der Pubertät voll erlangen - und mit diesen Männern werden Mädchen von fünf Jahren fruchtbar sein. Also, der Buddha hat da vorausgesehen eine Infantilisierung eigentlich beider Geschlechter, was die emotionale, was die tiefenpsychische Sphäre betrifft. Unter diesen Männern von zehn Jahren wird wilder Hass herrschen, wilde Feindschaft und wilde Lust zum großen Morden. Die grausige Trivialität dieser Kultur der Zehnjährigen, die sich bereits an mehr als einer Stelle bemerkbar macht, lässt sich symbolhaft veranschaulichen in einem mit Atomkraft betriebenen Spielautomaten. Er würde höchste wissenschaftliche Erkenntnis und raffinierteste technische Leistung in den Dienst infantiler Fragmente der menschlichen Persönlichkeit stellen. Wenn diese Instinkte einmal in der Regierung die Oberhand gewinnen, wie es in Zentraleuropa unter Hitler und Himmler geschah, kommt das Ende schnell.

Also, das ist für ihn sozusagen die Zuspitzung - aus Mumfords Perspektive - dessen, was er als die spekulative Tendenz, die hier überhaupt in dem Technoprojekt eigentlich in der Gestellherrschaft der westlichen Zivilisation droht, sieht - und wenn man das also in dieser Perspektive sieht, dann muss man freilich fürchten, dass Ereignisse dieser Art nicht auf Deutschland beschränkt sind. Wenn auch hier an mehreren Stellen Mumford daran erinnert, dass die deutschen Verhältnisse so etwas besonders begünstigen – also, die Bereitschaft zur Unterordnung, zum Sich-Anvertrauen an väterliche Autoritäten. Sein Versuch nun, eine Antwort zu geben auf die Herausforderung, die damit verbunden ist - da bin ich nun nicht sicher und deshalb komme ich dann am Ende auf diese Avatar-Frage unter einem ganz bestimmten Gesichtspunkt noch einmal zurück. Sein Versuch, eine Antwort, ist nun eine eigentlich an dieser Stelle dort, eigentlich an der Stelle des Atman-Projekts – also, eigentlich auf dieser Stelle des Bogens angesiedelte Aufforderung - ich würde sagen: Sozusagen aus dem Schrecken, aus der Gefahr, die da droht, die besten Kräfte zu mobilisieren, die man in demselben Aufstiegsprozess bis dahin in der Geschichte schon gesehen hat und die durch die Megamaschine niedergewalzt worden sind – Freilich, es steht sozusagen die pessimistische - jetzt meine ich pessimistisch nicht als stimmungsmäßig, sondern die aus dem Gesamtprozess begründete Gegenfrage von vornherein im Raum. Wenn das aber übermächtig geworden ist, selbst in Amerika - worüber er sich ja besonders erregt und wundert, dass das in Amerika, wo die alten autoritären Strukturen so nicht gegenwärtig waren, passiert ist mit dem Durchbruch der Megamaschine, im Bau der Atombombe gegen Hitler - darüber habe ich hier einmal gesprochen - wenn das so ist, dann ist es nicht so sehr wahrscheinlich, dass auf diese Weise die Kräfte da voll mobilisierbar sind. Es geht ja darum - das ist für ihn die Frage - den Antrieb der Katastrophe aufzulösen, statt bloß seine Verhaltenssymptomatik niederzuhalten – also, das ist ihm klar, dass das nicht genügt. Es ist ihm sogar klar, dass in der Verhaltenssymptomatik das Material liegt – dass in den Symptomen der Reaktion das Material liegt für diesen revoltierenden, im schlechten Sinne rebellischen Gegenzug - von dem auch Fromm in seiner Analyse gesprochen hat - wo also dann der rebellisch-autoritäre Charakter - in einem Frühstadium eigentlich, eben sieben- acht- neun- zehnjährig - in dieser Ebene: Dass dort die Antwort folgt. Das droht - und wie dem begegnen? Also, seine Formel ist, dass es gelte, den blinden Drang zum Automatismus zu überwinden, der bis dahin drinsteckt – also, auch Marx‹ Ideal der vollautomatischen Fabrik als Mittel der Emanzipation: höchst zweifelhaft. Obwohl Mumford auch in seiner Weise darauf zurückkommt - aber erst, nachdem er sich fragt, ob die Menschheit als Ganzes in der Lage wäre - das ist seine Frage - bewusst in die lange Bahn der Entwicklung zurückzusteuern, die im Anfang die Hominiden zu Menschen werden ließ. Also hier geht er zurück auf die Linie, die ich mit Dolores La Chapelle etwa schon thematisiert habe. Es geht darum, den Drang zum Automatismus dadurch zu überwinden, dass man in die Bahn, die die Hominiden zu Menschen werden ließ, zurücksteuert. Man muss dann sagen - irgendwie ja unter der Voraussetzung, dass einerseits das beim zweiten Mal besser gehen könnte. Aber genauer gesehen - wenn man dann guckt, auf welche Momente er sich beruft, dann handelt es sich eigentlich darum zurücksteuern. Das heißt nicht, an diesen Anfang, sondern irgendwie ist schon die Frage – also, wie kann ich aus dieser Atman-Projekt-Dimension, aus dieser Megamaschinen-

Dimension auf diese Kurve zurückkommen? Denn das sind die geistigen Lebenskräfte des Menschen auf das, was ich vorhin - sozusagen - die Linie der Erde, der Mutter, der großen Mutter nannte – also, da wieder anzuknüpfen, aber unter Ausnutzung der Errungenschaften der Zivilisation. Also, er will diesem Prozess von innen her eine selbstbegrenzte Form geben, er will also praktisch das, was ich in der »Alternative« das Produktionsziel »reine Individualität« genannt hatte, als ich sagte - damals sagte ich: »Wir müssten also aus dem Wettkampf mit der westlichen Megamaschine insbesondere der Rüstung und so aussteigen in kleinere Strukturen.« - Etwas ganz Ähnliches schwebt ihm vor - also, gewissermaßen diesen technischen Prozess dem Produktionsziel »freie Individualität der menschlichen Emanzipation« noch einmal zu unterstellen in Richtung auf etwas, was er ein »neues Selbst« nennt. Er sagt: »Die wichtigste Aufgabe des heutigen Menschen ist, ein neues Selbst zu schaffen, das fähig ist, die Kräfte zu bändigen, die jetzt so ziellos und doch so zwingend am Werk sind.« - Und er hat dann keinen anderen Hinweis auf die Möglichkeit in dieser Richtung als einen frühen Vorgriff, indem er sich an James Clark Maxwell erinnert - einen frühen Vorgriff auf das, was heute Chaostheorie genannt wird. Er sagt nämlich, dass wir es da gar nicht mit einer Neuerung zu tun haben. Ihm ist klar, dass auch – er zitiert sozusagen den Umsturz, den Herbert Wells auf seinem Sterbebett vollzogen hat – also, dieser Utopist, der immer mit der Technokratie gegangen war, der zuletzt zu dem Schluss gekommen war, der Verstand ist am Ende seines Lateins. Eine verheißungsvollere Alternative, sagt Mumford jetzt, müsste ein Wunder voraussetzen: Untersuchen wir deshalb die Möglichkeit eines Wunders - und nach den wissenschaftlichen Grundsätzen, die Clark Maxwell in seinem berühmten Essay über singuläre Stellen entwickelt hat. An diesen Stellen oder Punkten in den natürlichen und auch in den gesellschaftlichen Prozessen ist eine verschwindend kleine Energie aufgrund ihres Wesens und ihrer Position – also, einer strategischen gewissermaßen, einer strategischen Position in der Gesamtkonstellation der Ereignisse - in der Lage, eine Veränderung von fast unglaublicher Größe zu verursachen - so, wie ein kleiner Kiesel einen Erdrutsch verursachen kann. Und er sagt, dass solche singulären Stellen umso häufiger auftreten müssen - das ist jetzt ein Schluss, den Mumford selber zieht - je höher entwickelt und komplexer so ein System ist, und sie sind häufiger in biologischen Systemen als in physikalischen und häufiger im Leben des Menschen als im Leben der Ameise. Wobei er also beim Menschen auf diesen - in diesem Bereich hier – also, jedenfalls bisher verhält. Der bedeutungsvolle Augenblick ist so schwer zu erkennen in der Masse der Ereignisse, sagt er, dass es selbst einer rückblickenden Identifizierung lange entgehen kann. Aber dann nimmt er ein Beispiel, das doch auf diesen Bereich hindeutet, nämlich: Er sagt, dass die Römer 150 Jahre gebraucht haben, um die Relevanz (würde man heute sagen) und die Valenz – also, die Gültigkeit, die Kraft des Christentums zu erkennen – also, die, die in Jesus gesteckt hat. Doch wenn die Menschheit nicht den Weg der Selbstvernichtung geht, sondern sich entschließt, eine Weltkultur zu schaffen, dann werden die einzelnen Entwicklungsvorgänge dieser Prozesse, von denen viele bereits sichtbar sind, von einer gelassenen Unvermeidbarkeit gekennzeichnet sein, sagt er. Also, das heißt, er meint - das knüpft er jetzt an an diese Erfahrung mit dem Christentum, die die Römer nicht erkannt hatten und wo dann also, wie Gibbon dann beschrieben hat, am Christentum Rom zugrundegegangen ist. In Wirklichkeit ist einer der Hauptantriebe zur Schaffung der Welteinheit, in diesem Sinne, sozusagen, das Projekt einzufangen. Ein neues Selbst zu schaffen, das sieht er als eine weltweite menschliche Notwendigkeit. Das ist eben nicht auf der Basis einer mechanistischen Universalität zu finden. Aber, sagt er, die Beziehung zwischen der Weltkultur und dem geeinten Selbst - die könnten das zustande bringen. Das heißt, wenn es gelänge, das Selbst - und er hatte allerdings jetzt von Jesus gesprochen - zu einen in dem Sinne, dass alles das auf diesen Fakultäten gelegene hier geeint wird. Er drückt sich so aus: Mit dieser Entwicklung zu einer Weltkultur scheint eine andere Entwicklung parallel zu laufen - und die hält er, sozusagen, für den Schlüssel, für das vielleicht Rettende. Das ist, was sich innerhalb der menschlichen Persönlichkeit vollzieht - eine Entwicklung in Richtung auf Ganzheit und Gleichgewicht. In dieser Neuorientierung der Person werden Elemente des menschlichen Organismus, die seit langem unterdrückt oder der bewussten Kontrolle entzogen waren, wieder ans Licht gebracht und wiedererkannt, anerkannt, neu bewertet und neu ausgerichtet. Die Ausbildung der Fähigkeit, das eigene Selbst in seiner Ganzheit zu erkennen und jedes seiner Teile einer einheitlichen Entwicklung einzuordnen, muss sowohl Gegenstand der objektiven Wissenschaft als auch Anliegen der subjektiven Selbsterkenntnis sein – also, das sollte hier zusammengehen. Es ist unmöglich, die erstrebte Ganzheit zu verwirklichen, ohne die wahrhaft integrierenden Elementen in der Persönlichkeit - der Liebe, der Vernunft und dem Drang nach Vollkommenheit - den Vorrang zu geben.

Das erinnert natürlich sehr an - sozusagen - den Komplex, den ich für diese psychische Ebene - ich glaube, in der vorvorigen Vorlesung - besonders hervorgehoben habe.

Es geht dann bei Mumford weiter: »Bis jetzt ist der Mensch selbst noch nicht Einheit genug, um die Welt als Einheit zu begreifen«. Das heißt, die Bewältigung sozusagen des von Aurobindo aufgeworfenen Themas: Wie könnten wir, indem wir unseren eigenen Weg zu uns selbst vollenden – also, das Problem, das wir für die Welt sind - eigentlich fallen lassen, wie könnte das verschwinden? Wie könnte also individuelle und kosmische Entwicklung sich so verbinden, dass die Apokalypse nicht passieren muss – also, diese materielle, die Realapokalypse, hier. Da sagt Mumford: »Wir sind bis jetzt nicht so weit, dass wir unsere eigene Einheit realisiert haben und deswegen geht das noch nicht« – das ist völlig konvergent, natürlich, mit der Perspektive, die Aurobindo hier angezeichnet hat.

Wenn man jetzt weiter verfolgt, was Mumford als - wie soll ich mal sagen: Als die Lösung schließlich, um der Sache näher zu kommen, sieht, dann bedeutet Integration für ihn im Konkreten also sozusagen Integration als der Weg, diese Einheit herzustellen, eine Orientierung vor allem auf die Gewebestruktur von Gesellschaft. Und was er eigentlich untersucht, ist die Tiefenstruktur dieses Gewebes. Das heißt, hier sind wir, glaube ich, ganz vertraut (weil ich das oft hervorgehoben habe).Er spricht davon, dass die ursprünglichen Stammesverhältnisse wieder zu ihrem Recht kommen müssen, dass die Verhältnisse, die auf der Ackerbaukultur-Ebene sich dann entfaltet haben - und zwar sowohl, was die mutterrechtliche Komponente daran betrifft als auch, was Nachbarschaft, Gemeinschaft, die Feier des Naturzusammenhangs betrifft, als auch Mental 1 und 2 – also, auch die rationale und die mentale Stufe - es geht darum, die Wissenschaft also sozusagen wieder zu ihrer Würde zurückzubringen, indem man sie sozusagen dem Einheitsprinzip und der Bewahrung des natürlichen und des kosmischen Zusammenhangs unterordnet. Das ist seine Perspektive. Aber was er nicht tut - und das ist der letzte Punkt, den ich heute in meiner Vorlesung behandeln will -: Er stellt nicht die Frage nach dem, was ich die geistigen Bedingungen eigentlich für – ich habe es genannt: »Das geistige

Klima einer politischen Regeneration«. Ich meine aber sozusagen die geistigen Ressourcen, worum es sich dabei handelt: Das ist ein Thema, das er eigentlich nicht behandelt. Ich denke mir, es ist Folgendes: Angesichts einer das Ganze, und zwar dieses Ganze, berührenden Praxis, die bis hierher gedrungen ist, kommt Mumford auf keine weiteren Reserven eigentlich; Christus wird erwähnt, aber das ist Metapher, das ist auch schwierig natürlich, da mehr zu sagen. Er kommt auf keine anderen Ressourcen als auf die, die in diesem Prozess nicht nur drinstecken, das wäre eigentlich genug, weil - da steckt von hierher das Ganze drin. Also, es ist ja alles eins. Aber sie können in diesem Prozess eigentlich nicht vollständig aufgedeckt werden. Zumindest ist das die Botschaft, die Aurobindo gibt, und der nur eigentlich - in dem Falle stellvertretend für das, was Indien zu der Sache überhaupt zu sagen hat, von hier aus bleiben bestimmte Strukturen, die wir naturwüchsig (ich will mal diesen Marx'schen Begriff benutzen) die wir naturwüchsig nicht wissen können - oder zumindest, wo es, wie soll ich sagen, es hat ganz wenige außerordentlich begabte Leute wie Aurobindo selbst gegeben, die in drei Tagen irgendwie sich diesen Strukturen zu öffnen vermochten - wo das also sehr zutage lag. Aber statistisch gesehen ist es nicht wahrscheinlich, dass uns das einfach ohne Arbeit und ohne – Aurobindo sagt: Herabkunft - das heißt, ohne dass uns da etwas entgegenkommt, ohne dass etwas von der Art passiert, die - ich habe das neulich mal jetzt erwähnt - Helmut Gollwitzer mir entgegengebracht hat, indem er darauf hinwies, er braucht das: »Komm, Heiliger Geist« – da muss noch etwas sein.

Jetzt ist die Frage, worum es sich da eigentlich handelt. Also ich meine, so wie wir mit unseren Augen nur dieses berühmte sichtbare Farbenspektrum wahrnehmen und Ultra- nicht mehr eigentlich - wie das also natürlich nicht zugänglich ist, so ist es ja nur zu wahrscheinlich, dass es im Universum, auf das wir - aber das ist jetzt der Punkt - massenhaft aufs Ganze hin Einfluss nehmen. Zu Jägerzeiten war das nicht so dringlich das Problem - deswegen, weil die Reichweite unserer Praxis diese Strukturen nicht berührte, die aber da sind. Nicht von uns ohne weiteres wahrnehmbare. Aurobindo sagt: »Von hier ab«, nur übersinnlich wahrnehmbare - wo wir also auf Zuspruch, darauf, dass die sich uns zusprechen, angewiesen sind. Strukturen also, denen die Naturwissenschaft, insbesondere die Mathematik, sich freilich anzunähern versucht (sonst würde nicht manchmal ein physikalisch später ermitteltes Ereignis in solche mathematischen Strukturen passen) - die also dann etwas eingefangen haben müssen. Aber wir sind da sozusagen nicht - wir sind außen, wir sind gegenüber – »Wir aber immer gegenüber«, dichtet Rilke. Wir sind nicht drin und wir sind also nicht die Tiere – wie Rilke das eben meint – die dann wirklich von innen durchgebrochen sind – also, dass wir in dem Sinne Übertiere geworden wären, die nicht mehr sozusagen in der Gegenwart bloß befangen wären.

Ich will einmal - damit es vielleicht einfacher wird - zunächst darauf hinweisen, dass es – wie soll ich sagen – dass es Fälle gibt aus der Wissenschaftsgeschichte und aus der Kulturgeschichte überhaupt, die darauf hindeuten: Solche Strukturen äußern sich manchmal zu uns. Ich weiß nicht, wer von Ihnen - wahrscheinlich haben wir das fast alle in der Physik mal gelernt, nämlich die Frage: Woher Kekulé denn diese Information hatte, was den Benzolring betrifft. Also, wie diese Kohlenstoff-Atome da verbunden sind. Das ist sicherlich eine Botschaft sozusagen aus dem physischen Bereich des Universums, die uns nicht unmittelbar eigen ist.

Beethoven hat einmal, kurz vor seinem Tode, seinem Arzt gesagt – mit der Bitte, ihm noch ein bisschen über die Runden zu helfen -: Er habe noch viel aufzuschreiben vor seinem Abgang in die elysäischen Felder – also, dem Tod. »Was mir der Geist eingibt und heißt vollenden - ist es mir doch, als hätte ich kaum eine Note geschrieben.« – also, heute würde man sagen, er sah sich als Medium, als Kanal – so, wie das für viele große Musiker Jochen Kirchhoff in seinem Musikbuch ja sehr wahrscheinlich gemacht hat. Das heißt, wir haben Anzeichen in der gegebenen Kultur, dass es da Bereiche gibt, die den Menschen, auch ohne dass - im Falle Kekulé (im Falle Beethoven waren ja sozusagen die Übungen nicht bewusst darauf gerichtet, sondern sozusagen die Schulung der wissenschaftlichen Intuitionen, die lebenslange Befassung mit Musik - beides sind ja Sprachen, die irgendwie im Kontakt stehen mit der universellen Anlage des Ganzen: Die haben da anregend gewirkt). Und Existenzbeleg der geistigen Wirklichkeit ist da natürlich nicht die Stimme – also, der Traum ist nur Medium, sondern - es fragt sich ja, was ist der Gehalt. Und ich denke, dass die Gehalte - in dem Falle da des Benzolrings wie im Falle der Musik von Mozart, Beethoven, überhaupt sehr vieler Musik, großer Musik - einfach darauf hinweisen, dass sich da über ein menschliches Medium etwas äußert, was -

also, wenn die menschliche Struktur nicht auch den Benzolring mit enthielte, dann wäre das undenkbar. Nur - es ist die Frage, wann und wie sich diese Struktur aufgibt. Ich will sagen: Es gibt intelligible Strukturen, es gibt Geiststrukturen in der Welt, das heißt solche, die sozusagen in der Art - obwohl das also dann schwer wieder rückübersetzbar ist, aber - in der Art der Vernunftbegriffe existieren, ohne Vernunftbegriffe als solche zu sein, die sich dem Vernunftbegriff eigentlich gerade entziehen, aber die da angenähert werden können und die sozusagen - die Seele ist zwar das Einfallstor dafür, aber sie kann es erst bei der Entwicklung in diesen - bis in den supra-mentalen Bereich hinein. Das ist gerade der Bereich, wo Aurobindo meint - und zwar aus seiner Erfahrung - hier sei man überhaupt wahrnehmungsfähig für den Kosmos, wie er ist, für das Universum, wie es ist, für Gott, wie er ist, wenn man das so nennen will. Ramananda wiederum sagt, dass diese Ordnung mütterlich ist. Der geht also bis zu dem anderen Akzent zurück. Den Vateraspekt, den bestreitet er nicht – also, sozusagen: Die männliche Seite der Sache. Also, es gibt diese Strukturen und es gibt da die Information, die umfassender und höher organisiert ist, als in unserem Alltagsbewusstsein bei uns ankommt, das ja zunächst nur für unser tierhaftes Überleben ausgenutzt worden ist - obwohl der Mensch eben für mehr als Tier angelegt ist. Und da allerdings ist es - wahrscheinlich werden wir jetzt gerade darüber belehrt, dass wir uns auf die tierhafte Bequemlichkeit, auf das Wohlseinlassen auch in den Feelings, sozusagen (was New-Age individualistisch feiert) - dass wir uns darauf nicht zurückziehen können. Sondern dass die Arbeit, uns empfänglich zu machen für die Botschaft des geistigen Bereichs – also, für die Tiefenstrukturen des Universums, die wir über die Physik und über die Naturwissenschaften, von denen wir dort nur solche Ausschnitte erfahren, mit denen wir dann das Ganze nur stören können, weil wir erstens zu wenig wissen und weil es dann militärisch, machtergreifend angewandt wird und wir nur stören können – also, diese schnelle Praxis einzustellen: Das ist eigentlich eingeschlossen, wenn man sich öffnen will dafür. So eine Generalpause wäre angesagt für die Wissenschaft - wenn man es subjektiv nimmt: für den einzelnen Wissenschaftler - um sich diesen Bereichen zu öffnen. Der objektive Geist - also, der Geist jener Weltstrukturen, in die sich - wenn man denn will - Gott entäußert hat oder in denen sich das Universum ausdrückt (Laotse sagt: Die zehntausend Dinge, von denen man zur Urmutter zurückkehren muss) - das verlangt einfach vom Menschen, dass wir uns empfänglich machen. Also, da ist Arbeit erforderlich, allerdings einer völlig anderen Art – also, seltsamerweise eine, die zugleich bedeutet, dass wir uns zur Ruhe kommen lassen. Es geht eigentlich darum, dass wir für die Ausbildung dieses neuen Selbst - wenn man bei Mumford bleibt - nicht eine besondere Schule brauchte (also, Waldorfschulen sozusagen) oder haben sollte, sondern dass diese Waldorfschule und jegliche Tendenz, mit diesen Sachen erst einmal sektiererisch klar kommen zu wollen: Die ist nur eine umso radikalere Kritik daran, dass sich die Gesellschaft keine öffentliche Schule dieser Art hält - das heißt, dass wir es nicht so darauf angelegt haben (das war ja mein voriges Thema, Initiationen) - und die Gelegenheit dazu. Dass wir, ohne dass es esoterisch zugeht und ohne dass auf einen bestimmten Dogmatismus verpflichtet wird, die Gelegenheit erlangen, uns da einzufühlen. Das sollte eigentlich, da das ein Ganzes ist, altersgemäß vorbereitet werden auf den Stufen - das hat ja auch etwas mit Ontogenese zu tun - auf allen diesen Stufen. Aber hier, bereits mit 21, setzt, wenn es normal zugeht - das heißt, »normal« in dem höheren Sinne, wenn wir uns wirklich einschwingen wollten, wenn wir uns die pädagogische Provinz so einrichten wollten, erst einmal wenigstens, dann hätte man also bei 21 - und man sagt, dass so zwischen 30 und 35 (also, das Christusalter) - dass das eigentlich das Alter ist, in dem es menschenmöglich ist, das Ganze zu erfahren. Und ich sage also: »öffentliche Schule« und meine damit, dass das Thema - darauf legt nun Mumford auch größten Wert - dass wir also nicht dabei bleiben sollten jetzt - dann komme ich an meine Anschlussstelle für Avatar -: Auf Avatare, also auf Herabgekommene, auf Gurus usw. zu bauen. Nicht, dass er die ausschließen will, sondern - was er vor allem meint, was also sein Punkt ist: Wir sollten sozusagen nicht unsere Hoffnung projizieren darauf, dass rechtzeitig genügend solche Leute - manche sagen auch: Außerirdische - erscheinen würden und die würden uns dann die Arbeit machen, die uns an dieser Stelle hier erlöst, wo wir in Wirklichkeit unerlösbar sind. Also, wenn wir selbst uns nicht öffnen, kann erstens - das hat auch Aurobindo an mehreren Stellen seines »Zyklus der menschlichen Entwicklung« klar gemacht - wenn hier keine kritische Masse, will ich mich mal physikalisch ausdrücken, von geöffneten Individuen da ist, die auch selbst urteilen können, das heißt, die die Kraft der Vernunft, des Verstandes voll entwickelt haben, dann kann es nur einen Rückfall geben, selbst wenn der Guru unmittelbar in Ordnung ist. Spirituelle Autorität - wo die gar nicht da ist, wo hier nichts erarbeitet ist, das kann da nur autoritär im schlechten Sinne gehen – also, es fängt an mit Pädagogik von oben: Wenn man es bloß gelernt hat und dann praktiziert, das kann da nur so ausgehen. Mumford weist darauf hin, gerade -: Dass also die Hoffnung in einer öffentlichen Veranstaltung dieser Art liegt, damit also eigentlich für die Mehrheit der Gesellschaft die Tür aufgemacht ist – ich will einmal sagen, das ist die qualitative Formel für das geistige Klima, das wir brauchten, nämlich die Befähigung oder die Bereitschaft zu einer möglichst selbstlosen Wahrnehmung, Urteils- und Handlungsfähigkeit – also, dass unsere Rezeptivität, wenn wir dann sagen: Gut wir entscheiden etwas - und wenn wir dann handeln: Dass wir dabei möglichst selbstlos sind. Das setzt voraus, dass wir unter uns selbst - er sagt es dann auch - erst einmal Verhältnisse hergestellt haben, in denen also die Institutionen ein Minimum an Sicherung schon aufrechterhalten, der Mensch ist nicht des Menschen Wolf. Dass – also, sozusagen - diese Erfahrung von Hobbes her, die Krippendorff uns hier entwickelt hat: Dass die nicht in der gesellschaftlichen Veranstaltung fortgezeugt wird, das ist der Rahmen. Und dieser Rahmen - wenn also dieses Minimum an Sicherheit - das ist auch sozusagen das Positive - ein Existenzminimum via Sozialstaat, das man sich in den reichen Ländern leider bisher nur leisten kann: Also, das ist überhaupt nur gerechtfertigt, wenn es dazu ausgenutzt wird, dass wir nicht unser Selbst mit diesen Individualismus mit dieser Hilfe noch mehr pflegen, sondern in Richtung selbstloser Wahrnehmung Urteils- und Handlungsfähigkeit. Er weist darauf hin, dass die höchste Aufgabe der Verfassung, in der wir leben, es eigentlich ist, soweit wie irgend möglich zu garantieren, dass die Konsensbildung dann für den – also, für den Abbau eigentlich, für das Rausfinden aus dieser Megamaschine, aus dem Atman-Projekt: Dass die ohne anderen Druck als den durch die Herausforderung, die wir durch unsere Praxis selbst uns machen, abläuft und sonst eben in einer Atmosphäre freien Austausches darüber, wie man mit diesem Diktat - da zitiere ich jetzt noch einmal Ernst Ulrich v. Weizsäcker – also, das ökologische Thema ist schon Diktat. Aber wie wir damit umgehen, mit diesen Herausforderungen - da ist der Verfassungsauftrag eigentlich, dass das in einem freien Austausch passiert. Und ich denke, dass aber, um zugleich zu ermöglichen, dass - dieser Einübungsprozess in die Wahrnehmungsfähigkeit auch der geistigen Strukturen, das heißt über die Selbstbespiegelung der Seele hinaus - dass das voraussetzt - das will ich aufrechterhalten - dass wir uns darum bemühen an dieser sozusagen aufgehellten Stelle hier, die ich dem gegenüber in der Mitte jetzt angeordnet habe, dass - in unseren Institutionen muss dem etwas entgegenkommen, sonst wird das nichts. Das heißt, ich denke, dass die Leute, die jetzt sich die Mühe machen, sei es kommunitäre Subsistenzwirtschaft, sei es therapeutische und spirituelle kommunitäre Zusammenhänge zu schaffen - dass die also allein gelassen werden, punktuell bleiben und auch dem Individualismus ausgeliefert bleiben zum großen Teil dadurch, dass es also gesamtgesellschaftlich nicht verbürgt ist, dass wir eine kulturlose Staatsveranstaltung dem gegenüber haben (in dem Sinne, wie Krippendorff hier ganz mit Recht darüber gesprochen hat). Ich glaube einfach, wir dürfen uns damit nicht zufriedengeben.

Und jetzt kommt dann diese entscheidende Frage, was es denn mit dem Avatar auf sich hätte, das heißt, was es dann mit der Frage (und ich wage jetzt den Ausdruck, weil das bei uns auch der übliche ist, obwohl nicht jeder Guru Avatar ist - da komme ich gleich drauf) - wenn die Frage so wie bei Mumford gestellt wird, wir müssen eine öffentliche Veranstaltung machen, die die Leute auf sich selbst wirft, dass dann Lehrerschaft - denn etwas anderes heißt das eigentlich nicht - Lehrerschaft von Leuten, die in ihrer Praxis aus entweder persönlichen Gründen – oder, wie in Indien, wo das massenhaft erfolgt ist, aus kulturellen, Begünstigungsgründen auch: Wenn die bisher mit Ausbeutungsverhältnissen zusammenhingen, das verpflichtet dann, das Privileg - dass also Leute, die da einen Schritt vorwärts gegangen sind, dass man von denen – ich würde sagen: vertrauensvollen Gebrauch machen sollte. Ich denke, das habe ich schon einmal gesagt und ich will das wiederholen - dass dieser Lenin'sche Satz »Vertrauen ist gut, Kontrolle ist besser« gerade auch für diesen Punkt umgedreht werden muss. Und zwar nicht, weil da nie Missbrauch getrieben wird, sondern weil die Fixierung auf die negative Seite dieser Sache - die immer mitläuft, weil der Mensch sein Ego überall mit hinschleppt - weil die praktisch die Chance, die in der Sache liegt, nicht nutzt, weil wir eigentlich nur dann eine Chance im Ganzen haben, wenn wir die Sache von der positiven Seite nehmen. Das heißt nicht, dass die Vernunft - und auch als kritische Vernunft - ausgeschaltet sein muss, wenn die Anlässe überhandnehmen, wenn man sieht: Jemand lebt ganz etwas anderes, als er lehrt - dann ist es nicht wahrscheinlich. Wenn man sieht, dass Geschäfte gemacht werden: Wenn das der Akzent ist und nicht bloß die Unterhaltung, die Aufrechterhaltung der Existenz so eines Lehrers - man kann da was erkennen - dann wird man wissen, dass es vielleicht nicht besonders weit damit her ist.

Was ich festgestellt habe in meiner Erfahrung, ist, dass, wenn auch individualistisch verlarvt in sehr vielen kleineren und größeren Gurus - es gibt ja da auch welche, die nicht gleich alles beanspruchen - dass da eine Tendenz, die im Universum und der Sache selbst angelegt ist, danach trachtet, da durchzukommen und dass sehr viel davon abhängt, wenn man sich da anvertraut - und zwar nicht als Kind, das ist natürlich der Punkt, wenn wir uns infantil als 5- und 10-jährige anvertrauen - wenn wir nicht andere Schichten in uns, die auch da sind, mobilisieren, dann droht natürlich, dass wir abhängig werden. Das ist dann nur noch einmal der Sieg der herrschenden Verhältnisse - mag sein, dass das manchmal sogar quantitativ überwiegt. Aber das ist sozusagen die nächste Ebene hier: Dass wir uns das Anvertrauen an Leute, die hier größere Erfahrungen gesammelt haben und darüber etwas sagen können - und auch uns helfen können, wenn wir in spirituelle Krisen geraten auf diesem Wege, beim Losmachen von hier. Wenn man das loslässt, was uns bisher gefestigt hat - natürlich kommt man in Krisen und es ist nur die Frage, ob die ausgenutzt werden, um einen abhängig zu machen. Und da ist eigentlich Therapie das Falsche gewissermaßen – also, dieser therapeutische Bevaterungs- und Bemutterungsansatz, der muss zumindest wieder durchbrochen werden, das mag einmal als Moment richtig sein. Aber es geht eigentlich darum, gerade dann dieses neue Selbst, von dem Mumford hier gesprochen hat, im Individuum anzurufen und an die Verantwortung zu erinnern, die wir vor diesem Gesamtbereich, vom Physischen bis zum Geistigen - und nicht bloß in der seelischen, sozusagen, Selbstverwirklichung – haben. Und wenn also dieses Feld im geistigen Klima jetzt, in dem wir so eine Regeneration versuchen - wenn das konstituiert werden kann und ich sehe - ich habe jedenfalls persönlich ungefähr 10 bis 15 Menschen erlebt, aus der Nahe auch erfahren in Workshops, die sich da die größte Mühe geben (was nicht heißt, dass es nie auch einmal daneben geht; bei jedem geht es einmal daneben). Aber das wäre die nächste Stufe und dann kommt das letzte

Thema – also, das Thema des Avatars im engeren Sinne. Ich will erst mal sagen, was das für ein Konzept ist.

Also, in der alten hinduistischen Konzeption - wenn man es konkret macht - ist es meistens, vielleicht am deutlichsten: Da ist Krishna diese Figur, die da in der Bhagavadgita als Wagenlenker hinter dem Arjuna auftritt und den über die ewigen Wahrheiten belehrt. Krishna ist ein Avatar von Vishnu.

Vishnu, Brahma und Shiva, das ist die Götterdreiheit - das ist aber auch eine Trinität. Die akzentuieren verschiedene Aspekte – also, Krishna, indem er Avatar von Vishnu ist, steht zugleich auch für die alle drei. Und Avatar ist einfach -

... die ewigen Mächte. Dann schickt das Universum einmal einen oder eine - heute gibt es mehrere Frauen, die als Avatare gehandelt werden.

Ich habe hier auch einmal über eine gesprochen, übrigens - Mutter Meera, die sogar in Deutschland sitzt. Wie gesagt, es ist auch das der Möglichkeit unterworfen, der Mensch kann sich übernehmen in dieser Rolle. Nur – also, was damit gemeint ist, mit dem Avatar, das deckt sich - und in sofern also finde ich es überaus spannend für unseren Zusammenhang - das deckt sich sehr weitgehend mit dem, was Gebser nennt »Ursprungsgegenwart«. Also, mit »Ursprungsgegenwart« meint er, dass in jeder menschlichen Existenz sozusagen das Moment, die Zone vorhanden ist, in der wir nicht auch nur durch die geringste Sozialisation zu diesem Stamm, zu dieser Nation, zu dieser Kulturlinie zwingend gehören - oder zumindest nicht so sehr. Natürlich, die Unterschiede der Klimate, der Rassen spielen eine gewisse Rolle - aber die Einheit des Menschen ist in dieser Konzeption das Übergreifende. Und gerade Aurobindo fragt sich, wie man das Indische im Inder auch noch überkommen könnte – also, Buddha ist ja verdammt indisch zugleich, so wie also Steiner verdammt deutsch ist. Aurobindo eben hat versucht, englisch und indisch zugleich zu sein. Aber es geht darum, auch das sozusagen infrage zu stellen und zu gucken: Wo ist – also, sozusagen -der Mensch, wie er kosmisch universell angelegt ist, wozu gibt es dieses besondere Tier? Das ist sozusagen die Frage - und die Antwort ist, dass die Existenz, dass das Universum sozusagen in reiner Form das höhere Selbst auf die Erde schickt. Und die praktische Erfahrung ist dann in der Regel – also, die man in Indien oder auch in Tibet mit solchen Leuten macht (man geht ja davon aus, dass der Dalai-Lama auch so ein Wiedergekommener, so ein Herabgekommener, ist) - dass also in einer sehr frühen Einweihung in diese Aufgabe, zu der aber - das ist, sagen wir einmal, schon signifikant, das ist auffällig - diese Herabgekommenen, wenn man das einmal für bare Münze nimmt – also mit 10, mit 12, mit 13, mit 14 Jahren in der Lage sind, Sachen zu realisieren, die normalerweise keine Schule rausholen könnte. Also, da gibt es Anlagen - in dieser indischen Tradition werden die halt mit der Wiedergeburtslehre in Beziehung gesetzt, das heißt, man geht davon aus, dass das vorerfahrene Seelen sind, die also schon diese Fähigkeit, schnell wieder Kontakt mit dem Urgrund aufzunehmen, der in jedem Menschen ja mitgeboren wird, in hervorragendem Maße haben. Es mag dann in Wirklichkeit da noch Abstufungen geben, es wird manchmal davon gesprochen - aber das jedenfalls, diese Ursprungsgegenwart, ist der Punkt. Und es ist sehr interessant, dass für den Buddha - die fassen das ja in Indien materialistisch auf, das heißt, dort oben schwebt nicht ein persönlicher Gott, der einen Sohn zeugt: Christus würde in deren Konzeption auch als Avatar gelten. Ich habe bewusst von ihm nicht gesprochen, weil der Begriff da so nicht hingehört, von der indischen Konzeption her. Aber von dem Buddha wird gesagt, das ist einer oder jeder Buddha, jeder Tatagata, das heißt der so Gekommene, der so wie der Buddha erwacht ist, ist einer, dessen Hauchkörper das Prinzip der Natur ist. Das heißt, dessen Ausstrahlung, das, was man Aura nennt und was auch Hauch – also, Atem - ist, dass sozusagen seine elementarsten Lebensäußerungen nicht - in diesem Falle: Durch unser Schicksal behindert sind, dass wir nicht richtig atmen, dass wir uns nicht frei bewegen, dass wir das Tanzen erst lernen müssen, mühselig – also, dass wir eingesperrt worden sind in eine sehr begrenzte Existenz. Sondern der Buddha – entweder, also zum Teil kommt er schon so, oder die Befreiung dazu geht viel schneller und ist dann viel vollständiger – einer, dessen Hauchkörper das Prinzip der Natur ist und der dann kommt, sodass er in das Bewusstsein aller Wesen eingehen kann.

Also, wenn ich mit all den Störungen, die ansozialisiert sind, zum Teil - ich weiß nicht, es kann ja auch sein, dass wir mit unterschiedlicher Begabung und Offenheit da geboren werden - jedenfalls diese so Gekommenen, so ein Avatar wie halt der Gautama Buddha, der als solcher gilt (und viele in Indien gelten - auch heute gelten einige als Avatare): Das ist jemand, der sozusagen so wenig, sozusagen spezifisch Besorgnis um sein Ich hat. Das Ich kann ja nicht in etwas anderes eingehen, das steht dem entgegen. Dass er in das Bewusstsein aller Wesen eingehen kann, ohne dass das - da erklärt sich das nämlich auch, warum das ein tatenloses Tun ist, »wu wei«, wie die Chinesen das nennen – also, ein nichttuendes Tun, weil - widerstandslos kann das durchfließen. Und es erklärt sich wahrscheinlich dadurch - wenn ich dann doch noch mal an Christus erinnere: Mancher dieser Heilungserfolge, die durch die bloße Begegnung sich ereignen - wenn das also in das Bewusstsein aller Wesen widerstandslos eingehen kann, dann mag es sein, wenn die Krankheit in Wirklichkeit ein psychischer Krampf ist, dass der sich im Augenblick der Begegnung löst, weil da so eine Energie durch alles fließt, weil die nicht persönlich im Ich-haften Sinne ist, das helfen kann, unmittelbar helfen kann. Und hier geht es natürlich in meinem Zusammenhang jetzt darum, dass also in letzter Instanz die Funktion des Avatars in diesem Zusammenhang - wenn wir denn das Glück haben, dass Leute mit dieser außerordentlichen Begabung erscheinen – also, natürlich, universell vorgesehen sind und nicht – also, von dieser indischen Konzeption her gewiss nicht die Erfindung eines persönlichen Vatergottes, der schicken kann oder auch nicht, der Bund schließt oder nicht Bund schließt. Das ist da ausgeschlossen, diese Konzeption sozusagen des göttlichen Despotismus, sondern die Natur stellt dieser Art begnadete Menschen - stellt sie selbst zur Verfügung. Sie erscheinen von Zeit zu Zeit und die Inder haben dann freilich eine Theorie, eine Kosmologie darangehängt, in welchem Rhythmus, welchen Zeitalterrhythmus und so das besonders akut ist. Jedenfalls in Krisenzeiten wie unserer besonders und das heißt - der letzte Gesichtspunkt, um den es bei der Frage nach dem neuen Selbst, wie es Mumford stellt, eigentlich geht - das ist natürlich Heilung. Und zwar Heilung jetzt nicht begrenzt auf diesen therapeutischen Sinn, wo sozusagen eine besondere Malaise, eine besondere Schwierigkeit, an der ich subjektiv kaputtgehen könnte, behandelt wird. Das geschehe im Falle so einer Heilungsenergie auch, aber das wäre nicht der Fokus - im Gegenteil. Der Fokus wäre: Heilung wäre einfach, dass der Mensch in seine Ursprungsverfassung zurückversetzt wird. Man muss es sich nicht perfektionistisch vorstellen, sondern dass eine so beruhigende, so vorab wiedervereinigende Energie da ausstrahlt, dass wir an einem Menschen die Erfahrung machen können: Das hat uns das Universum zugedacht - und das, denke ich, ist die Funktion, die mit dem Avatar verbunden ist. Wenn man Aurobindo folgt, dann gibt es - er fragt natürlich nach der Koppelung mit dem sozusagen naturwüchsigen gesellschaftlichen Prozess in dem Kontext solcher - dieser Fragestellung, die ich eben behandelt habe. Er sagt, das korrespondiert einmal damit, dass der Mensch überhaupt daraufhin angelegt ist – jeder, vom Prinzip her - und dann damit, dass also viel mehr Leute in eine Krise gestellt sind an einem Punkt - frühere Krisen haben an früheren Punkten gelegen – also, das ist eigentlich ein verhältnismäßig fortgeschrittener Punkt, dicht an der Umschlagsmöglichkeit dran. Und dann - sein drittes Moment ist diese Krise selbst, die erweckend funktionieren könnte - und dann, sagt er, nimmt das aufgehende Licht zu, jetzt, allgemein in der Menschheit, wächst die Zahl der Individuen, die in sich selbst und in der Welt diese Möglichkeit zu verwirklichen suchen – also, wie Mumford sagt: Die das von sich aus versuchen und dass wir uns doch öffentlich das so einrichten würden. So nähern sie sich immer mehr dem rechten Weg. Dann wird sich der Spirit, der hier im Menschen wohnt und jetzt noch eine verborgene Göttlichkeit, ein sich entwickelndes Licht und eine sich entwickelnde Kraft ist, vollständig als der Avatar einer noch nicht erschauten und noch nicht erahnten Gottheit aus der Höhe in die Seele der Menschheit und in die Großen Einzelnen herabsenken – es steht: herabkommen, ich habe wahrscheinlich irgendwas falsch gesagt im Satz – in dem das Licht und die Kraft am stärksten sind. Er hat hier - und zwar sozusagen an der letzten Stelle seiner Konzeption - den Avatar-Begriff entpersonifiziert, das heißt, wenn das also so angewachsen ist - es ist ja dann auch nicht interessant, darüber zu ratschlagen: Ist er nun erleuchtet, ist er nicht erleuchtet, ist er en Avatar, ist er keiner? Das ist gar nicht der Punkt, sondern - wenn wir offen genug sind für die, die da sind, und zwar auf der ganzen Skala der menschlichen Möglichkeiten, zu denen als ein Extrem der Avatar gehört, dann kann uns das eigentlich nicht entgehen - besonders dann nicht, wenn wir suchen. Aber irgendwann geht er davon aus - und das erinnert halt an diese Sheldrake'sche Konzeption von dem morphogenetischen Feld - wenn das dann einmal hinlänglich in der Welt ist, wenn es viel Bereitschaft gibt - und wenn viele gesandt sind. Wahrscheinlich war das aber - tendenziell war das immer so. Nur dass das – also, mit der Evolution - das ist ein Modell der Evolution, bei dem der Mensch im Ganzen aufsteigt und bei dem das sozusagen eine äußerste Krise des Materialismus ist. Dann, sagt er, kann sich der Avatar einer noch nicht erschauten und erahnten Gottheit aus der Höhe in die Seele der Menschen und in die großen Einzelnen - er kann dann in die herabkommen, sodass also sozusagen sich das, was Aurobindo von diesem Modell hier sagt – also, mit dem Aufbau Mumfords, der von dort her kommt - in dieser Sache völlig trifft. Und ich will also schließen mit einem Wort von Mumford, der das irgendwie bestätigt: Welches ist die integrierende Generalidee der Weltkultur? Es ist ihr Ziel, alle Glieder der gesamten Menschheitsfamilie untereinander in wechselseitige, von Freundschaft und gutem Willen getragene Beziehung zu bringen, planmäßige Zusammenarbeit und großzügiger Austausch auf allen Gebieten des Lebens und insbesondere, sagt er ein paar Sätze weiter, eben auf den Gebieten des Lebens, auf denen sich die weitere Evolution entscheidet, auf denen sich die Entwicklung entscheidet – also, das ist praktisch von unten her - oder von der Seite des Rades her, besser gesagt, ist das, was menschlich entgegenkommt. Und dann kommt das Universum selbst entgegen, das den Menschen geschaffen hat und irgendwie auch zieht an ihm. So könnte man sagen: Das zieht - dass nicht nur ein Druck, ein Drang ist, sondern auch ein Sog, und das Ganze geht irgendwie - wenn man sich ein bisschen versenkt in diese indischen Sachen - absolut mit rechten Dingen zu. Es ist also in einem bestimmten Sinne - manchmal sagen die das auch - spiritueller Materialismus, jetzt nicht in dem wegwerfenden Sinne, dass man auch da noch jagen kann nach Selbsterleuchtung, um das zu haben; manchmal wird das mit spirituellen Materialismus bezeichnet. Sondern die meinen einfach damit - die verweigern damit die Unterscheidung: Ist das nun materiell oder ist das ideell? Materialismus / Idealismus ist nicht ihr Thema, sondern - das Ganze hier ist einfach ein und dieselbe universelle Existenz von Sternen und den Sternzuständen, bis er dann kälter wird und Menschen trägt, auf der Erde über Mineral und Pflanze und Tier bis zu dieser supra-mentalen Stufe, das ist Gehirn-abhängig, das ist bewusst, das ist Mensch-abhängig, das sprengt sozusagen den kosmischen Zusammenhang nicht - nur dass es wahrscheinlich nicht praktisch ist. Das ist immer mein Gedanke jetzt, wenn es um Materialismus oder Idealismus geht - dass es nicht praktisch ist, den Akzent auf die stoffliche Seite zu legen, sondern es ist ja doch eine Höherentwicklung von der Gestalt - von der Information her, wenn man es also westlich-modern ausdrücken will, gar nicht verboten, das auch so zu sehen - die sozusagen die Pointe des ganzen Prozesses ist. Und ich glaube, dass – gerade, wenn es darum geht, diesen sozusagen Vulgärmaterialismus der Megamaschine zu überwinden - es dann also nur eine Möglichkeit gibt: lebendige Arbeit im Sinne von »lebendiger Geist« und »Arbeit am lebendigen Geist« - anstatt nach wie vor lebendige Arbeit immer in dieses Projekt hauptsächlich zu stecken. Also, das Klima, das geistige Klima einer politischen Regeneration - das wäre also genau der Versuch sozusagen, dass sich in dem Bereich die beiden Evolutionslinien – ich habe sie vorhin auch einmal als matriarchal und eher patriarchal bezeichnet – sich hier treffen. Und mein letzter Akzent mit dem Avatar war halt der Gedanke, dass wir nicht ausschlagen dürfen, was uns von der höchsten geistigen Ebene hier hilfreich entgegenkommt. Wo dann also ein Thema übrig bleibt, so hat es auch unser Joachim von … noch mal formuliert, nämlich: »Wer es fassen kann, der fasse es« – also, wenn der Heilige Geist über alle ausgeschüttet wird – also, das ist ein anderer Name für den Geist bei unseren christlichen Mystikern - dann gibt es halt noch das Problem: Wie weit sind wir geöffnet, wie weit sind wir aufgeschlossen? Aber dem kann man mit Arbeit entgegenkommen. Und die Frage nach dem Produktionsziel, nach der Einrichtung der Gesellschaft müsste halt darauf konzentriert werden: Wie richten wir das ein, wie produzieren wir, wie verteilen wir, wie verwalten wir und alles das, damit diese Eröffnung für die größtmögliche Zahl passiert - statt also das Glück der größtmöglichen Zahl an die Industrie zu binden, die sicher hilfreich eingebaut werden muss, aber die es halt - es bringt halt die ständig wachsende Befriedigung materieller Bedürfnisse das nicht. Sondern es geht darum, den ganzen gesellschaftlichen Prozess in diesem Sinne auf die - da könnte man, der Marx'sche Begriff war richtig - auf die freie Individualität zu konzentrieren und in dem Lichte also auf die Herausforderung zu antworten.

Danke.

(Beifall – Ende)

In 10 Minuten, wer noch zur Diskussion da bleiben will.

1. männlicher Zuhörer:

- die mich jetzt mit Steiner beschäftigt haben, absolut mit Sicherheit sagen kann, alles, was du an Gedanken und Forderungen in den letzten 10 Minuten eigentlich noch einmal hier dargeboten hast, von Steiner mit seiner Anthroposophie geleistet wird, Rudolf. Und mir ist da so ein bisschen immer wieder das Problem: Warum eigentlich dieser Rückzug ins Indische – wo ja bekanntermaßen letztendlich eine passive Abkopplung erfolgt. Und wenn du die Freiheit realisieren willst – wodurch? Wenn du vollen freien Individualismus forderst – wodurch? Doch durch die volle Realisierung des Individuums erst einmal, nach Möglichkeit - und das wäre ja genau das Steiner'sche Konzept.

Die Frage nach höheren Bewusstseinsformen, Rudolf: Genau das aktiviert Steiner, wenn er Inspiration, Intuition usw. ins Feld führt. Also, für mich - die Frage, warum dieses Ausweichen – mir scheinen deine da einleitend geäußerten Einwände nicht stichhaltig, Rudolf – also, ich glaube nicht, dass man über die Patriarchats- und Matriarchatsauseinandersetzungen Steiner ablehnen kann - das ist meines Erachtens unmöglich.

Bahro:

Du warst wahrscheinlich voriges Mal nicht da. Also, ich habe heute gesprochen, sozusagen, vor dem Hintergrund - und noch einmal, muss ich schon zugeben, allerdings kritisch einordnend. Ich habe voriges Mal ausführlich – also, fast eine Stunde lang diese Wesensglieder des Menschen, diese Geschichte dargelegt.

(Unverständlicher Zwischenruf)

Bahro:

Ja, ja. Also, die - und auch zurück dann bis zum Geist selbst - also, das habe ich ziemlich umfassend dargelegt. Zugleich - sagen wir einmal so: kann ich dir zwei Gründe nennen, dass ich mich nicht identifiziere - sagen wir's einmal so. Was nicht heißt - ich habe es auch heute nicht verworfen, glaube ich. So habe ich nicht gesprochen, sondern mit ner gewissen kritischen Distanz.

Der eine Grund ist, dass ich - er ist mir nicht ganz geheuer, sage ich einfach, und zwar fängt das mit den Porträts an. Da ist etwas Dunkles, wo ich jetzt gar nicht von vornherein bestreiten würde - vielleicht habe ich da vor etwas Angst, was mich betrifft - das kann schon sein. Aber es ist auch - es geht da auch etwas aus, meiner Wahrnehmung nach, und - alles, was ich über die Praxis der Waldorf-Pädagogik weiß, der ich meine Kleine im Kindergarten anvertraut habe, und - ich habe sie schon angemeldet und ob sie auch da reinkommt. Das heißt, ich will das durchaus riskieren. Das zeigt zugleich - es ist nicht frei von Manipulation, die Art und Weise, wie sie das durchführen - das heißt, es geht davon aus – also, da ist etwas erschaut und das wird realisiert, wird verwirklicht und da wird – also, jetzt in der pädagogischen Praxis sprechen die Kinder Verse nach, die sie - in dem Alter, in dem sie die nachsprechen, da kann nur was eingehen, was nicht sozusagen ihre Existenz zum selben Zeitpunkt schon ist. Und das finde ich problematisch -sagen wir einmal so. Und ich würde jetzt, wenn ich die Kleine dahin schicke, nicht direkt gegensteuern, sondern einfach: Ich bin auch noch da und wir sprechen über dieselben Sachen zu Hause dann nicht schulmäßig, sondern so, wie ich die Sache halt auch ebenerdig zugleich sehe und - das ist also der zweite Punkt, eigentlich. Der eine ist, dass ich selbst – also, diese Wahrnehmungen - und dann das, was also Indien betrifft – also, jetzt erwischt du mich dabei, dass ich nicht vertraut genug mit Steiners Gesamtwerk – 300 Bände – bin, aber vielleicht fehlen mir auch bloß drei oder vier, um den Eindruck, den ich aus bloß dreien gewonnen habe – also, aus der Geheimwissenschaft und wie erwirbt man und so – also, ich denke, dass diese Theosophie, aus der er kommt, abgekupfert ist, letzten Endes. Das heißt, dass er seine eigene, seine Selbstschulung, was diese Dinge betrifft – also, man weiß ja auch auf platteren Bereichen, dass man eigentlich wahrnimmt, was man konzipiert hat, dass die Konzeption die Wahrnehmung regiert, und dieser ganze theosophische Gehalt - später hat er es dann »Anthroposophie« genannt und etwas umformuliert und umgeschrieben - der scheint mir schon aus Indien zu stammen. Und die - gerade diese Aurobindo-Figur, mit der ich hier umgehe – also, ich habe da sozusagen noch den Eindruck einer gewissen Lebenstrockenheit, aber nicht - dieses Dunkle trifft mich nicht, hat mich aus Aurobindos Gesicht und Werk nicht getroffen. Und dann war Aurobindo gekoppelt – also, hat sich verbunden gehabt mit der Mutter, die ein Projekt dann - Auroville - angestoßen hat, das nicht diesen esoterischen Ashram-Prinzipien folgt – also, nicht diese Linie durchzieht. Sondern: Aurobindo selbst hat angestoßen und zugelassen, dass die da etwas – also, nach dortigen Begriffen - völlig frei Religiöses macht. Und das bestätigt mich eigentlich auch darin, dass man da an einer guten Quelle ist. Und im Politischen ist es außerdem noch nützlich, er hat Distanz zu Europa, sehr viel Distanz, und wenn man es jetzt weltgeschichtlich nimmt, dann glaube ich, dass wir Indien nicht europäisch rezipieren sollen, sondern dass wir uns auf die Erfahrung da einlassen wollen. Mich hat ungeheuer beeindruckt – also, für mich selbst - ich weiß bis jetzt nicht, was es bedeutet: Das Leben Vivekanandas, wie es Romain Rolland beschrieben hat - ich habe das hier mal dargestellt - der sich zuletzt also einfach der großen Mutter überlassen hat, und zwar zuletzt nicht mit 65, sondern - der ist nur wenig über vierzig geworden. Und er hat also mit Vivekananda - der Name heißt: »Vivek« ist Unterscheidung – also, Seligkeit im Unterscheidenkönnen, in der Differenzierung – also, in einer gewissermaßen westlichen Komponente. Und Rama Krishna, sein Lehrer, der also ein Mann der Kali, der Mutter war, hat das wahrscheinlich vorausgesehen irgendwie - dass er also dem nicht entkommt oder entgeht, wie auch immer. Und ich vernahm irgendwie eine Botschaft darin – also, in dieser – in einer Bereitschaft, sagen wir einmal, an den Gegenpol dessen zu gehen, was Steiner zum Mittelpunkt macht - die Achse zwischen dem abendländischen Ich und dem Christusimpuls. Das ist - also, insofern hat er das herübergezogen ins Westliche - und hat sich übrigens von den Theosophen deshalb getrennt, weil die - also, Christus war einer unter den vielen und er - für ihn war es der, und das ist - mir erscheint es nicht günstig und ich meine - vorausgesetzt ist natürlich, dass ich aus Steiner selbst nicht hervorgehen konnte, das ist richtig – also, der Christusimpuls, der die Erde getroffen hat - das ist, dass das Blut Christi in die Erde geflossen ist und von daher ist seitdem essenziell die Erde verwandelt. Das ist eine Sache - denken kann ich sie so nicht. Und was die Erfahrung betrifft, muss ich mich auf Steiner verlassen. Das kann ich so nicht. Also, in diesen Punkten mutet Aurobindo mir keine Erzengelthrone usw. Als anzunehmenden Stoff zu in dem, was er mir nahebringen will, der ich seinen Schulungsweg nicht mitgemacht habe - sodass es also insofern auch noch eine subjektive Seite hat, dass ich mich da leichter anvertraue. Was ich zugeben muss, ist - ich behandele die Sachen, das spirituelle Thema ja immer noch philosophisch. Das ist einfach so - mit dem anderen also würde ich endgültig die Grenze überschreiten, mir ist schon manchmal mulmig bei dem, was ich mache. Aber irgendwie denke ich, dass es noch mit rüberkommt, wie weit ich es selbst erfahre und wie weit nicht - das ist auch wichtig. Also, das kann ich dir dazu sagen.

1. Zuhörer:

Also, erst einmal zur theosophischen Geschichte ein ganz kurzes Wort nur, Rudolf.

Es war einfach die einzige okkulte Praxis der damaligen Zeit, die möglich war und die hat er genutzt. Und als er gemerkt hat, wie schnell die Sache völlig ins Abstruse abkippt oder schon war, hat er sich von dieser theosophischen Bewegung gelöst und also ganz den entgegengesetzten Pol, eigentlich, im Anthroposophischen entwickelt, den er auch gefühlt und irgendwie erlebt hat. Das ist die eine Seite. Ich glaube, man muss auch mit Steiner nicht unbedingt über die theosophische Hürde sozusagen ins Anthroposophische, in die Tiefe gehen – wenn du einmal seine Philosophie der Freiheit anschaust: Das ist – also, sozusagen – ein Werk, das noch total auf der philosophischen Ebene läuft, von Goethe her kommt. Da ist meines Erachtens das Konzept, wenn man so will, der Aufhebung der abendländischen Philosophie geleistet, in einer ganz - für mich also - klaren und durchsichtigen Art und Weise, wie es kein anderer bisher geboten hat. Das muss man mit aller Deutlichkeit sagen und nur auf dieser Basis ist meines Erachtens überhaupt ein Freiheitsbegriff realisierbar, ohne dass ich mich wieder irgendwelchen - sozusagen - Lehren hingeben muss, die ich also selbst nicht nachvollziehen kann. Und noch ein Wort zu der Waldorf-Geschichte: Natürlich ist die Anthroposophie nicht anders gelaufen als alle anderen großen geistigen Bewegungen, das ist dogmatisiert und heute fast sektenhaft – verkommen, muss man schon sagen - sodass man diese Praxis also nicht zum Gegenstand des Gedankenganges Steiners machen kann.

R. Bahro:

Da bin ich nicht sicher, was das Letzte betrifft. Also, etwas Autoritäres hat der Mann an sich, ich kann das nicht übersehen. Und was die Theosophie betrifft – also, soweit ich sehe, hat er gerade das, jedenfalls ein vom Grunde her problematisches Element übernommen, nämlich den Gut- und Böse-Dualismus.

Also, die Befürchtung, die er kultiviert - dass von unten die Kräfte einsteigen, lassen überall das, was der Islam die Dschinn nennt, einspringen. Ich will ja nicht sagen, dass da überhaupt nichts ist, unsere Kräfte sind ja auch ins Abseitige getrieben worden, aber er geht – also, Licht gegen Dunkelheit, und - die Waldorf-Pädagogik ist von ihm angestoßen in die Richtung – also, sozusagen - in den Kindern das Eine zu unterdrücken und das andere hervorzuheben. Ich habe es vielleicht jetzt etwas stark gesagt mit unterdrücken, aber - es abzudrängen, sozusagen. Das kann man, glaube ich, nicht übersehen dabei, man kann es nicht abkoppeln und mit der Philosophie der Freiheit - da habe ich jetzt sozusagen Pech, das ist das erste gewesen, was ich in die Hand genommen habe vor 10 Jahren - das ist jetzt schon 12 Jahre her, als ich rüber kam, habe ich das in die Hand gekriegt und schnell beiseitegelegt, weil - nicht kapiert; da müsste ich also zurückkommen jetzt. Das liegt unter den bei mir abgelegten, das will ich gern tun. Ich hab's zu Hause aber nicht bewältigt gehabt, bin ich jetzt auch nicht darauf zurückgekommen.

2. Zuhörer:

Dass in dieser Vorlesungsreihe ein einziges Mal die Kennedy mit ihrer Geldtheorie (Prof. Margrit Kennedy) hier berücksichtigt worden ist, ist sehr zu begrüßen und es ist zu hoffen, dass in den weiteren Vorlesungen der Sozialökologie das vertieft werden wird.

Es ist auch zu begrüßen, dass im Rahmen dieser sozialökologischen Vorlesungsreihe Steiner zu Wort gekommen ist, und zwar als ein Mensch, der sich von der katholischen Theologie gelöst hat und einen Weg gegangen ist - über die Philosophie der Freiheit, über die Theosophie, über die Anthroposophie hin zur Politik. Er forderte die Absetzung des deutschen Kaisers - das sollte hier in der Vorlesung auch einmal gesagt werden, 1917 – wohlgemerkt, im Weltkrieg! - und dann kam er zu seiner Pädagogik, wo er versuchte, das Ganze anzuwenden. Und siehe da: Er hat noch dazugelernt, nach dieser Schulgründung in Richtung auf biologisch-dynamischen Landbau. Das heißt, kurz vor seinem Tod hat er den Schritt getan hin zur Ökologie und jetzt, nach 1945, ist es möglich, dass diese Schulen sich ausbreiten ohne Steiner. Man vertraut ihm - das ist also positiv. Und heute, in der heutigen Vorlesung wurde von Steiner abgeleitet, versucht, den esoterischen Begriff noch einmal zu vertiefen, wenn ich richtig verstanden habe, und zwar mit dem Hinweis nicht nur auf Steiner, sondern auch auf die Inder. Nichts gegen die Inder - in diesem Subkontinent gibt es ja neben den Indern auch noch 50 andere Völker, die unterdrückt werden von diesen kulturell angeblich hochstehenden Indern. Also, diese anderen Völker haben mit dem, was hier vorgetragen worden ist, gar nichts am Hut. Und das, was da als Avatar vorkommt, kommt auch nur bei den Indern vor, nicht mal bei den Armeniern oder bei den Suaheli. Also, das ist doch auffällig - eine volksbegrenzte Esoterik, vor der möglicherweise zu warnen ist oder zumindest sollte das noch weiter diskutiert werden. Soweit ist Steiner nie gegangen, dass er sagte: Glaubt an mich. Das hat er nie gemacht und der hat sich auch distanziert von dem, was dann als Faschismus in Deutschland kam – also, ich würde schon sagen, insofern ist Steiner zunächst einmal integer. Wenn man ihm etwas vorwerfen kann, dann nur das eine: Dass er nicht hellseherisch gesehen hat, dass die Ökologie weiter getrieben wird in Richtung auf Atomkraft, Freisetzung bis hin zur Völkervernichtungsmöglichkeit und - das hat er nicht geschafft. Aber er war auf dem Wege, das zu erkennen. Soweit muss man ihm doch wohl Recht geben. Und insofern, würde ich meinen, kann man ihm in so einer Vorlesung über sozialökologische Fragen durchaus - und da gebe ich meinem Vorredner Recht - mehr Gerechtigkeit widerfahren lassen und mehr zustimmen, als es bisher wir hier zusammen getan haben - das wäre mein Hinweis.

R. Bahro:

Also, mir ist das völlig klar, dass die Waldorfschulen und der Biodynamische Landbau und auch noch andere Sachen, wie diese Naturheilkunde und –kosmetik – also, die medizinische Sache: Dass das also rückschließen lässt auf eine ungeheure schöpferische Leistung, auf eine Energie, die in dem Manne gesteckt hat. Weißt du, ich habe ja hier eben darüber gesprochen - man kann nicht anders als über die persönliche Wahrnehmung in so einem Falle damit umgehen. Ich meine, ich kann dir da nicht mehr geben, als dass ich diese Grenzen einbekenne - wie ich da zu der Sache stehe. Ich werde schon allein dadurch, dass ich die Kleine da ja reingeben will, gezwungen sein, mich weiter damit zu befassen. Es ist schon schwierig und zugleich sehr wichtig, dass es einem gelingt, dort, wo man dann Unterschiede spürt, nicht auf Kritik zu schalten - dass man dann an allem das Negative findet, was sehr viele bei der Anthroposophie zum Beispiel geneigt sind zu tun. Ich denke nicht daran, damit so umzugehen, aber es ist halt - es bleibt da. Also, bis jetzt ist er für mich nicht zentral. Das muss ich einfach zugeben, es ist so. Mehr ist dazu fast nicht zu sagen.

3. Zuhörer:

Ja, also zunächst einmal: Ich finde es unwahrscheinlich mutig von dir, dass du dich mit diesem Steiner-Thema beschäftigt hast. Mich hat allerdings auch gewundert, nachdem du ansonsten qualifizierte Vorbereitung machst und Experten auf diesem Gebiet hier her bittest, dass du das nicht getan hast. Es wäre ja allerdings eine Möglichkeit, das nachzuholen - inwieweit allerdings die anthroposophischen Gesellschaften bereit sind, sozusagen hier mit dir: Das ist eine andere Frage, aber ich würde es mir natürlich sehr wünschen, dass hier sozusagen ein qualifiziertes Gespräch - wenn ich es ganz so nennen darf - oder Dialoge künftig stattfinden, zumal ja in der Tat die Anthroposophie, denke ich, eine zunehmende, wenn auch etwas suspekte, für mich persönlich teilweise abzulehnende Bedeutung gewinnt.

Ich denke, die soziale Dreigliederung an sich, und zwar durchaus mit reform-politischen Impulsen, die gewisse rationale Qualitäten hatten, auch noch haben - aber es ist eben so bei Menschen, die genial sind, die Grenze zwischen Genialität und, Pardon, Wahnsinn ist ja manchmal nicht so leicht zu erkennen. Und der Gesundheitszustand von Herrn Steiner an sich wäre ein Problem für sich, das wir mal diskutieren sollten, aber natürlich nicht hier und für die nächsten paar Semester wohl auch nicht. Das wäre auch eine Sache der Beschäftigung der anthroposophischen Gesellschaft, vielleicht in einem öffentlichen Dialog. Ja, ansonsten - ich meine schon, mich macht Steiner nicht bange. Sicher hat er etwas Mystisches, auch was Beängstigendes. Ich kann das sehr gut verstehen, weil ich in diesen Kreisen hin und wieder seit einigen Jahre verkehre und durchaus Persönlichkeiten wie Wilfried Heith etwa, die also in der Politik der Grünen eine sehr rationale Position gehabt haben - Menschen sehe, die also noch – ich sage es auf Berlinerisch: Alle Tassen im Schrank haben und behalten - und andere wiederum haben Schwierigkeiten, mit dem Phänomen Steiner umzugehen. Wie gesagt, ich möchte vor pauschalen Verurteilungen warnen, im übrigen würde es sowieso nichts nützen, denn die Qualität und die Aktivitäten der

Steiner-Gesellschaften in ihren verschiedenen Konstruktionen ist sehr umfassend und sicher auch im großen Ganzen positiv zu bewerten. Wie ich es ja auch von Herrn Steiner für mutig gehalten habe, sich an Goethe so komplex heranzuwage - und das bleibt natürlich auch nicht aus, dass man da sehr viel der Interpretation unterliegt.

Ja, ich hatte ursprünglich eigentlich vor, etwas anderes zu sagen, aber das würde jetzt zu weit führen - eigentlich eine Kritik, die, unter Bezug auf den Untergang des Römische Reiches und Christentum, sich für eine gewisse Assoziation mit Steiner - aber das würde wirklich jetzt zu weit gehen. Und ich bin schon der Meinung - nur andeutungsweise - dass das Problem, was du in der Mitte deines Vortrages dort angedeutet hattest, ich glaube, beim ersten Teil war das, dass die Ursachen für den Untergang des Römischen Reiches in ganz anderen Dingen zu suchen sind, aber da kommen wir vielleicht beim nächsten Mal drauf, ansonsten hoffe ich, dass das ein paar Hinweise waren, in Ergänzung zu den beiden Vorrednern - vor allen Dingen hier mein Vordermann hat Interessantes dazu gesagt.

R. Bahro:

Also, übers Römische Reich und seinen Untergang habe ich heute gar keine These vertreten, sondern - es war ja nur mal berührt.

Was das andere betrifft – also, zu der Dreigliederung: Ich habe einen unorthodoxen Anthroposophen, nämlich den Rolf Henrich, eingeladen gehabt - das hat nicht geklappt bisher. Rolf Henrich hatte ja dieses Buch, »Der vormundschaftliche Staat«, geschrieben, in der DDR noch - der hat sich sehr identifiziert, aber zugleich hat er noch einen gewissen Abstand bewahrt - man macht ja so etwas meistens aufgrund irgend einer persönlichen Beziehung. Da war immer irgend so etwas im Spiel. Das schließt das nicht aus - aber ich weiß es jetzt nicht.

4. Zuhörerin:

In Bezug auf Steiner und Anthroposophen wollte ich da noch auf einige Erfahrungen hinweisen - in Bezug auf biologisch dynamischen Land- und Gartenbau.

Also, ich finde, was Steiner da gesagt hat eine sehr gute Sache, die - wie alles, was diese großen Geister sagen - nicht statisch ist, sondern dynamisch und erst ihre volle Bedeutung erlangt, wenn man es weiterentwickelt. Und da sind die heutigen Anthroposophen Leute, die das zum großen Teil selber unterbinden - indem sie sich nämlich abschließen. Wenn man sagt: Wollen wir doch einmal diskutieren, was »biologisch-dynamisch« eigentlich im Zusammenhang mit ökologischem Landbau zu tun hat, dann sagen sie: Nein, nein - entweder machst du biologisch-dynamisch und beschäftigst dich dann von vorn an mit Steiner und liest sämtliche Werke von Steiner und dann kannst du erst sagen, was biologisch-dynamisch ist - und so haben die sich dann selber in so eine abseitige Situation hineingebracht.

Ich meine, das geht vielen Leuten so, nicht nur Steiner, sondern auch – na ja, ich will da jetzt weiter keine Namen nennen – aber auch, dass ihre Epigonen ihre eigenen Lehrer praktisch aushebeln, indem sie sie ins Abseits manövrieren.

R. Bahro:

Also, eigentlich ist in dem Umfang, wie wir das jetzt hier diskutiert haben, Steiner gar nicht mein Stoff gewesen - aber gut: Ich find es schon interessant – also, wie viele Bezüge darauf - also wie viele das als Thema drauf gehabt haben.

5. Zuhörer:

Ich habe von Steiner erst im Neuen Forum ›89 gehört – ich wollte sagen, ich bin anthroposophisch ein gänzlich ungebildeter Mensch. Das hat also den Vorzug, dass ich meine Weltanschauung etwa in vier Sätzen erklären kann und - falls ich das tun darf, wegen der Zeit - mich würde gern interessieren, was darin falsch ist.

Ich denke, dass man seit 100 Jahren nicht mehr über Zukunft reden kann und Bemühungen, die Zukunft zu bewahren, ohne den Zeitfaktor in den Blick zu nehmen. Wenn ich das tue, denke ich, dass eine Revolution vonnöten ist, eine politische vor allem, als Grundlage aller anderen ökonomischen und geistigen Revolutionen. Ich denke, dass diese nur durchgeführt werden können von einer Assoziation akademisch gebildeter Leute.

Also, meine Meinung interessiert nicht, ich habe es probiert in der Bundesregierung - schon lang vor der Wende und öfter. Sobald diese Assoziation wahrscheinlich nicht gewählt wird und etwas zu bestimmen hat, politisch, gehe ich davon aus, dass wir um die Apokalypse – prophezeit im

Johannes-Evangelium, ich meine, da am Ende der Bibel, in der Prophezeiung des Johannes - dass die unvermeidbar ist. Das heißt, ich denke, was mir nur noch bleibt, ist, als Christ nach den Geboten und nach dem Evangelium zu leben. Dann bleiben mir zwei Perspektiven: Dass ich an der Apokalypse nicht so großen Anteil habe wie ein Autofahrer oder ein Flieger. Ich kenne viele junge Leute, die wollen nach Japan fliegen, weil sie denken, sie sind dann rechte gute Typen. Dann denke ich, wenn ich den Glauben ernst nehme, dass ich eventuell - wenn dann das Gericht demnächst kommt - eventuell von Gott in sein Reich übernommen werde. Würde mich sehr interessieren: Was ist daran falsch, wo liegen andere Perspektiven?

R. Bahro:

Ich hab das nicht zu beurteilen, was daran falsch und was daran richtig ist.

Unverständlicher Zwischenruf.

R. Bahro:

Das sind ja so persönliche Dinge – also, ich meine an jedem der Begriffe hängt dann: Wie versteht man es, in Gott und sein Reich übernommen zu werden – also, das meint Aurobindo da auch, aber er meint es anders. Ich glaub nicht, dass das so - ich soll das nicht beurteilen.

Unverständlicher Zwischenruf.

R. Bahro:

Wäre falsch, wenn ich da anfinge zu beurteilen.

6. Zuhörer:

Ich gehe davon aus, dass wir hier über das Klima einer politischen Erneuerung - und so ist ja diese ganze Reihe überschrieben - diskutieren wollen. Und insofern ist mir - Aurobindo hin, Steiner her - eigentlich gar nicht so wichtig. Mir geht es um die Erkenntnisse, die aus solcher Darstellung abzuleiten sind und die, meines Erachtens, es erfordern, irgendwie auch einmal umgesetzt zu werden.

Zu dem, was mein Vorredner gesagt hat: Bitte schön, persönliche Hochachtung. Ich als Atheist habe eine ganz andere Auffassung dazu - aber das bleibt, wie schon gesagt, persönliche Angelegenheit.

Mir geht es darum, an dieser Stelle: Dieser Punkt - sagen wir einmal, so 2 Uhr zehn - stellt doch eigentlich eine Frage dar oder dort spielt sich doch ein gewisser Machtkampf ab. Es geht darum, ob die Befürworter und Apologeten der Megamaschine uns weiter auf diese zentrifugale abweichende Bahn drängen können oder ob es gelingt, durch entsprechende Zentripetalkräfte auf diesem Entwicklungskreis voranzukommen. Und da ist meines Erachtens ein Avatar allein nicht ausreichend. Hier geht es eigentlich - um wieder einmal mit einem marxistischen Klassiker zu sprechen: »Die Theorie wird zur revolutionären /materiellen, Anm. Sb./ Gewalt, wenn sie die Massen ergreift« - es geht also darum, dass nicht nur ein paar ausgewählte Leute sich darüber Gedanken machen und durchaus zu vernünftigen Erkenntnissen kommen, sondern es geht ja darum, dass breite Massen umgelenkt werden müssen. Und da spielt an diesem Punkt da oben eine ganze Reihe von Dingen eine Rolle, Verhaltenspsychologie und soziologische Fragen und soziale Fragen und technische Fragen, philosophische Fragen. Das kann doch ein Avatar - und wenn es nen Dutzend sein sollte - nicht bewältigen, bei 4 Milliarden Menschen und - da muss doch was passieren.

R. Bahro:

Den Gedanken habe ich aufgegeben, das so zu betrachten – also, es sind Marx und Engels selbst gewesen, die für die Spätzeit des Römischen Reiches dann festgestellt haben, dass es der Christusimpuls um die Ecke gebracht hat, irgendwie - dass das die Kraft gewesen ist, die da angesetzt war. Ich meine - es haben Marx und Engels dann selbst einmal festgestellt, dass es der Christusimpuls gewesen ist – also, der christliche Impuls gewesen ist, der das Römische Imperium abgelöst hat, während alle Versuche, sozusagen direkt, sozusagen stellvertretend führend an die Massen heranzugehen, sich als eitel erwiesen haben.

Ich glaube, dass es an dieser ganzen Stelle dort um etwas völlig anderes geht, sozusagen, als um praktische Verhaltensvorschläge für: Wie kommt man demnächst über die Runden, ohne sich weiter an die Megamaschine zu verkaufen? Es geht eigentlich darum, für das, was in der Psyche der verschiedensten Leute immer unglücklicher und unbefriedigter da wird (und auch, was da übrigens nicht mehr voll beschäftigt wird) - wo also die Integrationskraft des alten Projekts nachlässt: Dafür einen neuen Sammelpunkt zu setzen - was so den allgemeinsten Ort betrifft. Da stimme ich ihm schon zu. Es ist nur - die Schwierigkeit ist dann natürlich: Mir kommt die Fassung zu spezifisch vor – also, für mich. Gerade deswegen will ich sie auch nicht beurteilen, sondern will es ihm in seiner Formulierung so lassen. Aber im Ganzen gesehen bin ich eigentlich ziemlich sicher, dass man, wenn man diese Machtfrage ins Auge fasst, sofort in die Falle geht, Gegenmacht-Strategien zu praktizieren und nach relativ kurz- oder mittelfristigen Antworten zu fragen, über die genügend Leute nachdenken - und das bringt nichts, im Allgemeinen. Also, damals war die Grundtendenz die Auflösung des Römischen Imperiums und während der Jahrhunderte, in denen das passierte, hatte die römische Intelligenzia sich mit Politik befasst, die immer darum ging, den Kaiserhof zu beeinflussen. Und zuletzt gab es noch einen germanischen Versuch – also, die Reichsstruktur, damit das Schlimmste vermieden wird: Der Zerfall Roms nämlich. Selbst die Germanen liebten es nun, weil - es war die Kuh, die sie melken konnten – also, das einmal richtig zu verwalten. Solche Sachen führen eigentlich dem Ding in Wirklichkeit Energie zu. Und was auf der anderen Bahn passiert, das ist im Sinne der alten Struktur überhaupt nicht politisch und darf es nicht sein. Während es zugleich eine neue Gesamtstruktur, die dann wieder politischen Charakter hat, ermöglicht. Also, diese Formel Augustins: »Reich Gottes«, die hat ja dann in der Endphase des Römischen Reiches auch institutionelle Bedeutung gehabt. Aber das hat sich nicht gemacht durch konkrete politologische, soziologische, philosophische usw. Reflexionen an dem römischen Problem, sondern das lag überhaupt jenseits der Matrix - das ist der Punkt eigentlich - jenseits der Matrix, in der die alte Zivilisation festgefahren ist. Genau das übrigens haben Marx und Engels für Rom festgestellt, für das späte. dass ihr Erklärungsschema des Historischen Materialismus – also, das der Klassenlösung als Ausgang vor dieser Konstellation versagt, sodass wenn schon, dann sozusagen die materialistische Fragestellung verschoben hätte werden müssen auf das Thema »Wieso war eigentlich diese christliche Bewegung stärker als der Aufstand aller Unterdrückten zusammengenommen, die man hätte sich versprechen können?«

Wieder 6. Zuhörer:

Wenn ich vorhin von »zwei Uhr zehn«-Machtkampf gesprochen habe, dann gebe ich dir vollkommen Recht: Hier kann es sich nicht darum handeln, Macht durch Gegenmacht abzulösen. Das wäre mit Sicherheit auch nur ein zentrifugal wirkendes Prinzip. Hier müsste eigentlich - vielleicht so im Sinne Nehrus - die Macht durch die Machtlosigkeit - oder Macht muss sich, im Grunde genommen, totrennen. Sie darf keine Widerstände mehr finden, sie muss sich irgendwie auflösen können. So könnte ich mir diesen weiteren Weg vorstellen – ein Gedanke. Und was zur indischen Philosophie noch zu sagen wäre: Mir ist beispielsweise bekannt, dass Buddha geäußert haben soll: »Glaube keinem Lehrer - auch mir nicht.«

R. Bahro:

Ja, das haben sie eigentlich alle geäußert - das gehörte dazu. Und zwar war da jeweils gemeint – also, triffst du Buddha unterwegs: Erschlage ihn!, sagt auch einer – und zwar unter dem Gesichtspunkt, den Meister Eckhart gesagt hat: Du – also, der Christ - sollst selbst Gott lassen, denn es ist höchstwahrscheinlich, dass er dein Götze ist – also, dass du ihn vergötzt hast. Was aber natürlich an der Macht selbst, um die es da geht, nichts ändert. Also, wenn ich da eine politische Problematik sehe, dann ist es der Versuch, in, sozusagen, Abzug der Energien – also, an der Stelle, die ich dort immer andeute: Dass ich denke, dass an der Stelle sozusagen das entsteht, was später institutionell funktionieren mag. Also, ich denke ja, dass zum Beispiel die Energie, aus der so etwas wie so ein Oberhaus, von dem ich gesprochen habe, hervorgehen könnte - dass das dort liegt. Dass es dann um Richtungsentscheidungen geht zum Beispiel – also, um Richtungsentscheidungen, wie dieser pädagogische Prozess geöffnet werden könnte für etwas anderes als Ausbildung und für mehr auch als Bildung im humanistischen Sinne, sondern für – also, zur Öffnung zur eigentlichen Existenz hin, also eben zur Vorbereitung des nächsten Schritts in der Evolution, im Aufstieg der Menschheit überhaupt. Und dass es da auch gesellschaftlicher Veranstaltung bedürfte, das sehe ich. Und wenn man diese Institution - auch die kann man nicht direkt schaffen, sondern man bereitet also sozusagen für die verschiedensten Dinge, für Pädagogik, für Geldwesen, für langdauernde Benutzbarkeit von Gegenständen - für alles das muss man Alternativen vorbereiten. Nicht in der Illusion - die wären sozusagen direkt politisch jetzt zu verwirklichen, sondern - man kann den Gedanken hineintragen und sozusagen etwas vorbereiten, was dann zu ner anderen Ordnung zusammenfließt. Vorher weiß man nie, wie es dann wirklich wird. Das heißt also, dass von dem Konkreten, was projektiert worden ist, auch viel wieder wegfällt, je konkreter es ist – also, weil dann die Zeit inzwischen vielleicht eine andere Lösung bereitstellt. Die Konzentration der Energie ist eigentlich gerade ein Weg des Fallenlassens von – also, der Masse von Identifikation, die uns ja viel mehr, als uns meist bewusst ist, doch mit diesem Projekt verbindet, das da herrscht. Also, schon allein durch unsere sozialen Abhängigkeiten, aber auch durch unsere beruflichen Identifikationen und alles das - wir sind ja vielmehr damit verheiratet als uns lieb ist. Ich nehme einmal an, wir enden dann? Danach.

Zuhörer:

Erwartest du noch irgendwelche positiven Impulse im Hinblick auf dieses Modell von der politischen Linken, die ja immer spiritualitätsfeindlicher wird - und ansonsten: Von welchen Gruppen erwartest du da noch irgendetwas?

R. Bahro:

Also, im Prinzip muss ich sagen: von keiner Gruppe. Damit will ich sagen, dass ich denke, das Feld in Bezug auf dieses Thema wird sich, dem Wesen der Sache nach, nicht soziologisch organisieren und nicht politologisch, sondern psychologisch.

Ich meine, was ich allerdings bei der Linken empfinde, das ist, dass sie - wie soll ich sagen? - zu dem Thema besonders ambivalent steht und dass also die schärfere Abwehr für diese sogenannte esoterische Fragestellung (für die ich eigentlich gar nicht eintrete, weil ich denke, dass ist alles esoterisch – das heißt ja: verborgen und ist nicht für alle da) - ich denke also, dass der Grad der Abwehr etwas damit zu tun hat, wie groß die Versuchung ist. Also, dieses Feld, das hier in den New-Age-Bereich und so abgewandert ist - ich würde sagen: Statistisch war die Mehrheit aus der

Linken gekommen und die hier Zurückgelassenen werden mit jedem Einzelnen unruhiger. Und dann ist es wahr - ich habe vorhin ja darüber gesprochen, dass das eine Kippe ist, eine Gratwanderung ist zwischen Autoritär und Autoritarismus, da sie eigentlich das Menschenbild von Hobbes teilen, meistens. Also, das Menschenbild zeigt, was das Volk insbesondere betrifft - wenn das Volk richtig zur Geltung kommt, dann kann es nur völkisch werden. Das ist eigentlich fast schon faschistisch, was da von unten kommt. Und es ist ja nicht absolut aus der Luft gegriffen - da ist ein Moment der Wirklichkeit aufgegriffen. Und wenn man dann auf diese pessimistische Weise denkt, dann kann also das so gut gemeint sein wie auch immer - es kann nur böse ausgehen. Also, so, wie Schily zum Beispiel immer vertreten hat, und zwar - Schily ist jemand, der ja aus einem anthroposophischen Bereich kommt und nun ein gewisses Zutrauen zu so etwas hat: Auch der hat gesagt – also, das Erste, wenn wir zur Volksabstimmung schreiten, könnte sein, dass die wieder für die Todesstrafe stimmen. Ich glaube aber, dass das ein Selbsttor ist, diese ganze Haltung, und dass ihr Untergrund eigentlich eine besondere Verwundbarkeit dieser auf das Linkssein festgeschriebenen Identifikation ist. Das hängt damit zusammen, dass – also, die Linke, würde ich sagen, ist geradezu notwendigerweise der Hüter des Bodensatzes von bürgerlicher Gesellschaft, indem ihr daran gelegen ist, dass - das Ideal, das die bürgerliche Gesellschaft nie realisieren wird: Das ist sozusagen der letzte Schutzmantel. Also, die Forderung nach »Mehr Demokratie wagen« und alles, was in diese Richtung geht und was sich angesichts der Herrschaft der Megamaschine als absolute Illusion erweist - das wird verteidigt. Und wenn man dem Wege folgt, hier, dann geht die linke Identifikation - dieses Projekt, das geht dann völlig unter. Während es - also, das geht jetzt so weit, in dem Artikel jüngst, den Peter Kratz hier wieder gegen mich verbreitet hat (da hatte ich einen Essay, eine Kolumne in der TAZ über die Herde, und so) – also, er macht sich zum - eigentlich zeigt er mich beim Staatsschutz an in dem Artikel, dass ich kein guter bürgerlicher Demokrat bin, wirft er mir vor. Und Jutta Ditfurth war ja damals auch so gut - also, sozusagen - gegen mich; auf einmal sind die Sektenbeauftragten der Kirchen Autoritäten. Und das hat nichts damit zu tun, dass die auf einmal die lieben, sondern, sondern dass nach dem letzten Strohhalm greifen, aus einen ängstlichen Verfassungspatriotismus, an einer Stelle, wo die Verfassung das sowieso nicht hält (das ist jedenfalls meine

Wahrnehmung). Ich habe mich bemüht, irgendwie, seit ich mich mit der Jutta hier dann einmal auseinandergesetzt hatte, in ihrer Abwesenheit (sie kam ja dann nicht), die Verbissenheit fallen zu lassen, was das Thema betrifft. Es ist zwar etwas schwer, wenn man beschimpft wird und nicht bloß gefragt, aber - ich bemühe mich, sagen wir einmal.

Schön. Danke, bis zum letzten Mal dieses Semester.

31. Oktober 1994

Ehe Versöhnung gut denkbar wird

... und ja, die wollten das, der »Spiegel« ist ein größeres Schlachtschiff - das ist schon klar - als ich. Und dann haben sie heute schließlich dann noch, ohne dass die Frau Kolb mich dann angerufen hätte, von der Frau Kolb - das ist die Frau im Rektorat - die, die Belegung macht - dann schließlich die Empfehlung gekriegt, ich sollte unten in den Raum gehen. Aber bei der Gesamtsituation jetzt wollte ich das symbolisch nicht.

Eher ziehen wir dann nun auch die dritte - heutige - Veranstaltung irgendwie nicht ganz regulär durch. Aber dass das sozusagen statuiert bleibt und sich wieder rumspricht, das geht hier weiter. Und das kommende Vorlesungsprogramm läuft also, wenn nicht alles dagegen geht, so wie ich das vorgesehen habe.

Für heute haben wir jetzt vor – also, die Zeit bis drei viertel acht soll eigentlich frei sein, denn die haben ja nun die Technik vorher hier reingeschoben - haben wir vor, dass ich am Anfang noch vorher ein paar Dinge sage, die irgendwie doch noch mal meine – ein Stückchen jedenfalls – meine Einführung in die ganze Idee des Semesters hier bringt. Irgendwie auch zu zeigen, dass ich einfach das, was wir hier machen, wahrlich nicht für unwichtiger halte als den Stoff, den die dann hier anschließend behandeln wollen. Der mag auch wichtig sein – aber, das kann man nicht gegeneinanderstellen.

Ich will also den Grundzusammenhang des Themas berühren und anschließend wird der Maik noch über das heutige Thema – also diese Relation zwischen dem Kampf um innere Gerechtigkeit in der Gesellschaft und um die Naturgerechtigkeit der sozialen Ordnung, also dieses Naturverhältnis dieser Gesellschaft – noch etwas sagen, nämlich warum die in immer tieferen Widerspruch zueinander geraten sind.

Der Hintergrund für diese Fragestellung war allerdings auch, dass der Helmut Thielen in der ausgefallenen Vorlesung, also mir zu schnell über Versöhnung zwischen Mensch und Natur - während er weiter die Fragen sozusagen der sozialen Kämpfe stellt. Das ist ja richtig, dass das nicht ohne soziale Kämpfe geht, aber wenn uns nicht klar ist – das ist der Hintersinn des heutigen Themas – wenn uns nicht klar ist, dass es da einen Grundwiderspruch in der Kultur, in der Zivilisation gibt zwischen der Konkurrenz der Menschen um immer mehr pro Kopf und immer schneller, höher, besser und dem Naturgesetz, das den Rahmen dafür abgibt. Wenn das nicht klar ist, dann ist - also jegliche emanzipatorische Intention bleibt dann Gerede. Entweder man findet da einen Rahmen oder nicht. Und ich will also mit diesem Punkt auch jetzt anfangen, damit - also, noch mal auf die Frage kommen, was auf dem Spiel steht. Oder reden auch von der gesellschaftlichen Bedeutung und Strittigkeit des neuen Naturalismus, wie das machbar wird - psychologisch oder massenpsychologisch machbar wird - dass auf einmal die Natur - anscheinend die Natur - mit Totalitarismus droht. Ein Kopfstand sondergleichen - aber wie sich das erklärt.

Der Helmut hatte mir, der Helmut Thielen, der halt leider nicht gekommen ist, hatte mir vorher noch einen Artikel geschickt - in letzter Minute - den kriegte ich ins Krankenhaus, wo ein Christoph Görk - das ist jemand so aus der spätest frankfurterischen Schule von jetzt - sich auch über unser Thema äußert. Und ich beziehe mich hier erst mal auf ein paar ganz charakteristische Zeilen, die wahrscheinlich die Redaktion da, »Links« heißt die Zeitschrift, Sozialistisches Büro, ein alter westdeutscher Denkzusammenhang der Linken, den wahrscheinlich die Redaktion dem Artikel vorangestellt hat.

Da lauten die beiden ersten Sätze:

Nicht nur für konservative Geister gilt schon lange als ausgemacht, die ökologische Frage bedeutet das Ende der Emanzipationsgeschichte des Menschen. Einpassung in natürliche Reproduktionszwänge der Gattung lautet heute die Parole.

So, statuarisch davor.

Ich würde sagen, da soll Emanzipation offenbar in erster Linie Emanzipation von der Natur sein. Von ihr zugesprochenen Zwängen - während also die große Knappheit und die Zwänge, mit denen wir es jetzt zu tun haben, doch ganz offensichtlich menschlich hausgemacht sind. Die Natur und ihre Zwänge, die sollen uns also sozusagen die Emanzipation vermasseln. Ja, wenn man davon ausgeht, dass Emanzipation – Emanzipation von der Natur sein soll - und das setzt – ich werde das andeuten erst mal für heute - nur ein ganz bestimmtes Naturverständnis, das sehr kapitalistisch ist, voraus. Also sehr mit der kapitalistischen Formation korrespondiert, zu der unsere wunderbare Aufklärung halt auch gehört, die da festmacht, was so in der Natur alles gewalthaft sei.

Ich glaube, der Uwe hat wohl in der ersten Vorlesung an dieses Diktum von Voltaire erinnert - also seine Empörung über das Erdbeben von Lissabon - das könnte sich der liebe Gott vor der Vernunft nicht leisten, sozusagen.

Ich glaube, das ist einfach Quatsch und ist menschliche Hybris, so an die Sache heranzugehen. Also, man redet von Natur und ihren Zwängen als wäre die Natur ein repressiver Staat und als wäre die Naturkonstellation des Menschen die Ursache für die Repression in der Gesellschaft letztlich, als wären gesellschaftliche Zwänge ins Soziale übersetzte Naturzwänge.

Also, wer auch nur die Anfänge von Völkerkunde studiert, wird immer feststellen, dass die Leute im Urwald nicht unsere Art von Angst vor den Schlangen hatten sozusagen, dass diese Einbettungsverhältnisse da seelisch anders bewältigt wurden als wir uns das heute vorstellen. Also, jedenfalls dieser Emanzipationsbegriff funktioniert so, als wäre die Natur ein repressiver Staat, statt zumindest in gewisser und durchaus ursprünglicherer Hinsicht doch eine umhüllende Mutter des Menschengeschlechts, der Schoß aus dem wir kommen und der uns aus eigenem, aus seinem eigenen bisher keineswegs in sich zurückgenommen hat. Und der auch nie den totalitären Terror organisiert hat, sondern da hat der Mensch eine ganze Weile geschichtlichen Weges gebraucht, um es zu diesen Machtkonstruktionen zu bringen. Wenn sich herausstellt, dass wir halblang oder zehntellang machen müssen mit dem CO2–Ausstoß, dann klagen wir über natürliche Reproduktionszwänge. Wir ticken nicht richtig.

Auf die Naturschranke Rücksicht zu nehmen – ich zitiere es noch mal – bedeutet das Ende der Emanzipationsgeschichte des Menschen.

In Wirklichkeit bedeutet diese Sicht der Dinge, dass dem Abendland nun wirklich der Geist stehen zu bleiben scheint. Den großen Darwin als Brett vor dem Kopf projiziert man in die Natur hinein den Unterschied zwischen guter, sozial normativ brauchbarer Natur und gewalthaft böser Natur. Das ist eine Unterscheidung, die wir hineintragen. Natur ist eine - und anschließend veranstaltet man dann eine theoretische Dialektik, die mit diesen beiden Projektionen wirbelt – also gute Natur, böse Natur - und wie versöhnen wir dann das nachher im Geiste.

Natur, lese ich noch hier – lese ich wieder vor – im negativen Sinne - das ist nun aus dem Aufsatz selbst von dem Christoph Görk da - Natur im negativen Sinne ist der Naturzwang, das bloße Überleben in der Natur, das dem Fressen und dem Gefressenwerden - ist nicht älter als 150 Jahre, ist Darwin, nicht mal 150 – das dem Fressen und Gefressenwerden als ihrem Gesetz ausgeliefert bleibt -in Klammern, jetzt kommt das Schönste (also keineswegs ökologische Kreisläufe unterstellt) – das heißt, so, wie die Natur nachher Pflanze mit Pflanze und Pflanze gegen Pflanze - wenn man so menschlich reinguckt - und Tier mit Tier und Tier gegen Tier das geregelt hat ökologisch - das ist hier gar nicht ökologisch, weil ökologisch ist offenbar eine Humanitätsduselei, und zwar ökologisch scheint zu sein - ein Gedanke jetzt - wenn man auf den Naturzusammenhang zurückdenkt, dass den gesellschaftlich Schwachen die gesellschaftlich Starken nichts antun sollen. Als hätten wir es in der Gesellschaft mit Löwe und Lamm zu tun, verdammt noch mal. Die wollen immer Löwe und Lamm neuerdings versöhnen, also diese prophetische Konzeption, die es da mal gab, weil offenbar, wenn die sich da fressen in der Natur, dann droht dem Schwachen, dass er hier vom Starken, vom Reichen gefressen wird.

Aber, dieses – dann – dazwischen, ist einfach eine Ideologie, ist - verrückt ist das. Das kommt nicht daher, kurzum, dass es Löwen und Lämmer gibt, sondern hier gehen die einen mit den anderen Menschen auf diese Weise um, und zwar die einen und die anderen Geister, nicht einfach Affen mit ihren vitalen Kräften, sondern dieses »Megabrain« hier, dieses Ding, dieses Großhirn wird benutzt, um diesen Machtkampf zu munitionieren einfach - und daher die große Sozialangst, die unter anderem darwinistisch - der alte Darwin kann am wenigsten dafür - darwinistisch in die Natur zurückprojiziert wird - und dass dann also sozusagen, ach, die Starken werden wieder die Schwachen fressen, wenn wir die Frage stellen, wie wir uns in der ökologischen Krise vielleicht Rationierungen auferlegen könnten. Voraussetzung ist, dass dieser Typ von Leuten es für undenkbar hält, dass der gesellschaftliche Kampf um Gerechtigkeit gewonnen wird. Weil das sowieso klar ist, dass die Starken hier die Schwachen immer überwältigen werden, will man in der Natur etwas regeln, was man in der Gesellschaft nicht geregelt kriegt. Also, das ist eine Ideologie, die wahrlich fortzeugt, sozusagen die gesellschaftlichen Zwangsverhältnisse unter einem Begriff - und ökologisch meint hier, sage ich mal, den irgendwie schafsköpfigen Wunsch, das mit der Sache von Löwe und Lamm auf eingezäunter Wiese zu regeln. Das heißt also, der großen Natur sich zu stellen, dem Drama auch, den das Durchkommen des Menschen in der Geschichte da bedeutet hat. Aus lauter sozialer Wehleidigkeit - in einem der reichsten Länder der Welt will man die Wahrheit nicht wissen. Der Aufsatz endet dann mit einer ganz horrenden Auskunft der kritischen Frankfurter spätmarxistischen Theorie. Ich will es aber nicht Adorno anlasten und nicht Horkheimer - der Aufsatz endet:

Die Versöhnung von Natur und Gesellschaft bleibt eine regulative Idee der Kritik.

Also, das ist so etwas Wunderbares. Also wir sehen es ja nicht, wie das gehen könnte - Natur und Gesellschaft - aber vorsorglich haben wir schon mal gesagt, es soll niemand unterdrückt werden. Und nun bleibt das eine regulative Idee der Kritik, die Versöhnung von Natur und Gesellschaft, dass am Ende dieses Jahrhunderts das vielleicht das Letzte ist, das gerade noch mit uns abläuft, wenn wir so weitermachen – eine regulative Idee der Kritik - und zwar ohne dass in dem ganzen Aufsatz dann – ja, man fragt nach, wie könnte man diese Naturbeherrschung beenden - aber von Ökologie ist eigentlich nicht die Rede, sondern immer nur von dieser Sozialökologie – Pseudoökologie dann – die den Ökologiebegriff auf das ganz andere Thema - des Schutzes des Schwachen - überträgt.

Also, die Gerechtigkeitsfrage in der Gesellschaft steht wirklich verdammt anders da - und auch, vor welchem Hintergrund das möglich ist. Ich will nur sozusagen den ideologischen Springpunkt der Sache noch andeuten und dann für Maik die Bühne hier frei geben - das ist Folgendes:

Ich habe neulich ausgegraben, eine ... Ausgabe von Leo Strauss. Leider habe ich nicht genau herausgekriegt, wer er ist. Ich nehme an - ist einfach jemand aus Deutschland – jüdisch - der nach Amerika emigriert ist - aus irgendwie den 50er-Jahren - Naturrecht und Geschichte - und wovon Strauss, ganz vernünftig in seinem Denkzusammenhang, dort beschreibend ausgeht, das ist folgender Gedanke über Natur:

Dass, ehe von Natur die Rede sein kann – und zwar ist gemeint jetzt, ehe man einen Naturbegriff herstellt – da muss Philosophie schon vorausgegangen sein, d. h, der Mensch muss über Natur im Sinne – da ist hier

Mensch und da ist was gegenüber, zu dem ich gar nicht mehr so recht gehöre, weil, ich habe da eine Stadtmauer um mich. Also diese Denkweise, die Natur und Mensch, Geist und Natur, Kosmos und Natur und Mensch, die das alles gegenüberstellt, die, sagt der Leo Strauss völlig zutreffend - das ist vorausgesetzt, ehe diese ganze abendländische Naturdiskussion, und zwar schon seit den Griechen, hier stattfindet. Und wenn man bei dieser Art von gegenüber gesetztem Naturbegriff ist, dann ist es dann auch normal wie wir überhaupt wissenschaftlich mit Objekten umgehen. Wir haben dann rausgekriegt vom Stein, er ist hart. Dann haben wir rausgekriegt, da sind bestimmte Farbschichten rot, die lassen wieder auf irgendwas schließen. Und wir setzen aus unseren Projektionen dann diesen Stein zusammen. Physik, Physik dann. Der wirkliche Stein ist das nicht, der entzieht sich. Kant hat das schon gesehen – der entzieht sich. Und auf diese Weise hat also solcherart Naturbegriff, der die Natur gegenüberstellt mit dem, wovon jetzt, sage ich mal, die Rede sein sollte, überhaupt nichts zu tun. Sondern das ist ein Begriff des sich vorschnell - allerdings in der Stadt - für siegreich und durch seine Speicher geschützt haltenden Menschen.

Wenn man jetzt - das Letzte, was ich sozusagen einfach ein bisschen erzählerisch eher andeuten will - wenn man sich fragt, worum es eigentlich jenseits dieser erkenntnistheoretischen Frage geht, was bezeichnen wir, wenn wir Natur sagen - dass sich da Tiere fressen, dass da Gewalt herrscht, dass da also manchmal wunderbar kooperiert wird - Murray Bookchin hebt das halt hervor - der amerikanische Anarchist - wie gut doch die Wesen da kooperieren. Das ist ja alles wahr. Aber so - die Frage, um die es mir in dieser ganzen Vorlesungsreihe geht, ist die Annäherung nicht über solche Bezeichnungen, sondern die Annäherung an das, was – ja, wo Kant davon gesprochen hat – über das Ding an sich kann man nichts wissen – über Natur als große Natur. Und das ist meiner Überzeugung nach zunächst sozusagen ein psychisches und psychologisches Problem, nämlich eine Frage der Perspektive, die wir wählen. Und ich will mich beziehen - um kenntlich zu machen, was das eigentlich ist - auf die Grundkonstellation in Friedrich Hölderlins Drama – Dramenversuch - er ist nicht ganz damit klar gekommen. Ich habe hier schon mal darüber gesprochen, aber nicht unter diesem Aspekt - Tod des Empedokles:

Wo spielt das Ding.

Ich rede jetzt nicht über Empedokles selbst, das ist noch was anderes.

Hölderlins Empedokles und Empedokles ist nicht dasselbe. Ich rede über die Konstellation, die uns Hölderlin in seinem Empedokles-Drama vorstellt. Das spielt an zwei Plätzen. Das spielt in Akragas, heute Agrigent, das ist sozusagen auf der Mitte des Südens da in Sizilien am Meer. Wenn man vom Meer kommt, sieht man noch die großen Tempelanlagen. Das spielt im 5. Jahrhundert vor Christus. Und dann gibt – also, ich weiß nicht, 100 km weiter - ich bin Eisenbahn gefahren, als ich da war - kann auch sein, dass es weniger, dass es mehr ist – jedenfalls, dann gibt es da den Ätna. Und der Tod des Empedokles spielt an den beiden Orten - in der Stadt und am Ätna. Und die Konstellation ist die: Das ist so eine griechische Kolonistenstadt, die ist schon verdammt Stadt, die lebt vom Mittelmeerhandel und die Bürger haben - ja, Polis - bürgerliche Probleme. Heute kleinstädtisch, aber damals war das Stadt. War eigentlich nicht weniger wichtig als Athen - als Modell. Und von diesen städtischen Verhältnissen her gesehen, da haben sie dann das große Problem, wer soll uns führen, soll uns - wir haben zufällig diesen weisen alten Philosophen da, den Empedokles, der manchmal also sozusagen soviel Charisma ausstrahlt, dass wir alle begeistert sind, aber morgen ist er vielleicht mal zusammengesackt, weil ihm die große Natur eins übergebraten hat und wem sollen wir dann gehorchen. Also gucken wir doch lieber mal, was sagt unser Bürgermeister oder was sagen unsere alten Priester. Und in der Hinsicht zeigt dann das Drama des Hölderlin noch innerhalb der Stadt Akragas die Konfrontation zwischen einer Kunstreligion, wie sie die Griechen hatten, die sich noch sozusagen auf den freien mythischen Entwurf stützt, wo also in den Tragödien, ja, die alten Mythologien umgearbeitet sind. Dafür steht Empedokles. Er hat seine Selbsterfahrung im Umgang mit der großen Natur, wie später die Protestanten sagten »wir brauchen hier keine Pfaffen«. Und auf der anderen Seite stehen in den zwei Fassungen – einmal heißt er Hermokrates, also über Schönheit herrschen, das ist so die griechische priesterliche wunderbare Variante – einmal heißt er Mekades - da weiß ich jetzt nicht, ich habe nicht griechisch gemacht, was es heißt. Aber es ist irgendwie mit leichtem Unterschied dieselbe Figur. Und die repräsentieren sozusagen das Ägyptische, das bei Platon ja auch drin steckt, also dieses: Da haben die Götter schon über die Sterne schon ein für alle Mal alles festgelegt, bis in die soziale Ordnung, die Stadt ist jetzt so. Und jemand, ein großer Einzelner - wie Empedokles - der was anders weiß, der stört so. Und aus dieser städtischen Perspektive jetzt gesehen, da ist es schon völlig wie heute. Und alles, was da um diese Stadt herum liegt - und der Ätna inklusive, der ist nämlich nicht so dicht dran wie an Pompeji und Neapel - ist ein bisschen weit genug - das ist Umwelt. Das ist Umwelt - und man redet noch nicht so darüber. Aber das ist nicht mehr unser Problem, sondern wir haben es hier damit zu tun, wie regeln wir denn unsere städtischen Angelegenheiten. Einmal wollen sie einen König, wenn er gerade blüht - und der sagt ihnen dann auch noch: Dies ist die Zeit der Könige nicht mehr, ich will es für euch nicht machen, ihr seid mir zu subaltern. So, und will selbst raus aus der Stadt. Und ehe er nun selber rausgeht aus der Stadt, da sagt der Priester: Also, wenn das so ausgeht, dann ist er Sieger – ich muss genügend Masse zusammen bringen, damit er ausgetrieben wird. Und Empedokles geht auf den Ätna. Sein eigenes Schicksal in diesem dramatischen Zusammenhang ist schon das europäische, nämlich, er hat schon aus seinem unmittelbaren Kontakt mit der Natur - aus dieser Naturreligiosität, die, die Griechen noch hatten, wo die Götter, die Berge noch alles zusammengehörte – da hat er schon mal daraus gemacht – also, diese Kräfte dienen mir, ich bin eigentlich eher der Herr. Und er hat sie sich nutzbar machen wollen. Und er ist aber sozusagen über den Rückschlag der Götter - dass sie ihn sozusagen auf einmal haben stehen lassen und die Begeisterung nicht mehr kommt - ist er erschrocken und hat also den Gedanken gefasst: Also, es war nichts Größeres in meinem Leben als dieses Vereintsein mit der großen Natur. Und er geht auf den Ätna, um sich dort hineinzustürzen, ins Feuer.

Das ist bei Hölderlin eine doppelte Sache. Das eine ist natürlich ein bisschen auch, also, na ja, Märtyrertum, auch Idealisierung des Opferns. Aber hinter diesen Opferkonstellationen stehen uralte schamanistische Geschichten, die aus so kriegerischen Wandervölker, die vorher große Jäger waren, Großwildjäger und so. Da gibt es immer diese Tradition, dass man dort also der Natur gegenüber etwas wagt und die Kräfte des Feuers vom Schamanen auch irgendwie bewältigt werden können. Also, das ist auch Gleichnis, dieser Sturz in den Ätna - und das ist keine einfach bloß pessimistische Perspektive. Aber, er stürzt sich schließlich rein und weist die, die in halten wollen, ab.

Aber, der Punkt, den ich hier machen wollte, ist der:

Wenn man auf den Ätna steigt - oder überhaupt raus aus der Stadt geht - und dort mit dem Fluss, mit diesen Bergen, die damals noch anders aussahen in Sizilien als heute - so kahl - das ist Kulturprodukt - und auf den Berg hoch steigt, in die große Natur geht, die selber göttlich ist – »wo fasse ich euch, ihr Brüste dieses allen Lebens« - Goethe im Faust – wo das geschieht, da ist die Stadt, da, Agrigent, die ist - das ist eine völlig andere Relation. Das ist nicht große Natur gegen Stadt, sondern die Stadt ist einfach Teil des Gottes.

Das ist Hölderlins Archipelagus-Gedicht, also, wo er das Griechenmeer beschreibt. Da gibt es den Gott Poseidon, aber - es ist auch - diese ganze griechische Welt ist göttlich. So wie der Rhein Gott ist und unter seinem Tritt Städte emporkommen lässt in Hölderlins Rhein-Hymne. Also, wenn man vom Ätna aus sieht - und jetzt der Ätna nur als hervorgehobener Ort der großen Natur - dann blickt man auf das Gesellschaftliche als auf einen Teil dieses großen Zusammenhangs. Und ich habe dann, um damit nun hier ungefähr zum Ende zu kommen - für meinen Part erst einmal - ein Wort bei Goethe gefunden. Krippendorff war neulich hier - Ekkehard Krippendorff - in der Vorlesung. Und der hat ja dann hinterher mir ein Büchlein geschickt über Goethes Naturphilosophie, das er herausgegeben hat. Und da fand ich auf Seite 66 - bei Goethe selbst habe ich das nicht gefunden, ist zu viel - steht ein Satz, der genau in dieser Perspektive von Empedokles denkt, also Hölderlins Empedokles, das heißt: Ein ausgesprochenes Wort - also das letzte, das wir dazu liefern oder das erste - von Kultur kann man natürlich auch sagen, am Anfang war das Wort oder so - ein ausgesprochenes Wort tritt in den Kreis der übrigen notwendig wirkenden Naturkräfte mit ein, es wirkt umso lebhafter als in dem engen Raum, in dem die Menschheit sich ergeht, die nämlichen Bedürfnisse und nämlichen Forderungen immer wiederkehren.

Also, es ist hier bei Goethe nicht das Thema – also am Anfang war das Wort, so beginnt ja der Faust mit der Übersetzung da auch - sondern hier geht es erst einmal schon alleine um Worte, mit denen wir unsere Verhältnisse hier regeln. Und auch die sieht er natürlich als Fortsetzung der Natur, weil - die ist das Ganze, die ist das Umgreifende. Gesellschaft ist Teil, Wort ist Teil. Und wenn man jetzt sieht, dass also aus diesem Zusammenhang der großen Natur der Mensch doch eher verdammt siegreich hervor gegangen ist, dann ist es irgendwie ein, ja ein, ist wirklich ein selbstmörderischer Kopfstand jetzt im Geiste, wenn wir den Totalitarismus ausgerechnet aus der Ecke befürchten, dass wir uns, ja, das heißt dann dem Naturzwang fügen, dass wir uns da als eingeordnet begreifen und gefälligst unsere Städte so bauen, dass sie Teil bleiben - und dass wir Teil bleiben. Und Versöhnung ist dann eigentlich die Frage: Können wir uns mental mit der Wahrnehmung des Daseins, mit dem Leben des Daseins glücklich machen, statt an lauter Projekten - dass wir es bestätigt kriegen müssen in Diplomen und Zertifikaten und dass dann diese ungeheuerlichen Bauten hier stehen, die beweisen sollen, dass der Mensch schöpferisch ist - das zurückzunehmen, den Mythos der Maschine und in, also von der großen Natur her, das gesellschaftliche Ganze wieder zu denken. Darauf ist diese Sache gerichtet. Und wenn wir vor diesem Hintergrund jetzt - denke ich, dass der Maik ein paar Sachen sagen wird über, einfach über das Faktische der Art, wie wir bisher Geschichte betreiben - unvermeidlichen Spiels - dass also jeder Kampf um menschliche Emanzipation, jeder Fortschritt auch von frühen Zuständen über mittelalterliche Zeiten in die Moderne, das Thema der Naturgerechtigkeit und damit unserer Lebensgrundlagen also immer schärfer stellt - dass es sozusagen einen Anschein erst mal unauflöslichen Widerspruchs zwischen menschlicher Emanzipation und der Bewahrung des Lebens auf der Erde gibt, aber das ist ein ideologischer Wahn. Und ein bisschen, glaube ich, wird der Maik jetzt davon deutlich machen können.

Zitat:

> *Künstlich auch machen wir sie größer als ihre Art ist oder halten sie zwergwüchsig und halten ihr Wachstum an. Wir machen sie fruchtbarer und nachkommenreicher als ihre Art ist oder unfruchtbar und fortpflanzungsunfähig, wir lassen sie auch in Farbe, Gestalt, Verhalten auf vielerlei Weise anders sein. Natürlich werden diese Tiere auch für viele Sektionen und Forschung gehalten.*

Wir sehen uns dann nächsten Montag um diese Zeit hier wiedersehen.

Beifall.

Beitrag von Maik Hosang:

Ja, guten Abend. Es soll, wie schon von Rudolf gesagt, jetzt meine Aufgabe sein, etwas konkreter darzustellen, wie es historisch geschah, dass diese vielleicht zwei Pole – der Kampf um die innere soziale Gerechtigkeit des Menschen, die Emanzipation seiner selbst, die Entwicklung seiner selbst und das Verhältnis zur Natur, die Naturgerechtigkeit – wie sie sich entfernten und in scheinbar immer größeren Abstand, in immer größeren Widerspruch zueinander gerieten.

Es ist fast so eine Art allgemeines Gesetz formulierbar als Ausgang: Dass die Naturgerechtigkeit abnimmt, ja, dass die anfängliche gegebene, in diesem Sinne natürliche, Harmonie zwischen Universum, Himmel und Erde und menschlichen Naturwesen tendenziell und systematisch gestört und eventuell am Ende zerstört wird.

Für einen kurzen Einblick jetzt in dieses Geschehen, dieses Verhängnis, dieses Schicksal wollen wir grob zwischen drei Stufen unterscheiden:

Zuerst: Wie liegen die Verhältnisse in der archaischen, d. h, vor der Geschichte liegenden vorgeschichtlichen Stammeszeit – also, einfach gesagt, bei den altsteinzeitlichen Sammlerinnen und Jägern.

Dann ein zweiter Schritt: Was passierte dann im Zug der ersten Zivilisation … der Zeit noch, als erstmals die Menschen auf der Grundlage von Ackerbau und Viehzucht in Städte zogen und Städte gründeten, sich auch äußerlich durch Mauern abgrenzten von der Natur. Und schließlich zu guter Letzt: Wie ist dieses Problem, dieser Widerspruch heute sichtbar? Wie können wir ihn sichtbar machen? Wie können wir ihn möglichst stark radikal bloßstellen anhand von Zeugnissen, die die Moderne sich selber gab?

Ich will beginnen mit Punkt 1 – also mit der Zeit. Man mag sie nennen »vor dem Sündenfall«, vor der Geschichte, bevor der Mensch also begann, sich zu emanzipieren von der Natur.

Beginn mit einer homerischen Hymne:

Ein - Gaia, die Mutter Erde – ein Begriff, der auch in der heutigen Zeit wieder - viele kennen das von James Lovelock, die Gaia-Hypothese -

wieder entsteht. Also, als Zeichen, dass wir vielleicht dabei sind, uns wieder hinzubewegen zu einem Zustand einer anderen Ebene der Einheit.

Also, es hieß zu damaliger Zeit:

»Gaia!
Dich Allmutter werd ich besingen,
dich alte fest gegründete Nährerin aller irdischer Wesen.
Was die göttliche Erde begeht und was in den Lüften sich regt,
geniesst Deine Fülle und Gnade.
Gute Kinder und gute Früchte entspringen Dir, Hehre,
Du hast Gewalt, den sterblichen Menschen zu geben oder zu nehmen.«

Bereits - oder noch - unsere heutigen Worte Natur, von natura, das lateinische Wort - das griechische hieß Physis, was in Physik heute noch anklingt - hieß in der alten Sprache: »Geboren werden«, hieß Hervorbringen. Und noch dieser Ursprung - die Worte kommen ja aus den ursprünglichen Situationen der Menschen - verkörpern ihre ursprünglichste Existenz, weisen die Dinge, mit denen wir noch heute die Realität bezeichnen, darauf hin, dass es dieses völlig andere Verhältnis gab. Die Natur war das Hervorbringende, die große Mutter, die Nana, die … Gaia, eine schöpferische und regulierende Kraft, wie zitiert, die dem Menschen das Leben gab und auch wieder nahm.

Also Leben, Geburt und Tod waren Teil des Zyklus der Natur und der Mensch konnte im Rahmen dieses Gegebenen - Leben - sich entfalten. Und es war klar, der Rahmen war ihm vorgegeben.

Jetzt etwas genauer zum Verhältnis in diesen Gesellschaften:

Mascha Salins hat es genannt – es gäbe ein ursprüngliches Fließgleichgewicht ursprünglicher Überflussgesellschaften der Jäger und Sammler, die damals mit relativ wenig Aufwand, man geht heute aus von 15 Stunden in der Woche, also einfach in der Natur das fanden, was sie zum Leben brauchten - ohne Hast, ohne großen Aufwand - ihr entnahmen, soviel sie zur Reproduktion ihres Seins benötigten. Und dass der Rest der Zeit gelebt wurde, im sozialen Rahmen mit rituellen Festen, Tänzen, Begebenheiten ausgefüllt wurde.

Das ist also – also, nie so war, dass der Mensch gegen die Natur kämpft in ursprünglichen Zeiten, sondern dass er, als er hervorging aus ihr, in der längsten Zeit seiner Geschichte, die - 30.000; 40.000 Jahre - eine Art Fließgleichgewicht, ein mit ihr lebendes Gesellschaftsgefüge, -system war.

Zeugnisse dafür finden sich in den Höhlen von … z. B. dass es nicht nur Kampf ums Überleben gab, wie die heutige Zeit in die Gesellschaft zurückprojiziert ist, sondern dass die Menschen Zeit hatten, Muße, sich zu beschäftigen mit ihrem Dasein, mit sich selbst, mit der Frage, was sie sind und was sie werden und wozu sie sind.

Das ist die eine Seite. Die andere ist das, was uns heute begegnet - es ist die menschliche Natur und offenbar auch in dieser Zeit schon dieselbe Natur des Menschen war, dass wenn wir jetzt noch mal zurückgehend auf die Frage ans Gesamtwahrnehmen, dass der Mensch sich heute überhebt, dann muss es etwas geben in uns, was dies möglich macht. Und es ist sichtbar bereits an den Gesellschaften der Jäger und Sammler, dass auch da dieser Doppelsinn gegenwärtig war. Der Mensch ist Teil der Natur, wie in ihren Hymnen, in ihren Mythen gezeigt - und zugleich hatte er von Anfang an Tendenzen, Fähigkeiten über sie hinaus zu gehen.

Die Fähigkeiten von Natur, mag man sie denn Neugier - die Fähigkeit zu wissen - mit negativeren Tendenzen die Fähigkeit zur Macht – sich zu bemächtigen, andere Dinge für sich zu töten, für sich zu benutzen, war von Anfang an gegeben. Und es war aber in diesen Gesellschaften gelungen, ein Gleichgewicht herzustellen. Also William Thompson, den ich nachher noch öfter zitieren werde, beschreibt es so:

Dass es das Gleichgewicht zwischen diesen weiblichen, integrierenden, mit Natur in Harmonie lebenden Kräften und den männlichen, immer schon nach außen tendierenden, immer schon irgendwo auch das Abenteuer, die Eroberung suchenden Wesen gab, die in diesen Gesellschaften sozusagen die Tätigkeit der Jagd, der Eroberung, auch schon der Benutzung anderer Wesen ausübten. Dennoch, die Jagd war ein Teil des Ganzen, sie war nicht entscheidend. Sie war eingefügt in den Rahmen des Gesamtsystems und, obwohl es auch da schon geschah, es war nicht das goldene Zeitalter. Es geschah auch schon in der Altsteinzeit, also der Zeit der Jäger und Sammler, dass Tierarten ausgerottet wurden durch den Menschen, dass einige verschwanden, weil Jäger und Sammler letzten Endes doch nicht die Natur im Ganzen wahrnehmen konnten, mit ihr in Verbindung standen. Und dennoch konnte es nie geschehen, was sich jetzt als Kontraste zu - als eine Art Vertreter dieser Gesellschaften - also einen religiösen Führer des ... stammes am Columbia-River. Ich möchte ihn zitieren als einen, der sozusagen noch lebt in solchem Selbstverständnis und aus seiner Sicht jetzt gegenüberstellt, was die heutigen Weißen mit der Natur tun:

Soll ich etwa ein Messer nehmen und meiner Mutter in den Schoß stoßen?
Sie würde mich nicht [mir / mehr?] darin aufnehmen, wenn ich tot bin.
Ich soll umgraben und die Steine heraus werfen,
Soll ich etwa ihr Fleisch aufschneiden und ihre Knochen freilegen?
Dann kann ich nicht mehr in ihren Körper eingehen und wiedergeboren werden.
Ich soll Gras und Heu schneiden und es verkaufen, um mich daran [zu] bereichern wie die Weißen.
Wie dürfte ich es wagen, meiner Mutter die Haare abzuschneiden.

Soweit zur vielleicht ersten Stufe, Etappe der Menschheitsgeschichte, die reicht ja historisch gesehen bis ungefähr 12.000 vor unsere Zeitrechnung.

Es geschah dann, darüber ist kein klares Bild jetzt zu geben und auch nicht vorhanden. Also, es gab den Übergang von der letzten Eiszeit zur letzten Warmzeit: Es veränderten sich die ökologischen Verhältnisse, es veränderten sich die Ökosysteme und Menschen waren gezwungen, jetzt andere Formen des Gleichgewichts mit der Natur zu finden. Und ob nun aus Not oder ob eventuell sogar den jetzt vorhandenen Überfluss - letztere Theorie, die ich vorziehen würde - geschah es, dass dieses ursprünglich gegebene Gleichgewicht zwischen männlichen und weiblichen, zwischen Natur bewahrenden und auch sie erobernden benutzenden Kräften außer Kraft gesetzt wurde.

Also, jetzt kurz nur die eine, diese Anschauung, die davon ausging, dass aufgrund der veränderten klimatischen Verhältnisse es irgendwann Frauen gelang, im Nahen Osten, in den Hochebenen, Getreide zu sammeln und sie sozusagen irgendwann entdeckten, man kann es anbauen. Es entstand die Gartenkultur, es entstand eine völlig neue Rolle der Frau im Vergleich zur Sammlerin. Sie war jetzt in der Lage innerhalb kurzer Zeit – 3; 4

Wochen im Jahr – einen gesamten Stamm, alle Männer, alle Kinder zu ernähren.

Also, eine sehr starke Unterstützung zur Verstärkung ihrer Rolle als Mutter, als Beschützerin, als Ernährerin des Stammes, was zur Folge hatte, dass die männliche Funktion nicht mehr im selben Sinne notwendig war.

Der Mann, die Jagd spielte in dem Sinne nicht mehr dieselbe Rolle, sie war nicht mehr notwendig im gleichen Maße zur Erhaltung des Ganzen. Männer wurden später höchstens, in Anführungszeichen, »angestellt« zur Beschützung der ersten Städte, die es gab.

Also, die ersten Städte – es gibt … waren weibliche, matriarchale Städte, gekennzeichnet durch die Vererbung nach weiblichen Verwandtschaftsstrukturen, es gab keine Tempel, es gab keine Mauern und dennoch entstand dieses Ungleichgewicht, dass bestimmte Tendenzen nicht mehr eingebunden waren. Und es entstand in dieser Zeit - historisch gesehen von 8.000 bis 6.000 vor der Zeitrechnung - letztendlich ein neues System des Menschen, eine neue Gesellschaft – nennen wir es Stadtkultur – Tempelkultur.

Die Männer begannen, die männlichen Wesen vor allem, sich ein neues Feld der Betätigung zu erschließen, Handel und Krieg waren so die sichtbarsten Zeichen dafür.

Bereits in dieser Zeit der ersten Zivilisationsstufe, der ersten Zivilisation, ist im Unterschied zu den ursprünglichen Gesellschaften bemerkbar, dass die Zeiten, die Epochen kurz waren. Also keine Zivilisation lebte länger als 1.000 Jahre. Ob aus inneren Widersprüchen, aus inneren Kämpfen um Macht, die an dem Punkt beginnen oder aufgrund der Zerstörung der äußeren Gleichgewichte durch Bewässerungssysteme, die zur Erosion, zur Versalzung ihrer Nahrungsgrundlagen führten, zerstörten diese Zivilisationen relativ schnell sich selbst.

Um jetzt zu zeigen, dass diese ersten Zivilisationsformen dennoch nicht nur eine Entartung aus männlichen Machttendenzen waren, sondern das dahinter durchaus stand eine bestimmte Tendenz des Menschen sich zu emanzipieren, sich von der Natur zu befreien, möchte ich einige Passagen zitieren aus dem Gilgamesch-Epos, entstanden in Sumer, also einer der ersten Zivilisationen und eines der ersten Zeugnisse, die der Mensch sich selbst gab von diesem Übergang zu einer anderen Form der Gesellschaft.

Aus dem Buch von William Thompson:

Das archaische Erbe des Mannes besteht in Freiheit und im Fehlen größerer Verantwortung.
Die Bürde der Sorge um die Kinder geht ihn nichts an, sie wird ihm lediglich aufgegeben, aufgezwungen.

Obwohl ethologische Untersuchungen – von Schimpansen z.B – uns kein Bild vom Leben der Protohominiden liefern, lassen sie doch Vermutungen zu, wie deren Lebensbedingungen ausgesehen haben könnten.

Wenn … eine Lebensweise beschreibt, in der Mutter und Kind die Familie bilden und dem Menschen die Freiheit bleibt, dauernde Freundschaften einzugehen und spielend, und die überall vorhandene Nahrung genießend, durch den Wald zu streifen, dann beschreibt sie auch das Leben der Urmenschen - bevor Eva Adam den roten Apfel anbot und ihn aus dem Garten und von den Bäumen fortlockte.

Eben weil das menschliche Kind für so lange Zeit abhängig ist, übte die Frau instinktiv und unbewusst ihre Anziehungskraft auf den Mann aus. Diese Ambivalenz männlicher Aufmerksamkeit und Ablehnung der Frau gegenüber führt bis zur Teilung von Seele und Körper.

Der Körper unterliegt der Beherrschung durch die Frau und kein Mann kann der Anziehungskraft der Mutter oder der Geliebten widerstehen, aber mit Geist und Seele sehnt er sich nach der alten Freiheit – der Freiheit des Waldes, die er vor dem Auszug in die Savanne kannte und die Freiheit der Seele vor ihrer Inkarnation in der planetaren Strömung der Evolution. Sobald sich der Mann am Körper der Frau Erleichterung verschafft hat, sehnt er sich nach jener alten Freiheit in der Gesellschaft von Männern.

Eben diese Teilung zwischen Körper und Seele finden wir im Gilgamesch-Epos. Enkidu und Gilgamesch, zwei äußerst potente Männer fühlen sich von den Frauen hingezogen und fühlen sich zugleich nach einer größeren transzendenten Liebe.

Jetzt ein Zitat:

Gilgamesch tat den Mund auf und sprach zu Enkidu
»Wer, mein Freund, könnte zum Himmel aufsteigen?
Götter nur thronen ewig mit Schamasch;
Der Menschheit Tage aber, sie sind gezählt,
Eitel Wind ist, was immer sie wirken mag!«

Blieben sie in dieser Stadt, dann könnten Gilgamesch und Enkidu zusammen alt werden und ihre Macht verlieren.

Ein Geist, ein Leben inmitten von Vergnügungen, wie Speisen und Sexualität, ist ein Leben in der Gefangenschaft eines Systems der Begrenzungen. Aber der Geist des zum Teil göttlichen Gilgamesch kann diese Begrenzung nicht akzeptieren. Er will darüber hinausgehen. Und so schlägt er Heros eine heilige Suche vor, eine Reise in die Tiefen des Zedernwaldes, um dessen Schutzdämon Huwawa zu erschlagen. Und hier wird das tragische Paradoxon des Epos besonders klar.

Der Mann hat seine Grenzen - und eines Mannes Name, sein Ich, stellt das Etikett seiner Grenzen dar, denn ein Name ist die Bezeichnung von etwas, das stirbt.

Als Gilgamesch Enkidu vorschlägt, hinaus zu gehen und den Schutzdämon des Waldes zu erschlagen und sich so einen Namen zu machen, einen Namen, der auch nach ihrem Tode weiterleben wird, da schlägt er vor, seinem Ich ein Monument zu errichten.

Der Name ist das Etikett des Ich-Seins.

Die Helden haben Ich-Sein und Bewusstsein erlangt und sind sich jetzt schmerzlich bewusst, dass sie nicht länger Teil des ewigen Zyklus der großen Mutter sind.

Dieses bewusste Ich wird dann in diesem Prozess dieser Gesellschaft verstärkt durch die Mauern, die sich erheben, um die Stadt von der Natur zu trennen. Und in diesem Prozess trennen sich die Stadtbewohner zunehmend von der Natur selbst.

Das Kontinuum ist zerbrochen und der Aufschwung der Schrift trägt dazu bei, auch das sensorische Kontinuum zu brechen. Was das geschriebene Wort für das Sensorium ist, das ist das Ich für das Gesamtbewusstsein und die Stadt für die Gesamtheit der Natur.

Schrift, Individuation und Zivilisation sind alles Teile einer umfassenderen kulturellen Phänomenologie.

Dies jetzt zu Punkt 2 - zur Frage also, wie bereits im Prozess der ersten Emanzipation des Menschen von der Natur, von der großen Mutter, vom Eingebundensein in das Land, in die Natur - die Emanzipation des Ich, des Mannes vor allem in Gegensatz gerät. In dem Fall zum Wald, zum Zedernwald, letzten Endes auch zur Frau.

... Was da nicht vereinbar war.

Jetzt als dritten und letzten Schritt dazu, wie dieser da begonnene Widerspruch die Entstehung des Gegensatzes sich verschärft - letzten Endes bis zum heutigen.

Ich möchte dies beginnen, weil - der Punkt der heutigen Zivilisation liegt im antiken Griechenland, am Übergang von auch da gewesenen ursprünglichen mehr matriarchalen Gesellschaften zur Polis, zur ersten Stadtkultur, was sich widerspiegelt sehr stark aus dem Prozess ihres Bewusstseins, ihrer Philosophie. Noch die ersten Philosophen waren Naturphilosophen, dachten nach über die Natur als Ganzes und einer der ersten, Anaximander, versuchte es zu fassen mit Worten, die auf andere Art rationaler ähnlich klingen wie der erst zitierte Hymnus von Gaia. Für ihn klingt es jetzt so:

»Der Ursprung aller Dinge ist das Grenzen- und Formlose, woraus sie entstehen, darin vergehen sie auch mit Notwendigkeit, denn sie leisten einander Buße und Gerechtigkeit für ihr Unrecht nach der Verordnung der Zeit.«

Noch mal lese ich den vor, weil ich glaube, es ist ein sehr schöner Satz:

»Der Ursprung aller Dinge ist das Grenzen- und Formlose, woraus sie entstehen, darin vergehen sie auch mit Notwendigkeit, denn sie leisten einander Buße und Gerechtigkeit für ihr Unrecht nach der Verordnung der Zeit.«

Ähnlich, aber jetzt schon am Punkt des Übergangs stehend, formuliert das dann auch Heraklit:

»Vernünftige Einsicht zu haben, ist die größte Tugend, und Weisheit ist es, Wahres zu reden und gemäß der Natur zu handeln, indem man auf sie hört.«

Und ca. 200 Jahre später dann, schlägt diese Haltung um.

Also Aristoteles, eigentlich der Beginn aller Wissenschaft, der erstmals alle Pflanzen und Tierrassen sozusagen unterschied, ihnen Namen gab, differenzierte, nannte jetzt - oder erklärte - seine Haltung dazu so in seinem Werk »Politik«, dass die Pflanzen um der Tiere und die Tiere um der Menschen Willen da sind – die zahmen sowohl zum Gebrauch als auch zur Nahrung - und von den wilden, wohl nicht alle, so doch die meisten zur Nahrung und zum sonstigen Lebensbedarf, um Kleider und Gerätschaften von ihnen zu gewinnen.

Denn wenn die Natur nichts zwecklos und vergebens tut, so ist hiernach notwendig anzunehmen, dass sie selber dies alles der Menschen wegen gemacht hat. Hiernach gehört dann auch die Kriegskunst von Natur in gewisser Weise mit zur Erwerbskunst, wie denn von ersterer die Jagdkunst nur ein Teil ist.

Man muss nämlich die Kriegskunst anwenden, sowohl gegen die wilden Tiere als auch gegen diejenigen Menschen, welche von Natur zum regiert werden bestimmt sind und dies doch nicht wollen, sodass diese Art von Krieg von Natur gerecht ist.

Also ein anderer, im Vergleich zu Anaximander, Begriff von Gerechtigkeit zur Natur. Der Krieg - die Nutzung der Pflanzen - und auch gegen die anderen Menschen ist gerecht.

Auch diese Zivilisation, die griechisch-römische, erlebte eine kurze Phase von nicht einmal 1.000 Jahren, die Geschichte kennt sicher jeder selber, sie zerstörte sich ebenfalls selbst aus inneren Machtkämpfen und aus Zerstörung ihres natürlichen Umfeldes.

Es gäbe dann, historisch gesehen jetzt, wieder ein kurzes Zwischenspiel - belebt durch das Christentum, entstanden im germanischen Raum. Von

Neuem menschliche Aufbruchsversuche - und die dann vor ca. jetzt 600, 700 Jahren den Prozess der Renaissance, Reformation, erneut umschlugen in eine Zivilisation mit dem Beginn der Neuzeit.

Dies geschah nicht zufällig mit einer sehr starken Bekämpfung bestimmter matriarchaler Linien dieses Christentums – also, in den ersten Jahrhunderten aufgelebte Kulte der großen Mutter Marie und heilige Kulte wurden zerstört, deren Stätten wurden gebrandschatzt. Es gab einen sehr starken Eifer entgegen eben dem Glauben, dass die Natur von sich aus eine spirituelle Kraft besitzt, dass es Stätten in der Natur gibt, wo man die Welt, den Gott verehren kann. Und es passierte eben die Entzauberung der Welt. Alle Spuren von Heiligkeit der Natur wurden in diesem Prozess ausgetilgt, zerstört.

Das Reich des Geistes sollte jetzt nur noch auf den Menschen beschränkt sein. Und damit entstand oder wurde der Weg frei für ein anderes Naturverständnis, für eine andere Welt, die sich am krassesten - das will ich jetzt noch ausdrücken - in ihrem Begriff von Natur, von Naturwissenschaft, ausdrückt.

Der größte Prophet dieser neuen Zeit, der Naturunterwerfung, war Francis Bacon. Er wollte es - seine Formulierung – unternehmen, die Macht und Herrschaft der Menschheit über das Universum zu errichten. Er festigte die bereits im Prozess der Reformation begonnene Unterscheidung zwischen Geist und Seele, zwischen Geist und Natur - verfestigt sie oder klärt sie ab - zur klaren Unterscheidung zwischen Erkenntnis der Natur im Bereich wo die Welt als Ding, als Maschine, als uns nicht betreffendes – ja, was – Dingsein behandelbar ist - und daneben steht jetzt etwas anderes, steht die moralische Erkenntnis des Guten und des Bösen, die damit nichts zu tun hat.

Nicht jene reine und unverdorbene Naturerkenntnis vermöge der Herr – Adam - den Lebewesen Namen gab, jedem nach seiner Eigenart - gab den Anlass zum Sündenfall. Gestalt und Art der Versuchung lag vielmehr in dem ehrgeizigen und hochmütigen Verlangen nach moralischer Erkenntnis des Guten und Bösen, zu dem Ende, dass der Mensch sich wider Gott auflehne und sich selber Gesetze gäbe.

Er entwirft eine Utopie einer Welt. Das Buch heißt »New Atlantis«, eine technokratische Utopie, in dem eine wissenschaftliche Priesterschaft zum Wohl des gesamten Staates die Entscheidungsgewalt innehat, bestimmt, welche Teile der Natur erobert werden sollen, welche vor den anderen Menschen geheim zu halten sind. Der Tempel dieser Priesterschaft – Salomons Haus genannt - das Urbild aller naturwissenschaftlichen Forschungsinstitute, beherbergt Laboratorien und künstliche Naturräume, in denen man die Natur nachahmen kann, um sie beherrschen zu lernen.

Mit erstaunlichem Scharfblick sah Bacon voraus, zu was diese Naturwissenschaft imstande sein würde.

Er sagte: Zu Studienzwecken könne man künstliche Stürme erzeugen, Maschinen zur Verstärkung der Winde, man würde neue Formen des tierischen und pflanzlichen Lebens erzeugen und existierende manipulieren.

Seine Utopie verfügt über Parks und Gehege, in denen man Vögel und andere Tiere zu Experimentalzwecken hielt.

Auf künstliche Weise machen wir die einen Tiere größer oder schlanker, als sie es ihrer Natur nach sind; auf der anderen Seite aber hindern wir andere Tiere an ihrem natürlichen Wachstum. Die einen machen wir fruchtbarer und zeugungsfähiger, als es ihrer Natur entspricht, die anderen dagegen unfruchtbar und zeugungsunfähig. Auch in Bezug auf Farbe, Gestalt und Lebhaftigkeit verändern wir sie auf viele Arten. Wir finden Mittel, um verschiedene Tierarten zu kreuzen und zu paaren, die neue Arten erzeugen und nicht unfruchtbar sind, wie man gewöhnlich glaubt. […] Wir lassen uns bei dieser Tätigkeit nicht vom Zufall leiten, vielmehr wissen wir von vornherein, welches Verfahren anzuwenden ist, um jene Lebewesen erzeugen zu können.]

Zitat:

Auch erproben wir Gifte und Arzneien an ihnen.

Der Zweck all dieser Untersuchungen war, wie er es schon zitiert, die Ursachen sowie die geheimen Bewegungen der Dinge und die Ausweitung des menschlichen Herrschaftsbereiches bis zum Erwirken aller Dinge, die überhaupt möglich sind.

Bacons Vision dann wirkte gut 40 Jahre später als Inspiration für die Gründung der ersten wissenschaftlichen Gesellschaft, der Royal Society in London, nach einer ganzen Reihe von wissenschaftlichen Akademien und Forschungsinstituten.

Er gilt mit Recht als Begründer der Modernen Naturwissenschaft.

So, damit - ich nehme an, wir alle können uns wiedererkennen in diesen letzten Zitaten, sodass ich den Prozess der heutigen Welt jetzt nicht näher zu erläutern brauche, was Rudolf am Anfang ja schon kurz skizzierte. Eine Welt, in der der Mensch denkt, er könne seine Freiheit gegen die Natur durch Eroberung, durch Ausplünderung, Veränderung der Natur erringen, die Illusion, es gäbe eine Freiheit, nicht innerhalb, nicht mit, sondern gegen die Natur.

Ich möchte deshalb jetzt zum Schluss noch einmal in diesem Sinne an den Anfang zurückkommen, dass ich ein Stück vorlese aus Rudolfs »Logik der Rettung«, wo er diesen Zustand des Menschen – er nennt ihn hier »Top-Parasiten« klar und deutlich zeichnet:

[Zitat anhand folgender Quelle geprüft:Bahro, Rudolf: Logik der Rettung. Wer kann die Apokalypse aufhalten? Ein Versuch über die Grundlagen ökologischer Politik; Berlin: Union Verlag, 1. Aufl. 1990, S. 183 – 186]

»Wir sind in unserem Erkennen und Fühlen und Handeln nicht vom objektiven, sondern vom subjektiven Geist geleitet, von unserem selbstbesorgten Ego, dessen spezifischerer Ausdruck der rationalistische Dämon ist. Mit diesem Ego sind wir in einer Grundposition, aus der heraus wir nicht lebensrecht und lebensecht agieren können. […]

Der Experimentator jagt nicht nach Wahrheit im großen Sinne, nicht nach der Rekonstruktion des Ganzen, die die Rekonstruktion Gottes wäre, sondern bloß nach Splitterwissen. So hat die moderne Wissenschaft die Kirche zugleich beerbt und blieb unendlich hinter ihr zurück, weil sie im Egotrip ihrer Adepten stecken blieb.

Geht es um Teileroberungen, hat sich der rationalistische Dämon ideal eingerichtet. Betrachtet man aber den Geist als Organ des Ganzen und seiner langfristigen Interessen, so kann man sich kaum eine unvorteilhaftere Position als die des spezialisierten Verstandes vorstellen, die er so ostentativ bezogen hat. Er gleicht einer ausgefahrenen Antenne – auf der letzten Außenverzweigung des Menschheitsunternehmens . In dieser Position verabsolutiert er unsere ohnehin schon überentwickelte Besonderheit. Ehe nicht der ganze Baum umfällt, wird die Antenne, auf die fernste Galaxis gerichtet, gar nicht merken, dass der Nachschub für die Expedition gefährdet ist, dass die »Bodenstation« weggesackt ist. Ohne zu moralisieren: Wir sind de facto Parasiten, und zwar an der Spitze einer Hierarchie von Parasiten.

In gewissem Sinne kann man das Leben überhaupt als »parasitär«, als ausbeuterisch und entropievermehrend für die mineralische Welt ansehen. Es gibt da von Anfang an keine vollständige »Kreislaufwirtschaft«. Analog verhält sich dann das tierische zum pflanzlichen Leben und, darüber rückvermittelt, zum anorganischen Bereich [...]. Darüber erhebt sich der Mensch, darüber der Mann. Zwar gibt der je »höhere« Parasit immer auch etwas zurück, aber auf der Grundlage der Ausbeutung.

Ein Erkenntnisproblem aber tritt, bis hierher, noch nicht hervor, weil bis hin zum archaischen Mann das Gleichgewicht noch von Grund auf gesichert, die jeweils tragende Schicht quasi unendlich, die Störkapazität der getragenen gering und bei einem Schritt zu weit ja lediglich selbstgefährdend scheint. Aber der Mensch und noch mehr der Mann hat von Anfang an verstanden, sich gegen die Rückschläge zu schützen.

Kultur bedeutet, dass wir uns hinter Mauern zurückziehen und Schutzschicht über Schutzschicht setzen. Zuerst steht dann die Stadt über dem Land, und eine oder mehrere abgehobene herrschende Kasten oder Klassen stehen über beidem. Heute kennen wir den »primären«, »sekundären«, »tertiären« und »quartären« Sektor. Erst über dem allen stehen die Steuerungszentralen: Banken, Laboratorien, Staat. Die Laboratorien der Naturwissenschaft betrachten das Ganze nach wie vor als peinlich zu befragendes und zu diesem Zweck zu zersplitterndes und zu zerschneidendes Objekt; und dort kümmert man sich in der Regel überhaupt nicht um das Grundverhältnis des Top-Parasiten zu seinem um eine ganze Treppe von jeweils subjektiven, selbstinteressierten Reglern entfernte Basis.

Der Unterschied zwischen »selbstbehauptenden« und »integrativen« Tendenzen ist ökologisch betrachtet solange irrelevant, wie sich beides auf diesen sozialen Circus maximus bezieht. Denn so lange handelt es sich nicht um Erkenntnis der Natur bzw. der Gleichgewichtsbedingungen zwischen Gesellschaft und Natur, Geist und Natur, sondern um ein einziges

Pandämonium abgeleiteter Interessen, die – das ist der exterministische Clou – sich von der je sie tragenden Ebene losgerissen haben, sodass sich der gesamte Bau der Kultur herrschaftlich von oben auf den eigentlichen Wirt bezieht. Auch die Naturwissenschaft ist von Ausbeutungs- nicht hauptsächlich von Erkenntnisinteressen geleitet, alles andere – Gesellschaftswissenschaften, Geldwesen, die politische Sphäre, Künste, soweit sie vornehmlich nach Brot gehen – ist überhaupt nur binnenkulturell orientiert.

Man weiß, dass in sozialen Hierarchien die Rückkopplung von unten nach oben nie mithält, sodass die Spitze alles zu spät erfährt. Ganz analog hat sich die Menschheit insgesamt installiert – über ihre prominentesten Faktoren habe ich in den vorigen Kapiteln gesprochen: Sie bilden (Mann, Weißes Imperium, Kapital, Megamaschine) die Stufenpyramide der Selbstausrottung. Und deren Basis ist, wie ich nun abschließend skizziere, die conditio humana selbst.

Diesen parasitären Grundzug der menschlichen Existenz können wir nur vom Ursprung her unter Selbstkontrolle nehmen – oder gar nicht. Am Ursprung aber ist das Gehirn Organ des fühlenden Körpers. Zugleich ist in ihm angelegt, Geist, der sich verselbstständigen kann, zu produzieren, also die Hauptaktivität der jeweils den Kulturprozess bestimmenden, führenden Kräfte, der Eliten, auf abgehobene Ebenen zu verlagern und von deren Sekundärinteressen her die primären zu vergewaltigen und auszubeuten.

Die vertikale Arbeitsteilung und die ganz besondere Spezialisierung der Spitzenfunktionen – sodass wir dort Wissenschaftler, aber keine Menschen; Manager, aber keine Menschen; Politiker, aber keine Menschen haben - womit also nie die grundlegenden, stets nur die besonderen, das Prestige dieser Teilfunktionäre konstituierenden Interessen herrschen können – ist das Verhängnis unserer Kommunikation über die Realität, die infolgedessen zu einem ständigen, gar keiner gesonderten Absprache bedürftigen Komplott gerät. Positionelle Interessen gehen automatisch vor. Wohin das Boot im Ganzen treibt, ist strukturell, ist systematisch ausgeblendet.«

Ja, damit zum Überblick über die Geschichte des Verhältnisses des Menschen und der Natur, angekommen an einem Punkt, wo für jeden sicher wahrnehmbar war, dass wir nicht innerhalb des heutigen Seins hinausgehen können, sondern uns befreien müssen von diesem Mythos der Welt, der Maschine, von dem Mythos, die Natur sei außerhalb von uns, nicht wir sind Teil der Natur, nicht wir haben eine eigene Natur, die aus dem Ganzen geworden ist, in deren Rahmen wir sicher bestimmte Entfaltungen zu vollbringen haben, die uns möglich sind. Dass dieser Mythos der Maschine, der Mythos der Weltbeherrschung, der Eroberung, wie ihn Bacon erst skizzierte, fallen muss, wir müssen ihn loslassen, wir müssen uns selbst loslassen, jeder seinen Kampf um seinen Platz, seine Position, ansonsten wird die Natur immer erst an zweiter oder an dritter Stelle stehen.

So. Die nächste Vorlesung hat zum Thema, den Vorschlag von Claudia von Werlhoff, die nicht sie selber, sondern Prof. Bahro vortragen wird. Sie hat sich besonders darauf konzentriert, wie und dass die Moderne wissenschaftlich - industrielle, patriarchale Struktur - alles Wirkliche, d. h, nicht nur alles natürlich Natürliche, sondern alles gesellschaftlich Natürliche als bloße Natur zur Ausbeutung freigibt. Dies lädt zur Umkehrung ein wenig im Sinne jener asiatischen Kampfkünste, in denen man den jeweiligen Gegner seine eigene exzentrisch gewordene Kraft hinterher fallen lässt. Insofern sei, meint sie, eben heute »Natur« die gesellschaftliche Frage, die sich genau in dem Augenblick positiv stellt, wo der technische Homunkulus ins immer neu geschaffene Nichts fällt. Im glücklichen Fall sind dann an diesem Punkt, wenn es denn passiert, ja, die große Natur und deren Rahmen auch noch die menschliche Natur, von Grund her ungebrochen dann noch und doch noch da – und dazu in der nächsten Woche.

14. November 1994

Naturgerechte Ordnung und menschliche Emanzipation heute

… es beginnt um 16 Uhr und einmal, am Donnerstag, von 9 bis 15 Uhr, der Ort steht da und hier steht auch in dem Brieflein dazu die Telefonnummer, wo man sich anmelden kann. Man sollte sich anmelden, weil, es sollen jeweils nur sechs; sieben Leute sein, die da zusammenkommen. Also, es ist eine ganz kleine intensive Angelegenheit. Wie gesagt, wer sich irgendwie interessiert, jeweils geht es um sechs oder um sieben Stunden an einem Tag, das liegt hier. Und die zweite Bemerkung - da will ich noch einmal dran erinnern:

Ich habe die vorigen Vorlesungen auch mit dem Hinweis angefangen, dieses »Enlightenment intensive«, eine spirituelle Übung, die ich hier oft angeboten habe und die diesmal - deswegen ist sie aus östlichen Augen, also aus »Ossiaugen« ein bisschen teurer - im Schwarzwald stattfindet und kostet zwischen 450,00 und 550,00 Mark, je nach der finanziellen Situation. Und es kommt die Reise dazu, sodass man ungefähr 600,00 rechnen muss hin und zurück.

Ich will in Erinnerung rufen, diese Übung war für mich eine Initiation.

Ich habe in der »Logik der Rettung« ganz ausführlich davon berichtet, seitenlang, was das für mich bedeutet hat.

Der Kern der Übung ist eine Begegnung mit einem selbst eigentlich. Die Frage, um die sich alles dreht, ist: »Wer bin ich«. Und man sitzt sich in mehreren Tagen dort mindestens 40 Mal gegenüber, je in neuer Wahl, also in neuer Wahl des Partners, und wird dann gefragt - fünf Minuten lang - »Wer bist du« und soll antworten - muss nicht. Und umgekehrt - man fragt und soll Spiegel sein. Und die Erfahrung, die ich damit gemacht habe, ist - es berührt sich sonderbarerweise mit diesem Körperthema, über das ich zuvor gesprochen habe - dass diese Frage, die ja eigentlich intellektueller Natur ist und die aber ein Koa in diesem japanischen Sinne ist, das heißt sie findet eigentlich keine rationale Antwort, man kommt jenseits - dass die funktioniert wie eine Art Massage, würde ich mal sagen, an dem psychophysischen System, das wir sind.

Es gibt ein Stück Erwachen, auch wenn es nicht - Enlightenment heißt natürlich hier Erleuchtung - es ist vielleicht ein bisschen viel versprochen. Das passiert nicht jedem, aber was es auf jeden Fall gibt, das weiß ich sicher, das ist sozusagen ein Erwachen, ein Wiedererwachen der ganzen eigenen Existenz. Man findet Quellen in sich, die man mit sehr vielen Worten und Erfahrungen und schon immer weiß, was nicht mehr geht - vor allem zugeschüttet hat - und die Liste liegt da vorn noch mal aus.

Ich habe - obwohl es mir diesmal nicht leichtfallen wird, weil ich nicht ganz wieder in Ordnung bin, aber ich will das auch mitmachen – also, ich habe mehrmals vor Weihnachten diese Erfahrung gemacht, es ist sehr gut.

Wer sich da noch anschließen will, es wäre schade, wenn man das vergehen ließe.

Jetzt, zu der heutigen Vorlesung, und zwar: Zunächst habe ich ja dieses Blatt austeilen lassen, auf dem das Plakat noch mal drauf ist, mit dem wir für die heutige Veranstaltung geworben haben. Und auf der Rückseite sind die Endthesen zum ökologischen Materialismus, die Carl Amery 1972 verfasst hat. Ich habe das angedeutet beim letzten Mal. Ich sage noch mal ein Wort dazu, weil es wirklich überaus spannend ist. Endthesen zum ökologischen Materialismus, das erinnert natürlich an Marx seine Feuerbachthesen. Das hat er also vor jetzt 22 Jahren gemacht, das heißt, er hat versucht, die Art und Weise des abendländischen Zugangs zur Wirklichkeit seit der Renaissance - die ja also positivistisch und materialistisch war, auch im heute wohl problematisch zu sehenden Sinne - die zu radikalisieren, damit sie noch mal trifft. Und das Spannendste daran ist, dass sich Carl Amery selbst als kritischer Katholik versteht. Wenn man sich zurückerinnert, manche werden das heute nicht mehr wissen, vor 20; 25 Jahren gab es da so einen Typ »Paulus-Gesellschaft«, das war ein Treffen eigentlich von inzwischen zum Humanismus hin weit geöffneten Marxisten und andererseits Katholiken, die sich zur sozialen Frage öffnen wollten, wo da manches zusammen gekommen ist. Und in diesem Felde hat Carl Amery mitgewirkt und da stammen also diese Thesen her.

Ich kann bei der Gelegenheit gleich noch hinweisen, auf die nächsten beiden Vorlesungen und will vor allem sagen, meine nächste Vorlesung - das knüpft hier an die Amery-Sachen mit dem ökologischen Materialismus gut an - die hat das Thema: Spiritualismus und Materialismus - von der objektiven Realität. Das ist dieser Lenin-Begriff oder vielmehr von der Natur des Geistes im Universum. Objektive Realität war Lenins Materie … und von der Natur des Geistes im Universum.

Ich will jetzt hier nur so viel dazu sagen, weil es sonst sehr irritieren könnte. Ich habe ja viel Aufmerksamkeit auf die Notwendigkeit der spirituellen Revolution gelegt.

Für mich heißt das - Spiritualismus und Materialismus jetzt kein Ersatzschema, das ist mir ganz wichtig, dass man in der Voreinstellung das weiß, für den hier gelebten Schematismus, den wir von Marx und Engels hatten, Idealismus und Materialismus. Für mich ist Spiritualismus nicht Idealismus. So wie Carl Amery gezeigt hat, dass unser normaler Materialismus - der inkonsequente, wie er sagt - von Marx noch so manches idealistische Moment enthalten hat. Damit will ich jetzt nur soviel sagen, nicht etwa, dass wir dieses Thema, dieses irgendwie unproduktive Thema Materialismus und Idealismus dann doch behandeln, sondern, ich will sagen, dass einfach jenseits gehen, gerade auch mit diesem nächsten Thema und demselben Sinne. Meine nächste Vorlesung ist ja die Einleitung zu einem Zyklus von erst einmal drei weiteren Vorlesungen, die der Frage gelten, also: Ob nicht doch hinter bestimmten Sachen wie Gedanken, Buchstaben, Begriffe, Zahlen mehr steht als bloß Abstraktion.

Es gab ja im Mittelalter diesen großen Streit in der christlichen Theologie zwischen sogenannten Begriffsrealisten, das heißt denen, die mit Platon der Meinung waren, es existieren außer den konkreten Bäumen auch Baum an sich irgendwo im undefiniert auf[ge]deckten Himmel. Und es gab dann eben Leute, die das behaupteten, das war der Begriffsrealismus. Und auf der anderen Seite gab es den sogenannten Nominalismus und - den wir hier also im Osten natürlich immer als Materialismus interpretiert haben. Wo gesagt worden ist, das sind nichts als Begriffe, Abstraktionen, die wir gemacht haben, um Wirklichkeit zu bezeichnen. Und ich bin zu dem Schluss gekommen, dass es sich lohnt, dieser Sache neu auf den Grund zu gehen.

Ich werde einiges Material ausbreiten, also einfach - oder ausbreiten lassen durch Freunde - in den nächsten drei Vorlesungen:

Durch Jochen Kirchhoff, den die meisten von ihnen hier kennen werden; durch den Mathematiker Peter Plichta und durch den Sufi-Meister - einen Deutschen allerdings - Stefan Markovski, der sich außerdem Hussein Abdul Fattah nennt, deswegen dieses islamische Thema, das da in den Texten steht. Also, ich werde einiges Material ausbreiten bzw. Ausbreiten lassen, das uns da noch einmal neu der Sache nachgehen lässt. Es zeigt, was Mathematiker und was Stefan Markovski zu erzählen hatten über innere Strukturen im Koran - und uns doch ein wenig zögern lassen, zu sagen, das sind nur Abstraktionen, da ist nichts. Buchstaben und Zahlen sind nur menschliche Vereinbarungen. Vielleicht reduziert es sich darauf nicht. Und mir ist die Frage deshalb so wichtig, weil - wenn es wahr ist - wie ja meine ganzen Konzeptionen in den letzten Jahren hier immer - wovon die ja immer ausgegangen ist, dass Geschichte, also Schaffung von zweiter Natur, letzten Endes durch den Menschenkopf, durch die menschliche Natur, durch Körper, Seele, Geist des Menschen hindurchgeht, dann kann es eigentlich nicht so sein, dass die beton-materiellen Ursachen stärker und wichtiger sind, als Tiefenmaterie, die der Mensch selbst ist.

Marx hat es in der deutschen Ideologie auch einmal ausgedrückt, dass der Mensch die Grundlage aller seiner Produktion usw. ist. Aber er ist, meiner Meinung nach, viel zu schnell darüber hinweg gegangen.

Also, ich deute von den Amery-Thesen hier einmal mit Vorblick einfach den Einstieg in diese Phase jetzt an, denn mit der nächsten Vorlesung beginnt diese Phase, wo es darum geht, also Deus sive natura – Gott gleich Natur - gibt es doch so etwas wie Wirklichkeit des Geistes, Wirklichkeit der Seele oder sind das nur, ja wie soll ich sagen, nur abstrakte Derivate des materiellen Prozesses?

Ich glaube, dass der historische Materialismus und die Soziobiologie den Menschen nicht genügend treffen, wie gesagt. Und jetzt also, was das heutige Thema betrifft:

Ich lese einleitend, auch um anzuknüpfen an die Diskussion in der vorigen Vorlesung und den Stoff der vorigen Vorlesung und an das Bild, auf das ich dann komme. Es ist zwar - ich muss dann etwas dazu sagen, sonst findet man sich nicht ganz dort zurecht, weil es zu grob über den Kopierer gegangen ist.

Aber ich lese erst einmal ein Gedicht vor, ohne den Autor zu nennen und ohne die Überschrift zu nennen, denn dann gibt es doch noch etwas anderes, das irgendwie auf den Punkt hinzielt, wie wir es denn mit Natur haben und wie gefährlich die denn für uns ist:

Das Gedicht geht so – es ist eine Ballade:

Am siebten Tage unter leichten Winden
Wurden die Wiesen heller. Da die Sonne gut war
Gedachten sie zu rasten. Rollten Branntwein
Von ihren Wägen, machten Ochsen los.
Die schlachteten sie gegen Abend. Da es kühl wurd
Schlug man vom Holz des nachbarlichen Sumpfes
Armdicke Aste, knorrig, gut zu brennen.
Dann schlangen sie gewürztes Fleisch hinunter
Und fingen singend um die neunte Stunde
Mit Trinken an. Die Nacht war kühl und grün.
Mit heisrer Kehle, tüchtig vollgesogen
Mit einem letzten, kühlen Blick nach großen Sternen
Entschliefen sie gen Mittemacht am Feuer.
Sie schliefen schwer, doch mancher wusste morgens
Dass er die Ochsen einmal brüllen hörte.
Erwacht gen Mittag, sind sie schon im Wald.
Mit glasigen Augen, schweren Gliedern, heben
Sie ächzend sich aufs Knie und sehen staunend
Armdicke Äste, knorrig, um sie stehen
Höher als mannshoch, sehr verwirrt, mit Blattwerk
Und kleinen Blüten süßlichen Geruchs.
Es ist sehr schwül schon unter ihrem Dach
Das sich zu dichten scheint. Die heiße Sonne
Ist nicht zu sehen, auch der Himmel nicht.
Der Hauptmann brüllt als wie ein Stier nach Äxten.
Die liegen drüben, wo die Ochsen brüllten.
Man sieht sie nicht. Mit rauen Flüchen stolpern
Die Leute im Geviert, ans Astwerk stoßend
Das zwischen ihnen durchgekrochen war.
Mit schlaffen Armen werfen sie sich wild
In die Gewächse, die leicht zittern, so
Als ginge leichter Wind von außen durch sie.
Nach Stunden Arbeit pressen sie die Stirnen
Schweißglänzend finster an die fremden Äste.

Die Äste wuchsen und vermehrten langsam
Das schreckliche Gewirr. Später, am Abend
Der dunkler war, weil oben Blattwerk wuchs
Sitzen sie schweigend, angstvoll und wie Affen
In ihren Käfigen, von Hunger matt.
Nachts wuchs das Astwerk. Doch es musste Mond sein
Es war noch ziemlich hell, sie sahn sich noch.
Erst gegen Morgen war das Zeug so dick
Dass sie sich nimmer sahen, bis sie starben.
Den nächsten Tag stieg Singen aus dem Wald.
Dumpf und verhallt. Sie sangen sich wohl zu.
Nachts ward es stiller. Auch die Ochsen schwiegen.
Gen Morgen war es, als ob Tiere brüllten
Doch ziemlich weit weg. Später kamen Stunden
Wo es ganz still war. Langsam fraß der Wald
In leichtem Wind, bei guter Sonne, still
Die Wiesen in den nächsten Wochen auf.

Man sieht, dass der Urwald sehr gefährlich ist.

Das Gedicht: »Von des Cortez Leuten« von Bertolt Brecht, das heißt, das handelt von den Spanien-Desperados, die vor 500 Jahren nach Südamerika gezogen sind, wo sie nie herkamen und wo sie mit dem Urwald nicht vertraut waren und dann offenbar vom Dschungel gefressen wurden.

Wir sind geneigt, unser Bild von der großen Natur, nach so einer Erfahrung einzurichten. Die steht nicht in dem Buch von Brecht, nämlich in der Überschrift Bertolt Brecht »Es kommt das Leugnen« weiß man, welches hier der wirkliche Zusammenhang ist. Aber wenn man den Text vordergründig für sich nimmt, dann sieht es so aus, als ob – also, der Urwald ist feindlich. Und man hat, in Europa jedenfalls, bis in die letzten Jahrzehnte immer wieder betont, also die - gute Gründe natürlich - die alten Germanen hatten ihre Wälder da zu fürchten, aus denen sie übrigens auch nicht ursprünglich waren. Was man weiß ist, dass Indianer normalerweise in ihren Urwälder nicht umzukommen pflegen und dass die auch vor den Urwäldern - also vor der großen Natur in ihrer Umgebung - nicht die Angst haben.

Zum Beispiel berichtet Campbell in seiner Mythologie irgendwo davon, dass er dabei war – nein, jemand anderes, er berichtet von jemand anderem - wie sozusagen - in der Rolle von Katzen - die Buschmänner, die Buschleute Giftschlangen oben in ihren Zweighütten rumlaufen lassen, also rumspringen lassen, die dort das Ungeziefer fressen. Die sind sozusagen für die berechenbar und nicht gefährlich.

Aber, in unserer Lesung des Naturverhältnisses herrscht offenbar Gefahr und herrscht auch Feindschaft.

Was man aus der Urzeit weiß - wobei das inzwischen mythologisch rekonstruiert werden konnte - wovor die wirklich Angst hatten, dass waren Geister und Geister, das hieß, das waren in der Regel entweder erschlagene Tiere oder tote Stammesgenossen, weil – also, mit den Ahnen musste man schon sehr persönlich umgehen. Das heißt, worauf ich aufmerksam machen will, ist, dass wir es mit einer verdammt späten Psychologie zu tun haben, wo der Mensch im Vordergrund – Natur - so gegenüber gestellt werden - nicht wie bei Brecht, sondern - wie den ersten Eindruck, den man bekommt, wenn beschrieben wird, wie der Urwald eine Gruppe von Menschen, die da täglich durch den Wald zieht, auffrisst.

Wenn wir das noch ein bisschen erweitern wollen, dann lasst uns mal blicken auf dieses Bild, das hier auf dem Plakat für die heutige Vorlesung hier drauf war. Was man hier im Vordergrund sieht, das ist, ich weiß es gar nicht ganz genau, woher das Bild ist, weil - ich habe es nämlich entnommen aus Oskar Negt und Alexander Kluges Sammlung: »Geschichte und Eigensinn«, wo sie - Geschichte also, das ist das Gesetzmäßige - und Eigensinn ist, was trägt nun doch der Mensch dazu bei und dort hinein. Und da ist dieses Bild vertreten. Wohin es jedenfalls sinngemäß gehört, das ist, ich würde mal sagen, Herman Melvilles »Moby Dick«. Also diese Geschichte von dem Kapitän Ahab, der einen Wal durch die Meere verfolgt. Und spannend ist schon, wenn wir gegenüberstellen was im 19. Jahrhundert der Wal für ein gefährliches, fürchterliches Tier war und was wir heute eigentlich in der Regel in den Vordergrund stellen, wenn von Walen die Rede ist - dass die friedlicher sind als wir, höchst bedroht durch unsere verbrecherischen Fangpraktiken. Und weiter kann man noch zurückblicken: Die Griechen - also schon Leute, die sonst in mancher Hinsicht unsere Verfassung teilten, haben Wale, Delfine usw. verehrt und geliebt. Also, es ist eine völlig historische Angelegenheit. Und wenn man jetzt aber dieses

Bild hier betrachtet, dann ruft das noch zusätzlich einen Gedanken in Erinnerung, den wir hier, also durch die Art wie das gemalt ist – ich komme noch näher darauf – gezeichnet ist, den wir hier, besonders als Ekkehard Krippendorff sprach, anlässlich von Hobbes »Leviathan« behandelt haben. Das Spannende ist, dass - schon die alten Juden allerdings - diese Untiere »Leviathan und Behemoth«, die in ihrer Lesart also eindeutig gesellschaftliche Ungeheuer waren, was mit der asiatischen Despotie, also mit gesellschaftlichen, mit Herrschaftsverhältnissen und den Ängsten davor zu tun hatten, dass die also in der Gestalt von unschuldigen Meerungeheuern auftraten. Und guckt mal hier auf das Bild im Einzelnen. Da sieht man im Vordergrund also ein kleines Boot mit Leuten, die sozusagen gerade noch sich behaupten gegenüber dem flossenschlagenden großen Ungeheuer, das zur Hälfte rausguckt. Und neben der Flosse, das ist hier auf dem Bild nicht so recht kenntlich, aber was dort so als weißer Halbmond und schwarz darunter direkt neben der Flosse so ein bisschen links unter der Flosse steht, das ist ein umgedrehtes Boot, das ist eins, das die Flosse offenbar getroffen hat, das ist ein zersplittertes Boot. Und zwei Menschen auch - das ist nicht so recht kenntlich - fallen aus diesem Flossenzusammenhang, also, die stürzen dann schon ins Meer. Das Ungeheuer hat sie besiegt.

Wenig kenntlich ist, solange man auf den Vordergrund guckt, dass nicht der Wal diese beiden Boote, diese Walfänger, herausgefordert hat, sondern dass die Walfänger gekommen sind, um mit dem Wal zu kämpfen - ähnlich wie mit den Inkas und mit dem Urwald. Und wenn man es dann ganz erkennen will - auf der linken Seite, dort sieht man ein Segelschiff von der Größe, wie es ein Wal normalerweise nicht mehr zerschlägt. Da sieht man also in dem Bild allein, wie sehr sozusagen der Kampf des Menschen gegen die Natur, der - aller sozusagen historischen und psychologischen Wahrscheinlichkeit nach - eine Folge des Kampfes des Menschen gegen den Menschen ist, also, der gesellschaftlichen Widersprüche.

Wie das hineinprojiziert wird in den Naturzusammenhang - und dann gibt es selbst im Marxismus so etwas wie den Naturzwang und Erklärungsversuche, die darauf hinauslaufen, dass der Mensch zu Herrschaftsverhältnissen gezwungen war, weil die Produktivität zu niedrig war und weil die Natur halt besiegt werden musste.

In Wirklichkeit sind es sozusagen - ist es der Produktivitätsanstieg und die Gefährlichkeit der Natur gar nicht gewesen, die dazu geführt hat, dass wir diese Herrschaftsverhältnisse aufgebaut haben. Sondern es war im Wesentlichen - das hat die Heide Göttner-Abendroth ja in ihren Studien übers Mutterrecht besonders deutlich gezeigt - es war der Krieg zwischen immer dichter aufeinander zurückende Menschengruppen und Menschengruppen verschiedener Provenienz, solchen die durch - wenn schon, dann natürliche Prozesse vertrieben waren, durch biologische Prozesse. Aber wenn da Mensch auf Mensch stieß, dann wurde das interessant, Hierarchie und Herrschaftsverhältnisse zu schaffen. Und es ist überaus spannend, wie das ideologisch so funktioniert hat, dass man es der Natur in die Schuhe geschoben hat. Darauf habe ich voriges Mal hier mithilfe von Claudia v. Werlhof auch zu zeigen versucht. Und es ist jedenfalls diese Konstellation - diese ideologische und psychologische Konstellation - der Hintergrund dafür, behaupte ich jedenfalls erst einmal, dass ökologische Politik in dem Sinne, dass es darum ginge eine naturgerechte Ordnung zu schaffen auf der Erde, eine die sich verträgt mit dem großen Gesetz, dass das Ganze zusammenhält - dass das nur als Horrorvision gedacht werden kann, dass das nur so gedacht werden kann. Also an sich – also, der Darwinismus sozusagen stinkt geradezu zum Himmel in den entsprechenden Texten immer - ist dann davon die Rede, dass es offenbar ökologisch dann darum gehen soll, zurückzufallen in die Verhältnisse von »Fressen und Gefressenwerden«. Und die große Beschwerde über dieses Thema »Fressen und Gefressenwerden« erheben wir als das erfolgreichste Raubtier, das hier über die Erde gelaufen ist. Und ich sagte, und das will ich noch einmal festhalten, dass also der Hintergrund offenbar ist die gegenseitige Menschenfresserei für diese Befürchtung, die also - ich glaube, dass es ein großes Ablenkungsmanöver ist, von der Natur zu befürchten, dass sie uns knechten wird unter den jetzigen Verhältnissen. Es gibt dann also so verrückte Ideen, wie das mit der ökologischen Krise jetzt - die wir gemacht haben - der Naturzwang wiederkäme, wo es ja nun schon offensichtlich ist, wir reduzieren das.

Wenn man jetzt versucht, das Thema: »Naturgerechte Ordnung und menschliche Emanzipation« heute sozusagen auf den Punkt zu bringen, um den es wirklich geht, würde ich sagen: Es handelt sich eigentlich um Folgendes:

Was die natürliche Ordnung angeht, an der wir uns da orientieren wollen, so will ich verweisen auf die Anmerkung auf der Rückseite hier des Blattes, was ich ausgegeben habe, mit den zwei Sternchen davor zu dem Ökosystem, von dem Amery hier politisch spricht. Und wenn man da genauer hinsieht - bei dem Thema also – also, was ist in der These 6 von Amery - wenn er da vom Ökosystem spricht, dann ist es deutlich. Er stellt das Ökosystem dem Industriesystem gegenüber - und zwar übrigens genau in dem Sinne, wie ich das später mit meiner »Logik der Rettung« - an Mumford orientiert - auch gemacht habe. Er sagt nämlich: Industriesystem und Industrie, das ist nicht dasselbe. Nicht, dass wir irgendeine Mühle betreiben. Technologie, auch Hightech meinetwegen, in kleinem Maßstab, das ist nicht das Problem, sondern das Industriesystem. Er meint es schon, ohne dass das hier so gesagt ist, im Sinne dieser Megamaschine. Und wenn man jetzt in dem Zusammenhang Ökosystem und Industriesystem gegenüber stellt, dann ist schon klar, dass also, dass an Natur, was hier mit einer natürlichen Ordnung geschützt werden soll - zu unseren Gunsten - dass das also sehr konkret vor dem Hintergrund dieses Industriesystems, also dieser Folie, gesehen werden muss.

Nun will ich gern zugeben, dass ich in den ganzen letzten Jahren hier immer auch interessiert war, nach dem Zusammenhang zwischen kosmischer und irdischer Ordnung zu fragen. Also zwischen dem Tao, wie die Chinesen das nennen, oder dem Dharma, wie die Inder das nennen, und der irdischen Ordnung. Das ist ein uraltes orientalisches Thema. Dort in der Regel mit despotischer Konsequenz behandelt, zumindest de facto, also in den gesellschaftlichen Verhältnissen. Aber ich denke, dass wir dieses Thema anstoßen, dass es neu diskutiert werden muss.

Aber hier, in dem gegebenen Zusammenhang, geht es jedenfalls in der These 6 und in der Anmerkung dazu - da geht es nicht um die unmittelbare Umsetzung irgendwelcher universeller kosmischer Prinzipien jetzt. Das wäre ein sehr langer Weg, weil wir dann - also, wir müssten uns dann unentrinnbar erst mal wirklich über eine lange Strecke - und wir meinen nicht uns hier, sondern die Gesellschaft im Großen - über eine lange Strecke neu darüber verständigen, was eigentlich der Weg der Natur ist, weil - wir wissen nichts mehr davon. Wir kennen nur noch den Weg des Ichs, mit seiner Selbstdurchsetzung in der Gesellschaft, unter diesem Gesichtspunkt wird Emanzipation gesehen, nicht im Naturkontext.

Wie gesagt, es wäre wichtig, auch da weiterzugehen. Aber zunächst einmal ging es hier nicht um diese Frage »Universell kosmische Prinzipien bei natürlicher Ordnung« und zweitens, es geht auch nicht darum, also, die Werte nun an und für sich für heilig zu erklären - auch eine interessante Perspektive, über die wir schon gesprochen haben. Auch das ist hier nicht Amerys Gesichtspunkt. Für ihn stünde eher die Frage zur Debatte, ob es nicht verrückt ist, also, Heilige nun profan so sehr zu unterscheiden und sie entweder für heilig zu halten oder als Müllkippe und Bergwerk zu benutzen nur, sondern ob man nicht die Erde - Erde sein [lassen] sollte. Aber in Wirklichkeit ist das Thema, das Amery hier in den Mittelpunkt stellt und das für meine Begriffe erst einmal sozusagen der politische Angelpunkt für natürliche Ordnung und menschliche Emanzipation ist, ist nicht einmal die Erde schlechthin, sondern ist die Nische der Gattung Mensch auf dieser Erde. Ich meine jetzt, einfach mal vorausgesetzt - ich habe neulich bei Hubert Markl, einem Theologen, gelesen, der lange Präsident der Forschungsgemeinschaft auch war - ich weiß nicht mehr wie viel, ich glaube ungefähr zehnmal so viel wie wir, ich will es nicht verbürgen jetzt, wiegen die Insekten physisch - wenn man alle Menschen auf die Waage tut und alle Insekten, wiegen [die] zehnmal so viel. Bloß wenn man unsere Kilogramm Beton, Stahl usw, wenn man die dazu zählt – zum Beispiel lese ich heute gerade im Spiegel: 800 kg Beton auf jeden Italiener, auch vom Säugling an. Dann allerdings wiegen wir etwas mehr, und es ist das Problem, dass höchstwahrscheinlich die Insekten noch mit einer anderen Erde klar kämen, mit einer biologisch weniger entfalteten als wir. Und wenn von unserer Nische die Rede ist, also von dem Ökosystem im konkreten Sinne, das dem Industriesystem gegenüber steht, dann handelt es sich darum, dass wir und die uns verwandtesten Momente der Biosphäre - und die komplementärsten Momente - dass für die zuerst die Gleichgewichte verschwinden und dass wir dabei sind sozusagen, genau diese Ebene, diese Schicht der natürlichen Ordnung, die belebte Erde im Sinne menschentragender Erde, die sind wir dabei [sind] wegzuräumen. Es ist sozusagen ein Überschlag dieses kurzsichtigen ökonomischen Egoismus, dass wir sozusagen unserem Art-Egoismus und unserem Überlebensinteresse hier ein Schnippchen schlagen, das sich wirklich gewaschen hat.

Also bei der Gegenüberstellung von natürlicher Ordnung und menschlicher Emanzipation - der Rahmen ist dieser - und vor dem Hintergrund will ich noch mal diese entsetzliche 6. These vorlesen von Amery, damit man sie richtig wörtlich nimmt, die sechste:

Dann sagt er - die Theorie, Praxis des inkonsequenten Materialismus, das heißt des Industriesystems, den Widerspruch der Entropiebeschleunigung in sich trägt – also, dass wir zu schnell alles platt machen, was sozusagen die höhere Lebensform trägt und damit den Untergang - sind nur zwei Möglichkeiten gegeben, entweder das Industriesystem bricht vor dem Ökosystem oder das Ökosystem bricht vor dem Industriesystem. Die Logik des Überlebens der Menschheit erfordert deshalb die raschestmögliche Zerstörung des Industriesystems - nicht der Industrie - und zwar um - fast - jeden Preis.

Also, wie gesagt, Ökosystem ist dann eben nicht irgendein irdisches Gleichgewicht, sondern das uns tragende. Und bei ökologischer Politik geht es dann darum - habe ich hier geschrieben - den sozialen Rahmen zu schaffen, indem wir eine Daseinsweise einüben können, die dem gemeinsamen Überleben von Mensch und Biosphäre in der gegebenen Nische nicht widerspricht, nicht widerspricht.

Ich kann einfach nicht sehen, dass das ein terroristisches Konzept sein muss. Was die Wahrscheinlichkeit ist - und worauf halt Leute wie Amery oder Mumford und andere frühzeitig - etwas eher als wir - jedenfalls hingewiesen haben ist, dass das Industriesystem selbst terroristisch funktioniert. Also Mumfords ... warnung vor der Megamaschine, sein Entsetzen darüber, dass diese altasiatische Form mit moderner Technokratie multipliziert bei uns wiederkehrt, das war gerade - er wies auf den totalitären Charakter dieses Unternehmens hin. Und es wird wohl so sein, dass ähnlich wie bei diesen komischen Naturbildern hier, von denen ich einleitend gesprochen habe, dass wir es, wenn schon, dann mit dem Rückschlag sozusagen unserer eigenen Praxis zu tun haben, wenn uns das auf einmal also totalitär vorkommt, was da an Politik auf uns zukommen könnte. Das es nicht leicht wird, politisch gesehen, darauf komme ich unter anderem auch mit Amery hierauf zurück. Aber erst einmal, es geht wirklich dabei um die Bewahrung der Nische, in der der Mensch und [die] mit ihm verwandtesten bzw. komplementärsten Lebensformen gedeihen. Und es gibt diese Nische - das macht die Sache nun allerdings dramatisch und zwingt uns irgendwie dazu, nach einer kosmischen Lösung auch zu fragen - es gibt diese Nische ein einziges Mal. Während wir, die wir in der Gütekontrolle wirklich eines Industriebetriebes so tun, wenn wir dieses bestimmte Werkstück jetzt auf seine Widerstandsfähigkeit prüfen und es geht kaputt, kein Problem, wir nehmen das nächste. Es gibt - diese Nische gibt es ein einziges Mal und wir testen sie auf absoluten Bruch hin und ... sind kleine Teile unseres wissenschaftlichen und zerrissenen Plans längst nach dem Ersatzplan leben. Andere wieder - aus verschiedensten esoterischen oder sonstigen Erwägungen - denken wir, sind sowieso bestimmt dazu, die Erde zu verlassen. Ein absoluter Unfug, weil also praktisch die ganze psychophysische Existenz des Menschen an diesen Bios gebunden ist, das ist ja gerade das Geniale – dieser Zusammenhang!

Unterbrechung durch Störung von draußen! – Steinwurf

Das Problem ist, dass wir mit unserem expansiven Industriesystem den kämpferisch Verfolgten trügerische und unrealisierbare Glücksversprechungen [machen] - das Treibende sind, dass wir dazu eben die Lebensgrundlage unserer Art überfordern und verlassen.

Ich habe ja bei den vorigen Vorlesungen schon bei der Frage, die dieses letzte emanzipatorische Projekt in seiner westlichen Lesart, wo also Emanzipation immer heißt, gegen andere Mitglieder in der Gesellschaft sozusagen den gerechten Anteil zu erkämpfen, den Aufstieg zu erkämpfen, damit alle Römer gleich sind und nachher bis hin in die dritte Welt, wenn es dann möglich ist, alle Menschen gleich sind. Das ist ein Projekt, das in sich selbst, glaube ich, die Grenzen der Erde ignoriert. Und dass das so ist, dass also sozusagen der Kampf in der Stadt um Freiheit, Gleichheit, Brüderlichkeit ohne Rücksicht auf das, was draußen ist und auf die Ressourcen, die benutzt werden damit - es geht ja auch nur aufwärts, es geht ja immer darum Zuwachs zu verteilen. Also diese Konstruktion, die bedeutet natürlich, dass die ökologische Krise unentrinnbar ist und dass wir die Nische auf diese einzige, die - da auf Tragfähigkeit testen und also, wir können nicht dabei bleiben. Der Kampf um die allgemeine Emanzipation des Menschen ist so angelegt, dass mehr und mehr Individuen, mehr und mehr Kilogramm und Kilowatt pro Kopf für ihre Selbstverwirklichung brauchen. Das verträgt sich nicht mit der Endlichkeit der Erde. Während der deutsche oder gar der nordamerikanische Standard von Naturverbrauch und Naturbelastung pro, will ich mal sagen, Einheit von Emanzipation - so muss sich der Druck auf die Biosphäre, die jetzt schon erhebliche Gleichgewichtsstörungen anzeigt, noch mal verzehnfachen, und zwar selbst dann, wenn die spezifischen Verbräuche inzwischen effektiviert werden.

Also, Ernst Ulrich von Weizsäcker, mit dem ich in einer guten Diskussion eigentlich bin, will zeigen zum Beispiel, dass wir den Standard, den wir jetzt haben, mit einem Viertel des Aufwands bringen könnten. Aber ich glaube nicht, dass das das Grundproblem in irgendeiner Weise löst. Das mag gut sein für ein bisschen Zeitgewinn, also für Aufschub des Todesurteils, aber für mehr nicht.

... und zwar letztlich zu unseren Ungunsten keine unabhängige Natur mehr um uns übrig, das ist das Problem. Das heißt also, die Regeneration der biologischen Basis, der belebten Erde auf der wir stehen, vollzieht sich dann unter der irrealen Voraussetzung, wir werden das ökotechnokratisch berechnen, wir können das sozusagen nachträglich sicherstellen, während wir eine abgeleitete, wenn auch intelligente Funktion dieses ganzen Zusammenhangs sind. Ich sage also ganz offensichtlich - und das ist - und jetzt komme ich sozusagen auf die Stelle, wo es eines Bruches mit der marxistischen Tradition bedarf - deshalb. Besonders in der marxistischen Tradition, besonders deshalb, weil das die Tradition der Unterklasse in diesem Aufstiegsregime ist, in diesem antagonistischen Kampf, das heißt, weil hier viel mehr Leute noch viel mehr von der begrenzten Erde brauchen. Und ich meine das Konzept, nicht die Intention der Emanzipation, sondern, - ich meine - es braucht einen Bruch mit dem marxistischen Konzept der Emanzipation. Ich will zeigen, worin dessen Notwendigkeit besteht. Ganz offensichtlich – sage ich – muss die Entfaltung der menschlichen Wesenskräfte abgekoppelt werden von der Akkumulation dessen, was Engels im Unterschied zu den Existenz- bzw. Subsistenzmitteln - der Mensch braucht natürlich Existenz- und Subsistenzmittel - was er genannt hat im Anti-Dühring »Genuss- und Entwicklungsmittel«.

Er hat gesagt: Der Schwerpunkt des historischen Prozesses - also jetzt der innergesellschaftlichen Kämpfe, der Klassenkämpfe, das versteht sich dann in dem Engelsschen Zusammenhang - verschiebt sich schnell von der Frage, also, wie versorgen wir uns mit dem Lebensnotwendigen, auf die Frage Genuss- und Entwicklungsmittel. Und der Mensch hat eben die nicht mehr aufs Überleben gedacht dann oder aufs Leben, ist dann sozusagen auf die Aufmerksamkeit des sozusagen ganzen gesellschaftlichen Wahrnehmungssystems auch gerichtet, sondern auf einen Konkurrenzkampf innergesellschaftlich - und Gerechtigkeit, schon gut - der bloß um Prestige und Machtvergleich eigentlich geht.

Die Grundlage für mich ist jetzt gar nicht das Problem, ob es da Ungerechtigkeit gibt oder nicht, das heißt, ich will überhaupt nicht bestreiten, dass es hier Ungerechtigkeit gibt, sondern nur - wenn das der Punkt ist, um den wir weiter primär jegliche politische Konzeption und Praxis kreisen lassen, dann verpassen wir einfach die Grundfrage, um die es ökologisch gesehen geht. Der ganze abendländische Kulturentwurf, der sich die übrigen Länder und Völker untertan gemacht hat, läuft von diesem antagonistischen Menschenbild her fehl, das heißt von einem Menschenbild her, das

Geschichte ist, Geschichte der Klassenkämpfe. Und durch diese Klassenkämpfe muss man durch, egal wie lange die dauert.

Marx hatte noch die Hoffnung, deswegen konnte man das im 19. Jahrhundert - sozusagen war das gerade noch erlaubt, das zu denken - dass das gerade jetzt zu Ende geht. Dass wir also an die Stelle herangekommen sind, wo das Ding einen Ausgang hat; wir sind nicht da, es steckt jedenfalls in allen Gewohnheiten, die mit diesem Projekt zusammenhängen, nicht die Welt zum Selbst zu machen, sondern das Selbst zur Welt zu machen. Also bis alle gleich groß geworden sind -

Da steckt dieselbe selbstmörderische, weil interplanetarische Nische streng mit im Netz.

Ganz selbstverständlich ist der Kampf um Emanzipation und interne Gerechtigkeit auf einen größeren Anteil an aller Art Kuchen gerichtet, den diese Zivilisation auf Kosten jeglicher übrigen Existenz heranschaffen kann - mehr zu verteilen, Wachstum also ist die unerlässliche Geschäftsbedingung. Da irrt man sich, wenn man sich jetzt darüber beklagt, wir wissen das mit dem Wachstum nicht, geht nicht, wir machen dennoch weiter. Es ist die unerlässliche Geschäftsbedingung, wenn wir nicht bereit sind, noch sehr viel mehr zu ändern.

... was ist eben Umweltschutz und Kultur - es ist etwas gefährlicher für den Polizei geschützten Frieden in Quartieren, was sozial nicht mehr bezahlbar - ohne Praxis - bestätigt sich derart von selbst und verträgt sich absolut nicht in der ökologischen Fragestellung.

Der gesamte Ruditer vermittelte, also mit der Universität ... Lebensstil, der auf diese Weise, auf diese westliche Weise der freien Welt - ist in sich ausweglos, diese Akkumulationslawine hat ... Die materielle Grenze - die Naturschranke selbst erst - beginnt allmählich zu bremsen. Möglicherweise gibt es gar keine andere Perspektive - anstatt schließlich erst die industrielle Mühle selbst den Abgrund herunterrutscht.

... einer ökologischen Wende, wohl zu unterscheiden von Ökoprojekten zwecks Fortsetzung der Moderne, die werden massenhaft bezahlt.

Der ganze Ideologiebestand, der das Selbstmordprojekt der Moderne deckt, als ... entgegengehalten. Also, die ökologische Wende hat es genau damit zu tun, dass sozusagen die Selbstverständlichkeiten, die mit dieser Art Emanzipationskonzeption - seien es jetzt die, die zu wenig haben, seien es die, die den Standard verteidigen - dass also die Werte gelten. Und die industrielle Mühle ist die Konsequenz dieses Wertsystems - und irgendwie statt dieser ganzen - ideologische Bestand - dem Zugang zur Frage einer ökologischen Wende. Es ist das Wertsystem des Abendlandes selbst, und zwar mit dem Schwerpunkt auf seinen schönsten und heiligsten Kühen, aus dem sich erklärt, dass buchstäblich nichts, aber auch gar nichts geschieht, um die Todesspirale anzuhalten.

Es ist mit anderen Worten das, was Johan Galtung »Ideologische Tiefstruktur« - was er durch den Status der Selbstverständlichkeit geschützte »Tiefideologie« nennt. Das ist die Rüstung, die uns hinab zieht.

Da will ich jetzt, ja, will ich jetzt Pause machen und nach der Pause noch ein bisschen ins Einzelne gehen, mit dem Problem - mit der marxistischen Konzeption - umgehen, mithilfe auch von Murray Bookchin: »Ecology of Freedom« - und dann zuletzt halt in der zweiten Stunde etwas sagen über die Ängste eigentlich, die mit Natur als Politik verbunden sind, und warum man es jetzt totalitär nennt.

Es kann durchaus sein, dass die Klamotte damit zu tun hat.

Dieses westliche Projekt der Emanzipation noch mal auf den Punkt zu bringen, auch im Hinblick auf die Kontinuität natürlich von der amerikanischen Erklärung der Menschenrechte bis zum kommunistischen Manifest … lese ich einen Satz von Thomas Jefferson, einen der ersten prominenten Gründerväter der Vereinigten Staaten, die jetzt in dem modernen … der Kongressbibliothek in Washington an der Wand steht und die lautet: »Wir behaupten, dass die Erde und ihre Fülle der gegenwärtigen Generation zur Nutzung überantwortet ist.« Das heißt also, die Voraussetzung ist natürlich - bei Jefferson, sonst hätte er das so nicht gesagt - dass er das Problem ›Ihr könnt die künftigen Generationen berauben‹ nicht sieht – jetzt, was den eigenen Stamm betrifft. Und die andere Voraussetzung - ganz beiläufig auch und nebenbei - ist, dass die Indianer da ganz offensichtlich unselig auf der amerikanischen Erde hin und her rennen und nichts aus diesen Reichtümern machen. Man muss da was machen. Ohne Werk, dass das so einfach existiert da, dieser riesige Gott, das geht natürlich nicht so stillschweigend. Deswegen also, in aller Unschuld, wir behaupten, dass die Erde und ihre Fülle der gegenwärtigen Generation zur Nutznießung überantwortet ist. Und es schreibt sich fort in dem Unterklassen-Emanzipationsprojekt, das wir nachher hier betrieben haben. Insofern ist es dann spannend, dass in genau dieselbe Zeit in der gerade Murray sein Buch hier geschrieben hat: »Tiefer« – ein Kursbuch herausgekommen [ist], in dem die Linke ihre Grundposition zur weltökologischen Frage – amery ist auch irgendwo links, aber anders – katholisch links – in einem Kursbuch ihre Grundposition kenntlich gemacht hat und dort lautet sozusagen der Schlüsselsatz mit einem gewissen Entsetzen von Hans Magnus Enzensberger lautet so: »Was einst der Freund versprach – also schon mit vollem Blick auf dieses Dilemma, das ich gemalt habe – was einst Befreiung versprach, der Sozialismus, ist zu einer Frage des Überlebens geworden. Das Recht an Freiheit aber ist, wenn die Gleichung der Ökologie aufgeht, ferner wird denn je. Also das ist ein Satz, der ganz zusammen stimmt mit dem, was ich am Anfang der vorigen Vorlesung da von jemanden aus der Frankfurter Schule zitiert habe. Also Ökologie und Emanzipation geht nicht. Und ich behaupte einfach, das ist schon richtig, wie es hier steht – wenn die Voraussetzungen stimmen, die wir da sozusagen – nein, im Marxismus kann man nicht sagen, stillschweigend, sondern dort sind sie offenbart, als Konzept eingebracht. … Aus diesem Teufelskreis ausbrechen, das ist das

Problem dann. Da bietet die marxistische Tradition einen denkbar ungünstigen Ausgangspunkt, und zwar von ihrem theoretischen Herangehen, von ihrem – wie soll ich mal sagen – klassenegoistischen materialistischen Voraussetzungen hier.

Das hat insbesondere Murray Bookchin in seiner »Ecology of Freedom«, also in seinem Buch »Ökologie der Freiheit« sehr klar herausgearbeitet – wer nachsehen will, Seite 98 und folgende da, da führt Bookchin diese … an, es ist amerikanischer Anarchist, dadurch kommt es eigentlich von seiner Tradition …

Bekanntlich ist der Kommunismus als die erhoffte Ordnung der Allgemeinemanzipation bei Marx an die Voraussetzung des materiellen Überflusses der unendlich erweiterten Reproduktion gebunden. Das bedeutet zugleich die Annahme - die geht sogar voraus eigentlich, es ist nicht bloß die Kehrseite und es geht voraus, es ist direkt so gedacht – jetzt finde ich die Stelle nicht - die Annahme, dass Ausbeutung und Unterdrückungsverhältnisse unvermeidlich, ja für den kulturellen Fortschritt notwendig sind, solange die Produktivität nicht ausreicht, um mehr als einer klassenmäßig privilegierten Minderheit die volle Entfaltung der menschlichen Wesenskräfte zu ermöglichen. Das heißt b,ei Marx ist klar, also jetzt steht die allgemeine Emanzipation des Menschen an, weil die Maschine der Reichtumsproduktion industriell läuft. Im Idealfall, also Automatisierung, niemand muss mehr am Maschinchen stehen … weil die läuft. Aber, solange das nicht der Fall war - und Marx hat nicht auf die ganze Welt geguckt in Wirklichkeit, sondern auf die fortgeschrittenen Länder damals, auf eine Minderheit der Menschheit also, wo das nötig sein soll, Frankreich, England, Deutschland und so. Er konnte deshalb optimistisch sein, aber die Konzeption vom Grunde her ist eine, dass also - der Mensch muss der Natur seine Subsistenzmittel abringen. Und dann kommt eine ganz lange Periode, wo es darum geht, Genuss- und Entwicklungsmittel anzuhäufen, dass der Mensch also seinen Aufstieg wirklich machen kann. Und das geht durch das Nadelöhr von Ausbeutung und Unterdrückung von privilegierten Klassen, die das erst mal auf sich konzentrieren müssen, und zwar - das spielt dann eine große Rolle dabei - unbewusst, das ist unbewusst bei Marx - um des Fortschrittstempos wegen. Es könnte sein, dass das ganze Ding sonst zu lange dauert, dabei sind die 5.000 Jahr, die er da überhaupt im Blick hat - oder die 3.000 - so überaus kurz, wenn man Menschheitsgeschichte oder gar Naturgeschichte nimmt. Da ist also in dem Marxismus eingebaut diese Kopplung zwischen Emanzipationsbedingung - ist der Überfluss, Überflussproduktion, also wir müssen von der Erde nehmen, was es auch hergibt - und der Gedanke, es muss also diese Bedingung der eigenen Emanzipation erst herbeiproduziert werden. Der Mensch ist keineswegs … so von Natur aus freiheitsfähig, sondern er hat es eigentlich nicht zufällig verloren, dass er frei geboren - nicht überall in Ketten, das ist für Marx erklärt, das muss irgendwie so sein - jetzt nicht im Sinne der Forderung, sondern so hatte er die Geschichte verstanden.

Verhängnisvollerweise, wenn man ihn heute sieht, hat sich im Weltmaßstab ja kaum etwas an dem so charakteristischen 1:10-Verhältnis, jetzt mal über dem Daumen, zwischen Privilegierten und Ausgebeuteten, also …

Im Weltmaßstab hat sich daran ja eigentlich nichts geändert, was die Zahlen betrifft, sodass es historisch-materialistisch gesehen in Wirklichkeit immer noch die Zeit für die allgemeine Emanzipation ist, besonders wenn man nämlich sieht, dass der Durchbruch in den entwickelten Ländern im 19. Jahrhundert … ja nicht geklappt hat. Also es ist ganz offensichtlich ein Engpass. Und in dem Augenblick, wo man eben heute noch entgegensetzen könnte, dass zumindest die technischen Bedingungen gegeben seien, da ist ja nun - es hat sich ja nochmal inzwischen verzehn- verhundertfacht - die Produktivitätszeiten - obwohl das am Wohlstand nicht angekommen ist. Aber in dem Augenblick weist nun die Naturschranke unmissverständlich darauf hin, hier entlang kann nicht weiter sinnvoll gedacht werden. Also, so kann Emanzipation nicht weiterhin sinnvoll gedacht werden. Soziale Gerechtigkeit ist nur, das ist jetzt verkürzt gesagt, da muss ich also appellieren an das, was - an die Erinnerung an sonst Erzähltes - soziale Gerechtigkeit ist nur im Rahmen einer Subsistenzperspektive denkbar.

Das heißt nicht, dass es keine Genuss- und Entwicklungsmittel geben darf, sondern dass der Schwerpunkt von der Reproduktion entlang dieser Ansammlung von Privilegien zurückverlegt werden muss auf die Reproduktion - und zwar den Anfang der Produktion der menschlichen Existenz - und dass man dann vielleicht die Erfahrung machen wird, dass sozusagen das Wesen des Menschen und die Entfaltung der menschlichen Wesenskräfte nicht in dem Sinne und Maße wie Marx und Engels das gesagt haben allein von Produktionsmitteln abhängt.

Ich glaube, in dieses ganze Marx'sche Konzept - eingegangene Konzeption - also, Arbeit erst hat den Menschen gemacht - dass die am allerwenigsten stimmt – biologisch und anthropologisch – sondern der Mensch hat erst arbeiten gelernt, als er Mensch im vollen Maße - einschließlich der Fähigkeit dann arbeiten und Wissenschaft betreiben zu können - längst war. Das heißt, hier hat sich dann der Produktivismus des 19. Jahrhunderts, wie sie sozusagen mit vorurteilsvoller Selbstverständlichkeit - dass Indianer unnötigerweise und unsinnigerweise da auf dem Land da rumflanieren - das hat sich im Hintergrund da durchgesetzt.

Also der Springquell für die weitere konjunkturelle Revolution liegt dann von heute - wenn ich da hier die Frage stelle, wie man natürliche Ordnung und menschliche Emanzipation heute - das muss dann überhaupt jenseits dieser ökonomischen Frage ... die haushälterische Erwägung bleibt, das ökonomische Thema bleibt. Das versteht sich. Nur, dass also die Fixierung aus der Ökonomie selbst auf die Frage – ich habe die eben gemacht – selbst auf die Frage, erweiterte oder einfachere Reproduktion, das muss weg. Es geht auch nicht darum, dass der Mensch sich überhaupt nicht leisten kann, irgendwie mal ein bisschen mehr zu verbrauchen, sondern es geht darum, dass wir sozusagen unser ganzes gesellschaftliches System auf nichts als den Zuwachs, auf die Expansion aufgebaut haben und davon abhängig machen, ob der Mensch sich emanzipieren kann. Das muss fallen. Und insofern dann gibt Bookchins Buch einen sehr wichtigen Hinweis – positiv jetzt – da komme ich dazu, dass die gedankliche Entkopplung von Armut - oder sagen wir besser materieller Bescheidenheit - der Kultur ein ... Buch geschrieben, das heißt »Armut - Reichtum der Völker« wobei Armutsbegriff sozusagen ...

... Arme sind abgefallen bei den Völkern. Aber, was Bookchin zeigt, also er zeigt eine Richtung, in der man sich denken kann – Entkopplung von materieller Bescheidenheit der Kultur und Herrschaft -. Bei Marx versteht sich also von der Grundkonstruktion her, solange Armut – Marx sagt es ja – solange also nicht genug herbeiproduziert wird, wird sich noch nicht die ganze alte Scheiße immer wieder herstellen - also der Herrschaftsverhältnisse. Nicht dass er das lobt, sondern er sagt: Das ist so, und es ist die Frage, ob das wirklich so ist.

Bookchin sagt: Wir müssen den durch die herrschenden Verhältnisse bedingten Bedürfnisfetischismus abwerfen, um überhaupt die Freiheit der

... wiederzugewinnen. Er sagt: Wir scheinen heute für die menschliche Emanzipation soviel Klimbim zu brauchen, dass wir gar nicht mehr die Wahl haben, uns wirklich emanzipatorisch auf der Erde einzurichten, wir müssen produzieren und wir müssen verbrauchen, das soll wichtig sein, damit der Mensch sich entfalten kann. Wir schütten uns zu. Er sagt also: Schon allein vom - wenn man dann vom Ende her guckt - vom Versprechen her - die Industrie soll Glück bringen und was dabei herausgekommen ist.

Da ist - wahrscheinlich schon empirisch muss da in dem Marx'schen Analog ein - sagen wir einfach mal - 19. Jahrhundertfehler drinstecken.

Bookchins Buch hat in der deutschen Fassung den etwas voluntaristischen Titel: »Wir brauchen keine Hierarchie«. Also, Hierarchie jetzt als sozusagen der Schlüsselname für Unterdrückung, Ausbeutung, Herrschaftszeiten usw. Ich nenne das deshalb voluntaristisch, weil es ja doch nicht von unserem Willen abhängt, ob sich Herrschaftsverhältnisse einstellen oder nicht. Klar ist, dass Marx, wenn er da über Herrschaft in der Geschichte sprach, etwas konstatiert hat, etwas Gegebenes beschrieben hat und nicht künstlich etwas erfunden hat.

Also, es gibt diese Herrschaftsverhältnisse und von »Wir brauchen keine Hierarchie« - versteht es vielleicht nicht gleich. Aber, was Bookchin auf jeden Fall überzeugend zeigt, das ist sozusagen die Substanz seines ganzen Buches. Deshalb heißt es »Ecology of Freedom« – also »Ökologie der Freiheit«. Das ist, dass es einen negativen Zusammenhang gibt zwischen Ausbeutung, Unterdrückung, Herrschaft, Hierarchie einerseits und einer ökologischen Perspektive in jeder Hinsicht.

Also, er zeigt, wenn Ausbeutung, Unterdrückung, Herrschaft, Hierarchie bleiben, wenn das sozusagen geschichtlich unentrinnbar sein sollte, dann haben wir ökologisch keine Ausrichtung. Die Herrschaftsverhältnisse sind eigentlich nur ein Teil dieses ganzen Syndroms von Konkurrenz - Napoleon gegen Napoleon - und selbst bei Unterklassen; Oberklassen im herrschaftlichen Bereich gerungen, das ist ein Syndrom, und wenn das gilt, das ist sozusagen von der menschlichen Suchtdynamik her, von einem Freiheitsbegriff her, der sozusagen nicht anders denken kann als in Kategorien der Selbstverwirklichung gegen andere – der Mensch ist dem Menschen ein Wolf – sicher der Marxismus hat uns immer einen Ausbruch versprochen ... die Realität. Von daher gesehen ist es also unentrinnbar, dieser ganze kulturelle Expansionismus.

Herrschaftsverhältnisse, jedenfalls das zeigt Bookchin, können die Zerstörung der Erde nur vorantreiben. Der Antrieb für die Konkurrenz und sozial immer verknapptere Ressourcen leidet dann. Fragt man nun nach spezifischen Maßnahmen, mit denen wir angesichts der ökologischen Krise unsere eingefleischte Neigung zu expansionistischen Lösungen für gesellschaftliche Probleme unterdrücken wollen, so dürfen die – nach Bookchin jedenfalls – nicht entlang der tief verwurzelten internen gesellschaftlichen Machtverhältnisse ansetzen.

Ich sage das einmal anders, das ist hier so ein bisschen so, wenn man zu Hause sitzt, man schreibt dann so. Was ich hier meine, ist einfach Folgendes:

Wenn die ökologische Krise jetzt schon eine gewisse Notwendigkeit mit sich bringt, dass der Mensch sich in seinem Expansionismus unterdrückt, dass er da also bei sich selbst etwas beherrscht, sich vielleicht auch Institutionen setzt, mit denen er diesen Expansionstrieb unter Kontrolle nehmen kann, dann steht jedenfalls das Problem, wie man da einen Mechanismus finden könnte, der abgetrennt und jenseits irgendwie von dem ganzen Gebirge der internen gesellschaftlichen Machtkämpfe und Machtverhältnisse steht.

Wenn wir also den Versuch dieser ökologischen Selbstbremsung machen wollen - und es bleibt sozusagen der altertümliche, also jetzt 5.000 Jahre Patriarchat, der altertümliche Bau, der Geschichtenbau der Machtverhältnisse bestehen - dann ist es natürlich wahrscheinlich, dass das ökologische Thema nur noch einmal ausgebeutet wird für die herrschenden Interessen. Dass sich die noch einmal reproduzieren, dass es intern abgeladen wird - soweit man kann - auf Schwächere, sei es die äußere Natur, seien es andere Völker, sei es der Sozialstaat oder was auch immer da zuerst beschnitten werden mag. International kann es nur auf Ökolo-Imperialismus hinauslaufen. Das heißt darin, dass die reichen Länder, dass die reichen Völker dann unsere biologischen Ressourcen im Amazonas weiterhin beschützen, ohne sozusagen den Herrschaftsverhältnissen selbst die Ursache für die Zwangslage der Völker dort - aussehen - wenn sie das denn abbrennen, ohne da in irgendeiner Weise heranzugehen. Also, die ökologische Herausforderung, wenn man die also mit einer eigenen Art von aufmich-selbst-gerichteter Machtpolitik verantworten will - und irgendwie scheint mir das Problem im Raum zu stehen, aus der Wirklichkeit heraus - dann hat man, das muss man zunächst zugeben, mit der ungeheuren Schwierigkeit zu tun, das … ist ja leicht auseinanderzuhalten, sozusagen - ich möchte das nicht anhalten. Weil - man hat es dann zu tun, dass der gesamte gesellschaftliche Apparat, der da zur Verfügung steht, natürlich also herrschaftlich vergiftet ist. Während andererseits klar ist, es kann dabei nicht die Spur an adäquater Lösung herauskommen. Im Gegenteil, wenn sich das fortsetzt, können wir uns unter - ökologischen – ökopolitischen Überschriften dennoch immer nur tiefer in den Engpass hinein bohren. Deshalb dürfte in letzer Instanz völlig richtig sein, genau richtig sein, worauf Bookchin aus dieser ganzen Überlegung schließt – er sagt nämlich: Angesichts des Umstandes, dass Hierarchie heute den Bestand des sozialen Lebens gefährdet, kann sie keine soziale Tatsache bleiben, und wir können nicht dabei bleiben. Und weil sie die Liquidität der organischen Natur bedroht, also das, was uns trägt, wird sie angesichts des harten Verdikts verstummen und will die Natur nicht bleiben. Also insgesamt gesehen, gibt es also sozusagen eine prinzipiell denkbare Hoffnung, dass es mit diesem Syndrom von Herrschaftsverhältnissen und Expansion zu Ende geht. Nur es ist natürlich die Frage, wie die Gesellschaft konkret die Kurve kriegen kann.

Wenn das Verhängnis in der Megamaschine und in dem zugehörigen Mythos der Maschine sitzt - die Megamaschine, das war Mumfords Begriff für das … für das despotische Moment, das sich bei uns technokratisch verwirklicht – wenn das Verhängnis da in ihm sitzt, dann ist es logisch, dass man die Ökologie als eine Befreiungsbewegung denken muss - ist völlig klar - deswegen Bookchin »Ecology of Freedom«. Nur müssen wir uns von mehr befreien als bloß von den relativen Unfreiheiten, um die es auf den möglichen gesellschaftlichen Rangplätzen geht. Wo es also immer nur darum geht, wer kriegt zu wenig …

Ich habe beim letzten Mal über »Gesellschaft als Gefängnis« gesprochen und versucht zu zeigen, dass und warum wir asozial und apolitisch werden sollten, nämlich in Distanzierung von der Gesamtmatrix dieser industriellen Megagesellschaft.

Wenn man dem menschlichen Zusammenhang, der menschlichen Existenz auf den Grund sieht, desto klarer wird ja ohnehin das Herrschaftsverhältnis im ihrerseits gewonnenen Niederschlag des Krieges – alle gegen alle – sind, dass sie etwas - zunächst mit offenbar wachsenden Konkurrenz selbstbewusster Individuen - mit dem kämpferischen Charakter ihrer Selbstdurchsetzung zu tun haben, also mit Ich und spezifisch Männlichem, Ich und dessen Kämpfer, das heißt dann allerdings eben auch die Mentalität des Sklavenaufstandes, des mit dem Gestohlenen … gehört noch dazu zu der sozusagen … die alte Art von innergesellschaftlichen Kämpfen expansionistisch …

Der menschliche Geist muss sich über dieses ganze Muster der Machtkämpfe von oben nach unten und von unten nach oben erheben. Es war ja schon immer – sage ich mal – sieht man von heute aus weniger … und es ist da jetzt nichts mehr zu rütteln. Das heißt, es handelt sich hier um die Entwöhnung von der täglichen Art Politik, um den Bewusstseinssprung auf eine andere Ebene der Auseinandersetzung - zwischen den gesellschaftlichen und politischen. Die andere Art Politik – ökologische Politik – scheint eben unter dem Gesetz zu stehen, dass Versöhnung mit der Natur nur möglich ist bei gesellschaftlicher Entspannung - sage ich jetzt zumindest - bei gesellschaftlicher Entspannung, bei Versöhnung des Menschen mit dem Menschen potenziell. Und das Problem ist, dass dieser Versöhnung nach wie vor alle gesellschaftlichen Zurüstungen … Also, alles was sich so eine reiche spätkapitalistische Gesellschaft leistet, um die sozialen Widersprüche sozusagen [zu] moderieren, hat die stillschweigende Voraussetzung: Wenn wir aufhören zu moderieren, Sozialstaat ausräumen, die Polizei ausfällt - sofort explodiert das ganze Ding, das unweigerlich da ist. Und das heißt, wir haben die – also, unter diesen dünnen Firnis angesichts der ökologischen Krise – es gibt keine Veranstaltung, mit der wir darauf eingerichtet werden, dass er also diese Veränderung vorzubereiten [hat]. Und in der öffentlichen Meinung herrscht der Gedanke vor, dass die Bedingung für eine - wie auch immer - als notwendig eingesehene ökologische Wende, die Erhaltung des ganzen politischen Systems sowie der gegenseitig gegeneinander erhobenen Besitzstände ist.

Das heißt, man sagt – ihr wollt Ökologie – alles – Umweltschutz - dritte Welt und all diese Sachen – und man erklärt dazu, das Wichtigste, damit das funktioniert, ist – es muss weiter wachsen, wir sehen ja ansonsten können wir das nicht mehr bezahlen – also genau die Großveranstaltungen und der Ordnungswahn, der dazugehört, mit der wir die Welt zerstören, wird zur Bedingung erklärt für, also dafür, dass man es überhaupt wagen will, sich der Krise zu stellen. Also deutlicher kann einem nicht werden, dass das eine Politik ist … es zu waschen, ohne nass zu machen. Der Ordnungswahn der ökologischen Katastrophe soll unangetastet bleiben. Und wenn man sich nun das klar gemacht hat, und andererseits klar gemacht hat, sozusagen, wieviel sozusagen an – ich würde mal sagen – die moderne Individualitätsform in uns allen an der Kulturveranstaltung, die wir hier betreiben, hängt. DDR, Westdeutschland … dann kann man wahrscheinlich sich leidlich vorstellen, warum nun dieses ganze Thema so umwittert [ist] von der angeblichen Gefahr eines Totalitarismus, weil es sich wohl tatsächlich darum handelt, dass alle diese … des Lebensstils, die Selbstverständlichkeiten von 500 Jahren westlicher Moderne und von 2.500 Jahren seit den Griechen – irgendwie – das, was da auch positiv an dieser bestimmten beschränkten Art von Emanzipation da oben war - das alles steht irgendwie zur Disposition und es ist eines - wenn ich sage, steht zur Disposition, das heißt nicht,sozusagen, bloß weil es uns nicht mehr gefällt, verwerfen, sondern zur Disposition stellen heißt, wir müssen wagen, es als infrage stehend anzusehen - mehr ist es nicht. Wagen es als infrage stehend anzusehen, oder anders herum ausgedrückt habe ich das immer so: Wir dürfen keiner dieser Errungenschaften das Vetorecht zusprechen, sondern also - das wäre eigentlich alles gut, das und das und das darf nicht verloren gehen.

Ich glaube, in der ständigen Warnung vor Totalitarismus mit Ökologie, da steckt neben dem Abwehrmechanismus, der sozusagen der grundlegende Abwehrmechanismus, der in seinem … der westlichen Zivilisation selbst, und er will sich nämlich nicht leisten, wirklich durchschaut zu werden.

Wir wollen nicht wissen, wie sehr wir mit all unseren Selbstverständlichkeiten eigentlich sagen, dass wir sterben wollen. Wir sagen das nicht, wir geben uns das auch selbst nicht zu, wir wollen es also in diesem eigentlich sozusagen biologischen Sinn natürlich nicht, aber die Verhaltensdispositionen sind alle in dieser nekrophilen Richtung gestellt. Und das Problem ist, die Maske sitzt nicht richtig fest, also man ahnt irgendwie, das steht infrage, das steht doch zur Disposition. Und umso, ja, umso größer ist natürlich die Neigung, denjenigen und denjenigen auf diese Sache aufmerksam machen, lieber doch zuerst die Maske, die Fratze der Gewalt des Totalitarismus - was die uns antun wollen - vom Gesicht zu reißen und die Natur - damit politische Ökologie - an die Spitze der Agenda zu stellen. Das wird, glaube ich, eben deshalb als totalitär verteufelt. Wenn du das tust, höre ich immer wieder, gegen wieder vor allen Dingen dessen, wenn er ... Lebensstil ausmachen.

Ich will mal die Sachen einfach erwähnen, um die es da geht - und meine jetzt die Strukturen, die politische Struktur, in der unsere ... gebracht werden. Selbstverständlich sagen Gegner, Verteidiger - und zwar jetzt aller Rahmen, und zwar von links bis rechts, das macht überhaupt keinen Unterschied - ist Umweltschutz die erstrangige Aufgabe. Aber dann je nach Gusto treten dann also verschiedene Dinge hervor, die aber unabdingbar erhalten und bewahrt werden müssen.

Also, zum Beispiel: Es muss – haben wir eben gesehen, endgültig offenbar, der Zusammenbruch des Ostens - das muss im Rahmen der sozialen Marktwirtschaft erfolgen.

... sagt, er hat schon alles eingekauft, was da so die Logik der Selbstzerstörung hier ausmacht. Oder das muss – also, der Rechtsstaat muss gewahrt werden - oder die Demokratie - oder die Menschenrechte - oder der Rationalismus - und die Aufklärung - oder der Humanismus - oder der Antifaschismus, eins der wichtigsten. Ohne Nachfrage, ohne neue Nachfrage wird aber der Antifaschismus - was eigentlich die Ursache für diesen Ausdruck am Anfang des Jahrhunderts schon war, und welche Gefahren damit eventuell umso horrender sind, wenn sich diese Kiste so weiter zuspitzt. Und der Punkt ist nicht etwa, dass selbst soziale Marktwirtschaft – also, wenn die Mehrheit der Gesellschaft daran glaubt – also, es kann sich nicht darum handeln, irgend etwas einfach aus der Hand schlagen zu wollen - geistig oder praktisch oder so - und Rechtsstaat, Demokratie und Menschenrechte, Rationalismus, Humanismus, auch Antifaschismus.

Es ist die Frage, warum mit diesen Dingen so hantiert wird, dass die als Veto der ökologischen Frage hingestellt werden, dass man also sagt: Jawohl, aber 1. Wir sichern die Demokratie, es darf nur in diesen Formen vor sich gehen - und alles das Weitere - während völlig klar ist - bis einschließlich des Antifaschismus und des Faschismus und aller dieser Kisten, die hier gelaufen sind - das sind alles Entwicklungen innerhalb dieses selbstmörderischen westlichen Kulturentwurfs. Und damit heißt es nicht, dass alles, was jemals in diesem Rahmen artikuliert worden ist, dass das des Teufels ist. Das hieße nur die Hitlerei - also das, was man nach der Hitlerei draus gemacht hat - umdrehen, und zwar alles, was Hitler jemals benutzt hat, ist deshalb jetzt des Teufels. Darum geht es nicht, diese Momente alle zu verteufeln, sondern es geht darum, also zu erkennen, welches eigentlich die richtige Reihenfolge ist und unter welchen Umständen diskutiert werden muss, was denn nun mit der sozialen Marktwirtschaft in dem Rechtsstaat, Demokratie, Menschen usw, was damit ist.

Wie der Diskurs jetzt läuft, dagegen sozusagen sämtliche … die spezifischen Interessentickets, die so in der bürgerlichen Gesellschaft gegeneinander herausgefochten - in links und rechts und oben und unten, der Verbannung, der Verrat - die gehen ausnahmslos vor. Jawohl, wir sind für jede ökologische soziale und sonstige Macht, aber unsere Interessen - und das heißt also, man hat den Kampf aller gegen alle und dieses Emanzipationskonzept zur Vorbedingung gemacht. Und wenn das jetzt infrage gestellt [ist], das ist totalitär. Also das ist die Denkweise, deshalb - nachdem der Kommunismus – ist - und man da sozusagen das rechte Feindbild nicht mehr hat, da eignet sich das jetzt hervorragend, alles auf die Ökologie abzuschieben.

… würde sagen, noch steht einer tatsächlichen ökologischen Wende, darüber muss man sich klar sein, steht die größte denkbare Koalition der Trägheitskräfte gegenüber. Und das Problem ist, dass diese Koalition der Trägheitskräfte sozusagen - politisch im Sinne jetzt von parteipolitisch, verbandspolitisch usw. nicht fassbar ist, sondern wenn, dann muss man da sozusagen eine politische Unterscheidung in unseren eigenen Psychologien treffen, um zu finden – also, wo sitzen wir an diesen Sachen auf? Wo stellen wir de facto also unsere Identifikation – sage ich an anderer Stelle – mit dem Industriesystem und mit der Art, wie sich der westliche Mensch selbst verwirklicht, wie sich insbesondere der weiße Mann selbst verwirklicht. Das sind lauter Dinge, die tief in uns verwurzelt sind und unser alltägliches Leben bilden. Von da aus stellt sich also etwas diesem Wagnis entgegen, die Sache mal wirklich von Grund auf überhaupt neu zu betrachten.

… später dieser verschiedenen Heiligtümer, die sich dann also politisch artikulieren. Das eine ist nämlich, dass das in uns verteilt ist, dass jeder von uns seinen Anteil da an den Sachen hat. Aber dann gibt es halt Leute, die sich sozusagen spezifisch je zu Anwälten des eingegangenen Wertes machen, dafür ... dafür Presseorgane stiften - dann rechts oder links oder antifaschistisch oder marktwirtschaftlich und so fort. Also das ist eigentlich ein Überbau, politisch-psychologischer Überbau sozusagen über den Grundidentifikationen, die uns mit bürgerlicher Gesellschaft in tiefstem Sinne verbinden. Also mit bürgerlicher Gesellschaft im Unterschied zur Bourgeoisie als die ... Klasse, sondern mit bürgerlicher Gesellschaft, mit europäischer Zivilisation - das ist irgendwie dasselbe. Und wir haben es nun so herrlich weit gebracht – es gibt ja auch gewisse emanzipatorische Vorteile gegenüber der Lage des Durchschnittsmenschen, auch des unterdrückten Durchschnittsmenschen, zu anderen Zivilisationen, die nicht unseren Weg gegangen sind. Und wir stellen aber sozusagen zu unserem Unglück alle diese Sachen dem eigentlichen Notwendigen entgegen, das heißt, wir hüten und lassen hüten den Bodensatz des bürgerlichen Zeitalters. Und es geht soweit, dass also die Leute, die nicht nur aus der Linken kommen, besonders aufs ... also diese Antifaschisten, diese ... leute, dass die dann also, wenn es dann um diese Frage geht, dann kann man sich selbst mit der Kirche und den Sektenbeauftragten des Staates verbinden, um hier einmal einen Punkt zu machen und zu bremsen, das so etwas durchkommen könnte. Das ist zu gefährlich, zu gefährlich. Also, das ist sozusagen - da sind Leute, die sich direkt in den Dienst der tiefen ... stellen, die mit den - zusammen mit den elementarsten psychopolitischen Besitzständen der bürgerlichen Gesellschaft in uns zu tun haben.

... glaube ich, ein ganz eigener Fundamentalismus, der sich auf das sogenannte Projekt der Moderne bezieht. Ein Sozialdemokrat, Thomas, Parteischule der SPD und Freund, hat ein Buch geschrieben über Gegenden von Fundamentalismus - also Iran und überall - ich bin darin nur – Khomeni - weil einfach für mich alle, die diese Liste der Werte hier – ohne dass ich sage, sie sollen alle über Bord gehen - aber von Demokratie und Humanismus und alles das, weil - die gehören nicht an die erste Stelle ... wir müssen die Frage des Naturverhältnisses an die erste Stelle - und das ist nicht erlaubt. Und es werden dann also praktisch in - de facto wird durch diese Ideologie, die so staatsfeindlich sein möchte, so gegen den Strich der herrschenden Verhältnisse - es werden eigentlich der Megamaschine sozusagen im Sinne der Verteidigung der Verfassung jetzt, des - Verfassungspatriotismus ist ein wunderbares Wort - also im Sinne dieses Verfassungspatriotismus werden dann der Megamaschine noch einmal sozusagen die Flitter dieser von ihrem eigenen Totalitarismus - ich meine, neben der Megamaschine - also entwerteten … also, als wäre da ja noch was zu hoffen, wenn man das angesichts des Gangs der totalitären … der großen Maschine - es wäre da etwas zu verteidigen.

Ich will schließen, indem ich eine Zuspitzung, die Carl Amery vor 22 Jahren da vorausgesehen hat - als von mir überhaupt noch nicht die Rede war - und … um welchen Stoff es hier geht. Ich will ein paar Stellen zitieren aus Amerys »Ökologischer Chance« von 1972, die sozusagen die Punkte kennzeichnen, von denen her also er damals schon diese Zuspitzung, die sich da jetzt auch politisch vordergründig manchmal abzeichnet und die er vorausgesehen hat - und ich trage das in dem Sinne vor:

Wir sollen uns nicht wundern – ich soll mich nicht wundern, auch wenn man da mal was auf sich zieht – und ich denke, wir sollen gelassen reagieren.

Er sagt – erst mal einleitend und in einem Abschnitt, der sozusagen am Ende seines ersten Buchteils hier – »der ethische Ausblick« überschrieben ist - und unter Ethik tatsächlich etwas anderes versteht, also ganz real Fragen versteht, als normalerweise heute da behandelt werden. Er sagt:

Wenn wir zum Abschluss unserer schmerzlichen Bilanz – also … kaputtmachen – eine neue ethische Orientierung der Menschheit, zumindest ihres aktivsten und aggressivsten Teils – damit meint er uns hier in Europa und Amerika – fordern, dann haben wir von der Tatsache auszugehen, dass noch nie die moralischen und ethischen Werte der Zeitgenossen so weit von den objektiven Anforderungen ihrer Epochen entfernt waren, wie heute. Die große ethische Satzung, die, die Menschheit hervorgebracht hat, jede große ethische Satzung …

… erkannten, erfühlten und erahnten Forderungen eines allgemeinen Zivilgesetzes mit den praktischen Gegebenheiten der Menschengruppe zu harmonisieren, für welche der Gesetzgeber tätig war – und er meint, wir geben uns eigentlich diese Mühe nicht mehr –

Die Entwicklung der planetarischen Verantwortung – das Ganze ist hier in den Seiten 176 und die nächsten 20 in Amerys Buch »Die ökologische Chance« – er fährt an einer anderen Stelle fort:

Diese Ethik der planetarischen Verantwortung, die erfordert, wenn sie nur Erfolg haben soll, wird sie einen ungeheuren Schauplatz auslösen müssen, sie wird gegen den Strich der sogenannten Menschennatur gehen. Der sogenannten Menschennatur, also dessen, was so die bürgerliche Gesellschaft sich in der Aufklärungszeit … ist nun mal der Mensch und die muss man im Staat so einrichten, dass selbst lauter gegeneinander kämpfende Schurken …

Sie wird gegen den Strich der sogenannten Menschen hervorgehen - und mindestens jener Menschennatur, die in unseren Breiten immer noch mit neuen Prämien des Erfolgs überschüttet wurde – also … aktivsten und aggressivsten – Sie wird auf die vereinigte Wut der Reaktionäre wie der progressiven stoßen -

Wenn sie Erfolg haben soll …

Den Propheten dieser Ethik werden darüber gar keine Zweifel bestätigen und in dem Augenblick geschlachtet der Umfang der Agonie klar wird, die sie der siegreichen und krisengeschüttelten Menschheit zumuten.

Also dahinter steht - ich meine den Umfang der Agonie, die sie der siegreichen und krisengeschüttelten Menschheit zumuten – was hier dahinter steht, ist Amerys Einschätzung, die er herausgearbeitet hatte, totaler Sieg dieses westlichen Menschen vordergründig - und das im Augenblick der totalen Krise - und dieses Projekt natürlich gerät in Agonie. Es wird schon Empörung dafür …

andere Stelle:

… der die letzte biologisch entscheidende Dosis Gift nimmt …

persönlich noch so feindselig sein, er mag ein Förderer der Künste, ein zärtlicher Ehemann, ein vorbildlicher Arbeitgeber, ein überzeugter Christ oder auch Sozialist sein … In dem Augenblick, wo seine Ladung von der Kippe oder vom … karren rutscht, ist er der … Schurke Nummer 1. Der Sittenstrolch, der Heroin-Fixer, der Massenmörder mögen nach unserem gegenwärtigen Empfinden wesentlich tiefer stehen. Ihre Taten oder Unterlassungen sind ein wahres Nichts, verglichen mit der Endgültigkeit des Verbrechens, das er - von unseren Gerichten vermutlich mit 5.000 Mark Geldstrafe geahndet - an der Menschheit begeht.

Frühere Kulturen kannten dennoch Sanktionen für dergleichen. So sah ein Gesetz des Zarathustras vor, dass jeder, der einen Fluss verunreinigte, an dem Ufer eben dieses aufgehängt werden sollte. Die 400 verantwortlichen Aufsichtsräte Westeuropas am Loreleyfelsen vorn zu sehen, wird uns sicher nicht vergönnt sein. Aber Ironie ist die größte ihrer Verantwortlichkeit, und das heißt immer noch, die Größe ihres fortlaufend begangenen Verbrechens festzuhalten.

Sollte der Prophet erstehen, der dieses Verbrechen der Öffentlichkeit in Herz und Hirne brennen könnte, würde er ohne Zweifel von den genannten Herren zuerst gehängt.

Und schließlich - und da kommen wir noch mal also auf den Punkt, also, der großen geistigen Anstrengungen, die es eigentlich verlangt, diese Kehre – also, im Emanzipationsprojekt zu vollziehen, dass wir die nicht mehr abhängig machen vom materiellen Stornieren, auch nicht vom Gegenteil, sondern dass wir uns lösen von dieser Perspektive.

Die letzten Sätze sind folgende:

Nach allem, was wir bisher besprochen hatten, sollte die Natur und die Zielrichtung der neuen Askese völlig klar sein. Mit Askese meint er hier einfach den Verzicht aufs Akkumulieren, hat er - Die wird Existenzformen einzugeben haben, die dem gemeinsamen Überleben von Menschheit und Biosphäre nicht widersprechen. Wie schwierig und gleichzeitig realistisch solche Eingebung sein muss, ist ebenfalls klar. Die betrifft keineswegs nur den Einzelnen, sondern fordert von allen, die sich der Dringlichkeit unserer Lage nicht verschließen, eine Solidarität der …

Sie wird in allen, vor allem den sogenannten zivilisierten Kulturkreisen auf äußerste Ablehnung stoßen, zunächst jedenfalls. Sie wird den machtvollen Interessen fast aller maßgebenden auf der ganzen Welt eine neue … entgegen zu setzen haben, eine Kultverwaltung, die um nichts ungefährlicher ist als die Kultverweigerung der Juden und der Urchristen im spätrömischen Imperium war.

Die politische Aufgabe, die Welt von morgen zu sichern, ist zunächst und ganz konkret eine Erziehungsaufgabe.

In Asien und anderswo auf Denk- und Gefühlsstrukturen stoßen, die mir bereitwilliger entgegenkommen. Hierzulande ist sie zunächst eine fürchterliche Strapaze.

Beifall –

Ein Wort noch, ich hatte es vorhin vergessen, ich will noch aufmerksam machen auf zwei solche Papiere, die hier - für die ganze Vorlesungsreihe charakteristisch - je 5 Papierchen enthalten:

Einmal steht es senkrecht und einmal steht es waagerecht - 3,50 M je – also das sind Materialien, die den – ich würde mal sagen – am ehesten den naturbiologischen Hintergrund … bei der ganzen Fragestellung beleuchten … sind je etwa 25 Seiten.

Wir machen nach 10 Minuten noch eine kleine Diskussion, wer hierbleiben will.

Beifall

24. November 1994

Spiritualismus und Materialismus

Das heutige Thema, die Überschrift zu dem ganzen Vorlesungsabschnitt, der jetzt beginnt, die lautet ja also »Deus sive natura« - das ist die Spinozaformel: Gott, das ist die Natur - das ist gleich der Natur oder welcher Art ist die Wirklichkeit des Geistes. In dem Falle also »Deus sive natura«. Für Spinoza ist natürlich klar, dass Geist wirklich ist und auch nicht nur individuell, also nicht nur subjektiv. Aber welcher Art ist die Wirklichkeit des Geistes – also, das ist der Vorlesungsabschnitt jetzt.

Zuerst wird das nächste Mal Jochen Kirchhoff über die Frage reflektieren, wie es denn steht mit Gedanken, Buchstaben, Begriffen, Zahlen, was ihre Realität betrifft. Ob das einfach nur Hauch ist, der aus unserem Mund kommt oder bei - Kant war der Meinung, dahinter stecken zumindest angeborene oder apriorische Kategorien, die in uns existieren. Oder ob das in dem Sinne, wie es im Mittelalter diskutiert wurde - ob Begriffe real sind oder nicht, ob das Realien sind, auf denen gar die Welt gebaut ist; Platons Idee von den Urbildern könnte irgendwie in die Richtung gehen. Man weiß also, dass, was die Zahlenseite betrifft, aus dem babylonischen-ägyptischen astronomischen und astrologischen Bereichen - bei Pythagoras dann für unsere Zivilisation, für unsere westliche - viel zusammengekommen ist. Also, für Pythagoras war bestimmt klar, dass das Dreieck eine Realexistenz hat, nicht einfach bloß ein Stück Papier ist. Diese Ausgangsfrage, die im Mittelalter geradezu ganze Heerscharen von Theologen beschäftigt hat, die sich gegenseitig in die Hölle erklärt haben für den jeweiligen Standpunkt – also, wie es ist mit diesem Realitätsproblem, Buchstaben, Gedanken, Zahlen betreffend: Damit wird sich Jochen Kirchhoff das nächste Mal auseinandersetzen.

Wir haben hier geschrieben: »Ein alter Streit steht neu zur Entscheidung«. Unter anderem ist das eine Vorwegnahme dessen, was dann in der nächsten Vorlesung am 5.12. folgt, nämlich die Vorlesung über das Primzahlkreuz als Naturverfassung - das handelt von der Realität der ganzen Zahlen. Ich will nur eines vorwegnehmen, damit Sie eine kleine Vororientierung haben: Peter Plichta, der hier spricht, ist ein Chemiker, eher er denn noch Mathematiker. Und was ihn dazu gebracht hat, schließlich die Primzahl für verdammt real, fast in einem materiellen Sinne für real existierend zu halten: Das war seine Erfahrung mit dem Medelejew'schen System der Elemente. Es zeigte sich sozusagen, dass es regiert wird, zusammengehalten wird – also, in seiner offensichtlichen Nichtwillkürlichkeit (das ist jedem klar, der sich jemals mit dem Ding befasst hat), dass es in dieser Nichtwillkürlichkeit sozusagen auf Primzahlen beruht. Und sein Thema hier, das Primzahlkreuz - das wird also praktisch die Entdeckung, die er als Chemiker dann mit der Mathematik gemacht hat, und zwar mit der Mathematik eines Niveaus, der, sagen wir einmal: Zumindest wer mit einer Zwei frisch aus dem Abitur gekommen ist, könnte folgen. Also, nichts, was besonders schwierig wäre. Man wird Peter Plichta dann folgen können - es wird eine spannende Geschichte, einfach - sozusagen - als eine Selbsterfahrung, die wir hier machen können: Wie mutet uns das an, was da vorgestellt wird?

Ich denke nicht, wenn Plichta gesprochen hat, ist da über dieses Thema der Realität von Primzahlen ein für alle Mal alles klar, man hat es zu glauben - sondern es geht vielmehr darum, diesen Zugang zur Wirklichkeit sich vor Augen zu führen. Und was Plichta sagen wird, das fängt irgendwo dort an, wo Jochen Kirchhoff bei der nächsten Vorlesung dann den Rahmen zeichnen wird.

Und die dritte jetzt voranzukündigende Vorlesung, mit der dann am 12.12. dieses Jahr hier endet - nicht das Semester, sondern eben das Jahr 1994 - die handelt von einer Sache, die ganz seltsamerweise sich mir nachträglich sogar als mit den Plichta'schen Thema hier verkoppelt erscheint. Als ich von dem Plichta noch gar nichts wusste, von der Existenz dieser neuen Theorie, hatten wir in Niederstadtfeld einmal ein Seminar mit Hussein Abdul Fatah. Das ist ein Deutscher, Stefan Makowski, der Sufi geworden ist und sich nun Hussein Abdul Fatah nennt; der hat dort einmal einen Sonntagvormittag über die - ich würde sagen: mathematischen und buchstabenhaften Strukturen im Koran gesprochen. Und der Plichta hat nun befunden, dass – also, wenn es denn eine Zahl gibt (das ist immer problematisch, natürlich), wenn es so eine Weltformelzahl gibt in dem ganzen zahlenmysteriösen Raum, dann wäre das die 19. Und es zeigt sich dann, dass Periodiken von 19 - seien es 19 Sätze, in denen der Name Allahs je einmal aufeinander folgt, oder 19-mal der Buchstabe Alif, mit dem das Wort

»Allah« anfängt, in einer Sure - also, dass es da zahlreiche Verborgenheiten der Zahl 19 im Koran gibt. Darüber wird Hussein Abdul Fatah alias Stefan Makowski hier sprechen. Eigentlich wird er vorstellen, wie das mit den Buchstaben und Zahlen da - also, wie er das sieht. Aber was eben spannend ist: Dass - man kann wohl sicher sein, dass bei der Ankunft des Koran, den Mohammed in Trance empfangen hat – also, sicher hat er nicht dagesessen und gerechnet. Also, wenn da solche Strukturen drin sind: Die sind nicht vom subjektiven Geist hinein erfunden, wahrscheinlich - höchstens herausgefunden. Das sind die drei nächsten Vorlesungen, und um dann den Zyklus bis zum Abschluss zu erwähnen: Am Ende habe ich Elga Sorge eingeladen, sozusagen den ganzen Stoff noch einmal aus der feministischen Perspektive zu überblicken; sie wird also quer zu manchem stehen, was wir hier reden, viel Patriarchiatsverdacht - auch mit Recht. Ich habe sie extra eingeladen, damit dieser Gegenakzent hier auch zur Geltung kommt, und sie wird wohl darüber reden oder in die Richtung reden, dass die Trennung, diese Spaltung zwischen Mensch und Natur: Dass das weitgehend übereinstimmt mit der Trennungslinie – auch, was die Überwindung betrifft, Überwindung dieser Konfrontation von Mann und Frau. Diesem Problem unter dem Gesichtspunkt von Wirklichkeit der Seele und des Geistes will also die Elga Sorge abschließend dann in diesem mittleren Teil der Vorlesungsreihe sich widmen.

Was ich sagen will in der heutigen Vorlesung, das soll - ich würde sagen: Den Denkraum, auch den Raum der Denkgewohnheiten ein bisschen abtasten, mit denen ich hier rechne, was diese Fragestellung betrifft. Und da wir das an der Humboldt-Universität im Osten machen, habe ich sozusagen die Voraussetzung, die sicher nicht allen Hörern jetzt hier ganz gerecht wird - dass die Folie, vor der man das Verstehen pflegen oder versuchen muss: Dass die sicher unser Umgang, unsere Erfahrung mit dem Grundstudium – also, mit dem dialektischen und historischen Materialismus ist, sodass - wenn man denn also abtastet, sozusagen, welche Erwartungen, Denkerwartungen im Raum stehen mögen, wird man wohl davon ausgehen müssen. Es wurde bereits gesagt - das will ich jetzt wiederholen, damit wir uns da nun wirklich nicht gleich von Anfang an zu sehr verirren: Dass für mich diese Gegenüberstellung »Spiritualismus« und »Materialismus« alles andere, nur nicht identisch ist - was man ja vermuten könnte, ausgehend von Idealismus / Materialismus – also, Idealismus entspräche dann Spiritualismus - und Materialismus. Das will ich vorher noch einmal sagen, damit man da nicht erst hineintappt. Wenn ich vorhin sagte, wir bewegen uns im Raum der Grundfrage der Philosophie, dann nur insofern, als – überhaupt, dieses Thema von Geist und Wirklichkeit, Materie, Bewusstsein usw. dieser Raum ist es schon. Aber diese Einteilung von Marx und Engels her, die wir hier im dialektischen und historischen Materialismus hatten - was nun Idealismus / Materialismus ist: Die erscheint mir überaus unfruchtbar. Sie hat auch unsere hiesigen Diskussionen eigentlich immer wieder eher verwirrt - weil man ja zeigen musste, dass Materialismus und Fortschritt und Materialismus und Unterklasseninteressen: Dass das jeweils konkret immer übereingestimmt hat - und auf der anderen Seite Idealismus und Reaktion. Und zu manchen Zeiten, etwa in unserer klassischen Philosophiezeit, stimmte das einfach nicht so recht. Fichte, stand z. B. in irgendeinem Lexikon, war trotz seines subjektiven Idealismus französischer Revolutionär - und das ist ein so vordergründiger Irrtum, zu dem wir einfach durch das Schema gezwungen waren (oder man sich durch ein Schema gezwungen fühlte). Ich will jetzt zunächst einmal - damit wir diesem Horizont nachgehen - auf die Dinge eingehen, die diesen Umgang mit dem Materialismus, den wir hier bevorzugt hatten, sozusagen erst einmal sinnvoll machten. Ich sage einmal so: Den Rahmen der Gültigkeiten - ich meine: Das Denksystem war jedenfalls nicht so verrückt, dass man annehmen könnte, das hätte kein Korn Wahrheit. Also, das wäre absurd, das hat auch ein Jahrhundert lang geradezu paradigmatisch funktioniert: Dass man so Materialismus und Idealismus unterscheiden konnte - wenn auch nicht alle sogenannten Idealisten das akzeptiert haben – also, man kann schon der Frage nachgehen, woher das kommt. Ich glaube, dass der sozusagen älteste Punkt, der, gesellschaftlich gesehen, virulent ist - auch die Stelle, wo das am revolutionärsten funktioniert - sicher die Stelle war, wo wenigstens vordergründig Materialismus und Atheismus übereinstimmen, d. h, wo es um radikale Aufklärung in dem Sinne geht, dass man wirklich den ganzen alten Kirchen-Gottes- usw. Plunder mit einer Handbewegung über Bord wirft. Man war dann der Meinung, wenn - Kant sagt, die Aufklärung ist der Ausgang aus der selbst verschuldeten Unmündigkeit - wenn er dann aber offenlässt, dass vielleicht doch Gott, Freiheit und Unsterblichkeit irgendwo da oben - dann ist er natürlich inkonsequent, sozusagen - dann ist eigentlich der Forderung der Aufklärung nicht

Genüge getan: Das war die Kritik an Kant, und die war primär. Natürlich hatte die ihre erkenntnistheoretische Komponente eines Agnostizismus: Man kann die Welt nicht erkennen - dieses ganze Thema. Aber der Ausgangspunkt, aus dem heraus diese ganze Einteilung stattgefunden hatte, waren ja theorisierte Klasseninteressen, die man sich selbst vorgesetzt hatte - und da war immer die erste Frage: »Wem nützt es?«. Und dann war in diesem Falle klar, dass Kant hier also nicht genug der Sache der bürgerlichen Aufklärung und damit nicht genug der Vorbereitung der späteren lutherischen Revolution dienstbar war. Also, das ist der eigentliche und tiefste Grund für Materialismus - was jetzt die historische Herkunft betrifft - und man wird nicht bezweifeln, dass Christentum, Kirche, Heiliges Römisches Reich genug Gründe dafür geliefert haben, so mit dieser Erbschaft umzugehen. Verkürzt - aber erst einmal hat das sein Recht. Und der zweite Gesichtspunkt, der, wenn man nun nichts tief und historisch denkt, sondern wenn man sozusagen von der unmittelbaren Reaktion und von den unmittelbaren Interessen der Menschen her denkt, sozusagen begründend war: Dass es von den Unterklasseninteressen her um die Befreiung - vordergründig erst einmal von materieller Ausbeutung - ging und dass diese von der aus den mittelalterlichen Zeiten ererbten religiösen und idealistischen Vorstellungen verschiedenster Art nur zu geeignet waren, von diesem Knackpunkt abzulenken, und zwar sozusagen schon in der stillschweigenden und unbewussten Benutzung durch die zu solchen Zwecken dann auch bestellte Intelligenz, die ja - wenn auch eher schlecht als recht - von den Potentaten immer mit einem kleinen Salär versorgt war, dass also man gut - sozusagen - über Erfordernisse und Schichten der menschlichen Emanzipation sprechen konnte, die vor- und übergelagert sind. Dem was erst einmal so für die große Masse, für die große Zahl, die Zugang überhaupt zur Emanzipation bietet. Nun verträgt sich natürlich ein materialistisches Konzept leider auch etwas mit dem durch eben diese Klassenverhältnisse beförderten Stumpfsinn, sodass sich also dieser platte Materialismus besonders in der vulgarisierten Form - indem wir immer die Umstände haben herrschen lassen und dem Diktat der natürlichen und sonstigen Gesetze gehorchen mussten - sich natürlich besonders Menschen aufgedrängt hat, die sozusagen aus zweiter Hand denken und deren Schicksal zugleich durch die Machtverhältnisse, durch die herrschenden Verhältnisse determiniert ist. Sodass dieser - sozusagen -denkfeindliche

Zug in diesem marxistischen und atheistischen Materialismus also schlichte soziologische Gründe hat, die gar nicht bei Marx liegen, sondern bei den Zuständen, die er kritisiert hat – also, hier. Wenn man jetzt die beiden Punkte nimmt – also, das, was am Ausgang des Mittelalters war und das, was jetzt an Aufholinteressen, an Interessen – also, sozusagen - standardgemäß gesättigt zu werden, da ist, das zusammen war ja dann diese etwas kurzschlüssige Marx'sche Formulierung, Religion ist das Opium des Volkes. Das nur ist zitiert worden, übrigens, und nicht hinterher: »der Seufzer der bedrängten Kreatur« – also, Marx weiß schon, wovon er da redet. Aber es drückt sich in dieser Formel vom »Opium des Volkes« natürlich die Grundeinstellung aus, dass alle nicht materialistischen, alle idealistischen Konzepte von diesem Skandal ablenken – also, die bedeuten: Wir wollen nicht teilen. Die bedeuten, dass dieses paulinische Wort – also, »ihr sollt haben, ihr dürft haben, aber - als hättet ihr nicht«: Dass das eine große Ausrede ist, diesem künstlichen und besitzendem Christentum die bürgerliche Maske vom Gesicht zu ziehen - das war ja eigentlich der Punkt. Und dann hat sich natürlich – also, das sind die beiden sozusagen soziopolitischen Antriebe hinter diesem Materialismus, mit dem wir es hier zu tun hatten - und dann geht natürlich eine Linie sozusagen durch die Klassenlager quer durch, die sich hier fortsetzt. Nämlich die, die mit dem Materialismus oder Positivismus der Naturwissenschaft zu tun hat - wo also Marx den so genannten mechanischen Materialismus der Franzosen aus dem 18. Jahrhundert aufnahm, mit Hegel dialektisch kritisierte - und dann wurde das eben dialektischer Materialismus, im Unterschied zum historischen, und der Gegenstand war dann also die Natur. Und hier gab jede neue naturwissenschaftliche Entdeckung dem materialistischen Standpunkt Recht. Das übrigens ist absolut wahr und es hängt schlicht damit zusammen, dass der materialistische Standpunkt und der Standpunkt der Naturwissenschaft – also, jetzt im Herangehen ans Objekt - dass die einfach identisch sind. Das kann sich nur gegenseitig bestätigen. Viele Dinge, die jetzt neuerdings verkauft werden, die Chaostheorie beispielsweise oder diese ganze Autopoiesekonzeption – also, die Konzeption der Selbstorganisation des Universums: Das steht wirklich in völlig adäquaten Termini bei Hegel und also auch bei Marx.

Lenin hat noch aus der Einleitung von Hegels Logik diese Überlegung von Dialektik, ihr Gegenstand sei die Selbstbewegung der Dinge und Wirklichkeiten und Ereignisse über ihre immanenten, über ihre inneren Widersprüche und Gesetzmäßigkeiten.

Das ist Autopoiesetheorie – also, als Erfindung, jetzt, aus der Naturwissenschaft verkauft, während im 19. Jahrhundert die Lage noch so war: Marx und Engels waren immer »der Igel, der schon in der Furche lag: Ick bün all do«: Die Naturwissenschaft hat wieder etwas bestätigt. In diesem philosophisch-materialistischen Konzept, das zu ihr passte und ein bisschen fortgeschritten war, weil es methodisch in der Dialektik stand und nicht in diesem Mechanizismus des Jahrhunderts davor, des Aufklärungsjahrhunderts.

Dieser ganze Zusammenhang – also, von erst einmal geistiger Öffnung am Ende des Mittelalters und dann dem Aufstieg der Naturwissenschaft und dann dem Interesse der neuen Unterklasse, die ja nach der Bourgeoisie, erst mit ihr aufkommt: Diese Momente zusammen haben den dialektischen und historischen Materialismus zu diesem Schlagzeug gemacht - weil es mit dem internationalen Klassenkampf völlig reingerissen war, das ganze Thema. Gramsci, ein kommunistischer Denker - Antonio Gramsci - hat vielleicht die schlüssigste Einheitsformel für alles das zusammengebracht, indem er den dialektischen und historischen Materialismus, auch weil man ihn wohl in Mussolinis Gefängnis nicht unbedingt zitieren sollte - er hat es genannt: »Philosophie der Praxis«. Philosophie der Praxis - und Praxis in diesem marxistischen Kontext ist eindeutig eine, die sozusagen an der äußeren Bewegung ansetzt, zumindest was das Ablesen betrifft – also, wo viel von Natur vermüllert wird, wo große Massen in Bewegung gesetzt sind, wo die Idee zur materiellen Gewalt wird, indem sie die Massen ergreift: Dort vornehmlich findet Praxis statt. Es wird nicht geleugnet in der marxistischen Theorie, dass auch Theorie Praxis ist, irgendwie - dass es diesen Zusammenhang gibt. Aber der Akzent liegt auf Massenbewegung, sei es jetzt in der Produktion, sei es in der politischen Sphäre. Und es geht da auch um - sozusagen - empirische Belegbarkeit, man kann ein Brikett einfach besser vorzeigen als eine Gleichung - oder auch Pflastersteine im Klassenkampf und so fort. Dieser Praxisbegriff, den Gramsci gefunden hat und der bei ihm jetzt überhaupt nicht verkürzt auftritt, sondern den ganzen geistigen Bereich einschließt: Wenn man den jetzt sozusagen auf den schlichtesten Punkt bringt, dann fasst er gut zusammen, dass das Angreiflichkeitsinteresse dieses dialektischen und historischen Materialismus - das sollte eine Waffe, ein Werkzeug im Kampf sein, und zwar - man wusste, was man da anfasst, selbst institutionell. Es war dann ja als Lehre auch sozusagen in die Form der Steine gekleidet. Aber dieser Charakter der Materialität gerade auch des philosophischen Konzepts: Das steckt in diesem Umgang, den wir mit dem Materialismusbegriff betrieben haben, sehr drin. Und es gibt da - damit will ich diese Erwägung jetzt abschließen - auch eine Kontinuität, die zeigt, dass Marx in dieser Hinsicht wirklich ein Denker - nun gewiss nicht der Bourgeoisie, aber - des bürgerlichen Zeitalters ist. Also, wenn man sich erinnert, wie der Faust schließt, mit welcher Perspektive: Dann hat sich Faust, nachdem er nun dem Erdgeist und den Weltgeist suchte zu begegnen - dem Erdgeist ist er begegnet und er ist durch die Unterwelt gegangen, also da ist allerhand passiert auf anderen Ebenen, aber - schließlich hat er einerseits den Wunsch, Magie von seinem Pfad zu entfernen – also, frei zu sein von all diesem Brimborium - und andererseits konstatiert er vor allem: »nach drüben ist die Aussicht uns verrannt« - das ist nun schon nicht mehr 15. Jahrhundert, wo Faust ja spielt, sondern 18. Jahrhundert - »ist die Aussicht uns verrannt, Tor, wer dorthin« - ich habe es jetzt nicht ganz genau im Kopf – »die Augen hoffend richtet, dem Tüchtigen ist diese Welt nicht stumm«. Und dann findet da am Ende diese Umgestaltung der Natur statt, für möglichst viele Leute: Dass sie da »nicht sicher zwar, doch tätig-frei zu wohnen« hätten. Wir sind jetzt damit fertig, diese Sümpfe alle trockenzulegen, d. h, der Materialismus in diesem Sinne, dieser Praxismaterialismus, der - das greift dann vor - von dem ganzen Weltgewebe die Stelle der größten Verdichtung fasst, dort das Problem lösen will. Diese Erfahrung haben wir also in dem Versuch der sozialistischen industriellen Umgestaltung, der Begründung von Sozialismus und Freiheit durch Industrialisierung - das haben wir praktisch zu Ende exerziert, und zwar in dem Kurzdurchgang des real existierenden Sozialismus - eigentlich im Geist des bürgerlichen Zeitalters, auf den Punkt gebracht. Dieser dialektische und historische Materialismus - da bin ich ziemlich sicher - ist eine Frucht, sogar eine zugehörige zu dieser bürgerlichen Epoche. Es ist eine Negation, eine Kritik - aber auf dem Boden noch, nämlich auf dem Boden dieses an das Materielle gebundenen Fortschrittbegriffs, ja Emanzipationskonzepts. Ich habe das beim vorigen Mal erwähnt: Diese Kopplung des Emanzipationsthemas an die Überflussproduktion –

also, an die unendliche erweiterte Reproduktion, was die materiellen Bedürfnisse betrifft. Das ist also der wirkliche Zusammenhang hinter dem Materialismus. Was nun allerdings einen größeren Denk- und Zeitraum betrifft als die letzten 150 oder 500 Jahre bis zur Renaissance - da reichen sozusagen diese vordergründigen Charakterisierungen, diese an die letzten 150 Jahre Zeit der Arbeiterbewegung gebundene Charakteristik des Materialismus, die reicht da nicht mehr aus. Und vielleicht ist die Brücke das, was ich eben behandelt habe, mit dem größeren Rahmen, den ich jetzt spannen will, allerdings sozusagen bis an den Anfang der Weltgeschichte - jetzt nicht am Detail, dem Urschleim, sondern ich meine einfach: Ich will jetzt von diesen schmalen 150 Jahren auf die 50.000 Jahre gehen, die der Homo sapiens - und die Brücke ist das, ich würde sagen: Das Monismusproblem. Auch, sozusagen, das ganze Paradox dieses dialektischen und historischen Materialismus. Also, völlig klar war für Engels - wie sozusagen für fast jeden sich selbst für anständig haltenden Denker - dass es so etwas gibt wie die Einheit der Welt. Also, erklärte Dualisten waren selten in dieser Epoche von Descartes bis Kant und bis zu unserer Phänomenologie - wo man das dann so radikal getrennt denken kann, das Ausgedehnte und das Denken, das Materielle und das Geistige, wenn man sehr verkürzen will. Das ist eine sehr moderne Angelegenheit, wenn sie auch bis zu den Griechen zurückgeht. Aber dominant war – selbst, wenn immer einmal Dualistisches mit einströmt - letzten Endes doch von der Einheit der Welt auszugehen. Zumindest hat das die abendländische Tradition bestimmt, sofern sie christlich ist, mit der Trinität - aber auch das Griechische, das darin eingegangen ist, hatte diesen Allumfassens-Charakter und die germanische Tradition auch. Sodass also die Momente, die Gott und Welt so sehr gegenüberstellen, dieser nahöstliche Zweig der Sache – also, was vom Judentum kommt, ins Christentum ging und auch dort fortgesetzt worden ist, auch aus Persien: Dieses Manichäische – also, schwarz und weiß, Gott ist gut - und dann die ganze Frage: Wie kann er dann das alles zulassen? Das sind Momente - aber hier, in dem ganzen nord-westeuropäischen Kontext und schon von den Griechen an, ist eigentlich ein Bewusstsein darüber, dass die Welt ihrem Wesen nach eins ist - und dass man demnach, wenn man Materialist ist, sagen muss, wie Friedrich Engels es dann auch tat: Die Einheit der Welt besteht in ihrer Materialität – also, das ist eigentlich ein im Grunde gegebenes Verständnis, dass wir es mit einer Welt zu tun haben. Das Erstaunliche ist dann, dass also dieser Monismus - und Marx hat da an Hegel angeknüpft, der völlig auf dieser Position auch war - das Seltsame ist, dass dieser alles umfassen wollende Monismus dann so viele Bereiche - insbesondere die Innenwelt, das ganze Reich der psychischen Wirklichkeit und auch der geistigen Wirklichkeit: Dass das – also, sozusagen - so eng geführt behandelt worden ist, dass der Gesamthorizont eigentlich nur immer in dieser materialistischen Verkürzung zum Ausdruck kam. Also, es blieb nicht mehr übrig, als wirklich materialistisch-konstatierbar - als Zeitströme: Weiter kann man den Gedanken nicht verfolgen, tatsächlich nicht auf diese Weise. Das ist also ein empirischer Widerspruch zu diesem monistischen Anspruch. Wenn man Engels allerdings liest, etwa den Anti-Dühring und die »Dialektik der Natur« - und dann sieht, dass er zu Revisionen fähig ist: ich glaube, er hätte sehr vieles aufgenommen, Freud etwa und was die diffizilere Diskussion in der Physik betrifft, Heisenberg, Weizsäcker, Debreu - diese Sachen hätte er bestimmt mit aufgenommen. Das war dort nicht zugenagelt, die Grenze lag natürlich noch in dieser positivistischen Konzeption, die eigentlich bedeutet, dass man das je aufkommende Moment der Wirklichkeit sozusagen - die mögen zahlenmäßig sogar vollständig sein, die Momente - dass das reduktionistisch auf diesen materiellen Aspekt bezogen wird. Das ist sozusagen das Bindeglied, um zurückzudenken an den Anfang der ganzen Kette. Weil, wenn man an den Ursprung sozusagen des Selbstbewusstseinsprozesses - das ist der Mensch, Selbstbewusstsein - geht, sich dann das Paradoxe erklärt, dann also verständlich wird, warum wir zu dieser Schmalspur gekommen sind. Zu dieser Engführung des Materialismus-Themas oder des Gegenstands, um den es da geht. Und zwar, weil er - würde ich jetzt einmal sagen - ursprünglich der Allerweiteste war. Im Begriff Materialismus, in Materie steckt ja der Mutterbegriff drin und die große Mutter - bei den Indianern etwa, diese Vorstellung, die die davon haben: Das ist einfach der Inbegriff, sozusagen, oder das Wort dazu für die Anwesenheit des Ganzen. In seinem Buch über den griechischen Philosophen Parmenides ist Hanspeter Padrutt darauf gekommen, dass eine Schlüsselformel bei Parmenides die Frage nach dem Anwesen alles Abwesenden ist. Also, wenn jetzt Tag ist: ich weiß ja von der Nacht – also, wie realisiere ich, dass es auch Nacht gibt? Und wenn ich grün sehe, realisiere ich auch, dass es blau gibt. Wenn es trüb ist, realisiere ich, dass es Sonnentage gibt – also, praktisch die

Abkapselung des Ausschnittes von Wirklichkeit und dergleichen. Und dass das nicht regiert und dass alles dasein kann und - das ist der Begriff der großen Mutter. Es liegt ja fast allen diesen älteren Stammesreligionen eine Vorstellung dieser Art zugrunde, manchmal mehr auf das väterliche - aber in den meisten Fällen liegt am Grunde so eine muttergeleitete Kosmologie: Dass das Universum und sein Entstehen - dass das schoßhaft vorgestellt wird. Und das schließt das ja ein: Dass wir von daher mit unserer ganzen Praxis und mit unserer Denkweise natürlicherweise eingeschlossen sind in diesen Entstehungsprozess, in diesen Geburtsprozess letztlich dann der Individualität aus dem universellen Zusammenhang. Und es ist dann eben so, dass dieses Goethewort, das ich vor drei Stunden, glaube ich, hier zitiert habe – also, wo er mit Selbstverständlichkeit sagt, dass die Worte, die man jetzt da gerade macht - dass die die Natur fortsetzen. Das ist dieser subjektive Geist, der in der Sprache sozusagen den Durchgangspunkt hat, sozusagen - in Anführungszeichen - das Materiellste an dem ganzen Gedankenspiel von Sprache. Das bleibt an diesen mütterlichen Bereich ja irgendwie zurückgezogen, und man stößt dann auf die Frage: Wie kommt es dann, wie kann es überhaupt zustande kommen, dass man von dieser ursprünglichen Realität und dann auch von der ursprünglichen Wahrnehmung abkommt? Und es scheint schon so, dass die unterschiedlichen Existenzweisen der Geschlechter da eine gewisse Rolle dabei gespielt haben. Worauf dann auch sicher die Elga Sorge noch verstärkt kommen wird – also, dass die Möglichkeit, würde ich sagen, dieses aus dem Mutterschoß - in letzter Instanz - hervorgegangene instrumentelle Denken auch auf Sachen anzuwenden, die sozusagen nicht unmittelbar rückgebunden sind an das Keimhafte, aus dem es kommt - auch nicht immer unbedingt rückgebunden sind an dieses einzelne Sozialgemeinwesen. Also, ursprünglich dient das Gehirn natürlich mir, und zweitens gehöre ich samt dem Gehirn der Gruppe, die da existieren und weiterleben und überleben will. Und jetzt aber, wenn das Leben halbwegs komfortabel ist, wenn die Natur genug hergegeben hat und ich nicht so sehr beschäftigt bin mit der Pflege des Nahbereichs, mit den Kindern und so, dann entsteht der Raum, wo das mikrokosmisch angelegte Organ dann auch sich auf den Gesamtzusammenhang - nicht rückwärts, sondern vorwärts denkend richtet. Also, sozusagen: Den Horizont weit spannt, auch für analytische Tätigkeiten, sich das und das und jenes herausgreift und bewusstseinsmäßige Abstraktionen davon macht. Das heißt, es entsteht da überhaupt erst die Möglichkeit für Dualismus – also, Erde, Himmel, Mond, Sonne. Die Himmelsgötter - der Sonnengott und so - sind eine aus der mit großer Wahrscheinlichkeit zumindest aus der Daseinsweise, Existenz, Denkweise, hervorgegangenen Schicht des menschlichen Denkens. Und wenn das zunächst noch mutterrechtlich eingebunden blieb, ändert sich das Leben, wird es durch die gesellschaftlichen Verhältnisse und durch geologische - Heide Göttner-Abendroth hat ja da viel gezeigt - ein kriegerisches Leben, gibt es also den einen, den zweiten und dritten Grund, dass auch im Sozialbereich das männliche Moment dominant wird. Dann kommt es wirklich leicht zur Abspaltung -und der Versuch ist zunächst – also, praktisch im Himmel alle Dinge zu verdoppeln: Das war der Vorwurf der Weltverdoppelung, den unser Materialismus dem Idealismus immer gemacht hat - und in sofern gehört das, was wir hier immer Idealismus genannt haben, eigentlich zum Patriarchat. Also, dort in der männlichen Existenz - sagen wir es ruhig noch einfacher, ohne Patriarchat – also, der männlichen Existenz selbst liegt irgendwie die viel größere Tendenz, diesen besonderen Bereich nicht nur zu betreten (darin läge sozusagen überhaupt noch kein Problem - es wäre einfach ein Gewinn mehr, eine Möglichkeit mehr), sondern sich dann in diesem Bereich - Descartes hat das direkt eingestanden: Dort fühlt er sich dann sicher, in seiner Kirche da, in seinem Wissenschaftsbereich. Ist die Welt von der Frau her, Natur - es ist sehr bedrohlich, und: Wer spioniert mir nach? Ich muss mich auch ein bisschen verstecken – also, die Angst, wie gesagt, schränkt ja auch die Wahrnehmungsfähigkeit ein. Aber in diesem Territorium - nicht erst Descartes, sondern das ist anscheinend ein allgemeines Gesetz in der Geschichte: Dass da ein Raum ist, der sozusagen die männliche Angst via geistige Tätigkeit herunterdrehen, ein Stück weit befrieden kann. Das ist ein Ort auch der Regeneration. Und wir nun nicht einfach funktionieren als Organe der Welt, sondern da der selbstische Gebrauch - wenn nicht bewusst, dann unbewusst umso massiver manchmal – in diese ganze Denktätigkeit dann eingeht, ist es natürlich klar, dass ein unentwirrbarer Komplex da entsteht, wo sich Wahres und vermeintlich Wahres und durch Interessen gebrochenes Wahres - das kann das schlimmste Falsche sein und offenbar Falsches: Wo sich das so vermengt, dass es eigentlich nichts bringt, das sozusagen rein analytisch-systematisch auseinanderzudefinieren, sondern - es ist ein lebensmäßiger Zusammenhang von Wahr und Falsch, der sich aufzwingt. Und in gewisser Hinsicht könnte man eigentlich sagen, dass wenn es denn überhaupt Sinn haben soll, Idealismus zu kritisieren - das meine ich jetzt im Sinne von Ideologiekritik - dann handelt es sich darum eigentlich, dass alles, was sozusagen von der Wahrheit der Welt abweicht – also, je mehr es an den Ich-Pol gebunden ist, umso irrealer wird es wahrscheinlich sein, umso falscher wird es sein - in dem Sinne: umso idealistischer alias - meine ich jetzt - ideologischer. Könnte man erst einmal sagen. Also, das ist ja das Vernünftige an der Ideologiekritik gewesen: Die Seifenblasen aufzustechen, die der Geist sich über sich selbst macht. Und jetzt - also, wenn man es von da aus im Grunde bis hierher verfolgt hat, sieht man das immer noch positiv beim Materialismus bekräftigt: eine Wahrnehmung, die auch wirklich auf das schoßhafte Ganze der Erde, des Himmels – jetzt, im kosmischen Sinne - einfach des Universums: Die darauf gerichtet ist, die könnte man materialistisch nennen, wenn man diesen Materie-Mater-Begriff im Auge behält. Die Schwierigkeit, mit der das der Mensch dann auf den Weg von dieser sozusagen ursprünglichen archaischen Konstellation, die ich eben angedeutet habe, erst auf dem Weg von da bis zu unserem mentalen Materialismus jetzt zu tun gehabt hatte, war eigentlich - da wollte ich noch rückanschließen an diese Monismusfrage - dass man sich eben aus Sicherheitsgründen den irgendwie immer enger abgesteckt hat und verboten hat, eine ganze Menge so genannter irrationaler Phänomene, Halluzinationen, was alles der menschliche Geist so produziert, Träume usw. ferner ernst zu nehmen, weil - man weiß nicht, wo da die bösen Geister tanzen. Es ist ja auch eine alte christliche Lehre – also, überall, wo Gott nicht ist -

… damals hier, als die Vorlesung von Duhm verboten wurde, das war in ›93, Mai, glaube ich - ausführlich mit dem, was den ersten Teil ihres Artikels betrifft, schon auseinandergesetzt. Das kennt sie auch alles, aber da ist eine Wand. Das ist nicht zur Kenntnis genommen worden. Ich setz mich nicht auseinander mit dem, was hier den ersten Teil ausmacht. Was mich eigentlich interessiert ist, dass Sie die Möglichkeit haben, zu gucken wie da gearbeitet wird. Es liegt also hier mit aus, bei den Papieren, mein Text und das, was sie dazu gesagt hat.

Das heutige Thema:

Die Überschrift zu dem ganzen Vorlesungsabschnitt, der jetzt beginnt, die lautet »Deus sive natura«, das ist die Spinozaformel, Gott, das ist die Natur oder ist gleich der Natur oder - welcher Art ist die Wirklichkeit des Geistes. In dem Falle »Deus sive natura« - für Spinoza ist natürlich klar, dass Geist wirklich ist und auch nicht nur individuell, also nicht nur subjektiv. Aber welcher Art ist die Wirklichkeit des Geistes, das ist also der Vorlesungsabschnitt jetzt. Und wir werden mehrere Vorlesungen haben demnächst, die sich an diese Sache heranmachen.

Zuerst wird das nächste Mal Jochen Kirchhoff - der ist schon hier, und hier unten liegt auch das Plakat - über die Frage reflektieren, wie es denn steht mit Gedanken, Buchstaben, Begriffen, Zahlen, was ihre Realität betrifft. Ob das einfach nur Hauch ist, der aus unserem Mund kommt? Oder Kant war der Meinung, dahinter stecken zumindest angeborene oder apriorische Kategorien, die in uns existieren. Oder ob das in dem Sinne wie im Mittelalter da diskutiert wurde, ob Begriffe real sind oder nicht, ob das Realien sind, auf denen gar die Welt gebaut ist - Platons Idee von den Urbildern, könnte irgendwie in die Richtung gehen. Man weiß, dass, was die Zahlenseite betrifft, aus den babylonischen-ägyptischen astronomischen und astrologischen Bereichen bei Pythagoras dann für unsere Zivilisation - für unsere westliche - viel zusammengekommen ist. Für Pythagoras war bestimmt klar, dass das Dreieck eine Realexistenz hat. Nicht einfach bloß ein Stück Papier, auf dem Linien gezogen sind, ist. Diese Ausgangsfrage, die im Mittelalter ganze Scharen, Heere geradezu von Theologen, die sich gegenseitig in die Hölle erklärt haben dafür dann - für den jeweiligen Standpunkt - beschäftigt hat: Wie ist es mit diesem Realitätsproblem von Buchstaben, Gedanken, Zahlenbegriffen. Da wird sich Jochen Kirchhoff das nächste Mal damit auseinandersetzen. Wir haben hier geschrieben, »ein alter Streit steht neu zur Entscheidung«. Unter anderem ist das eine Vorwegnahme dessen, was dann in der nächsten Vorlesung, am 5.12, folgt, nämlich die Vorlesung über das Primzahlkreuz als Naturverfassung. Das handelt von der Realität der ganzen Zahlen. Und ich will nur eins vorwegnehmen, damit Sie eine kleine Vororientierung haben, das ist ein Chemiker, ehe er denn noch Mathematiker war, der Peter Plichta, der hier spricht. Und was ihn dazu gebracht hat, schließlich die Primzahlen für verdammt real, fast in einem materiellen Sinne als für real existierend zu halten, das war seine Erfahrung mit dem Medelejew'schen System der Elemente. Es zeigte sich, dass regiert wird, zusammengehalten wird, in seiner offensichtlichen Nichtwillkürlichkeit. Das ist jedem klar, der sich jemals mit dem Ding befasst hat, dass es in dieser Nichtwillkürlichkeit auf Primzahlen ruht. Und sein Thema hier, das Primzahlkreuz, das wird praktisch die Entdeckung, die er als Chemiker dann mit der Mathematik gemacht hat, und zwar mit der Mathematik eines Niveaus, die, sagen wir mal, zumindest wer mit einer Zwei frisch aus dem Abitur gekommen ist, könnte folgen. Zahlen, Reihentheorie und so, nichts was besonders schwierig wäre in der Hinsicht. Man wird Peter Plichta folgen können. Und es wird eine spannende Geschichte, einfach als eine Selbsterfahrung, die wir machen können - wie mutet uns das an, was da vorgestellt wird. Ich denke nicht, dass wir zu diesem allgemeinsten Thema - hier ist ja mal das, worum es heute geht schon - wenn auch ganz verquer - aber als Grundfrage der Philosophie betrachtet worden. Nicht etwa, dass ich denke, wenn Plichta gesprochen hat, ist da über dieses Thema dann der Realität von Primzahlen ein für allemal alles klar, man hat es zu glauben. Sondern es geht vielmehr darum, diesen Zugang zur Wirklichkeit sich vor Augen zu führen - und was Plichta sagen wird, das fängt irgendwo dort an, wo Jochen Kirchhoff bei der nächsten Vorlesung den Rahmen zeichnen wird, an einem ganz bestimmten Punkt.

Und die dritte voranzukündigende Vorlesung, mit der dann am 12.12. dieses Jahr hier endet, nicht das Semester, sondern eben das Jahr ›94, das handelt von einer Sache, die ganz seltsamerweise sich mir nachträglich sogar als mit den Plichta'schen Thema hier verkoppelt ansieht. Als ich von dem Plichta noch gar nichts wußte, von der Existenz dieser neuen Theorie, hatten wir in Niederstadtfeld einmal ein Seminar mit Hussein Abdul Fattah, das ist ein Deutscher, Stefan Makovski, der Sufi geworden ist und sich nun Hussein Abdul Fattah nennt und der einen Sonntagvormittag dort einmal über die, ich würde mal sagen, mathematischen und buchstabenhaften Strukturen im Koran gesprochen hat. Und der Plichta hat nun befunden, dass die, wenn es denn eine Zahl gibt - das ist immer problematisch natürlich - die Welt umfassen soll. Wenn es so eine Weltformelzahl gibt, in dem ganzen zahlen-mysteriösen Raume, dann wäre das die 19. Und es zeigt sich dann, dass Periodiken von 19 - seien es 19 Sätze, in denen der Name Allahs je einmal aufeinander folgt, oder 19 mal der Buchstabe Alif mit dem das

Wort Allah anfängt in einer Sure - also, dass es da zahlreiche Verborgenheiten der Zahl 19 in dem Koran gibt. Und darüber wird der Hussein Abdul Fattah alias Stefan Makovski hier sprechen. Eigentlich wird er vorstellen, wie das mit den Buchstaben und mit den Zahlen - wie er das sieht. Aber was eben spannend ist, dass - man kann wohl sicher sein, dass bei der Ankunft des Koran, den Mohammed in Trance empfangen hat, also, sicher hat er nicht dagesessen und gerechnet. Wenn da solche Strukturen drin sind, die sind dann nicht vom subjektiven Geist hinein erfunden wahrscheinlich - höchstens herausgefunden. Das sind die drei nächsten Vorlesungen. Und dann, um den Zyklus bis zum Abschluss zu erwähnen, am Ende habe ich die Elga Sorge eingeladen, mal den ganzen Stoff aus der feministischen Perspektive zu überblicken. Und sie wird quer zu manchem stehen, was wir hier reden, sind alles Männer jedenfalls, viel Patriarchiatsverdacht auch - mit Recht. Ich habe sie extra eingeladen, dass dieser Gegenakzent auch zur Geltung kommt. Und sie wird wohl darüber reden - oder in die Richtung reden - dass die Trennung dieser Spaltung zwischen Mensch und Natur, dass das weitgehend übereinstimmt mit der Trennungslinie - und also auch, was die Überwindung betrifft - Überwindung dieser Konfrontation von Mann und Frau. Diesem Problem, unter dem Gesichtspunkt von Wirklichkeit der Seele und des Geistes, will Elga Sorge abschließend dann in diesem mittleren Teil der Vorlesungsreihe jetzt sich widmen. Und was ich jetzt sagen will in der heutigen Vorlesung, das will irgendwie, ich würde mal sagen, den Denkraum - auch den Raum der Denkgewohnheiten - ein bisschen abtasten, mit denen ich hier rechne, was diese Fragestellung betrifft. Und da wir das in der Humboldt Universität im Osten machen, habe ich die Voraussetzung, die sicher nicht allen Hörern ganz gerecht wird, dass die Folie, vor der man das Verstehen da pflegen muss - oder versuchen muss - wie sicher unser Umgang, unsere Erfahrung mit dem Grundstudium, also mit dem dialektischen und historischen Materialismus ist, sodass also, wenn man denn abtastet, was für Erwartungen - sozusagen Denkerwartungen - im Raum stehen mögen, wird man wohl davon ausgehen müssen. Ich habe voriges Mal schon gesagt, das will ich jetzt noch einmal wiederholen, damit wir uns da nun wirklich nicht gleich von Anfang an zu sehr verirren, dass für mich diese Gegenüberstellung Spiritualismus und Materialismus alles andere, nur nicht identisch ist, was man ja vermuten könnte jetzt mit Idealismus / Materialismus – also, Idealismus entspräche dann Spiritualismus und Materialismus. Es wäre dann hier unser - gar nicht, dass will ich vorher noch mal sagen, damit man da nicht erst reintappt. Wenn ich vorhin sagte, wir bewegen uns im Raum der Grundfrage der Philosophie, dann nur insofern, dass überhaupt dieses Thema von Geist und Wirklichkeit, Materie, Bewusstsein und so - dieser Raum ist es schon - aber diese Einteilung von Marx und Engels her, die wir dann hier im dialektischen und historischen Materialismus hatten, was nun Idealismus / Materialismus ist, die erscheint mir überaus unfruchtbar und hat auch unsere hiesigen Diskussionen eigentlich eher immer wieder verwirrt, weil man ja dann zeigen musste, dass Materialismus und Fortschritt, und Materialismus und Unterklasseninteressen, dass das je konkret immer übereingestimmt hat - und auf der anderen Seite Idealismus und Reaktion und so, und zu manchen Zeiten, z. B. in unserer klassischen Philosophiezeit, stimmte das einfach nicht so recht. Fichte z. B. Stand dann in irgendeinem Lexikon - war trotz seines subjektiven Idealismus dann französischer Revolutionär. Und das ist ein so vordergründiger Irrtum, zu dem wir einfach durch ein Schema da gezwungen waren, oder man sich durch ein Schema gezwungen fühlte. Ich will jetzt zunächst einmal - eben damit wir aber diesem Horizont nachgehen - mal auf die Dinge eingehen, die erst einmal sinnvoll machten diesen Umgang mit dem Materialismus, den wir hier bevorzugt hatten. Ich sage mal so, den Rahmen der Gültigkeiten - ich meine das Denksystem - war jedenfalls nicht so verrückt, dass man annehmen könnte, das hätte kein Korn Wahrheit. Also das wäre absurd, das hat auch ein Jahrhundert lang geradezu paradigmatisch funktioniert, dass man so Materialismus und Idealismus unterscheiden konnte, wenn auch nicht alle sogenannten Idealisten das akzeptiert haben. Man kann schon der Frage nachgehen, woher das kommt. Und ich glaube, dass der älteste Punkt, der gesellschaftlich gesehen virulent ist - auch die Stelle wo das am revolutionärsten funktioniert - sicher die Stelle war, wo wenigstens vordergründig Materialismus und Atheismus übereinstimmen, d. h, wo es um radikale Aufklärung in dem Sinne geht, dass man wirklich den ganzen alten Kirchen- Gottes- usw. Plunder mit einer Handbewegung über Bord wirft. Man war dann der Meinung, wenn Kant sagt, die Aufklärung ist der Ausgang aus der selbst verschuldeten Unmündigkeit, wenn er dann aber noch offenlässt, dass vielleicht doch Gott, Freiheit und Unsterblichkeit irgendwo da oben Personal verbirgt gibt, dann ist er wirklich inkonsequent, sozusagen, dann ist es eigentlich der Forderung der Aufklärung nicht genug getan. Das war die Kritik an Kant und die war primär. Natürlich hatte die dann ihre erkenntnistheoretische Komponente - Agnostizismus - man kann die Welt nicht erkennen, dieses ganze Thema. Aber der Ausgangspunkt von dem, aus dem heraus diese ganze Einteilung stattgefunden hatte, waren ja theorisierte Klasseninteressen, die man sich selbst vorgesetzt hatte. Und da war immer die erste Frage »wem nützt es« - und dann war es in diesem Falle klar, dass also Kant hier nicht genug der Sache der bürgerlichen Aufklärung und damit nicht genug der Vorbereitung der späteren lutherischen Revolution dienstbar war. Das ist eigentlich der eigentliche und tiefste Grund für Materialismus, jetzt, was die historische Herkunft betrifft. Und man wird nicht bezweifeln, dass Christentum, Kirche, Heiliges Römisches Reich genug Gründe dafür geliefert haben, so mit dieser Erbschaft umzugehen. Verkürzt - aber das hat sein Recht. Und der zweite Gesichtspunkt, der also, wenn man nun nicht tiefenhistorisch denkt, sondern wenn man von der unmittelbaren Reaktion und von den unmittelbaren Interessen der Menschen her denkt - sozusagen begründend - war, dass es ja von den Unterklasseninteressen her um die Befreiung - vordergründig erst einmal von materieller Ausbeutung – ging. Und dass diese - von den aus den mittelalterlichen Zeiten ererbten - religiösen und idealistischen Vorstellungen verschiedenster Art nur zu geeignet waren, von diesem Knackpunkt abzulenken. Und zwar schon in der stillschweigenden und unbewussten Benutzung durch die zu solchen Zwecken dann auch bestellte Intelligenz, die - wenn auch schlecht und recht - von den Potentaten immer mit einem kleinen Salär versorgt war, dass man gut über Erfordernisse und Schichten der menschlichen Emanzipation sprechen konnte, die vor- und übergelagert sind dem, was erst mal für die große Masse, für die große Zahl - die Zugang überhaupt zur Emanzipation bietet. Und nun verträgt sich natürlich ein materialistisches Konzept leider auch etwas mit dem durch eben diese Klassenverhältnisse beförderten Stumpfsinn. Sodass sich dieser platte Materialismus besonders in der vulgarisierten Form, indem wir dann also - dass immer die Umstände haben herrschen lassen und dem Diktat der natürlichen und sonstigen Gesetze gehorchen mussten. Also, das hat sich natürlich besonders Menschen aufgedrängt, die sozusagen aus zweiter Hand denken und deren Schicksal das zugleich durch die Machtverhältnisse - durch die herrschenden Verhältnisse - ist, sodass dieser sozusagen denkfeindliche Zug in diesem marxistischen und atheistischen Materialismus – also - schlichte soziologische Gründe hat, die gar nicht sozusagen bei Marx liegen, sondern bei den Zuständen, die er kritisiert hat. Also hier - wenn man jetzt die beiden Punkte nimmt - also das, was am Ausgang des Mittelalters war und das, was jetzt an Aufholinteressen, an Interessen - also sozusagen standardgemäß gesättigt zu werden - da ist, das zusammen, das war ja dann also diese Marx'sche etwas kurzschlüssige Formulierung: Religion ist das Opium des Volks. Das nur ist zitiert worden übrigens und nicht hinterher der Seufzer der bedrängten Kreatur – also, Marx weiß schon, wovon er da redet. Aber es drückt sich in dieser Formel vom Opium des Volks natürlich die Grundeinstellung aus, dass alle nicht materialistischen, alle idealistischen Konzepte von diesem Skandal ablenken – also, die bedeuten, wir wollen nicht teilen. Die bedeuten, dass dieses paulinische Wort - also »ihr sollt haben, ihr dürft haben - aber als hättet ihr nicht«, dass das also sozusagen eine große Ausrede ist. Dem verdient, diesem künstlichen und besitzenden Christentum die bürgerliche Maske vom Gesicht zu ziehen. Das war ja eigentlich der Punkt und dann hat sich natürlich – also, das sind die beiden sozusagen sozio-politischen Antriebe hinter diesem Materialismus, mit dem wir es hier zu tun hatten. Und dann geht natürlich eine Linie sozusagen durch die Klassenlager quer durch, die sich hier fortsetzt. Nämlich die, die mit dem Materialismus oder Positivismus der Naturwissenschaft zu tun hat, wo also Marx den sogenannten mechanischen Materialismus der Franzosen aus dem 18. Jahrhundert aufnahm, mit Hegel dialektisch kritisierte, und dann wurde das eben dialektischer Materialismus - noch im Unterschied zum historischen - und der Gegenstand war dann also die Natur. Und hier gab jede neue naturwissenschaftliche Entdeckung dem materialistischen Standpunkt recht. Das übrigens ist absolut wahr. Und es hängt schlicht damit zusammen, dass der materialistische Standpunkt und der Standpunkt der Naturwissenschaft jetzt im Herangehen an das Objekt, dass die einfach identisch sind. Das kann sich nur gegenseitig bestätigen. Viele Dinge, die jetzt neuerdings verkauft werden, die Chaostheorie beispielsweise oder diese ganze Autopoiese-Konzeption, also die Konzeption der Selbstorganisation des Universums, das steht wirklich in völlig adäquaten Termini bei Hegel und auch bei Marx.

Lenin hat noch aus der Einleitung von Hegels Logik diese Überlegung von Dialektik - ihr Gegenstand sei die Selbstbewegung der Dinge und Wirklichkeiten und Ereignisse über ihre immanenten - über ihre inneren - Widersprüche und Gesetzmäßigkeiten.

Das ist Autopoiese-Theorie – also, als Erfindung jetzt aus der Naturwissenschaft verkauft - während im 19. Jahrhundert die Lage noch so war, dass - Marx und Engels waren immer »der Igel der schon in der Furche lag - und ich bin all da«. Die Naturwissenschaft hat wieder etwas bestätigt - in diesem philosophisch-materialistischen Konzept, das zu ihr passte und ein bisschen fortgeschritten war, weil es nicht - also jetzt methodisch - weil es in der Dialektik stand und nicht in diesem Mechanizismus des Jahrhunderts davor, des Aufklärungsjahrhunderts.

Dieser ganze Zusammenhang von erst einmal geistiger Öffnung am Ende des Mittelalters und dann dem Aufstieg der Naturwissenschaft und dann dem Interesse der neuen Unterklasse, die ja nach der Bourgeoisie erst mit ihr aufkommt - diese Momente zusammen haben den dialektischen und historischen Materialismus da zu diesem Schlagzeug gemacht, weil es mit dem internationalen Klassenkampf völlig reingerissen war - das ganze Thema.

Gramsci, also der italienische kommunistische Denker, Antonio Gramsci, hat vielleicht die schlüssigste Einheitsformel für alles das zusammengebracht, indem er den dialektischen und historischen Materialismus - auch weil man ihn wohl in Mussolinis Gefängnis nicht unbedingt zitieren sollte - er hat es genannt: »Philosophie der Praxis«. Philosophie der Praxis - und Praxis in diesem marxistischen Kontext ist eindeutig eine, die sozusagen an der äußeren Bewegung ansetzt, zumindest was das Ablesen betrifft, also, wo viel von Natur vermüllert wird, wo große Massen in Bewegung gesetzt sind, wo die Idee zur materiellen Gewalt wird, indem sie die Massen ergreift - also dort vornehmlich findet Praxis statt. Es wird nicht geleugnet in der marxistischen Theorie, dass auch Theorie Praxis ist irgendwie, dass es diesen Zusammenhang gibt. Aber der Akzent liegt auf Massenbewegung, sei es jetzt in der Produktion, sei es in der politischen Sphäre. Und es geht da auch um empirische Belegbarkeit. Man kann ein Brikett einfach besser vorzeigen als eine Gleichung und - oder auch Pflastersteine - im Klassenkampf und so fort. Dieser Praxisbegriff, den Gramsci gefunden hat und der bei ihm jetzt überhaupt nicht verkürzt auftritt, sondern den ganzen geistigen Bereich einschließt - aber dieser Praxisbegriff, wenn man ihn auf den schlichtesten Punkt bringt, dann fasst er also sehr gut zusammen, dass sozusagen das Angreiflichkeitsinteresse dieses dialektischen und historischen Materialismus, das sollte eine Waffe, ein Werkzeug im Kampf sein, und zwar - man wusste, was man da anfasst, selbst institutionell. Es war dann als Lehre auch sozusagen in die Form der Steine gekleidet, aber dieser Charakter sozusagen der Materialität - geradezu auch des philosophischen Konzepts - das steckt in diesem Umgang hier, den wir mit dem Materialismusbegriff betrieben haben, sehr drin. Und es gibt da, damit will ich diese Erwägung eben einmal abschließen, es gibt da auch eine Kontinuität, die zeigt, dass Marx in dieser Hinsicht wirklich ein Denker – nun, gewiss nicht der Bourgeoisie - aber des bürgerlichen Zeitalters ist. Also, wenn man sich erinnert, wie der Faust schließt, mit welcher Perspektive, dann hat sich Faust, nachdem er nun den Erdgeist und den Weltgeist - suchte er zu begegnen. Dem Erdgeist ist er begegnet und er ist durch die Unterwelt gegangen. Also, da ist allerhand passiert auf anderen Ebenen, aber schließlich hat er einerseits den Wunsch, Magie von seinem Pfad zu entfernen - also frei zu sein von all diesem Brimborium - und andererseits konstatiert er vor allem, also, nach Drüben ist die Aussicht uns verrannt - das ist nun schon nicht mehr 15, wie Faust ja spielt, sondern 18. Jahrhundert - ist die Aussicht uns verrannt, Tor wer dorthin - ich habe es jetzt nicht ganz genau im Kopf - die Augen sozusagen hoffend richtet, »dem Tüchtigen ist diese Welt nicht stumm«. Und dann findet da diese Umgestaltung der Natur am Ende statt - also für möglichst viele Leute, dass sie da - nicht sicher zwar - doch möglichst frei zu wohnen hätten. Wir sind jetzt damit fertig, diese Sümpfe alle trockenzulegen, das heißt der Materialismus in diesem Sinne, dieser Praxismaterialismus, der die – ja, jetzt sage ich mal – und das greift da vor - der von dem ganzen Weltgewebe die Stelle der größten Verdichtung fasst, dort das Problem lösen will. Diese Erfahrung haben wir also in dem Versuch der sozialistischen industriellen Umgestaltung, der Begründung von Sozialismus und Freiheit durch Industrialisierung. Das haben wir praktisch zu Ende exerziert, und zwar in dem Kurzdurchgang des real existierenden Sozialismus eigentlich im Geist des bürgerlichen Zeitalters auf den Punkt gebracht. Dieser dialektische und historische Materialismus - da bin ich ziemlich sicher - ist eine Frucht, sogar eine zugehörige zu dieser bürgerlichen Epoche. Es ist eine Negation, eine Kritik aber auf dem Boden noch - nämlich auf dem Boden dieses an das Materielle gebundenen Fortschrittbegriffs, ja, Emanzipationskonzepts. Ich habe das erwähnt beim vorigen oder vorvorigen Mal, also diese Kopplung des Emanzipationsthemas an die Überflussproduktion, also an die unendliche erweiterte Reproduktion, jetzt, was die materiellen Bedürfnisse betrifft. Das ist also der wirkliche Zusammenhang hinter dem Materialismus. Was jetzt nun allerdings einen größeren Denk- und Zeitraum betrifft als die letzten 150 oder 500 Jahre bis zur Renaissance, da reichen allerdings diese vordergründigen Charakterisierungen - diese an die letzten 150 Jahre gebundene, an die Zeit der Arbeiterbewegung gebundene Charakteristik des Materialismus - die reicht da nun allerdings nicht mehr aus. Und vielleicht ist die Brücke, das, was ich eben behandelt habe, mit dem größeren Rahmen, den ich jetzt spannen will - allerdings bis an den Anfang der Weltgeschichte - jetzt nicht am Detail, dem Urschleim, sondern ich meine einfach, ich will jetzt von diesen schmalen 150 Jahren - will ich jetzt auf die 50.000 Jahre gehen, die Homo sapiens -und die Brücke ist das, ich würde mal sagen, das Monismusproblem, in dem auch das ganze Paradox dieses dialektischen und historischen Materialismus noch einmal erscheint. Völlig klar war für Engels - wie sozusagen für fast jeden sich selbst für anständig haltenden Denker - dass es so etwas gibt wie die Einheit der Welt. Erklärte Dualisten, erklärte Dualisten insbesondere, waren selten in dieser Epoche von Descartes bis Kant und bis zu unserer Phänomenologie, wo man das dann so radikal erst einmal getrennt denken kann, das Ausgedehnte und das Denken, das Materielle und das Geistige, wenn man sehr verkürzen will. Das ist eine sehr moderne Angelegenheit, wenn sie auch bis zu den Griechen zurückgeht. Aber dominant war - selbst wenn immer mal Dualistisches mit einströmt - dominant war letzten Endes, doch von der Einheit der Welt auszugehen. Und zumindest hat das die abendländische Tradition bestimmt, sofern sie christlich ist, mit der Trinität aber auch das Griechische, das darin eingegangen ist, hatte diesen Allumfassend-Charakter. Und die germanische Tradition auch, sodass also die Momente, die Gott und Welt so sehr gegenüberstellen, dieser nahöstliche Zweig der Sache – also, was vom Judentum kommt, ins Christentum ging und dort auch fortgesetzt worden ist - auch aus Persien dieses Manichäische, also schwarz und weiß, Gott ist gut - und dann die ganze Frage, also, wie kann er dann das alles zulassen. Das sind Momente, aber hier in dem ganzen nord-westeuropäischen Kontext - und schon von Griechen an - ist eigentlich ein Bewusstsein darüber, dass die Welt ihrem Wesen nach eins ist, und dass demnach, wenn man Materialist ist, sagen muss, wie Friedrich Engels dann auch tat, die Einheit der Welt besteht in ihrer Materialität. Also das ist eigentlich ein am Grunde gegebenes Verständnis, dass wir es mit einer Welt zu tun haben. Das Erstaunliche ist dann, dass also dieser Monismus - und Marx hat da an Hegel angeknüpft, der völlig auf dieser Position auch war - das Seltsame ist, dass dieser allumfassende wollende Monismus dann so viele Bereiche - also insbesondere die Innenwelt, das ganze Reich der psychischen Wirklichkeit und auch der geistigen Wirklichkeit - dass das also sozusagen so eng geführt behandelt worden ist, sodass der Gesamthorizont eigentlich nur immer in dieser materialistischen Verkürzung zum Ausdruck kam. Also es blieb nicht mehr übrig als wirklich materialistisch-konstatierbar als hier – Gezeitenströme - weiter kann man den Gedanken nicht verfolgen, tatsächlich nicht auf diese Weise. Das ist also ein empirischer Widerspruch einfach zu diesem monistischen Anspruch. Wenn man Engels allerdings liest, also etwa den Anti-Dühring und die Dialektik der Natur, und dann sieht, dass er also zu Revisionen fähig ist, also ich glaube, er hätte sehr vieles aufgenommen, Freud etwa und das Folgende. Und was die diffizileren Diskussionen in der Physik betrifft, Heisenberg, Weizsäcker, Debreu - diese Sachen hätte er bestimmt mit aufgenommen. Das war dort nicht zugenagelt, die Grenze lag irgendwie natürlich noch in dieser positivistischen Konzeption, die eigentlich bedeutet, dass man das je aufkommende Moment der Wirklichkeit sozusagen - die mögen zahlenmäßig dann sogar noch vollständig sein, die Momente - dass das reduktionistisch auf diesen materiellen Aspekt bezogen wird. Ich sage, das ist sozusagen das Bindeglied, um zurückzudenken an den Anfang der ganzen Kette, weil von dem Anfang der ganzen Kette - wenn man jetzt an den Ursprung sozusagen des Selbstbewusstseinsprozesses - und dann ist der Mensch - Selbstbewusstseinprozess - und den geht - das ist, dass sich dann das Paradoxe erklärt, dass dann also verständlich wird, warum wir zu dieser Schmalspur gekommen sind. Zu dieser Engführung des Materialismus-Themas oder des Gegenstands, um den es da geht, und zwar weil er, würde ich jetzt mal sagen, ursprünglich der Allerweiteste war. Im Begriff Materialismus, in Materie, steckt der Mutterbegriff drin. Und die große Mutter bei den Indianern etwa gesehen, diese Vorstellung, die die davon haben, das ist einfach der Inbegriff sozusagen - oder das Wort dazu für die Anwesenheit des Ganzen. Der Hanspeter Padrutt in seinem Buch über den griechischen Philosophen Parmenides ist darauf gekommen, dass eine Schlüsselformel bei dem Parmenides, die Frage nach dem Anwesen alles Abwesenden ist. Also wenn jetzt Tag ist, ich weiß ja von der Nacht – also, wie realisiere ich es auch, dass es auch Nacht gibt. Und wenn ich grün sehe, realisiere ich auch, dass es blau gibt. Wenn es trüb ist, realisiere ich, dass es Sonnentage gibt, dass also praktisch die Abkapselung des Ausschnittes von Wirklichkeit, dass das nicht regiert, sondern dass alles da sein kann. Und das ist der Begriff der – Greatmother - großen Mutter - und es liegt ja fast allen diesen älteren Stammesreligionen eine Vorstellung dieser Art zugrunde, manchmal mehr auf das Väterliche. Aber in den meisten Fällen liegt am Grunde so eine muttergeleitete Kosmologie, dass das Universum und sein Entstehen, dass das schoßhaft vorgestellt wird - das schließt das ja ein - und dass wir von daher also mit unserer ganzen Praxis und mit unserer Denkweise einfach natürlicherweise eingeschlossen sind in diesen Entstehungsprozess, in diesen Geburtsprozess, letztlich dann der Individualität aus dem universellen Zusammenhang. Und es ist dann eben so, dass dieses Goethewort, das ich vor drei Stunden, glaube ich, mal hier zitiert habe, also, wo er mit Selbstverständlichkeit irgendwo sagt, dass die Worte, die man jetzt da gerade macht, dass die die Natur fortsetzen. Also das ist der subjektive Geist, der in der Sprache sich ja sozusagen sicher den Durchgangspunkt -in Anführungszeichen: Das »Materiellste« - an dem ganzen Gedankenspiel - das dann von Sprache her erfolgt. Das bleibt an diesem mütterlichen Bereich ja irgendwie zurückgezogen. Und man stößt dann irgendwie auf die Frage, wie kommt es nachher dann, wie kann es überhaupt zustande kommen, dass man von dieser ursprünglichen Realität erst einmal - und dann auch ursprünglichen Wahrnehmung - abkommt. Und es scheint schon so, dass die unterschiedlichen Existenzweisen der Geschlechter da eine gewisse Rolle dabei gespielt haben. Worauf dann auch sicher die Elga Sorge noch einmal verstärkt kommen wird, also dass die Möglichkeit, würde ich mal sagen, dieses aus dem Mutterschoß in letzter Instanz jetzt hervorgegangene, instrumentelle Denken auch auf Sachen anzuwenden, die sozusagen nicht unmittelbar zurückgebunden sind an das Keimhafte, aus dem es kommt, auch nicht immer unbedingt zurückgebunden sind an dieses einzelne Sozialgemeinwesen. Also ursprünglich natürlich dient das Gehirn mir. Und zweitens gehöre ich samt dem Gehirn der Gruppe, die da existieren und weiterleben und überleben will. Und jetzt aber - wenn das Leben halbwegs komfortabel ist, wenn die Natur genug hergegeben hat und ich nicht so sehr beschäftigt bin mit der Pflege des Nahbereichs, mit den Kinder und so - dann entsteht der Raum einfach, wo das mikrokosmisch angelegte Organ dann auch – also, sich auf den Gesamtzusammenhang, nicht rückwärts, sondern vorwärts denkend richtet - also, sozusagen, den Horizont weit spannt, auch für analytische Tätigkeiten, sich das und das und jenes herausgreift, und bewusstseinsmäßige Abstraktionen davon macht. Das heißt, es entsteht da überhaupt erst die Möglichkeit für Dualismus, also Erde, Himmel, Mond, Sonne. Die Himmelsgötter, der Sonnengott und so - ist eine aus der - mit großer Wahrscheinlichkeit zumindest - aus der Daseinsweise, Existenz, Denkweise hervorgegangene Schicht des menschlichen Denkens. Und wenn das zunächst noch mutterrechtlich eingebunden blieb, ändert sich das Leben, wird es durch die gesellschaftlichen Verhältnisse und durch geologische [nicht: ideologische?] und so, Heide Göttner-Abendroth hat ja da viel gezeigt, wird es ein kriegerisches Leben. Gibt es also den einen, den zweiten und dritten Grund, dass auch im Sozialbereich das männliche Moment dominant wird, dann kommt es leicht zur Abspaltung. Und der Versuch ist zunächst also, praktisch im Himmel also alle Dinge zu verdoppeln - das war der Vorwurf der Weltverdoppelung, den unser Materialismus dem Idealismus immer gemacht hat. Und in sofern gehört das, was wir hier immer Idealismus genannt haben, das gehört eigentlich zum Patriarchat. Also dort in der männlichen Existenz, sagen wir es ruhig noch einfacher ohne Patriarchat, also, der männlichen Existenz selbst, liegt irgendwie eine viel größere Tendenz, also, diesen besonderen Bereich nicht nur zu betreten - darin läge überhaupt kein Problem, es wäre einfach ein Gewinn mehr, eine Möglichkeit mehr - sondern sich dann in diesem Bereich, Descartes hat das direkt eingestanden, dort fühlt er sich dann sicher in seiner Kirche da, in seinem Wissenschaftsbereich. Sonst ist die Welt von der Frau her - Natur - es ist sehr bedrohlich und wer spioniert mir nach. Ich muss mich auch ein bisschen verstecken, also die Angst wie gesagt, schränkt ja auch die Wahrnehmungsfähigkeit ein. Aber in diesem Territorium - nicht erst Descartes - sondern das ist anscheinend ein allgemeines Gesetz in der Geschichte, dass da ein Raum ist, der sozusagen die männliche Angst - via geistige Tätigkeit

- runterdrehen, ein Stück weit befrieden kann. Das ist ein Ort auch der Regeneration - und da natürlich, da wir nun nicht einfach funktionieren als Organe der Welt, sondern da sagt der selbstische Gebrauch - wenn nicht bewusst, dann unbewusst, umso massiver manchmal in diese ganze Denktätigkeit dann eingeht - da ist es natürlich klar, dass ein unentwirrbarer Komplex da entsteht, wo sich Wahres und vermeintlich Wahres und durch Interessen gebrochenes Wahre - das kann das schlimmste Falsche sein, und offenbar Falsches, wo sich das so vermengt, dass es eigentlich nichts bringt, dass sozusagen rein analytisch systematisch auseinander zu definieren, sondern das ist ein lebensmäßiger Zusammenhang von Wahr und Falsch, der sich aufzwingt. Und in gewisser Hinsicht könnte man eigentlich sagen, dass wenn es denn überhaupt Sinn haben soll, Idealismus zu kritisieren - meine ich jetzt im Sinne von Ideologiekritik - dann handelt sichs darum eigentlich, dass alles, was sozusagen von der Wahrheit der Welt abweicht – also, je mehr es an den Ich-Pol gebunden ist, umso irrealer wird es wahrscheinlich sein, umso falscher wird es sein, in dem Sinne umso idealistischer alias -meine ich jetzt - ideologischer. Könnte man erst mal sagen. Das ist ja das Vernünftige an der Ideologiekritik gewesen, also, die Seifenblasen aufzustechen, die der Geist sich über sich selbst macht. Und jetzt, wenn man das von da aus im Grunde her bis hierher jetzt verfolgt hat, sieht man sicher, dass ich immer noch positiv beim Materialismusbegriff bin. Also glauben, dass eine Wahrnehmung, die wirklich auf das schoßhafte Ganze der Erde, des Himmels - jetzt im kosmischen Sinne einfach, des Universums - eine Wahrnehmung, die darauf gerichtet ist, die könnte man materialistisch nennen, wenn man also diesen Materie-Mater-Begriff im Auge behält. Die geistige Schwierigkeit, mit der es der Mensch dann auf dem Weg von dieser sozusagen ursprünglichen archaischen Konstellation - die ich eben angedeutet habe - die erst auf dem Weg von da bis zu unserem mentalen Materialismus jetzt zu tun gehabt hatte, die war eigentlich - da wollte ich noch rückanschließen an diese Monismusfrage - die war eigentlich - dass man sich eben aus Sicherheitsgründen irgendwie das eigene Gärtchen immer enger abgesteckt hat und verboten hat, eine ganze Menge sogenannter irrationaler Phänomene, Halluzinationen - was alles der menschliche Geist so produziert - Träume usw. ferner ernst zu nehmen, weil - man weiß nicht, wo da die bösen Geister tanzen. Es ist ja auch eine alte christliche Lehre – also, überall wo Gott nicht ist schießt gleich der Böse ein, oder das Böse wartet immer schon darauf. Das sind gerade sekundäre Angstprojektionen des idealistisch oder ideologisch gewordenen Geistes - des Geistes, der sich sozusagen einen mit den eigenen Ängsten und mit der entsprechenden Selbstdurchsetzung verwandten Geist zurechtschneidert. Also - du gleichst dem Geist, den du begreifst - nicht mir – das ist das genau im »Faust«, dass wir also in der Regel einen Geist uns zurechtlegen, ein denkendes Verständnis, eine Denkrealität, geradezu ein Begriffsmuster bereit halten, das also diese begrenzte menschliche Existenz irgendwie abdeckt. Und was dabei passiert ist - ist einfach ein Vorgang, der nicht darauf hinausgelaufen ist - wie man etwa von Hegel und Marx her fordern müsste – also, die frühesten Bewusstseinsformen - das etwa, was Marx den naiven Realismus unserer Ururahnen - aufzuheben, das ist nicht passiert. Sondern was passiert ist, ist sozusagen die Abstoßung davon, die Negation davon, also die Aufklärung hat mit den Inquisitoren, das meiste was die Hexen …

… ohne da Unterschiede zu machen und ohne sozusagen die Weißschicht in irgendeiner Weise zu würdigen, aus der das gekommen ist. Und da hat man also dann diesen – ich erinnere nur mal daran, weil wir das hier schon ausführlicher behandelt haben: Bei Gebser hat man ja diese fünf verschiedenen Bewusstseinsverfassungen oder - genauer gesagt - vier, wenn man guckt, bis wohin wir erst mal bloß gedrungen sind, also archaisch, dass wir die über die ich andeutend eben gesprochen habe, also die sozusagen noch, wie soll ich sagen, all-kommensurabel funktionieren. Wo der subjektive Geist so offen ist, so wenig eigene Begriffe entgegenstellt, dass alles … kann, was auch heißt, es ist sozusagen noch nicht interessenzentriert wahrgenommen worden. Bloß, seltsamerweise haben wir überlebt. Ich muss einen Ahnen gehabt haben um die Zeit, sonst gäbe es mich nicht - und das ist hier für alle oder so. Also, diese archaische Weisung - darüber kommt dann diese magische bei Gebser. Darüber heißt hier nur, dass sich sozusagen in der Weltwahrnehmung bei wachsendem Jagderfolg beispielsweise - zunächst noch auf dieser Korrespondenzebene mit den Bären und so - da stellt sich dann heraus, dass man doch ganz schön – man kann manipulieren. Also der Mensch, der hier das stärkste Großhirn hat, ist an Macht überlegen, das heißt an Manipulationsmacht den anderen Naturwesen - und das ist, was sich auf dieser magischen Ebene manifestiert hat. Und jetzt hier, hier gibt es eigentlich auf der archaischen erst mal nur – also, wenn ich jetzt sage, den großen Geist, dann könnte der Eindruck entstehen, die hätten irgendetwas Derartiges als Begriff gehabt. Das war bestimmt nicht so. Wenn, dann hat Rudolf Otto – ich will den Namen mal anschreiben – hier den günstigen Begriff gefunden. Er sagt: Das Heilige, das ist einfach eine Name für das Numinose – numinos - da steckt also dieser Nus-Begriff, der Geistbegriff des Anaxagoras wohl drin. Aber was der Otto meint, ist - es gibt halt einfach Situationen, da sind wir angeweht von etwas, das gegenüber ist, von einem Berg, von der See, von einer bestimmten Landschaft - auf einmal geht da etwas durch, wenn wir im Wald allein sind, wo man eigentlich denkt, das war kein Vogel. Also diese Art Ereignisse, die waren natürlich sehr viel häufiger, wo wir noch nicht wussten, was alles Aberglaube ist. Ganz klar, dass da mehr zugelassen wurde. Und das also, das ist diese Ebene. Und hier auf der magischen Ebene, da ist es schon etwas konkreter. Also, was hier herrscht, ist dieser sogenannte Animismus. Und Animismus ist erst einmal der Begriff von Spirits - Mehrzahl Spirits – also, dass der Baum einen Geist hat, dass der Ort einen Geist hat. Aber viel gravierender - wie man inzwischen weiß aus den völkerkundlichen und mythologischen Forschungen - viel gravierender - die Geister der grad erschlagenen Tiere. Also bei so einer Jägergesellschaft sehr verständlich - und die Geister der Ahnen. Also dass nicht bloß Römer, sondern auch Chinesen und Japaner und so, ihren Ahnenaltar zu Hause haben, und diese Kette, die in die Vergangenheit zurückreicht, also irgendwie gegenwärtig bewusst gehalten wird. Also, ich würde sagen, ich aus meiner Erfahrung – ich habe zum Beispiel nie einen Faun gesehen, Luise Rinser hat mir mal erzählt – eine Freundin – sie hätte einen gesehen und hat ein Büchlein darüber geschrieben. Ich habe keine Dryade gesehen, also so einen weiblichen Baumgeist, aber es gibt sozusagen überwältigende Evidenz dafür, dass Leute, also die weniger – wie soll ich sagen – zivilisations- und universitätsgebildet worden sind als ich, und gar Völker früherer Zeiten, dass die also in einer Welt gelebt haben, die in dem Sinne begeistert war, wo also die - alles was ringsum war - also diesen numinosen Charakter hatte und wo sich immer auch - und das wird auch schon sehr früh passiert sein - irgendwelche Individuen - sozusagen jetzt Wesenheiten - abgehoben haben und auf der mythologischen Ebene – ich will schnell zum Ende kommen, dass wir noch eine kleine Pause machen können – auf der mythologischen Ebene hier – ich schreibe jetzt mal mythisch – auf der mythischen Ebene ist es dann – also, hier ist es ja noch Naturwesen - und wir haben dann hier natürlich also diese Geister, die Götter sind. Das sind natürlich gesellschaftliche Wesen dann bereits. Und für den Bereich hat Julian Jaynes sehr schön gezeigt - dass also recht reale Existenz hatte auf der Basis des Spiels - dass unsere zwei Hirnhälften miteinander spielen. In der Zeit also, als die Götter kamen - jetzt der griechische Göttertyp, der personalisierte, individualisierte, wie auch bei uns hier Wotan und Co. da war ein Umbruch im Gange zugunsten der linken Gehirnhälfte bereits, also der, die das Rechnen steuert und die, die die rechte Hand steuert. Der Umschwung war bereits im Gange. Dieser Zweikammer-Geist - wie der Janes zeigt - war im Zusammenbrechen. Und der Augenblick, wo das noch auf der Kippe stand, das war, wo die Götter waren. Also, wo uns sozusagen die Wesenheiten als Götter erschienen, dass sie gerade diese Kommutation hatten wie in Griechenland - und Germanien wieder etwas anders - und sofort, das je Kultur bedingt. Aber diese Erscheinung geht durch von einer ganz allgemeinen Wahrnehmung der Welt als geistreich, möchte ich mal sagen, wie der Animismus über die Götter. Und erst auf unserer mentalen Ebene, die ihren Anfang nimmt sozusagen mit dem großen Sonnengott bei Echnaton etwa, um die Zeit, wo auch Moses dann ansetzt. Erst auf dieser Ebene gibt es hier Gott. Und wie sich gezeigt hat, ist dieser schon abstrakte Weltgeist, diese nicht nur numistische, sondern monotheistische Konzeption vom Weltzusammenhang eigentlich genau die, die in ihrer späteren Phase bei uns dann jetzt hier, wo der … verstandesmäßig. Das sind die letzten etwa - also maximal - 3000 bis 2000 Jahre, so diese Spanne, dass das gerade ausgelöscht wird, das Bewusstsein darüber. Bei Nietzsche dann steht »Gott ist tot«. Und es gibt natürlich auch die Geschichte, wie das passiert ist, und dass gerade etwa - von Nietzsche her gesehen – Juden- und Christentum das meiste dazu beigetragen haben, dass das sozusagen eine immanente Geschichte ist, die natürlich damit auch über Stammesgeschichten über Juden und Christen darüber hinausreicht, sondern irgendwie etwas darüber sagt, wie sich der Mensch eigentlich dieser Rückverbindung zum großen Zusammenhang - wie er sich da entschlägt. Wir haben dann das eine Schubert-Lied, also das von Wilhelm Müller, das Schubert vertont hat: »Will kein Gott im Himmel sein«, singt er dann – sind wir selber Götter – das ist - machen dann alles.

Also, das ist die Geschichte eigentlich, die ich hier andeuten wollte, die darauf hinausläuft, dass indem wir das ausfallen lassen und das ausfallen lassen, das heißt nicht mehr danach fragen, was eigentlich spiegelt das wider, was steckt dahinter? Wir fragen das nicht mehr. Und zuletzt - über diese Abstraktion - wo wir dann seltsamerweise rauskommen, ist ein Materialismus, der ein in dem Sinne von Amery - völlig konsequent dann - ein völlig inkonsequenter Materialismus, einer der einen kleinen Ausschnitt der Welt, den, den man rechnend und messend erfassen kann, zuletzt als die einzige Realität, die noch gilt vor der heutigen Staat-Kirche-Wissenschaft. Wo das übrig bleibt. Wo sich also sozusagen die von der großen Mutter - im weitesten Sinne hier - auf der archaischen Ebene des - zum großen Vater und dann zu - und dann zu uns, wo sich also das so verengt hat - das eigentlich ist Ideologie. Und ich will dann in der halben Stunde, die noch bleibt, also, über den Begriff von Spiritualität reden. Und irgendwie glaube ich, werde ich zeigen können, dass auf dieser Ebene hier, also, Spiritualismus und Materialismus eins sind. Wenn das hier auch bloß ein Keim ist - da ganz am Anfang - und dass es dann eigentlich darum geht, wie man das denn hier wiederfinden könnte, heute.

– Pause –

Ja, wenn ich noch mal anknüpfe an den Schluss der vorherigen Vorlesung und an den Anfang, dann liegt also hier an der Stelle, wo ich hier - Gott - geschrieben habe, da geht es ja dann in concreto weiter mit der Geschichte, die ich am Anfang entrollt habe – also, wie dann in der Moderne wegen der theologischen und reichspolitischen Katastrophe, die das Mittelalter war - die dann also hier Aufklärung dagegen angesetzt hat. Was jetzt aber in puncto Materialismus oder Materie – Mater, dieses Mutterelement – was eben auf diesem ganzen Weg passiert ist - und insbesondere jetzt dann auch noch jenseits des Gottesbegriffs hier - also, wo sich das in der Moderne dann auflöst, das ist also, dass der Materiebegriff selber – der Begriff der Materie – dass der am Ende – also, der steht dann völlig entgeistert da. Also es ist praktisch innerhalb der großen Natur durch diesen Begriff sozusagen eine Trennung hineindefiniert worden, sodass dann – also, entweder man sagt dann, es ist eben alles Materie einschließlich das Bewusstsein oder so - das war eine alte Diskussion hier im Marxismus -

oder es bleibt halt sozusagen alles das, was sich sozusagen nicht handgreiflich - und handgreiflich heißt heute eigentlich mit Instrumenten greiflich - also über wissenschaftliche Analyse-Verfahren und über Abzählen, Messen und Wägen und über praktische Prüfung - dass das auch im Ausschnitt dann funktioniert. Also alles, was sich so nicht erfassen lässt, ist nicht materiell. Und wenn Lenin dann sagt, also, Materie heißt auch, also gleich - ist objektive Realität - dann heißt das eigentlich, alles andere ist nicht real, ist nicht wirklich. Ist nicht wirklich - eigentlich ist dann das einzig Wirkliche komischerweise etwas vom Gewicht - im Naturzusammenhang - her sozusagen fast nur Ideelles, nämlich – also, der Mensch hat ja diese zweite Natur, also das, was wir dem Vorgefundenen zugefügt haben … eine Beule oder so. Das sind ja umgesetzte Ideen, Begriffe, Zahlen, Zeichnungen und so fort. Und eigentlich lassen wir nur das als so richtig real gelten, denn also das Naturgesetz hat eigentlich Realität nur im Hinblick auf die Praxis, auf den praktischen Gebrauch, den wir jeweils davon machen. Und das andere muss nicht gleich philosophisch in demselben Augenblick bestritten werden. Die meisten Leute denken da auch nicht so genau an der Sache lang, aber es läuft praktisch auf die Unwirklichkeit der ganzen wirklichen Welt, der Natur selbst, hinaus. Und das große Paradox ist, dass dieser Vorgang, der sozusagen die ideologische Immaterialisierung - dass der tatsächlich mit Entgeistigung, die psychologisch und ideologisch und herrschaftsinteressiert und so vollzogen wird - der Materie. Das ist der Stoff, der uns zur Verfügung steht. Das ist außerdem noch mit - die Probleme des Naturzwangs und der Belastung durch Natur, der Angst vor unserem Unterbewussten. Aber in - mindestens genauso ist natürlich Motiv das Zupacken-Können, das Nutzen-Können - und dazu muss man - schon allein um es nicht mit den Geistern erlegter Bären zu tun zu kriegen - wie ist es mit dem, was man da alles so zerschneidet. Es ist eigentlich ganz wichtig, dass man sicher gemacht hat, da ist nichts Numinoses drin – ich bin da oben rumgeflogen, ich habe den lieben Gott nicht gesehen – so als Kosmonautenaussage - das muss sicher sein. Dann können wir hier materiell schalten und walten. Und zugleich bedeutet das, dass der Mensch eigentlich sich selbst auf – ich würde mal sagen – auf Operateur reduziert, also der, der die Operationen macht. Der da in den Operationen funktioniert, das heißt also - ich meine jetzt der Mensch - ich meine jetzt in dem Sinne, wie ich das hier einmal entrollt habe, der gesellschaftliche Mensch und meine damit diese Pseudo-Vergesellschaftung, die wir hier haben und die ich gerade unter diesem erkenntniskritischen Gesichtspunkt beschrieben habe. Also, dass der Wissenschaftler, der diese Sachen also erforscht und der Ingenieur, der das anwendet, also dieser operationalistische Umgang mit entgeisteter Materie, wo also sozusagen im Begriff vorher sauber geschieden ist, was ist da sozusagen handfest und was ist – also Seele soll da entwichen sein - kann ich nicht messen - Geist - also der, dass die Art und Weise wie dieses operationale Denken funktioniert, dass das eine tatsächlich übergreifende Macht hat, das wird nicht realisiert. Also, es ist ja nicht so, dass das nicht wirkt. Das wirkt ja auch, sondern das ist eigentlich, was uns in diesem mechanistischen Kulturzusammenhang und Zivilisationszusammenhang festhält. Und wenn man jetzt vor dem Hintergrund fragt, was es mit Spiritualität auf sich hat, da zeigt sich für mich vor allem erst einmal Folgendes: Dass es also ganz schwierig ist, ein Wort zu finden, wie man damit umgehen will. Also eigentlich heißt – also, worauf sich das ja bezieht - heißt Geist. Und zwar ist es nun der Geistbegriff auch im Englischen, der nicht zufällig noch mit »Spirit« - also hier mit Geistern - zu tun hat, das heißt, das ist noch denkbar auch als Wesenheit. Wenn ich jetzt unter dem Gesichtspunkt aber nachsehe in unserer philosophischen Tradition, wenn ich an den höchsten Punkt etwa gehe bei Hegel, da stelle ich fest, dort stehen kluge Sachen - werde ich mal auch eine hier vorführen - aber irgendwie habe ich das Gefühl, es trifft es nicht. Also es mag richtig sein, aber es ist nicht so richtig relevant. Also es ist einfach so, dass der Kern der Sache - also nach Hegel ist man dann völlig darauf zurückgekommen - Geist ist also sozusagen der Name für die Realität des Denkens. Also da, wo Denken ist, da ist Geist. Und man kann dann noch Unterscheidungen machen, ob bloß wiederholender Geist – also, wenn ich immer das Einmaleins aufschreibe und rechne oder eine Seite abschreibe - ob das jetzt denselben Status hat wie jetzt schöpferisches Denken, wo ich sozusagen auf einer bestimmten Ebene die Welt, wenn nicht gleich neu erfinde, dann doch neu finde. Etwas, was nicht aufgedeckt war, das sind ja die Ränge, die dann unstrittig des Geistes sind. Bloß, was dabei draußen bleiben kann, wenn man Hegels Begriffe liest, das ist – ich würde mal sagen – die Lebendigkeit, also die Lebendigkeit des Zusammenhangs, von dem da die Rede ist. Wenn es denn schon nicht Wesenheiten sind, die da beim Gedankenbild miteinander tanzen - das denke ich eigentlich nicht - aber zugleich bin ich mir darüber klar, dass in den besseren Augenblicken es nicht einfach sozusagen tote Begriffe sind, die auf einmal zusammen so einen logischen Satz bilden, den man weitererzählen kann, sondern dass das sozusagen irgendwie auch schon vorbereitete Bahnen sind im Gehirn, Erfahrungsbahnen, Erlebnisbahnen auch, auf denen solche Sachen zusammenkommen. Ob man nun sagt, hier sind die Spirits zugange oder der Spirit ist zugange oder das ist erregtes Denken, das ist gar nicht so wichtig, sondern der Punkt ist, dass wir es hier mit einer Lebendigkeit zu tun haben, angesichts derer die philosophiehistorisch angesammelte Problematik also irgendwie immer Künstliches redet - und vor allem von Voraussetzungen her, die schon in die Trennung eingegangen sind. Hegel zum Beispiel hat das große Problem, das sich ungefähr so formulieren lässt: Es gibt bei Beethoven - naiv? - und der stammt eigentlich aus der Urzeit - den Satz: Wir Endliche mit dem unendlichen Geiste. Für Beethoven ist das einfach auch Erfahrung, also er kennt seine Begrenztheit, seine Unerträglichkeiten, seine Krankheit, soll komponieren und kann nicht mehr richtig hören, weiß er alles und zugleich also schreibt er in seine Konversationsbücher – er hat ja immer, weil er nicht mehr hören konnte, sich das aufschreiben lassen – und es geht daraus hervor, dass er dann gesagt hat – Bester, mir ist schon wieder was eingefallen, so von oben. Und er schreibt seinem Doktor, er soll ihn doch noch eine Weile am Leben halten, weil es da noch vieles gibt, was mir der Geist eingibt und heißt vollenden – irgendwie ist es ihm klar, da ist eine Kopplung zu dem großen Gesamthorizont. Das ist also für ihn selbstverständlich - und das Endliche und Unendliche in seiner Person – also, er hat kein Problem, zumindest in den schöpferischen Augenblicken gibt es da kein Problem. Und Hegel ringt die ganze Zeit in Auseinandersetzung jetzt mit den Fachkollegen - alias mit sich selbst. Also, wenn ich nun schon mal den Begriff des Endlichen habe und dann den Begriff des Unendlichen, wenn ich sie beide habe, dann ist der Begriff des Unendlichen eigentlich nicht fassungskräftig genug, weil er durch den anderen Begriff begrenzt ist. Also, wie können wir denn das im Geistbegriff so hinkriegen, dass Unendliches und Endliches gar nicht erst unterschieden sind im Vorhinein? Und diese letzte Frage Hegels eigentlich, auf die er dann mit dem Begriff der Idee antwortet, in der Endliches und Unendliches sozusagen wirklich identisch sind und das Absolute erscheint - diese letzte Frage, also, die steht sozusagen am Anfang aller asiatischen Weisheit, beispielsweise als die große Selbstverständlichkeit, dass da vom Grund her nicht zwei sind und dass dann – also, in dem wahrscheinlich doch gesetzmäßigen Spiel der ewigen Mächte - allerdings Teilung auftritt, Dualität, die irgendwie wieder überwunden werden muss.

Nur, das ist jetzt, glaube ich, der große praktische Unterschied. Wenn man wirklich an Weltveränderung denkt und nicht bloß eigentlich sie proklamiert - von dem Typ von Revolutionen, die soviel am Praktischen ändern und nachher feststellen, das Bewusstsein bleibt zurück, während man dachte, also, wenn ich die Umstände hier ändere, also, es blüht alles auf - und nichts. Man hat gesehen, also, dass der Mensch genau nicht geändert war durch diese revolutionären Taten, die ja - jemand hat kommandiert. Da war schon ein General. Die Menschen haben sich mit ihrer Hände revolutionärer Tätigkeit keineswegs befreit - und jetzt - immerhin auf diesem Standpunkt der entgeisteten Materie steht, also diesen Materialismus heiligspricht, die Herrschaft, die Macht, die Umstände usw. von daher. Und dann hat man vom Grunde her eine Wahl getroffen, die sozusagen von diesem ganzen Bereich hier - gegen diesen ganzen Bereich - also absolut sicher abschließt, absolut sicher abschließt. Das heißt also, es ist auf dieser positivistischen, materialistischen, naturwissenschaftlichen Position also ganz unmöglich zu reintegrieren, was da gelaufen ist. Also, man kann bei uns in ein katholisches Krankenhaus gehen, in dem auch an dem sozusagen moralischen Verhalten der Leute noch etwas abzulesen ist von dem Besten vielleicht in dieser Tradition. Aber die Gelehrten, die dort katholisch zugange sind, die Ärzte – es versteht sich für die von selbst, dass Krankheit eine Angelegenheit ist, die muss an der Zelle dann - dann muss dann halt Chemotherapie - oder irgendwas muss ran. Also, dass das einen geistigen Gesamtzusammenhang, dass das eine Harmoniestörung des ganzen Organismus ist, selbst die kleinsten Dinge - vielmehr die größten - das wird nicht einmal bestritten, aber es ist nicht Bestandteil der Methodologie, sondern die Methodologie ist streng hieran ausgerichtet. Wir sehen also mit unseren Instrumenten. Nachher können wir ablesen, was in den Zellen passiert ist, was sich im Blutbild verändert hat und solche Sachen, aber den Ursachenzusammenhang der Störung, der ist sozusagen erklärtermaßen nicht Gegenstand der Wissenschaft. Und wenn man jetzt also fragt, was Spiritualität ist, dann ist sie sozusagen – ich sage einfach erst einmal - das ist der

Bereich – das ist das Reich des lebendigen Geistes – und zwar jetzt hier auch. Das würde sonst dem ganzen Charakter meiner Überlegungen widersprechen, das ist jetzt hier nicht Geist. Es gibt da einen Unterschied - Geist und Seele - man könnte auch darüber reden, aber mich interessiert jetzt nicht dieser Unterschied hier an dieser Stelle, sondern mich interessiert also - vielleicht kann ich auch noch besser sagen, dann habe ich diese Zweiteilung hier nicht der lebendigen Psyche. Und was jetzt für Spiritualismus - wenn man denn schon einen »–ismus« braucht - oder für Spiritualität, wenn sie diesen Namen verdienen will - wichtig ist, das ist allerdings, dass man sich darüber klar ist. Dann kann das nicht dieser Begriff Psyche hier - der kann nicht nur meine Subjektivität im Sinne: ich habe sie, eine Psyche, du hast eine Psyche - sondern dann muss es gehen - um Psyche - sei es in uns repräsentiert oder nicht, mag es noch gar keine Menschen geben, mag es erst Bären geben – nehmen wir mal an jetzt – oder Wale - aber als Psyche, als unabdingbar, wenn ich grundlegende Komponente des ganzen Naturzusammenhangs – das heißt, es wird dann vorausgesetzt, gäbe es nichts Numinoses, gäbe es andererseits auch keine für den Magier. Also für die magische Phase wird es schon wichtig, keine Unterschiede zwischen diesem und jenem Tier, dieser und jener-Jahreszeit - treffe ich die richtige Tagesstunde. Gäbe es das nicht - weder das Numinose noch die Unterschiede - dann wäre es zu einem Organ, dass dieses aufnehmen, wahrnehmen kann und die Unterschiede feststellt, nie gekommen. Es gibt ein eigentlich sozusagen in dem Zusammenhang gutes Buch von Friedhart Klix - hier in der DDR – ganz materialistisch – und zwar jetzt durchaus ein bisschen in dem Sinne -aber für den Zweck hier macht das gar nichts, das heißt »Information und Verhalten« heißt das Buch. Ich glaube sogar, das ist mit Plus geschrieben, ich bin jetzt nicht ganz sicher, und zwar gibt es das schon 15 Jahre oder so - sicherlich mit Auflage inzwischen - irgendeiner – Information und Verhalten. Und dort Psyche jetzt im subjektiven Sinne, die Verhaltensseite, das wird in dem Buch beschrieben. Aber, was aus dem Buch also jetzt sozusagen von der Amöbe über einen Regenwurm, über die Ente bis zum Menschen hin, an immer komplexerem – sozusagen - Kommunikationssystem zwischen außen und innen sich dort aufbaut, das ist, also das ist informationsbedingt und Information heißt - also Bateson sagt: Eine Information ist ein Unterschied, der einen Unterschied macht. In dem Sinne, also, Unterschiede im Eis - habe ich gestern erst gehört - haben die Eskimos, kennen 53 Sorten Eis. Für die gibt es 53 Positionen, die einen Unterschied machen und dahin Informationen sind. Wenn ich aber das arktische Eis angucken gehe, möglicherweise sehe ich drei Sorten, das heißt, da gibt es nur drei Unterschiede für mich, die da einen Unterschied machen - und das ist Information, die bei mir ankommt. Was Klix zeigt, ist sozusagen das analog zu der Kapazität eigentlich von Informationsstrukturen - also von Unterschiedsstrukturen, von Komplexitäten, die in der Welt sind. Das Komplementär dazu - ein subjektiver Apparat entsteht, über Verhalten gesichert wird, der also mehr und mehr von diesen Informationen aufnehmen kann. Und beim Menschen haben wir dann ein Organ, das nicht mehr nur wie bei den Viechern allen - oder fast hundertprozentig - dass nicht mehr nur das sozusagen Artinteresse berücksichtigt - in kurzem Sinne jetzt - sondern wir sind dann instand mit der ...

16. Januar 1995

Jan Gebsers Unterscheidung der Weltalter

Von der letzten Vorlesung ist offen, die Angabe wo man diesen »Course of miracles« herkriegt, diesen »Kurs im Wundern«, und zwar gibts den jetzt in deutsch.

Ich habe hier in der Hand ein Einführungsbüchlein dazu, das heißt, »Betrachtungen über einen Kurs im Wundern von einem Mann namens Kenneth Wabnig, man findet sich dann leichter rein, den hat mir eine Freund, ein Ingenieur aus Karlsruhe, ein Professor für Hydromechanik, hat mir das Büchlein geschickt, um mich auch auf das Ding aufmerksam zu machen. Also das ist, soweit ich gesehen habe, tatsächlich gut »Betrachtungen über eine Kurs im Wundern« von Kenneth Wabnig, ein ganz kleines Büchlein und wo man jetzt die deutsche Fassung herkriegen kann, die inzwischen erschienen ist, das ist also jetzt von »Kurs im Wundern« selbst, von dem dicken Buch, das die Elga Sorge hier hochgehalten hat, das ist Reuthof, Reuthof, Herrenweg 2, 7809 Huttach im Breisgau, heißt das, bei Freiburg irgendwo.

Dann will ich darauf hinweisen, dass man 2 Fliegen mit einer Klappe schlagen kann, nämlich ein Seminar mitmachen und Pommritz kennenlernen – das Lebensgut Pommritz.

Der Peter Krech, einer aus dem Kreis, der hier schon lange mitwirkt, im engeren Kreis auch mitwirkt, der macht ein Seminar »Was habe ich mit der Megamaschine zu tun?«, das heißt da geht es eigentlich um, darum, wir sind natürlich dagegen aber wir durchschauen, darüber haben wir hier auch schon mal, haben wir zumindest berührt das Thema. Wir durchschauen die tieferen Identifikationen ja nicht so ohne Weiteres, also das, was in der nächsten Vorlesung dann auch Gegenstand ist, dem Johan Galtung seine Tiefideologien, die Selbstverständlichkeiten, die wir nicht mehr zu hinterfragen pflegen. Das also wird bei diesem Seminar dort eine Rolle spielen mit Peter Krech im Lebensgut Pommritz, 10. bis 12. Februar soll das sein. Also wer Thema und das ansehen will, das ist eine Empfehlung. Der Zettel liegt auch hier auf dem Tischchen, werde ich gleich mal wieder runter gehen lassen und schließlich will ich noch auf das Papier hinweisen, das die nächste Vorlesung ein bisschen vorbereitet.

Wer das mitnehmen will, also aus meinem, wer mein Buch »Rückkehr« nicht hat, »Rückkehr – In-Weltkrise« als Ursprung der Weltzerstörung, ich habe für die, die das nicht besitzen oder nicht kaufen wollen, den Text, der da drin von Johan Galtung ist, ausgezogen, und zwar handelt's sich hier um Tiefstrukturen einiger abendländischer Zivilisationen, ein Vergleich Hitlerismus - Stalinismus – Reaganismus.

Dieser spezielle Punkt ist nicht, was mich beim nächsten Mal interessiert, sondern nur, man kann hier sich auf die Denkweise von Johan Galtung vorbereiten, auf sein Schema »Zivilisationen im Vergleich zu analysieren«. Das kann man wahrnehmen, das ist natürlich interessant. Dieses spezielle Kapitel ist besonders interessant im Hinblick auf das, was ich im nächsten Semester vorhabe, nämlich zu fragen, »Was es mit der abendländischen Kosmologie, mit der europäischen Kosmologie auf sich hat?«.

So, das zur Vorbereitung und dann das Plakat für die nächste Vorlesung liegt unten und Flugblätter weiß ich nicht, ob da auch noch welche sind. Nehmt bitte mit.

Und da bin ich auch schon beim heutigen Thema, insofern, als die Frage nach der abendländischen Kosmologie und was man möglicherweise daran noch, ob daran oder damit noch retten kann, das ist eigentlich das Urthema von Jan Gebser gewesen.

Ich habe voriges Mal am Anfang der Vorlesung darauf hingewiesen, dass es da eine gewisse Meinungsverschiedenheit gibt.

Die feministischen Theoretikerinnen, nicht bloß Elga Sorge, sondern auch Heide Göttner-Abendroth und Christina Thürmer-Rohr zum Beispiel, denen ist jegliche, alles, was nach Stufenfolge aussieht, was nach Bewertungshierarchie - etwas ist höher, etwas ist niedriger - aussieht usw, das ist denen gründlich verdächtig, auch mit gutem Grund. Ich habe alle diese Stufenfolgen eigentlich und das geht aus meiner »Logik der Rettung« auch hervor, eben aus dem Stück Papier, das da u. a. mit im Gang liegt – jeder möge sich eins von den beiden Papieren nehmen, sage ich noch, die dort liegen.

Da habe ich, ich bin immer von Gebser ausgegangen, was die Grundkonstellation betrifft, und ich habe ihn jetzt, natürlich diese Woche, nicht noch mal ganz gelesen, aber jedoch sehr viel darin gelesen wieder, um mir noch die Grundstruktur zu vergegenwärtigen, ich kann es einfach nicht finden. Ich kann es am Falle Gebser nicht bestätigt finden, im Gegenteil, ich finde, das ist ein Pionier. Der einzige Punkt ist, also auch, was die Fragestellung betrifft, die wir beim vorigen Mal hier behandelt haben, vielleicht ist doch zu schnell drauf gesehen worden, da ist auch so ein Schema, man sieht es dann hier auch auf dem Blatt, also von Archaisch, Magisch, Mythisch, Mental. Das sieht so hierarchisch aus, es verhält sich bei Gebser, glaube ich in Wirklichkeit ziemlich anders und das wird heute einfach aus der Sache selbst und wenn man die Textstellen hier liest, auch wenn man meine Passagen in der »Logik der Rettung«, wo das ja hier her ist, in dem Umkreis von dem, wo das hier steht, da ist das ja her, wenn man das, ja hier steht's drunter, Seite 272, 272 bis 277 im Umkreis darum, vielleicht 30 Seiten an der Stelle, was ich damals aus Gebser gemacht habe. Also ich stehe zu der Sache ausgesprochen positiv. Der einzige Punkt, das will ich noch sagen ist, dass das Thema Matriarchat / Patriarchat, also diese Frage verhältnismäßig wenig behandelt wird, aber es ist nicht so, dass sie nicht behandelt wird da drin.

Seine Lösung, auf die wir heute dann wahrscheinlich nicht kommen, weil sie bei dem Akzent, den ich setzen will, nicht im Mittelpunkt steht, ist für die Zukunft weder Matriarchat noch Patriarchat, sondern Integral, weil, Integral ist sowieso seine Formel. Also, dass praktisch Mann und Frau nebeneinander treten, was dann aber mehr als ein Nebeneinander ist.

Es ist, glaube ich, besonders deshalb wichtig, also hier nicht schnell mit zu plötzlichem Urteil bei der Hand zu sein, weil, Gebser ist, wenn ich sagte Pionier, der hat sein Lebenswerk Anfang der 30er-Jahre konzipiert, hat es 1949 dann dieses »Ursprung und Gegenwart« rausgebracht, das sind 8 Bände etwa, die sein Werk ausmachen. Er hat Glück gehabt, er ist in der Nazizeit dann in Genf gewesen, ist aber nicht Schebser, sondern Gebser, trotz des Vornamen Jan. Gebser, stammt, glaube ich, aus der Stettiner Gegend. Er hatte dann Glück gehabt, dass er eben nicht im Lande war und hat in dieser Zeit dieses Thema »Ursprung und Gegenwart« behandelt, ›49 wie gesagt rausgebracht, dann noch mal überarbeitet. Aber er hat sich also im Alleingang an die Frage heran gearbeitet, dass war nämlich der Titel des vorhergehenden kleineren Buches, aber immer auch noch großen Buches, er hat sich herangearbeitet an das Thema »Abendländische Wandlung«, was für eine abendländische Wandlung eigentlich. So heißt das Buch, das andere Buch, das hier ist Ursprung und Gegenwart, das sind 3 Bände, blaue Bände hier oder auch, ich hab hier noch eins, es gibt auch eine Paperback-Ausgabe, von der ich einen Band in der Tasche habe, das ist natürlich dann viel billiger, also es sind auch 3 Bände, ich habe nur einen in der Tasche – Jan Gebser – Ursprung und Gegenwart und wie gesagt »Abendländische Wandlung« und was er da vor allem also im Auge hat, das war, dass er eigentlich erst angesichts des heraufkommenden Faschismus also noch konzipiert ist es in den, also Ende der 20er, Anfang der 30er-Jahre, also eigentlich unter dem Eindruck des Niederbruchs der westlichen, der europäischen Zivilisation im 1. Weltkrieg gefragt hat, was in dieser Konstellation eigentlich Europas Verantwortung ist. Natürlich, da er deutscher Kultur ist, also vom Bildungsweg her, spielen dann sehr viele deutsche Referenzen eine Rolle, aber er geht über das ganze Abendland. Also etwa wenn es dann darum geht, wie die neue Struktur auf die er orientiert, sich ausprägt kommt halt Leopardi vor, Picasso spielt eine riesengroße Rolle in seinem Werk. andere französische Dichter wie Valéry beispielsweise und natürlich Deutsche, auch zurück bis, nicht zufällig Friedrich Hölderlin. Also er hat eine riesige Arbeit auf sich genommen, die Kultur des Abendlandes von den Griechen an und auch, er hat im Blick das Übrige auch, aber die Kultur des Abendlandes daraufhin abzuklopfen, meldet sich da etwas an, das jenseits dieser für ihn schon offensichtlichen Entgleisung der Generalmobilmachung, der also Technifizierung und Computerisierung des ganzen Lebens. Der Computer war damals noch nicht da, aber er hat schon festgestellt, dass die defiziente Phase einer Struktur dann wie unserer rationalen mentalen Struktur, dass die sich halt in einem Übermaß an Quantität, an Qualifizierung äußert. So etwa und das hat er da so Anfang der 20er-Jahre schon festgestellt und ich will nur mal andeuten, also in welcher Perspektive die Sache heute, auf dem ersten Blick erst einmal etwas pessimistischer aussehen lässt als damals, er sich diese Frage schon gestellt hat, er hatte also alles im Blick, was uns heute beunruhigt, ob ich denn den entscheidenden Zettel jetzt finde, ja.

Er sagt nämlich, das will ich vorwegnehmen, einfach damit wir wissen worum es ihm gegangen ist und wie aktuell und pionierhaft das war, wenn diese Mentalität – Mental ist sein Begriff für Rationalismus – wenn diese Mentalität dann eben defizient ist, also wenn der Rationalismus rechnerisch und quantifizieren, also Multiplikation von Geld, von Bits und alledem mit uns durchgeht, dann sagt er, das ist eine Ausdrucksform dessen, dass wir also raumgreifend die Welt beherrschen wollen, und er sagt, diese überlebte Raumwelt, der 2. Weltkrieg war ja dann also das Maximum des Expansionismus, wenn man es unter diesem Gesichtspunkt jetzt betrachtet, das Raumgreifende, diese überlebte Raumwelt wird zerbrechen, wie alles zerbricht, was erstarrt und dieser Vorgang des Zerbrechens, dessen Zeitgenossen wir sind, wird Formen annehmen: Doppelpunkt:

Und jetzt sagt er, hebt hervor:

Unformen, welche bis zur nächsten Jahrhundertwende die ganze Erde und Menschheit mit Schrecken ungeahnten Ausmaßes überziehen werden. Ist bis dahin die für uns neue Kraft des Geistes nicht wahrgenommen worden, so werden alle Leiden und Ängste unserer Tage vergeblich gewesen sein.

Er meint also, es hängt von dem Finden einer neuen Bewusstseinsstruktur ab, ob wir damit fertig werden und das große Paradox übrigens unter dem sein ganzes Werk steht, ist, er sagt: Wir müssen davon abgehen, so nützlich zu denken, immer gleich zu fragen, was kommt dabei raus und zugleich, ist halt einfach Teil der Wirklichkeit, dass wir irgendwie uns in Eile fühlen, er sagt also, es müsste bis zur Jahrtausendwende, Jahrhundertwende sind wir jetzt dicht dran, was passieren und sagt zugleich, es hängt nicht einfach von uns ab. Also der Gang des menschlichen Geistes was sich da neu manifestiert, ist ja was anderes als das Einzelne, das hat er gezeigt, dass Einzelne was bringen, aber dass es sich neu manifestiert, das hängt natürlich von Unwägbaren und vorher Unabschätzbaren ab, das wissen alle, die sich je mit Geschichte befasst haben, dass man den Zeitpunkt nicht weiß. Also in diesem Dilemma steht er und die Dramatik an der Sache hat sich natürlich inzwischen zugespitzt.

Es gibt andere Äußerungen, die in dieselbe Richtung gehen, was diesen Gefahrenpunkt betrifft, er sagt:

Die Zahl der Menschen, welche die Lösung erleben werden, hängt von der zeitintensiven Bewusstwerdung der neuen Struktur ab, also ob wir zu dem was er da am Ende, darum gehts ihm natürlich, diese integrale Phase, was er dort gesehen hat, ob sich das wirklich also ausbreiten und gesellschaftlich manifestieren wird, ob also von dieser Daseinsweise, von dieser Weise des in der Weltseins also neue Verhaltensweisen ausgehen oder ob sozusagen der Drang der Machtmultiplikation via Quantität, ob das herrschend bleibt und es ist also, ich glaube, das große Verdienst Gebsers und damit korrespondiert es sehr mit den nächsten Vorlesungen mit Galtung, dass er gezeigt hat, also die Entscheidung für so was, die fällt nicht im Schutz des einzelnen Biotops, da zeigt sich natürlich was, ob wir was kapiert haben oder nicht und auch nicht mit dem Umweltminister oder mit irgendwas, sondern hängt von der tatsächlichen Bewusstseinsstruktur, wenn nicht gleich der berühmten 51 Prozentmehrheit, das ist sehr viel, bei Bewusstseinsveränderungen, aber doch vom Bewusstseinswandel einer großen Minderheit ab. Einer großen Minderheit, die sich tatsächlich neu eingestellt hat, und da ist also dieses Thema, auf das ich zufällig jetzt durch den Peter Krech gekommen bin, also wie haben's wir mit der Megamaschine. Es ist ungeheuer wichtig, für uns selbst erst mal zu erkennen, wo hängen wir denn überall fest, wie weit stecken wir bereits in so einer neuen Struktur.

Also das ist sozusagen der allgemeinste Rahmen der Gebserschen Fragestellung. Er hat hier die ausführlichere Version dessen, was ich eben erzählte, will ich noch mal vorlesen, weil es um den Rahmen geht jetzt. Nachher will ich ja, heute mich auf die archaische Frage konzentrieren, also auf die Seite des Ursprungs, die ihn interessiert. Deswegen habe ich das jetzt vorweggenommen, damit man den Horizont hat, auf den er hin will, weil ich das nächste Semester ja unter die Frage dieses kosmologischen Wandels bringen will.

Er schreibt hier: Immer wenn eine Bewusstseinsstruktur erschöpft war und er meint dann also die, die in der Megamaschine steckt, also dieser expansionistischen Rechenkultur, dann äußerte sich das in einer Entleerung der Werte, die dann konsequenterweise aus den effizienten qualitativen Äußerungsformen in defiziente quantitative übergingen. Defizient natürlich von Defizit, effizient das funktioniert, defizient ein Defizit, dass da was fehlt und qualitativ verbindet sich bei ihm mit effizient also, dass das Wesen der Sache durchkommt und quantitativ im Sinne, dass das die Führung übernimmt die Quantität. Das ist schon defizient bei ihm.

Es ist als zögen sich Leben und Geist aus jenen zurück, die den Vollzug der jeweiligen notwendigen Mutation nicht vollziehen. Darauf komme ich was Mutation, weshalb er sagt Mutation, um von einer Stufe da, oder von einer Struktur zur anderen zu kommen. Mutation ist sein Begriff, nicht Entwicklung zum Beispiel.

Also das Mythische, das Magische ablösend Überdeterminierte, also ein Beispiel jetzt für so einen Übergang – entleerte sich die Wirkkraft des magischen Bannens, also die Menschen hatten schon die Fähigkeit also einen bestimmten Auszug aus der Wirklichkeit sich so auch gefügig zu machen, in bloßes Zaubern, das ist was anderes zaubern als Bannen, da fehlt die Kraft, das ist eine Veranstaltung. Man weiß wieviel Manipulation dann im Allgemeinen dabei ist, also, das ist auch übrigens ein sozusagen, das ist die Scharlatanerie der schamanistischen Zeit, ist das Zaubern statt des Bannens der Geister und schließlich mehrere quantitative Praktiken.

Also die tibetanischen Gebetsmühlen sind dafür ein Beispiel als das Mentale, das Mythische ablösend, überdeterminiert wurde das psychische Chaos sowohl in der Unzahl mythischer Ungeheuer und Dämonen usw, also dann virulent, also man hat nicht mehr den einen großen griechischen Mythenkanon, der irgendwie die Menschen verbindet und verpflichtet dort, sondern es ist alles zerfallen in zahllose, man also hat einen Bauchladen, ein Angebot, womit man sich alles identifizieren kann. Es war nicht ganz so viel wie heute, es kam noch nicht zusammen.

Karl Kerényi hat zuletzt diese Aufsplitterung der griechischen Mythologie dargestellt.

Heute, da das Integrale, das Mentale, Rationale abzulösen beginnt, wird das Denken, das mentale Vermögen durch jene Roboter, Rechenmaschinen, Computer mechanisiert, also entleert und quantifiziert und für ihn ist das Thema, also, dass wir so ein Werkzeug haben, dass wir also so ein Rechenmaschinchen haben, hat der Mensch verhältnismäßig früh in Bewegung gesetzt, also auch mit Holzkugeln, sondern wenn sozusagen die Führung des kulturellen Prozesses auf diese quantitativen Mechanismen übergeht, also da sieht er den Punkt, und er sieht den Punkt, dass hinter dieser, dieser Struktur, mit der wir da jetzt schalten und in der ökologischen Krise steckt, eine Bewusstseinsverfassung als Ganze steckt, die nicht zufällig ist und die aber aus ihrer effizienten in die defiziente Phase geraten ist und jetzt kommt eine neue Bewusstseinsverfassung. Das ist die Grundfrage, die sein Werk beherrscht, daher abendländische Wandlung und seine Antwort, wie das geschehen könnte, also wie wir vielleicht eine Aussicht hätten, dass so eine Wandlung passiert im Sinne der Manifestation wirklich einer neuen

Bewusstseinsverfassung, die hat den Titel »Ursprung und Gegenwart«, das heißt, das ist die Intension einer gewaltigen Klammer, die den Menschheitsprozess vom Anfang an und Arche heißt Anfang, daher kommt, aber er hat gesagt, die Übersetzung – Ursprung – ist besser als Anfang, weil Anfang ist etwas, was noch gemacht sein kann – Ich mach den Anfang - aber Ursprung, das ist also das Werden selbst und was ihn hier interessiert ist der Ursprung natürlich des Menschen, aber es gibt eine Stelle, aus der hervorgeht, dass er auch überzeugt ist, dass auch das eine Wahrheit ist, dass die Erde um des Menschen Willen gemacht ist. Um des Menschen Willen, das ist natürlich schon wieder voluntaristisch formuliert. Er hat, also ich bringe es nicht ganz, wenn ich jetzt freispreche, alles zu vermeiden, was da, was er vermieden hat. Er hat also sich, das Buch ist deshalb schwer zu lesen, weil er sich bemüht hat, also für alle Begriffe, die so, wie etwa der des Willensmäßigen, das hier nicht her gehört, dafür hat er sich als angestrengt bis bemüht, eine eigene Sprache zu finden, die das manchmal etwas erschwert. Da treten also seltsame Fremdworte, man sieht's dann in der Liste, Eteologem und Systase und Synairese und so. Liest man das Buch, findet man sich durch, weil man dann auch die Orientierung hat, wozu es da ist aber der eigentliche, das eigentliche Motiv, das ihn da antreibt ist, dass eigentlich zwischen Ursprung und Gegenwart, das – Und – wegfallen kann, ja in einem gewissen Sinne wegfallen muss, dass etwas herauskommt wie Ursprungsgegenwart und er hat die These, das ist sozusagen das optimistische Konzept, dass aus der Gegenwart des Ursprungs, das heißt daher und jetzt beziehe ich mich mal auf die 5 Strukturen, die er da genannt hat, auf die ersten vier aus dem Umstand, er geht davon aus, dass wir jetzt diese archaische, dieses archaische Potenzial, wir sprechen dann darüber, auch in uns haben. Dass das magische Potenzial jetzt da ist, dass das mythische Potenzial jetzt da ist, und dass wir alle das auch brauchen, dass das Mentale da ist und das wir alles kommenlassen müssen und dass sich eine, ja Synthese, den Ausdruck vermeidet er auch, er sagt da halt Synairese, bei Synthese, das ist so was dialektisch Gedachtes, sondern er sagt mit Synairese, meint er das muss sich also von selbst zusammenbringen. Das sind eher Gebungen, sagt er, als Gegebenheiten. Das ist so ein Beispiel dafür, wie er versucht, also mit der Sprache zu akzentuieren, den Unterschied zur bisherigen Konzeption. Also er orientiert eigentlich auf das, die Chinesen würden sagen, aus dem Thao gewachsen sein der Dinge, und dass also der Ursprung einerseits von sich aus durchschlägt, in jeder menschlichen Existenz, am Anfang ist das offensichtlich. Also der Ursprung jetzt auch im Sinne des mit dem Menschen geborenen Genotyps, wer wir aus der Naturgeschichte heraus sind und andererseits, dass wir uns natürlich empfänglich machen können dafür, dass es zu uns spricht.

Also das ist der Rahmen dieses Gebserschen Lebenswerkes und was er erreicht hat eigentlich, das ist, dass er einerseits gezeigt hat, also wie problematisch die Existenz des Menschen in der Welt ist.

Also ich würde sagen, ich habe völlig verstanden, worauf die Elga Sorge neulich hinaus wollte und das ist wahr, und zugleich ist da eine große Vereinfachung, glaube ich, die manches auslässt und ich werde in der zweiten Stunde heute diesen Punkt noch mehr hervorheben, indem ich auf Joseph Campbell gestützt, den übrigens die Elga Sorge auch schätzt, zeige also, wie sich in so einem Initiationsritus in Australien, der in der Altsteinzeit liegt, von uns aus gesehen. Ich weiß nicht, wie viel 1000 Jahre das nun wirklich dort her ist, aber die waren ja ungleichzeitig geschichtlich gesehen. Also das ist eine sehr frühe Zeit, weit vor der Zeit dessen, was wir Matriarchat heute nennen, was ja erst ungefähr so seine Blüte in 10000 bis 5000 vor gehabt hat. Das ist eine ältere Zeit und wir werden da einfach an diesem konkreten Initiationsritus sehen, dass mit der Bewusstseinsverfassung des Menschen, da alte Probleme verbunden sind, die sich nicht von vornherein, also ich meine, das Individuum, der einzelne Stamm kann die Trennung vielleicht doch nicht ganz vermeiden, auch wenn sie letztlich illusionär ist. Aber das was die Inder da also dann Maya nennen ist eben doch auch Teil der gesellschaftlichen Wirklichkeit und diesen Punkt will ich verdeutlichen, damit uns dann sozusagen die Größe der Aufgabe klar und auch, dass es wahrscheinlich nichts bringt, das ist ein ganz wichtiger Gesichtspunkt von Gebser in diese alten Strukturen nur zurück zu tauchen – Inflation jetzt, im Magischen, im Magischen. Wir machen vieles in der Richtung und, dass wir uns die Erfahrung wieder anzueignen suchen, ist richtig, aber wer da untertaucht statt einzutauchen und durchzugehen mal, der macht auch einen Fehler, weil diese Strukturen liegen irgendwo auch in dem Sinne hinter uns, dass sie letztlich doch zu dem geführt haben, wo wir heute sind auch. Dass es also gar nicht wahrscheinlich ist, dass wir sozusagen der damaligen Dramatik entgehen, wenn wir es heute nur wiederholen. Also er orientiert eigentlich auf eine Einheit von Rückgriff und Vorgriff in einem, also von Aufbruch und Wiederaneignung in einem. Aber, jedenfalls dieser Grundgedanke, der tritt bei Gebser sehr hervor, dass es da ein Thema gibt, das zu bearbeiten ist, das sich nicht damit löst, dass wir sagen, alles ist eins und der zweite Gesichtspunkt ist eigentlich, der fundamentale Optimismus, der daraus hervorgeht, wenn es so verschiedene Bewusstseinsverfassungen der Menschheit gegeben hat, und zwar solche Bewusstseinsverfassungen, die je tatsächlich ihre Zeit hatten, d. h, mit denen das Leben mal bewältigt worden ist und Totem und Tabu etwa aus der magischen Zeit, waren bekanntlich, haben die also längere Stabilitäten gesichert, als unsere Steuerung über Geld beispielsweise, unsere rationale Steuerung über Geld. Also man sieht, dass es so verschiedene Weisen gegeben hat, die nicht gleich beurteilt werden, das eine ist niederer, höherer, älterer, neuer oder so, sondern die einfach da stehen und es hat da schon Ablösungen gegeben, man kann das kenntlich machen, dass es da Unterschiede ... Ich habe von Unterschieden gesprochen, das ist was anderes als Gegensatz – es gibt da Unterschiede und dann ist es auch, es ist dann einigermaßen wahrscheinlich, dass uns hinter dieser mentalen Verfassung, wenn wir uns den Ausgang nicht zuschütten, dass da noch eine andere wartet und werden will und das hat er nun ziemlich evident gemacht, dass es Anzeichen für diese Sache gibt, insbesondere in der Kunst, das ist der offenste Bereich, aber auch in der Philosophie und auch in den Wissenschaften, ist nicht so, dass die Wissenschaften da ausgeschlossen sind bei ihm, das ist heute nicht mein Hauptthema, aber das ist da. Aber es gibt dann eine Chance und das ist eigentlich der, dieses Doppelte, ist eigentlich das Motiv dafür, dass ich uns Gebser nahe bringen will. Also einerseits, da ist etwas, das ist nicht nur einfach, ist nicht alles, nicht so einfach, das auch einfach ist, sondern da ist eine echte anthropologische Schwierigkeit und andererseits ist da eine anthropologische Chance, wenn sozusagen wir – er sagt, zeitintensiv genug sich diese Bewusstwerdung vollzieht – und dazu würde es natürlich beitragen, wenn man das Bildungswesen zu so einer Umstellung benutzt, statt lauter kleine Funktionäre, also von Anfang an schon, dann immer größere für die Megamaschine auszubilden. Also da ist auch eine Einflussmöglichkeit und dieser Rahmen ist hier gegeben.

Dieses Thema, um damit dann die Einleitung abzuschließen – Ursprung und Gegenwart – heißt dann natürlich auch eben, dass eigentlich die reine menschliche Natur, ich habe das mal in vorigen Vorlesungen so genannt, das heißt, dass vor der Prüfung durch je konkrete natürliche und gesellschaftliche Umstände gegebene Potenzial, das was wir also bei unseren Säuglingen auch sehen, wo wir manchmal das Gefühl haben, da verengt sich nachher was, also da ist etwas, wenn die geboren werden, ist die Universalität größer. Da steckt also sozusagen die ganze menschliche Möglichkeit umfassend drin. Das ist also sozusagen die empirische Erfahrung, die wir von Ursprung haben und er meint, dass ist menschheitsgeschichtlich genauso, da muss etwas sein in der archaischen Phase, dass über alles Konkrete über alle Konkretisierung in diesem bestimmten, manchmal abstrusen Ritual dieser magischen Geschichte oder dem mythischen Modell dann auch verloren gegangen ist. Also er sagt: Geschichte ist dann auch Entfernung vom Ursprung, aber jetzt kann er gegenwärtig sein. Das ist ein Konzept, das auf abendländische Weise sehr mit Zen etwa korrespondiert, gerade in diesem Punkt. Das es also dennoch sich jetzt praktisch ereignen kann und er meint, es geht dann ihm nicht nur um den Ursprung, sondern das alles je Errungene, effizient Errungene, dass das mit raufkommt. Das ist also, wenn man diese Grundposition von Gebser, wenn man sich die ein bisschen vergegenwärtigt hat, dann liest sich das schwierige Buch, weil er halt eben versucht hat mit neuer Terminologie auch manchmal der Sache Herr zu werden, liest sich dann verhältnismäßig viel einfacher und man hat Unmengen Aha-Erlebnisse.

Ich bin natürlich nicht in der Lage, diese drei Bände, d. h, im Text, im eigentlichen Text sind es zwei, aber dann hat er noch einen ganzen Band an Belegen und Weiterungen des Gedankens, ich bin nicht in der Lage das alles jetzt hier vorzuführen, aber ich will an das Grundmodell mal rangehen, indem ich Sie/Euch bitte, hier diese Zeichnung mal zur Hand zu nehmen, die ich da ausgegeben habe.

Das ist aus meiner »Logik der Rettung« das Blatt mit den Pfeilen.

Den Stoff, also der steht auch weitgehend hier drin, in dem Material, also die fünf Phasen von Archaisch bis Integral, die hier in der Mitte die Hauptlinie bilden, die sind ja in der großen Liste hier, in dieser synoptischen Tafel von Gebser, ich habe die halt lang ausgedehnt, ich habe die also auf Vor- und Rückseite gebracht, da sind mal Worte unterbrochen dadurch, die ist da sehr aufgeschlüsselt, und zwar gibt es zu jeder Überschrift, die auf dieser Tafel steht, also von oben nach unten sind also diese

Strukturen hier, also von archaisch bis integral immer in der Senkrechten und waagerecht, das sind fast alles, das sind immer Kapitelüberschriften oder ausführlich, also es ist jeweils ausführlich von Gebser diskutiert worden, was mit diesen jeweiligen Stufen alles angesprochen ist. Es sind manchmal der Vollständigkeit halber manchmal vielleicht auch herbeigezogene Dinge, aber im Ganzen gesehen ist es überaus eindrucksvoll.

Ich will mal, nur an einem Punkte nämlich an dem Thema hier der Perspektivität, will ich mal das Modell also, wie er diese Stufen dann unterscheidet, kurz andeuten nur, das ist also hier die Spalte – ja das ist auf der Rückseite des Blattes, nee, auf der ersten Seite des Blattes, also wo oben steht: Gebser Synoptis, mehr sieht man da nicht – und zwar ist da die dritte Spalte unter Raum und Zeitbezogenheit ist Perspektivität und für die archaische Phase, die eben die oberste Zeile ausmacht, geht Gebser davon aus, dass es dort keine Perspektive in dem Sinne gab, also der Mensch hat sich, also und zwar gemeint ist, in dieser Struktur jeweils, was den Durchschnitt und die Dominanz sozusagen in der Bewusstseinsstruktur betrifft. Er hat sich vom All, vom Kosmos, von den Pflanzen, von den Tieren und so in seinem Bewusstsein, gemeint ist hier immer: in seinem Bewusstsein. Es ist nicht die Frage wie groß der Unterschied Tier; Mensch jetzt von uns aus gesehen ist, sondern in seinem Bewusstsein noch nicht so abgetrennt, dass er, also zum Beispiel etwa die Perspektive hat, Mensch haben könnte, Mensch steht höher als Tier oder so. Wenn hier gemeint ist, keine Perspektive, dann ist damit gemeint, man ist auf so eine Frage nicht gekommen. Wenn ich jetzt sage – es ist nicht richtig, das Tier über den Menschen zu stellen oder den Menschen über das Tier, man sollte das lassen, das ist keine Äußerung, dass gar keine Perspektive da ist, weil es ist ja eine bewusste Überlegung, sondern einfach, das Thema tritt überhaupt noch nicht auf. Das meint er mit: Keine Perspektive in der archaischen Zeit, d. h, es ist eben einfach in diesem Punkt unbeschriebenes Blatt und so in vielen anderen Punkten. So ist das hier gemeint und dann, wenn er dann über die magische Richtung spricht, dann sagt er dazu – vorperspektivisch – und was er damit meint ist, vorperspektivisch – prä – hat ja schon immer was mit Perspektive zu tun, aber es ist noch nicht herausgearbeitet, und zwar einfach deshalb nicht, weil die magische Struktur – Bewusstseinsstruktur – ist dadurch für ihn charakterisiert, dass der Mensch also mit, von uns aus gesehen zunächst beliebigen Momenten der Wirklichkeit jetzt Kontakt aufnimmt und die mit Sinn irgendwie belädt und dann sagt also, ja, also es – angenommen, ich habe 10 Mark verloren als Junge und ich bete jetzt innerlich darum, dass ich die doch wiederfinden möge und ich gehe vielleicht einen anderen Weg und finde die 10 Mark, also das ist, so was gibt es ja, irgend so eine Erfahrung hat jeder irgendwann mal gemacht, die sind in der magischen Zeit in solchen Sachen stärker gewesen als wir da sind und das wäre vorperspektivisch, hier in dem Gebserschen Sinne, d. h, also einfach, man ist einfach durch ein bestimmtes Ereignis dazu, selbst dazu bestimmt worden, also hier Energie zu investieren und so.

Und jetzt in der mythischen Zeit sagt er: unperspektivisch und unperspektivisch, das heißt schon was anderes. Das heißt eigentlich sozusagen fasst schon, dass die Wahl einer Perspektive da vermieden wird, gemieden wird, dass man sich darauf noch nicht festlegt, sozusagen das Weltbild im Ganzen geht noch nicht davon aus, während die Verhaltensweisen, die mit der Perspektive, Perspektive man möge durchaus erst mal räumlich denken, also die hinteren Säulen stehen für mich viel dichter zusammen, wie die vorderen. Das ist, dieser ganz geometrische Perspektivbegriff steht da dahinter. Dass es das gibt, ist den Leuten schon viel bewusster, aber es bestimmt ihr Weltbild nicht und jetzt, um zu dem Perspektivischen zu kommen, das charakteristisch für die jetzige Zeit ist, da hat Gebser nun ein ganz hervorragendes Beispiel gefunden, das für ihn also charakteristisch ist, da steigt nämlich der Dichter Petrarca bei Avignon auf den Mount Ventoux, das war nicht üblich, die Chinesen steigen heute noch nicht, also besonders die Völker, die großen Han vielleicht aber die Karin Wolf ist mal mit einer Frauendelegation in China gewesen, in Gegenden zwischen hohen Bergen, die nicht bestiegen werden, denn da sitzen die Götter oben, das macht man einfach nicht. Es ist nicht mal, man kommt auch nicht darauf, dass man die besteigen könnte. Also das hat fast noch was mit Archaischem zu tun und Petrarca nun, besteigt diesen Berg, entgegen von Warnungen, die dort die Hirten ausstoßen, weil die noch wissen, das macht man nicht. Es passiert ihm aber nichts dabei, aber die großer Erfahrung ist, dass er sozusagen die Landschaft als zuhanden sieht. Die großen Strukturen der Landschaft, also im Grunde genommen ist er auf den Berg gestiegen, wo dem Christus im Johannes-Evangelium glaube ich, der Teufel dann die Reiche der Welt und ihre Herrlichkeiten zeigt, auf dass er das alles regiere und diese Perspektive, das zeigt Gebser nun an der

Geschichte der abendländischen Malerei, wie das also erst mal also ein Durchbruch einfach in der Bildgestaltung wird, wie von der Goldgrundmalerei, die Byzanz noch hat, wo keine Perspektive ist, einfach ein Heiliger und dahinter ist Goldgrund. Wo das abgelöst wird, durch diese Bilder, wo dann also groß im Vordergrund die Mona Lisa und dahinter ein Mittelgrund und dann in der Ferne die Landschaft, mehr oder weniger als Staffage, später auch wieder nicht, also dann hat man, also die Kulissenschieberei begann sozusagen und das ist als perspektivisch und wenn man jetzt aber über das Geometrische hinausgeht, er sagt eben für diese ganze abendländische Mentalität, für die mentale Phase insbesondere für die mentale Phase überall auch, ist das charakteristisch, dass man jegliche Dinge unter Perspektive betrachtet, Perspektive setzt ja immer – wenn ich das so male – voraus, hier steht das Ich, das ist in dem Bild nicht gesagt und wenn wir darüber nie gehört und gedacht haben, realisieren wir uns das auch nicht. Aber so ein Bild, es ist perspektivisch gemalt, weil, da hat der Maler einen Standpunkt bezogen, einen Ich-Standpunkt und dieser Ich-Standpunkt bestimmt also unseren ganzen Umgang mit der Welt und läuft eben sehr auf das hinaus, was ich hier mit Heidegger als diese Vernutzungsperspektive gekennzeichnet habe und dass, er sagt sogar, dass die abendländische also die moderne abendländische Mentalität, also die mit der Renaissance begann, 1250, im Unterschied der bei den Griechen 500 v. Christus, dass die schon von vornherein durch diese Konzentration auf Perspektive und auf Rationalismus, also auf Abstraktionismus, die hat von vornherein den Touch der Defiziens, also des Defizits an sich. Da ist schon etwas, was vom Grunde her nicht stimmt und was wahrscheinlich dafür die Ursache ist, dass wir in so einem rasenden Durchlauf uns an den Rand der Zeit gespielt haben. Das ist perspektivisch und wenn er jetzt sagt, für die kommende integrale Phase a-perspektivisch, da ist nun mit dem »A«, da ist jetzt etwas gemeint, also was ich mal nennen würde, nicht mehr perspektivisch, aber nicht das wir vergessen hätten, es gibt Perspektive. Wir werden wahrscheinlich nicht mehr verlernen, das so zu sehen und zu malen. Obwohl er zeigt, dass Picasso später dann auch das wieder gelassen hat und da was aufgelöst hat, aber das bleibt uns gegeben. Es wird nur durch eine Sicht, die das auch wieder relativiert, die sie einfach dessen bewusst bleibt und das auch irgendwie realisiert, es könnte statt meiner Position hier, jetzt auch dort in der Ecke jemand dieses Audimax sehen und würde sozusagen, es entsteht ein völlig anderes Bild und so also was man in der Literatur auch zelebriert hat, wo zum Beispiel aus der Perspektive von 4 oder 5 verschiedenen Personen ein und dasselbe Drama geschildert wird und man sieht, wie unterschiedlich die menschlichen Interessen sind und zugleich also, dass also jeweils das Individuum dazu neigt, etwas zur Wahrheit zu erheben, was gar nicht die Wahrheit sein kann und wir haben uns also machtmäßig verdammt festgelegt auf Generalperspektive eigentlich für den historischen Gesamtprozess mit solchen Dominanten wie Wissenschaft, Technik, mit Schienensträngen und überhaupt mit geradeaus, wo die Natur Kurven kennt und so.

Also ich bin nur an einem Punkt mal, dieses Gebsersche Modell durchgegangen und es steckt in allen, für mich, fast allen je nachdem, manches hat mich nicht ganz so überzeugt, aber es steckt in all diesen, ich glaube es sind wohl 20 wenn nicht noch mehr solche senkrechten Spalten, stecken also, steckt also dieser Unterscheidungsversuch zwischen diesen Strukturen drin und gemeint ist damit also einfach, sinnfällig zu machen, es gibt diese Strukturen und wichtig in der Diskussion jetzt über die Frage mit der Hierarchie und ob das nicht sozusagen höher und nieder wieder ist, also Gebser meint einfach, er hat den Begriff Struktur deshalb gewählt, um also diesem Räumlichen, das zur Perspektive gehört, also diesem Mentalen, also rationalen Einteilen der Dinge und ordnen, was ist höher, was ist niedriger, um dem schon durch den Ausdruck Struktur zu entgehen, die nämlich nichts darüber sagt, das eine höher oder niedriger ist, sondern das sind Strukturen, die in der heutigen menschlichen Existenz bei einander liegen und es könnte sein, dass der Ausfall der archaischen Struktur und die Defizienz der magischen Struktur, dass das sozusagen fundamentalere Verhängnisse sind, als das moderne Verhältnis unmittelbar, weil sie nämlich drin stecken von unten her. Er sagt, er hat bewusst nicht Ebene gesagt zum Beispiel, er hat nicht Stufe gesagt, weil, das ist ja dann schon Treppe, wo es dann immer höher geht oder so, nein, er hat einfach gesagt Strukturen, um das zu vermeiden. Also er macht eine Menge Veranstaltungen, sprachlicher Art in seinem Buch, um zu sichern, dass man hier möglichst wenig hierarchisiert da drin.

Das will ich noch kurz charakterisieren, damit wir da noch ein Bild davon haben, wie das da läuft. Also, im Archaischen ist, auf das ich noch näher eingehe, da kann ich's jetzt ganz kurz machen, ist das also tatsächlich dieses eigentlich dann noch angstlose Eingebundensein, man weiß auch den Tod irgendwie noch nicht, zumindest er herrscht nicht vordergründig.

Ich meine, wenn der Mensch einmal da ist, also das weiß auch Gebser, er ist mit allen Ebenen da, der ist auch mental da, ist auch rational, also begriff es sehr früh, man weiß heute, dass Affen Begriffe haben, wenn sie auch kein Wort dafür haben. Dass es also da Festlegungen gibt, dass Ausschnitte aus der Wirklichkeit auch einen Begriff gibt, ist alles da. Nur der Punkt ist, was sozusagen regiert das Gesamtverhalten in der Welt, das heißt, die Begriffe verschwimmen da noch und die sind bestimmt kein System, von dem aus jetzt das Universum regiert werden soll, damals und deswegen also ist es eben nicht mental, also das Positive ist dieses All-Einssein und das Defiziente ist natürlich, wenn man darin sitzen bleibt, also es findet dann keine Entfaltung statt. Man bleibt in einer sozusagen so großen Unbestimmtheit, dass auch das, also ich habe ja gesagt Unterscheidung der Weltalter schon mal, dass Unterscheidung eigentlich also sozusagen wenig entwickelt wird und, dass aber der Unterschiede eine ungeheure Zahl um die Menschen herum ja ist. Es gibt eine, ich habe hier mal über Vivekananda gesprochen, diesen indischen Weisen, der über die Grenze dieses Jahrhunderts hinweg gelebt hat, von irgendwann 1860/70 bis, glaube ich Anfang des Jahrhunderts 4; 5 oder so. Vivekananda, Vivek heißt Unterscheidung und Ananda heißt Seligkeit, also da steckt im Namen Unterscheidungsseligkeit, es war auch jemand, der am Anfang seines Weges die westliche Kultur von Indien her studierte und schätzte, aber sein großes Thema war dann Advaita und Advaita heißt nicht zwei, also eins und gleich noch, aber betont nicht Zweiheit, also die große Einheit und diese defiziente archaische Phase ist halt das Problem, dass die Unterschiede ja umso mehr herrschen, wenn man sie nicht macht. Das tritt da als Thema auf und dann im Magischen, das kann ich jetzt ganz kurz machen, weil ich es vorhin erwähnt habe, der Unterschied zwischen Bannen und dann Zaubern, im Mythischen zwischen sozusagen der Entdeckung der Seele und der Richtung, die, die Seele dann nimmt, indem sie sich also in bestimmterweise in der Welt festmacht und das kann aber entarten, was Gebser Psychismus nennt, also sozusagen wenn man jetzt in eine esoterische Buchhandlung geht, dann liegt zu jedem Pfitzel sozusagen seelischer, psychischer Erfahrung liegen ungefähr 10 Bücher da, in denen meistens irgendwie aus verschiedenen Erfahrungen dasselbe steht, aber so als wäre dieser psychische Bereich genug um das Ganze zu erfassen, und das ist defizient und das ist also in der mythischen Zeit, die, die Seele aufgedeckt hat, hat sich das dann eben, wie ich vorhin andeutete, darin geäußert, dass nachher also eine Inflation der verschiedensten Mythen, jeder konnte sich sozusagen sein Privaten machen, das ist was anderes als ein Persönlicher. Also wenn eine Gesellschaft dann zerfällt, dann das eben und für die mentale Phase, das ist vielleicht wichtig, ist die Effiziente, das ist einfach der Auftritt, sagt Gebser, des gerichteten Denkens, also des Denkens, das nun doch auf das Verstehen eines bestimmten Zusammenhangs die Aufmerksamkeit richtet und das Defiziente ist halt, wenn man dann also einen Zusammenhang erkannt hat und dann Hunderttausend Tonnen davon, aufgrund der Fähigkeit, dass mit Erkenntnis mit Kilogramm und Kilowatt zu multiplizieren, davon herstellt. Also dieser Ausbruch in die Quantität und selbst im Integralen, wäre dann also immer noch, es wäre erneut möglich, also Integral ist erst mal klar, effizient, dass man also erst mal alles sozusagen kommen lässt und dann ist aber immer noch die Frage, ob man es sozusagen in seiner Ordnung zusammendenkt. Wissen zugleich, dass jede Ordnung wieder das Problem enthält, ob da nicht Perspektive drin liegt, also das ist ein, das ist so ein schwieriges und geschicktes Umgehen, was da verlangt ist und auf der anderen Seite kann natürlich passieren, dass das sozusagen wieder eine undurchsichtige Milchsuppe wird, das Integrale, dass es ein Wort wird, mit dem man alles und jedes abdecken kann, also es wird alles zugelassen und wir sehen ein Durcheinander. Das wäre ein Rückfall natürlich. Also das ist die Gebsersche Grundkonzeption von der aus er also versucht jetzt, er versucht zu zeigen, auf allen Stufen, wo da die Sachen sind, an die man noch anknüpfen könnte oder die man wiederholen müsste, die also zu dieser Integration jetzt doch geradezu geholt werden müssten, die man auftreten lassen muss, für die, die Türen auf gehören und er zeigt zugleich also, wo ist da die Defizienz und macht dann also wie ihr seht, auf der Zeichnung, das will ich jetzt nicht ausführen, weil es schon relativ weit fortgeschritten ist die Zeit, er gibt dann auch noch sozusagen ein paar Zuordnungen, was auf den verschiedenen Stufen bzw. zwischen den verschiedenen Stufen existiert. Das Ganze, was ich hier ausgegeben habe, einschließlich dieser großen Liste, das ist nur, das kann ja nur sozusagen ein Hinweis auf den Reichtum dieses Buches sein und ich habe die

Strickart und die Intension zeigen wollen und jetzt will ich in der zweiten Hälfte, die schon etwas kürzer als die erste ist, nach einer kurzen Pause von 10 Minuten, etwas über die archaische Struktur im Besonderen sagen, weil das sozusagen der Ausgangspunkt ist, wenn die Frage steht – Ursprung und Gegenwart – und ich will zugleich an diesem Ritus aus Australien, die allerdings schon in die Magische gehört, aber an der Grenze vom Archaischen, will ich zugleich zeigen, dass wir nicht einfach beerben können was war, sondern, wie kompliziert die Sache ist, sobald man konkreter wird als Gebser. Gebser hat natürlich hier eine, doch einen großen Abstraktionsprozess vollzogen aus der Sicht Europas, während hier bei Campbell in diesem riesigen Material eigentlich, das die Menschheitsentwicklung widerspiegelt, das sind 4 Bände seiner Mythologie, während da hervorgeht, wie konkret jeweils die Schwierigkeiten gewesen sind und hier heute jetzt mal in so einer alten Phase, weil in so einer langen zurückliegenden Zeit, weil wir da sehen werden, also was es mit dem menschlichen Geist eigentlich auch auf sich hat, denn bei der nächsten Vorlesung mit Galtung sind wir sowieso in der modernen Zeit, dann gehen wir ja nicht mehr sozusagen vertikal - Weltalter, sondern horizontal – Weltzivilisation.

So, also jetzt die kurze Pause.

Ein paar Zeilen und d. h, natürlich, dass die überaus schwer zugänglich ist, dass sie möglicherweise ganz wenig konkretes Material bietet. Es ist sehr die Frage, worum es sich bei dieser archaischen Struktur handelt. Vielleicht wirft das auch einen Blick auf die Strukturen überhaupt. Also man denkt schnell vielleicht zu sehr bei den einzelnen Strukturen jetzt verdinglichend und sagt dann also da lebten dann, weiß ich, vielleicht kleine Einheiten von Menschen, aber völlig in dieser archaischen Struktur und dann in der magischen ganz andere Leute und dann in der mythischen oder dieselben Stämme sehr viel später. Gerade diese archaische Phase, es könnte gut sein oder diese archaische Struktur, dass die nichts anderes ist als das Ursprungsmoment der menschlichen Existenz und, dass wir verhältnismäßig zeitig in sozusagen, in den meisten Fällen also die größere Zahl in jeder einzelnen Einheit, dass die also dann magisch gelebt haben. Man weiß ja etwa für diese magische Phase, die überwältigende Mehrheit der Menschen waren da eben einfach normale Stammesmitglieder, die das alles for granted genommen haben, was da jeweils Mythos und zelebriertes

Ritual dazu gewesen ist, während gezeigt worden ist, dass der Schamane, der vielleicht dabei war in einer weit vorausliegenden Bewusstseinsverfassung sein könnte, der die, wie hier bei Aurobindo etwa, das haben wir ja voriges Semester ziemlich ausführlich dann behandelt, die dort Psychisch heißt. Also jenseits bereits der Vorherrschaft des mentalen Moment der integralen Verfassung ist und ich nehme mal an, dass das, was jetzt hier nämlich kommt, auch damit zusammenhängt, dass das in Wirklichkeit vielleicht nur von wenigen Menschen so in dieser effizienten Form gelebt worden ist. Also jedenfalls worauf er größten Wert legt, ist einfach festzustellen, archaisch, das ist einfach sozusagen der Ursprung, der da aufgesucht wird in der menschlichen Existenz und er findet dann zwei Belege bei Dschuangdse. Nun, Dschuangdse das ist ungefähr 300 vor Christus, das ist für die archaische Phase nun überaus spät, also die schamanistische, die magische Phase das ist irgendwie identisch – magisch und Schamanismus – der Frank Natale sagt immer, das sind 35; 40000 Jahre Menschheitsgeschichte, d. h, dann das ist der Homo sapiens überhaupt und auf der anderen Seite haben wir ja, also in der Phase vor dem Homo sapiens auch zahllose Berichte darüber, das sehr frühe Menschen also z.B. in den Höhlen da, in Zhoukoudian (Choukoutien) in China, da ist nachgewiesen, die beherrschten das Feuer. Das ist eine ungeheure Fähigkeit, wenn man – Gebser sagt, um sich das vorzustellen: man gehe mal ohne Streichhölzer und ohne Feuerzeug in den Wald und mache dann Feuer – wo die mit Holz gedreht und was für verschiedene Methoden die da hatten. Also in diesen Höhlen gab es Feuer und das waren Menschenfresser wenn nicht alles täuscht unter anderem und Kannibalismus gehört also der magischen Phase an, wenn man diese Strukturen dann so betrachtet, übrigens auch ein Hinweis wie schwierig die menschliche Verfassung jedenfalls in der Vorgeschichte des Homo sapiens gewesen ist und wir wissen das auch. Der Homo sapiens, dass da also eine Phase Kannibalismus in sehr vielen Stammesgeschichten drin waren. Wir können durchaus Ahnen haben, die Menschen gegessen haben – rituell natürlich – also nicht einfach um sich zu ernähren und wenn jetzt also Dschuangdse davon etwas weiß, wenn die von den Weisen des Altertums sprechen, auch das Daudedsching spricht davon, was das für Leute waren, wie vorsichtig die mit der Welt umgegangen sind und dass sie gegangen sind wie auf schmelzendem Eis, also nur um kenntlich zu machen, dass das so eine, sehr mit den Umständen rechnende Weise gewesen ist. Von diesem Dschuangdse entnimmt Gebser hier zwei Charakteristika, die für diese archaische Phase typisch gewesen sein sollen, nämlich Dschuangdse sagt, dass diese Leute, die wahrhaften Menschen der früheren Zeiten, die wahrhaften Menschen der früheren Zeiten schliefen traumlos, während später, pflegt die Seele im Schlafe Verkehr, heißt es. Die schliefen traumlos, das ist der eine Punkt und übrigens in dem Zusammenhang, der Dschuangdse nennt die Berufene, Heilige und es sagt der Gebser dann dazu, das ist für ihn ganz wichtig, also wir neigen natürlich dazu diese Archaischen als Primitive zu charakterisieren, das findet er völlig falsch, sondern er nennt sie die wahrhaften Menschen und ein Kommentator dieses Textes wieder, spricht von berufenen Heiligen, wir weisen sagt Gebser nachdrücklich auf diese Formulierung hin, denn die archaische Struktur ist in dem von uns gemeinten Sinne durchaus nicht primitiv und worauf wir hier stoßen, das ist ein sozusagen ideologischer Unterschied, ein unentschiedener ideologischer Unterschied, der sich durch die ganze sozusagen Geistesgeschichte zieht. Die einen nämlich sagen, dass am Anfang ein goldenes Zeitalter war, in dem Sinne, dass die Menschen dort also näher an Gott gewesen sind oder am Ganzen oder an dem großen menschlichen Potenzial und die anderen sagen und belegen jetzt mit einer Unmenge Material eben doch, dass wir aus der Primatenreihe sind und wenn man diese Sache mit der Primatenreihe, also an dem Material auch verfolgt, da ist es eigentlich ziemlich logisch, also es Affenmagie und die Soziobiologie zeigt da Dinge, wo sich das sehr nahe liegt.

Ich schätze die Soziobiologie als Ideologie nicht, weil, die macht fundamentale methodologische Fehler, das will ich hier nicht berühren. Nur, faktisch ist da was. Also die reden nicht von Nichts natürlich. Da gibt es eine, es ist schon wahrscheinlich, dass also massenhaft immer das gelebt hat, was hier eben magische Phase war, unter anderem eben 600 000 Jahre vorher, in diesen Höhlen da in Zhoukoudian (Choukoutien) in China und, dass vielleicht also diese, ich sage, die eine Möglichkeit war, dass also hier von besonderen Individuen die Rede ist und die andere ist übrigens, dass diese archaische Phase einfach einen Rückschluss auf den Menschheitsembryo und auf die Menschheit in ihrer Säuglingsphase ist und dass wir es eigentlich mit, sozusagen, dass das ein Potenzialbegriff ist. Ein Potenzialbegriff, der sich weit durchzieht und gerade deswegen, wenn Gebser sagt: Also der Ursprung kann gegenwärtig sein und darum geht es eigentlich, dann ist der in der magischen Phase, in der mythischen, in der mentalen und auch dann in der hoffentlich kommenden integralen, dann ist der gegenwärtig, d. h, der ist dann etwas, das, und das sagt er dann auch sowieso an irgendeiner Stelle, nicht einfach zeitlich davor verortet werden kann. Also eigentlich geht es um eine Perspektive jenseits raumzeitlicher Festlegung bei der integralen Phase, wie er das betrachtet, und so müsste man das vielleicht auch sehen.

Es gibt dann einen zweiten Punkt, der auch dieses archaische Moment charakterisieren soll, nämlich einen Bericht, also eine Feststellung auch bei diesem chinesischen Dauisten Dschuangdse – blau und grün sind in jener Zeit noch nicht entschieden, das gemeinsame Wort ist ding, das ebenso die Farbe des Himmels wie die Farbe der sprossenden Pflanze bedeutet - heißt es in der Anmerkung dazu. Nämlich der hat also einfach, der Dschuangdse hat gesagt, wir haben blau und grün nicht unterschieden und jetzt kommt, diese spärliche Mitteilung, sagt jetzt der Gebser, lässt eben darauf schließen, dass man auch was das Makrokosmische damals noch von der völligen Identität von Erde und Himmel ausgegangen sein muss, denn sonst werden grün und blau unterschieden. Wenn man das nicht identifiziert, wenn man da sozusagen noch keine Unterscheidung ich sage mal jetzt – festhält, denn ich nehme an, dass das menschliche Auge immer einen Unterschied gesehen hat. Das ist nicht der Punkt, sondern ist die Frage, worauf das Bewusstsein den Akzent immer legt. Jedenfalls, das rechnet er mit zu dem Archaischen, dass man sich also noch nicht, vielleicht ist der Punkt, dass man sich noch nicht auf Unterschiede festgelegt hat und da berührt sich natürlich das, was hier Gebser unter »archaisch« versteht sehr weitgehend mit dem, was sozusagen die höchste Stufe des Yogitums ist, also sozusagen wo das Individuum dann es schafft, sich wieder sozusagen in die Ununterschiedenheit des Universums zuletzt einzutun, wobei aber bekannt ist, dass diese Leute denn auch grün und blau unterscheiden können, wenn sie sich auch nicht dran festhalten. Also das ist eine Frage der Nichtfixierung und hier vielleicht, am Ende sozusagen des nicht mehr Fixiertseins und am Anfang des sich noch nicht Fixierens und dieses Moment wird unter archaischer Struktur festgehalten und ist vielleicht mindestens ebenso durchgängig, wenn es denn vorgängig sein sollte.

Das scheint mir also einfach diskussionswürdig zu sein.

Was ich nur sehe ist, auch dieser Begriff der archaischen Struktur als heraus gesondert, er macht auf etwas aufmerksam, und zwar genau auf das, glaube ich, was ich also reine menschliche Natur nenne. Also auf das Potenzial, das auch diese vielen meditativen Praktiken sozusagen die, um alles neu machen zu können, freilegen wollen, damit wir die Möglichkeit haben, die Bewusstseinsverfassung anders zu wählen, als bisher. Damit wir irgendwie uns von dem Wahnsystem, das jede dieser Bewusstseinsverfassung in ihrer defizienten Phase ist bzw. wird, dass wir uns davon befreien können. Also das ist, wollte ich sagen, zur archaischen Phase, wie sie bei Gebser auftritt und sie steckt dann immer, im Titel natürlich, ist sie das was durch das Ganze, und dieses Potenzial soll durchschlagen, d. h, dort wo wir, das ist derselbe Gedanke, den Meister Eckehart so ausgedrückt hat, also auf die Frage hin: Wo kann Christus in dir geboren werden? War die Antwort des Meister Eckehart: Dort wo noch kein Strahl der Außenwelt und kein Strahl deines Ich hingedrungen ist in dir, d. h,, wo du noch unbesetzt bist, von irgendwelchen Festlegungen, Unterscheidungen, Vorurteilen, was ist gut, was ist böse und so, diese Stelle und auf dieses Potenzial im Sinne des Noch nicht und der Brücke zum Nichtmehr, vielleicht dieses … Darauf orientiert dieses Archaische und ich glaube, dass er damit ziemlich an der Stelle ist, die, die Elga Sorge beim vorigen Mal hervorheben wollte und jetzt will ich noch ein bisschen vorlesen aus Joseph Campbells »Mythologie der Urvölker«.

Ich habe mir wahrscheinlich zu viel angekreuzt, werde dann bei manchen Stellen ein bisschen kürzen auch, und zwar einfach, dass wir uns mal vergegenwärtigen was der menschliche Geist so, man muss natürlich sagen, in der Beschreibung hängt das, da geht schon natürlich auch eine bestimmte Subjektivität ein, aber der gilt eigentlich als jemand, der integral an die Sache herangeht, d.h,, der wenig Vorurteil und gleich schnelles Urteil bei sich hat, auch übrigens den Gebser nicht, wo habe ich den neulich vorgelesen, wo ist der mir neulich begegnet. Ach so, Ken Wilber etwa bezieht sich auch auf Campbell, und zwar in den Punkten ganz, also zuverlässig habe ich jetzt gesehen und positiv, ich habe noch mal nachgesehen. Also es fällt bei Wilber auch nicht alles unter diesen kritischen Punkt, den die Elga glaube ich mit Recht, festgemacht hat.

Das Thema hier ist, in dem Kapitel, auf das ich mich bei Joseph Campbell beziehe, und zwar im ersten Band seiner großen Mythologie – das ganze Ding Joseph Campbell – ich schreibe den Titel noch mal an, damit man ihn bei dieser Vorlesung dabei hat – das ist ein Amerikaner Joseph Campbell: »Die Masken Gottes« heißt das Ganze, d. h, seine Grundthese ist: Der Mensch ist eins und das sind alles nur verschiedene Masken, dieses Eins, was sich in den Mythen und späteren Religionen und so darstellt und das hier ist die »Mythologie der Urvölker«.

Wenn man jetzt Gesellschaft hat, das unterstellt jetzt hier, und sei es auch eine kleine, also ein Clan für Clan-Gesellschaft oder so, wie in diesem Falle hier, in Australien einfach in der Urzeit. Es ist jetzt egal, welches genaue Datum die hat, aber in der Zeit also bevor man mythisch wurde im eigentlichen Sinne mythisch, obwohl es hier Mythen gibt, aber bevor dieser Seelengeist sich verselbstständigte. Die mythische Phase ist eigentlich nach Campbell und auch nach Gebser wesentlich die, die mit der mutterrechtlichen Zeit übereinstimmt und wir sind hier kurzum davor, vor dieser mutterrechtlichen Zeit und es scheint mir also spannend, welche Probleme es da schon gegeben hat.

Es geht um die Gefühlsordnung der Gruppe und der Gedanke ist: Die Menschen müssen sich da auf was festlegen, die Menschen haben sich also so unterschiedlich jetzt diese Initiationen, also praktisch die Festlegungen einer bestimmten Subjektivität, auf die dann die Stammesmitglieder eingeschworen waren, so unterschiedlich sich das ausgeprägt hat, also zig tausende Mal in der Menschheitsgeschichte, es wurde immer eine Festlegung getroffen und in dem Sinnegehts hier um Gefühlsordnung der Gruppe und also offenbar um einen Zwang, um einen – ich sage mal – Naturzwang dazu, also aus der Unzahl der Möglichkeiten, sich auf etwas festzulegen, womit man seine Verhältnisse regelt und auf was für schwierige Dinge man da manchmal gekommen ist.

Also jeder Junge bekommt dann, und zwar Aranda heißt dieser australische Stamm, der hier untersucht ist: Jeder Junge bekommt dann von einem Mann aus der Gesellschaftsgruppe, aus der auch seine künftige Frau kommen muss, Brust und Rücken mit einfachen Mustern bemalt und während sie malen, singen die Männer:

Möge er bis zum Bauch des Himmels reichen
Möge er zum Bauch des Himmels emporwachsen
Möge er direkt in den Bauch des Himmels eingehen

Dem Jungen wird dann erklärt, dass er jetzt das Zeichen desjenigen mythischen Ahnen trägt, dessen lebendige Verkörperung er ist.

Das allerdings ist nur der Anfang dieser Zeremonie, die dann aus unserer heutigen Perspektive jedenfalls sehr viel haariger wird, wie man gleich sehen wird.

In diesem einfachen Ritus schon, wird deutlich, dass das Bild der Geburt von der Mutter auf den Himmel übertragen ist eben, also hier:

Möge er bis zum Bauch des Himmels

auf den Himmel übertragen ist und dass gleichzeitig der Ich-Begriff über den leibhaften Einzelnen hinaus gedehnt worden ist. d. h, also einen rudimentären Ich-Begriff ist auch – sagt Campbell – ist auch schon gegeben.

Es ist also sozusagen, die Initiation von Jungen ist hier Gegenstand und deswegen also eine Abkehr von der Mutter zum Himmel, also zu einem männlichen Symbol. Männer werden ihn jetzt geistig zur Welt bringen, ihn an seinen ewigen überzeitlichen Teil anschließen.

Der Campbell gibt sozusagen hermeneutisch wieder, was er denkt, was damit gemeint war.

Darüber hinaus werden in den Zeremonien, denen er bald beiwohnen wird und die dann konkreter sind, als bloß, dass ihm das erzählt wird, die seiner Männlichkeit gemäßen Aufgaben in jeder Einzelheit mit mythischen Fantasien von einer Zeit überschreitenden Ordnung verknüpft, erfahren. Zeit überschreitend ist hier eigentlich im Gebserschen Sinne, ist das zeitlos. Also es gibt da noch kein vorher und nachher, das ist einfach die Immerzeit, die Immerzeit, die hier gemeint ist.

Der Junge selbst, ist ein mythisches ewiges Wesen, also ein bestimmter Ahne kommt wieder, aber jedenfalls das geht halt durch – das fleischgeworden ist – auch seine Gefährten sind die Manifestation ewiger Formen, desgleichen die Kängurus, die er bald jagen und die bekannten Wüstenstriche, in denen das stattfinden wird.

Kein Kind, keine Frau durchschaut das wirkliche Wunder dieses doppelten Geheimnisses – in das der Junge jetzt eingeweiht wird – es wird halt, die Geschlechter werden da auseinandergehalten und auch die Altersgruppen, also die Initiation macht erst ein richtiges Stammesmitglied draus.

Es ist klar, was da geschieht, die in der Kindheit als Energie auslösenden Signale irreversibel vorgenommenen Prägungen, also das was da als Prägung eingegangen ist, werden umorganisiert, und zwar bewusst umorganisiert. Das ist hier also, wie man jetzt noch sehen wird, das ist durchaus auch schon eine mentale Konstruktion, ist nicht so, dass da kein Verstand im Spiele ist, sondern nur, es herrscht das Magische vor. Aber natürlich sind diese Rituale auch ausgedacht, zumindest in ihrer einzelnen Durchführung. Vielleicht sind sie irgendjemand intuitiv eingefallen, aber so.

Also der Junge wird, die Entwicklung des Jungen wird nach vorne, auf das Mannsein gerichtet und eben nicht auf ein beliebiges offenes, unverbindliches Mannsein, sondern ganz konkret auf das in diesem Stamm jetzt Probate natürlich.

Wir haben schon die Worte an anderer Stelle von Radcliffe Brown zitiert: Damit eine Gesellschaft bestehen kann, muss in ihren Mitgliedern eine bestimmte Gefühlsordnung gegeben sein. Ich habe das schon erwähnt. Diese bestimmten Gefühle, fleischen sich in einem in den Initiationsriten durch eine erzwungene, das ist wichtig, wir werden sehen wie das Erzwungene, wird wirklich erzwungen, Verschmelzung mit der primären Geisteshaltung der Kindheit ein. Das wird also was reingedrückt, dass die primäre Geisteshaltung der Kindheit also wirklich neu einordnet, und unterordnet auch. Die Gefühlsordnung der Gruppe ist jedoch primär oder auch nur sekundär, nicht darauf konzentriert worden, die rohen Wünsche des heranwachsenden Jugendlichen nach Sinneslust und Mannesmacht zu befriedigen.

Wenn das stimmt, also dann fängt das mit dem Unbehagen in der Kultur zeitig an. Es geht nicht mehr darum – was möchtest du eigentlich, sondern wie brauchen wir dich in unserem Stamm – und diese Festlegung hat in jeder dieser alten Gesellschaften stattgefunden. Was die Einzelheiten betrifft, starrer als bei uns natürlich.

Also wir haben jetzt eine, sozusagen durch die, ja durch die Quantität ermöglichte Beliebigkeit allerdings, die nun auch nicht sichert, sodass also dann Neurose, die dann ausflippt, weil alles festgelegt war, die Konsequenz ist.

Also es geht darum, den Allgemeininteressen einer Gruppe in ganz bestimmten Grenzen zu dienen. Wenn in irgendeinem Einzelfall die Einprägung der gesellschaftlich betriebenen Umorganisierung der kindlichen Bilderwelt nicht die gehörige Wirkung tun sollte, dann würde das persönliche Bezugs- und somit auch Gefühlssystem des betreffenden Individuums im Wesentlichen kindlich und daher anormal, isolierend, beschämend und erschreckend bleiben – unter den Erwachsenen dann natürlich -. Also es ist unentrinnbar heißt das.

Die wirklichen Prüfungen des halbwüchsigen Jungen und die zweite Stufe seiner Einweihung, die Erste war, ihm zu erzählen, das mit dem Bauch des Himmels, und die zweite Stufe seiner Einweihung in die Pflichten und Kenntnisse seines unvermeidlichen Standes beginnen eines Abends im Männerlager ganz plötzlich damit, dass sich drei starke junge Burschen unter lautem Geschrei auf ihn stürzen und ihn verängstigt und sich wehrend auf einen Kultplatz schleppen, der zu seiner Beschneidung vorbereitet ist. Die ganze Gemeinschaft ist zu seiner Begrüßung da, Frauen wie Männer, und sobald er sich unter ihnen weiß, hört sein Widerstand auf. Er wird zu den Männern gebracht und sofort fangen die Frauen an zu tanzen und Schilde zu schwenken. Sie sind jetzt die Frauen der Alcheringa – das ist das Traumzeitalter – also da spielt eben das ewige Drama, die auf diese Weise tanzten, als die jungen Männer des Ahnenzeitalters initiiert werden sollten, und die Männer singen dazu. Wenn der Junge, der so was zuvor noch nie gesehen hat, eine Zeit lang zugeschaut und zugehört hat, werden ihm Fellschnüre zu einer eng anliegenden Mütze um den Kopf gewickelt und um seine Taille wird ein Gürtel aus geflochtenen Haaren gebunden, wie er ihn an den Männern gesehen hat.

Drei Männer führen ihn dann durch die tanzenden Frauen hindurch zu einem dichten Gebüsch, hinter dem er etliche Tage zu bleiben hat. Sie bemalen ihn mit einem Muster und machen ihm klar, dass er jetzt eine höhere Stufe der Jungmännlichkeit erklommen hat, mehrere Tage hinter einem Gebüsch. Niemals darf er einer Frau oder einem Jungen irgendwelche der geheimen Dinge enthüllen, die er nunmehr sehen und lernen soll und er darf während der kommenden Zeremonie kein Wort ungefragt von sich geben und auch wenn er gefragt wird, nur so knapp wie möglich und er hat in seinem Gebüsch hocken zu bleiben bis er gerufen wird. Sollte er versuchen, zu sehen, was zu sehen ihm verboten ist, würde der große Geist, dessen Stimme er im Surrton der Schwirrhölzer gehört hat, also dieser, - wie heißen die Dinger denn, wie – ja – dieser Bumerangs, dieser

Schwirrhölzer gehört haben, kommen und ihn davontragen. d. h, es ist schon gefährlich in seiner Seele. So sitzt er denn die ganze Nacht hindurch alleine und still hinter dem Gebüsch, während die Männer auf dem Kultplatz tanzen.

Am nächsten Tag kommt die Mutter von dem Jungen, begleitet von den Schwestern seines Vaters und von der Frau, deren Tochter ihm als Gemahlin zugedacht ist. Die ganze Nacht über hat die Mutter des Jungen in ihrem Lager ein Feuer unterhalten und sie hält jetzt zwei lange Stöcke in den Händen, die an diesem Feuer entzündet worden sind.

Die Männer singen ein Feuerlied, während die Mutter einen Stock der Frau reicht, die, die Schwiegermutter des Jungen werden und diese geht zu dem Jungen hin, bindet ihm ein paar Fellschnüre um den Hals, reicht ihm den Feuerstock und sagt ihm, er solle an seinem eigenen Feuer festhalten, d. h, niemals mit Frauen anbändeln, die anderen Männern bestimmt sind.

Der Junge wird jetzt in den Wald gebracht, wo er drei Tage lang still sitzt und wenig zu Essen erhält.

Ich verkürze ein bisschen.

Der eigentliche Ritus dieser Beschneidung beginnt nach Einbruch der Dunkelheit, derweil der Junge immer noch in seinem Versteck hockte.

Die alten Männer sangen die Sage der Ahnen, der toten Gruppe »Kleiner Falke«, die in der Traumzeit die Beschneidung mit einem Steinmesser anstatt mit einem Feuerstock eingeführt hatten.

Das war das Allererste gewesen, Feuerstock – die Beschneidung, also einfach ein Schlag und jetzt haben sie da schon ein Steinmesser.

Wir können diese Motiv auf einen vagen Hinweis auf eine neuere oder ältere Umformung der rituellen Überlieferung auffassen, vielleicht im Anschluss an eine solche Verschmelzung zweier Völker, wie sie die neueren Untersuchungen australischer Kulturschichten und alter Felsbilder nahe legen.

Aber wir müssen auch erkennen, dass der Feuerstock, den der Junge soeben von den zwei Müttern bekommen hat, im Kontext des Ritus ein explizierter Verweis auf die kontrollierte Freisetzung seines eigenen sexuellen Feuers ist, die durch die rituelle Bewährungsprobe seiner bevorstehenden Beschneidung, gesellschaftlich abgesegnet werden soll. Wobei der zweite Stock, auf den der seine hingelenkt wird, sich jetzt im Lebenskreis, der für ihn erwählten Frau befindet.

Die Serie von bemerkenswerten Riten, so roh sie dem zivilisierten Auge auch erscheinen mögen, darf nicht einfach als das abergläubische Werk primitiver Unwissenheit abgetan werden, im Gegenteil. Sie ist die gekonnte Umsetzung einer Urweisheit, die in manchen Aspekten wenigstens ausgereifter und wirkungsvoller ist, als ein Großteil der unseren, indem nämlich ihr Hauptziel pädagogisch oder wie wir vielleicht besser sagen könnten, hermetisch ist. Die magische Umwandlung einer Psyche in einem sehr realen Sinn.

Zur Mitternacht wurden dem Jungen, der die Prüfung durchlief, die Augen verbunden, er wurde aus seinem Gebüsch geholt und mit dem Gesicht nach unten an den Rand des Tanzplatzes gelegt. Nach einer Weile hieß man ihn aufsetzen und schauen und er sah einen kunstvoll bemalten Mann vor sich liegen, der wie er erfuhr, einen Wildhund darstellte. Ein zweiter bemalter Mann stand mit gespreizten Beinen, Eukalyptuszweigen in beiden Händen und einem heiligen Emblem des Kängurus auf dem Kopf am anderen Ende des Tanzplatzes. Das Känguru bewegte seinen Kopf hin und her, als wenn es nach etwas Ausschau hielte, und stieß ab und zu den Känguru-Ruf aus – also dieser Mann - Der Hund blickte auf, sah den anderen, fing an zu bellen, lief ihm urplötzlich auf allen vieren zwischen den Beinen hindurch und legte sich hinter ihm nieder. Das Känguru beobachtete den Hund über die Schulter, der Wildhund lief dem Känguru dann noch einmal zwischen den Beinen hindurch, wurde aber diesmal gefangen und gründlich durchgeschüttelt. Zum Schein wurde sein Kopf am Boden aufgeschlagen, worauf er hin wie unter Schmerzen heulte, bis er zuletzt so tat, als wäre er tot.

Nach einer Weile lief er auf allen vieren zu dem jungen Initianten hinüber und legte sich auf ihn. Das Känguru kam herbei gehopst und legte sich auf alle beide und der Junge musste etwa 2 Minuten lang ihr Gewicht aushalten.

Als sie wieder aufstanden, erklärte man ihm, dass sie damit ein Ereignis aus der Traumzeit mimisch dargestellt hätten, als ein Wildhundmann einen Kängurumann angegriffen hatte und getötet worden war.

Er wurde in sein Gebüsch zurückgeschickt und die Männer sangen die ganze Nacht hindurch weiter.

Noch immer im Glauben an, Moment, weil ich etwas kürzen will, jetzt fehlt mir doch ein Ausdruck hier – also es geht jedenfalls, solche Vorführungen zur Belehrung des Jungen zogen sich über 6 Tage und Nächte hin. Kängurumänner, Rattenmänner, Hundemänner, kleine Schwalme und große führten ihre Sagen vor, legten sich auf ihn und gingen wieder.

Am 7. Tag wurde der Junge hinter seinem Gebüsch feierlich mit Fett eingerieben und 3 Männer malten ihm mit weißen Pfeifenton sorgfältig ein Muster auf den Rücken.

Plötzlich war der Ton anrückender Schwirrhölzer zu vernehmen und Frauen flohen. Der junge Bursche lag auf dem Rücken, die Männer legten Stangen auf ihn, indem sie, sie auf und ab bewegten, als wollten sie damit seinen Körper den Takt schlagen, dazu sangen sie immer wieder den folgenden Vers:

Nacht, Dämmerung, ein großes klares Licht
Bäume, himmelsgleich, rot steigend wie die Sonne

Alles war jetzt in heller Aufregung. Das Feuer warf ein strahlendes Licht und die zwei Männer, die, die Beschneidung vornehmen sollten, bezogen am Westende des Kultplatzes Posten.

Die Bärte in den Mund gesteckt, damit sie böse aussehen, die Beine weit auseinander und die Arme vorgestreckt, so standen die zwei Männer völlig still da. Der eigentliche Ausführende der Beschneidung vorn und sein Gehilfe dicht hinter ihm, sodass ihre Körper sich berührten.

Der Vordermann hielt in seiner ausgestreckten Rechten das kleine Feuersteinmesser, mit dem die Operation durchgeführt werden sollte und sobald sie sich aufgestellt hatten, kam der künftige Schwiegervater des Jungen, der als Schildträger dienen sollte mit dem Schild auf dem Kopf und gleichzeitig beidhändig mit Daumen und Zeigefinger schnalzend, die Reihen hinunter. Dann ließ er sich, das Gesicht zum Feuer ganz dicht vor dem Beschneider auf ein Knie nieder und hielt dabei sein Schild über den Kopf.

Die ganze Zeit über surrten überall die Schwirrhölzer so laut, dass sie von den Frauen und ihren Kindern in dem Lager ohne Weiteres gehört werden konnten, und diese nehmen an, das Surren sei die Stimme des großen Geistes Vanjarika, der den Jungen holen gekommen sei.

Das wird auch aufrecht erhalten, die Männer wissen, dass das die Schwirrhölzer sind und nicht die Stimme des Geistes, sie sagen, dass auch Mann, aber den Frauen wird diese Sage erzählt.

Der Junge glaubt auch noch daran, weil er noch nicht eingeweiht ist und hört also diese Schwirrhölzer, liegt auf dem Rücken unter den auf und ab bewegten Stangen. Die tiefen lauten Töne des Beschneidungslieds werden von allen Männern herausgedonnert, bis auf einmal die Stangen fortgenommen werden und der Junge von zwei starken Kerlen hochgehoben, mit den Füssen zuerst zu dem Schild getragen und darauf gelegt wird. Flink ergreift der Beschneidungshelfer die Vorhaut, zieht sie so weit wie möglich und der Beschneider trennt sie ab.

Auf der Stelle verschwinden alle Männer, die in irgendeiner offiziellen Eigenschaft an dem Ritus mitgewirkt haben und dem Jungen, der in einem mehr oder weniger benommenen Zustand ist, wird von denen, die ihn getragen haben, gesagt: Du hast dich wacker gehalten; du hast nicht geschrien.

Er wird zu der Stelle zurückgeleitet, wo vorher das Gebüsch stand, das jetzt fort ist und empfängt die Glückwünsche der Männer.

Man lässt das Blut aus seiner Wunde in einen Schild fließen und während er noch blutet, werden einige der Schwirrhölzer herbeigebracht und gegen die Wunde gepresst.

Man sagt ihm, dass sie es waren und nicht Vanjarika – also der Geist – die den Ton machten, und dann wird ihm der letzte Popanz der Kindheit entrissen. Er erfährt gleichzeitig, dass die Schwirrhölzer Tjurunga sind – heilige Dinge – die der mythischen Zeit und dem mythischen Reich entstammen.

3. Juni 1996

Ritterliche Individualität vor dem Übergang zur Moderne

Also, das – die Nationen - auch die Franzosen – gab es damals nicht, als Nationen, in dem Sinne; es gab Volkscharaktere schon, aber das war ja noch weit entfernt von dieser Nationalstaatssphäre, und es war der Stoff ja auch international – Es ist jedenfalls so, dass diese Artusgeschichte, von der der Cornelius da berichtet, wie der Abt sie benutzt hat, die Mönche zu wecken: Dass die, während sie im – an der Wende vom 5. zum 6. Jahrhundert in einer dunklen Zeit – also, dunkel, weil wenig Aufzeichnungen sind, nur - ist damit gemeint – in Britannien spielt – also, in dem Britannien, das auch in dem Namen »Bretagne« dann erscheint – also, nicht im heutigen Großbritannien, wo man immer »englisch« und »angelsächsisch« denkt, sondern in – »Briten« war ein – »Briten«, »Britones«, oder so, war ein alter Name, den die Römer schon benutzt haben, und zwar für die keltischen Stämme, die bis gegen Mitte des 5. Jahrhunderts allein auf dieser Insel waren. Und in die Zeit fällt – also, soweit man das überhaupt noch rekonstruieren kann – das wirkliche Leben eines Mannes, der Artus geheißen haben wird, wahrscheinlich – oder der so genannt worden sein mag - da komme ich gleich darauf.

Aber in der jetzigen Zeit – also, in der wir uns jetzt bewegen, meine ich, in der Zeit des 12./13. Jahrhunderts - an dieser Wende holt sich Parzival – also, der Held des Wolfram'schen Epos – bei niemand anderem als dem König Artus den Ritterschlag. Artus ist gewissermaßen allgegenwärtig in dem im 12. Jahrhundert – also, atmosphärisch ganz im 12. Jahrhundert spielenden Epos, und zwar, nachdem er jahrhundertelang bestenfalls einmal in irgendwelchen englischen Quellen, dann in einer französischen auch einmal, erwähnt worden ist – also, nachdem das – also, es war eigentlich - sozusagen - unwahrscheinlich, es war völlig – sozusagen – aus der Zeit, aus der Zeit der Wirklichkeit der Geschichte herausgenommen. Und im 12./13. Jahrhundert – also, ist es eigentlich erst diese große Mode geworden. Der Wolfram selber hat sich großenteils auf eine Arbeit des Franzosen Chrétien de Troyes gestützt, jemand in der Champagne – also, das ist die Landschaft östlich von Paris, auf Belgien zu, so - in Troyes: Dort saß der. Und eine Gräfin, Marie von Champagne, hat ihm den Stoff gegeben, wie er sagt - das war die Form, in der man sich dafür bedankte, dass man das machen durfte – Es kann auch sein, allerdings, dass die Dame dazu beigetragen hat. Es ist nur so, dass es typisch ist, dass die – dass jeder, der da irgend so etwas arbeitet, sich darauf beruft, dass - meistens auch männliche Gönner, die dann – also, den Stoff gegeben haben - das heißt, die gesagt haben: Mach das einmal! – Mach das einmal! – Und das liegt – also, das ist – also, der erste Hinweis darauf, dass es natürlich ein Interesse gegeben haben muss, das wahrscheinlich nicht nur subjektiv war – wenn es denn trotzdem auch subjektiv gewesen ist.

Erst einmal noch ein paar Worte, wer denn eigentlich Artus ist: Das erklärt nämlich auch – oder: sein konnte - das erklärt nämlich auch, warum der dann im 11./12. Jahrhundert – also, im 11. läuft das an, und im 12. kommt das ganz hoch – warum der dann also Legendenkönig wird: Das ist - bis 450, ungefähr, oder bis kurz vorher, sind die Römer in Britannien gewesen und hatten es dort – also, in England und Teilen von Irland, vor allem aber in England – und hatten es dort mit durchweg noch keltischer Bevölkerung zu tun – also, die berühmten Angeln und Sachsen waren ja noch nicht da. Und die haben jetzt sich - auf englischem Territorium haben sich dann die Stämme, die mehr im südlichen England waren und sich aus der römischen Überformung wieder in ihre – stark in ihre Stammesverhältnisse zurückbegeben hatten: Die hatten sich zu wehren gegen Schotten und Pikten. Die Pikten waren die, die schon länger im Norden gesessen hatten, und die Schotten waren eigentlich Iren – die waren da hinübergezogen. Man weiß ja heute noch: Schottland – gälisch – walisisch – irisch: Dass das zusammenhängt. Und jetzt war das eine Situation, in der jemand, der noch in der römischen Tradition ein letztes bisschen stand, auf den verrückten Gedanken kam – aber so haben die Römer das eben gelehrt und oft gemacht gehabt – Hilfstruppen herbeizurufen, während – sozusagen - eigentlich gerade noch Völkerwanderungszeit war, Auslauf der Völkerwanderungszeit. Nämlich kurz nach (oder um) 450 sind die bekannten – also, dann, in der englischen Geschichte notorischen - Hangest und Horsa: Angelsachsenführer – da nach England gekommen und haben auch einmal kurz geholfen – in einem Abwehrkampf gegen Norden; dort soll auch Artus – von dem spreche ich gleich – gekämpft haben. Und bald haben die aber angefangen, auf eigene Rechnung erst einmal England – jetzt, England im engeren Sinne – also, dies - von der Ostküste aus, nach Westen zu, in dem südlichen Teil, ohne Schottland, jetzt – Eroberungen zu machen. Und Artus ist derjenige Heerführer – das heißt, es wird da in vielen Quellen nicht von einem König gesprochen, sondern eigentlich von einem Kriegsführer – das heißt, das ist noch ein Zustand, der ist eigentlich noch nicht einmal richtig frühfeudal: ein Kriegsführer, der – möglicherweise, sagt man – Owein Dankwin hieß, der – also, dann insbesondere an einer Schlacht bei Badon – das ist Bath – also, diese Stadt, die am – in Avon, dort, liegt, unweit von Bristol, in Westengland - dort, wo der größte Einschnitt des Atlantiks in die englische Insel ist: Dort liegt Bristol, und ein bisschen südlich davon Bath. Und dort soll eine historische Schlacht stattgefunden haben, wo die Angelsachsen gegen Artus und seine Mannen da verloren haben. Und es soll dann – also, es gibt dann eine Auflistung von weiteren Schlachten, wo es weniger sicher ist, aber - viel mehr, eigentlich, weiß man nicht. Und es ist auch der Name, den ich da eben nannte: Owein Dankwin, nur in einer Liste vermittelt, aus der nicht hervorgeht, dass das Artus ist – weil nämlich der Name »Artus« kein Eigenname gewesen sein wird, allerhöchstwahrscheinlich. Also, ich habe hier ein – das neueste Buch: zwei Engländer, Graham Philips und Martin Keepman: »Artus. Die Wahrheit über den legendären König der Kelten« – also, die zeigen ziemlich deutlich – also, dass das wahrscheinlich »der Bär« heißt; »art« ist so ein keltischer Ausdruck für – so, eines bestimmten keltischen Volksteiles - für »Bär«. Und wahrscheinlich: »Artur« kommt von – die haben das ursprünglich einmal »artursus« genannt – also, wo in – »ursus« – also, das ist dann römisch und britisch: »art« – »ursus« ist der Bär auf römisch – also, dass »Artus« wahrscheinlich einfach »der Bär« heißt und so ein Kriegsname ist, der noch in totemistische Zeiten, irgendwie, zurückreicht – wie ja die Indianerführer im 18. Jahrhundert auch »Sitting Bull« usw. geheißen haben: Das steckt wahrscheinlich dahinter. Und man hat dann auch noch Wappenbeziehungen der Art später gefunden, die es halt wahrscheinlich machen: Das war der! Aber mehr – also, über die Persönlichkeit dieses berühmten Artus - ist da aus der Geschichte eigentlich nicht bekannt. Das Seltsamste ist, dass die Tristan-Angelegenheit – also, das Tristan-Thema - dass König Marke und Tristan, diese beiden Figuren – also, zumindest mit einiger Wahrscheinlichkeit auch in der Artus-Zeit ausgemacht werden können. Ja, das geht so weit, dass die in der Sage überlieferte Auseinandersetzung zwischen Artus und seinem Neffen – oder seinem Sohn, das ist in der Sage verschieden, aber - wenn es sein Neffe war, dann ist es irgendeine – dann ist es möglich, dass das eine Verwandtschaft war von – nach Cornwall hinüber – also, das liegt ja so weit in England nicht auseinander – das heißt, dass der ursprünglichste Punkt – der Campbell nennt das »der mythogenetische Punkt« – also, wo der Keim sozusagen von den – an historischer Wirklichkeit ist: Der kann um diese Zeit kurz vor 500 (oder um 500 herum) gelegen haben; man hat die Schlacht bei Bath - da, bei der Stadt Bath - auf 493 – ja, festgelegt: Das ist auch übertrieben – also, es sind unsichere Sachen. Man hat es also nur angenähert.

Und mir ist das vor allem deshalb wichtig, weil daran irgendwie kenntlich ist: es muss einen Grund geben, der diese Sage später – also, so aktuell gemacht hat, der daraus im 11./12. Jahrhundert so einen Renner gemacht hat, geradezu - und zwar durch ganz Europa. Und man glaubt, ungefähr zu wissen, woran das lag: Nämlich – es war ja durch die angelsächsische Eroberung in England – also, nach Artus‹ Zeiten dann: Das war der letzte große Widerstandskampf – war es ja erst zur so genannten - also, zu dem, was heute noch »Bretagne« heißt, gekommen – und zwar dadurch, dass sich Teile dieser keltischen Bevölkerung in England nach der Bretagne zurückgezogen hatten. Die war nicht unbesiedelt, aber – die kamen dort neu dazu, sodass das also dann ein keltischer, ein – also, irisch, britisch – Bretagne – so ein Kulturbereich dort gewesen ist. Und dann hat sich im Laufe des 10./11. Jahrhunderts in Frankreich ein Prozess vollzogen, unter dem Einfluss der Normanneninvasion – die Normannen hatten dann neben der Bretagne - die liegt ganz im Westen - hatten sie die Normandie als Herzogtum sich gesichert. Erst sind sie also als Räuber eingefallen, die Flüsse hochgefahren, haben Städte zerstört und gebrandschatzt und geraubt, aber - das hat nicht lange gedauert. Dann haben die sich – also, auf französischem Territorium als – erst einmal – ja, »französisch« ist eben zu früh, aber - als dortige Territorialherren behauptet, hatten nun die Bretagne zur Seite. Und dann war das die Zeit, in der – kurz später – auch der erste Kreuzzug ausgelöst wurde, als - also, großer Druck bereits herrschte, nach kolonisatorischen Ausweitungsmöglichkeiten. Und da ist dann 1066 der Normannenherzog nach England hinübergegangen und ist an der – natürlich, in dem ursprünglich keltischen Teil gelandet – zumal auch Leute aus der Bretagne mitgezogen sind. Und sie haben von dort aus praktisch – und zwar zunächst England - französisiert, was die Sprache betrifft (das hat sich dann später noch einmal geändert). Aber jedenfalls war es – sozusagen – kulturell opportun, an diese ursprüngliche keltische Tradition anzuknüpfen. Und das hat sich noch verstärkt, als sich im 11./12. Jahrhundert dann das sogenannte Angevinische Reich herausgebildet hat. Das hat man heute ganz vergessen, das Angevinische Reich: Das ist das Reich, das der Auslöser war für den noch nicht ganz vergessenen sogenannten Hundertjährigen Krieg zwischen England und Frankreich, in dem dann die beiden Königreiche wirklich auseinander sortiert worden sind. Das Angevinische Reich, das reichte zu Zeiten von der Grenze Schottlands – in England – bis zu den Pyrenäen in Frankreich, das heißt, es war praktisch fast die ganze westliche Hälfte Frankreichs – nicht bloß Bretagne und Normandie, sondern auch Anjou und Toulouse und Bayeux, bis nach Süden: Das war alles ein Reich, das von einer – noch nicht, das war noch keine Königsmacht im späteren absolutistischen Sinne, aber - das waren Rittergeschlechter, die das zusammenhielten, am bekanntesten die Plantagenets – also, wo der berühmte Richard Löwenherz dazugehörte: Das war das Angevinische Reich.

Und es muss in diesem Angevinischen Reichszusammenhang einfach ein Klima für die Inkubation dieser Artus-Legenden gegeben haben. Also, um 1160 dann ist wahrscheinlich dieser Chrétien des Troyes – also, früher als Wolfram – geboren, der diese Artus-Legenden das erste Mal – und auch die Parzival-Geschichte – das erste Mal ganz groß zusammengefasst hat – auf dem Festlande, auf dem Festland; der saß in der Champagne, der saß gar nicht in dem westfranzösischen Bereich, aber - das war das Bezugssystem. Und wenn sich jetzt Wolfram etwa auf diesen ganzen Bereich bezieht, wenn also praktisch diese Artus-Legende dann das ganze hohe Mittelalter fasziniert, in der Fantasie fasziniert: Dann hat das natürlich nichts mehr mit diesen Interessen – also, das ist so, wie – wäre sowieso nicht so gemeint, mit diesen – mit direkten Herrschaftsinteressen, oder so – dieses Angevinischen Reiches zu tun, so einfach lief das damals nicht. Nur war einfach diese normannische Herrenschicht dort, die sich auch mit der englischen Bevölkerung – also, mit der britischen, gerade mit der keltischen Bevölkerung, am Westrand da, einigen musste. Und die keltischen Reminiszenzen in Westfrankreich waren natürlich auch noch da! Das war ja der keltische – Gallien, ursprünglich, das – und jetzt waren die Franken da

– also, dass praktisch diese Orientierung gegen das allmählich aufkommende Paris dabei eine gewisse Rolle gespielt hat – also, das französische Kapetinger-Königtum hat eine gewisse Rolle dabei gespielt, aber - atmosphärisch. Und das hat also dann der – das hat unsere mittelalterliche Dichtung, die an diesem – also, sozusagen – politischen Entstehungszusammenhang nun kein direktes Interesse hatte: Das haben die aufgegriffen, sodass also bei Wolfram dann der Vater des Parzival, Gahmuret – das ist ein Anjou, das ist - das waren dann – sozusagen – die Anjou-Plantagenet: Das war das Herrschergeschlecht dort, in dem Angevinischen Reich. Und die Mutter von Parzival ist eine keltische Königin – also, wenn die auch »Herzeloyde« heißt: ein un- - in andere Sprachen unübersetzbarer Name, deutscher Name, aber – die ist in – ist Waliserin, in der Darstellung. Und Parzival wird immer wieder »Waliser« genannt – also, es – man ist sich darüber klar, auch, dass es sich hier um sagenhafte Zusammenhänge handelt.

Und diese Artus-Legende, die da aufgeblüht ist - man kann eigentlich sagen, die war dann der Mythos der ganzen Ritterschaft. Und das heißt eigentlich Folgendes: ist der Mythos der ganzen Ritterschaft – das war – sozusagen – die ganze weltliche herrschende Klasse. Man kann einmal sagen, wie sie repräsentativ vielleicht 1184 auf so einem Hoftag versammelt war, den Barbarossa hielt, in Mainz – also, die Zahlen sagen, dass es – es seien 20 000 Ritter gewesen, die dort zusammen waren – vielleicht waren es nicht ganz so viele, weil es schwer vorstellbar ist, dass das die Stadt Mainz und der König hätten bewäl- – der Kaiser hätten bewältigen können. Aber das hieß konkreter: es war der König selber Ritter – der Kaiser – also, der deutsche König war Barbarossa natürlich und römischer Kaiser – der war selber Ritter. Und dann gab es eine Heerschildordnung, die mit dem Lehnssystem zusammenhing; die lief darauf hinaus, dass er den ersten Schild führt, den ersten Heerschild führt - und das geht dann hinunter bis zum siebenten Heerschild. Den zweiten führt in der Regel die Geistlichkeit – und zwar schon allein deshalb, weil jeder Ritter – auch jeder große Herr – also, auch von den ganz großen Herren - der irgendwo vom Kloster, von der Kirche ein bisschen Land zum Lehen genommen hat: Der ist, weil er dann lehnsabhängig ist, während die – während der Kirchenfürst – falls er das nicht ist - dann ist der der Zweite, und der Lehnsabhängige ist der Dritte. Und diese Pyramide der Lehnsabhängigkeit setzt sich dann bis unten fort. Und es ist – also, alles spricht dafür – ich meine: einschließlich des eigenen Textes von Wolfram - dass dieser Wolfram von Eschenbach ein ganz armer Ritter gewesen ist – also, irgendwie sechster oder wahrscheinlich siebenter Schild – also, jemand aus dem Dienstmannenadel, die also mit der Zeit erst adelig geworden waren, die vorher – also, Abhängige irgendeiner Herrschaft gewesen sein konnten und allmählich aufgestiegen waren und vielleicht zum Beispiel sechs Hufen hatten – das war so viel, wie sechs Bauernhöfe Land hatten. Wie viel das war? Das war von Gegend zu Gegend verschieden, weil das – weil sie da die Fruchtbarkeit, und verschiedene Bedingungen mit berücksichtigten – aber es ist sicher ein armer Mann gewesen, aus dem fränkischen Teil Bayerns, aus der Gegend von – altmühltal, Ansbach, oder so, aber - jedenfalls: ein armer Ritter. 1184: Das fällt in seine Lebenszeit, dieser Hoftag. Und dort hat der Kaiser dann – also, große Spiele veranstaltet - abgesehen jetzt von den herrschaftlichen Geschäften, die sie da erledigt haben - Ritterspiele veranstaltet, Turniere veranstaltet, wo also alle diese verschiedenen Heerschilde ihre Chance hatten, sich zu zeigen und zu üben – und wo also praktisch die Weltordnung dieses Rittertums gefeiert wurde.

Es waren so die Kernpunkte, um die es bei der ritterlichen Konstitution da ging – also, wenn man jetzt dem Wolfram selber in seinem »Parzival« dann folgt: Dort wird ja Parzival durch einen alten Ritter – Gurnemanz - darüber belehrt, was so die ritterlichen Tugenden sind – jetzt, abgesehen von dem, was er können muss – also, er – können muss er natürlich Reiten, Fechten, Schwimmen, auch Schach spielen - und Verse machen, übrigens, das steht auch da – also, sieben solche ritterlichen Künste insgesamt gibt es. Aber dann - vor allem geht es schon um moralische Qualitäten, die ihm der alte Ritter Gurnemanz da beibringt – man muss jetzt einmal Wagner vergessen, bei der – dort spielt der eine völlig andere Rolle, im »Parzival«. Der Wagner'sche »Parzival«, überhaupt - das ist eine ganz eigene Dichtung; Wagner hat das bewusst gegen Wolfram geschrieben, auch – also, war gar nicht zufrieden mit Wolfram. Wir bleiben hier bei dem 12./13. Jahrhundert. Und das waren also Sachen, wie – also, Scham, hat er ihm gesagt, ist wichtig, und zwar – es ist nur der Gegenbegriff zu Ehre, natürlich – also, man soll sich schämen, gegen die Ehre zu verstoßen, das heißt, man soll also die ritterlichen Pflichten - das ist der allgemeinste Name dafür, für die Ehre – die ritterlichen Pflichten in jeder Hinsicht einhalten. Und das wird dann konkreter, dass – wenn jetzt Leute in Not gefallen sind, dann soll man ihnen, wenn man kann, helfen – und Wolfram flicht ein (ich vermute, aus Eigeninteresse): Besonders soll man allerdings helfen, wenn ein Ritter unverschuldet in Not gefallen ist und jetzt sein Pferd nicht mehr bezahlen kann, oder so. Das steht so nicht da, aber – das ist damit gemeint, weil – dann fiel man ja aus dem – de facto zumindest – aus der Sache heraus und war nicht mehr – konnte nicht mehr – also, zumindest die Kinder – das war dann schlimm – also, das war ein Ratschlag. Und dann hieß es natürlich, mit dem Reichtum – oder dem Gut, das man überhaupt hatte – zwar großzügig umgehen, sozusagen - aber auch nicht verschwenderisch und nicht geizig. Je großzügiger, natürlich, konnte man sein, je reicher man war – also, ein großer Herr wurde oft sehr gelobt – ich meine, aus der Perspektive, jetzt, der Heerschilde, der Ritterschaft, her – wenn er viel verteilte, das heißt, viel Lehen verteilte: Wenn er nicht bloß sechs Hufen gab, sondern zwölf Hufen gab - und so - also, je nach politischem Kräfteverhältnis: Das war ja in Wirklichkeit ein Kampf, das war nicht einfach Gnade – das war ein Kampf, in dem die Lehen verteilt wurden, auf denen sie – sonst hätte diese ganze ritterliche Kulturschicht ja nicht gedeihen können, wenn sie nicht Bauern auszubeuten gehabt hätten – aber das kommt in dem »Parzival« natürlich nicht vor, sondern - dort kommen also die Tugenden vor, die man da befolgen soll: kühn und folgs- - und frohgemut soll man sich stellen, wo es um – wenn es in die Auseinandersetzung geht – also, natürlich, um - innerhalb höfischer, edler Ziele, ist vorausgesetzt - und Gnade dem Besiegten zu erweisen gehört dazu – falls er darum bittet – also, dann – er muss dann nicht umgebracht werden (ich meine jetzt: Der Besiegte im Krieg – nicht der Besiegte im Turnier, das wieder noch etwas anderes, das war eine andere Dimension der Sache) – Und: Ganz wichtig – das gibt ihm der Gurnemanz zum Schluss auf den Weg: Treue zwischen Mann und Frau, die eins sind. Das ist – da komme ich noch darauf, das will ich jetzt noch nicht weiter ausführen, sondern nur sagen – also, das war so der ritterliche Kodex. Wobei eine Lehre des Gurnemanz dem Parzival auf seinem Weg dann schwer zu schaffen gemacht hat: nämlich der Ratschlag – also, nichts Überflüssiges zu fragen, sich zurückzuhalten, wenn man irgendwohin kommt, abzuwarten – Ihr entsinnt euch: beim vorigen Mal habe ich davon gesprochen, wie da empfohlen war, erst einmal etwas misstrauisch zu sein: Das mag also in dieser – in diesem hochmittelalterlichen ritterlichen Ehrenkodex versteckt – das ist nicht so ausgedrückt – immer noch drin gewesen sein. Jedenfalls hält sich Parzival – der ja von dem Gurnemanz – also, erstmalig überhaupt ins Rittertum eingeführt worden ist – weil er ja vorher von seiner Mutter absichtlich dumm gelassen worden war: Der hält sich also zu sehr daran und stellt deshalb dem verwundeten Gralskönig bekanntlich die Frage nicht - er fragt ihn nicht: »Woran leidest du? Weil – er ist natürlich beeindruckt von dem Zeremoniell, das ihm dort vorgeführt wird, aber - er sagt es direkt auch, es sitzt ihm dieser Hinweis, dieser Ratschlag seines ritterlichen Lehrers Gurnemanz im Gehirn, er – also, die ritterliche Konvention hindert ihn daran.

Das ist also so der gesellschaftliche Zusammenhang, in dem die Artus-Legende solche ungeheure Rolle spielt. Und was nun sie selbst betrifft – also, ihren Hauptinhalt betrifft – also, sind es ein paar – inzwischen also ein paar Momente, eigentlich, weniger mystischer als wunderbarer Art, die da überliefert werden. Zum Beispiel gibt es eben Excalibur, das Zauberschwert – also, ein magisches Schwert. Und dann gibt es als Erinnerung - die im »Tristan« übrigens (da komme ich drauf) viel – also, elementarer zur Geltung kommt, als Erinnerung an die – die mutterrechtliche Vorzeit, die selbst die Kelten nur – sozusagen – als das »Alte Volk« dort angetroffen hatten: gibt es Avalon – also, diese Apfelinsel, das »Land unter den Wellen« – dorthin wird Artus, als er besiegt – als er gefallen ist, im Kampf schließlich, gegen seinen Neffen, heißt es, Mordred – oder Midraud - da wird er hingebracht. Und man hat eigentlich erwartet – also, es war mit in den Legenden immer drin, dass er wiederkehrt - darum war das Wolfram auch erleichtert, ihn da in der Atmosphäre des 11./12 Jahrhunderts herumlaufen zu lassen – des 13. Jahrhunderts – und dann dem Gral. Der Gral war – also, eine sozusagen legendäre Entwicklung, die erst im 11./12. Jahrhundert so ausgearbeitet worden ist, und zwar in Konkurrenz zwischen Rittern und Pfaffen – in Konkurrenz zwischen Rittern und Pfaffen. Es gibt also pfäffische Gralsgeschichten – und diese pfäffischen Gralsgeschichten hat unter dem Feuer von Friedrich Nietzsche Wagner im »Parzival« – also, fortgesetzt und verherrlicht. Und es gibt ritterliche Gralsgeschichten, bei denen der Gral – also, bei Wolfram ist der Gral kein christliches Symbol, er hat nichts mit dem Kelch des Josef von Arimathäa zu tun, mit Christi Blut oder so. Das Einzige, was da passiert, ist, dass einmal - am Karfreitag immer - eine Taube kommt: Das könnte ja der Heilige Geist sein (ist sicher auch so gemeint), der eine Oblate auf dem Gral niederlegt und damit die Kraft erneuert – und zwar, bei Wolfram, dieses Steins: bei ihm ist das ein Stein, ein Zauberstein. Und der hat in erster Linie – und Wolfram beschreibt das mit großer Freude, weil er sicher manchmal auch hungrig geblieben ist, nehme ich an - das ist ein Tischlein-deck-dich, allerdings nur für besondere Gelegenheiten – also, wenn dann die Feier ist und das Zeremoniell stattfindet, dann kommt dort - alles, was sich der ritterliche Gaumen wünschen kann, kommt dann aus dem Gral heraus. Und zwar immer sind es – sind auch die Frauen dabei. Die Gralszeremonie ist in Wolframs Epos von Frauen vollzogen, bis auf – der Gralskönig ist dabei, aber – das sind Frauen, die das vollziehen. Und außerdem hat der Gral halt – das wird besonders immer erneuert – also, durch die Oblate, auch – Heilkraft. Und zwar Heilkraft in dem alten Sinne der vorchristlichen Zeit – also, zum Beispiel der Amfortas, der diese Wunde hat, die ja nicht heilen kann – zugleich kann er nicht sterben, weil er in regelmäßigem Kontakt mit dem Gral ist – also, er ist - zwischen Todkrankheit und Nicht-Sterben-Können – sozusagen – ist eigentlich sein Leiden verortet: Das sind im Wolfram'schen Falle die Kräfte des Grals. Und er ist, wenn man jetzt nach der Funktion fragt, im Ganzen dann ist er eigentlich - in dem ganzen Epos, im »Parzival«, ist er der Anstoß dafür, dass sich nicht bloß der Held, sondern dass sich überhaupt die Ritter auch der Artusrunde: Dass die sich – also, auf einen individuellen Weg der Selbstverwirklichung und auch Selbstverbesserung begeben.

Die Suche nach dem Gral und das Minne-Thema sind in dieser Parzival-Dichtung ganz eng verbunden. Es gibt dann auch noch ein zweites Epos, übrigens, von Wolfram von Eschenbach übersetzt, das heißt »Willehalm« – das spielt in der Zeit noch von Karl dem Großen, und der Inhalt ist dort – also, der Ritter Willehalm: Der Hauptinhalt ist, dass das ein Ritter ist, der zuletzt heilig geworden ist, obwohl er sein Leben lang fürchterlich um sich geschlagen und auch Verrat begangen hat: er konnte doch gerettet werden, schließlich. Und man hat also einen Ritter als Vorbild, den hat er noch neben den Parzival gesetzt – also, immer in Konkurrenz, eigentlich, zu dem, was die Pfaffen da zu bieten hatten.

Das für diese – sagen wir einmal: für diese Ritterschaft im Sinne der Heerschildordnung von eins bis sieben wichtigste Moment ist wahrscheinlich die Artusrunde gewesen – also, gar nicht Artus für sich, sondern die

Artusrunde - also, man zeigt in England irgendwo noch einen riesigen runden Tisch – der es gewiss nicht gewesen ist, der ist nämlich zu jung. Wolfram geht davon aus, dass dort Stoff ausgebreitet worden ist, rund, aber - der Hauptgedanke, der bei der Artusrunde - oder vielmehr bei dem runden Tisch - eine Rolle gespielt hat, der war: Durch den runden Tisch jegliche Rivalität sozusagen außen vor zu lassen, die zwischen diesen verschiedenen Herren, die sich dort versammelten, eigentlich unvermeidlich war. Also, die Idealität – sozusagen, der Übergang von der Realität: Dass die feudalen Herren ja, außer, wenn sie sich zu den Turnieren trafen, und zu den Festen – dann war ja Landfriede ausgerufen, aber - dass sie sich sonst – also, mit gutem Grund nicht über den Weg trauten, weil die militärische Konkurrenz um die Kontrolle über Boden und über Macht dauernd im Gange war – und über die Bauern auch. Aber - die Stelle, wo das sozusagen übersprungen werden kann: Das ist dieser runde Tisch – oder diese runde Decke - wo die dann mit dem König – der auch irgendeinen Platz wählt, sicherlich - wo die dann in der Runde Platz nehmen können und gewissermaßen gleichberechtigt nach ihrem – ja, wonach eigentlich? – nach ihrem ritterlichen Rang im Sinne nicht der Heerschildordnung – also, wie viel Lehnsherren habe ich über mir?, sondern - nach diesen Kriterien, die hier der Gurnemanz dem Parzival beigebracht hat – also, nach der ritterlichen Idealität, wozu natürlich – also, die elementarste Voraussetzung ist, dass jemand ein großer Ritter im Sinne: »ein erfolgreicher Krieger« ist – das ist vorausgesetzt: er ist ein erfolgreicher Krieger. Und er gewinnt im Allgemeinen die Tjoste. Tjoste, das ist – das ist der Name für die Turnierkämpfe, wo hauptsächlich der Speer eingesetzt wird – und zwar so, dass der Zweck eigentlich der ist, diesen schweren Ritter, weil – er muss ja die – es geht ja um die Rüstung, mit – der einem dort entgegenkommt; man ist verhältnismäßig – also, die Art des Speeres ist so, dass sie in der Regel nicht tötet; Unfälle: ja, dann – bei der Sache, sondern – das ist ein – das sind auch – Wolfram spricht oft von »Wald von Speeren«. Und das – das ist wahrscheinlich auch Wald - das heißt, das sind Eschen- - oder harte Hölzer, einfach - und die sind dazu da – aber mit irgendeiner Verstärkung, sicher, auch - die sind dazu da, den anderen aus dem Sattel zu heben, geradezu - und hinter seinem Pferd im Gras landen zu lassen. Manchmal bricht er sich dabei – schon durch die Rüstung, und je nachdem, wie er fällt – die Beine, und das – dem Pferd kann auch etwas passieren, aber – das sind die

Unfälle, aber – in dem Epos, im »Parzival« - oder auch im »Willehalm« – also, das passiert eigentlich pro – ich würde einmal sagen: pro zehn Seiten mindestens zehnmal, dass da – also, Leute aus dem Sattel fallen; manchmal – also, wenn halt die Schlacht beschrieben wird, wird aufgeholt: Dann sind es sehr viele – und manchmal, wenn Einzelkämpfe beschrieben sind – das kommt natürlich auch vor - dauert das allein fünf Seiten, oder so – manchmal auch nur eine Seite. Aber diese Konzentration in der Wertung, jetzt, ist – also, praktisch diese Kombination, eigentlich, zwischen tatsächlicher kriegerischer Leistungsfähigkeit und zwischen der Turnierfähigkeit, die – bei der besonders dann diese ritterlichen Sitten eine riesengroße Rolle spielen – also: Wie behandle ich auch den Besiegten?, und: Nehme ich ihm das Pferd weg? Nehme ich es ihm nicht weg? - und so weiter: Welche Rechte habe ich da?, und so fort – also, das – es war dann oft so, dass der – auch beim Turnier - dass der sein Pferd verlor. Und das war – also, praktisch der ritterliche Sport des hohen Mittelalters, und der war – also, weitgehend dazu da, um den Ausgleich für die tatsächliche soziale Differenzierung innerhalb dieser herrschenden Schicht und Klasse zu machen, die sehr fortgeschritten ist in der Zeit des hohen Mittelalters, bereits. Also, der Wolfram beschreibt die Reichtümer seiner Vor-Helden da in seinem Buch immer mit Glupschaugen – also, es ist sehr – und es – oder noch charakteristisch- - also, am Gralshof - wo das eigentlich nicht hinpasst - bemerkt er, dass hinterher da Leute kommen, die aufschreiben, wo die Becher geblieben sind, weil – die könnten ja geklaut worden sein; das war nämlich üblich auf den Ritterburgen, nur - auf die Gralsburg, eigentlich, hat es nicht gepasst – aber er hat seine Erfahrung halt in diesen Zusammenhang mit eingebracht.

Das ist also das, was in dieser Artusrunde dort der Kern der Sache gewesen ist – also, eine tiefe – also, nein, sagen wir einmal so: ein Versuch, sich in das Ethos des Rittertums zu vertiefen und die soziale Differenzierung – also, die Heerschildordnung – etwas zu überspielen und zu vergessen. Und nichts war natürlich dazu geeigneter als ein Legendenkönig aus dem Ende des 5. Jahrhunderts, dann.

Der wirkliche Hintergrund der Zeit war natürlich so, dass die meisten Ritter – jetzt, im Sinne aller sieben Schilde da, auf welcher Stufe auch immer – eingebunden waren einerseits in ordinäre Kriege, die nicht darauf hinausliefen, dass man – also, die Attacke und die Burgbelagerung: Das – also, Heeresattacke, jetzt: Heer gegen Heer - das stand weniger im Vordergrund. Die waren schon längst dazu übergegangen, wenn jemand gegen sie antrat, die Landschaften zu verheeren. Zum Beispiel: Philipp von Schwaben zog um die Zeit, als Wolfram den »Parzival« dichtete - einfach, weil der Landgraf von Thüringen wieder einmal abgefallen war, zog der nach Thüringen und verheerte dort die Landschaft. Dazu genügte erstens, dass er hinzog mit seinem Heer – und zweitens wurde dann auch noch extra etwas angerichtet. Und das war in der Regel im Sinne dieses Ethos hier absolut unritterlich, was da vor sich ging - das war Morden und Brandschatzen. Und die Bauern zählten in diesem Ethos in Wirklichkeit – also, so wenig, dass sie – bei Wolfram kommen sie einfach nicht vor, im »Parzival«.

Also, das war – die eine Wirklichkeit war dieser Krieg, der äußerst unbequem andererseits auch für diese Ritter war. Und zweitens: Gar nicht so sehr davon verschieden war natürlich, dass sie alle dort, wo sie zu Hause waren, wo sie ihre Basis hatten, ohne die sie nicht Ritter bleiben konnten – also, das Pferd und die Waffen und den – halbwegs! damals standesgemäßen Stil nicht tragen konnten - das war natürlich: Was kann ich aus meinen Bauern herausholen - sei es für eine große Burg, sei es für eine kleine Burg, sei es nur für einen wehrhaften Platz des Dienstmannes innerhalb - außerhalb der Mauern: ganz verschieden. Aber sie hatten – also, eigentlich alltäglich damit zu tun, die Ausbeutung der Bauern auch irgendwie zu sichern. Und das andere war sozusagen die Idealwelt dazu. Und es gibt halt - in Gestalt dieses Parzival, insbesondere, gibt es einen deutlichen Hinweis darauf, dass die Menschen sich bewusst waren dieses ungeheuren Widerspruchs, denn das – sozusagen, das kann nur bewusst ausgeklammert sein. Wolfram lässt die Wirklichkeit nur durch Sottisen einmal hin und wieder herein – nicht in die Schilderung selber, sondern – indem er irgendeine Bemerkung von der Art macht, wie da bei den Bechern des Grals.

Jetzt machen wir einmal eine kleine Pause – es wird zu lang.

(Pause)

So, ich will einmal fortsetzen.

Jetzt kommen wir zu dem eigentlichen Paradox, das in dieser ganzen Ritterdichtung steckt und wo auch dann der Zusammenhang, so er herstellbar ist zwischen der sozusagen Realität des Alltagslebens so einer

Klasse - Schicht - und der geistigen Verarbeitung – also, der Dichtung, und so: Wo das nicht mehr genügt – also, wo diese – also, bloße Historisierung oder Sozialisierung (was zugleich vulgarisieren hieße) dem letzten Gehalt eigentlich nicht gerecht wird.

Um noch anzuknüpfen, sozusagen, an das vorher Erzählte – also, alle diese Kriege und alle diese Turniere, um die es dann in der Artusrunde und in den verschiedensten ritterlichen Dichtungen eigentlich geht - auch bei Hartmann von Aue: »Erec«, zum Beispiel, und »Iwein«: Das sind vordergründig - bei Wolfram ist es sehr - häufig ist das »Krieg für die Dame« - also, der Vater Parzivals schon hat beide Frauen, von denen er Kinder hat, nämlich: Die afrikanische Königin Belakane - von der ist Feirefiz (das ist sein erster Sohn), das ist ein Schwarz-Weißer, der sozusagen den Kultur- - die Kulturüberspannung zum Ausdruck bringt – in der Hinsicht hatte übrigens diese Ritterdichtung wenig Vorurteile, das heißt, die haben die Kämpfer der anderen Seite auch als Helden gelten lassen, die islamischen, da – also, sonst wäre der Feirefiz gar nicht denkbar; ich kann das nicht im Einzelnen zeigen, aber – jedenfalls, dahinter steht, dass erst einmal der Held – also, der Vater Parzivals – dort eine Belagerung, der diese Frau ausgesetzt war - durch Liebeshändel, übrigens auch, war sie überhaupt zur Belagerung ausgesetzt, und - die hat er aufgehoben, und dadurch – und da kam also dieser Sohn zustande. Und dann muss ein Ritter natürlich – ja, um seines Ruhmes, um der Ehre und um der Liebe willen auch wieder weiterziehen, das gehört irgendwie zum Spiel, das da vereinbart ist. Und er landet dann schließlich - über Spanien, über Toledo, Cita – also, so bestimmte Orte, die damals wichtig waren, müssen auftauchen, das erweitert auch den Horizont der Zuhörer und Leser, und - er landet dann in Wales und kämpft dort das zweite Mal um eine Frau, die belagert ist. So – Nein, Moment - stimmt – jetzt habe ich mich etwas verirrt: Der Vater von Parzival nicht, der – dort siegt er in einem Turnier – ersiegt er sich die Mutter von Parzival, diese Herzeloyde – die ersiegt sich der Vater in einem Turnier. Aber Parzival selber erringt seine große Liebe Kondwiramur – Liebesgeleit, heißt das, oder »Geleitet von Liebe« - die in der Stadt Belrapeire lebt: Die gewinnt er - auch, indem er eine Belagesrung aufhebt: Da ist nämlich - ein böser König und sein Feldmarschall; die zusammen wollen – haben die Stadt schon fast ausgehungert, die ganze Ritterschaft dort hat schon fast verloren. Aber dann kommt der glänzende Held und befreit diese Königin und diese Stadt – in zwei Kämpfen, in zwei Kämpfen – gegen den Feldmarschall und gegen den anderen König, Klamide – so. Und dann bleiben die beiden halt dort zusammen. Und das ist – also, ein typisches Muster, das – also, mit dem – mit der -

- der Krieg gerechtfertigt wird. Also, ich meine jetzt aber nicht im Sinne irgendwelcher moderner Rechtfertigungstheorien: Wir müssen das machen, aus dem und dem Grunde, sondern - das sind Selbstverständlichkeiten, die da drinstecken; es seht so aus, dass – also, Liebeshändel die Ursache von kriegerischen Verwicklungen sind. Es werden – also, Dinge, die sekundär bestimmt dazu gehört haben, werden – also, ganz in den Mittelpunkt gerückt. So auch bei Wolfram in »Willehalm«, in seiner Dichtung – also, Nachdichtung - über diesen Ritter zur Zeit Karls des Großen: Da geht es auch um den Islam. Und – es ist aber eine Liebesgeschichte – also, Engels hatte ja einmal gesagt, die Liebe sei der Drehzapfen aller Poesie – also, erst einmal funktioniert das im »Parzival« und in anderen Ritterdichtungen dieser Zeit - ganz vordergründig.

Was aber neu ist um diese Zeit an dem Thema – oder überhaupt als Thema - also, es gibt da Ritterdichtungen, bei denen die Minne gewinnt. Also, das Normale ist: Der Ritter erobert irgendwo mit einer Stadt zusammen eine Frau - die hohe Herrin dort, in der Regel oder so - und zieht nach spätestens einem Jahr weiter - hat gerade noch einen Sohn gezeugt, dann zieht er weiter (Parzival hatte zwei), so – dann zieht er weiter, während - in zwei Epen, die Hartmann von Aue geschrieben hat, dem »Erec« und dem »Iwein«: in beiden Fällen siegt am Ende die Minne - das heißt, die ritterliche Pflichterfüllung fällt ganz weg oder tritt an die zweite Stelle. Und das größte der mittelalterlichen Epen, was also die – ich würde einmal sagen: Die psychologische und die historische Tiefe betrifft, nämlich - der »Tristan« von Gottfried von Straßburg: Der geht eigentlich überhaupt über den Rahmen dieser ritterlichen Dichtung hinaus - obwohl das Milieu eine Rolle spielt. Also, der Grundgedanke, der auch im »Parzival« enthalten ist, ist natürlich – also, deswegen sage ich auch »Ritterliche Individualität«: Die Menschen haben schon ein Gefühl dafür - zumindest manche - und es hätte sich nicht so herumgesprochen, wäre nicht - sozusagen – ja, Modethema des – von Jahrhunderten, von zwei Jahrhunderten, ungefähr, geworden, wenn da nicht sehr viele Menschen eine Antenne dafür gehabt hätten, dass das Leben verloren ist, wenn man es in diesen Kämpfen innerhalb der herrschenden Klasse – und mit den Ausgebeuteten: Wenn es sich darauf reduziert. Nie haben sie die Frage gestellt, wie man diesen Boden loswerden könnte. Vielleicht – gut, man kann natürlich sagen – also, das war vielleicht nicht reif, aber – jedenfalls, die Frage der Glücksuche, die auf dem Individualitätsprinzip beruht: Das ist eine spezifisch europäische Fragestellung - so: Glücksuche, auf dem Individualitätsprinzip beruhend. Also, nicht – setzt nicht an, wie in Indien, mit Kritik des Ich, sondern – hier ist eine Individualität, hier ist ein Ich. Und was – also, wie kommt das, sozusagen, was damit geboren ist, zu seinem Recht? Das ist ein Grundton, der sich durch alles zieht – bis auf die rein christlichen – mönchischen – klösterlichen Lesarten derselben Stoffe, die – also, das ist die Konkurrenz. Aber in dem »Parzival« etwa - oder im »Tristan« noch viel mehr – also, ist irgendwie – in Gottfrieds »Tristan«, meine ich jetzt – ist ganz klar, da ist – sozusagen – Erlösung: Wenn, dann ist die mit der menschlichen Natur geboren, da gibt es in der menschlichen Natur Aufstiegsmöglichkeiten und nicht – also, zumindest spielt bei – gerade bei dem keltischen Stoff spielt auch eine Rolle - beiläufig sage ich das jetzt - dass es einen irischen Ketzer Pelagius gegeben hatte, der die Erbsündetheorie abgelehnt hatte und gesagt hat – also, der Mensch ist selbst verantwortlich. Er kann es entscheiden – im Krieg, in der Liebe, in jeglichem Verhalten – also, das war seine allgemeine Konzeption. Und die erscheint jetzt hier – das war im 4. Jahrhundert - und das erscheint jetzt in diesen ritterlichen Epen, was also die subjektive, die Innenseite betrifft – also, wieder. Das heißt, dass – die Glücksuche hängt vom Individualitätsprinzip ab - hängt damit zusammen. Und die Individuen stecken im Agon, im Wettstreit miteinander. Und in den Vordergrund tritt das Turnier, treten die Kämpfe – sozusagen – innerhalb einer feiernden Ritterschaft - und im Hintergrund steht deutlich der Krieg bei diesen Sachen: Es ist also ein großer Unterschied zu den Griechen - die insofern auch im Wettstreit drinsteckten - dass hier die Frauen praktisch in dieser ganzen mittelalterlichen Ependichtung eigentlich gleichgestellt und gleichberechtigt – also, im Prinzip - es werden - nicht diese modernen Gleichstellungen: beide müssen Traktor fahren oder diese oder jene Stelle besetzen können: Das nicht. Aber dass die – dass die Frauen ihr Anrecht in diesem gesamten Spiel haben, dass die ihre Rolle dabei haben können - positiv, für sich - dass sie also genauso wie die Ritter um ihre Schlagkraft - jetzt, im Gefecht und in der – im Turnier: Dass sie umsozusagen die Ausstrahlung ihrer Schönheit miteinander konkurrieren – aber dass das beides aufeinander bezogen ist: Die männliche, ritterliche Würde – im vollen Sinne, jetzt, einschließlich der militärischen Fähigkeiten - und die Anmut, die Anmut des weiblichen Wesens und Geschlechts, und zwar ganz anders noch – obwohl Rückgriffe auf die mutterrechtliche Zeit stattfinden - anders als in jener Zeit: Die weibliche Individualität ebenso wie die männliche. Also, die Konkurrenz geht dann um die Liebe des höfisch edelsten, ritterlichsten Mannes einerseits und andererseits um die Liebe der schönsten, hochedelsten, wohlgeborenen und – also, der besten Frau. Und man findet – also, in ein und demselben Epos, bei Hartmann von Aue wie auch bei Parzival - dem »Parzival« von Wolfram – immer wieder – also, man findet im »Parzival« zum Beispiel zehn Beschreibungen: Die schönste Frau – also, die jetzt beschrieben wird, ist eigentlich immer die Schönste. Und der Ritter, der jetzt gerade beschrieben wird, der im Vordergrund steht: er wird immer gelobt, erst einmal, was für ein hehrer und großer Recke er ist. Aber das ist schon auf Subjektivität aus – und in dieser Richtung liegt der Überschuss, das heißt - da hat diese unter sehr beschränkten Umständen lebende herrschende Klasse des Mittelalters doch auch etwas entwickelt, was – also, sie hatte gerade soviel Privileg genug – Privilegien genug - dass sozusagen menschliche Möglichkeiten überhaupt, die bis dahin so nicht herausgearbeitet wurden: Dass die entwickelt werden konnten. Und ich sage noch einmal: Bei Gottfried ist das deshalb am stärksten, weil in seinem »Tristan« eigentlich nur die Liebesgeschichte – von der Fabel her – den Mittelpunkt bestimmt; sicher gibt es Kämpfe, Austausch mit dem Schwert und so - und es gibt die höfische Welt des Königs Marke, der gar nicht schlechter, eigentlich, als König Artus ist, nur eine schlechtere Rolle spielt in diesem Zusammenhang hier. Er hat halt zum Beispiel die – das ist aber bei Artus und Gwenhwyfar (Ginover) wahrscheinlich so anders nicht – also, bei der Gattin des Artus: Der Marke wollte natürlich die Isolde nicht aus übergroßer Liebe haben, sondern weil sie die Tochter Irlands war – also, des irischen Königshauses – und da etwas zu machen war. Dass sie außerdem noch wunderschön war: Das gefiel ihm. Aber - der Kern dieses ganzen »Tristan«-Epos: Das ist, dass zwei Menschen einander verfallen - das heißt, das Thema ist, wie es die ganze epische Literatur dieses 13. Jahrhunderts durchzieht –

12./13. Jahrhunderts: Die Herrin Liebe – und gemeint ist damit nicht: Diese bestimmte Frau oder so – und auch nicht: Dieser bestimmte Mann - sondern - die Herrin Liebe ist das, was Mann und Frau zusammenzwingt, wenn der Funke übergesprungen ist zwischen den bestimmten Zweien. Das ist ein - also, das Thema taucht so oft wieder auf in diesen mittelalterlichen Epen – und das taucht in keiner anderen vor-modernen Literatur der Welt auf diese Weise auf. Also, da ist in dieser Hinsicht zwischen Mann und Frau - in den Verhältnissen, die hier aus der keltischen und germanischen Zeit hereinreichen, muss da irgendwo ein Keim gewesen sein, der so funktionieren konnte.

Also, das Spannende ist, dass der - sagen wir einmal: Der ganze Rahmen, ohne den der »Tristan« überhaupt nicht erklärbar ist, darin besteht, dass die irische Königstochter dort, diese berühmte Isolde, dass die – also, mit der Mutter zusammen, mit der Königin von Irland zusammen, dass die – also, ganz alte – ja, weibliche Künste beherrschen - das, was später »Hexerei« hieß, im Reinformat. Und zwar nicht bloß, jetzt - Liebestrank, sondern - auch Gift und Wundpflege, das ist – also, der Rahmen ist durch – die Handlung überhaupt hängt - schreitet damit fort, dass da, in dieser Ebene, etwas passiert.

Und spannend ist schon der Anfang - der Anfang ist, dass Morold, der irische Herzog (das ist der Onkel der Isolde, der Bruder der Königin – und das ist der wichtigste Mann in Irland, offenbar – obwohl der König Gurmun heißt) - das heißt, da ist eine mutterrechtliche Struktur noch in dem – sozusagen – fast schon modernen »Tristan« enthalten: Dass – also, der Onkel, der kommt nach England herüber, wo Tristan inzwischen schon an Hofe von Marke gewesen ist, und verlangt Tribut an Menschen – Menschenopfer, offenbar. Das ist alles Mythos, aber - verlangt Menschenopfer. Und er kommt und kämpft mit einem schon vergifteten Schwert. Und Tristan wird durch dieses vergiftete Schwert verwundet, schafft es seinerseits noch, Morold zur Strecke zu bringen – erfährt aber rechtzeitig noch von ihm, dass die Königin in Irland ihn heilen kann. Und Tristan begibt sich auf eine Nachtmeerfahrt, gezwungenermaßen - einfach, auf eine Nachtmeerfahrt; er setzt sich in einen Kahn – manche erzählen es auch anders, aber - Gottfried, glaube ich – ja, Gottfried hat das etwas anders – hat es sogar etwas erleichtert: er wird bis an Irland herangefahren und dann erst in einen Kahn gesetzt, aber es gibt auch – sozusagen – Schichten dieses Sagenstoffes, wo er überhaupt in so einer Art Nachtmeerfahrt – also, unterhalb des Wachbewusstseins an diese Stelle fährt. Und dort muss er dann natürlich die Frauen erst einmal bekriegen. Er stellt sich nicht als Tristan vor, sondern als Tantris. Er ist aber so – also, innerlich: es ist nichts von Gottfried darüber gesagt, dass etwa Morold zu verurteilen wäre – entweder dafür, dass er die Jungfrauen holen will – oder die Opfer holen will - oder dafür, dass er mit vergiftetem Schwert kommt, sondern – das sind Dinge, die gelten noch, und die müssen – können also überhaupt die Geltung von Mächten betreffen, die der Tagwelt, dem Tagesverstand nicht so unbedingt zugänglich sind. Und Tristan schwindelt sich dann mit einer Liebe im fernen Spanien heraus, dass die ihn wieder fahren lassen – dann, die beiden Frauen in Irland, dort – und kehrt zurück an Markes Hof. Und in Wirklichkeit hatte ihn die – also, da hat schon etwas in ihm Fuß gefasst, ein Gefühl schon in ihm Fuß gefasst; es hat wahrscheinlich schon bei ihm eingeschlagen – das ist im Text nicht ganz so deutlich ausgesprochen. Aber im Verhalten ist es deutlich: Nämlich, als er nach Hause kommt, erzählt er – also, die schöne Helena soll die schönste Frau der Welt gewesen sein: Das stimmt nicht – die schönste Frau der Welt gibt es in Irland. Und er lobt Isolde – Isolde – Isolde vor den Ohren des Königs Marke. Also, in einer komischen Unschuld und – also, Mischung aus Schuld und Unschuld, aus innerer Unwissenheit, offenbar, auch noch. Und er wird dann eben auf diese Brautfahrt geschickt – also, die Isolde für den König Marke zu werben und macht sich auch - immer noch nicht ganz bewusst - auf die Reise und muss jetzt - in Irland angekommen, muss er dann – ich würde sagen: mit dem Ur-Morold kämpfen, nämlich - mit einem Drachen. Und als er dem dann die Zunge aus dem Maul geschnitten hat – nachdem er ihn natürlich besiegt hat, den Drachen - und an die Brust nimmt, ist er wieder so vergiftet, wie er von Morolds Schwert gewesen ist. Diesmal ist er aber angekommen, natürlich, als Ritter – immer noch nennt er sich Tantris, weil – er darf sich ja dort nicht verraten - hat aber das Schwert mitgebracht, mit dem er Morold damals erschlagen hat. Und die Frauen haben in Morolds Körper, der ihnen – den sie ja zurückbekommen hatten, haben sie – die Mutter, glaube ich, hat – oder Isolde: ich weiß nicht, welche von beiden – haben jedenfalls den Teil des Schwertes, der dabei herausgebrochen war: Den Teil von Tristans Schwert, den haben sie dort gefunden. Und sie entschließen sich dann, die beiden Frauen, ihn, als sie das - als ihnen das klar geworden ist, dass er derjenige ist, der den Morold, ihren Onkel, getötet hat, was nach den alten sittlichen Verhältnissen – also, erfordert das einfach Rache, Blutrache. Und jetzt gibt es aber eine bestimmte Konstellation dort am irischen Hof, wo sie sich dann dazu entschließen, klüger zu sein und das doch zu übergehen. Und das geht bis zu dem Punkt dann, wo auf der Brautfahrt – auf der Rückfahrt, dann, der Braut, mit Tristan, zu König Marke – dann der von der Königin, von der irischen Königin nunmehr bereitgestellte Liebestrank – der bestimmt ist für Isolde und Marke – durch die Schuld der Brangäne, die dort die Begleiterin, die Frau, die Zufrau der Isolde ist, kommt der Liebestrank in die Hände der beiden - und die leeren diesen Liebestrank. Und jetzt wird auf einmal manifest, dass die einander nicht entgehen werden. Das ist – wird am Ende des Dramas dann, des Tristan-Dramas, als er dann hat fliehen müssen, ganz am Schluss von – von König Markes Hof in Cornwall: Dann wird er noch einmal mit einem vergifteten Schwert verletzt. Und ein letztes Mal soll Isolde kommen - kommt auch noch an, aber - zu spät, um ihn von diesem Gift zu befreien.

Das ist – sozusagen - der alte untergründige Rahmen. Und zugleich ist der Verlauf der Handlung und ist die Darstellung der Beziehung zwischen den beiden so, dass es beide Ebenen gibt: Die der – sozusagen – Vorbestimmung durch ursprünglichere Verhältnisse, in denen – das sind – also, die Haltungen der Königin und ihrer Tochter - und auch die Haltung Tristans, wenn er da übers Meer schwimmt: Das sind keine individuellen – also, in dem – in irgendeinem modernen Sinne. Natürlich sind – es sind Individuen, das ist klar. Aber das sind archaische Anteile an der Persönlichkeitsstruktur. Und Gottfried lässt die eben durchkommen. Und auf der anderen Seite geht es darum – also, dass er die Innerlichkeit, die diese Sache begleitet – also, eindeutig herausarbeitet. Das heißt, er fasst seinen Stoff an von der tiefsten Ebene, geht in die ältesten Schichten und stößt bis zu der modernsten Ebene vor, wo die Individualität und Gleichheit von Mann und Frau ausschlaggebend ist. Er ist es, der am intensivsten von dieser Herrin Liebe handelt – also, wo Liebe vor Ehrgeiz und Krieg geht, obwohl Tristan immer noch an seiner Höfischkeit – also, an seiner höfischen Sitte scheitert. Aber es ist zweierlei, was ihn – sozusagen – unterscheidet von den Helden der übrigen Epen dort: Das eine ist, dass – also, diese mit dem Zaubertrank zwar zusammenhängende, aber doch nicht auf ihn allein zurückgehende Gebanntheit durch die Frau – also, wenn man jetzt aus der

Perspektive des Ritters das sieht: Gebanntheit von der Frau - und dann etwas, das die ritterliche Ethik nämlich absolut verbietet, nämlich - er verliegt sich – heißt: er verliegt sich bei der Frau, das heißt, er hält sich dort so lange auf, dass er – sozusagen – seinen ritterlichen Lebenslauf inzwischen verfehlt.

Das ist viel behandelt worden, das Thema, auch später noch, in der Literatur – von Feuchtwanger etwa, in der »Jüdin von Toledo«: Dort – es gibt auch eine spanische Geschichte, dass sich der König da verlag bei der Geliebten – aber das wird hier als ein tatsächlicher Vorgang geschildert und es wird vor allem gezeigt – also, wie in dieser – in dem – ja, wie soll ich sagen? – »profan« ist dann – ist nicht der richtige Ausdruck, jetzt - wie in einem sakralen Kontext, aber - nicht in einem christlich, kirchlich-sakralen Kontext, sondern - im Kontext einer tiefen Naturverbundenheit, wo äußere Natur und menschliche Natur irgendwie sehr nahe liegen, wo in diesem Zusammenhang – also, die Liebe durch die Augen ins Herz geht – durch die Augen ins Herz. Und so diese untrennbare Verbindung entsteht. Und diese – die Augen von Tristan und Isolde waren natürlich weit vorbereitet, als dann der Zaubertrank das unentrinnbar gemacht hat, dass sie über die höfische Sitte sprangen. Das heißt, dass Tristan auf dem Schiff noch – und Isolde, beide: Dass sie auf dem Schiff noch sich vereinigen - während sie hinfahren nach Cornwall, wo König Marke mit derselben Isolde Hochzeit halten wird und wo in der Hochzeitsnacht dann Brangäne – also, die Zufrau der Isolde dann heimlich einspringen muss – also, eine Geschichte wie im Nibelungenlied – also, äußerlich gesehen: Dass also die Frau da vertauscht ist.

Das ist – im »Tristan« wird das Thema Liebe – also, auf den Punkt zugespitzt, dann: Als sie sich – als sie den – das Glas getrunken haben, sagt die Brangäne: »Das kostet euch beide das Leben!« – das heißt, die Begleiterin der Isolde - »das kostet euch beide das Leben!« – Dann erzählt sie den beiden die Geschichte von Anfang an – also, sie erzählt erst einmal, dass der Zaubertrunk zu einem ganz anderen Zweck bestimmt war. Und Tristan bejaht aber die Gefahr: »Das walte Gott! Ob Tod oder Leben: es hat mich angenehm vergiftet. Ich weiß nicht, wie der andere Tod ist – dieser jedenfalls gefällt mir gut. Wenn die herrliche Isolde immer so mein Tod sein soll, dann will ich mich mit Vergnügen um einen ewigen Tod bemühen.« – Das sind drei Dinge hier – also, die Brangäne meint - erst einmal, meint sie den physischen Tod – also, das kann ja – nach der ganzen gültigen Sitte - der König in Cornwall wartet - kann es ja nicht gut gehen. Der zweite ist aber, dass diese – die Sache, die das ganze Epos eigentlich beherrscht, das mystische Thema der Liebesekstase zwischen den beiden: Das feiert er als den Tod, den er sich immer gewünscht hat. Und er ist aber bereit – und das ist der dritte Punkt – also, sozusagen – die dritte Art Tod, den ewigen Tod dafür zu riskieren. Und mit dem »ewigen Tod« ist der gemeint, den die christliche Kirche verspricht, wenn jemand irgendwelche irdischen sinnlichen Liebesinteressen über die – ja, über die ewige Seligkeit, über das Sakrament und über das alles stellt – Und das genau tun die beiden ja. Der Höhepunkt ist – sozusagen – der – nach dieser Szene auf dem Schiff: Der zweite Höhepunkt ist dann, als König Marke das schließlich – sehr eifersüchtig, und auch mit Intrigen und Spionage - herausgekriegt hat, was sein Verdacht gewesen ist: Dass die beiden sich lieben: Da bringt er ja doch für einen Moment die Großzügigkeit auf, die beiden fortzuschicken. In die Waldeinsamkeit müssen sie sich dann begeben. Und - der größte Höhepunkt dieser Liebesgeschichte und - das ist vom ritterlichen Standpunkt aus das Verliegen, das ist – das ist ein Ausbruch aus dieser – aus jeglicher sozialer, aus jeglicher Klassenmentalität: Das ist, dass sie die Liebesgrotte vorfinden mit einem Kristallbett in der Mitte – ein wunderbarer Raum, weiß innen, und – mit einer Stahltür, die unverschlossen ist – also, dass es nicht heißt, dass jeder Zutritt hat: Zugänglich, aber - dort kommt niemand herein, und - oben sind ein paar Lichter in der Decke, durch die das Sonnenlicht einfallen kann - und da drunter steht das Kristallbett. Und die ganze Grotte ist in der grünen Natur, im Walde, wo die Vöglein singen. Und das schildert Tristan als den – schildert Gottfried als den Raum, in dem die ursprüngliche, kreatürliche Liebe – aber: Die Liebe der Kreatur Mensch, die eine Perspektive über das Animalische hinaus hat: Wo die ihren heiligen Ort hat. Und - praktisch steht in der Grotte das Kristallbett genau dort, wo der Altar in der Kirche stehen würde. Und mit so – also, mit so einer Welthaltung riskiert Tristan den ewigen Tod – also, den in der – also, ewig in der Hölle schmoren zu lassen – dorthin, wo Dante dann Paolo und Francesca, dieses indianische – italienische Lebenspaar – Liebespaar - auch eingewohnt hat. Das waren – das war das mittelalterliche Weltbild. Und er – also, der Gottfried von Straßburg – geht darüber hinweg.

Und es ist sehr wahrscheinlich, dass diese – also, sozusagen – das Außerordentliche dieses Epos damit zu tun hat, dass er Städter ist – also, das sagt der Name schon: Gottfried von Straßburg; das sind diese – er hat offenbar in dieser Großstadt gelebt, er muss Kenntnis vom ritterlichen Leben gehabt haben. Aber das heißt um diese Zeit für einen Stadtbürger, der so dichten, lesen und schreiben kann - bei ihm ist das klar, anders als bei Wolfram - nicht unbedingt, dass er ritterlichen Standes gewesen sein muss; man weiß ganz wenig über ihn. Jedenfalls ist die Atmosphäre einer Stadt, in der man – also, irgendwie größeren Horizont, größere Freisicht hat, wahrscheinlich die Bedingung gewesen für diesen – also, außerordentlichen Vorgriff, eigentlich, in der – in der ganzen – also, Darstellung menschlicher Individualität und menschlicher Gefühle - das heißt, praktisch über den großen Widerspruch zwischen Gesellschaft und Natur in den Individuen, der bisher – also, nie ähnlich herausgearbeitet worden war. Ganz klar ist – also, in allen diesen Dichtungen, übrigens - dass die – also, abgesehen jetzt von der kirch- - von den mönchischen - dass sie diesen Unterschied zwischen Agape (das ist die reine christliche Nächstenliebe) und Eros (das ist die pure Sinnlichkeit): Dass sie den nicht mitmachen, sondern - Amor – also, Liebe als etwas Drittes - Kondwiramur, Liebesgeleit, heißt die Gattin des Parzival - dass das – dass da – also, praktisch das Physische und das Geistige nicht gegeneinandergestellt werden, dass – also, das ganze – sozusagen – die ganze christliche Sinnes- und Welt- und Liebesfeindlichkeit: Die wird hier durchbrochen.

Und für den Parzival dann ist charakteristisch – ich meine, der Parzival ist breiter als der Tristan, was jetzt das Weltbild betrifft, weil – sein Thema ist nicht die Liebe für sich allein, aber - beim Parziva – der Name, geradezu, heißt: »durchs Tal«, oder auch: »mitten hindurch«; noch richtiger wahrscheinlich: »mitten hindurch« – und zwarist damit gemeint: man muss sich ins Weltleben stürzen und muss sich also in den weltlichen Auseinandersetzungen bewähren – und die Liebe muss einen dabei leiten.

Ich meine - dass der konkrete historische Stoff, in dem sich das dann abspielt, manchmal das Prinzip der Liebe dann wieder Lügen zu strafen scheint, heißt nicht, dass diese Sachen nicht geglaubt waren. Das heißt, dass das – also – sondern: es ist höchstwahrscheinlich, oder - ich kann mir es gar nicht anders vorstellen – so, dass die Menschen an dem – also, gerade an dem Prinzip der Minne hier – und zwar Männer wie Frauen - dass die an dem Prinzip der Minne eigentlich eine Tür hatten, die – ich würde einmal sagen: An der längst zu – zu Wortdogmatik verkommenen Scholastik vorbei führte – also, eine eigene Himmelstür.

So ist das jedenfalls in diesen Epen geschildert: Durch die Augen ins Herz. Und es ist auch so, dass insbesondere Gottfried streng ins Gericht geht – de facto, irgendwie, vor allem, gerade de facto – streng ins Gericht geht mit dem letzten Rest – sozusagen – von Verrat, oder – nein, nicht mit dem letzten Rest: mit dem Verrat, genauer gesagt - mit dem Verrat, der aus dem letzten Rest an höfischer Verpflichtung und Bindung bei diesem Tristan dann hervorgeht. Nämlich, als Tristan und Isolde Geräusche hören in der Nähe ihrer Liebesgrotte, in der sie man weiß nicht, wie viele Jahre gewesen sind, und annehmen – und Tristan annimmt, dass da das Heer des Königs Marke im Wald – oder dass er ein – also, dass die – König Marke mindestens jagt im Wald: Da legen sie sich in der Liebesgrotte nieder und er legt das Schwert zwischen sie beide – um den König zu täuschen, um Marke zu täuschen. Und diese Täuschung geht natürlich nach hinten los – also, Marke guckt wirklich durch dieses – durch diese Lichter da oben hinein und sieht die beiden – und denkt ein allerletztes Mal, aber nicht mit voller Überzeugung – also, es ist doch anders gewesen, als ich gedacht habe: Dass die gegen mich – sozusagen – sich geliebt haben. Und er holt sie an den Hof zurück. Und es dauert dann nicht lange, bis er sie nun wirklich erwischt. Und dann muss Tristan plötzlich fliehen – und Isolde kann ihm nur sagen – also: »Dein Leben und mein Leben sind derartig miteinander verflochten - du darfst nicht umkommen: um meinetwillen – und ich darf nicht umkommen: um deinetwillen.« Und deswegen gelingt es dann auch, dass sie in letzter Stunde noch übers Meer fährt und dann Tristan – als sie ankommt, ist Tristan doch schon tot – oder er stirbt in ihren Armen, je nach Variante (Wagner kann man hier nicht unbedingt folgen), und Isolde stirbt aus Mitleid, aber - als Liebesaspekt gleich hinterher - also, dieser – sozusagen – der höfischen Konvention - wollte – der Tristan da noch einmal folgen wollte: Die führt den König Marke in die Irre. Er hätte ja – sozusagen – seiner vorigen Entscheidung: Geht in den Wald, weil ihr euch liebt! Nichts hinzuzufügen gehabt, eigentlich, wenn er dort sieht – die beiden dort antrifft. Aber Tristan ist feige, in dem Punkt, und - vor der höfischen Tradition - und wird dafür bestraft. Also, das ist der Kernpunkt. Ich meine, das – er hat sie ja auch schon einmal betrogen, die Isolde, als er sich als Tantris ausgab. Aber das hat ja einen völlig anderen Hintergrund gehabt, das war – da war er ja sozusagen den mutterrechtlichen Mächten wirklich hilflos ausgesetzt gewesen, durch den Morold und durch die Herrschaft der Frauen über das Gift – in der unpersönlichen Sphäre – Das ist hier ein Problem in der ritterlichen und persönlichen Sphäre. Und Gottfried macht diesen Unterschied so wunderbar deutlich.

Wenn man jetzt den allgemeinsten Strich unter die Sache ziehen will, dann – und noch einmal zu Wolfram von Eschenbachs »Parzival« zurückkehrt, der in Bezug auf die – die Probleme der individuellen Liebe mehr das Prinzip als die Tiefe festhält, so kann man Folgendes sagen – also, das – Augenblick – Es ist in dem – in der Fabel – also, in der - und in der Geschichte des Parzival speziell – also, des Helden, der dort im Mittelpunkt steht und Mitglied der Artusrunde ist und den Gral beim ersten Mal verfehlt, indem er diese Frage nicht stellt, aber - es ist dann im Hinblick auf die Lösung des Problems - beim zweiten Mal wird er ja dann der Herausforderung gerecht: Da ist – also, das Thema der Verbindung zwischen Ritterlichkeit, Ritterschaft und Liebe ist eigentlich wieder ausschlaggebend. Das heißt, es ist so, dass die Treue im Liebesdienst, die Parzival über schlimme Situationen bringt, sowieso - dass er in einer Liebestrance geradezu einige Angreifer besiegt, die – einfach, weil seine Intuition, obwohl er herausgerissen ist aus seiner Liebesmeditation, praktisch - mit drei Blutstropfen im Schnee, die seiner Frau Kondwiramur gelten: er besiegt sie - das heißt, es ist in seinen ritterlichen Kämpfen mehr oder weniger das Bild der Frau als Kraftquelle gegenwärtig. Das heißt – also, das, was die Inder da Bhakti-Yoga nennen – also, Liebes-Yoga - wo aber die Liebe sozusagen eine allgemeine Teilkraft Brahmans ist: Das ist in diesem – in deutschen mittelalterlichen Epen ist das individualisiert, das ist - diese bestimmte Frau, die Kondwiramur ist bei weitem nicht so konkret und greifbar wie die Isolde, aber - das Prinzip jedenfalls, das Wolfram – also, in dem Kontakt mit dieser Frau, in dem inneren Kontakt, in dem er die Seele bei sich führt – ihre - und seine manchmal bei ihr tanken lässt. Auch wenn er sie - man weiß aus – in dem ganzen Stück nicht, ob er sie zwischen dem Aufbruch in die Suche nach dem Gral, der – die ungefähr fünf Jahre dauert - und dem Finden einmal gesehen hat. Man weiß es nicht genau. Aber der Kontakt ist nicht abgerissen. Und das ist es, was den – also, sozusagen – die Entscheidung darüber bringt: Dass er, wenn er nachher den Gralskönig befragen muss – also, das Amt, die Nachfolge antreten kann, ohne mit seinem Konflikt, mit seinem Problem belastet zu sein. Und noch stärker – als Hinweis – ist, dass der Einsiedler Trevrizent – übrigens kein christlicher, sondern auch wieder ein Onkel – also, einer aus der aristokratischen Gralskönigsfamilie: Das ist ein – der hat ihm klar gemacht – also, du kommst aus zwei Gründen nicht mehr infrage, das jemals lösen zu können, nämlich - erstens: keiner darf zweimal, und - zweitens: suchen kann man den Gral schon gar nicht. Und dann kommt aber bei der Sache heraus – das bringt der Campbell auf folgende Formel: Es ist – da wiederhole ich noch einmal etwas - es wird jedoch nicht durch Weltentsagung erlangt, das Ziel hier - nicht einmal durch die Abkehr von Sitte und Brauch einer bestimmten Gesellschaft: man muss mit ganzer Kraft tätig in das Leben seines Jahrhunderts hineingehen - so, wie es einem das eigene unverdorbene Herz, die eigene Erfahrung vorschreibt. Und dann Trevrizents Bemerkung, ein Wunder sei geschehen – hinterher, dann - denn Parzival habe von Gottes Dreifaltigkeit die Erfüllung seines Willens ertrotzt – Und das trifft den – also, sozusagen – den Punkt noch einmal – also, das ist zwar paradox: »mit Gottes Dreifaltigkeit«, hier, aber - klar ist, dass – also, aus allem magischen und religiösen Denken, das mit der Parzival-Geschichte ursprünglich verbunden war: Das kann nicht sein, dass Parzival das noch einmal schafft – und dass er es nur schafft, indem er es sucht – und er ist ja deutlich auf der Suche, wie diese Ritter alle auf der Suche sind – und es eigentlich keiner schafft. Natürlich hat die katholische Fraktion – die Klosterfraktion hat auch einen Helden: Das ist Galahad anstelle Parzivals. Das ist aber eine völlig andere Figur: Das ist ein heiliger Ritter - während das hier ein irdischer Ritter ist, für den eben Liebesdienst - Treue im Liebesdienst - der Antrieb zum Handeln in der Welt ist – und dann also zur Übernahme des Gralskönigtums, das sozusagen die gute Einrichtung der Welt im Ganzen verbürgen würde.

Also, es ist da in der Idealität – und insofern natürlich mit einem Moment der Illusion, aber - es ist in der Idealität der Versuch gemacht, dieses Elementarthema der menschlichen Existenz, das durch die Jahrtausende der Klassengesellschaft immer weiter unterdrückt worden ist – also, die Ehen zwischen den – innerhalb der Aristokratie wurden ja rein aus Machtinteressen geschlossen – also, da ist das Prinzip, erst einmal, der

Herrin Liebe und ihr – und das Recht der Liebe: Das ist zur Geltung gebracht worden. Und während bei den meisten anderen Konstellationen in den Epen die Geliebte und die Ehefrau ganz verschieden sind, ist natürlich die Eignung zum Gralskönig – etwas muss ja da dann doch – also, zusammenkommen - dort ist die Geliebte und die Ehefrau ein und dieselbe: Kondwiramur, aber - als einziger Fall in allen diesen Geschichten, die da im Mittelalter erzählt worden sind. Das heißt, hier ist eigentlich die romantische Liebe des – bis ins 18./19. Jahrhundert hinweg – also, vorweggenommen worden, in diesem Drama, das – es ist – also, das Problem, praktisch, dieser weltlichen Geistigkeit, die er für Europa so charakteristisch findet, der Campbell: Dieser weltlichen Geistigkeit - das ist um das Liebesthema herum konzentriert.

Und was jetzt – also, an Paradoxie, an Widerspruch, übrig bleibt, ist – also, für mich steht außer Zweifel, dass das eine Errungenschaft ist und dass die europäische Zivilisation in dem Punkt einen Schritt hinaus gemacht hat, mit späteren – weiteren Humanisierungen des Verhältnisses - ungeachtet dessen, dass das Patriarchat als Form erhalten blieb, aber - dass da subjektive Qualitäten erzeugt worden sind, die von großer Bedeutung sind.

Was andererseits nicht gelungen ist, ist, dass dieses Thema - sozusagen - Welt-Wirkung, Welt-Tätigkeit des Mannes als Liebesdienst an der Frau: Dass das – das hat nicht funktioniert, sondern - es haben sich – also, die Verhältnisse, die in diesen Epen ausgeklammert sind (deswegen ist es eben legendär geblieben), haben sich in der Praxis - über solche Momente, die es seitdem immer wieder gibt zwischen Mann und Frau, hat sich das hinweggesetzt. Aber die Konzeption von Campbell in seiner – in dem vierten Band, hier, seiner Mythologie – also, für das Abendland: »Schöpferischen Mythologie«: Die spitzt sich eigentlich auf den Punkt zu, dass dieses Bauen auf die eigene Erfahrung statt auf Überlieferung irgendwelcher Art - kirchlicher, mythischer oder sonst welcher - zuletzt das Bauen auf die eigene Erfahrung: Dass die, wenn sie denn gehalten werden könnte, wenn das nicht bloß dazu führt, dass – sozusagen – jede eigene Erfahrung ist beschränkt – es – dass das also dann eine ungeheure – also, eine noch multiplizierte ritterliche Konkurrenz auf welches Feld auch immer übertragen ist: Wenn das nicht – wenn sich das nicht darauf reduzieren soll, dann könnte es nur durch die Verbindung von Mann und Frau anders werden.

Also, aus dem – aus dem Fundus der abendländischen Kultur, falls man nicht die asiatischen Wege gehen will: Das ist eigentlich der – verkürzt der Schluss aus Campbells »Schöpferischer Mythologie«: Dass – also, die – dass es die Frage ist, ob man von der Liebe her – und zwar den Begriff einmal nicht asiatisch gedacht, jetzt, sondern - von der Liebe im Sinne des Verhältnisses zwischen Mann und Frau – und je konkret: Dann zwischen diesem Mann und dieser Frau – ob man nicht von dort her – sagen wir einmal: zumindest Energie gewinnen könnte, um aus dem Zirkel, eigentlich – ja, der Tjoste – also, als - Turniere und Kriege und Kämpfe und Ausbeutung: Ob man da herauskommen könnte. Das ist also in den Epen hier keineswegs beantwortet, sondern nur – das ist sozusagen ein – eine Frage, die sich aus dem Kontext heraus da aufdrängt.

Ja - Dankeschön.

(Beifall)

Wir machen heute eine kurze Diskussion nur, weil es – weil mir nicht besonders wohl ist, physisch, gerade. In zehn Minuten.

- sich etwas auszudenken, sondern – so ein Mythos. Gerade, wenn die Artus-Sage auch heute noch anspricht, dann heißt das, die spricht eigentlich ein Energieniveau in uns an, das gefühlsmäßig ist, in erster Linie – ja, Archetypisches, Gefühlsmäßiges – ich meine einmal – sagen wir einmal: Das natürliche Selbst in uns, auch, dass – und das ist schon wahrscheinlich: Dass sozusagen von den Momenten, die damals da funktioniert haben: Dass da noch wenig ausgefallen sein kann, bis heute. Also, dass wir insofern – das ist jetzt natürlich sehr verkürzt, aber – dass da – also, in einer Hinsicht sind es zwei völlig verschiedene Zeiten, aber - im Grunde ist es anders.

(Anfrage, unverständlich leise)

Bahro:

Also, es kommt – ich habe auch einmal erfahren, dass das herauskommen kann. Ich habe einmal bei dem Frank Natale – das ist so ein amerikanischer Neo-Schamane, der aber gute Sachen macht - habe ich einmal ein 10-tägiges – »One-experience«, hat er das genannt – mitgemacht, und zwar - wo er - sozusagen viel individuelle Biografie aufgearbeitet wurde, und auch so – Versuche, in bestimmte unterbewusste Zusammenhänge einzusteigen, und Trance und manche Dinge und – also, worauf ich jetzt aber hinaus will: er hat dann am Ende so einen Zirkel organisiert – das war nach zehn Tagen, wo – irgendwie viel gearbeitet hatte in uns allen Teilnehmern und man den Teilnehmern gegenübertrat. Und mir jedenfalls ging es so, dass – nicht in allen Fällen, aber in – ich würde einmal sagen: in der Hälfte der Fälle trat aus dem Gegenüber auch noch ein Archetypus hervor – also, einen habe ich – entsinne ich mich jetzt - geradezu als Artus-Ritter angesprochen, wie er mir da gegenüberstand – Ich weiß nicht, ob ich denselben – ich kenne ihn ja noch - wenn wir uns jetzt sehen würden: Ob ich die – also, ich meine, man – ich habe da noch die Erinnerung, dass ich ihn so wahrgenommen habe - das heißt, es gehört eine bestimmte intuitive Konstellation dazu, dass das aus uns hervortritt.

Und das ist vielleicht das große Problem – oder eines der großen Probleme der Moderne: dass davon zu viel zugeschüttet ist. Dass das – also, seinen Anteil an unserer Existenzform zu wenig realisieren kann, heutzutage – und das heißt natürlich – wenn das wahr ist, was ich eben gesagt habe: Dass das die Energie anspricht – dann heißt das, dass da überhaupt geringe Kräfte mobilisiert werden. Das heißt, man kann hier vieles denken – das muss nicht unbedingt Kraft haben, außer für eine – ja, für eine Note in der – da, für so eine Arbeit – Ja? - Ein bisschen lauter, weil – manche sitzen so weit ab.

14. Oktober 1996

Tugend des Unterlassens

Guten Abend! – So pünktlich zum Semesterbeginn habe ich noch niemals angefangen; es ist vielleicht ein bisschen früh – aber es soll nun so sein. Dass ich dieses Semester nur alle 14 Tage machen will, das hängt damit zusammen, dass mich das vorige Semester ein wenig überfordert hat – physisch und auch psychisch insofern, als bei den halben Kräften, die mir zur Verfügung stehen, es mit der Vorbereitung etwas schwierig war. Ich will das also diesmal anders machen. Ich hatte ursprünglich doch das Programm für das ganze Semester, für alle acht Tage – ich weiß nicht, auf der Rückseite des Zettels, den ich hier habe, steht das Programm – der dritte Teil der ganzen Reihe - nicht drauf (Zwischenruf Hosang: »Doch, irgendwo steht das drauf«), aber es steht zumindest drauf, dass ich im Sommersemester fortsetzen will »Vom Staat als ökologischer, weil anthropologischer Notwendigkeit«. Die Konzeption bedeutet im Ganzen eigentlich, dass ich das Thema in einer großen Rundumschau noch einmal insgesamt durchgehen will.

Wir haben ja im vorigen Semester die Frage gestellt, in welchen tieferen psychologischen – man könnte auch sagen: seelischen – Strukturen eigentlich diese europäische Zivilisation festsitzt. Wir sind dem Krieger-Typus, dem Wettkämpfer in uns, dem Antagonismus und dem Agonismus – wir sind dem nachgegangen durch die verschiedenen Schichten der Zeit, der europäischen Geschichte der letzten 2500 Jahre, und haben noch weiter zurückgeblickt – Ich hatte ursprünglich vor – das habe ich irgendwann auch mal angekündigt – im Kontrast zu dieser europäischen Kosmologie von dem Buddha in ihr die indische zu behandeln, und ich muss gestehen: ich hab mich das letzten Endes nicht getraut. Und zwar deshalb, weil ich ja nicht genügend lebensmäßig erfahren habe, was es mit dem Buddhismus auf sich hat. Es geht eigentlich nicht, eine spirituelle Strömung, mit der man sich zwar geistig, also theoretisch ganz gut vertraut gemacht hat, dann zum Gegenstand zu machen, wenn man nicht dringesessen hat; ich hab ein paar Retreats mal mitgemacht, aber – wie gesagt, ich hab es nicht gewagt, und ich hab außerdem gedacht, dass es auch gut sein wird, wieder etwas praktischer zu werden in dem nächsten Semester, also, etwas dichter heranzugehen an den unmittelbaren Stoff, der uns hier aufgegeben ist. Wenn ich jetzt hier die menschliche Natur an den Anfang des Themas gesetzt habe, das heißt, die menschliche Natur, die Gesellschaft und der Staat in der Prüfung durch die ökologische Krise, so heißt das einerseits, dass ich ausweite, dass ich nicht nur nach den europäischen Menschen frage, sondern nach den Menschen überhaupt, aber ohne zu vergessen, was ich im vorigen Semester dazu gesagt habe, und zum anderen bedeutet das die Erinnerung an meine Grundauffassung, dass in der ökologischen Krise neben sehr vielen spezifischeren gesellschaftlichen Strukturen – dass da so was wie die Condition humaine drin steckt oder die Conditio humana oder die Art, wie der Mensch überhaupt von Natur oder von Gott – wie man immer das nennen will – verfasst ist. Das ist also mit der menschlichen Natur gemeint; ich glaube, dass wir nicht daran vorbeikommen, uns im Zusammenhang mit den konkreten Problemen, die uns da gegenübertreten, mit der großen Schwierigkeit, die wir ja auch bei der vorigen Vorlesung erlebt haben, von diesen Tiefstrukturen aus überhaupt ranzukommen an eine politische Praxis; wir müssen es uns einfach leisten, meine ich, da auf die Conditio humana zurückzukommen: in dem konkreteren Kontext. Und wenn ich dann sage: »die Gesellschaft« und »der Staat«, wenn ich da extra einen Unterschied mache – dann hat auch das verschiedene Gründe, zwei Gründe in erster Linie, die ich kurz anreißen will, weil das - weil beide eigentlich uns im Allgemeinen nicht ganz klar sind. Der eine bezieht sich darauf, dass es eine lange Denktradition gibt, die in der Entwicklung nach 1945 immer eine besonders große Rolle gespielt hat, die darauf hinausläuft, auf die betont zivile Gesellschaft gegen den Staat zu setzen – gegen den Staat zu setzen, also darauf zu bauen, dass die Gesellschaft im Ganzen gesehen – und wenn wir nur genug Demokratie veranstalten – vernünftiger funktioniert als der Staat. Und diese Auffassung ist mir seit längerem zweifelhaft. Und das steckt mit drin in der Formulierung hier: Die Gesellschaft – auch die in dieser Prüfung durch die ökologische Krise - es könnte ja sein, sie hat den Staat, den sie verdient. Es steckt in meiner eigenen geistigen Entwicklung insbesondere Antonio Gramsci dahinter, der - das ganze folgende marxistische Denken im Westen hat zunächst darauf aufgebaut bis hin zu Althusser, der dann von den Staatsapparaten sprach und damit also auch das Bildungswesen und alle diese

Veranstaltungen, die von oben kommen, meinte, schlecht, während die zivile Gesellschaft wird da nicht gut bedient. Sodass also er der Meinung war, es braucht dann eine Kulturrevolution, die aber diese Staatsstrukturen über den Haufen rennt – von der zivilen Gesellschaft her. Und ich glaube, dass die ökologische Krise uns einigermaßen endgültig darauf aufmerksam macht, dass Gesellschaft und Staat zusammen – und zwar von alters her, und zwar von sehr weit her – ein Syndrom bilden, das nicht so ohne Weiteres auseinandergerissen werden kann. Es gibt eine ziemlich gründliche Komplizenschaft der Gesellschaft mit dem Staat, und das heißt natürlich: Er ist die Gesellschaft – das heißt also, von der überwältigenden Mehrheit der Individuen mit der Art und Weise, wie das vom Grunde her angelegt ist. Übrigens auch mit der Schwäche des Staates, damit, dass er diese Autorität, die er in älteren Zeiten mitunter durchaus auch kulturbegründend – oder –mitbegründend - gehabt hat – dass er die in der Moderne ganz verloren hat. Und da sind wir an der Übergangsstelle zu dem zweiten Problem, das mit dem Begriff »Gesellschaft« zusammenhängt – das erste ist also – wir haben es auch mit der Gesellschaft – und zwar auch mit uns selbst – zu tun, was unsere gesellschaftlichen Interessen betrifft – wie auch immer jetzt in ihren Gegensätzen die situiert sein mögen – in puncto ökologische Krise; und das zweite ist der Begriff von Gesellschaft, den wir uns da überhaupt machen. Es gab in der möglicherweise größten, zumindest also umfassendsten philosophischen Konzeption, die – meiner Meinung nach – das Abendland hatte, in Hegels Konzeption, gab es eine tiefe Einsicht darin, dass Gesellschaft als – sozusagen aus dem Staat heraus gelöst – Staat aber gesehen auch als der Gesamtzusammenhang, in dem die Menschen ihre Verhältnisse regeln, aber Gesellschaft als da heraus gelöst, was er für charakteristisch für den modernen Prozess hielt – das war in seiner Konzeption, in seinem Verständnis, genauer gesagt, bürgerliche Gesellschaft. Und ich will jetzt nicht groß darüber reden, inwiefern er darin doch auch einen Fortschritt gesehen hat, in dieser Emanzipation der Gesellschaft gegenüber dem Staat, als bürgerliche Gesellschaft – nur: für Hegel war klar – das ist die Gesellschaft der Konkurrenz der einzelnen und besonderen Interessen, die die Individuen in Konkurrenz miteinander und gegeneinander ausfechten, und das braucht eine darüber stehende Rahmenordnung. Das war von Hegel her gesehen, klar; also, er konnte bürgerliche Gesellschaft nicht denken, ohne als Korrektiv »Staat« zu sehen, und er blieb nicht stecken in dieser jetzt so charakteristischen Gegenüberstellung »bürgerliche Gesellschaft« und »Staat«, wo man das dann ewig hin und her schieben kann, wo das bessere ist und das größere Recht, sondern für ihn war noch klar, was seitdem sozusagen selbstverständlich nicht mehr gilt: Dass dieser gesamte Zusammenhang – Gesellschaft und Staat – an den geistigen Bereich auch angehängt ist. Das heißt, dass es einer Religionsphilosophie, einer Theologie – und dahinter eines lebendigen Glaubens eigentlich auch bedarf, um das einigermaßen im Gleichgewicht zu halten. Diese beiden Probleme wollen wir heute nicht weiter behandeln; ich will nur sagen – und das muss man sich auch gegenwärtig halten, das steckt da drin: erstens: Also, keine Idealisierung von Gesellschaft gegen Staat – das ist zu kurz gegriffen – es gibt das Problem, natürlich – das der staatlichen Vergewaltigung von Gesellschaft, das gibt es – und doch, was diese ökologische Problematik betrifft: nicht die Gesellschaft idealisieren, und vor allem begreifen, dass es in concreto diese bürgerliche Konkurrenzgesellschaft ist. Nicht einfach die Gesellschaft schlechthin, - die war aus dem staatlichen oder aus dem politischen, aus dem Ordnungszusammenhang vor der Neuzeit nie herausgefallen – das ist also – früher ist es ein völlig anderes Problem als in der Moderne, und das hat Hegel eben gesehen – und insofern wissen: es handelt sich also um bürgerliche Gesellschaft. Und damit auch um bürgerliche Demokratie, das heißt, um politische Verhältnisse, die – bei allem Vorzug, den das gegenüber anderen Politikformen hat als den demokratischen – befangen sind in diesem – heute nicht mehr spirituell überdachten (also - ohne dieses Dach) – nicht mehr spirituell gedachten - gesellschaftlichen Zusammenhang der expansiven Konkurrenz. Das heißt »Gesellschaft«. Und was dann den Staat betrifft, da habe ich, indem ich jetzt über diese Hegelsche Thematik sprach, schon angedeutet, inwiefern der mich nun besonders interessiert: ich denke – also, ich gestehe das auch - dass es sich eigentlich darum handelt, den Staat in seiner Würde wieder herzustellen, und dass das unmöglich ist ohne Rekurs auf die Hegelsche Fragestellung: »Wo ist der Staat denn aufgehängt?« Ob wir das wie er noch christlich formulieren wollen, das will ich zunächst in subverso einfach in dem Sinne dahin gestellt sein lassen - wer Christ ist, wird darauf bestehen - ich sehe das etwas breiter, aber – ich glaube, dass ohne eine spirituelle Einbindung – ich sag mal: Des gesellschaftlichen Ordnungsgedankens - ohne eine Wiedereinbindung bringt es auch nichts, auf den Staat zu hoffen – sondern ich glaube, dann sind Individuum, Gesellschaft und der Staat einfach dem Spiel – ich würde mal sagen: Der Naturmächte der menschlichen Existenz, die das Suchtverhalten - Sicherheit und materielle Werte betreffend – einschließen, ausgeliefert, bleiben dem ausgeliefert. Und ich sehe dann keine Möglichkeit, das Karussell auch nur zu verlangsamen, also jedenfalls als aktiven Akt – die Natur wirds wohl machen – müssen, dann auch. Also, das ist mit dem Thema – das ist die Problematik, die von der Überschrift hier umrissen ist, und wenn ich sage: in der Prüfung durch die ökologische Krise, dann meine ich noch einmal, was ich, glaube ich, am Anfang der vorigen Vorlesungsreihe auch erwähnt habe – diesen Satz, den der westdeutsche Schriftsteller und Philosoph Carl Amery Anfang der 70-er-Jahre geprägt hat: Die Frage sei, ob das ökologische System zuerst bricht - oder das Industriesystem zuerst. Ich sage auch: Die kapitalistische Industriegesellschaft – das als Fragestellung.

Und nun habe ich aber vor, zunächst bei der Studie »Zukunftsfähiges Deutschland« anzusetzen, die das Institut, das unter der Leitung von Ernst-Ulrich v. Weizsäcker da in Wuppertal arbeitet, das Wuppertal-Institut für Klima, Energie und Umwelt, glaube ich, heißt es – die dieses Institut vorgelegt hat, (366) Reinhard Loske und Reimund Bleichwitz als die Hauptautoren – und zwar deshalb, weil dort noch mal der Versuch gemacht wird, angesichts der inzwischen ja auch wieder selbst Umwelt- und erst recht Ökologie-Vergessenheit, bei der die Gesellschaft nach 5, 6 oder 7 Jahren Vereinigung wieder angekommen ist, dem noch etwas entgegenzusetzen, was erst mal sozusagen festhält: Die ökologische Krise ist nicht Platz 12 in der Liste der Prioritäten (wie der »SPIEGEL« neulich zu berichten hatte – so ist es jetzt in den Umfragen gelandet) – und es scheint so, dass sich gerade in diesem Punkt Politik und Gesellschaft – also Staat und Gesellschaft – wieder ausgezeichnet verstehen und zusammenspielen – es ist alles möglich und wichtig angesichts dieser globalen Gefährdung des Wohlstandes in den Metropolen – es ist also alles wichtig, nur nicht – also Ausländerproblematik zum Beispiel, nicht bloß die Arbeitsplätze – alles ist wichtiger als dieses ökologische Thema, als das Thema der Versöhnung mit der Natur. Und da muss man schon sagen: es ist gut, dass diese Studie erst einmal die Realitäten festhält, mit denen wir es da jetzt zu tun haben – auch angesichts beflissener Ideologen verschiedener Couleur auch und verschiedenen Ranges, die inzwischen ökologischen Optimismus verbreiten, angesichts von ein paar verbesserten Schadstoffwerten in Flüssen und im Boden – irgendwo gemessen, wo das Geld dafür da ist, Umweltschutz zu betreiben – das heißt, in den reichen Ländern – und im Vertrauen auf die Wissenschaft, die uns ja so heftig mit hineingerissen hat, die jetzt schon wüsste – z.B. Nanotechnik ist so eine Wunschvorstellung - Nanotechnik soll einschließen, dass wir die natürlichen Ressourcen, die dann auch in ihrem Grundumsatz den großen Schaden machen, gar nicht mehr brauchen werden, sondern dass wir uns die materielle Grundlage dieses zivilisatorischen Wohlstandes in der Retorte herstellen. Also, irgendwelche Grundstoffe wird man ja vielleicht noch brauchen – aber vielleicht Wüstensand, oder was weiß ich – es ist jede Materialumwandlung dann möglich. Und der ganze eigentliche materielle Zusammenhang der jetzigen expansiven Industriezivilisation und ihrer sozialen und geistigen Hintergründe fällt dabei aus der Betrachtung raus. Also es ist dagegen gut, also, dass diese Studie festhält einfach erst mal, was ist – auch wenn meine Formulierung hier – ich hab gesagt: Tugend des Unterlassens, oder: Von den Erwartungen an die Gesellschaft, die diese Studie hat – und dann beim nächsten Mal von den Erwartungen, die sie an den Staat hat – und dann noch mal exemplifiziert, weil ich jetzt ja hier bei der Landwirtschaft angeschlossen bin – was das für – wie das funktioniert für eine ökologische Landeskultur – oder Landkultur -; ich will es also kritisieren, aber – es hat seinen Wert, dass da erst mal Leute daran festhalten: Hier sind wir dabei, die Erde fundamental, grundsätzlich – und mit Selbstmordintentionen eigentlich - zu überfordern. Der Thilo Bode von Greenpeace International hat kürzlich in einem SPIEGEL-Essay geschrieben: Der Umweltschutz sei mit atemberaubender Geschwindigkeit von der Tagesordnung der Politiker verschwunden. Und – es handelt es sich also darum, angesichts der Verantwortungslosigkeit – ich sag jetzt mal, nach dem, was ich schon vorausgeschickt habe – von Gesellschaft und Politik, die geistige Verantwortung aufrecht zu erhalten erst mal bei denen, die das wollen. Das kann nicht anders sein, als dass eine Minderheit dann erst einmal durchhalten muss, also – der Sache wenigstens ins Auge zu sehen.

Ich sage: Mit der gegebenen Bewusstseinsverfassung, den gegebenen Gesellschafts- und Staats-Zuständen werden wir die Prüfung nicht bestehen, und ich meine: sie findet statt, diese Prüfung – von der ökologischen Krise her – ohne dass da eine Wiederholung angesetzt ist. Weil - es gibt nur eine Erde, die da jetzt getestet wird, und wir leisten uns das einfach, ohne an die künftigen Generationen zu denken: Vorwärts in den Abgrund, und dann mehr oder weniger bewusst im Wechsel jetzt schon – also, ich glaube nämlich nicht – weder den Politikern, noch den Leuten – einschließlich den einfachen Leuten – dass das, was an sozusagen wenigstens Umwelt-Bewusstsein – auch manchmal ökologischem Bewusstsein, an einem Bewusstsein, dass das im Ganzen nicht gut geht mit der Natur – das da in den späten 70-er und in den 80-er-Jahren schon mal dagewesen ist – dass das ganz vergessen worden ist. Also, dieses »Vater, vergib ihnen, denn sie wissen nicht, was sie tun« – das ist nicht die ganze Wahrheit, obwohl die Verdrängung aus dem Wach-Bewusstsein wahrscheinlich in manchen Fällen noch ganz gut funktioniert. Aber es ist nicht völlig – geistig gesehen – nicht völlig verzeihlich, obwohl es verständlich ist. Obwohl es verständlich ist und es nichts bringt, sich über diese Situation aufzuregen – man kann eben sag ich, nur selbst die Verantwortlichkeit aufrecht erhalten. Und es geht eben darum, diesem Trend des Vergessens und des Schönredens entgegenzutreten, und diese Studie »Zukunftsfähiges Deutschland« stellt sich dem. Zunächst mal – »Zukunftsfähiges Deutschland«: Was das Wort bedeutet, das ist eine spezielle Übersetzung von »Sustainable Development«, das heißt, von »Dauerhafter Entwicklung« - so wird es manchmal übersetzt - von »Nachhaltiger Entwicklung«– so wird es manchmal übersetzt – das stammt aus dieser Studie der Grundland-Kommission, und die haben hier für richtiger gefunden, von »Zukunftsfähiger Entwicklung« zu sprechen, wobei aber praktisch das Thema »Naturverträglichkeit« und das Thema »Entwicklung« bei ihnen zusammengekoppelt bleiben. Allerdings mit einer sehr günstigen Um-Definition des Begriffs »Entwicklung«, der in diesem Grundland-Begriff nicht (446) regieren kann, sondern - in dieser Gundlagen-Konzeption war eigentlich noch festgeschrieben, dass »Entwicklung« heißt, dass die übrige Menschheit diesen Weg der westlichen bürgerlichen Gesellschaft nachholen und mitgehen muss – das wird von dieser Studie nun nicht absolut bestritten, das heißt, es wird nicht gesagt: Nachdem wir euch nun dieses Beispiel gegeben haben – IHR SO NICHT! . Sondern es wird statt dessen ein Entwicklungsbegriff vorgeschlagen, der eigentlich konsensfähig sein soll im Norden wie im Süden – mal verkürzt gesagt, Norden und Süden für … sie sind sich auch bewusst, wie schwer das ist mit dem Begriff »Entwicklungsländer«, weil da manche jetzt schon ganz schön fortgeschritten sind, und man hat in dieser Globalisierungsdiskussion ja jetzt fürchterliche Angst vor den Newcomern da, zum Beispiel in Südostasien, aber auch in Brasilien und so – und dann kommt hinzu, dass ja bei diesem Entwicklungsprozess auch eingeschlossen ist, dass es also immer klarer wird, dass das die – wie soll ich mal sagen – die Armut- und Reichtum-Verhältnisse neu verteilt – und dass also der Dritte-Welt-Begriff, der bisher da immer üblich war, jetzt praktisch nicht mehr Schritt hält mit diesem Differenzierungsprozess. Und was ist ihnen jetzt eingefallen als Definition, die auch ich vernünftig finde: Entwicklung als Erwerb ökologischer und sozialer Lebensfähigkeit – nicht mal: Über-Lebensfähigkeit - sondern als Erwerb ökologischer und sozialer Lebensfähigkeit – Und das ist dann nicht festgemacht an Pro-Kopf-Verbräuchen – sei es an Material oder an dem, was über den Supermarkt oder noch über die Subsistenz-Felder bei den Leuten ankommt – das ist kein Begriff, der da gemeint ist, also praktisch den Leuten, die unter weniger entwickelten Verhältnissen - in dem bisher üblichen Sinne von Entwicklung - weniger haben - und das richtig zu finden – oder sie daran hindern zu wollen, nach unserem – hier nach unserem Reichtum zu streben, weil uns das nicht zusteht – sondern es ist einfach der Versuch, so eine Formel zu finden, die es übrigens nicht leichter macht, mit der Sache umzugehen, denn: Was ist dann hier in diesem Sinne ökologische und soziale Lebensfähigkeit? Das ist die große Frage. Aber das ist ein verhältnismäßig vernünftiger Begriff, um das im Weltmaßstab denken zu können. Es ist nun so - und das ist interessant im Hinblick auf diese Studie hier – dass die Auftraggeber – einerseits der BUND - ist – also der Bund für Umwelt und Naturschutz Deutschland – also, das ist das Thema Naturverträglichkeit, das dort manchmal schon recht angepasst an das, was hier so möglich ist, passiert – und andererseits MISEREOR – das ist die größte katholische Entwicklungshilfeorganisation – das heißt, es ist also von den beiden Auftraggebern her klar, dass es irgendwie um eine Kopplung dieser Themen geht der - wenn man das dann übersetzt - der Naturverträglichkeit und der sozialen Gerechtigkeit. Der sozialen Gerechtigkeit – erstens: Nord-Süd, aber auch – sie legen dann großen Wert – und das ist realpolitisch jedenfalls auch vernünftig – auf Fairness in den reichen Ländern, und diskutieren dann unter diesem Gesichtspunkt das Problem Arbeitsplätze und Flexibilisierung und alle die Dinge, die wichtig sind; es ist insofern – meiner Meinung nach – nicht ganz gelöst, was das Fairnessproblem in den reichen Ländern betrifft, weil es gekoppelt ist mit dem Versprechen, unter riesigen Einschränkungen, was den Material- und Energieverbrauch betrifft und den Flächenverbrauch und den Wasserverbrauch und alles das, - bei – eigentlich - dem Wohlstand der bürgerlichen Gesellschaft zu bleiben. Und ich fürchte, das ist eine Illusion; insofern also ist das wahrscheinlich auch für den Süden eine Zumutung. Aber das ist jedenfalls nicht die Absicht dieses Konzepts, das will ich konzedieren, zumal, wenn ich im Einzelnen sehe, wie große Mühe sie sich geben, also – nicht auf die Überheblichkeit der entwickelten Länder und der Oberklassen in den reichen Ländern hereinzufallen. Das ist also mit der Kopplung von Naturgerechtigkeit und sozialer Gerechtigkeit in Nord-Süd wie in den reichen Ländern mit gemeint. Es geht dann also – was die Auftragsfrage betrifft, die dann diese beiden Entwicklungshilfe-Organisationen an das Institut da von Weizsäcker gerichtet haben, darum: Wie kann sich ein demokratisch verfasster Industriestaat so verändern – ist ja gar nicht so schlecht gefragt - dass ökologische Grenzen eingehalten werden? Dass die Verhältnisse zwischen Nord und Süd gerechter werden? Welche politischen und wirtschaftlichen Rahmenbedingungen sind nötig? Das ist also, was hinter dieser Studie steht, und der Hintergrund ist – wenn auch in moderater Form angesprochen - dass der Erfolg der Naturbeherrschung durch den weißen Mann die Verelendung der Menschheit vermehrt, ehe er ihren Untergang herbeiführt. Also das ist irgendwie klar, dass die Art und Weise, wie wir hier in den reichen Ländern den Wohlstand herbeigeführt haben, das Verelendungsproblem im Süden zuspitzt und nicht etwa lösen wird. In meinen Augen handelt es sich bei dem Zustand, in den wir mit diesem materialistisch verstandenen Fortschritt geraten sind – und ich weiß genau, wir haben dem hier auch lange angehangen, diesem Fortschrittsbegriff, der Industrie und Glück irgendwie verbunden hat – ich glaubte, das wird – ich würde mal sagen - der anthropologischen Notwendigkeit, dem, was der Mensch bedarf, letztlich gerecht. Dass es kein Fehler ist, Wohlstand zu haben – das ist schon klar, aber dass das unmittelbar anzustreben, dass das als Gesellschaftskonzept reichte – das war zwar nie voll bewusst meine Überzeugung, aber schon allein, indem ich den real existierenden Sozialismus ja doch weitgehend mitgetragen habe, hat das geheißen, dass ich im Großen und Ganzen doch mit dieser Auffassung einverstanden war. Und ich glaube, dass gerade diese Konzeption eine Art Doppelbeurteilungsinstanz dadurch, dass wir das also sehen, dass da Verelendung der Menschheit passiert, und dass es auf den Untergang den ganzen Projektes – so einer Zivilisation - hinauslaufen kann … Es ist schon paradox, dass diese abendländisch-christliche Zivilisation – dass die da eben gescheitert ist, dass also diese Hegelsche Philosophie eigentlich der letzte Moment war, in dem das regulär festgehalten war. Ich meine, christliche Philosophen hat es auch nachher gegeben, die diese Frage gestellt haben, aber – die Hegelsche Philosophie war sozusagen noch mal offiziell, das heißt, das hat die Gesellschaft Europas, des Abendlandes - hat sich – zwar nicht mehr in England und Frankreich, aber gerade noch in Deutschland, das erst noch zum Sprung ansetzte – noch mal irgendwie darauf geeinigt, das gelten zu lassen – also, indem Hegel als der bedeutendste Philosoph angesehen war, als die Philosophie – als gerade noch gültig, was erst nach ihm abbrach.

Ich denke, dass wir uns darüber klar sein sollen, dass das – dieser – ich sag mal: Glücksmaterialismus – dass dieser Glücksmaterialismus ein verhältnismäßig junger Irrtum in der Geschichte des menschlichen Bewusstseins ist. Das haben vor dem 18./19. Jahrhundert die Völker der Erde nicht geglaubt. Wohlgemerkt, während man wusste, dass der Mensch essen muss, sich kleiden muss – haben sie das nicht geglaubt. Ihr sollt euch nicht Schätze sammeln auf der Erden - und seht: Die Vöglein unter dem Himmel und die Lilien auf dem Felde … das ist nicht nur Jesus gewesen, der das so ausgedrückt hat, sondern die spirituellen Konzeptionen sowohl des frühen Menschen als auch der Hochkulturen dann sind immer davon ausgegangen, dass es zuerst um anderes geht. Und dass diese anderen Dinge die Vermittlung dafür sind, dass Wohlstand überhaupt gut funktionieren kann, wenn er denn erreichbar sein soll. Und ich denke, dass darin eine Wahrheit war und ist, auch wenn das meistens durch – ja, durch Priestermacht verdorben war, was da an Wahrheit ausgedrückt war. Aber wir haben uns sozusagen zu leicht diese Ausflucht genommen, dass der Hinweis auf diesen mitgelieferten Verderb uns von den Problemen selbst entlasten könnte. Und das ist das Problem. Das ist also auch das Problem, mit dem es diese Studie, wie wir dann auch noch sehen werden, auch zu tun hat – es ist eben, wie ich meine, gerade deshalb so eine Schranke eingebaut in die Studie, weil sie sich aus realpolitischen Gründen – und um nicht zu schnell von der Gesellschaft ausgelacht zu werden – obwohl: Auf diese Weise wird sie auch passiv wahrgenommen! – also, sie wird gar nicht nach Verdienst recht zitiert – weder von der Politik noch von der Gesellschaft - aber – um da nicht zu viel zu erschrecken, kapituliert die Studie auch vor diesem Glücksmaterialismus und sagt also: Wir brauchen nur einen anderen Wohlstandsbegriff, wir brauchen »Wohlstand light«! Von der Zigarette bis – also, überall »light«! Ernährung, wenig Kalorien – also, wir brauchen »Wohlstand light«, also, wir brauchen einen geringeren materiellen Aufwand. Das ist also – sie trauen der Gesellschaft zu, dass das wirklich auch ins Thema geschrieben wird, sozusagen – für heute – dass sie um dieses besseren Wohlstandes – damit das mit diesem glücksmaterialistischen Projekt doch noch klappt - braucht man eine Tugend des Unterlassens, das heißt, man muss - kurzum - weniger verbrauchen, das heißt, man muss das Produkt, mit dem wir uns den Wohlstand genehmigen, dematerialisieren. Man muss also mit der Energie, die wir verausgaben, mehr Wohlstand herbei produzieren, mit den Materialien – ja, natürlich braucht man Materialien! – das muss also so vor sich gehen, dass es nicht den Grundstock verbraucht – das ist, was die Förster dann im 19. Jahrhundert im Namen des Kapitalismus gelernt haben – das muss nachhaltig sein. Und über diesen Begriff der Ressourceneffizienz dann, der Ressourcenproduktivität – also, der Natur als Ressource, auf die wir nun mal angewiesen sind und die wir nur pfleglich behandeln müssen – also, das gehört alles zu diesem materialistischen Schwerpunkt des Kulturprojektes, da sind sie – ich glaube fast: Wissentlich – nicht darüber hinaus gegangen, weil es Formulierungen in der Studie gibt, die anzeigen, dass die Leute sich schon Gedanken gemacht hatten – ich komme noch auf die entsprechende Stelle. Aber erst mal also haben sie sich dazu entschieden, der Frage nachzugehen, Was wären eigentlich die Maßstäbe jetzt im Sinne der Ressourceneffizienz, also mit den erneuerbaren und mit den nicht erneuerbaren Ressourcen – wie müssten wir damit umgehen, und wie müssen wir das minimieren. Und dann in einer zweiten Lesung, im nächsten Kapitel der Studie wird dann ausführlich darüber gehandelt: Wo steht denn letztlich die alte Bundesrepublik – manches - die meisten Daten sind noch daher - und wo steht jetzt die ganze Bundesrepublik, also wo steht das vereinigte Deutschland in Bezug auf diese Maßstäbe? Und dann stellt sich allerdings heraus, dass eine Größenordnung, um die man reduzieren muss – die in meiner »Logik der Rettung« auch immer gestanden hat, nämlich – das ist der Faktor 10.

Das heißt, es stellt sich heraus, dass im Naturzusammenhang und im internationalen Zusammenhang die Last – die Grundlast – des Industriesystems … Und das ist schon wichtig, also, sie sagen nicht: Die Schadstoffbelastung, und so – das ist schon – das ist aber nur der Anzeiger – der Indikator – für das Problem, aber – die kommt daher, dass wir viel zu viel Material und Energie umsetzen. Das ist also – um den Faktor 10 – und um den Faktor 10 müsste man das dann erleichtern – und es ist eingerechnet in diese Rechnung – in diese Größenordnung, dass – dazu haben sie ein Konzept des »Umweltraumes«, der allen gehört, entwickelt – also Gerechtigkeit im Weltmaßstab und für die künftigen Generationen – das erfordert dann – das muss eingerechnet werden, also, nicht nur der Verbrauch in Deutschland, sondern auch, was mit der übrigen Gesellschaft, mit der übrigen Menschheit in den nächsten Jahrzehnten passieren wird. Besonders sichtbar ist das an einer Zahl, die die Hektar betrifft, die pro Kopf zur Ernährung der Menschheit zur Verfügung stehen – das sind nämlich im Moment ungefähr im Durchschnitt gerechnet 0,25 ha – aber jetzt weiß die Studie, dass das infolge Erosion – noch nicht mal Erosion, das ist noch gar nicht mitgerechnet – sondern infolge absehbarer Bevölkerungsentwicklung bald nur noch 0,17 ha pro Kopf sein werden, und also muss das der zukunftsfähigen Entwicklung in Deutschland zugrunde gelegt werden. Das ist schon also erst mal nicht schlecht, darauf kommt normalerweise der Wohlstandsbürger nicht, dass man im eigenen Lande Konsequenzen daraus ziehen muss, also – praktische Konsequenzen aus dem, was dort passiert. Es genügt also nicht, zu fragen: Wie können wir die notwendigen Lebensmittel aus der jetzigen Fläche herausholen – wobei übrigens mit berechnet worden ist, dass wir mehr importieren als exportieren – und auf den Wahnsinn des Exports überhaupt, der ungeheuren Transporte, die damit verbunden sind – wird auch hingewiesen -; ich will damit nur andeuten: Die Leute haben sich also das Problem, um das es sich da handelt, wirklich umfassend angesehen, es ist sehr viel Stoff für Diskussionen auch drin, und es lohnt sich also insofern, die Studie – obwohl sie einen auch langweilt – aber, ich meine einfach: es ist notwendig – dass wir uns das leisten. Sie sind sich auch selbst darüber klar, dass das noch nicht der Weisheit letzter Schluss ist, diese Feststellung über die materiellen Größenordnungen zu treffen, aber – sie haben also für die verschiedensten Materialien und Schadstoffe – für den Materialaufwand insgesamt jetzt Maßzahlen festgelegt, also: um wieviel Prozent und bis zu welchen Grad das reduziert werden müsste, haben also für 2005 ins Auge gefasst eine Gesamtreduktion um 80 – 90 %, also das heißt in der Größenordnung Faktor 10 – und dann gefragt: Was müsste man denn dann bis 2010 erreichen, und zwar 2010 deshalb, weil da schon Forderungen dran geknüpft sind, die in der jetzigen Realpolitik eine Rolle spielen müssten. Und man muss allerdings sagen, dass man nur pessimistisch sein kann, was die Aufnahme dieser Anregungen durch die deutsche Realpolitik zumindest und die Realpolitik aller reichen Länder eigentlich oder der meisten reichen Länder, soweit ich das überblicke – vielleicht sind die Holländer etwas weiter – in der Fragestellung mindestens – aber es ist gut gezeigt, in welchen Schritten da was realisiert werden müsste, wenn das funktionieren sollte – Wenn das funktionieren sollte. Und es ist auch klar in der Studie, dass der Hinweis auf das, was da naturnotwendig wäre, und das, was dann also für die Erleichterung des Wohlstandes – also für den Abbau der Last – was da an Technologischem und an Organisatorischem und auch – Erneuerung der Regierungsform – was da so alles notwendig wäre, dass das also dann breitere Überlegungen verlangt, wo es nicht damit getan ist, dass da also immer wieder für die verschiedensten Materialien und Energieeinsätze und für die Bodenfläche und so gezeigt würde – wird WAS? erreicht werden. Oder wie man zum Beispiel den Bodenverbrauch auf Null bringen könnte; wir verbrauchen ja jetzt immer noch in Gesamt-Deutschland 120 ha pro Tag – das sind rund 450 km2 pro Jahr - die neu betoniert werden – das nimmt nicht etwa ab, das nimmt gegenwärtig wieder zu in Deutschland. Also, wir sind jetzt bei ungefähr 13 % der Flächenversiegelung – darüber habe ich schon mal gesprochen - und die zeigen hier: Das geht so weiter, das ist nicht etwa gebremst; und die Forderung deshalb: Das zu bremsen. Und da kommt dann – es kommt nämlich als nächstes jetzt, dass sie also in Richtung erst mal gesellschaftlicher Leitbilder sich weiterbewegen wollen – und das ist schon interessant – wie weit sie da gehen und wo sie aufhören – das wollen wir nach der Pause ergründen.

Es geht darum, wie kann man - der Gesellschaft nicht nur plausibel, sondern auch wünschenswert zu machen, dass man sich auf diese Herausforderung so eines dematerialisierten Wohlstandes einlässt. Es soll ja eine schöpferische Aufgabe und eine Herausforderung sein, die in der Umstellung auf – sie sagen: Leitbilder – so eines dematerialiserten Wohlstandes, eines auf der Tugend des Unterlassens und auch Vermeidungen von schädlichen Sachen natürlich – von selbstschädlichen Sachen – beruhenden Wohlstandes – also davon abzukommen. Und diese Leitbilder – ich will nur mal erwähnen, welche Themen da behandelt werden – damit man sich ein Bild davon machen kann, welche Fragen gestellt werden und wo da – man wird es auch spüren – eventuell Lücken sind, also das erste Leitbild – es sind insgesamt acht, die da aufgeführt werden – und von denen sie auch selbst sagen: Das ist nicht vollständig, sondern das sind Mittel in den Prozess hinein, in dem also diese Erleichterung des Wohlstandes erreicht wird – und zwar wurde da immer orientiert an der Frage: Wie werden damit Schadeffekte, insbesondere dieser CO2-Ausstoß – da hat man sich ja darauf geeinigt auf der Konferenz in Rio, dass in bestimmtem Maße zu senken, und Deutschland hat sich verpflichtet, bis 2005 um 25 % runterzugehen – wovon wenig zu spüren ist bisher – das steht immer – dahinter steht, diese Maßzahlen müssen erreicht werden, wenn man international anständig bleiben will, und insofern jetzt:Leitbilder, wo die jeweiligen Vorschläge immer irgendwie auch darauf zurückgerechnet sind von den Autoren, mehr oder weniger - weil nicht immer die Daten zur Verfügung stehen auch – aber für den Energiebereich haben sie dann ausgerechnet, wie man z.B. von fossilen Brennstoffen weg kommt, ohne zu Atomenergie deswegen übergehen zu sollen usf. Das steckt dann in den Leitbildern; die Leitbilder sollen zusammen dann abdecken die Reduktionsforderung – dass das also möglich ist – erst mal bis 2010 da überhaupt hinein zu kommen, und dann.

Eine Verringerung sozusagen der Ressourcen ist unvermeidlich, aber das meiste zurückführen und den Produktionsprozess schon so anlegen, dass wenig Abfälle entstehen und so fort - da kommt noch dazu – weil das eigentlich ein Punkt ist, der fast erstaunlich in dem Zusammenhang ist: gut leben statt viel haben; und was ich da erstaunlich finde, dass das in diesem Zusammenhang auftritt, ist, es ist – letzten Endes kommt nicht mehr dafür raus als sozusagen ein grünes Konsumtionsmodell. Also jetzt auch vom Verbraucher her Mitwirkung an der Durchsetzung dieser Konzeption, weniger zu verbrauchen, obwohl vorher anderes behandelt wird, sodass man fast denken könnte, gut leben kann ja auch noch was anderes heißen als sich auf die Orientierung: Was verbrauche ich? Vernünftigerweise beschränken. Aber es ist hier zugespitzt auf diese Konsumtionsfrage. Dann geht es um eine lernfähige, leichte und flexible Infrastruktur – also, das betrifft dann einschließlich die Stromversorgung, wie das angelegt ist, dass also Kraft-Wärme-Kopplung besser ist als diese zentralisierten Stromversorgungsunternehmen, die wir jetzt haben, bis hin zu solchen Fragen, wie: Wohnen mit weniger Umweltverbrauch – also lauter Sachen, die das Infrastruktursystem betreffen. Dann gehts um die Landwirtschaft, dann gehts um die Städte als Lebensraum, und zuletzt um internationale Gerechtigkeit und globale Nachbarschaft – also Punkte, sagen wir mal, die das zukunftsfähige Leben so schildern, dass man sich wenigstens vorstellen kann: es könnte eigentlich so gehen, wenn – obwohl ich glaube, dass das bis auf das Thema »Gut leben statt viel haben« wie das ja noch behandelt wird, da komm ich noch drauf – spannend nun doch nicht ist. Wenn es also nur darum geht, dass wir weitermachen können in der Grundrichtung der Zivilisation: Die gröbsten, sagen wir mal, selbstschädigenden Fehler zu vermeiden – das ist ja noch kein positives Versprechen, um nur mal eines dieser Leitbilder zu charakterisieren. Also eines der Reduktionsziele betrifft dann den Verkehr, da geht es dann um Verkehrsvermeidung statt um die besten Straßensysteme; danngehts aber noch um die richtige Struktur, um überhaupt Verkehr vermeiden zu können; da ist dann die Flächenbahn als Konzept gepriesen, also ein flächendeckender Bahnverkehr, wo man auch auf dem Lande nicht weiter als 6 km mit dem Fahrrad bis zur nächsten Bahnstation hat – ein sehr schöner Fortschritt vielleicht gegenüber der Autogesellschaft, aber ein verdammt dichtes Eisenbahnnetz ist auch das, wenn man jetzt daran denkt, dass die Artenvielfalt verlangen würde, die Natur nicht so sehr zu zerschneiden. Das Eisenbahnsystem allein ist in Deutschland nach 1945 um ein Vielfaches verdichtet worden – in manchen Räumen um das 10-fache, in manchen Räumen wiederum bloß um das Doppelte – aber immerhin! Entschleunigung und Entflechtung des Verkehrs. Das heißt also: Entschleunigung heißt, sich auf Tempobeschränkung zu einigen – selbst, was die superschnellen Züge betrifft – weil man gesehen hat, dass der Energieverbrauch über 250 km/h sich noch mal verdoppelt, und dass das also nicht sinnvoll ist, mit dieser Energieverdoppelung gegenüber dem Flugverkehr, sondern dass es auch besser ist, auch über Flugverkehrsvermeidung nachzudenken. Rücknahme der Autoanzahl und so – also, Geschwindigkeit ist ja sozusagen eine dieser Suchtkrankheiten, die mit der technologischen Zivilisation verbunden ist, und (838) Levy will also jetzt etwa dieses Dematerialisierungskonzept etwa für den Verkehr; also, was die Grundprinzipien betrifft, die ich da genannt habe; und sie verallgemeinern jetzt, was mit diesen Leitbildern gemeint ist – das sind normative Vorstellungen über eine erstrebenswerte Gestalt bestimmter Teilbereiche der Gesellschaft – also, eben dieser acht Teilbereiche, die ich hier genannt habe, und sie würden nicht leugnen, dass da noch mehr Teilbereiche dazukommen – aber es ist sektorenhaft gedacht, und es soll jeweils die Gesellschaft überzeugt und auch ein bisschen verführt werden: Das wär doch schön, und das müsste doch so gehen. Und wir müssen vor allem nicht auf Mobilität dann verzichten; das steht in dem Buch – also, da ist dann hinten noch ′ne Annonce drin von einem schönen Buch von Rudolf Petersen und Karl-Otto (848) Schallerböck, dagehts dann um Mobilität für morgen, und das Buch ist ein Plädoyer, und zwar noch konkordant mit dem, was hier in der Studie steht: - für eine umweltgerechte und wirtschaftlich vertretbare Mobilität für alle. Und wenn man das ernst nimmt hier, dann heißt das: Auch für alle Chinesen. Dann müssen die ihre Flüge wie die Japaner um die Welt, die müssen die dann auch haben. Und, ich meine: Das so weit wie möglich effizient machen und rationalisieren ist eigentlich das Konzept. Und zwar: - ich weise nochmals darauf hin, dass das also als – das rückt irgendwie unter die Menschenrechte – diese Mobilität für alle, und das setzt natürlich diese materialistische Grundkonzeption zurück; ich erinnere daran, dass im Dao De Ying unter anderem der Satz steht: »Nicht aus dem Hause gehen und doch das Dau des Himmels sehen, also wie der Gang des Ganzen ist: Das doch sehen und mit dem Ganzem im Einverständnis gut leben, ist damit ja eigentlich gemeint. Es steckt also in dem Materialisierungskonzept drin, dass der Glücksmaterialismus aufrechterhalten werden muss – Sieht man gerade an dieser Stelle mit dem Verkehrssystem besonders deutlich ... Und dann sagen sie, das reicht natürlich so noch nicht aus, dass man das mal vorzeichnet, wie müsste das dann ein bisschen integriert verlaufen mit den Leitbildern, wenn also diese einzelnen Materialverbräuche und so wirklich eingespart werden sollen, sondern - danngehts noch darum: Wie kann man das in den nächsten anderthalb Jahrzehnten - wie kann man da mit der Umsetzung anfangen, und man hat da auch Wendeszenen schon in die Leitbilder geschrieben – die Flächenbahn ist eigentlich auch so ein Wendekonzept, das steht also, glaub ich, als Wendeszenario da. wie kommt man vom Autoverkehr zur Flächenbahn, und wie kommt man übrigens zu Autos, die wirklich nur noch drei Liter verbrauchen, und dann auch nicht mehr so viele – also, wenn sich die Leute dann entschließen würden, in so einem Verkehrswendeszenario solch Carsharing beispielsweise zu betreiben, die Autos gemeinsam also zu besitzen, dann würden es nicht mehr so viele sein. Und viele dieser Überlegungen ... Das heißt, es geht dann in einem nächsten Abschnitt um Übergänge, einfach praktische, in einzelnen Politiksektoren, und die untersuchen das dann für Energie, für Industrie, für Verkehr sowie für Land- und Forstwirtschaft – also für ein paar solcher Grundbereiche untersuchen sie, wie das eingeleitet werden könnte, also sozusagen als Anleitung für die Umstellung – falls man denn sich auf diese Leitbilder geeinigt hat. Sie sagen dann also, dass es auf dieser Ebene dann – wahrscheinlich – wenn es denn also ernst werden soll – geht es dann – und das ist der höchste Begriff für Gesellschaftsveränderung, den sie haben – es geht um die Diskussion über Lebensstile – über Lebensstile, und was damit gemeint ist mit den Lebensstilen, das ist kenntlich – ich zitiere mal – an einem Satz wie dem: Sind die festgestellten Trends eben – aus dem Ist also festgestellten Trends - zur Individualisierung – und damit ist aber gemeint, also: Jeder muss das Auto haben - die Wohnungsquadratmeter beispielsweise sind von 17, glaub ich, kurz nach – in den fünfziger-Jahren – auf –ungefähr 40 gewachsen, auch durch Versiegelung, natürlich – also, dass jeder einzelne dann so eine größere Wohnung haben muss – also, sind die festgestellten Trends zur Individualisierung, zur größeren Wohnung, zur Zunahme des Freizeitverkehrs, zum Fernurlaub wirklich unumkehrbar? Und das heißt – natürlich, gefragt, da ja niemand gezwungen werden soll: Könnt ihr euch das denken?, ist gemeint; könnt ihr euch einen Lebensstil denken ohne so viel Fernurlaub und Freizeitverkehr und ohne so große Wohnungen und dergleichen, und das wird dann auch schmackhaft gemacht in diesem Szenarium hier: Kann nicht unbefangen – eine weitere Frage an den Lebensstil - über eine gesunde Ernährung, eine kindgerechte Umwelt oder die Fülle von Produktangeboten gesprochen werden? Und sie sagen dann: Neben technischen sind es soziale Veränderungen – ich denke auch - die aus der vielbeschworenen Zukunft eines Industriestandortes – also das ist Kritik – einen Lebens- oder Umweltstandort machen. Mehr noch: Hier wird die These vertreten, dass erst soziale Innovationen das geeignete geistige Umfeld für erforderliche technische Innovationen und ihre Anwendung machen. Und dann kommen diese sozialen Innovationen, darunter auch weitreichende – neue Lebensgemeinschaften, Carsharing, Nachbarschaftshilfe, Mitwohnbörsen, organisierte Eigenarbeit – also, nicht bloß im Betrieb – Freiräume für Eigeninitiative und Tauschgemeinschaften – also, diese letzte Szene, wo man sich gegenseitig informiert: Was kann ich machen? Und: Was kann ich anbieten? Und es geht dann gar nicht mehr über den großen Markt, sondern das ist lokal. Also, das sind Anfänge, die in verschiedenen gesellschaftlichen Zusammenhängen auch laufen; in den reichen Ländern als Überschuss eigentlich sozusagen der sozialen Phantasie, in den armen, wo noch Subsistenz übrig ist- aber: Das eben ist gemeint mit sozialen Innovationen, auch wieder, sozusagen, so Vorstädte in einzelnen Bereichen. Ich kann nicht entdecken, dass sozusagen eine Umkehr des ganzen gesellschaftlichen Zusammenhanges da gemeint ist, und es wird auch noch konkreter, dass das nicht gemeint ist. Sie sagen aber: Diese Sachen allein durchzusetzen setzt politische Einsicht voraus – also solche politische Einsicht, wie sie zum Beispiel Kurt Biedenkopf gezeigt hat, indem er dieses eine Projekt dort in Pommritz halt unterstützt hat zum Beispiel – es wird vorausgesetzt, dass der politische Wille stark genug ist, um beispielsweise eine ökologische Steuerreform einzuführen – das ist also schon eine Art Zumutung, natürlich, an die politische Klasse - oder eine Wende in der Verkehrspolitik einzuleiten – im Sinne dessen, was ich da gesagt habe, was ich da zitiert habe - und die Anzahl erneuerbarer Energieträger zu erhöhen und so fort – das sind diese Arten, wo der politische Wille gefragt ist. Ökologischer Strukturwandel – das ist sozusagen jetzt die weitestgehende politische Forderung, eigentlich – muss Chefsache werden in Wirtschaft und Politik. Also, nicht einfach bloß der Umweltminister mit seinem Ressort, sondern dieser Wandel müsste Chefsache werden, weil eben – das 21. Jh. wird das Jahrhundert der Umwelt, oder wir werden nicht sein – sagt die Studie. Das ist schon fordernd Und sie sagen schließlich – das ist das letzte Kapitel, wo sie das sagen, wie das insgesamt gesehen gehen kann – na, wie ist das überschrieben, dieses letzte Kapitel – Zusammenhänge - also, wo sie den weitesten Rahmen – dann gesellschaftlich spannen wollen – dagehts dann umsoziale Fairness – das habe ich schon erwähnt – jetzt im Lande, da geht es um die Wirtschaft in dem Sinne, ob dieses Wendeszenario auch wirtschaftsverträglich ist, mit dem standhaltenden Wettbewerb vereinbar, und da wird dann vieles darüber gesagt, was man so damit ja auch verdienen könnte, und dass zugleich das Verdienen, wenn's denn ums Überleben geht, das Verdienen nicht der allerletzte Gesichtspunkt sein muss, dass man sich also – dass man um andere Werte als den höchsten Profit konkurrieren könnte, und so weiter – und danngehts eben um politische Reformen in dem Sinne – etwa: Chefsache – oder aber auch ein großes Thema – Partizipation – also, hier ist das Problem Politik/Gesellschaft natürlich – dann – wirklich – muss positiv gewendet werden, weil – wenn da nur politische Maßnahmen eingesetzt werden, die nicht mit der Gesellschaft diskutiert werden, und es sitzen dort auch die Ängste – da sind die Überlegungen natürlich berechtigt über die Entfaltung eines demokratischen Meinungsbildungsprozesses über solche Veränderungen, - und schließlich: Wie geht das in Bezug auf den Süden? Es steht wirklich viel drin in der Studie, also darüber, dass selbst noch eine ökologische Wende, etwa z.B. wie massive Rohstoffeinsparung im Norden, große Probleme im Süden schaffen kann. Eine große Schwierigkeit, die fast gar nicht behandelt wird und mit der sie eigentlich nicht fertig werden, ist, dass man es ja im Süden dann in erster Linie mit herrschenden Schichten und Klassen zu tun hat, die die Entwicklungshilfe erst mal für sich kanalisieren – und dann steht hier zwar drin, dass das also dann hausgemachte Schwierigkeiten dort sind; man schiebt aber da ab, dass diese herrschenden Klassen im Süden, die sogenannten Eliten, dort durch das Weltsystem gedeckt sind. Dass also, wenn man diese kapitalistische Weltwirtschaft aufrecht erhält, ist es kein Wunder, wenn dann diejenigen, die die Macht haben, gucken, wie sie sich erst mal den Reichtum sichern können, zumal dort die Spanne zwischen Reichtum und Armut viel größer ist und man größere Angst hat, nichts mehr abzukriegen. Das ist kein Vorwurf – sondern ich meine, es ist nur so – das konnte diese Studie mit ihrer Anlage wohl auch nicht bewältigen.

Was jetzt also die große Problematik des sozialen Gesamtsystems betrifft, da würde ich sagen, es gibt zwei Punkte – zwei Gesichtspunkte, unter denen man die Studie befragen kann und die von ihnen auch irgendwie eng im Zusammenhang miteinander behandelt werden: Das eine ist die Frage des Wirtschaftssystems im Ganzen – die werfen sie immerhin auf und geben eine taktische Auskunft darüber, warum sie den Kapitalismus als System eigentlich nicht konfrontieren, und dann kommt die Frage also des geistigen Zusammenhanges, also dieses Glücksmaterialismus, wie ich das genannt habe, die sie immerhin besprechen. Und wie sie die beiden Punkte besprechen und behandeln – das ist schon interessant. Ich will zunächst dieses Kapitalismus-Problem behandeln und versuchen, sogar ein wenig Verständnis dafür zu wecken, dass sie es nicht so behandeln, wie ich die Sache verstehe – nämlich dass es im Kapitalismus bestimmt nicht geht, dass das nicht zu machen ist. Aber ich will sagen: Diese Feststellung ist erst einmal nicht besonders teuer, besonders, wenn man in der marxistischen Tradition aufgewachsen ist, und – worin sie hier sicher Recht haben, das ist - zunächst mal jedenfalls – das ist der Gedanke, also, wieviel Feststellungen darüber auch schon getroffen worden sind – und ich kann jetzt meine dazu fügen – und jeder von uns kann seine dazu fügen – dass das nicht gehen kann: Zunächst mal muss man ja unter den bestehenden Verhältnissen versuchen, an das Problem heranzukommen, und der Hintergrund – ich weiß das von Ernst Ulrich v. Weizsäcker insbesondere – bei diesen sozusagen eigentlich materialistischen Konzepten, die sie hier machen – ich meine jetzt nicht mal den Glücksmaterialismus, sondern erst mal den am Material umzusetzen, an den materiellen Schäden, die das Ganze verursacht – der ist eigentlich doch – es ist die Frage: Das müsst ihr doch, müssen wir doch alle begreifen - und können wir nicht einen Konsens darüber finden, das zu probieren? Also eine Wende in dem Punkt zu probieren? Und was nun den Kapitalismus betrifft, was das System betrifft - da sagen sie dann: Wir wissen, dass viele sagen: Das geht gar nicht, es liegt in der Logik des Systems, dass die immer mehr Natur verbrauchen müssen, dass das also ein unaufhaltsamer Expansionismus ist – aber: sagen wir doch mal Folgendes: (mal sehen ob ich die Stelle finde – ich hoffe - ja) Ob die Systemlosigkeit des marktwirtschaftlichen Systems, sagen sie, tatsächlich mit Zukunftsfähigkeit unvereinbar ist oder ob sie überwunden werden muss - und kann (steht in Klammern dann) – wissen wir nicht. Also, das ist – ich glaube – ein taktisches Nicht-Wissen. Sie haben sich darauf geeinigt, das nicht wissen zu wollen, sich gar nicht festlegen zu wollen, und – sie gehen sogar noch weiter: und können es nicht wissen. Da habe ich mir ein sehr dickes Fragezeichen an den Rand gemacht Aber (können es nicht wissen) wir wissen mit relativer Sicherheit – und jetzt kommt eigentlich ihre Überlegung, warum sie das so machen: Aber wir wissen mit relativer Sicherheit, was notwendig ist, um Zukunftsfähigkeit zu erreichen, und in Klammern – gemeint ist: Wir wollen mal testen, mit diesen Notwendigkeiten: Wie kann man Zukunftsfähigkeit erreichen? – ob das mit diesem kapitalistischen System wirklich nicht geht. Erst wenn sich in der Zukunft herausstellt, dass eine Verbrauchsreduktion von Energie und Stoffen mit der Systemdynamik der Marktwirtschaft nicht vereinbar ist, müssen andere Wege des Wirtschaftens überlegt werden. Steht hier. Nun gut – also, das kann verdammt spät werden. Aber mein Argument – sagen wir mal, sich auf Verständnis für diese Position einzulassen, ist, es kann verdammt spät werden, aber – wir kommen ja sowieso nicht an diesem Test vorbei, solange die Mehrheit der Gesellschaft - eigentlich, also – die will ja nicht testen. Das ist es ja. Und solange wir aus den verschiedensten Gründen – weil wir nicht wollen, oder, weil wir nicht können - nicht in der Lage sind, das System abzuschaffen – es mag ja sein, dass sozusagen nicht einfach die theoretischen Argumente hier, sondern – ich glaube, dass bis zum Jahr 2010 verdammt wenig passiert sein wird von dem, was die hier für unbedingt notwendig hinstellen. Und – es könnte ja sein, dass das wenigstens erst mal geistig radikalisiert, das heißt, dass der Konsens, an dem wir in den 80-er-Jahren zumindest in Westdeutschland schon mal dichter dran waren – dass das im Ganzen nicht aufgeht, dass der sich verschärft wiederholt. Das ist also diese Ebene erst mal der Betrachtung hier, und ich will mal zeigen, dass die also so unbewusst über die Schwierigkeiten – die Autoren desselben Buches, also, laut anderen Äußerungen hier – offenbar wiederum auch nicht sind. Es steht z.B. Auf der S. 171 hier in ihrem Buch das Folgende: Wenn bestimmte Marktinteressen – Markt ist also (es steht immerhin Kapitalismus dabei) – wenn bestimmte Marktinteressen sich mit ökologischen Anliegen decken – was ja vorkommt; sie sprechen auch davon, dass es sozusagen eine gewisse – ein gewisses Bündnis zwischen Ökologen und Gewinnern – sozusagen der Umweltindustrie - gibt. Und wenn sich das nun deckt, schreiben sie ehrlich, dann ist das eine glückliche Fügung, die im aktuellen Meinungsstreit mit Apologeten des Status quo von Nutzen ist. Also, das heißt, man muss ja gar nicht leugnen, dass man mit dem Zeug auch was verdienen kann, und es kann auch stark herausgestrichen werden – übrigens, faktisch auch mit Recht – dass damit Geld zu verdienen ist, nur: es gibt ja nicht nur Gewinner dieses Systems. Die chemische Industrie zum Beispiel denkt, dass dieses Energieeinsparungsszenario sie zu viel Geld kosten würde, und ist nicht einverstanden; es geht dann weiter bei dem hier: Daraus folgt nicht, dass das, was gut für den Markt oder gar den Weltmarkt ist - die sind nämlich auch kritisch zu diesem Kotau vor der Globalisierung, die sagen, eine nationale Regierung müsste schon noch was tun – es folgt eben nicht daraus, dass das auch gut für die Ökologie ist. Das wissen sie also. Das heißt, man kann sich nicht darauf verlassen, dass manchmal die glückliche Fügung da eintritt. Der Expansionszwang der heutigen Wirtschaft ist mit dem Prinzip natürlicher Zyklen, denen grenzenloses Wachstum fremd ist, ebensowenig vereinbar, wie es ökonomischer Globalismus und kulturelle wie ökologische Vielfalt sind. Also, das geht nicht auf, das sehen sie, und weiter, auf der Seite 172 – eine dann weiter – beklagen sie, wie groß der faktische Verlust an Gestaltungsfähigkeit für die Nationalstaaten heute ist. Wer politische und gesellschaftliche Handlungsspielräume wiedergewinnen möchte, wird unweigerlich mit der Ideologie des totalen Freihandels kollidieren, die in Differenz zwischen Regionen oder Staaten nur Wettbewerbsverzerrungen zu sehen vermag. Na gut – aber das sind die Grundgesetze des Kapitalismus! Man leistet sich nur angesichts der Konkurrenzerschwernisse – für die reichsten Länder jetzt, weil die anderen auch wollen – leistet man sich also, diesen Neoliberalismus pur zu vertreten. Bloß: Das sind die Grundprinzipien des Kapitalismus. Und wer das hier eben geschrieben hat, der weiß eigentlich: Es geht nicht mit dieser Struktur. Den Widerspruch lassen sie stehen. Und schließlich – auf Seite 174 dann noch – insgesamt - wiederum so eine Sache, die einfach zum Kapital gehört: Insgesamt erscheint die Substitution von menschlicher Arbeit und menschlichem Miteinander durch Material und Geld, durch Technik, Technologie und Geld, als säkularer Trend, der noch kaum gebrochen ist - eine differenzierte Auseinandersetzung mit dem allumfassenden Kommerzialisierungstrend ist nach wie vor die Ausnahme.(061) - Ja, ihr lenkt doch die Augen ab, muss man natürlich sagen, weil - Das würde heißen, also: Unter der Geldherrschaft, unter Geld als Steuerungsinstrument, das sich ins Unendliche vermehren will – es ist wohl nicht aufzuhalten damit – aber sie sagen das und fordern die Diskussion darüber. Wir sind der Meinung, dass unsere Gesellschaft entscheiden muss, welche Mischung aus individuellen Freiheiten und kommunitären Pflichten, selbst organisierten und kommerzialisierten Sozialbeziehungen ihr gut bekommt. Das heißt, sozusagen, eigentlich, welche Mischung aus kapitalistischer Freiheit und kommunitären Pflichten – das heißt eigentlich, damit ist gemeint, hier – was die gesellschaftliche Gemeinschaft betrifft. Und: Man hat doch nach 200 Jahren ungefähr gesehen: Das Kapital fraternisiert einfach die Menschen, also – es ist nicht so, dass sie sich das Problem verbergen; sie sagen nur – und ich lasse das erst mal als ein Argument gelten -: Wir wollen nicht darauf bestehen, der Kapitalismus muss weg, weil – dann würden diejenigen, die das nicht wollen und die davor Angst haben, unser ganzes Zeug gar nicht erst lesen. So. Es ist schon so, dass der Hinweis der ökologischen Krise objektiv – er läuft auf diese Realität hinaus, dass diese Figur nicht aufgehen wird. Sie müssen es - sagen sie sich wahrscheinlich auch – nicht extra betonen. Am aufschlussreichsten für das Dilemma – und das ist der letzte Punkt, den ich behandeln will und von dem ich einleitend schon mal andeutungsweise was gesagt habe – das ist also der Abschnitt hier, der »Gut leben oder viel haben« überschrieben ist – gut leben oder viel haben. Und zwar: Sie fangen wirklich spannend an: »Es ist und bleibt der Zweck jeder Wirtschaft«, schrieb Ludwig Erhard 1957, »die Menschen aus materieller Not und Enge zu befreien. Darum meine ich auch, dass, je besser es uns gelingt, den Wohlstand zu mehren, umso seltener werden die Menschen in einer nur materiellen Lebensführung und Gesinnung versinken.« Das haben wir auch noch gesagt. »Ich vertraue auch darauf, weil in meiner Schau die Menschen nur so lange materialistisch gebunden sein werden, als sie in den Kümmernissen des Alltags gefangen sind.« Also – das war kein schlechter Gedanke – durchaus ein humanistischer Gedanke, der ihn bei seinem Thema »Wohlstand für alle« geleitet hat; und ich nehme an, dass selbst dieser Ökonom Erhard, der Wirtschaftswissenschaftler Erhard, einfach noch befangen war darin, nicht sehen zu können oder zu wollen – auch aus Angst vorm Kommunismus und hier im Osten – dass diese Art Befriedung nicht gerade systemtypisch für die kapitalistische Expansion sein würde – Sie jedenfalls schreiben wenig später hier dann – und das ist die weitestgehende politische Fragestellung eigentlich, die in dem ganzen Buch drinsteht – sie beantworten sie nicht, sie stellen sie als Frage in den Raum: Könnte es sein, dass eine Gesellschaft, die ihre ganze Energie in die Erzeugung von Reichtümern investiert, kulturell nicht zukunftsfähig ist? - Also, das ist die Frage ja nach diesem Glücksmaterialismus als solchem. Das trifft den Gedanken Kommunismus und kommunistische Demokratie und was wir uns also als allgemeine Emanzipation des Menschen - hängt an Überflussgesellschaft – materiellem Überfluss - das ist also nicht verschieden von der Vision Erhards, dass wir das als Zugang, als Schlüssel zu einem guten Leben brauchen würden. Und das also die zweite: Könnte es sein, dass eine Gesellschaft, die ihre ganze Energie in die Erzeugung von Reichtümern investiert, kulturell nicht zukunftsfähig ist? Und – das wird weiter reflektiert; es hat ganz den Anschein, als ob bei den oben zitierten Mutmaßungen der aufgeklärte Konservative mit Ludwig Erhard durchgegangen ist. Also, der humanistische Wertkonservative ist hier gemeint, nicht der Strukturkonservative. Und sie sagen,. dass das also den sozialistischen Hoffnungen gar nicht so unähnlich war – Der Wirtschaftswissenschaftler, sagen sie jetzt aber – schlau! An der Stelle sind sie schlau Erhard gegenüber - der Wirtschaftswissenschaftler in Erhard aber musste wissen, dass das Prinzip der Nicht-Sättigung – ja verdammt, wenn wir das wissen – dass das Prinzip der Nicht-Sättigung den Eckstein des ökonomischen Denkgebäudes darstellt. Und das muss ja doch wohl sein, weil das das Eckgebäude der ökonomischen Praxis ist, die Nicht-Sättigung, das Nimmersatt-Prinzip – dass das eingebaut ist als ökonomische Notwendigkeit. Von der Aufklärung – interessant! – von der Aufklärung hatte die Wirtschaftswissenschaft die Grundannahme geerbt, dass die Bedürfnisse des Menschen erstens unendlich – und zwar materielle Energie ist jetzt hier gemeint – und zweitens auf Nutzenmehrung gerichtet seien. Damit stellten sie sich in einen polemischen Gegensatz - die Aufklärung, sagen sie hier - in einen polemischen Gegensatz zur klassischen Konzeption des Menschen, welcher es auf die Einbettung der Bedürfnisse in eine Gestalt des gelungenen Lebens ankam – also statt »gut leben« – das ist das, was sie selbst im Rahmen sozusagen des ökonomischen Kalküls auch bloß zum Thema hier haben: Gut leben oder viel haben – also, sie sagen dann auch: Wer also zuviel Werkzeuge da um die Hausfrau in der Küche versammelt – die Hausfrau selbst oder der, der das dann als erster mitbringt: Das ist dann also kein Gewinn mehr, das ist dann also »zuviel haben«, also, man hat dann ja – die Zeit wird wieder aufgefressen, die durch – alles sehr schön, aber – das hat mit der Frage nach dem gelungenen Leben noch verhältnismäßig wenig zu tun; wenn auch mit dem Gedanken, also Zeit zu gewinnen – offenbar für etwas anderes. Und dann sagen sie noch eines mehr: Es steht ebenso im Gegensatz zur klassischen Konzeption des Glückes, welches auf die Realisierung eines immateriellen Ideals setzte. Also, die Formeln hier – dass man noch nicht wisse, ob das mit dieser expansiven Ökonomie geht, also – wenn man also sehr gutwillig ist, dann kann man sagen: Es ist die Frage aufgeworfen – und mit der habe ich mich mit Kurt Biedenkopf, in meiner »Logik der Rettung« ja so ausführlich auseinandergesetzt – das ist die Frage, ob man sozusagen diesen Haifischteich - der, wie Hegel sagt, die bürgerliche Gesellschaft eigentlich ist (der »Haifischteich« ist nicht von ihm), aber – dass das sozusagen der Kampf aller gegen alle ist, oder, mit Fichte: Das Reich der vollendeten Selbstsucht – das wussten die; ob man das einzäunen kann durch eine politische Rahmenordnung, die dann aber stärker sein müsste als das, was da ökonomisch abläuft. Aber so weit gehend sind die Forderungen und Fragen, die hier in dem Buch stehen, nicht. Aber der Schluss, den sie hier dann haben: Was den grünen Konsumismus betrifft – den empfehlen sie dann und malen ihn noch schön aus. Aber wie stark sind die Argumente, wenn hier steht: ... Wer erwartet, dass die Konsumgesellschaft doch eines Tages eine Sättigungsgrenze erreicht haben muss – das ist ja das, was Erhard dachte, nicht? Dann kommen die anderen Bedürfnisse zum Tragen - der unterschätzt allzu leicht die symbolische Macht der Waren, nämlich, dass sie heute – also, der Werbungsmechanismus, der erzeugt ja künstliche Bedürfnisse und Konkurrenzbedürfnisse zwischen den Individuen auch: Welche Marke habe ich vorzuzeigen? Und so fort. Alsodass es nicht wahrscheinlich ist, dass genug ist. Bei dieser Struktur der Ökonomie und – das steckt ja in dem Satz mit drin – bei der dazu passenden gesellschaftlichen Struktur und individuellen Bewusstseinsstruktur der kompemsatorischen Bedürfnisse Und – das ist mein allerletzter Gedanke – die kompensatorischen Bedürfnisse. Ich habe in meiner »Alternative« noch geschrieben: Der Gegensatz sind die emanzipatorischen Bedürfnisse, also die auf Befreiung gerichteten, und die kompensatorischen sind, wenn ich also statt an Befreiung zu denken und an weiteren Aufstieg, menschlichen Aufstieg, wenn ich da gucke: Was habe ich noch nicht, was ein anderer schon hat, und wo ist noch eine Sicherheitslücke für mein Rentensystem – das war im Osten nicht ganz so schlimm wie im Westen, weil – da war nicht so viel und so viel Differenziertes geboten, aber – die Jagd nach Kompensation und nach Sicherheit hält uns natürlich von dem ab, was ich damals »emanzipatorische Bedürfnisse« genannt habe. Ich will aber zum Schluss diesen heutigen Themas gestehen, dass ich zu einem Schluss gekommen bin, den ich mal so formulieren will: Ich glaube, dass der Atheismus – und zwar speziell der konkrete Atheismus, den wir uns da geleistet haben und der weniger darin bestand, Gott zu leugnen als sozusagen auf die Sachen-Welt zu setzen – auf das, was wir mit unseren Händen gemacht haben – also, in dem Punkt die Entfremdung anzuerkennen – dass dieser ganze Atheismus, den Marx mit zu verantworten hat, stark zu verantworten hat – dass das ein geistiges Versagen war; dass also der eigentliche Gegenpol zu diesem Glücksmaterialismus – Gegenpol – das heißt, es ist eine extreme Forderung, die ich mal formulieren will – und eine problematische, wenn man weiß, dass Augustinus ein sehr patriarchaler Kirchenvater war. Und dennoch glaube ich, dass sein Satz richtig war: Es ist, – also jetzt als Schlüssel, meine ich – um diese Fixierung an den Glücksmaterialismus loszuwerden, eine Wahrheit auch; es ist, sagt er, die einzige Aufgabe des Menschen in diesem Leben, im Auge des Herzens die Gesundheit wiederzuerlangen, durch die es Gott schauen kann. Und nun war das damals ein persönlicher Part davon. Und Spinoza hat gesagt: »Gott gleicht der Natur«, andere sagen - noch dazu, und Spinoza war wohl auch der Meinung – man muss es nicht personalisieren, man muss es auch nicht patriarchalisieren: es kann ja auch der Begriff für die Fähigkeit zur Wahrnehmung des Ganzen sein, in dem wir alle aufgehoben sind. Also nicht diese angstvolle Physik, die zum Beispiel guckt: Wann wird uns der nächste kosmische Unfall die nächste Dinosaurier-Katastrophe bringen? Wo das die Hauptfrage ist. Sondern wo wir – das wird - ich weiß, das kann passieren - und um dem zu entgehen, veranstalten wir uns erst mal die Atomtechnologie beispielsweise – also eine unmittelbarere, kurzfristigere Gefahr, während – man könnte doch sagen, also – der Mensch ist, unabhängig davon, ob wir wissen, wie lange uns der Kosmos – Zeit ist halt eine wunderbare Erfindung der Natur – und wenn wir angstlos uns in das Ganze einordnen und die Frage stellen: Wie müsste dann Gesellschaft organisiert sein? Und auch, was wir an Staat nötig haben, um unsere Süchte zu kontrollieren vielleicht, um zu sagen, eine Organisation – Hegel nannte den Staat eigentlich »die Wirklichkeit der sittlichen Idee«. Damit war der preußische Staat natürlich viel zu schön beschrieben, weil er – ihm blieb nichts anderes, als darauf Hoffnungen zu setzen, die nicht mehr drin waren, wahrscheinlich. Aber – der Grundgedanke ist ja richtig – dass man das braucht – und dann vor allem – dass man da was braucht – und dann vor allem, dass also dann auch die Orientierung auf die Entfaltung der menschlichen Wesenskräfte nicht erschlagen und erdrückt werden könnte durch – also, wenn es um diese Öffnung geht – durch die unablässige Jagd, das Notwendige herbeizuschaffen, dass immer mehr – also, die Küchenökologie sagt: Der Mensch soll sich nichts von der Natur nehmen - dem Sinne nach - als was vitale Bedürfnisse sind. Aber bloß die vitalen Bedürfnisse des Menschen in so einer konkurrenzgetriebenen Klassengesellschaft – die schließen halt dann offenbar auch das Auto ein. Und der Arne Naess, der es erfunden hat, muss eingestehen, z.B. in Norwegen, wo er zu Hause ist, es gibt Leute, die ohne Auto zu ihrem – also, es gibt gar nicht die Möglichkeit, ohne Auto zu ihrem Lebensunterhalt zu kommen, also ohne dass sie sich da ich weiß nicht wie viele Kilometer etwas nach Süden bewegen, wenn sie denn im Norden weiter leben – es geht nicht anders. Wir vermehren ins Unendliche diese sog. vitalen Bedürfnisse und schneiden sie der Mehrheit der Menschheit in Wirklichkeit radikal weg, indem wir das so organisieren, dass das Auto vital ist. Und dieser Hinweis von Augustin, dass es eigentlich darum geht, dass wir lernen, Gott zu schauen – oder die Göttin zu schauen, weil: Gott – das ist die Formulierung des Mannes für das Thema. Aber – das Thema selbst – eigentlich müsste man gesellschaftlich die Angstlosigkeit einführen, die Öffnung dafür – das wäre der Zugang, um diese Einsichten, die in der Studie – also, die ich da, glaube ich, auch zeigen konnte – die sind durchaus berührt, - die sind also so durchaus atheistisch und positivistisch erzogen, dass sie das nicht wagen, solche Sachen zu sage, das würde – die fürchten auch das Gelächter, natürlich – und die Studie soll ja alle erreichen. Es steckt aber doch in den Sachen, die ich vorgelesen habe – und das hat auch Erhard nämlich gesagt, der war ja nicht zufällig auch Christdemokrat – das Schlimme ist ja auch, dass nicht alles gelogen ist an diesen Identifikationen, da steckt eine alte verwobene und verborgene Wahrheit drin. Ich sehe das so, dass die ungeheuren Gegensätze der Menschheit heute sind. Und zwar die Ungerechtigkeiten, die das Ressentiment auch antreiben. Also, wenn die Leute sich nicht in einem gemeinsamen Glauben treffen, der also noch etwas mehr als humanistisch ist – also, der Mensch hat vor dem Menschen Angst, und ich habe die Angst überwunden, sagt Jesus, um zu erklären: Wie könnte man zu besseren Verhältnissen kommen. Das ist meiner Meinung nach das große Thema, das eigentliche und letzte Thema der ökologischen Krise ist dieses: Wo kommt also gute Gesellschaft und der Staat, der zum Menschen passt, wo das erst – das kann nur dann gefunden werden. Wir werden es, wenn wir - Das ist ja das, dass wir - dieses Konzept beschränkt sich darauf, den Angstdruck zu mobilisieren – aus den Ängsten, die uns da sowieso schon hineingetrieben haben, werden nun, wo wir sehen: Also, das geht nicht auf – eine frugalere Lösung, eine Lösung, die – ob man es eingesteht oder nicht – eine ganze Menge mit Verzicht zu tun hat – und das negativ bewertet wird – wer Glück so versteht, muss so viel wie möglich haben. Und diese angstbestimmte Konzeption, noch mal davonzukommen – der ökologischen Krise, die wird, glaub ich, dem Thema, um das es eigentlich geht, nicht gerecht – und das ist der Grund, weshalb ich also letzten Endes dann im zweiten Abschnitt dieses Semesters über die Frage »Die ökologische Krise und die Natur des Menschen« sprechen will. Dass das auch ein bisschen realer und konkreter wird, dass wir schauen, was es mit dem Begriff und so – was es mit diesen Sachen möglicherweise auf sich hat; ich meine damit, es ist gar nicht wahrscheinlich, dass die weisen Leute und Lehrer der Jahrhunderte davon nichts geredet haben. Es mag – wir mögen der Meinung sein, es ist falsch ausgedrückt worden, es ist missbraucht worden, aber – da war doch was! Und das möchte ich festhalten in dem Sinne und will es auch mit den Leuten hier diskutieren – diese Studie, die ist so wertvoll auch durch das Material, aus dem sie gemacht ist – So. Dann ist die nächste Vorlesung also in 14 Tagen, und wer noch ein bisschen reden will, der kann da runter kommen, und wir können uns noch ein bisschen unterhalten.

25. November 1996

Zukunft im Schatten der Conditio humana

... und dabei um ein Konzept geistig bemüht - das heißt: eine Vorstellung entwickelt, eine Strategie, könnte man geradezu sagen, mit dem Schemengeber der Natur ... fertig zu werden, mit - ja, mit einer Art Appell an die menschliche Vernunft. Und wir haben zugleich gesehen - in dem Stoff selber und auch in den Diskussionen danach: es gibt natürlich ein Problem, wenn man das – die ökologische Krise selbst und ihre Probleme – also, erst einmal so sehr mit eigenen Schwerpunkten, spirituellen Störungen – die ja nicht durch die Natur verursacht sind, so – also, was dabei weniger in den Vordergrund tritt, was nicht in den Mittelpunkt rückt, meiner Meinung nach jedenfalls: Das ist, dass wir ohne einen Durchgang durch die gesellschaftlichen Verhältnisse, das gesellschaftliche Elend – und nicht nur kurz das aktuelle, das wäre verkürzt; die aktuelle Situation - das ist das Ergebnis, eigentlich, der Weltgeschichte, eines besonders schnellen Durchganges durch die Weltgeschichte – vermutlich eines zu schnellen, eines zu schnellen Durchganges durch die Weltgeschichte. Und wenn wir jetzt sozusagen an dem gesellschaftlichen Resultat und an dem gesellschaftlichen Prozess vorbei und - gehen sozusagen einfach - wir setzen ein: Der Mensch im Allgemeinsten müsste ja inzwischen so viel Verstand und Vernunft haben, um an diese offensichtlichen Zuspitzungen – da, der ökologischen Krise - heranzugehen. Aber das ist ein Kurzschluss, strategisch gesehen, gerade - das ist ein Kurzschluss, weil man an den wirklichen Ursachen dafür, dass der Mensch diese Störung veranlasst in der Außenwelt und sein in der – also, zurück zur Sphäre gegen Biosphäre. Weil wir da – also, eigentlich nicht am Kern der Sache sind, wenn wir die aktuellen Schwierigkeiten – wenn man Schwierigkeiten im ökonomischen und technologischen System beheben will, maximal, was das Gesellschaftliche jetzt betrifft – mit einem kleinen Appell an Lebensstil. Und dann – das ist immer noch ein Kurzschluss, wenn man glaubt, natürlich, dass man damit an den – die eigentliche Quelle des Problems herankommt.

Ich muss gestehen – also, ich war – oder bin - auf diesen Stoff der ersten drei Vorlesungen ein bisschen selbstentfremdet, weil ich trotz meiner Bereitschaft - also, sozusagen – den Punkt, den Sinn in diesem Herangehen zu sehen – also, letzten Endes doch nicht daran glaube. Was ich nämlich glaube, ist: Die Erfahrung, die theoretisch natürlich die ganze Gesellschaft damit machen könnte, als Lernprozess: Dass so eine Strategie der Bewegung im direkten Zugriff da draußen in der Natur etwas bringen soll. Und wenn man dann enttäuscht wird: Ich glaube, dass das eine Erfahrung ist, die nicht bei der ganzen Gesellschaft ankommen wird, sondern - dass das eher eine Erfahrung der intellektuellen Akteure ist, die so eine Strategie entwerfen. Ich entsinne mich gut, wie mir das da in der Hinsicht gegangen ist mit meiner »Alternative« – also, was die im realen Sozialismus betrifft - also, die Erfahrung, dass dieser Impuls erschöpft war: Die habe ich für mich persönlich machen müssen. Es gab ja eine verhältnismäßig sehr große Zahl von Menschen hier in der DDR, die ohne eine Theorie wussten: Das wird hier nichts - so. Ich habe also endlos lange aufgrund eines theoretischen Konzepts daran festgehalten: Wir regulieren das, Gorbatschow noch und diese ganze Illusion – ich glaube, an diesem Konzept, das ich da entwickelt habe, habe ich am meisten gelernt – sozusagen selbst lernen müssen, auch – während das Problem, um das es mir geht, sich eigentlich als unlösbar erwiesen hat. Und viele Leute wussten das – sagen wir einmal: fast instinktiv auch – besser, tatsächlich besser. Das ist nicht dieser Vorwurf der Besserwisserei, sondern - die Erfahrung: Das geht nicht auf!, ist da besser angekommen als bei jemandem wie mir - der vielleicht auch zu sehr mit dem Machtkonzept verheiratet war (…), es zwar besser, aber - so. Und das steckt also in der Hoffnung, jetzt: Diese angewachsene Struktur, durch Jahrhunderte angewachsene Struktur des Westens hier durch den Hinweis auf die ökologische Krise zu erschrecken – denn das steckt ja hinter dem Problem »Zukunftsfähiges Deutschland«. Das ist – das hat eine gewisse Verwandtschaft, auch, und zwar – ich meine einfach, was dieses Machtkonzept: Wir werden mit der Wirklichkeit – wir müssen nur richtig damit umgehen, dann löst sich das gleich – In einer letzten Instanz ist ja da etwas Wahres daran, dass man ein richtiges Verständnis der Wirklichkeit braucht, wenn da sich ein Problem so zugespitzt hat. Aber das ist die Frage: Ob der Gedanke da weit genug reicht und auch selbstlos genug ist – so will ich einmal sagen.

Ich sehe einfach für meinen eigenen Fall – also, ich wollte da nicht so viel retten, was sowieso nicht zu retten war; ich wollte eigentlich versuchen, mit neuem Ansatz da heranzukommen. Und ich vermute, dass die jetzigen (...) - eben die Rettung der Natur und damit auch des Menschen betreffend, ist das auch so, dass da noch viel zu viel – also, unmittelbarer Seele drin steckt, und - auf diesen Punkt gerade, jetzt - unmittelbaren Willens - ohne jetzt weiter mit diesem Konzept da aus Wuppertal umzugehen; da werde ich traditionell - Aufmerksamkeit lenken.

Ich will jetzt also praktisch einleiten den Teil, der überschrieben ist und die Frage stellt: »Die ökologische Krise und die Natur des Menschen« – das heißt, ich will von dem oberen Ende des Prozesses – also, von dem, wo wir das Gefühl haben, mit den ganz konkreten Strukturen dieser spätkapitalistischen und hochtechnologischen Gesellschaft, die mit der Erde und mit der übrigen Menschheit zusammenstößt: Ich will an diesem Punkt – von dem Punkt aus starten, zumindest von dem Punkt ausgehen und dort auch die Aufmerksamkeit konzentrieren: Es muss ja irgendwie zu dieser jetzigen Konstellation gekommen sein. Ich hatte in meiner »Logik der Rettung« auch so ein Konzept, das vielleicht noch nicht ausreicht, aber - ein Stück weiter gedacht, auf den Punkt hin – also, es muss etwas mit der Anlage des Menschen, mit der Condition humaine - der Conditio humana, lateinisch: es muss etwas damit zu tun haben. Es kann der Mensch also nicht – ja, wie soll ich sagen? – unbestellt in diese schwierige Situation getragen worden sein. Und deswegen habe ich hier das heute so formuliert: Die »Tragödie des Menschen« sehen zu wollen - das heißt, wie gesagt, nicht als einen – letztlich nicht als einen verschuldeten Prozess zu sehen, und zwar – ohne dass ich das heute behandeln will – bis in die Moderne hinein. Also, es sind zwar da Akteure – sozusagen – machtvoller und daher verantwortlicher, aber - wie sie sich verhalten haben: Das wurzelt wahrscheinlich in die Art und Weise, wie der Mensch in einer bestimmten Situation fast immer handeln würde, zurück. Und das – also, diese Normalität zu sehen: Marx hatte auch gesehen, dass der Kapitalist – also, letzten Endes auch diesen seinen Verhältnissen unterworfen ist; die Frage ist – der Punkt, um den es da eigentlich geht: Wenn man das in Indien als Tragöde sieht - man macht sich von dem die eigene Selbsteinsicht hindernden Moralismus frei, der einen sonst oft – also, die sind es – wir nicht – oft – in dieser Weise hält man es heute nicht mehr fest, das ist schon wahr – und doch: es steckt dann unbewusst sehr viel drin, wenn man nach den Hauptverantwortlichen fragt, und nicht zunächst einmal – man kann ja dazu zurückkommen, eventuell, zuletzt, aber - nicht zunächst einmal sich auf die – ich sag einmal: Den Betriebsprozess objektiv verfüttern, im Prinzip.

Und wenn ich gesagt habe: Die Zukunft im Schatten der Conditio humana - dann meine ich einfach, dass das, was wir aus – was der Mensch aus seiner Not heraus – was wir aus unserer Not heraus an gesellschaftlicher und technischer Veranstaltung größten Stils geschaffen haben: Ddas ist es eigentlich, natürlich, was den Schatten auf die Perspektive, auf die Zukunft der Menschheit wirft. Das ist die Ursache dafür, warum man überhaupt so ein Konzept wie »Zukunftsfähiges Deutschland« im Sinne der ökologischen Krise schreiben kann. Und – man muss sich darüber klar sein, dass – also, wenn – deswegen habe ich das gekoppelt, auch, mit der Tragödie des Menschen - dass dieser Schatten, den wir da werfen – also, wohl aus dem Hut gemalt ist. Also, ich würde dazu mehr sagen, aber - das ist die Pose, die darin – ich habe schon vorhin darauf aufmerksam gemacht – die darin enthalten ist: Dass wir dahin getrieben worden sind – uns dahin getrieben haben. Ja, und nun ist die Frage – also, wie das dahin gekommen ist.

Auf die beiden Unterfragen dann: Die Befriedigung unserer naturgegebenen Bedürfnisse als letzter Maßstab? Und: Gibt es einen Unterschied zwischen Wesen und Natur des Menschen?, darauf will ich zuletzt zurückkommen – kurz, eigentlich, nur – weil das dann verhältnismäßig klar sein wird, weshalb ich diese Antwort gebe, die ich da gegeben habe.

Zunächst geht es mir einfach darum, dass das Problem bis in die Conditio humana zurückverfolgt werden muss. Und das würde jetzt natürlich eine von vornherein entmutigende These für – ich meine jetzt: für eine Vorlesung, für einen Erkenntnisprozess, wenn das bedeuten würde: Das könnte man auch tun. Da wäre verhältnismäßig viel zu sagen, dass wir – also, durch den ganzen Gang der Weltgeschichte da zurückgehen wollen. Ein bisschen habe ich das ja für die europäische Zivilisation bzw. Kultur in der vorigen Vorlesungsreihe da gemacht, was den – was diese – ich sage einmal: Die germanische Ladung in dem ganzen Thema betrifft – aber das ist heute nicht mein Punkt, sondern - ich will auf die – eigentlich auf das menschliche Wesen insofern zurückgehen, als es Bewusstseinswesen ist, als ja der ganze Schatten, der da auf die Biosphäre fällt, von der Gesellschaft her: Das ist ja geist-verursacht – ich will einmal nicht gleich sagen: ungeistverursacht, sondern - geistverursacht, das ist umgesetzter Verstand, der da auf die Biosphäre drückt. Das heißt, das sind lauter Dinge, die wir zwar mit unseren Händen, aber - aufgrund unserer Konzepte, unserer Begriffe, Zeichnungen usw. in die Welt gesetzt haben, um jeweils Probleme zu lösen, die gesellschaftlich entstanden waren – und »Problem« ist auch ein Name für Widersprüche in uns, denn - ehe es – denn ob die Widersprüche zwischen Mensch und Wirklichkeit oder in der Wirklichkeit richtig erfasst sind – Dante hatte ja darauf aufmerksam gemacht: Guckt erst einmal nach dem Bewusstsein, nach den Kategorien des Verstandes, die in unsere Begriffe eingehen und vielleicht – also, bestimmender sind als die Wirklichkeit selbst, oft – also, dass wir – dass wir hier ein Spiel spielen, das mit der Bewusstseinsnatur des Menschen zusammenhängt. Diese ganze ökologische Krise – und das scheint mir jetzt – also, ein sehr wichtiger Gedanke zu sein, auch im Hinblick auf unsere Möglichkeiten, noch – ohne dass ich das jetzt ausführen will: es ist ein Phänomen unserer Macht als Bewusstseinswesen.

Der Hölderlin hatte den Sophokles übersetzt:

»Vieles Gewaltige lebt,
Doch gewaltiger nichts als der Mensch.«

- Also, die alten Griechen schon – weit entfernt, sozusagen, einen so großen technischen Schatten zu werfen – hatten ein Bewusstsein davon, dass sich die Überlegenheit des Menschen über alle sonstige Kreaturen, die sich bewegen, jetzt – dass die sich – also – schon dazu ausgewachsen hatte, dass der Mensch also mit seiner Hybris – das steckt nämlich hier dahinter – auch schließlich sich selber richtig schaden kann – also, dass mit der Überlegung in dieser Macht, die Bewusstseinsmacht ist – also, der größte Teil möglicherweise der Probleme der menschlichen Existenz auf dieser Erde überhaupt verbunden ist - das heißt: »Vieles Gewaltige (…) - doch gewaltiger nichts als der Mensch«: Das ist natürlich eine Aufforderung des Sophokles – also, Maß zu halten, mindestens, im Einsatz dieser Macht. Und es bleibt natürlich die Frage, wieso es zu dieser Ent-Grenzung in der Jagd nach Vorteilen in der Natur - um Vorteile in der Gesellschaft wegen gekommen ist: Was da passiert ist. Klar ist jedenfalls, dass wir diese Über-Macht in der Natur, die auf Bewusstsein sich stützt – Bewusstsein in der Form, allerdings, in erster Linie, des instrumentellen Verstandes und nicht einer umfassenden Bewusstheit. Aber - in Form dieses übergreifenden Verstandes, den wir einseitig entwickelt haben, haben wir auch einseitig unsere Macht entwickelt und unsere Seelenkräfte – also, die den Verstand – ich sage einmal: evolutionär gesehen von unten her tragen: ältere Rechte der menschlichen Existenz, die haben wir mit der selbst erzeugten Komplexität der Natur – also, irgendwie in die Apokryphen geschrieben. Für die war – also, wir haben - wir waren so beschäftigt mit unserer Verstandesproduktion und dann mit den Beweisen - mit der Bewältigung dieser Verstandesproduktion und mit der Bewältigung der Folgen davon in den Herrschaftsverhältnissen, dass – ja, ich würde sagen: Der Mensch musste listig werden, um das Verhältnis zu lösen – also, um da durchzukommen - auch, um sich in diesen – in den so geschaffenen Verhältnissen verständig zu verhalten. Das heißt – ja, von Odysseus ist festgestellt worden – das war der erste, jetzt, der (…) aufgestiegen ist, der so richtig lügen konnte – um durchzukommen gegenüber Naturmächten, noch – wie der Zauberin Kirke, oder so, die – also, menschliche Naturmacht aus älteren Zeiten ist, gegenüber den Trojanern, die schon auf derselben Ebene – eigentlich – kämpften. Und diese Anstrengung der menschlichen Wesenskräfte, konzentriert auf Verstand, die – wenn sie sich nicht direkt gegen die älteren Wesenskräfte, gegen die seelischen Kräfte, gegen – in denen eigentlich unsere Gesundheit oder Krankheit verwurzelt ist: Wenn sie sich nicht direkt dagegen wendet, dann zumindest – also, ein Stück ab davon - die werden nicht mitgenommen. Die Seele kommt nicht mit – nicht bloß, weil die in kleinen Flugzeugen sitzt, sondern - die Seele kommt nicht mit, die reist nicht so schnell, wie wir in der Zivilisation auf Tempo gegangen sind - schon bei den alten Griechen. Und das Erstaunliche: Wenn man das jetzt sich richtig klar macht - es gibt ja eine Menge Biologismus in der modernen gesellschaftlichen Theorie – also, angeblich liegt es daran, dass die menschlichen Dinge da miteinander kämpfen und konkurrieren – Ich will das jetzt nicht im Einzelnen behandeln, aber - ich will auf einen sozusagen charakteristischen Punkt aufmerksam machen, wo das dort ziemlich – die Frage steht nämlich: Seit wir Homo sapiens sapiens sind (wie immer berechtigt oder unberechtigt wir uns so nennen) – also, seit wir das Wesen sind – ich könnte auch sagen: Das erst einmal – na gut, das kann – »sapiens« heißt ja »weise«: Das weise werden kann, aber - das scheint dann erst einmal zu heißen: Das listig werden kann, aber - seit wir das sind, seit wir diesen Weg gegangen sind, hat sich ja an dem Gehirn - das das Organ der Macht ist –

also, das tragende Organ der Macht, das biologisch tragende Organ: Daran hat sich ja nichts verändert! Und wenn also es doch eine Menge Evolution im Geistigen und im Gesellschaftlichen in diesen – ja – 50 000 bis 100 000 Jahren zu verzeichnen gibt, dann kann das eigentlich - so gesehen - an der Biologie nicht liegen. Also, diese Probleme, wie wir sie uns geschaffen haben, werden in der Soziobiologie oft auf die Frage nach den stärksten Affen und nach deren Konkurrenz und so zurückgeführt. Und es werden dann Hinweise gegeben, dass die auch miteinander kämpfen – konkurrieren - und so weiter. Nur haben sich Affen und andere Tiere - auch Platzhirsche und dergleichen - nie Probleme der Art geschaffen, wie wir sie uns geschaffen haben - also muss es sich da, mögen solche Antriebe auch mit im Spiel sein, noch um etwas anderes handeln – und vielleicht um die Frage der Bewältigung solcher noch ursprünglicher (…): Das mag sein. Aber - die Gene jedenfalls sind es nicht, die da miteinander konkurrieren: Das sind nämlich gar keine bewussten Wesen. Der Genotyp insgesamt hat etwas mit objektiver Intelligenz zu tun – also, das ist eine Produktion der kosmischen Intelligenz, in letzter Instanz, aber - die haben ja nicht Selbstbewusstsein und das menschliche Schicksal hat nichts mit irgendwelchen – wie soll ich sagen? – mit nicht-bewussten Kräften zu tun: Auch unbewusste Kräfte sind Bewusstseinskräfte! Nur nicht im Lichte der Heldenreflexion, sondern - hier geht es einfach darum, dass der Mensch diese ganze Widersprüchlichkeit seines historischen Prozesses und die – diesen Glanz und Elend – größeren Elend – seiner kulturellen Existenz, seiner geschichtlichen Existenz: Die hat er auf einer konstanten Naturgrundlage geschaffen. Was sich da an den Umständen verändert hat für den Menschen, das sind im Wesentlichen Veränderungen, die wir gemacht haben. Selbst wenn Menschen aus – nehmen wir einmal an, das stimmt – aus den afrikanischen Ursprungsgebieten dann bis nach Grönland gegangen sind: Das war ein gesellschaftlicher Abdrängungsprozess, der dahinter steckte – und sie haben dann gewählt, lieber in dieser Natur auszuhalten als sich weiter mit den Bedrängern herumzuschlagen – mit denen, die sie abdrängten; im Einzelnen weiß man das nicht, sondern nur – also, man soll sich darüber klar sein, dass wir mit den verschiedensten Ambientes dann in unserer Geschichte uns in Beziehung gesetzt haben. Das ist nicht sozusagen Außen-Natur-bedingt, sondern - das ist in der menschlichen Natur bedingt, und zwar nicht bloß in der Anlage, in der – also, als Möglichkeit, sondern in der

Fähigkeit, die Herausforderung anzunehmen, dort Herr der Umstände zu werden, Herr:- oder Frau, vielleicht auch, zunächst - der Umstände, aber - in diesem Sinne handelt es – es ist – es ist also eindeutig, dass das Probleme gesellschaftlicher Entwicklung und damit geistige Probleme des Menschen sind, um die es sich da handelt. Also, wir können die Unterschiede des Gewinngebrauchs in der historischen Zeit nicht auf Biologie zurückführen. Es ist – das muss man natürlich in so einem Zusammenhang zeigen: Es ist wirklich ein Bewusstseinsproblem (das in der Biologie wurzelt, das ist klar) - also, diese Überlegenheit des menschlichen Großhirns ist eine Frucht der biologischen Evolution. Aber dann kommt da etwas hinzu, das nicht so erklärt werden kann – es ist ja hochinteressant, dass die ganze biologische und neurologische Hirnforschung – die kann zwar feststellen, dass ich denke; sie kann sogar feststellen: ich denke nicht einfach, ich schreibe – weil da andere Zentren dann oszillieren und es sich widerspiegelt in dem – in den Hirnströmen, aber - es gibt bisher keinerlei Möglichkeit festzustellen, was ich denke – und wenn ich schreibe: Ob ich einen Brief schreibe oder ein dickes Buch – oder bloß eine Notiz mache. Man kann vielleicht gerade diesen letzten Unterschied noch festhalten, vielleicht eine – eine gleichgültige Notiz wieder ausspülen. Aber was ich da notiert habe – also, diese – der menschliche, der gesellschaftliche Inhalt dieses Denkprozesses: Der fällt einfach nicht unter »Biologie«.

Und das bedeutet andersherum, so – die Anthropologen haben das so ausgedrückt: es sei der Mensch das un-festgelegte Wesen – oder das Wesen, das sich selbst festlegt – oder festzulegen hat (das heißt: Auf irgendwas sich auch festlegen muss). Das zeigen halt die frühesten Stammesgeschichten: Auf irgendein Ritual, auf irgendeine gesellschaftliche Regulierung haben sich die Menschen immer festgelegt. Aber die Inhalte der Festlegungen sind eben – na, die sind sozial bedingt – sozial bedingt. Und was da – was aber in dem sozialen - in der sozialen Bedingtheit drinsteckt, das ist: sie sind geistbedingt. Also, dieser gesellschaftliche Prozess, den der Mensch vollzogen hat durch die Jahrtausende: Der konnte nur – den konnte nur ein Bewusstseinswesen zurücklegen. Die Tierheit ist nie über überschaubare kleine Sozietäten - kleine Gemeinwesen, die noch keine eigenen Gesetzmäßigkeiten aufoktroyierten, dem Prozess: Die ist da nie darüber hinausgekommen, sodass jetzt also auch im Konkreten – also, der Stoff, der da zu bewältigen ist, hat immer etwas mit Reflexion zu tun, damit, wie wir mit unserem Bewusstsein in der Welt sein können – ob es uns gelingt, richtig in der Welt zu sein.

Eines weiß man natürlich aus diesem – und das ist also eigentlich der Kernpunkt der Tragödie, die in dem Gesamtablauf steckt: Dass wir bei oft auch nur scheinbarer Freiheit der Entscheidung in einer bestimmten Situation im Ganzen gesehen doch einigermaßen gesetzmäßig - und zwar nach Gesetzen, die wahrscheinlich letztlich nicht bloß bis zur Produktion zurückverfolgt werden müssen – in die späteren Situationen hineingekommen sind – Goethe hat in seinen »Urworten, orphisch« – also, wo er so die elementarsten anthropologischen Voraussetzungen der menschlichen Existenz ins Poetische gebracht hat, eine Stelle drin, wo es heißt:

»Wir sind« – also, wo er dann - die Überschrift dieses Abschnittes ist: »Ananke« (Notwendigkeit): Wir sind am Ende »nur enger dran, als wir am Anfang waren« - und hat damit festgehalten, dass wir mit einer bestimmten Entscheidung – also, mit der Auswahl aus dem Reich der Möglichkeiten - wir entscheidungs- - zum Beispiel in der Frühzeit: für diese Art ritueller Bewältigung - dass wir uns damit natürlich auch festlegen - und das, was wir da einmal festgelegt haben, das objektiviert sich ja dann auch im sozialen Bereich. Und dort – also, in dem Maße, wie wir uns dann festlegen, geht natürlich dreierlei verloren, und zwar schon im Gedanklichen – schon im Gedanklichen. Es ist also so, dass das Netz der früheren Festlegungen offenbar mit der Zeit mächtiger wird, zumindest als der – sagen wir einmal – wie drücke ich das aus: Der uninspirierte neue Gedanke. Also, es kann uns gut einfallen – also, das könnte man ja auch so und so machen: Dieser ungeladenen Mentalität ausgesprochen oder ausgedacht - also, es braucht schon eine große emotionale Aufladung des Gedankens, damit auch nur eine Chance besteht, dieses Netz der früheren Entscheidungen, das sich auch objektiviert hat, noch irgendwie – also, in Bewegung zu bringen. Denn ein neuer, ein wirklich neuer Gedanke - dieses »Siehe, ich mache alles neu«: Dieses Prinzip, das erfordert ja, dass sich in dem gesamten Netz der Festlegungen etwas ändert. Und dass wir das – also, praktisch, dieser Entfremdungsprozess – den wir immer geneigt waren, allzu schnell heil zu machen, bei der Analyse in puncto Ausbeutungs- und Produktionsverhältnisse – also, Festlegungen, die dann auch überhaupt Ausbeutung, zum Beispiel, erst möglich machen, und zwar nicht bloß – das ist nicht erst das Mehrprodukt, das die möglich macht, sondern - das ist auch eine Frage, erst einmal, schon des Einflusses in diesem gedanklichen Netz. Und das ist übrigens der Grund dafür, dass neue Entscheidungen in der Regel nur mit Charisma eingetragen werden können in so einen gesellschaftlichen Zusammenhang, sonst ist einfach – sozusagen - die Trägheit des Netzes zu groß. Und zwar, wenn ich – damit wir das nicht zu schnell sozusagen auf Gesellschaftliches – auf gesellschaftliche Belastung reduzieren: zuvor schon ist das eine Angelegenheit in unserem alten Gehirn – also, wir selber sind am Ende enger dran, als wir am Anfang waren: Das heißt, unsere ganze Biografie, unsere Auto-Biografie ist eine wachsende Festlegung und es braucht dann deshalb – also, eine Art von Erweckungserlebnissen, damit wir in uns - selber in der Lage sind, mit einem neuen Gedanken die Struktur zu beeinflussen – und damit unser Verhalten nach außen zu beeinflussen. Und das gilt im gesellschaftlichen Zusammenhang natürlich noch mehr. Und dann erst kommt hinzu – und daran ist – da wird nichts abgestritten, sondern: Das ist dann auch wahr, weil es sozusagen diese Trägheitskräfte in der Außenwelt ungeheuer verstärken kann - das, was die Klassiker »Verdinglichung« genannt hätten, was Hegel »Objektivierung« nennt – also, dass wir den gedanklichen Zusammenhang, den wir geschaffen haben, dann auch noch in eine materielle Kultur – im weiteren Sinne – umsetzen. Und als noch ein Bau darauf ist dann das, wo Marx den Entfremdungsbegriff zugespitzt und auch etwas verengt hatte: Dass – dann kommen erst die klassenmäßigen, die Ausbeutungsverhältnisse dazu, schon – also, die – wenn man sich ansieht, was wir jetzt an Öko- und - an ökonomischer, meine ich - und an Technostruktur geschaffen haben - auch wenn da nicht noch bestimmte Spinnen im Netz den Saft absaugen: Das ist schon übermächtig genug. Und das andere kommt noch hinzu, es mag sich sogar dahin zuspitzen, jetzt - dass die Nöte, die aus dem Umfang des ökonomischen Prozesses und aus der Technosphäre selbst hervorgehen, die Herrschaftsverhältnisse, die damit nicht mehr fertigwerden, infrage stellen: Die das nicht mehr bewältigen, werden infrage gestellt.

Was ich sagen wollte, war – weshalb ich sage – also, es handelt sich da bei diesem »am Ende enger dran, als wir am Anfang waren«: Es handelt sich da um den Stoff, irgendwie, einer objektiven Tragödie insofern, als - der Held dieser Tragödie, der Mensch in seinen verschiedensten kulturellen Zusammenhängen, hat zwar die einzelne Entscheidung immer getroffen, aber - er hat damit zugleich objektiven Stoff gesetzt, der sich nachher oft als stärker erwiesen hat. Und was auffällt, ist - also, dieser charismatische Eingriff, diese charismatische Neubestimmung ist in einem Familienzusammenhang leichter als in einem Stammeszusammenhang, in einem Stammeszusammenhang leichter als in einem Staatszusammenhang – und so weiter. (…) Also, wenn man - eine entscheidende Stelle in der – sozusagen - Entfremdung und Verdinglichung im historischen Prozess wahrnehmen hieß - noch aus der griechischen Zeit hervorgekrochenen ersten Kulturehe der Art - dass irgendein (…) Stammesclan innerhalb seines Clanzusammenhanges so viel Kräfte mobilisieren konnte – und auch ein so schnelles, relativ schnelles Wachstum der eigenen Kriegerscharen, dass die sich über fremde Stämme erheben konnten, als Eroberer und Herrscher – und ein auf diese Weise unterworfener Stamm, der – da wird natürlich - in Bezug auf diesen neuen gesellschaftlichen Zusammenhang bleibt das Stammesbewusstsein sogar im Kern zurück, das ist ja ganz unvermeidlich. Und wenn man das also jetzt im kurzen Sprung – nur, um es sich zu vergegenwärtigen – auf die heutige Menschheit überträgt: nicht einmal wir Stammesüberreste, hier - Bayern, und Westfalen, was weiß ich, Brandenburger - in Deutschland haben ja auch nur im Entferntesten unser eigenes Siegel in der Hand. Und das liegt nicht nur an irgendwelchen Leuten, die stattdessen die Macht haben, sondern – es ist – wir sind eigentlich gegenüber diesem Zusammenhang hier so balkanisiert – und wir sind es doch aber verhältnismäßig wenig, wenn man sich darüber klar ist, dass von unseren Verhaltensweisen hier – die zwar nicht frei von Nöten sind, aber von Nöten, die nicht so ans Leben gehen wie anderswo – von uns geht aber sozusagen die Organisation im Weltmaßstab aus - und wir machen irgendeinen verrückten General dann in Nigeria verantwortlich für das, was er mit Ken Saro-Wiwa etwa gemacht hat und mit dem Ogoni-Volk. Und er ist auch verantwortlich, bloß - die Leute in Nigeria haben es gar nicht mit dem zu tun – auch, sicherlich, unmittelbar, aber - in dem Zusammenhang ist gerade doch kenntlich das Schelmenspiel, aber - hinter »Schelm« stehlt die ganze Art und Weise, wie der moderne technokratische Kapitalist die Welt in den Händen hält. Das heißt, die Leute dort, dieses Ogoni-Volk - die Leute in Afrika und in den – eigentlich: in den unterentwickelten Regionen sind viel subalterner, ohne jede Schuld, gegenüber – ohne es beeinflussen zu können, zunächst, unmittelbar gesehen – gegenüber diesem übermächtigen Prozess, der da aus der zivilisatorischen Entwicklung in Europa hervorgegangen ist. Das heißt, dieses ökonomische und technische Netz, das das Gedachte, das Bewusstseinsprodukt, unter der Dominanz jetzt des weißen Mannes über die Welt ausgebreitet hat, das heißt: Wir waren nun noch schneller als andere Zivilisationen in dem Gang. Das ist – das beherrscht natürlich und beschränkt in hohem Maße unsere Wirksamkeit und Verhaltensmöglichkeiten, jetzt. Und ich meine damit: Es ist dann sichtbar, dass wir da eine Art Labyrinth uns geschaffen haben. Und ich erinnere daran – also, wir glauben ja, dass wir so weit über diese alte mythische Zeit hinaus sind – das Labyrinth dort in Kreta war ja eine mutterrechtlich tradierte Einrichtung, und ohne den Faden der Ariadne – also, eines weiblichen Wesens - das ist ganz wichtig: nicht einfach ein Faden, nicht einfach ein Verstandesplan: Wo kommst du hier heraus? – ohne den Ariadnefaden kam man aus diesem Labyrinth nicht hinaus und war dem Minotaurus ausgesetzt; der Stier war ja ein Tier der Göttin. Und ich glaube, dass wir uns etwas vormachen, wenn wir denken, dass wir – das ist natürlich ein symbolisches Wort, jetzt, aber - dass wir den - sozusagen - Naturmächten und Muttermächten der menschlichen Existenz so sehr entgangen wären, wie wir uns das mit unserer rationalen Konzepten einbilden. Also, mach einmal einen Plan, hat Brecht gesagt, und mach einen zweiten Plan - gehn tun sie beide nicht. Das hat damit zu tun, dass uns in Wirklichkeit doch noch ältere Strukturen – die unbewältigt sind, das ist der Punkt: unbewältigte Strukturen - uns reicht der Ariadne'sche Faden nicht mehr – offenbar. Und - es ging darum, glaube ich, da - etwas neu zu finden, ist gar nicht die Frage eines neuen Gedankens – es handelt sich vielleicht darum – also, die Ermächtigung, im positiven Sinne, des lebendigen Geistes gegenüber der immer größeren Masse des toten Geistes, den wir da vergegenständlicht haben, der toten Arbeit, die wir vergegenständlicht haben – nicht bloß in Produkten, sondern auch in Institutionen – also, wie kann der lebendige Geist – also, seinen Raum wieder einnehmen? Es ist ja - immer noch ist - jeder neue Akt, selbst jeder neue Reproduktionsakt konsumiert lebendigen Geist. Aber - dieses Problem der Herrschaft von lebendiger über tote Arbeit – so hatte M<arx ja einmal das Thema »allgemeine Emanzipation« gestellt – etwas zu eng, aber im Prinzip völlig zutreffend - wie kann der lebendige Geist des toten Geistes wieder Herr werden, und zwar: unseres eigenen toten Geistes – also, dessen, was wir vergegenständlicht haben. Das hatte ja Marx »tote Arbeit« genannt; aber – vergegenständlicht haben eben nicht

bloß – wir gucken oft dann zu kurz – oder, genauer gesagt, wir gucken zu kompletistisch, wir finden dann den Tisch wichtiger als die gesellschaftlichen Verhältnisse, und – die schon – und zwar: Die gesellschaftlichen Verhältnisse schon in der Familie, geschweige denn in der Gesellschaft, diese – die sind ja viel wichtiger als diese Materialisation, obwohl uns dann, wenn wir genügend Fisch verarbeitet haben und zur Maschine fortschreiten, und so fort – dann die – sozusagen, dass die Bedürfnisse, die mit uns durchgehen, wieder rückwirkend die Verhältnisse beeinflussen – und meistens störend. Also, dass wir – indem wir zu viel brauchen, um auch nur einigermaßen zu kompensieren, was ausfällt für uns, was wir nicht – wo wir nicht genug uns selbst auch sind: Dass die uns ein Diktat bedeuten, uns erneut zu fügen - um der Ergebnisse willen. Es ist also in so einer komplexen Riesenkultur, wie wir das haben – es ist nicht einfach sozusagen die unmittelbare Angst der Beschäftigung und so, die vordergründig – also, viele von uns ja auch hier fühlen, sondern – es steckt also eigentlich viel mehr dahinter die Angst, wie das Ganze überhaupt weitergehen kann, sobald ich an irgendeiner Stelle ernstlich nicht mehr mitspiele, was dann sein wird – oder man wird (…) - wenn man nicht mehr mitmacht, in dem Spiel, und so – also, es ist eine große Blockade des Bewusstseins im Gange, und zwar - des Bewusstseins, weil es durch so viele Schichten hindurchgewachsen und verstärkt worden ist in dieser überhöhten Form – als toter Geist.

Wenn man sich aber darüber klar ist – ich mach gleich eine Pause – wenn man sich aber darüber klar ist, dass die Soziosphäre – also, ihrem Wesen nach Noosphäre ist – das ist jetzt ein Ausdruck, der Teilhard de Chardin einerseits und Wernadski andererseits – ein russischer empirischer Wissenschaftler - also, ein Positivist, eigentlich – Teilhard de Chardin ist spirituell, aber – beide haben unabhängig voneinander den Begriff der Noosphäre geprägt. Und das ist einfach – das ist ein Begriff: »Noo«, mit diesem Doppel-O – also, wie »Zoo«: Das geht zurück auf »Nous« – das ist der Geistbegriff, den der griechische Naturphilosoph Anaxagoras gehabt hat. Und zwar, bevor Sokrates und Co. gekommen sind – Sokrates, Platon, Aristoteles sind später. Der Nous des Anaxagoras, das ist sozusagen aller Geist, vom Weltgeist – obwohl er dazu nichts gesagt hat, aber - von dem Geist, der das Ganze irgendwie zusammenhält, bis zum individuellen

Geist, wo diese Naturphilosophen ein Gefühl dafür hatten: Wir hängen damit zusammen. Und Noosphäre heißt also einfach. Soziosphäre - ich sagte vorhin: ist bewusstseinsbegründend. Und im Wort »Noosphäre« hat auch Teilhard de Chardin – also, die Finalität dieses geistgeleiteten – vielleicht schlecht geleiteten, aber - geistgeleiteten gesellschaftlichen Prozesses gemeint. Und es ist also so: Wenn das – also, ich meine einmal jetzt den Unterschied zu der Frage der Störung in der Biosphäre, die wir da verursachen - wenn dort in der Un-Bewältigung der Noosphäre - das heißt: unseres Bewusstseinswesens – wenn da das Problem liegt, dann müssen wir uns auch da konzentrieren. Und dann ist es sozusagen immer noch falsch, bei dieser Frage Soziosphäre/Noosphäre sich zu schnell auf Soziologie zu konzentrieren – das heißt, auf die gesellschaftlichen Widersprüche, die ja – wenn man jetzt das Gewachsensein des Problems betrachtet – in ihrer konkreten Form sowieso spät sind und Ableitungen sind von – von Schicksalen des menschlichen Bewusstseins, die durch diese ganze geschichtliche Entwicklung und dann noch durch eine Sozialisation hindurchgegangen sind – also, Phylogenese und – jetzt, gesellschaftlich gesehen - und Ontogenese: Dann kommt – es kommt eine Soziologie heraus, und das – und die – der Stoff der Soziologie – also, dessen, was die gesellschaftlichen -

- heranzugehen - herangehen zu können – das ist ähnlich wie mit der Natur: Es ist die Frage, in welcher Bewusstseinsverfassung man da überhaupt etwas werden kann. Und wenn ich vorhin sagte – also, dass so eine Neubestimmung immer Charisma im Sinne einer sozusagen außerordentlichen Energieausstrahlung, die mit dem Bewusstsein verbunden ist – also, Lebensenergie, die erst einmal dem Gedanken, der da abstrakt sein mag, und dieser Stärke gilt – also, Marx hätte die Leute nicht so beeindruckt, wenn er einfach ein – ein Mann ohne Feuer gewesen wäre (…) . Und jetzt ist die Frage – also, woher die Energie kommen soll, um diese gesellschaftlichen Widersprüche zu bewältigen. Also, sie kann bestimmt nicht ausreichen, wenn es – also, sozusagen – von dem Gefühl beherrscht ist – also, wir müssen hier modern - weil wir sowieso nichts machen können, einmal verkürzt gesagt - also, aber - man kann daran nichts machen: Dann wird sich auch nichts ändern. Und erst am – nach – also, nachdem uns klar ist, dass die Soziosphäre eine Folge individueller und kollektiver Menschheitspsychologie ist: erst von da aus – also, kriegt man den Schlüssel zur Soziosphäre. Und dann erst wird es wahrscheinlich effektiv sein, wenn wir uns dem Naturverhältnis stellen – das heißt, den Problemen unserer Technosphäre. Die Technosphäre ist ein besonders entfremdeter Teil der Noosphäre – also, in Technik umgesetzter Geist, ich habe das vorhin schon gesagt: Verstand, aber - dort würden wir uns ja – und das ist vielleicht auch sozusagen offenbarer - noch mehr – irrer - wenn wir dächten – also, das ist einfach ein unmittelbarer Einfall, mit der Atomenergie oder so - oder mit der Gentechnik oder so – also, das ist klar: Damit uns diese Technologien einfallen können, dieser herrschaftliche Umgang des Menschen mit der Erde und mit sich selbst: Dazu müssen vorher gesellschaftliche Verhältnisse eingerichtet sein, die darauf hinauslaufen.

Und ich will dann in der zweiten Stunde darauf kommen – also, wo eigentlich der für all dieses Soziologische und auch für dieses Problem mit der Biosphäre – also, für die ökologische Krise: Wo da in dem Bewusstseinswesen des Menschen – also, vielleicht das Schlüsselproblem liegt. Wenn wir das Schlüsselproblem erkennen, dann haben wir damit – also, wirklich nicht diejenige Ersatzlösung, mit der wir für - Morgen früh dann dieses Konzept da, »Zukunftsfähiges Deutschland«, gar nicht mehr brauchen: Das ist nicht so. Aber es könnte sein, dass sozusagen die - nicht bloß die charismatische Intervention – also, die kraftvolle, die energiereiche geistige Intervention in dem historischen Prozess dann eine bessere Chance kriegt, sondern - das Charisma selbst. Das heißt, dass vielmehr – ich würde einmal sagen - das klingt jetzt paradox zu dem, was ich vorhin gesagt habe, aber – erst einmal ist natürlich der Geist auch eine Naturkraft – also, vielmehr: ökologische Kraft, die psychisch dann – und diese – diese psychologische Energetisierung dann auch gewagtere Gedanken ergeben, Gedanken, die wirklich über den Status quo springen und nicht da an den Rändern dieses Reservationsproblems irgendwie herumdoktern, ohne dass der Motor – dass der Motorraum auch nur erreicht ist, damit man das Ding ausschalten könnte – oder umschalten könnte. Also, deswegen hier der zweite Teil meines heutigen Vortrages - also, wie dieses Problem der Bewusstheit im historischen Prozess von – etwas mehr von innen gesehen eigentlich gebaut ist und wo da – ja, das ist die Hauptfrage: Wo der Schlüssel liegen könnte.

(…) »Trans-personale Psychologie« nennen und die – also, uns eigentlich danach fragt, wie wir auch trans-rational – übervernünftig usw – also, in die heilsmäßigen Bereiche vordringen könnten, um von dort aus alles wieder heil zu machen, was wir kaputt gemacht haben.

Es mag sein – sage ich jetzt - dass das eine letzte Perspektive des Menschen ist und dass man auf keinen Fall heute jemanden davon abhalten sollte - also, Übungen in dieser Richtung zu unternehmen, der - oder die – (…) völlig dazu prädestiniert oder bereit ist. Das sind auch - ungefähr Gabe, oder Gnade oder so – das sind vielleicht Vorläufer, das sind solche Erscheinungen, die in der Vergangenheit als Christus oder Buddha – viele Namen könnte man da nennen – die in dieser Richtung aufgetreten sind. Ich denke aber, dass wir es aktuell mit einem anderen Problem zu tun haben und dass auch dieselben Meister – das will ich jetzt nur vorweg schicken, ich komme darauf zurück: Dieselben Meister, die in diese trans-rationalen (über-persönlichen) Bereiche – nach unserer Wahrnehmung, übrigens – vorgedrungen waren: Die haben eigentlich einen anderen Rat ins Zentrum gesetzt, und zwar - einen Rat, der erstaunlicherweise - sozusagen - mit prä-rational und rational, mit vor-rational und rational und über-rational – das heißt, mit dieser ganzen Linie der Rationalität gar nichts zu tun hat - nämlich: Der Buddha hat von Mitgefühl gesprochen - die sollte das Ergebnis der ganzen Übung sein, das Mitgefühl. Und Christus hat so darüber gesprochen, über das Thema, dass man beinahe sagen könnte: eine Politik der Liebe sei da im Vordergrund gewesen - so paradox das klingt, das zusammenzuschalten – also, wenn es wahr ist, natürlich, was Karl Schmidt gesagt hat: Dass Politik – also, davon ausgeht, die wichtige Unterscheidung zwischen Freund und Feind zu treffen, um dann .die (…) zu kopieren: Dann können Politik mit Liebe nicht zusammengehen. Wenn aber Politik die Frage ist, wie die Gesellschaft menschenwürdig – im höchsten Sinne – einzurichten wäre, dann schon hängen Politik und Liebe zusammen. Und ich finde es – um da noch ein – jetzt, zum Eingang zu der zweiten Hälfte unseres heutigen Themas – also, spannend, dass – (…) - sagt man dann jetzt - des Ausstiegs im Wissen, der Gotterkenntnis in den Mittelpunkt eigentlich das Thema Liebe gestellt – und Mitgefühl – ich meine - also, das ist – dieses Thema – gestellt haben. Das heißt – ich würde sagen: im Unterschied zu dieser ganzen modernen Psychologie auch, großen- - größtenteils auch der trans-personalen, die immer auf dieser Schiene – also, Wissensentwicklung, Erkenntnis, Vernunft für sich fährt: Das ist - die früher, die haben noch gewusst, was uns in - meiner Meinung nach - in diesem – im leeren Aus, das ohne eine Rückverwurzelung unserer Rationalität, unseres Verstandes – ich spitze das - den Ausdruck - jetzt einmal zu: bis in die Biologie der Liebe – und in die Psychologie der Liebe, auch – und meine damit noch etwas anderes als die sentimentalen und romantischen Verhältnisse, die auch – die schon dazugehören, wo oft auch etwas fehlt, sondern - Liebe einfach als, was – was – was beides meint, Eros – also, die Zuwendung zur Welt, dieses wagemutige Daraufzugehen, und Agape – also, das, was da – was da uns entgegen kommt, von anderen und aus dem Weltzusammenhang – also, das war eigentlich der Kernpunkt, auf den Leute hingewiesen haben, die den geistigen Aufstieg begriffen haben. Das ist auch ein intellektueller – das hat – aufstieg: Das hat auch mit Wissen zu tun, aber - es ist nicht das Wesen der Sache und es wird uns jetzt unmittelbar nicht helfen. Ich glaube, dass dieses Paulus-Wort – » … und der Mensch muss mit Engelszungen reden … » - ich habe das nicht wörtlich, jetzt: Dass das ein sehr praktischer Gedanke ist – ein sehr praktischer Gedanke.

Was uns beim Aufstieg der Rationalität – also, bei der Spezialisierung des Menschen auf seine Verstandesführung, genauer gesagt: Auf die Funktion des instrumentellen Verstandes, ja – also, zu einem Zweck, der nicht in der Sache selbst liegt, sondern - für mich, in meinem Nutzen – die Erkenntnis einsetzen: Instrumenteller Verstand, das heißt schon: Es geht eigentlich nicht um die - ganzen Horizont der Wahrheit, sondern es geht um den Ausschnitt der Wahrheit, den ich jetzt gerade gebrauchen kann, der jetzt für mich wichtig ist. Das ist nicht nur technisch, sondern – das kann auch in Beziehungen sein, von – der Kampf des Menschen mit dem Menschen am Küchentisch, das kann das auch sein: Dass man - also, es gibt – das ist das, was dann auch Rationalisierung, mit Recht, genannt wird – also, es gibt da ein echtes Problem. Und: man kann das rationalisieren - das heißt: es gibt dann auch vernünftige Argumente, die man dort in die Debatte werfen kann, die müssen auch nicht an sich falsch sein – und können doch korrupt sein, weil ich ganz etwas anderes damit erreichen will, weil ich ein Sub- zum Beispiel suche statt der Wahrheit - in dem Konflikt, den es dort gibt. Also, es liegt jetzt – wenn man – also, in der – wenn man – wenn der Mensch sich auf Rationalität spezialisiert - das heißt, auf dieses Feld »Erkennen«, das nicht den ganzen Horizont meint, sondern: ich weiß, das ist nützlich: Da steht eigentlich etwas von vornherein im Widerspruch zur Moralität, von vornherein - also, im Ansatz. Das heißt, das ist eine Verirrung, die erst einmal schon immer menschenmöglich ist. Und mit »Moralität« meine ich – man könnte auch sagen: Die ursprünglichere tragende Sphäre des menschlichen Zusammenseins – das, woran ich vorhin auch beim Labyrinth erinnert habe: An den Ariadnefaden: Das ist sozusagen die Ebene der Beziehungen, der Solidarität, eigentlich, als einer Naturgabe, die der Mensch auch besitzt – also, als dann Hobbes und andere gefunden haben, am Eingang der Moderne, dass sie einen Naturzustand entdeckt haben, der - des Kampfes Mann gegen Mann - oder Frau gegen Frau – vor allem Mann gegen Mann ist: Das war ein ungeheurer Druck, was die menschliche Natur betrifft – also, wenn man zurückblickt: Der konnte – denn damals wussten die ja auch noch nicht so viel – also, das ist jetzt nicht, den Hobbes zu kritisieren, sondern nur: Das ist – der Irrtum ist typisch. Also, was man – was man heute weiß aus der Vor- und Frühgeschichte des Menschen, läuft darauf hinaus, natürlich: nach außen einen Druck zur anderen – da gab es – also, aus Angst, auch - diese Feindschaftsverhältnisse. Aber in den Gemeinden jetzt, im Clan - und auch, wo das sich ausgebreitet hat, über die Exogamie, in größere Zusammenhänge: Da zählte absolute Solidarität und es gab wirklich kein größeres Verbrechen - das wurde mit Ausscheiden dann bestraft, oft schon: bloßer – das, was wir heute Totschlag nennen, von Mord zu schweigen. Also, dieser ursprüngliche Zusammenhalt, der – natürlich zunächst eine noch abhängige Moral, nicht – sozusagen – die Moral der freien Entscheidung, die wir uns jetzt so zugute halten und bloß auf die unwesentlichen Dinge – die unwesentlicheren, in der Regel – anwenden. Aber überhaupt: Diese Sphäre der Moralität - das war eigentlich das Problem des sozialen Kitts, dessen – das, was die Gesellschaft letztlich – »freundschaftlich« ist vielleicht auch schon ein zu spezieller Begriff, weil das ja eine tiefere, eine spezifische Ausbildung der Moral dann ist, aber - wo also, einfach – also, der Mensch hat den Menschen da respektiert; er musste ihn respektieren, und er hat ihn auch respektiert. Das ist eine Art Respekt, die in der Konkurrenzgesellschaft eigentlich nicht gegeben ist. Also, wenn zwei Manager einander austricksen, dann will – einer davon kann es nur werden: Die versichern sich vielleicht vorher und hinterher privat ihres Respekts, aber - in der Auseinandersetzung ist er nicht gegeben. Und das ist – also, dass wir – ich will darauf hinaus, dass in dem Prozess des Aufstiegs – sagen wir einmal: zum Verstand und in Richtung Vernunft – angekommen bei Vernunft sind wir wahrscheinlich noch nicht, aber - dass da – also, die Schere zwischen Rationalität und Moralität immer größer geworden ist – Ich komme auf dieses ganze Thema jetzt in der zweiten Stunde – in der nächsten Vorlesung noch einmal ausführlich zurück. Ich will jetzt nur einmal auf eines aufmerksam machen, was – also, auch eine Errungenschaft der modernen Untersuchungen – die das ganz kenntlich machen: Es gibt parallele Hierarchien von Verstandesentwicklung und von Moralentwicklung – also, Verstand – also, Rationalität – vom vor-rationalen Wahrnehmen, wo also noch nicht die Begriffe im Mittelpunkt stehen – über das Aufkommen des Begriffs, erst einmal, und dann über die Möglichkeit, mit Begriffen zu operieren – bis dahin, dass man zu abstrakten Informationen kommt. Also, wenn dann jemand zum Beispiel eine Schnecke auf ein Brett setzt - und dieses Brett mit der Schnecke - die sich bewegt - noch auf einen Tisch schiebt, dann bedarf es sogenannter formal-operationaler Denkvorgänge – also, nämlich: Des Gedankens der Relativität, um dann noch mitzubekommen, was da eigentlich passiert. Ein kleines Kind von fünf Jahren würde sagen: Die Schnecke ist soweit vorwärts gekommen, wie sie auf dem Brett vorwärts gekommen ist, wenn das – auch wenn das Brett zurückgezogen worden ist. Und diese formal-operationale Stufe, das ist – sozusagen - die, die die Wissenschaft dann hat, wo man also absieht von konkreten Gegenständen, auch: An sich kein Fehler - einfach eine Möglichkeit, mit Gedanken und mit allgemeinen Methoden zu experimentieren. Und parallel dazu – und oft so (…), als ob das Hand in Hand geht: moralische Entwicklung – auch von »prä-konventionell« – also, man brauchte noch – also, in diesem ursprünglichen - in dieser ursprünglichen Gemeinschaft – also, dass man da solidarisch sein musste und - was dann viel später in Gesetzen reguliert werden musste – selbstverständlich eingehalten hat: Das nennt man prä-konventionell – Und dann kommt »konventionell«: Wenn man also – wenn dann also ein Stamm schon die Disziplin verlangt – entweder die (…) oder die Polis in Griechenland: Wo die Disziplin verlangt, dass die Leute mitmachen – das waren ja nur wenige, die da (…) regiert haben: Das nennt man dann »konventionell« – Und dann kommt »post-konventionell«: Das ist das Individuum nach Hobbes, sozusagen, das schon weiß - also, wir liegen hier im

Clinch miteinander und die Gesellschaft will uns vereinnahmen und bestimmen, aber - wir nehmen uns aus diesem ganzen Schlamassel heraus und beanspruchen für uns die Freiheit der moralischen Entscheidungen. Und nun: Diese höchste rationale Stufe und - diese höchste moralische Stufe: man sollte denken, dass die zusammen – in Wirklichkeit ist das ein großer Irrtum. Und - was sich daran zeigt: Nämlich, dass wir auf der höchsten Stufe sozusagen des Vernunftgebrauches, des Rationalitätsgebrauches angekommen sein können und ein Ding in den Kosmos schicken – das kann zugleich ein Mensch sein, der sich in den elementarsten sozialen Beziehungen ganz unmöglich verhält, sei es ein Barbar, sei es ein Arschloch: beides kann der sein (es muss nicht so sein – nur: Dass es möglich ist) - und dass das Gefälle immer in der – in dieser Richtung führt: nach ab- nach unten, was die Moral betrifft. Das bedeutet in Wirklichkeit ganz umgekehrt: Dass die rationale Entwicklung – also, man kann es erst einmal schon – man kann es erst einmal vermuten, dass die rationale Entwicklung auch etwas grundsätzlich von Flucht nach vorn für – angesichts ausgefallener moralischer Entwicklung, aber - jetzt meine ich das Wort auch im weiten Sinne: erst einmal direkt – also, was man so im Allgemeinen darunter versteht, aber - ausgefallene gesellschaftliche Entwicklung, auch - ausgefallene Naturbewältigung, auch - das heißt, dass man – dass man es also in der Regel damit zu tun hat, dass Leute, die durchaus noch auf – auf – zum Beispiel auf einer Stammesmoral – da ist ja der andere dann - der andere Stamm ist ja der Feind – also, ethnozentrisch, zum Beispiel – auch die früheren Stadien sind egozentrischer, der Form nach - dass man da also noch, wenn es sich dann – also, um Moral im Sinne schon einer bewussten Entwicklung handelt: Dass sie dort festsitzen, aber - mit technischen Instrumenten umgehen, geradezu - zu denen sie unbefugt sind, weil das – also, weil – eigentlich sollten Rationalität und Moralität - müssten im Einklang sein, wenn das gut gehen soll. Aber – es ist aber so, dass diese – sozusagen, diese Schere da, die sich da entwickelt: Die ist – also, die hängt allerhöchstwahrscheinlich damit zusammen, dass also dieser – sagen wir einmal: Antagonistische - dieser widersprüchliche, dieser kriegerische Kulturfortschritt – kriegerisch – Fortschritt – also, diese Entwicklung von der Mehrheit der Menschen jedenfalls nicht so zu bewältigen war, dass dabei Verstand und Gefühl zusammengehalten werden konnten. Das ist offenbar – also, zu schwierig gewesen. Und es kommt noch eines hinzu, das die Sache vielleicht – also fundamentaler, noch etwas fundamentaler erklärt. Und zwar die – also, wenn man jetzt in der indischen Philosophie und Psychologie auf dasselbe Problem guckt, dann ist es so, dass die Intelligenz – also, die Ratio aufkommt mit dem Aufstieg der Energie bis ins dritte Chakra - das ist hier, wo Macht sitzt. Da unten ist die – das untere Chakra ist einfach die Versorgungsebene, das hier - das merken wir, dass wir da versorgt sind. Das ist ja im Allgemeinen – also, trotz Hungersnöten und so – das ist ja nicht die Grunderfahrung des Menschen, dass (...) . Und dann kommt die emotionale Ebene - nicht alle, die – also, die, die – ich sage einmal: Die sexuell-emotionale Ebene: Das ist das so genannte zweite Chakra. Und dann erst kommt die Ebene sozusagen der sozialen Selbstverortung, der Macht - Aurobindo spricht da von »vital-emotionalen Interessen«. Und die machen sich den Verstand zunutze, als Allererstes - die machen sich den Verstand zunutze, diese - das heißt, das sind – das heißt, der Verstand ist da noch – wie beim Tier, das sich das sozusagen problemlos leisten kann - das Organ, einfach – dieses Organismus und seines Überlebensinteresses - während man schon bei einer Praxis, die selbst im Stamm - mit dem Nachbarstamm hier, mit dem man verfeindet ist, mit dem man um einen Fluss sich streitet oder so, der - das weit über diesen Dienst, den das Gehirn dem einzelnen Affen erweist, weit hinaus ist – weit hinaus. Und heute: Unsere Praxis, die oft - also, in – die weltweite Praxis setzt sich ja aus den Verhaltensweisen aller Menschen zusammen, die es überhaupt gibt. Und da ist es oft doch noch so, dass das unmittelbare Verhalten - obgleich es, auf welchem indirekten Weg auch immer, Einfluss auf diesen ganzen Zusammenhang hat – also, auf eine Menschheitspraxis, die die Erde berührt und alle Menschen berührt: Das ist noch – also, das Urteil wird gefällt vom freien Wahlbürger auch in den reichsten Ländern, der angeblich – also, sozusagen – über das allgemeine Wohl dann entscheidet, wenn er sagt: Der soll das jetzt einmal machen. Was da an Motiven für ihn – und dann noch durch die Presse ja auch – also, durch die Meinungsmache - mit gezüchtet wird, sodass die Politiker dann wieder auch Gefangene dieser unmittelbaren Interessen sind: Das ist - also, das sind Verstandesentscheidungen in diesen unmittelbaren Interessen. Und wenn man jetzt davon absieht - dass der Wissenschaftler bei seinem ganz speziellen Anliegen von seinen Privatinteressen absieht, bei seiner Karriere, bei der Zwecksetzung, weshalb er das überhaupt erforscht -

ist das schon gar nicht mehr schlimm. Und wenn er jetzt angestellt ist bei dem oder jenem Konzern, dann – wo da das Geld herauskommt usw – also, es ist – also, es spielen diese vitalen emotionalen Interessen vom Grunde her eine Steuerungsrolle gegenüber dem Verstand, und zwar unter Bedingungen, wo gegenüber der Urgemeinschaft viel mehr Antagonismus in der Welt ist, sodass da schon in diesen vitalen Interessen viel mehr Falsches drin ist - im Netz – (…) – bestimmt nicht, aber – falsch. Und das zusammen bestimmt den historischen Prozess. Und wenn man jetzt – also, im rationalen Aufstiegsdenken begriffen sagt: Jetzt müssten diese Leute – also, sozusagen – nur zu einer höheren Ebene der Moral im Zusammenhang mit der höheren Entwicklung der – rein theoretischen – der Verstandesfähigkeit kommen, dann haben wir uns einen gesellschaftlichen Zustand geschaffen, der diese Schere – also, wenn nicht noch vergrößert statt sie zu verringern. Also, man spricht jetzt davon - mein Freund Johan Galtung hat jetzt – habe ich gerade einen kleinen Aufsatz gesehen; er sagt - also, was man sieht, ist nicht, dass gesellschaftliche – also, nicht bloß, dass gesellschaftliche Widersprüche uns schwer zu schaffen machen, sondern - was uns zu schaffen macht, ist der Zerfall von Gesellschaft in dem Sinne sozusagen, dass die Grundlagen von Pluralität und Solidarität verschwinden, weil – also, eine Einrichtung bei dieser ganzen Logik herausgekommen ist, bei der jeder nur noch sich selbst der Nächste ist. Also, die Menschen werden durch Verhältnisse getrennt – und trennen sich dann auch selber. Und wenn jetzt auf - in dieser Situation der – wo die vitalen, die unmittelbaren, die Überlebensinteressen, die Selbstbehauptungsinteressen noch bedroht werden: Wenn dann also die Ängste - die ohnehin beim Aufstieg des Verstandes schon eine Rolle gespielt haben - zusätzlich in Aufruhr versetzt werden, dann ist es unwahrscheinlich, dass wir über diesen Antagonismus der – also, zu Machtzwecken eingesetzten Verstandeskräfte hinauskommen. Und dann, natürlich - dann haben die einen mehr die Möglichkeit, sich in diesen Machtkämpfen noch auszuleben, als die anderen, aber - es geht immer auf Kosten des ganzen Zusammenhanges (das ist, was uns die ökologische Krise neu zeigt) – und auf Kosten weniger privilegierter Menschen auf der Welt. Und was wir noch – was wir wirklich nicht vergessen dürfen: Die wirklich Unterprivilegierten sitzen – sind nicht in diesem Lande. Auch – auch - weil das auch ein psychisches Problem ist, man kann es nicht so einfach auseinander halten. Aber - die Verelendung der Menschheit, dass die Leute in ihren geringen Entwicklungszuständen nicht bloß – also, manchmal geradezu eingemauert werden durch die Umstände – also, das hat sich im Laufe der letzten Jahrzehnte, seit dem Zweiten Weltkrieg, noch zugespitzt, ich sagte ja, die Moralisierung bedeutet – also, Subalternisierung der überwältigenden Mehrheit der Menschheit.

Und die Frage ist also, wie wir aus dieser Falle und Schere irgendwie herauskommen können, das heißt, wie die Rationalität – die aber sozusagen die Mächte der Technik und der Ökonomie für sich hat: Das ist nur aufgestülpte Rationalität, die sich losgerissen hat von der Solidarität und Moralität, von der ursprünglichen – wie das wieder hereingeholt werden kann. Und ich meine einfach – also, der – alles – also, das philosophische Problem, erst einmal, mit dem wir da jetzt zu tun haben, das ist – also, wenn man die – sagen wir einmal: Wenn man die konservative Philosophie der Zeit nimmt, für die ja – also, sozusagen – in puncto Bewahrung, Erhaltung usw. manches spricht: Dann sind das zugleich die Leute, die eine ungeheure Angst haben vor dem, was in ihren Augen der Mythos ist – gegenüber dem Logos. Also, ich sage erst einmal: sie sehen meistens nicht, dass das eine davongelaufene Vernunft ist, dass in der gesellschaftlichen Struktur - mehr noch, als wenn man auf den einzelnen Gedanken guckt - da alles damit falsch, fehlläufig ist und dass es – also, dass wir uns da nicht wundern müssen, auch, wenn es ein Aufstand des Rationalismus ist – manchmal zu (…) gegenüber dieser Schicht ist. Aber viel besser wäre es, wenn wir uns darüber klar wären, dass - also, wenn wir denn die Wiederherstellung von Moralität und Solidarität in dem Sinne, wie ich davon gesprochen habe, massenhaft wieder wollen - dass es dann nicht geht, sozusagen, die vor-modernen Bewusstseinsstrukturen (das Magische, das Mythische), wo also solche Dinge des gegenseitigen Gehaltenseins der Menschen zumindest im Stamm noch gegeben war - dass wir das diskriminieren und sagen: Wenn der Mythos wiederkommt, dann kommt der Faschismus, so ist das – natürlich! – so ist das in der Nazi-Zeit gelaufen. Weil es – weil die – also, weil ein großer Teil, ein wesentlicher Teil der Intelligenz einfach übergelaufen ist, weil sie dem – also, im – und zwar nicht in die Richtung der Liebe, sondern in die Richtung der ursprünglichsten Machtkämpfe, die man sich da vorstellen kann: Kampf aller gegen alle – also, dieses – das ist eine Konsequenz, auch, dieser bürgerlichen Ideologie und Praxis gewesen, dass das so gelaufen ist, während – worum es eigentlich geht, ist, dass eine – sagen wir einmal so: Der Mensch – ich habe das einmal gesagt, hier - wir waren wahrscheinlich einmal in der Lage, das Erdbeben mit den Tieren zusammen vorauszufühlen – und wir sind in der Lage, Gott zu schauen. Also, diese riesenweite Spanne und was dazwischen liegt und wohinter wir abgeschnitten haben - das ist, was mit dem Mythos mit verdammt wird: nämlich, was die früher »Participation mystique« nannten – und was bedeutete, dass sozusagen der Energiehaushalt nicht einfach auf das Individuum beschränkt war, wahrnehmungsmäßig – er ist es nicht, an sich, obwohl – also, bei Angstzuständen wenig ausstrahlend, aber - wo also die Moralität im Sinne von Solidarität und einer Kollektivität - die nicht die Ersatzkollektivität der Herrschaft ist: Wo das gegeben ist, da fließt die Energie in diesem weiten Bereich - und stärkt auch einen. Und diese »Participation mystique« hat nicht in erster Linie bedeutet – obwohl das auch eine – sozusagen ein tragischer Meilenstein auf dem Weg des Bewusstseins war: Dass da Menschen geopfert wurden. Die wurden – das waren übrigens keine Totschlägereien wie im Krieg und im Konzentrationslager, sondern - das waren außerdem noch würdigere Formen, da sind noch Drogen im Spiel gewesen, die das erleichtert haben, da war oft eine Freiwilligkeit im Spiel - erst später hat man Gefangene geopfert und so, aber - ich meine, wir werden natürlich nicht dazu zurückkehren. Ich sage das nur, weil es nichts bringt, diese – dieses frühe Stadium zu diskriminieren, sondern – worum es da geht, das ist, dass diese Spiritualität nach oben – die auch nicht zufällig in den letzten 2 500-3 000 Jahren von den Männern entwickelt ist, und zwar schon aus ihrem Leiden an dem Patriarchat - das nun wiederum nicht nur ihre Veranstaltung war, sondern das ein Schicksal war, ein Geschick auch war das in der Entwicklung des Geistes, aber - das sind – also, die Juden sind halt damit gestartet, dass alles das, was da von der Göttin-Religion noch übrig war, nicht wahr sein durfte. Und dieser Bruch da – statt der Integration, statt dass das verbunden wurde, statt dass die Rationalität den Grund dieses – dieser Gemeinschaftserfahrung hat – im Tao Te King ist von »urtiefer Gemeinsamkeit« die Rede (die betrifft natürlich den Stammeszusammenhang, das ist nicht gleich die ganze Menschheit), aber - das müsste die – das müsste heute – das muss eigentlich heute für die Menschheit wiedergewonnen werden, damit wir überhaupt eine Grundlage für die planetarische Solidarität haben, ohne die das nur fürchterlich ausgehen kann.

Und das genügt dann nicht, sondern – dazu gehört dann – also, eine Rationalität, die von diesem – also, pulvernden Selbstbewusstsein - also, von dem Machtschakal hier - insofern befreit ist, als die Energie nicht gleich da hinausgeht, sondern – das war eigentlich die Botschaft der – von - ich sprach von Buddha und von Christus: Dass die Hochführung ins Herz und durch das Herz durch geht – und dann kommen erst die beiden Ebenen in der asiatischen Psychologie, in der Bewusstsein nicht mehr diesem meinem persönlichen Organismus bloß dient. Hier, in der – im Hals – also, im sogenannten fünften Chakra: Da handelt es sich eigentlich darum – um die Wahrhaftigkeit (das ist nicht Wahrheit, sondern Wahrhaftigkeit) - im Sinne, dass jemand so viel Abstand zu sich selbst hat, dass er es – sagen wir einmal: hin und wieder wagt, sich zu durchschauen – also, seine Interessen auch zu wissen und auch einzugestehen. Das heißt, das ist die Ebene der Aufrichtigkeit in der Kommunikation – das ist schon etwas, das kann ja im unmittelbaren Machtinteresse überaus schädlich sein. Also, das ist unter anderem ein Zustand der universellen Lüge auf den Etagen - so, hier, in diesem Steuerungs(…) – im Persönlichsten geschieht eigentlich viel, in den letzten Jahrzehnten, schon – vom Austausch wieder, weil es – also, nicht auszuhalten ist, das andere. Das ist aber noch kompensatorisch, das erreicht nicht den ganzen Zusammenhang – also, diese Ebene ist die – aber – das ist etwas – das setzt aber voraus, hier – das ist ja ein Wagnis, die Aufrichtigkeit, und es setzt voraus: Ich habe vom Herzen – dass das Herz irgendwie so weit geöffnet ist, das heißt - mit anderen Worten: es darf nicht in Angst zusammengezogen sein. Dass die Energie, die da in uns da ist: Dass die hier in dem Aufstieg auch etwas – ein bisschen weitet. Und das steht dann zur Verfügung für das Wagnis der Wahrhaftigkeit und für das noch größere Wagnis - sozusagen - mit der Offenheit für die Wahrheit auch die Welt zu sehen - auch den Weltzusammenhang im Ganzen.

Also, das – mich hat immer sehr beeindruckt Salvador Allende dadurch, dass er wusste, was auf ihn zukommt. Und er hat seine Grundentscheidungen nicht geändert – aus innerer Einsicht, die er – die auf dieser Ebene – also, er muss also so viel Sicherheit gehabt haben, um sich auch zu sagen: Es ist egal, es geht nicht um mich bei der Sache – es geht um etwas, hier, für das Volk - und es könnte sein, dass das für die Menschen überhaupt wichtig ist. Und er hat sich davon leiten lassen auf dieser Ebene, das heißt - das war ja natürlich analytisch gedacht, das war intellektuell gedacht - das heißt:: Was ich sage, richtet sich nicht gegen die Rationalität, sondern gegen die – sagen wir einmal: Objektive Herzlosigkeit des Verstandes, die – also, eigentlich eher (…) ist. Das ist – da geht es nur um – also, um die messbare - ökologisch und technisch messbare - Leistung. Und das andere – also, solange wir – sobald wir es uns leisten können, sozialstaatlich und so – und ein bisschen – inzwischen abgetrieben – also, was den Geist betrifft: Abgetrieben gesehen, so – nicht mehr gilt, wie sie gegolten hat zu Zeiten, als der Glaube noch intakt war – so - also, ich sage: Die Tragödie des Menschen ist nur – man kann sich ihr überhaupt nur stellen, wenn einem klar ist, dass die – dieses unmittelbare Selbstmordinstrument, das der Verstand ist: Dass das – dass er das deshalb ist, weil der psychosoziale Zusammenhang auf der Flucht nach vorn – durch die Ersatzlösung, die der Verstand immer bereit hat, wenn - halt machtmäßig – dass der dann auch – das ist tiefer dann – sagen wir einmal: schwer beschädigt worden, es ist - insofern kann es nicht total zerstört sein, als es hier - es wird ja neu geboren. Und in der allerersten Phase – also, die Mutter-Kind-Beziehung: Auch wenn es da heute Perversionen gibt – im Allgemeinen funktioniert die Liebe dann doch. Und es ist also eigentlich ein riesiger Wiederaufbauprozess nötig, der aber heute voraussetzt – also, diese Sache ereignet sich nicht ein zweites Mal – wie damals, mit der Participation mystique – von selbst. Also, heute müsste sich die Gesellschaft durch einen konsensualen Prozess darauf zu bewegen – also, erst einmal die Analyse bis in diese Ebene zu halten – also, statt – und sich nur zu beschäftigen mit den Schäden, die wir außen machen. Das muss zurückgelenkt werden aufs Subjekt, aber - aufs Subjekt nicht in diesem verkürzten Beschuldigungssinne: Du bist es, du hast etwas gemacht, und so, sondern - auf das Subjekt im Sinne: Wie müsste denn die Gesellschaft – also, was für – genauer gesagt: Wie müssten wir es wagen - in einem Entscheidungsprozess kann das ja nur herauskommen - die Gesellschaft so einzurichten, dass da von Grund her wieder etwas in Ordnung kommt? Dass also der Geist, die Vernunft, die Rationalität - und das, was darüber hinausgeht, auch: Dass das bessere Entfaltungsbedingungen - und auch bessere Verflechtungsbedingungen - vorfindet. Also, bei diesem Zerfall der Gesellschaft, bei dem absoluten Auseinandergehen der Individuen, bei diesem Individualismus, da kann natürlich - diese Solidaritätserfahrung und –praxis, die ist – das ist bis jetzt – also, die Leute treffen sich, gesellschaftlich gesehen, zufällig, es gibt da Angebote, wo du die verschiedensten Praktiken heute üben kannst. Und das ist – sozusagen – das minimale, Gott sei Dank ist das wenigstens da! Aber es ist keine – sozusagen – gesellschaftlich approbierte Praxis, und– da wäre also derart viel zu tun, zumal auch - immer wieder wäre natürlich die Spreu vom Weizen dann zu trennen, bei den verschiedenen Bemühungen, da wäre derart viel zu tun. Aber vor allem sozusagen die – es muss der – die gesellschaftliche Erlaubnis – fast würde ich sagen: erobert werden für diese Einrichtung. Wir haben jetzt – also, ja nur noch zur Hälfte Wettbewerb der verfügbaren Tageszeitungen, von (…) einmal abgesehen (…), und - anstatt sozusagen, dass das etwas Positives wäre: es ist, weil die alte Organisation weitergeht, negativ - die Leute gewinnen den Freiraum, der da eigentlich zur Verfügung steht. Und die ganzen gesellschaftlichen Anstrengungen - die offiziellen, die übers Fernsehen dann vermittelt werden - laufen darauf hinaus, diesen Zustand der Fesselung in der Arbeit und im Sozialstaat und so – also, festzuschreiben. Und die ganze Politik ist um die Ängste - da könnte etwas von dem ohnehin nicht aufgehenden Geschäft auch noch Pleite machen – gestört. Und das wird in die ganze Gesellschaft hineingetragen – also, Sparpolitik, während wir hier Überflussgesellschaft eigentlich sind. Trotz allem – also, das ist so eine völlig verrückte Situation.

Und dann will ich also schließen, wie versprochen, mit dem Hinweis auf diese zwei Unterüberschriften - wo ich gesagt habe: Befriedigung unserer naturgegebenen Bedürfnisse als letzter Maßstab? Ich will sagen – man kann ja jetzt aus dem, was – was ich zuletzt versucht habe darzustellen, die Schlüsse ziehen: Dann sollen die das einmal machen! - Ich denke, dass wir in einer Situation sind, wo eigentlich nur jeder selbst erst einmal zur vollen Einsicht kommen kann - wie die Bibel: Dass eben sozusagen der Weltprozess in der Richtung auch erreicht. Wir sind da – also, »kraft«, sage ich einmal, unserer menschlichen Natur – die ja außerordentlich in dem (…) Naturzusammenhang ist – wir sind doch verantwortlich und auch verpflichtet, daraus noch etwas anderes zu machen als diesen Dekadenzprozess, der jetzt da vor sich geht. Und das heißt: Wir können gar nicht davon ausgehen, dass die mit - unsere naturgegebenen – sozusagen – materiellen Bedürfnisse, die elementaren Bedürfnisse: Dass die alles sind – oder dass die auch nur entscheidend das sind, wovon wir uns leiten lassen. Das heißt immer, dass wir die eigentliche Hausaufgabe nicht gemacht haben. Und ich glaube, dass wir uns geradezu von dieser Fixierung: Die Gesellschaft muss uns das alles liefern, ehe – dass wir uns davon befreien müssen, damit sie uns es liefern kann, weil – es ist ein – sonst ist es ein – das ist ein – es ist derselbe Kreis: einmal so und einmal so herum. Das ist der Punkt: Dass wir uns also auf dieses Überlebenmüssen in jeder Hinsicht - vom Ökologischen bis zum Psychologischen – ja, bis zum – zur Gesundheitsebene: Wir dürfen uns davon nicht beherrschen lassen, sondern müssen unser eigentliches menschliches Mandat einmal ins Auge fassen, insofern – also, das kann nicht der letzte Maßstab sein, diese Befriedigung dieser unmittelbaren Bedürfnisse, so sehr wir davon abhängen. Und das heißt auch – das Ganze, was ich gesagt habe, heißt: Es gibt einen Unterschied zwischen Wesen und Natur der menschlichen Existenz - also, wir sind in einer Hinsicht erst einmal Teil der Biosphäre, das ist ganz offenbar – bis hin zu diesem Großhirn, dessen Produkt für uns – und Produktionen – uns in verschiedenster Weise einstweilen noch besitzen, weil wir da noch nicht selbstbewusst – mit der psychischen Energie ausgestattet, das auch zu – das auch zu …

9. Dezember 1996

Sind wir abgefallen?

Wir sehen an der Überschrift - an der für das nächste Mal – »Sind wir faul?« – dieses Mal hatte ich als erste Frage »Ob wir abgefallen sind?« ...

Ich will mich heute gleich auf das jetzige Thema konzentrieren. Im Grunde genommen hatte ich ja gesagt, ich will anknüpfen und fortsetzen, was wir beim vorigen Mal schon betrachtet hatten, was sich da entwickelt hatte.

Also, wir waren irgendwie bei der Frage gewesen, was den Menschen eigentlich, oder wodurch der Mensch, oder auf welche Weise der Mensch eigentlich - ist er wirksamerweise/seltsamerweise[?] ansonsten/jetzt[?] abhängig - und das verbindet uns, was er selber macht.

Das ist ein uraltes Thema, die verschiedensten Meinungen ... über den Menschen ... lebendigen Geist, aber wie und warum das passieren konnte – diese/tiefe[?] Hintergründe, das hat logischerweise eben doch im Anthropologischen - und darauf hatte sich jedenfalls meine Aufmerksamkeit konzentriert.

Das liegt ja irgendwie nahe, also wir sehen, dass die vordergründigen Analysen, die die gesellschaftlichen Verhältnisse - sei es auch für die ökologische Krise, auch im Sinne jetzt der Symptome - sei es dann die ökonomische Ebene, also die Industrie, Kapital - sei es selbst die Frage, wie sind unsere Vorfahren gegeneinander gestürmt - sei es die europäische – Asien - auch in Afrika ... Völker. Es ist die Frage, woher - also, von welcher Ebene das alles angelegt war. Und die will ich jetzt nicht hauptsächlich behandeln, weil - das haben wir ja auch in vieler Hinsicht in den vorigen Semestern dann versucht, sondern, worauf ich hinaus will, ist der Punkt, wenn die Ursachen für die Problematik in der conditio humana selber liegen, sagen wir mal so, sofern sie überhaupt etwas mit der Anlage des Menschen zu tun haben, dann müsste man auch dort einen Ansatz des Ausgangs suchen, und des Verstehens suchen, und von daher interessiert mich für heute unter anderem am Ende dieser zweiten Stunde insbesondere, was Max Scheler dazu zu sagen hatte. Einer der - in meinen Augen - Zwangsphilosophen des 20. Jahrhunderts. Insofern, es war jemand, der aus dem Katholizismus kam und der erst gegen Ende seines verhältnismäßig kurzen Lebens - also ungefähr 60 - vom Katholizismus abfiel, aber nicht irgendwie in … sondern er konnte dieses Konzept eines persönlichen Gottes und die ganze … Mythologie darin, das ließ sich von seinen philosophischen Eingebungen her nicht mehr halten. Während - die Katholiken haben ihm dann hinterher vorgeworfen, dass die Grundstruktur … theonome Anthropologie – also, Anthropologie - das war sozusagen Schelers Verdienst, philosophisch dazu neuen Zugang geschaffen zu haben. Dass wir heute, wenn man von denen und anderen und jetzt anthropologischen Wesen - da ist ein Anstoß von Schelers Philosophie drin. Und bei ihm steht theonome Anthropologie - dann heißt das, also eigentlich - er hat es ursprünglich katholisch begründet, also Gott hat die Philosophie begründet. Und jetzt hinterher kritisieren ihn die Katholiken in erster Linie unter dem Gesichtspunkt, dass ja doch alles katholisch geblieben ist, was Scheler gesagt hat. Es ist nur sozusagen in der üblichen Weise etwas popularisiert worden, dass aber die Begriffsstruktur daraus hervorgeht. Und ich würde sagen, darin liegt wahrscheinlich nicht die große Katastrophe. Man muss ja nicht annehmen, dass alles, was der Katholizismus gesagt hat, falsch ist. Es hätte sich nie behauptet, jahrhundertelang, wenn da nicht Wahrheit drin steckte. Und dann muss es allerdings auch nicht falsch sein, den Katholizismus irgendwann einmal hinter sich zu lassen und vielleicht auf die Grundgegebenheiten zurückzukommen, die jede Religion und jede Philosophie behandelt und die vielleicht nicht so in einer bestimmten Weise festgeschrieben werden müssen. Das war ein freier Geist, der Scheler, und einer, der das – ich weiß nicht, ob ich dazu komme noch, aber das wird wohl in dem, ja im Grundkonzept auch sichtbar - einer der selber sehr mit dem Thema Krieg und Geist zu ringen hatte und immer darum gekämpft hat, also, in seiner praktischen Lebensführung auch noch ein bisschen Philosophie zu bewahren.

Es war gar nicht so einfach immer - in seiner persönlichen Existenz … seine philosophische Existenz bis zuletzt bewahrt hat. Die Sache, auf die ich mich besonders stütze - es liegt auch noch ein letzter Aufsatz von ihm aus, den ich jetzt nicht so in den Mittelpunkt stelle, der aber sozusagen hinterher gelesen sehr günstig ist, ein Aufsatz »Philosophische Weltanschauung« – der ist im Mai ›28 – na gut, da war er auch schon tot - erschienen. Er ist jedenfalls Mai ›28 gestorben - »Philosophische Weltanschauung«. Worauf ich mich stütze, ist hier so sein berühmtestes Werk, aber bekannt geworden ist »Stellung des Menschen im Kosmos«. Aber das ist auch ›28 zuerst herausgekommen. Das heißt, er ist nicht mehr dazu gekommen, eine dickere Trilogie zu schreiben - philosophischer Anthropologie - wie er wollte, sondern diese dünne. Und ich bin gar nicht so sicher, dass das ein großer Mangel nun ist. Auf seine große dicke, die in der Physik fehlt, heißt es, er hat sie ja nicht voll ausgeführt, sondern das Büchlein »Die Stellung des Menschen im Kosmos« mit seinem Schichtenkonzept vom Aufbau sozusagen, von inneren Aufbauten, von der Weltseele her gedacht des Menschen, das ist sehr interessant und es wird sozusagen einen Anstoß geben. Und insofern will ich am Ende dann auf Scheler kommen, will aber zuvor also diese Warnfrage »Ob wir denn abgefallen sind« ein bisschen behandeln, weil ich vermute, das führt uns ran an das, sozusagen an das Drama, auf das Scheler die Antwort sucht. Obwohl zu seiner Zeit das Thema nicht »ökologische Krise« hieß … will er uns umbringen, sondern das hieß damals einfach »Krise der Zivilisation«. Das war ein bisschen spät im Weimarer-Jahre und er war sehr wach und hat das alles mitgekriegt und hat gehofft, dass sozusagen … was da in dem Haus steht … nicht so direkt sichtbar ist. Das nur der Hintergrund. Also - Sind wir abgefallen? - als Zugang noch einmal, auch vor dem Hintergrund der vorigen Vorlesung hier.

Ich meine, jede solcher Fragen – ob wir abgefallen sind – sind wir faul und so weiter - die ich als nächste gestellt habe - das ist natürlich immer relativ und ist aus einer bestimmten Perspektive gefragt.

Also, wer zum Beispiel – die Frage: sind wir abgefallen - wer zum Beispiel also streng materialistisch ist oder mit Marx … erst einmal wahrgenommen hat, dass die deutsche Philosophie so … und daher dann - wenn man jung ist, - also, die sind am weitesten jetzt erst einmal gekommen, den Menschen als materielles Wesen ernst nehmen. Das hatte ja damals eine Begründung, wenn es auch zu sehr festgenagelt worden ist. Aber da steckt dann natürlich dahinter, dass wir es herrlich weit gebracht haben unter so einem Konzept. Also, man wird angesichts unserer technischen Errungenschaften - und bloß wegen der letzten 30 Jahre Entsetzen, dass wir vielleicht ein bisschen zu weit gehen - nicht zu dem Schluss kommen, wir sind abgefallen.

Will nun aber eine andere Denkrichtung, die in Europa, ja – es zumindest also alles gibt - nur mit Datum - was in diese Richtung fließt. Darwin hatte ja damals den Gedanken, also da war zuerst die heilige Monarchie und dann kam die Aristokratie, das war schon nicht mehr so ... Mächten da vermittelt, weil ... ich weiß nicht mehr, wie dieses Gedicht hieß, ich habe es vergessen jetzt - das, was dem Herrn da gehörte - und das heißt also, da kamen schon die allgemeinen Interessen und die besonderen sehr zusammen. In dieser Demokratie jetzt der Kaufleute ... sehr viel mehr ... die Bestimmung des Allgemeinwohls - und wenn dann da nachher die Schlechtesten herrschen, das heißt, wenn die Marktschreier das größte Gewicht bei der Abstimmung haben werden, gerade als das ... werden sollen und die auch leiten sollen. Natürlich immer mit Bezahlung, dass sie da ... Also es war schon ein verrücktes System auch, zu Platons Zeit zumindest. Dann ist es ganz am Ende, also wenn jetzt die Untersten dann zuviel zu sagen haben, dann ist also die Voraussetzung da - irgendwie - der sicher ... einer drapierten Autoritätsposition stehen - der wird am ehesten also an die großen Gesetze sich halten. Diese platonische Konzeption ist dann also bis in das 20. Jahrhundert noch fortgedacht worden. Und es kam dann sozusagen noch ein ganz anderer Akzent bei der Geschichte heraus, der also irgendwie mit der mittelalterlichen Weltordnung - also die Geistlichen, die Königs- und Ritterebene, die Bürgerebene und die Bauernebene, die mit diesem Aufbau zu tun hatte, also die den Kontakt zu Christus, zu Gott herstellen, die das weltliche Element gut führen und aufpassen, dass die/[der?] Teufel nicht direkt reinkommen kann [können] ins Reich. Es ist die kaiserliche Aufgabe, an die - der ganze Adel dann gehört - und dann die Kaufmannsebene, die die ökonomische Verbindung machen muss - und dann die, die eigentliche Arbeit macht. Wenn man das aber heute anguckt, so ist das also - könnte man so sagen – also, das eine ist die Dimension der Spiritualität und das ist - wir kommen da bei Scheler darauf zurück - das ist die – ja, wie sagt man - die leichteste Ebene insofern - da ist der Geist - also, jetzt, wenn man es theologisch denkt - also, diese ganze - die Kritikrichtung denkt, ist irgendwie in dieser Perspektive, da ist der Geist also sozusagen noch ungefähr in seiner eigenen Form, das noch nicht so materialisiert, jetzt im Gesellschaftlichen noch nicht so durchmaterialisiert. Also, wenn wir Theopraktik haben oder wenn die Geistlichkeit das erste und letzte Wort hat, wie das so alles funktionieren soll, das ist die - leicht insofern, als nicht verdichtet materiell gesehen - nämlich verdichtet dieser Zusammenhang, von dem aus das Ganze da regiert wird. Wenn dann aber so der Kaiser und Papst erst richtig das Tun haben miteinander - und als - bei beiden die Hauptfrage ist: Wie können wir unsere Soldaten bezahlen, Landsknechte usw, wenn dann die verschiedenen Feudalherren, die auch alle einen geistlichen … darum kämpfen, wie viel Land – also, das heißt, wie viel Bauern sie unter Kontrolle kriegen - dann ist, na sagen wir mal, das immer modernere Leben bezahlt werden kann - und dass die Macht wechselt auf diese Ebene - und der Feld … das ist dann die nächste Ebene, wo Politik - aber ich rede jetzt von Aristokratie also von Königtum und Feudalherrschaft und so – regiert. Und das wiederum - also viel schwerer natürlich schon als die spirituelle Ebene … Kategorien und das wiederum ist noch verhältnismäßig leicht im Verhältnis zur Herrschaft der Kaufleute alias der Ökonomie, der Bankiers dann und so - dessen was Industrialismus nach der englischen, nach der französischen Revolution und in Amerika, wo dann also - Demokratie ist dann nicht mehr so die Frage wie in Athen. Ob nun die ganze freie Bevölkerung erstmal auf dem Marktplatz zugelassen ist, das war ja damals ein Demokratieproblem - sondern hier ist es dann ja - also dieses Thema ist zumindest gekoppelt mit der Herrschaft bereits der Ökonomie also, nicht mehr spirituelle Vermittlung, nicht mehr politische Vermittlung, sondern ökonomische Vermittlung - ich meine, als die gewichtigste. Nicht, dass das andere nicht mehr da ist - aber als die gewichtigste. Wir haben jetzt auch noch Kampf, aber je besser sozusagen die Verfassung dann war, je besser im bürgerlichen Sinne, umso mehr hat - Hegel nannte das dann eben die bürgerliche Gesellschaft - und damit also der Geist der Ökonomie, das heißt der Konkurrenz – wer hat noch nicht genug und wer beginnt jetzt – wo steigen die Kurse; wo fallen die Kurse und so fort. Das ist also eine materiell noch gewichtigere Bewegung. Und dann im 20. Jahrhundert gab es dann einen - allerdings übrigens erzreaktionären - italienischen Philosophen … der hat doch etwas, sagen wir mal, richtig gesehen - der auf etliche Weise gestiegen - der kam dazu. Also jetzt ist nicht mehr der Kaufmann, der über das Ganze regiert, sondern der … Leiter - und hat natürlich einfach nur das gemeint, was jetzt die Arbeiterbewegung organisiert, sondern hat den Geist des Arbeitens, des »Schaffe, schaffe, Häusle bauen«, als sozusagen letzter Wertmaßstab für die … menschliche Existenz, das hat er damit gemeint. Sagen wir mal den Geist des Katholizismus oder so … dann werden …

… Diesmal aber auf der Ebene jetzt der materiellen Produktion - und wir haben das ja inzwischen bis zur Technologie gebracht. Der Mythos dieser Sache, und zwar nicht wie von … also, aus finstersten reaktionären Gründen eigentlich abgelehnt, sondern positiv behandelt worden, ist dasselbe Thema bei Ernst Jünger: Es zählt der Arbeiter, indem also praktisch der Arbeiter ein Name ist für alle - ich würde mal sagen für Arbeiterklasse, für technische Intelligenz - Kategorien hier der DDR-Vergangenheit - redet. Vielleicht ist das auch ein bisschen zu wenig. Es war auch der Geist der Technik und so damit gemeint. Aber es war eigentlich sozusagen derjenige gemeint, der - früher hieß es »man soll den Tiger reiten« - bei Jünger geht es eigentlich darum, also, heroisch und wissend darum, dass einen die auch abwerfen und zermalmen kann - die Megamaschine eigentlich - und sozusagen diese von Stalin; Hitler - bis 2. Weltkrieg. Aber er sah auch diesen technologischen Aufbau und Durchlauf und hatte in seiner jüngeren Phase, also in der Phase bis in den Krieg hinein, irgendwo noch die Illusion - und ist da später noch hinausgekommen - das könnte gut gehen, also diesen technologischen Tiger zu reiten. Aber wenn man das jetzt auf den Punkt bringt, dann ist es natürlich so, im Vergleich jetzt zu diesen ursprünglichen Verhältnissen, wie ein Stamm sich so regiert, denn die Heiligen Könige waren nie die von großen Reichen in Wirklichkeit. Von diesem Tao Te King heißt es zwar -also dann irgendwie feingeistige Leute und die hatten immer nur in einem überschaubaren menschlichen Zusammenhang zu tun. Das andere ist, dass in die reichen … ist das reingerissen worden, das stimmte so nicht. Aber hier hat man es jetzt damit zu tun, dass es also riesige Gesellschaften sind, die aber nicht etwa in ihre … oder so etwas besitzen, sondern die von ihrer großen Maschine besessen sind und der sowohl die Unterfunktion der großen Maschine, dass praktisch den Gesellschaftsaufbau besteht, über … und wenn man das unter diesem Gesichtspunkt sieht, dann kann einen schon das Entsetzen fassen, wie sehr sich die Menschheit sozusagen in eine immer gründlichere Materialisierung hinein gearbeitet hat und dass also diese Dematerialisierung von der - im Vergleich zu dieser sozusagen Sichtweise - relativ oberflächlichen Studie »Zukunftsfähiges Deutschland« die Rede ist, was da wirklich der Hintergrund ist. Es ist schon völlig richtig, von Dematerialisierung zu sprechen. In erster Linie geht es aber darum, also, ob es denn denkbar ist - das sagte ich von mir auch - dass der lebendige Geist unter diesen Umständen dann noch Despoten Herr werden kann, wo also in der Gesellschaft selbst, also, immer mehr verstärkt worden ist, derjenige Anteil des Bewusstseins, der in die - also mehrere Strukturen eingegangen ist. Zuerst in die politische, ist ganz natürlich ... die Steuern dafür ein - und dann in die Kaufmannsebene oder in die ... um den Kaiser von sich abhängig gemacht haben - und zuletzt also, wo Kapital und Technokratie ... wo man also bei der untersten Ebene - bei den Arbeitern - in diesem nun gar nicht mehr soziologischen Sinne angekommen ist – beim Menschen als Arbeiter, der die Welt aus ... Also, ich meine, man konnte ja schon entsetzt sein bei dem Gedanken, Verwandlung der ganzen Menschheit in Arbeiterklasse, wie bei uns die offizielle letzte Illusion war - aber an diesen Zusammenhang gar nicht dachte. Nur meinte, wenn dann alle so fleißig so die Welt umgestalten, die Erde umgestalten, wie das unter Stalin mit den sibirischen Flüssen geschah, dann sind wir irgendwo angekommen. Also, bis der sozusagen - ein Hinweis auf das Problem »Sind wir abgefallen« – also, wir sind zumindest - wir haben uns hineinbegeben, hineinfallen lassen, hineingebohrt auch geradezu, und zwar manchmal sogar nach hinten fallenden Absichten in einen – sozusagen - wir schleppen einen immer größeren Rucksack - aus dem die Wuppertaler Studie da - einen Rucksack an Material- und Energieverbrauch mit uns - und sind von uns allen in dem Rucksack drin - also, dass ein Zigfaches unseres Körpergewichts ausmacht. Wir sind davon abhängig, dass der immer gefüllt wird – beziehungsweise, ich meine, man muss ja praktisch den ungefähr vier Millionen Berlinern das ganze Betonzeug hier, man muss es ja verteilen an die Einzelnen. Es kommt also wahrlich mehr heraus als ein Lastzug ... bei diesem Geschäft. ... Der Einzelne schleppt das nicht mehr. Und es ist die Frage, also, wie das noch einmal also, sagen wir mal ... werden kann. Und dann also, ich weiß ... ob Gleichgewicht nur noch einfach reduziert werden kann ... also, das ist dieser praktische Materialismus, mit dem die Menschheit sich einen immer größeren Klotz ans Bein bindet. Und ein zweiter Gesichtspunkt hinter der Frage – ob wir abgefallen sind – also abgefallen ist hier ... Träger, Diener und Sklavenhandels - dieses Material ... und der zweite Punkt mit dem abgefallen ist - der steckt auch hinter dieser katholischen Konzeption schon mit. Ich sagte ja vorhin, das war ursprünglich ... auch bei Platon, das war immer wieder ein Stammeszusammenhang. Das war nicht der Zusammenhang des Mittelmeerhandels, von dem Athen inzwischen lebte. Also diese große Gesellschaft dort, die dann alsbald über dem Alexander-Erben dann sich ... und dann also verteilen sollte - sondern Platon hatte dabei diese alte Erinnerung. Aber was passiert denn, das ist ... was passiert, wenn diese ursprüngliche – die Chinesen sagen, von urtiefer Gemeinsamkeit getragene Sozialstruktur – die auch diese sogenannte heilige Monarchie dann hat. Wenn das also überwuchert wird von Vernichtungsprozessen, auch kriegerischen, aber auch mit Angriff, die sozusagen mächtigere Realitäten setzen, als das Gemeinwesen selbst, als die unmittelbaren - zunehmen der - Menschen zueinander. Wenn also das, was die Menschen da miteinander machen, auf einmal unwichtig wird, es dann zum Beispiel - in Griechenland ist das manchmal wegen ein; zwei Generationen aus Gründen, die die Leute dort in der Stadt nicht beeinflussen konnten - also eine Stadt aus dem Netz herausgefallen, aus irgendeinem Grunde - weiß nur, dass die Piraten in der Adria stärker wurden, dadurch dann die Handelswege abgeschnitten, und die konnten dann gar nicht leben auf die Dauer. Mussten also irgendwo entweder - wenn sie eben sehr mächtig gewesen waren, konnten sie noch versuchen, die Nachbarstadt zu überfallen - oder sie mussten sich verteilen über ein ... und dieser Übergang von der einen Sozialstruktur zur anderen, der ist auf der Ebene der politisch geistigen Vermittlung auf das, was da mit heiliger Monarchie da gemeint ist - diese Ebene ist dann gar nicht mitgekommen, sondern die Leute haben für diese neue Kriegs- und Handelsvermittlung, die sich da Bahn brach, keine kulturellen ... von früh an schon nicht - und selbst unter den kleinen Verhältnissen in Griechenland, sondern - es kam der Peloponnesische Krieg. Das heißt, die Einzelstädte von je - sagen wir mal - 15; 20; 25 bis 40.000 Leute - Athen ... über 50 - die bekämpften da sich - so ungefähr so lang wie der 30-jährige Krieg - in verschiedenen Phasen miteinander. Und als sie dann damit fertig waren, dann war es soweit, dass eigentlich aus dem Norden dann die Mazedonier kommen konnten, also diese Alexandergeschichte fing an. Und Alexander zog bis Indien. Und was da so alles dann politisch, militärisch, wirtschaftlich passierte, das schlug natürlich alles auf diese griechischen Städte und auf alle anderen betroffenen Landschaften da zurück. Aber, es war gar nicht daran zu denken, dass diese alexandrinischen Monarchen einig werden konnten, sondern es war ein politisches Machtunternehmen, auch wenn der Alexander noch so viele ... Es fand innerhalb der Oberschicht statt und war mit dem Norden noch verbunden, der wieder einmal gerade im Wege war. Und über das Volk erging also ein Prozess hinweg, der es nicht mehr einholen konnte. Und damit begann eigentlich, was es in keiner Monarchie je gegeben hatte, das aber Platon schon dicke behandelt - Subalternität. Bei Platon ist das Volk schon der … alles richtig machen. Es war gar nicht so überall - in der heiligen Monarchie - sondern man hat ja noch Reste davon bei den Indianerstätten dann vorgefunden, bei manchen zumindest in Nordamerika. Also diese … Indianer hatten alle … und zwar nicht so beim Patriarchat, wie es in Athen schon gewesen ist … auch wenn die Frauen am Feuer nicht unmittelbar … die waren schon im Schaffensprozess drin, aber das alles war verschwunden. Subalternität kam auf und Subalternität heißt, also subaltern heißt eigentlich – unter andere gestellt und geworfen - dass praktisch der Wahrnehmungshorizont die wirklichen historischen Prozesse nicht mehr erreicht, die jetzt die Weltgeschichte machen.

Die Leute sind, sozusagen, aus der Möglichkeit sich auch nur geistig daran zu beteiligen, was im Ganzen vor sich geht, ausgeklammert und kümmern sich dann darum, also, wie sie ihren Lebensunterhalt zusammenkriegen. Und bis in unsere Verhältnisse hinein hier, wählen dann diejenige Partei, die ihre Frage besonders mächtig in den Massenmedien besonders darstellen kann, dass die das am besten machen wird. Aber über ihre Dinge wie Krieg und Frieden – über das Verhältnis Nord / Süd – über die ökologischen Grundfragen, von denen die Perspektive jetzt schon der eigenen Kinder abhängig ist, das ist oft in den ganzen politischen Prozessen dieser Art dann gar nicht mehr zugängig. Das heißt also, die Mehrheit der Menschen fällt ab oder wird abgefallen - muss man ja geradezu auch sagen - von der Möglichkeit, den ganzen Zusammenhang der menschlichen Verhältnisse subjektiv zu realisieren - und wir haben heute einen subalternen Menschen. Subaltern, ich meine jetzt, das hat überhaupt nichts mit meinem Urteil über die Intelligenz der Leute, mit der Moral zu tun. Das hat damit zu tun, da gibt es einen ungeheuerlichen ökonomisch-technologischen Prozess, heute Globalisierung genannt. Das ist eine – ja, ich weiß nicht - der Gottesname der Juden ist nichts … Kontakt und … wie auch immer das schließlich damals funktioniert hat, aber mit diesem Ding, das da Globalisierung heißt, also mit diesen objektiven Verhältnissen, die da hin und her … werden zwischen den verschiedenen Machtzentren der kapitalistischen Welt, wo also sozusagen nur die europäische Bevölkerung überhaupt einen wenigstens historischen, einen historischen ... also da ist ja wenigstens noch ein Kontakt zu dem Vorgang, der da stattgefunden hat. Das waren die abstrakten Analysen gewesen. Aber in der übrigen Welt, und zwar auch in dem jetzt aufkommenden Südost-Asien, die vollziehen da einen Prozess, der ihnen weltgeschichtlich von außen aufgedrückt worden ist. Und was da in Indonesien zum Beispiel der Kanzler noch nicht besichtigt hat, dieses Djakarta, das ist eine zum Untergang verurteilte Großstadt, die wissen das bloß noch nicht . Ganz Indonesien, also dieses andere ... praktisch, dieser südasiatische ... ist also einem Schicksal ausgeliefert, dass die dortige Bevölkerung und auch die sogenannten Briten dort - also, nicht aktiv - und das ist also dieser Prozess, der Super ... das ist die subjektive Seite von dieser materialisierten. Man muss sagen, die Menschheit ist subaltern gegen den sozusagen - sie aber den ... technisch ökonomischen Prozess da. Es ist irgendwie kein Zufall, das also das Wichtigste eigentlich um diese ökonomischen Steuerungen ...

...

Also, was ich anzeigen wollte – sind wir abgefallen – ich glaube, dahinter steckt eine Realität. Das muss nicht bedeuten, wir sind von Gott oder dem großen Geist oder irgendeiner – also einer, der die historischen Religionen festgelegten . ... auch die Globalisierung ist irgendwie eine Projektion. Wir sind davon abgefallen - sondern, es ist die Frage also, ob wir nicht von der gegebenen Anlage der menschlichen Existenz abgefallen sind. Und ich nehme es mal vorweg oder spitze es auch zu - ich habe es auch schon angesprochen mithilfe eines sozusagen verabsolutierten, visuierten Teiles dieser Anlage selbst - also, dass man sozusagen Kräfte, die in der Conditio humana gegeben sind – also, ohne diese ganze Conditio humana auszuklammern - Vergeltung zu üben, dass wir da diese Kräfte verselbständigt haben. Also es steckt ja, man sagt ja also, eines der ältesten Denkspiegel des neuen Marxismus des 20. Jahrhunderts - in den 20er-Jahren war der Zusammenhang von Welt und Geist bei den Griechen auch ... mal raus, also zum ... und ... hat es dann zusammengefasst zu einem Buch »Welt und Geist«, wo er zu dieser - wo eigentlich gezeigt wurde, dass in allen diesen Materialisierungen und ... menschlicher Geist steckt – aber, wenn man nur genauer in den Spiegel guckt, steckt darin menschlicher Verstand. Das haben wir beim vorigen Mal behandelt - der von total emotionalen Interessen geleitet ist. Und die Konzeption von Scheler, über die ich jetzt nach der Pause dann reden will, die geht davon aus, dass Geist als menschliche Anlage eigentlich etwas ganz anderes ist als dieser Verstand, den wir auch haben und der auch dazu benutzt werden kann, den auch der Geist benutzen kann, aber er macht einen - er übertreibt ihn vielleicht - sozusagen Unterschied, aber sinnvoll zunächst - um sich das zu vergegenwärtigen - macht einen Einschnitt zwischen Verstand und Geist – der Verstand ist nicht die erste ... Aber das ist die Frage, auf die Schelers Anthropologie eigentlich hinausläuft - vor dem Hintergrund – jetzt sind wir abgefallen – es wäre dann, ob wir abgefallen sind von unserer Möglichkeit, also, vom Geist eben zu leben. Das heißt nicht, ohne das Emotionale und ohne den Verstand - ist auch nicht gemeint - sondern wir haben vom Geist her zu leben. Wie er diesen Gedanken aufbewahrt hat, das will ich Ihnen nach der Pause jetzt ...

... einen Zugang zu Max Scheler, zu den Menschen, haben. Und wenn es uns gleich in der ... Darstellung gelingen wird, über diese Spannungen zwischen - sagen wir mal - innerem Geist und ... Er selbst hat es so gesehen, kosmisch gesehen jetzt, dass der Gesamtzusammenhang verbirgt, über diesen zwei ... einmal den schöpferischen Drang der Gottheit ... und andererseits ... sozusagen der ... arbeiten wird, Jesus schaut seiner selbst, also, wie hat sich ... hier ausgedrückt ... zur philosophischen Idee vom Menschen ... aber es ist so, dass also hinter dem Abstrakten ... Scheler ... kein Mensch - man kann dann leicht vergessen übrigens bei dieser Betrachtung ... aber bei ihm steht zumindest, sozusagen innerhalb der eigenen Person ... des Geistes - und liegt dahinter - und ich will vielleicht noch einmal anknüpfen, was ich vorhin ... bei dieser Frage des Abfallens - also demnach ... einem chilenischen Biologen und Philosophen, der viel zu diesem ... der sieht das so, dass der Einbruch dieser patriarchalen Strukturen, dieser Machtstrukturen von dem - also bei diesem ganzen Abfallen ... eine große Rolle spielen, besonders auf politischer Ebene. Also, wenn dann das Ursprüngliche und Belanglose überliefert wird in den größeren gesellschaftlichen Zusammenhang - die sind immer patriarchal ... er sagt, also, die Hirtennomaden ... sodass solche wie die Völker aus Nordasien, die ... über China ... die dort die Dynastie setzten - und fortlaufende Patriarchalisierung der Welt erfolgte - in ... sagt - und vor dem Hintergrund von ... wird das eigentlich nur unterstrichen. Das bildet da eine, also, auf dieser Ebene des emotionalen, des vitalen Verstandes und Bewusstseins … unsere unmittelbare biologische Existenz. Das findet da einfach, durch diese einbrechende Praxis des Buches, die wiederum mit der Verdichtung auf der Erde und - Vernichtungsprozesse -zusammenhängen … es findet da ein großes Erschrecken statt und es wäre eigentlich … es wird derjenige von den beiden … von denen ich da eben sprach, der den Schöpfungsdrang, jemand anderes hat es Schöpfungs … auch Scheler selbst spricht vom indonesischen Moment als tragendem. Also, das wird da gestört und unterbrochen und es findet also nur eine Abspaltung … auch jetzt in der Psychologie … zur Subalternität dann bei - von diesen Lebensgründen statt. Es wird also eine melancholischere Welt, die also vielmehr - also, auch von den Unterworfenen her - diesem Herrschaftsverstand sich pflegt, der in diesen ganzen Zusammenhang einbricht. Also, der Scheler macht die Andeutung - er sagt dort nicht Patriarchat, aber die darauf hinausläuft - dass also dieses ganze Thema Abfall von dem ich hier gesprochen habe, eigentlich mit Abfall von der Liebe zu tun hat, und zwar meint er damit sicher – also, nicht die Geschlechterliebe speziell, die schließt er auch nicht aus - sondern … aber ich glaube, dass es wichtig ist zu sehen, dass das ein historischer Prozess ist und dass nicht also, die … von Scheler nie zu früh war. Also, ich glaube das ist ein Denker, der im Hinterkopf die Paradiesfrage hat, die Frage … nach der Paradiesvertreibung und die Frage danach, ob nicht der Geist eine Möglichkeit – also, im Unterschied jetzt zum unterworfenen und erschreckten Verstand, denn der Held hat ja Angst und so - ob der nicht sozusagen das Fahrzeug der … Das war also sein – sein - das liegt hinter dem, was … anthropologischen … sozusagen die Schlüsselfrage für ihn - oder das Schlüsselproblem für ihn auf der Ebene des Erkenntnisprozesses daneben ist. Hier würde ich sagen, das zeigt, dass wir auf Geist - im Unterschied zu Verstand oder Intelligenz - bloß setzen müssen, weil wir, nur auf triebgesteuerte Intelligenz gestützt, unvermeidlich entarten. Das ist so sein … also wenn wir bloß auf Intelligenz setzen also … das kann nicht gut gehen, das muss entarten - noch konkreter. Wir müssen auf Geist setzen - und erscheint bei ihm in diesem Zusammenhang, und das geht auch auf seine Lebensproblematik und seiner Philosophie ganz stark ein, eine Politik des … ismus, das heißt nicht für das … sondern der Lustphilo … alles ist auf die Lust gebaut und … weil - er zeigt, dass also dieser Trieb sozusagen auf die Lustfunktion selber zu bauen, dass der Bedarf - zeigt er, der Selbstbepflanzung bis hin zur Lustveränderung, das macht … zur Suchtproblematik und das geht mit uns durch, sagt er, wenn da keine Begrenzung im Sinne einer … kulturellen Ordnung da ist. Das ist auch etwas, was von ihm selbst erfahren ist. Ich sage jetzt nicht, dass das seine Antwort auf das Menschliche sozusagen … der Weisheit letzter Schluss ist.

Indem sie sich in der Natur … aufbaut bis zum Menschen, und zwar, wenn man es genau sagen will, seine … würde ich sagen, Subjektivität heißt soviel wie Subjektaktivität bei ihm. Subjektaktivität. Er sagt … dass er alle … gar keine Subjektaktivität … selbst die gehört zu den Griechen und … umfasst das alles. Damit es hier in … aber im Hinblick auf - das muss man jetzt immer … diese ganzen 5 Elemente also darstellen, aber bei … richtig hervortritt, wo er diesen großen Sprung sieht - oder was damit gemeint ist - zu dem Letzten dieser Elemente - zu der Ebene Geist. Zunächst vertritt er also die … er sagt, das Erste ist einfach – da ist ein Gefühlsdrang im Leben erst einmal, und zwar ganz analog dem Schöpfungsdrang in dem ganzen großen Ding, dem ganzen großen Zusammenhang ist da ein Gefühlsdrang, der zunächst noch bewusstlos ist und auch erfindungslos, einfach nur ein - wo schon sozusagen eine Innerlichkeit ist, was bei den einfachsten Lebewesen eben anfängt - und sagt, diese, dieser Gefühlsdrang, für den die Pflanze steht als die - hat nichts darüber hinaus zunächst. Bei der ist es also dieser Gefühlsdrang. Und gemeint ist damit also, sie hat eine Tendenz - also, es verkehrt mit der Außenwelt, aber … und reagiert auch … und sagt also, die Pflanze hätte noch kein … das ist auch spannend. Beim Tier beginnt ja im Nervensystem, er sagt aber gleich, sie hat – die zweite Stufe dann – dieses … also er sagt gleich, sie hat - die Pflanze - kein eigentliches Machtsystem, das heißt, mit dieser Subjektivität alias Subjektaktivität ist natürlich Machtverhalten gegeben, ein äußeres Machtverhalten. Er spricht direkt von einem magischen als dem äußeren Machtverhalten. Im Schlaf … unter anderm sind wir auch noch vegetativ. Also, da sind wir nur auf der Ebene, da ist der Drang in uns, der arbeitet auch … und so weiter, aber wir schätzen das halt mit den Aktivitäten. Und diese Ebene Gefühlsdrang, im Unterschied jetzt schon zum Machtverhalten der … das ist also seine erste Stufe.

Er sagt nämlich, Bewusstsein wird erst an der Reflexion der Empfindung - und zwar - das ist auch wichtig bei den stets gelegentlich auftretender/n Widerstände/n aktiv. Also, es entsteht eigentlich erst. Bewusstsein gründet im Leiden der Welt, Gefühlsdrang auch im Menschen als Subjekt, zumindest … Widerstandserlebnis, das die Wurzel eines Reims von Realitäten ist. Also, er sagt, dass uns sozusagen weltgegeben ist, dass wir wissen, da ist Wirklichkeit; wir müssen was tun. Das erfahren wir, indem wir auf Widerstand stoßen, indem das, was da der Gefühlsdrang ist, der sich grenzenlos also verwirklichen möchte eigentlich, der stößt da auf Widerstand. Und das Weitere - zunächst jedenfalls - im animalischen Bereich, solange also dieser Gefühlswiderstand - also, eigentlich die Entwicklung - auch voran an die Gefühle wenig Widerstand. … solange sind wir also noch animalisch gebunden. Das ist sein Gedanke dort. Und wir haben also, als intelligente Tiere, also soweit wir nur das sehen - dies sagt er – da haben wir also Wirklichkeit, wo sozusagen noch In-Welt ist und nicht eigene Wirklichkeit, sondern es ist, wir nehmen sie wahr unter dem Gesichtspunkt: Da bestellt uns was, da tritt uns was entgegen. Und so konnte, sozusagen unser erstes Wahrnehmen von Wirklichkeit, man kann's ja auch an der … des Kindes wecken, hat gar nicht sozusagen mit der Wirklichkeit der Physiker oder Philosophen oder wessen auch immer zu tun … abstrakten Begriff, sondern immer mit Weltendarstellung.

… so als Widerstand formuliert wird, das mag auch sozusagen eine persönliche, bisschen persönliche, Dramatisierung sein, aber – sozusagen - man stößt da zumindest auf eine Grenze der Subjektivität. Das heißt, der Wirklichkeitsbegriff ist aus diesem Widerstandserlebnis begründet. Hölderlin hat das ja mal auf die Formel gebracht, die das dann … ist das Thema – Des Herzens Woge schäumte nicht so schön empor, und würde Geist, wenn nicht der alte stumme Fels, das Schicksal, ihr entgegenstände. im Herzen … also es ist eigentlich sozusagen, was den Scheler erst einmal interessiert jetzt, das ist sozusagen, das sind die Phasen dieses Naturschaums, wenn man so will, von Geist nämlich. … auf der Grundlage erstmal des Gefühlsdranges …

Nach dem Gefühlsdrang, der sozusagen erzwungen ist, der … von Eigenschaften, von wo das andere eigentlich sozusagen weitere Entfaltung bringt. Mit dem Tier kommt dann der Instinkt, das heißt, da kommt dieses Aufbranden, jetzt aber schon Antwort, oder ist schon eine Rückmeldung da, also, nicht bloß ganz einfach ausströmt - ist die auch wahrnehmbar, ist die richtig so - sondern wo dann Rückmeldung auf der inneren Existenz …

also zum Beispiel wirkungslos, aber auch seines Bewegungseffektes ... verändert hat, dass er die Perspektive ... also diese Rückmeldung, die ging aber von dem, was er hier sagte – Instinkt – die sind mit der Art Entwicklung selbst geworden. Instinkt ist ja unbedingter Reflex - jetzt von Pawlow her gesprochen - das heißt, da ist nichts Gelerntes dabei, sondern wenn das Kind sich normal entfaltet, da gehen eigentlich sozusagen alle diese artgemäßen Verhaltensweisen, das heißt allerdings auch die Verhaltensweisen, die genau zu der Welt passen, in der dieses Wesen entstanden ist - also, diese Art hervorgekommen ist oder in diesen eingepasst war - wie auch immer man das jetzt naturwissenschaftlich näher erklärt. Es gibt ja verschiedene Konzepte über die Evolution auch, aber das ist - es kommt darauf an - entstanden. Das Problem mit dem Instinkt ist nur die Grenze - dass dann natürlich irgendwann die äußere Welt sich ändern kann und dass es dann darauf ankommt, ob da eine Möglichkeit über rein instinktives Reagieren hinaus ist, das heißt, ob es Gewohnheiten gibt, und zwar schon [durch] das Hirn gesteuerte, meist aber noch subkortikal - also nicht vom Großhirn - sondern zuerst noch subkortikal gesteuerte Gewohnheiten gibt, die ... was hinzufügen können. Also, die Großhirnrinde ist dann das Organ geradezu erst einmal der Abgrenzung von dem instinktiven Bereich. Sie ist so der Zwischenschritt sozusagen, an dem sie aber schon beteiligt ist - sind dann also Gewohnheiten Assoziationen, das, was Pawlow bedingte Reflexe genannt hat. Und zwar - der Antrieb sinkt aber nachdem er, das ist wichtig, die Triebe und Bedürfnisse dieses Individuums - also nicht irgendein Weltzusammenhang ist das sozusagen - und er meint also, wir sind unter dem Gesichtspunkt dieser ... Gefühlsdrang und Instinkt und Gewohnheiten, Assoziationen, bedingte Reflexe - wir sind streng genommen noch nicht beim Menschen, wir sind zunächst nicht beim eigentlichen Menschlichen, obwohl natürlich der Mensch eine ganz ... auf all diesen Ebenen es doch ganz anders abläuft als bei der Pflanze - wir sind auch im Schlaf natürlich eine Pflanze - und so weiter. Das ist nur gut, das eigentlich Menschliche, aber das, was er zeigt, ist, dass hier schon also auf der Ebene der bedingten Reflexe also, was der ... gelernt hatte, also schon wenn der Wärter draußen trappelt, darf ihm im Maul der Saft zusammenlaufen in Erwartung - was kommt denn jetzt. ... Diese Verlängerung sozusagen der ... und was er jetzt sagt, da komme ich noch mal auf diese Hinduismusfrage zurück, eine Bemerkung, die nur nebenbei - aber die unterstreicht das Thema noch einmal. Er sagt: Mit dem vom Instinkt ... also das mit dem Pawlow'schen Reflex kann man dann ja auch öfter wiederholen, als der Hund Hunger hat, oder der Hund kann es sich auch sogar wünschen und so fort. Wie, wenn jetzt Affen ... unsere Haustiere, sagt der Scheler übrigens, also dann ist die Möglichkeit, alsodass da etwas überdreht wird, natürlich viel größer als dort, wo die Zwänge der Revolution ... in der weiten Natur ... er sagt: »Damit erscheint auch der Horizont der Maßlosigkeit«. Und dieser Horizont der Maßlosigkeit - den meint er jetzt damit - er wird zu jeder möglichen Lustquelle, unabhängig vom Ganzen der Lebenserfordernisse. Das heißt, hier kann sozusagen die Sucht schon mit dem Tier durchgehen, besonders den domestizierten. Und bei uns besteht die Gefahr natürlich erst recht, sodass also hier schon eine – noch einmal - also deutlich begründet ist von Scheler her gesehen, dass wir eine geistigere Ordnung und Kultur brauchen, dass wir nicht dabei bleiben können, sozusagen, bis hier von den lustbetonten Gelegenheiten leiten zu lassen. Zunächst aber - das ist jetzt aber das Letzte sozusagen noch der, sagen wir mal, der organisch-gebundenen Kommunikationsmittel - Aktivitäten dann, erst Subjektaktivitäten - das ist dann die Intelligenz, die schon korrektiv auftreten kann, das heißt, wir können ja dann die Erfahrungen ... ich habe mir den Magen verdorben, also, einmal die Erkrankung zum Beispiel, oder aufs Trampeln warten, oder da was zurückhalten - das ist ja denkbar bei höherer Intelligenz. Was er nun übrigens wichtig findet, ist festzuhalten, dass einfache Intelligenzleistungen jedenfalls bei den Affen nachgewiesen sind, dass also Intelligenz zumindest abstrakt gesehen in der Höhe der ... ist klar, aber sonst - abstrakt gesehen- noch nicht der Ausweis dafür ist, das ist ein Mensch. Also, er sagt das an einer Stelle, wenn man den Menschen nur auf Intelligenz reduzieren würde, dann könnte man auch sagen Edison war [ein] besonders hoch entwickelter Affe. Er meint das aber nicht, dass das so war, er meint nur, er will ... [das] Verkürzte dieses Gesichtspunktes verdeutlichen. Er sagt, die Intelligenz, das reicht noch nicht. Obwohl das also nun schon ein Problemverhalten ist, das ganz plötzlich arbeiten kann, das nicht mehr so lange Reihen von Übungen braucht wie das bei dem bedingten Reflex ja der Fall ist - mehr oder weniger lange dauert es bei dem und dem Hund, aber es dauert nun mal bis er das gelernt hat. Hier kann der Einfall eingreifen, da beim Menschen dann, also, das ist natürlich dann qualitativ eine höhere Stufe, aber innerhalb dieser Intelligenz kann dann auch Einsicht eingreifen, in ein[en] direkt sichtbaren Sachverhalt zum Beispiel, was die Tiere dann nicht mehr machen: zwischen Werten und so - ob ich die zum Beispiel vorziehen will, also die Sache, die ... Nützlichkeit jetzt zu betreiben - oder des Angenehmen oder des Idealen - das sind also Wahlen, die der Mensch dann manchmal, wie soll ich sagen, impulsiv, manchmal auch wohl überlegt, das heißt idealistisch trifft - nicht nur artneu - darin unterscheidet jetzt der Scheler diese beiden Stufen der Gewohnheiten und der Intelligenz - nicht nur art-neu, sondern auch individual-neu ... also sozusagen, nicht bloß die Art erneuert sich, was in den Gewohnheiten ... sondern hier ... und es kann also sich in den Dienst seiner Triebimpulse - also, jetzt seine intelligente Einsicht stellen. Und Scheler schließt dann hier an dieser Stelle, indem er sagt, dieselbe Intelligenz kann beim menschlichen ... in den Dienst spezifisch geistiger Ziele gestellt werden, erst dann erhebt sie sich über den ... Das ist genau das, was wir beim vorigen Mal hier behandelt haben.

Also, ich erinnerte daran, Aurobindo ging davon aus, dass die meiste Intelligenz, den meisten Verstand - einsetzen im Dienste unmittelbarer vital emotionaler Interessen. Und ich denke, dass wir unter anderem in der Geschichte, im Aufstieg des Menschen deshalb so steckengeblieben sind, weil dieser vorhin von mir erwähnte Bewusstseinssprung aus der Ebene der sozialen Organisation ausgefallen ist, frühzeitig schon, und wir diese massenhafte Superqualität erzeugt haben. Das heißt, die Leute sind darauf zurückgeworfen, an ihre unmittelbaren Interessen zu denken, also, die Intelligenz vital emotional einzusetzen - wie kann ich überleben, wie sichere ich mir Liebe, wo bin ich der Stärkere - selbst hierzu. Das kann eine beliebige hohe Ebene sein im Management - oder auch Ministerium – sein. Und wo in Wirklichkeit, also, Machtkämpfe manchmal stattfinden, die überhaupt nichts mit Geist zu tun haben, sondern mit dem Einsatz dieser Art von kämpferischer, selbst behauptender, selbst durchsetzender Intelligenz - und meistens also mit der Kompensation von Minderwertigkeitskomplexen - so hat es Adler genannt - gesellschaftlich gesehen von Subalternität. Und also Scheler: Dieselbe Intelligenz kann beim menschlichen ... spezifisch geistiger Ziele gestellt werden, während sie bis dahin nur sozusagen dazu diente, also, die Triebimpulse, die ja dahinter stecken, jetzt auf die Erkenntnis der Umwelt - sei es der natürlichen, die ich beherrschen will, sei es der sozialen, die ich beherrschen will - dass das darauf jetzt legen kann. Aber es ist bis zu dieser Ebene auch nicht - nicht eigentlich menschlich.

Das heißt also, bis dahin – sozusagen - könnte man auch sagen, reicht dieses jetzt so grassierende, wirklich geradezu grassierende - das hat damit zu tun, dass dieses ökonomische Phänomen der Globalisierung überhaupt nicht mehr beherrscht wird. Da grassiert dieses soziologische Konzept, dass es die egoistischen Gene sind, die uns da greifen. Das ist zwar noch eine Verblödung mehr, weil diese Gene also, das sind ja … selbstbewusste Wesen eigentlich … und wenn man dann genauer hinguckt, stimmt es nicht, was die Individuen also … bei der Vermehrung sich in diese Kämpfe stürzen. Aber der Grundgedanke, das ist, dass wir einfach also intelligente Tiere sind. Und das zweite, das ist die Katastrophe … und deswegen haben die … für die auf Geist und weiterführende Einsicht zu setzen, sondern wie muss man jetzt das System der Anreizung und Bestrafung – ökonomische Steuerreform und so, ökologische – wie muss man das System der Anreizung und Bestrafung aufbauen, damit also dieses unweigerlich egoistische Wesen da - und so weiter - Wesen - diese egoistische Intelligenz so gut gesteuert werden kann. Somit ein Menschenbild, das die bürgerliche Gesellschaft seit ihren Anfängen … zum Beispiel immer begleitet hat. Diese Vorstellung vom Menschen, dass er sozusagen … in ihm angelegten Überkapazitäten nicht rechnet, selbst wenn am Anfang noch dieses christliche Weltbild … Und beim Scheler jetzt, der macht nun also an dieser Stelle seinen größten Sprung. Er sagt: Es ist ein ganz ausgezeichnetes Verhältnis, dass der Mensch als solcher zum Weltbund … also Weltbund, das hat natürlich mit seinem katholischen Hintergrund zu tun. Das ist eine Übersetzung des … Namens. Es ist ja aber, es ist ja nicht die Frage, ob das nun mehr oder weniger Personal - gefasst wird oder so - sondern es ist irgendwie ein Name, der diesen Intelligenzzusammenhang, also den Geistzusammenhang des Ganzen meint, alsodass da eine Struktur drinsteckt, die sich nicht aus schwerer Rasse und auch nicht aus Sternen-Energie einfach erklärt, sondern die sind ja wirklich … Er ist ja so, also der kybernetische Aspekt, Steuerungsaspekt ist ja da entscheidend, und man kann, wenn man will, also den Weltbund auch als einen Namen für diesen großen Zusammenhang nehmen. Es kommt mir also nicht darauf an, da hinein Festlegungen zu treffen. Scheler hat sich ja ein wenig aus diesen Festlegungen da heraus bewegt - und er sagt also, wir haben da ein ausgezeichnetes

Verhältnis dazu. Und zunächst einmal kann man einfach, ich gehe jetzt mal an seinen Einzelformulierungen vorbei, kann man einfach sagen – ganz offensichtlich, wir begreifen zu wenig zu einem bestimmten Ausschnitt der Angelegenheiten der Galaxien – also, das sind Sachen, die liegen wirklich der, sozusagen, der bloßen Intelligenz, die im Dienste dieses Körpers hier stehen – der tierischen Intelligenz – fern. Man sagt uns zwar heute, es könnte irgendwann ja doch noch einmal wichtig werden für unsere Meisen ... dass wir da über diese Zusammenhänge etwas wissen, ich würde mich da lieber nicht darauf verlassen. Ich glaube, das sind also durch den Günstigkeitsdruck, der in ... begründete Sachen, das ist nicht der Antrieb, sondern es gibt eine Tendenz, eine Anlage praktisch im Menschen also, die sozusagen universell ist, tendenziell zumindest. Er sagt dazu ... Geist, das bedeutet, dass der Mensch ein ausgezeichnetes Verhältnis ... besitzt - und er meint, was dadurch hinzu kommt, durch den Geist - das ist jetzt schon spannend - sei keine weitere biologisch oder psychologisch fassbare Stufe. Es gehöre nicht der psychischen ... sphäre an, also mit anderen Worten, aus der Terminologie, die ich hier benutzt habe - das ist nicht Biosphäre, er sagt: Das ist nicht Leben.

Also ob man es nun so gegen ... abgrenzen muss, »es ist nicht Leben«, was er jedenfalls meint ist Noosphäre, wie wir das hier auch genannt haben ... er sagt jedenfalls Noosphäre oder, ja - ist etwas anderes als Biosphäre - und der Geist ist da etwas anderes. Das heißt also, woran ich voriges Mal erinnert habe, also bei diesen ganzen gen-physiologischen Messungen, die im biologischen und psychologischen bleiben - man erwischt ja nun die Gedanken nie.

Also die Messungen lassen nie auf den jeweiligen Gedanken schließen. Und das bringt er also, er bringt das auf die zugespitzte Formulierung – was hinzukommt sei keine weitere biologische oder psychologische fassbare Stufe, es gehöre nicht der psychischen ... sphäre.

Also wir hätten da, meint er, ein Organ, das eben anders als diese Intelligenz und entscheidend über sie hinaus - also nicht danach fragt - mit anderen Worten: Wie kann ich überleben – sondern, ich will wissen, was ist – mit anderen Worten irgendwie – Was ist die universelle Wahrheit ... was ist, was ist? Es sei ein dem Leben auch des Menschen, Entgegengesetztes.

Ich schränke mal ein bisschen ein - man kann ja auch sagen: Davon unterschiedenes Prinzip. Aber er sagt »gegensätzliches Prinzip« - nicht auf die natürliche Lebensevolution rückführbar. Gut, vielleicht übertreibt er da, vielleicht gibt es doch eine Brücke aus der Evolution, vielleicht ist das so zwischen - wenn es zwischen anorganischen und organischen ... zweifelt er gar nicht. Es mag ja sein, dass er auch einen ... aber er will erst einmal diesen Unterschied scharf heraus arbeiten. Und ich finde es weniger wichtig, dass die dann natürlich auch heftig mit ihm streiten. Ich meine, zur weiteren Entwicklung des Gedankens in der Wissenschaft gehört das, aber mir ist erst einmal wichtig - also es lohnt sich schon mal, diesen Bruch festzuhalten.

Er sagt dann, also, Geist als dem Leben entgegengesetzt oder als grundsätzlich davon unterschiedenes Prinzip, das lässt sich demnach dann - es bleibt ihm nichts weiter übrig - nur auf den obersten einen Grund aller Dinge zurückführen, auf den freilich ... des Lebens gerichtet ist - und dieser oberste Grund ist immer, sagen wir einmal, ist der große Geist des ... Also, man könnte auch sagen, es ist also, es heißt, dann ist das im Universum angelegt. Wenn es im Universum angelegt ist, ich meine, im Universum angelegt ist natürlich auch diese ganze philologische [?] Evolution, also vielleicht ist es nicht – also bei ihm ist es natürlich so, es kommt nicht von hier, sondern das kommt da – aber eine qualitativ grundsätzliche Schranke ist wohl dazwischen.

Dieser Weltbund hat hier was ganz Besonderes, nämlich eine Sonderstellung des Menschen hervorgebracht. Also, irgendwie wäre sozusagen diese zusätzliche Fähigkeit - die geistreiche im Unterschied zur Intelligenz - die ist irgendwie ... ob sie nun sozusagen doch mit ... dass dann sozusagen dieses Gehirn damit dieser ... Gedanken kommen, die nicht mehr biologisch fassbar sind. Also, darüber kann man dann streiten, wie das nun ist oder ob das sozusagen für - von ihm her gesehen, müsste man eher sagen, also der Gedanke, das Denken, das bedeutet dann Anschluss an diese kosmische Intelligenz unmittelbar. Also, so wie wir allerdings Wissenschaft betreiben, normalerweise, scheint mir, dass wir mindestens beides machen. Also, wir tasten uns ja mit recht äußerlichen Methoden, mit recht materialistischen Methoden mitunter an die Einsicht in diese kosmischen Zusammenhänge. Wir haben ja die Galaxien keineswegs sozusagen schauend erfahren, denn erschaut. Andererseits gibt es in der Wissenschaft oft Kritik der Vision - und eigentlich - Genialität ist immer -wobei ist sie angekommen. Also, es spricht auch etwas dafür übrigens, dass dieser Weltgrund hier - also sozusagen aus dem Ganzen - in diesen Gedanken Möglichkeit hinein senkt und wir das dann nur realisieren.

Er sagt, er hätte es ja auch Vernunft nennen können, diesen Geist, das hatten die Griechen schon getan. Aber er sagt, darüber hinaus müsse eben Anschauen von Urphänomenen und Wesensverhalten eingeschlossen sein, das heißt, der Geist braucht Schau - und es, also das, was Kepler oder Newton vom ... dass die dann die Welt ... und er meint auch eine Klasse willensmäßiger und gefühlsmäßiger Akte, die unbedingte Reue, Ehrfurcht, Verwunderung, geistigen - und Seligkeit, Verzweiflung - das müsse also mitgedacht werden. Und deswegen sagt er »lieber Geist«, weil das also dieses Bild umfasst. Da lohnt es sich sozusagen ... das Wesentliche und ... und die ästhetische Anschauung - der Vernunftbegriff ist ihm da nicht groß genug - es ist die obere ... von Wissenschaft, Kunst, Theologie sowie, die er da sicher ...

Er sagt: Das Aktzentrum ist die Person, das ist jetzt noch mal spannend, das Zentrum, in dem sich das ereignet, das ist schon die ... aber in ihr erscheint von ihm her gesehen, also, nicht hauptsächlich von unten aus der Evolution heraus, der Geist, nicht aus seelischen Zentren auch, sie sind nur, die seelischen sind an diese emotionale Regel geboren, gebunden bei ihm, sondern aus dem Weltgrund. Also die Person aus dem Weltgrund. In seinem letzten Aufsatz, den Newton nicht weiter als ... weil, es ginge zu weit, steht: Denn die Person ist ein monarchisch angeordnetes Gefüge von geistigen Akten – Gefüge geistiger Akte – das je eine Anlage individuelle Selbstkonzentration des ein und desselben unendlichen Geistes darstellt - also, sozusagen der Weltgrund, der unendliche Geist hat sich hier selbst konzentriert in uns. Aber es ist so ... hat sich nicht aus der - als ob wir einfach so geworden sind, was die, wofür also manches, was die ... Psychologie sagt, ausspricht ... Man kann natürlich auch sagen, dass es in Wirklichkeit ein Entfaltungsprozess ist, nicht ein Entwicklungsprozess, sondern ein Entfaltungsprozess, wo also Angelegtes entfaltet wird. Und dann wäre natürlich vom Grunde her dies angelegt, was in all dem übrigen Tierreich nicht angelegt ist. Also, diese Möglichkeit der Selbstkonzentration des ein und desselben ... Geistes, in dem auch die Wesensstruktur der objektiven Welt wurzelt - also, in uns als Personen, es gibt da nicht mehr das Problem: Wieso können wir das überhaupt begreifen –sondern, wenn das aus demselben Weltgrund ist, in dem die Gesetze der objektiven Welt zu Hause sind, das ist ja kein Wunder, dass wir die Galaxis denken können und mehr als das. Wenn es denn – also, was ich nicht so sicher weiß - wenn es dann so Wesen … verschiedene Leute ja schon gesehen haben, auch geben sollte, ja gut, sie sind dann also jedenfalls im Prinzip dieser Kapazität erfassbar. Das ist also sein Gedanke. Gleich ursprünglich, sagt er, wurzelt der Mensch auch als Trieb- und Lebewesen … hier ist er bei der Stelle noch mal der beiden Pole. Also, einerseits der Weltgrund als Erkenntnis und andererseits der Weltgrund, aus dem das alles mit gleichen Augen wird, also sozusagen Werden und Erkennen, diese zwei Seiten ein und desselben Weltzusammenhangs - und die Person eigentlich ist da mitten … Das ist also sozusagen die Besonderheit des Menschen, dass es da eine Sphäre gibt existenzieller Gebundenheit vom Organischen, als dass es die Möglichkeit darin gibt - vom Geist her - die Intelligenz aus dem Sklavendienst an den unmittelbaren Bedürfnissen - am Emotionalen und Vitalen - zu befreien und sozusagen in den Konstruktionen sozusagen der kosmischen Harmonie … einzubeziehen. Und es müßte sich dann von daher - das hat er auch gedacht, bloß es war nie sein Hauptthema, das hoffte er nur - doch eigentlich dann leicht einrichten lassen. Also durch Erleichterung, also, was [kann] die Pointe eigentlich seiner Definition hier oder seines Geist-Begriffs ist, das ist zunächst mal nämlich der Gedanke, dass der Geist vielleicht sogar allzu leicht ist, nämlich gegenüber der Vitalität, die in der Intelligenz steckt. Also gegenüber diesem ganzen, dieser ganzen materialisierenden Veranstaltung, die wir als Kultur bisher hauptsächlich geliefert haben, trotz mancher Ultimationen. Der Geist ist eigentlich der schwache Faktor, so. Man hat ihm das sozusagen oft als Pessimismus vorgeworfen. Ich glaube allerdings gerade, weil man es einfach eigentlich an der Stelle dann nicht gründlich weitergelesen hat. Er hat nämlich zunächst festgestellt, also, dass mit dieser Entbundenheit von der organischen Verhaftung sozusagen - das heißt nicht, dass da kein Überleben des Organismus berücksichtigt werden muss - aber dass die Intelligenz da nicht festhaken muss. Damit ist gegeben nämlich, dass der menschliche Geist, auch sozusagen ein In-Weltbessener [?], kein von seiner Umweltbessener [?] mehr sein. Das Tier, also die Eidechse zum Beispiel, sagt er, irgendwie hört den Pistolenschuss nicht. Der bringt ein für sie bedrohliches … Erlebnis … er gehört nicht zu ihrer Umwelt. Und wir haben natürlich jetzt empirisch schon eine Umwelt, die über das hinausgeht, was für den … unmittelbar wichtig ist. Aber wir sind ausgestattet, mit anderen Worten, das habe ich eigentlich jetzt schon gesagt - aber er hat einen spezifischen Begriff dafür mit »Weltoffenheit«, das heißt in erster Linie, wir haben überhaupt Welt statt Umwelt, denn im umfassenden Sinne; wir haben das ganze Universum eigentlich, also soweit, wie die Durchdringungskraft unseres Geistes reicht, das steht uns zu Gebote. Und das Hilfsmittel dafür, das wir eigentlich auch nur von daher haben, die Sachlichkeit, das heißt wir können den Gegenstand als solchen betrachten, nicht nur unter dem Gesichtspunkt »Was ist er für mich?«, »Bedroht er mich?«, »Erfreut er mich?«, sondern wir können - wir haben da die Möglichkeit zur Objektivität, das heißt, es hat sich die tierische - gegenüber in der Hinsicht dann umgekehrt - der Umweltbann ist abgeschüttelt, sagt er. Der Umweltbann - und ist schon überaus bemerkenswert, dass wir jetzt kein - sozusagen offensichtlich, also, da hingucken wäre ein dringliches Problem - als Umwelt - haben, als die Frage, was von der tatsächlichen Umwelt in dem engeren Sinne von der ... abhängig sind, müssen wir uns retten, damit wir überhaupt existieren können.

Bei Scheler würde das heißen, es ist nur der äußerste Ausweis dafür, dass wir uns um die Welt schlecht und zu wenig und nicht objektiv gekümmert haben, da überkommt uns der Umweltbann, ganz gebannt davon, was wir da alles kaputt machen. Denn an sich ist der Mensch als Geistwesen sich selbst als Lebewesen und der Welt eben überlegen. Nur, sagt er eben, und zwar der Punkt, den ich schon angedeutet habe – jede höhere Seinsform ist im Verhältnis zu der niedrigeren relativ kraftlos – das ist, was man ihm so vorgeworfen hat, dass er also - dann lässt er ja keine große Hoffnung übrig.

In Wirklichkeit handelt es sich, glaube ich, nur darum, dass - jeder Evolutionsprozess ist ja ein Überschichtungsprozess. Solange auf der Erde ganz wenig Leben ist und die Lebensstrukturen noch wenig sozusagen von der Physikosphäre da - von dem anorganischen Bereich - mit Beschlag belegt haben, ist das Leben natürlich außerordentlich schwach. Es sei denn, die Gesamtkonstellation, die es überhaupt hervorgebracht hat, hat sowieso die Tendenz, dass das, sozusagen, Leben sich immer mehr Genosphäre unterwerfen wird. Und es ist ja sozusagen der Prozess der Unterwerfung der Biosphäre jetzt in der Noosphäre schlecht fortgeschritten genug, und zwar, weil der Mensch also sozusagen das auf so eine anorganische Weise zu seiner Technologie macht, also mit physikalischen Materialien statt, wie sich normalerweise - also die höhere Kommunikationsebene, die diese Biosphäre gegenüber der vorigen, also die die Noosphäre auch gegenüber - die unterwirft sich das eigentlich gar nicht, sondern die durchdringt die anderen Organisationsformen - und das Ganze funktioniert nachher oder kann nachher nach den gesetzlichen … Das wäre eigentlich, dass dem Menschen, wenn er nun mal also auf der Erde so eine Macht erlangt hat - als Kulturwesen jetzt - was ihm aufgegeben wäre. Und Scheler hat also diese Tatsache in Wirklichkeit gar nicht pessimistisch verhandelt, sondern er hat sich so ausgedrückt: Er sagt nämlich – trotzdem das so aussieht, als wenn also [sich] der Geist in der Weltgeschichte so leicht zu blamieren ist, wie ich – er beruft sich übrigens hier auf die bekannte Stelle, wo Marx das sagt - vielleicht bei …

… trotzdem zeigt die Geschichte eine im Großen und Ganzen zunehmende Er … aber eben nur durch und aufgrund einer zunehmenden Aneignung der Ideen und Werte durch die große Triebkraft in Gruppentendenzen und Interessenverzahnungen zwischen ihm. Das heißt, wieviel von dieser Geistessphäre, von dieser nicht als organische, und in Gruppen, Interessen usw. gebundenen dort einbringt und sich sozusagen mit den Leidenschaften erst einmal in Beziehung setzt - und es muss ja so ein Prozess sein, wie sich die frühere Dimension praktisch der Ordnung, der Kommunikation dann da durchsetzt. Also, er sieht das so, dass sich das also praktisch hineinarbeiten muss und fügt dann noch in Bezug - auf der nächsten Seite - das, wenn man das also sozusagen, wenn man dieses Hineinarbeiten scheut, das Wollen also jetzt - ich bin dagegen, will das werfen, weil es nicht in Ordnung ist – das Wollen erwirkt immer das Gegenteil von dem, was es will. Wenn es sich - anstatt einen höheren Wert zu intendieren, also dort einbringen zu wollen, dessen Verwirklichung das Schlechte vergessen lässt und die Energie des Menschen anzieht - auf die bloße Bekämpfung und die Negierung eines Krieges richtet, dessen Ziel als schlecht vor dem Gewissen steht, so muss der Mensch auch sich selber dulden lernen, sagt er. Also, sozusagen, das ist nicht sozusagen von Leuten, die meinen es gefressen zu haben und vielleicht sich nur auf diese besondere Sache spezialisiert haben, hinein zu donnern und zu trommeln da. Also, sozusagen dieses Erzwingenwollende im Bewusstsein dieser Art von innerer Erziehung am Menschen, das wird es nicht sein, schreibt der Scheler hier, sondern, man muss sogar sich selber dulden lernen, man muss es auch reinzubringen versuchen in sich. Diesen ganzen Vorgang - und beide Seiten davon, auch die Seite, die sozusagen dem Vital-Emotionalen zukommen, ob das beides, sagen wir mal, so streng gegenüber gestellt ist – wie Scheler das hier aus mir verständlichen Gründen mal macht - er treibt es auf die Spitze … nur es gibt jedenfalls diese … erschließt:

> »Erst in der Bewegung dieses gewaltigen Wettersturmes, der die ›Welt‹ ist, kann eine Angleichung der Ordnung der Seinsformen und der Werte an die tatsächlich wirksamen Mächte, und umgekehrt dieser an jene erfolgen.«

Die tatsächlich wirksamen Mächte, die die … sich über die Seinsformen und Werte - Werte, das ist das sozusagen, das geschichtlich Gewordene. Wenn man das angleichen will, das muss – ja, das ist also sozusagen ein wirkliches Verhältnis – meint er, muss das sein.

Also, seine Anthropologie läuft darauf hinaus, den Menschen daran zu erinnern, dass er für ein - also, dass diese Distanz, würde ich mal sagen, die wir uns technisch geschaffen haben von der Welt, eigentlich eine ungeheure Ersatzhandlung ist gegenüber der tatsächlichen Distanzfähigkeit von unserer unmittelbaren Natur, die so unmittelbar und unbegrenzt schwerfällig werden würde. Und wir könnten aber, wenn wir uns auf die Regel dieser geistigen Fähigkeit, die mit dem Menschen gegeben ist - was ich hier sage, also das beweist, jeder hat auch diese Fähigkeit, sie ist nur sozial verschieden verteilt, je nach Angstpotenzial und Verwirrungsgrade und so, der da im Einzelnen angekommen ist, also nach der Subalternität im weitesten Sinne. Und wie wir uns aus dieser Spirale abwärts ziehen, das ist ja das Abfallthema. Wenn wir uns aus dieser Spirale abwärts befreien können, das ist, glaube ich, die einzige Möglichkeit - sondern auch optimistisch von den Geistmächten auszugehen, ungefähr so wie Scheler die sieht. Man kann das ja, die ist auch inzwischen - seine Konzeption - die ist aber nicht weiter entwickelt worden bisher. Ist ja jetzt schon ja ein Dreivierteljahrhundert bereits alt. Es muss ja nicht die letzte Lesung sein, aber es lohnt sich, glaube ich, an dieser Sache weiter zu arbeiten. Es gibt Fragen also, wie kann denn die Noosphäre in uns als eine Macht, in uns selber, wie kann also sozusagen diese Freiheit des Geistes, diese Weltoffenheit und Sachlichkeit dazu genutzt werden, dass wir uns mit Welt befassen, statt mit In-Welt und dann lösen wir - dann können wir dieses Umweltproblem überhaupt erst lösen.

Also, das ist sozusagen ein Schluss für diese beiden Vorlesungen, die vorherige und die heutige, dass es dem Weltbild, ehe es um Umwelt geht, die Einrichtung der In-Welt, der Außenwelt, und zwar erst einmal in - sozusagen - die geistige Großzügigkeit also, diese ungeheure Anlage in uns zur Freiheit nämlich, zur wirklichen Freiheit, nicht zu der, den Supermarkt auszunehmen also, dass wir uns die vergegenwärtigen und von dort aus also, die Sache eigentlich angehen.

10 Minuten noch, die letzte Diskussion dieses Jahres. Beifall

Ja, ich sage jetzt noch einmal. Hier vorn liegen jetzt - für die, die zu spät gekommen sind - noch diese Plakate für den Anfang des nächsten Semesters und auch Flugblätter. Schön, wenn einige von ihnen genommen werden.

6. Januar 1997

Aurobindo

… die Relationen der Themen im Auge haben - an die vorige Frage stellen, ob wir abgespalten sind jetzt im Vergleich, ob wir faul sind?

Die erste ist mehr kulturell, die andere ist mehr – sage ich – persönlicher Bericht, sodass - was das betrifft, ist es zum Beispiel ganz offenbar, dass man noch nicht sagen kann, die wären von ihrer erprobten kulturellen Gestalt abgefallen, sondern die sind abgefallen worden, einfach. Das hat sich dort unter Fremdeinfluss ereignet. Aber in dem – »sind wir abgefallen« - steckte natürlich die Frage, oder besser gesagt die Wirklichkeit, die Tatsache, dass wir … den Abbruch der alten kulturellen Grundlagen selbst vollzogen haben, Schritt für Schritt. Dass sie also in sich - die - ganz einfache Wesen haben. Und die spirituellen Fundamente, das ist das ganz große Problem der Perspektiven sozusagen in [s]einer christlichen Zivilisation, die wir hier von außen gesehen immer noch haben - dass der Islam, dass hier als Christen … praktizieren, aber die christliche Zivilisation, also das Christliche daran, sozusagen total mit all seinen Energien in diese Entfesselung des Materialismus hinein, der Technik und der Ökologie - gescheitert zu sein. Und das heißt - hier könnte man schon sagen, dass es sich um einen Abfall handelt. Und zwar um einen Abfall, der in erster Linie innerhalb der europäischen Gebiete ausgehandelt worden ist und ausgetragen worden ist auch. Also die Aufklärung des 18. Jahrhunderts war nicht der Anfang dieses Prozesses, sondern der - Kirche im ganzen hohen Mittelalter - in dem - Abendlandes - des Katholizismus in Rom, die Reformation. Das sind lauter Schritte gewesen, die die Richtung auf die Kapitalisierung geöffnet haben, die Scholastikräume vorbereiten, also sozusagen diese abstrakte Rationalität, die dort präpariert worden ist für späteren Gebrauch in ganz anderen Zusammenhängen. Da ging es dann nicht mehr darum, welches Verhältnis der Engel zu Gott fand – ausfindig machen kann - sondern um sehr viel praktischere Dinge. Aber die Einübung der Denkmethoden hat da natürlich eine Rolle gespielt - und vor allem ihre - schon in der Scholastik – ihre - eigentlich die Abtrennung einfach vertrauensmäßig schon bei dem und jenem der nachdenklichsten Mönche, Abtrennung dieser intellektuellen Bemühungen von - eigentlich von dem Grund der menschlichen

Existenz, von der Erfahrung. Wir können uns das heute nicht mehr so leicht vorstellen, dass das Mittelalter eine Zeit war, in der also so mancher ausgeartete Kardinal … (Niesen) - es gab solche und solche - aber dass da also diese Mentalität, die wurzelte noch in einem anderen, also, kulturellen Zusammenhang als diese ganze Moderne, die weder Gott noch Teufel mehr wirklich kennt.

Es ist bekannt, dass Thomas von Aquin ganz kurz vor seinem Ende, also im letzten Jahr seines Lebens - er war ja also fast, war weit vorgedrungen in seiner »Summa theologica«, also in diesem Grundwerk, in dem im Mittelalter die Scholastik auf die Füße gebracht wurde, endgültig Aristoteles versöhnt und manches Arabische so reingenommen, dass man es nicht erkennen konnte - aber, dass man es verarbeitet hatte. Und dieser Thomas von Aquin gestand plötzlich seinem nächsten Mitbruder - und das erfuhren dann auch die anderen - dass er alles, was er bisher geschrieben hat, für Staub erachtete. Das heißt, er hat da eine Erfahrung gemacht, die ihm das Spirituelle … Gott in einer völlig anderen Gestalt zeigte als sie der – ja, dieser intellektuellen Unterscheidung - dieser rationalistische Mönch immer auf die Flaschen der »Summa« da gezogen hatte. Es mag sein, dass es in seiner Zeit – Thomas hat ja im 13. Jahrhundert gelebt – noch so war, dass diese … Beschäftigung, diese rationale Beschäftigung mit dem Gottesproblem auch noch zu diesem Durchbruch - ich sag mal jetzt kulturellgeschichtlich, naturgeschichtlich gesehen - rückwärts führen konnte. Es ist nur jetzt nicht mehr der Fall, jedenfalls von diesem, von diesem älteren Grundverhältnis, das allen frühen Hochkulturen in Zeiten der römischen Amtszeit schon zugrunde lag, wo also immer sozusagen ein Bezug zu den Numinosen der Welt vorhanden war … abgefallen sind. Und es ist jetzt nicht die Frage, also es ist gar nicht das Hauptthema, ob und inwiefern dieses Numinosum nun objektiv existiert oder ob es eine anthropologische notwendige Relation des Menschen zu den Verhältnissen ist. Ich meine, es war ja in der Magie oft irgendein Naturzusammenhang ausgewählt als das nun wichtige Numinosum und stärkte sich damit - das war das Grundverhältnis der Magie. Aber - jedenfalls gab es zu dem Weltzusammenhang als Ganzen so ein Verhältnis. Und je ausgedehnter die gesellschaftlichen Bezüge geworden sind, je weniger der einzelne Stamm war, je mehr … umso stärker die Tendenz, dass dann also überwältigter Gott auch wurde, der - das war eigentlich der Anfang der Zerstörung dieses Weltbezuges, wenn das also in Richtung Transzendenz ausschlug, wenn also nicht mehr das Gleichgewicht Immanenz / Transzendenz gewahrt blieb, also Gott ist in allem, kann dir in jedem begegnen, sondern wenn sich das Ereignis also bietet: ist einfach eine überirdische Gestalt, die irgendwie auch Aufpasserfunktion hat, gegenüber unserer irdischen Existenz hier und vor allem auch über die Stammesidentität und dann über die Staatsidentität gegen die anderen Staatsidentitäten usw. wacht. Also es ist so ein Wink des Abfalls gewesen, der sich kulturell vollzogen hat. Und im Ergebnis sind wir dann bei dieser - durch die Entwertung eigentlich - dieser Dimension, die dann auch das Politische in seiner eigentlichen Würde mit weggerissen hat, sind wir dann bei dieser Abhängigkeit von unserer schweren Verstandesproduktion angekommen, also ich meine … in Kilogramm sich misst.

Aurobindo, der - den ich dann in der zweiten Vorlesung dann ein bisschen ausführlicher behandeln will - der hatte dafür, oder aus dessen Konzept ergibt sich das, was da vor sich geht, ein ganz einfaches Bild nämlich. Er hat von ihm her gesehen - ich sag's mal so - er hat also den Kreis, in dem sich das menschliche Leben - übrigens ist damit die Gattung gemeint und auch das Individuum, also ein sehr allgemeines Modell, dass der menschliche Kreislauf nur vom Ursprung an in so einer … aber wieder schließt bis ans Ende, bis zum Tod des Menschen – dieses Menschen – dass sich da etwas schließt und praktisch also sich dieser individuelle Geist in dem allgemeinen wieder auflöst - dass also diesen Zirkel zu akzeptieren – um diesen Zirkel zu akzeptieren – und das ist die Voraussetzung dafür, dass der Mensch überhaupt auf dieser gar nicht - sozusagen also - wohl angelegten aber nicht unbedingt zur Geltung kommenden Kreisbahn überhaupt bleibt, denn die Tendenz ist, dass an jeder beliebigen Stelle durch - man würde dann sagen – eigenmächtige und an Außenweltdingen und Erfolgen orientierte Praxis - meist enden in … Konkurrenz mit anderen, Wettbewerb und so. Von daher möchte der menschliche Geist immer ausscheren. Und das wird dann immer von dem Bild her gesehen, auf jeder beliebigen – an jeder beliebigen – Stelle kann das eine Tangente werden. Wenn man jetzt die restliche Zivilisation … also diese technische Produktivität - also die auf der Tangente läuft - die hat sich so verselbstständigt, dass also die Möglichkeit, also danach in die Kurve zurückzukehren und am Ende irgendwann - na sagen wir mal - einen Grabstein … da vor längerer Zeit, 200 Jahre alt war der, alt und lebenssatt zu sterben, also in Frieden mit der Welt - sondern man kann nicht genug kriegen, wenn der Maßstab also diese unendliche Produktivität auf der Tangente ist. Wo es dann also nicht um Transformation geht, die also Lebensstufe um Lebensstufe in diesem Kreise bliebe, sondern wo es um die Ansammlung von immer neuen Erfolgen geht. Und wenn plötzlich in ein, zwei Jahren kein Erfolg mehr eintritt, dann steht irgendwann im »Spiegel« oder sonstwo oder im Fernsehen oder wo, dass der jetzt auch weg ist. Das heißt, dass also diese individuelle Existenz keine Bedeutung mehr hat vor der ungeheuren Produktivität auf dieser Tangente. Diese – eine Kultur, die sich darauf gründet, das kann man schon - also die darauf zurückgefallen ist - also eigentlich allein diesen ...zess noch auszuzeichnen - das ist der Tod - dass das die andere ... der menschlichen Existenz nun nicht mehr sind - nur die werden aufgezeichnet werden - da kann man schon sagen, die ist abgefallen und wird wohl bis auf den Boden durchfallen müssen, bis sich da sozusagen genügend menschliche Substanz hinlänglich also ... das ist nicht der richtige Ausdruck, denn es geht nicht um Rebellion dagegen, sondern ist, dass das Vakuum nicht mehr auszuhalten ist, das die produziert. Also das Thema »Sind wir abgefallen« ist also gerichtet auf die volle Wahrnehmung in dieser eigentlich für die Menschen unerträglichen Situation, in der die – ja, man könnte auch sagen, die höchsten Bedürfnisse, mit denen der Mensch auch gekommen ist, also das Wesen auf der Erde, das die Möglichkeit des Kontakts mit allen anderen Wesen, mit allem anderen Leben, mit der ganzen Welt zusammengebracht - und das wird also zugunsten des Kontakts mit den von uns produzierten Sachen und mit den jeweiligen Konkurrenzgegner da - das also, das ist auf die Dauer nicht lebbar.

Wir haben beim vorigen Mal über Chinas Intervention gesprochen, die darauf hinaus lief - wo wir auch wieder ... haben - dass der Mensch mit einem Bein in der göttlichen Intelligenz des Ganzen stünde. Das wäre dann das Innere auf dieser, auf diesem sozusagen in der Kreisbahn - bleiben möchte - und das andere tendiert in die andere Richtung. Aber es ist nur ein Bild, das hat aber Scherer im Gebrauch. Und zugleich hat Scherer bei seinem letzten Aufsatz mit der Bemerkung angefangen, dass Philosophie, dass Geist und so eine Angelegenheit immer nur der wenigen sei. Es wird da gar nicht anerkannt in seinem Konzept, dass es Kulturen gegeben hat, die als Kultur im Ganzen von dieser Fähigkeit, ich würde mal sagen, von den unmittelbaren Interessen der Individuen, des Stammes usw. manchmal nicht ganz bewussten Sinne abzusehen, um sich dem großen Ganzen anzuvertrauen. Also, davon sieht Scherer ab, indem er nur die sozusagen jenseits der ausgebauten und verstandesmäßigen Intelligenz angesiedelte Geistqualität so - im Mittelpunkt steht. Was aber richtig ist von ihm bei seinem Hinweis, das ist, wenn wir, wie er sagt, der triebgesteuerten Intelligenz allein folgen, also der Intelligenz, die sich darum kümmert, wie die unmittelbaren, ich sag mal, tierhaften Triebe - auf der menschlichen Ebene jetzt natürlich – zur Erfüllung kommen, dass das entgleisen und entarten muss, dass das also die verschiedensten Formen von Suchtverhalten kreiert, dass das auch die Abartigkeiten der einen und der zweiten und der dritten und der vierten, also die verschiedenen Stammeskulturen schon manchmal und dann Hochkulturen zur Folge hat, wenn da keine Gegensteuerung ist, das hat er richtig ausgesprochen. Er sagt also, praktisch weist er darauf hin, dass es nicht gut gehen kann, wenn bestimmte sozial erzeugte Bedürfnisse heiliggesprochen werden. Also ich meine, man muss sich das wirklich vor Augen führen, in welchem Umfang sozusagen heute, ich würde mal sagen, so wie die Ausgeflogenheiten so einer Gesellschaft mit der Frage der Menschenrechte verklebt werden. Es sind - beide Dinge sind vordergründig. Aber da wird sichtbar, also wie unbewusst also eigentlich geworden ist, um welche Art von Unterscheidung es da geht. Also, die ganze Aufklärungsphilosophie, die darauf hinauslief - da ist der Mensch mit seinen naturnaturwüchsigen Bedürfnissen, und das ist so angelegt, das müsste eigentlich gut gehen. Befriedigen wir sie, also optimal und maximal bis in unser ökonomisches Grundgesetz hinein, dass das einen Rahmen hat, dass das nicht die ganze Wahrheit sein kann und jetzt überhaupt nicht das Gegenteil bedeutet, dass man die Bedürfnisse alle frustrieren soll, sondern, dass es da eine Maßstab setzende Instanz geben müsste, die aus der Kultur hervorgebracht wurde. Hölderlin schon hatte geklagt, »gibt es in Allem kein Maß?« Es gibt keins, also das ist jetzt zwar nicht … dass er das gesehen hatte. Das ist sozusagen die subjektive Seite dieses Abfallens. So kommt es … an, dass also mit Selbstverständlichkeit, also unbewusst, was den Zusammenhang betrifft, also die kulturellen … Bedürfnisse als naturgegeben angesehen werden, und dass es dann gefordert werden muss - natürlich für die Menschenzahl wie groß auch immer sie sei - und man muss sich dann nicht wundern, dass das im Zusammenhang – ist die, wie wir heute wissen, relativ kleinen Erde – also nicht aufgehen kann … werden kann. Es ist bei dieser Konzentration auf die - wenn es innerhalb der Gesellschaft, also auf den Vergleich von einem Stamm zum anderen dort, im Vergleich im Stamm natürlich dann auch - dazu gekommen, dass der natürliche Kontext der menschlichen Entwicklung, also erst mal schon die Naturumgebung des einzelnen Stammes – wenn der an Schwäche stirbt – das tritt in seiner Bedeutung zurück; wenn es ein Großreich ist. Da wird nur gefragt, in welcher Zeit können meine Reiter bis dorthin gelangen, weil - diese Zeitdauer gibt an, wie viel Steuern kann ich dort erpressen, weil die auch rechnen können, und wenn sie wissen, wir müssen 10 Tage reiten – brauchen also 20 Tage hin und zurück – dann müssen sie also mehr einbehalten haben als die halbe Steuer, sonst kommen sie wahrscheinlich doch nicht die Reiter … Solche Relationen spielten einmal da immer eine Rolle, aber das heißt, die Natur war in dem Falle dann weder für die Zaren in Russland noch für die Mongolen interessant, die man nur zur Überwindung – widerstand - damit das zu Überwindende entfernt - das war rausgefallen – eh - mit den Numinosen der Umgebung war diese schon nicht mehr verbunden. Und das, was jetzt die Gaia, was man mit Gaia zu bezeichnen versucht, also, dass die Erde ein intelligenter Wesenszusammenhang ist und Gaia als übergreifender Wesenszusammenhang, der auch intelligent ist, das wird im Grunde nicht erlebt. Also auch von den meisten Ökologen, die den Gaia-Begriff gebrauchten, ist das - es spielt auf der … Ebene - und ich muss sagen, dass es mir meistens auch so geht, das heißt dass man ohne eine spezifische Einstimmung auf so eine Denkweise schwer … also das ist dieser Zusammenhang, den ich gezeichnet habe mit der Frage also, Gefahr droht.

Wenn ich nun heute frage, ob wir faul sind, dann ist das eigentlich sehr viel provokatorischer, weil es dem Menschen möglicherweise erst einmal etwas zutraut, wie jedem einzelnen Menschen auch, das ihn sozusagen so unter Druck setzt in seiner konkreten Existenz, die vielleicht gar nicht geöffnet ist für den Charakter dieser Fragestellung, und dass es also großen Protest auslöst, wenn man also an der Frage, ob wir da faul sind, bohrt. Und es kommt ja hinzu, dass diese ganze Betrachtungsweise, also das Abgefallensein, die Frage der Faulheit nicht an der Technik festzumachen, nicht am Strang - wenn jetzt in dieser Tangente da, in der Vermehrung des Wissenschaftlich-Technischen … in der Ansammlung des Privatkapitals, des

Häuschen-Bauens usw. Schon das ist ja eigentlich nicht allgemein verständlich.

Die Kriterien für Fleiß und Faulheit kann ich nicht mit dieser Sache festlegen. Aber wenn es hier, also bei der Frage »sowohl als auch der Faulheit«, darum geht, ob der Mensch seinen Dimensionen gerecht wird, dann ist natürlich erst einmal die Behauptung enthalten, dass es da eine Dimension, der man gerecht oder nicht gerecht werden könnte - und das ist nun wohl so, dass genau diese Erfahrung, ja ungefähr 50 – 100.000 Jahre [sich?] von selbst verstanden hat für die bis dahin lebenden Mitglieder der Gattung Homo sapiens - die hat sich ja in eine Aufklärung hinein verloren. Die Theologie hat den Weg vorgezeichnet. Also, dass die Erfahrung des Thomas von Aquin am Ende da - die war ja nicht typisch für das, was den Scholastikern im Mittelalter passierte. Der war ja wegen der Summa heilig gesprochen, aber es muss ein anderes Charisma in ihm gewesen sein, sonst hätte er auf diese … nicht spielen können, insgesamt. Also es ist schon so gewesen, dass diese Dimension, die Anbindung und Rückbindung an etwas anderes sozusagen als über die Sinnenwelt vermittelten Außenwelterfahrungen, also an eine eigene Innenwelt - das war dann die Frage, ob das produziert ist oder ob also, von innen hinausgesetzt ist, wovon man da redet – von Gott oder Göttern in verschiedenen … jeder sprach ja nicht von Gott, diese Dimension berührt - oder ob das also einfach eine, dem Menschen gegebene Eigenschaft ist. Aber die Konzentration auf diese Dimension, das war eine Angelegenheit bisher doch kultureller, allerdings früher eben prägender Hinterreigen [?], und jetzt bezieht sich also in der Krise der Kultur, in der wir uns befinden, der also diese materialistische Praxis im planetaren Zusammenhang sprengt, bezieht sich diese Frage natürlich auf die Forderung, ob wir nicht sozusagen unsere größten Orientierungen doch von alledem wieder abziehen müssten, worauf uns die letzten, ja 300, 200, 150 Jahre europäischer Geschichte hingewiesen haben. Also, wenn man an dieses berühmte Heine-Gedicht denkt vom Himmel und den Menschen verlassen und hier auf Erden das Himmelreich errichtet, da berührt mich in Bezug auf Heine – also, das sind ja Sachen, mit denen wir hier sehr identifiziert gewesen sind, dass wir das so einrichten müssen, dass das widerspruchsfrei aufgeht – Voraussetzung eigentlich – der Mensch ist gut, die Verhältnisse sind schlecht, das läßt sich regeln. Und wenn ich jetzt die Frage, ob wir faul sind - dann ist das also der Punkt, ob wir uns da nicht gründlich geirrt haben und ob wir eigentlich unsere Existenz darauf eingerichtet haben, dass das ein Irrtum war, falls das ein Irrtum war, falls da was ausgefallen ist und falls wir wissen - das kommt ja dazu - dass unsere allgemeine Kultur jetzt gar keinen Zugang bietet. Dann fällt es ja - deswegen ist die Provokation auch so groß - in unsere individuelle Verantwortung – unsere eigene Verantwortung – ob wir selbst irgendeinen Bezug zu diesen Numinosen … ich sage mal, sehr abstrakt … also sehr … ausreichend selbst über die Grenzen der Erde, ob wir da etwas herstellen wollen. Die Frage - nachdem also die - nun, nachdem die Herrschenden das völlig aufgegeben haben - also im Grundgesetz steht drin … ich weiß nicht, wie die Formel genau ist, aber das verläuft irgendwie - diese Humanität der Menschenrechte da, mit der das anfängt, das ist da eingebaut - sondern es wird für die meisten Väter, obwohl kurz nach 45 sozusagen - war die letzte Reserve natürlich das Christentum dort drüben für den Wiederaufbau. Manche Väter mögen sich nun aus der Rolle … vergessen - und man kann es auch vergessen, weil - es ist von dort aus - ist es nicht zu mobilisieren. Das heißt, die Frage, ob wir faul sind, bezieht sich jetzt also auf den Aufstieg, und zwar zu einer Bewusstseinsverfassung, die der Situation des Menschen, besonders des westlichen Menschen, in der von ihm eroberten Welt gerecht wird. Nicht, dass wir sie zu Ende erobert hätten bislang, was die ganze Wirklichkeit betrifft – entfernter, entfernt davon – aber das Territorium also für unseren interessierten machtpolitischen Zug ist - das haben wir uns erschlossen. Und wenn man jetzt sieht, das geht nicht auf, also in was für eine Bewusstseinsverfassung müssen wir uns denn einüben? Und Faulheit - wenn es da ein Muss gäbe, dann würde Faulheit schon bedeuten - also, dass wir uns damit nicht befassen. Ich sage, es fällt auch insofern auf das Individuum, zumindest auf das denkende Individuum, zurück und zumindest auf das, das sich überhaupt mit dieser Art Weltbetrachtung befasst und allgemein verantwortlich fühlt, weil es nur aus - also jenseits eigentlich der herrschenden Verhältnisse konstituiert werden kann. Das war am Ende des Römischen Reiches - also in den letzten 100 Jahren schon - auch so, dass also die reichsrömische Politik eigentlich keine Auskunft mehr hatte. Die Leute zogen sich zurück vom Imperium, sahen da keinen Sinn mehr drin und es begann also Gemeinderegelung, christliche damals. Wo ein Zusammenhang – ein sozialer Zusammenhang – geschaffen wurde, indem man sich gegenseitig bestätigte, es gibt also Wichtigeres als die

Schicksale des Römischen Reiches und Wichtigeres selbst als das gute Leben. Aber als das Wohlergehen nach diesen reichsrömischen Maßstäben - und diese Frage bedeutet eigentlich, den - wider bessere Einsicht und nur aus Bequemlichkeit und Willensschwäche, also ganz individuell, vielleicht auch mit rationalen Ausflüchten - den Weg des geringsten Widerstandes zu gehen. Das heißt ja, den Weg des Ausweichens in der Suche nach Bedürfnisbefriedigung - immer auf die nächstniedrigere Stufe, auf die gewohntere Stufe. Wenn ich daran denke, also beispielsweise jetzt - man hat einen schweren Text zu produzieren - was hilft es einem, dass man sich in das dritte und das vierte Buch verbirgt [?], das man unbedingt noch lesen muss, einfach weil man weiß, die größere Anstrengung - man ahnt jedenfalls, die größere Anstrengung ist da - ich ziehe es noch hinaus. Also, das wäre so ein Moment der Faulheit, was in diesem Zusammenhang also beim ersten »Enlightenment Intensive« - das heißt bei so einer spirituellen Übung, wo man sich gegenseitig fragt, wer bist du, und dann also doch auf diese Sphäre dort in der Erfahrung, mit der Selbsterfahrung, die man da macht. Egal aus welchem Kontext, aus welchem Bewusstseinskontext und woher man selber kommt, es funktioniert so. Und als das da zu Ende war und man austauschen konnte, kam ein junges Mädchen auf mich zu, die dann nun wusste, also alles, was du bisher gemacht hast, das haben wir ja jetzt gesehen, war ein Blick durchs ... interessiert nicht mehr. Jetzt hast du natürlich nichts weiter zu tun als - ich verkürze jetzt mal das Argument - aber solange Enlightenment Intensive zu betreiben, bis du zum Buddha-Bewusstsein durchgedrungen bist - erst dann – sonst kann hier sowieso nichts besser werden. Also das wäre sozusagen der Extremismus dieser Position – du bist faul, wenn du jetzt wieder hinaus gehst und draußen dann irgendeine Art von humanem Leben mit dieser bescheuerten Gesellschaft hier unternimmst – alles, alles in diese eine Richtung. Und nun ist das ja so, dass diese Orientierung das mönchische Leben in sehr vielen Hochkulturen weitgehend beherrscht hat. Also, es gab natürlich immer auch diejenigen Mönche - und Geistliche sowieso - die darauf verwiesen wurden, dass also die Mutter Teresa arbeiten soll. Bei Meister Eckhart selbst, der wirklich ein Mann der Meditation, der Spiritualität im strengsten Sinne war, findet man leicht Sätze wie den, dass es also ... Meditation und du erfährst, dein Nachbar ist krank, gehe ihm zuerst helfen. Also das war selbst – das war sozusagen auch noch klar, und doch sind sehr viele

Leute also – ich komme nachher noch kurz auf den Johannes vom Kreuz – mit sehr vielen Leuten, also diesen einseitigen Weg erst einmal zu ihrem individuellen Seelenheil gegangen. Nur muss man sich natürlich darüber klar sein, dass wir heute diesen sozusagen gültigen spirituellen Zusammenhang gar nicht haben, der solche Schlüsse rechtfertigen würde, also die Welt einfach laufen zu lassen wie sie läuft, sondern - ich bin ganz sicher, dass man da auf diesen zwei Beinen gehen muss, von denen ... da gesprochen hat, also den inneren Kreis und auch den äußeren Kreis. Man muss sich ja nicht an der Technologie hauptsächlich am Zusammenhang zwischen der Gesellschaftsgestalt und dem ... Und das heißt also, es geht schon darum, also den ... die auch der Verantwortung nach außen gerecht wird. Aber die Erfahrung, die ich selbst gemacht habe, die hat mir zumindest geholfen. Also selbst in dieser naiven Herausforderung am Ende dieses Enlightenment Intensive. Also ich musste gestehen, also ich habe viele Beispiele - spirituelle Ebenen – mitgemacht - in verschiedenen Disziplinen auch, aber ich bin nicht so sicher, ob es nicht besser gewesen wäre, irgendwann mal zwei Jahre völlig konzentriert sich auf so einen Weg zu begeben. Ich bin meiner sicher, dass ich zurückgekehrt wäre. Es gehen auch manche sozusagen völlig, sozusagen in den Kreisen des Eigenbewusstseins verloren. Das ist eigentlich die Frage, um die es da – sozusagen die Herausforderung, mit der sich jeder auf seine Weise und jede auf ihre Weise da eigentlich auseinanderzusetzen hat. Für den Prozess, für das Verhalten im gesellschaftlichen Prozess hängt - ich sag jetzt nicht, von einer extremen Entscheidung ab, sondern von der richtigen Relation, die es in dieser Hinsicht gibt, hängt es ab, ob wir uns nur damit befassen, also sozusagen die bestehenden Verhältnisse zu pflegen und auszubauen und nach dem unseren da zu sehen jeweils. Das nennt Ken Wilber etwa Translation und meint damit also einfach, dass man Verhältnisse - und Wissen auch, und Kenntnisse und Produkte, die auf einer bestimmten Ebene üblich sind, dass man alles tut damit, dass also eben über die ganze Welt ausgebreitet wird, weil - das ist so ein schöner Fortschritt gegenüber dem vorigen, also horizontal alles ausbreiten. Das ist genau die Praxis auf dieser Linie, die von der Rückkehr, von der Heimkehr zum universellen Geist irgendwie ablenkt. Das ist die Linie dieser Tangente, von der ich da vorhin gesprochen habe, auf der sich diese Translation bewegt. Und Transformation wäre also der Versuch, also eine Stufe höher zu steigen. Ich bin das erste

Mal auf dieses Thema gestoßen, als ich in Erinnerungen Gorkis über Lenin las, und zwar muss das gewesen sein, also, in den allerersten Jahren nach der Revolution - mit einigem Entsetzen - jetzt die Frage, die ich behandeln werde – wer da alles gut gesehen hatte ... Aber er sprach mit Entsetzen darüber - die Leute wollen ja gar kein anderes Leben, sondern sie wollen mehr von dem Leben, als sie bisher gewohnt gewesen sind. Also ein russischer Bauer will ganz bestimmt, hieß das, keine Kollektivwirtschaft, sondern er braucht ein paar Morgen dazu und muss sehen, dass er der erfolgreichere und größere Bauer da wird und dass der Staat ihn möglichst wenig bedrückt. Also, es war nicht angeregt, sagte er, warum hätten die Bauern eigentlich auch sollen ... natürlich, nicht? Dass da eine andere Zivilisation ins Auge gefasst wurde, also so eine Transformation rationalistischer Art, wie sie die Bolschewiki da vor hatten und die, wie wir wissen, fürchterlich ausging. Aber ich wollte nur sagen, also da ist mir das zum ersten Mal aufgegangen, dass es diese Differenz gibt zwischen »wollen wir woanders hin« oder »wollen wir mehr haben von dem, was ist«? Und es kann also sein, dass die heftigste Anstrengung bei der Vermehrung der Bedürfnisbefriedigung also wirklich unter Faulheit fällt. Die Frage also, ob das Urteil stimmt im konkreten Fall. Hinter der Lebenserfahrung stand die Vergewaltigung der russischen Bauernschaft durch die Revolution. Das meine ich jetzt nicht, sondern ich meine diese Wahrnehmung, die mir da zuerst begegnet ist. Und wenn ich daran denke, hier bei uns fand ja nach dem Abschied nun vom Leninismus alles andere als eine Transformation statt. Hier wird immer vom Transformations... geredet - also zurück zum Kapitalismus, das ist die Transformation - und während es in Wirklichkeit eigentlich darum geht, wie können wir in Züge und Flugzeuge einsteigen, die uns möglichst weit um die ganze Welt transportieren.

Ich meine sozusagen die Multiplikation der Gewohnheiten im Äußeren irgendwie. Voran die westdeutsche Gesellschaft, dann hier das Normativ, das längst Besitz ergriffen hatte und doch nicht die Faulheit - wir wollen weitermachen. Ich freue mich, dass das hier passiert ist - und jetzt ... als wäre nichts passiert – so - und die kulturellen und ökologischen Herausforderungen sind oft durch die nationalen und internationalen - vorausgesetzt, dass die Gesellschaft sozusagen zu ihrem inneren Selbst gar nicht kommt. Dieser alte Abbruch des normalen Gesamtverhältnisses, das ist nicht aufgeklärt worden, sondern ist abgeschafft worden. Dieses normale Gesamtverhältnis ist eben abgeschafft worden - und deswegen auch, also, herrschen einfach, nicht wahr, quer durch alle fleißigen und faulen Leute dann - über Normalbegriffen hin. Diese Faulheit, sich den eigentlichen Gegenständen, die jetzt wichtig wären, überhaupt wirklich zu stellen.

Pause … mit dieser Sache umzugehen oder sie richtig zu verstehen.

Ich beziehe mich jetzt auf einen Brief, in dem Sri Aurobindo in der Zeit nach dem Zweiten Weltkrieg die Einsicht zusammengefasst hat, die aus seiner – ich würde mal sagen – aus seiner Gesamterfahrung hervorging, denn Aurobindo hatte sich zunächst als Aktivist an den – ganz an den Anfängen des Jahrhunderts – an dem indischen Befreiungskampf gegen die Engländer beteiligt und durch die Erfahrung eines – ja, man könnte sagen - eines Unfalls auf diesem Wege – also wo dann für Leute, die da beteiligt waren, die englische Seite wohl auch, etwas Fürchterliches herauskam, da kam er zu dem Schluss, dass wir für diese Art Kämpfe - also um sie zu einem wirklich fruchtbaren Ausgang zu führen, zu einem der menschlichen Existenz und weiterhin würdigen Ausgang - dass wir dazu die subjektiven Bedingungen einfach nicht erfüllen. Auf dem Weg dessen gegeben, was er integrales Yoga nannte, also Yoga, die Fakten, die uns da vordergründig auch geläufig sind, aber nur als Mittel, umsozusagen eine Moralität als Voraussetzung nur und dann eine Bewusstseinsverfassung aufzubauen, mit der wir also nicht mehr in diesen, in diese Antagonismen verwickelt sind. Indem also der Mensch, auch wenn er sich in Auseinandersetzungen einlässt, und wenn er dann in Gefahr gerät, das berührt er sicher auch zum Teil mit … also Bewusstseinsverfassung, wo er dann also in der Lage ist, bei seinen Prinzipien zu bleiben und nicht mit der Begründung, jetzt schießen die … die Angebote der Welt - was die Spielregeln der sozialen Kämpfe betrifft nicht mehr - aber Voraussetzung ist natürlich, dass man eine dafür selbstverständliche Haltung sich erarbeitet hat. Der Weg dieses integralen Yoga - und übrig geblieben ist davon nach seinem Tode - eine Weile hat seine Frau das noch weitergeführt, »Die Mutter« genannt - dieser Ashram, wandte nun allerdings wieder … inzwischen hat sich das ja fortgesetzt - ohne weiteres selbst. Das ist auch nicht so raus gegangen, was er hier niedergelegt hat in einem Buch, das heißt »Zyklus der menschlichen

Entwicklung« [Aurobindo], also das lohnt sich als Zugang zu den Gedanken und gesellschaftlichen Problemen der Gegenwart – »Zyklus der menschlichen Entwicklung«.

Ich will mal noch angeben, wo man das her kriegen kann, wenn man sich das besorgen will, weil, das gibt es nicht unter ISBN. Das heißt Mirapuri Verlag 34 8033 Planegg [heute: Danziger Str. 1, 82131 Gauting] - »Zyklus der menschlichen Entwicklung«. Was es mit dem Zyklus da auf sich hat, darauf komme ich noch.

Ich will jetzt mich aber konzentrieren für den Einstieg auf die – für unser Thema da jetzt – entscheidende Frage, weil ja aus der bisherigen Behandlung irgendwie unklar geblieben ist - das heißt ich hatte es auch unklar belassen - wie weit wir nun eigentlich für unsere Faulheit selbst verantwortlich sind und wie weit nicht. Ich hatte nur einen Punkt übrig gelassen, wo wir selbst verantwortlich sind. Also, wenn es denn so ist, dass die Gesamtkultur und Gesellschaft keine kulturellen Rahmen bietet, dann müssen die Individuen am Ende des Römischen Reiches da eine neue Struktur schaffen. Und es sind da alle berufen, die Zugang zu der Problematik haben - so habe ich das nicht gesagt [??]. Aber das ist nicht alles. Also; Aurobindos Fragestellung, also, die er allerdings schon entschieden hat, positiv entschieden hat, können wir mit Trans- bzw. übervernünftigem Verhalten rechnen? Ja, sagt er, und gemeint ist mit Trans- bzw. übervernünftigen Verhaltensquellen eigentlich, dass sozusagen vernünftige Verhaltensquellen ... Ich-gebunden – wir sind also Individuen-gebunden. Und wenn er dann nach übervernünftigen oder transvernünftigen Verhaltensquellen fragt, ist damit etwas anderes gemeint. Er sagt wörtlich »das Ich ist nicht das Selbst«. Und jetzt kommt ein Satz, der sozusagen einen Riesensprung einschließt: »Es gibt in allem nur ein Selbst«. Eine andere These als hier - gibt es dann Ich - und dann gibt es gar kein Selbst. Das bestreitet er übrigens nicht direkt hier, aber sein Sprung hinein ins Thema – es gibt in allem nur ein Selbst – ist Teil dieser universalen Gottheit. Dann gibt es einen anderen Satz: Dass das wahre Individuum nicht das Ich, sondern die göttliche Individualität ist – schließt das aber ein, diese göttliche Individualität – dass Aurobindo an vielen Stellen in dem Buch davon ausgeht, jeder Mensch ist Individualität, d. h, es gibt nicht nur sozusagen dieses eine

Selbst und alle Menschen sind darin völlig gleich, sondern es ist also sozusagen diese individuelle Seele.

Jedenfalls, worauf er eigentlich baut unter der ganzen Frage nach dem Übergeist, das ist eben nicht der individuelle Geist – Geist in Übergeist - auch zunächst der Begriff - der indische Hauptgott - meint, dass man den … Intelligenzgrad, meint auch die Tendenz zur Vernunft, da … es so hier drin, dass ist sozusagen die Höchste dieser Meint-Fakultäten, dieser Geist – mit kleinen Buchstaben – Fakultäten. Übergeist ist einfach etwas nicht Individuelles, das hat etwas mit Weltseele und Weltgeist zu tun. Also die These ist hier offensichtlich enthalten von Weltseele und Weltgeist - es gibt in allem nur ein Selbst. Das spricht ja auch von der universalen Gottheit, und offenbar ist die gemeint hier insgesamt. Also, es ist nicht einfach so, dass die nun - auf die Menschheit bezogen - es jetzt also ein Selbst gibt, sondern das ist offenbar ein universelles Selbst, an dem die menschliche Seele Anteil hat und wo die Existenz oder die menschliche Verfassung - jetzt die Gattungsverfassung – die, sagen wir mal, einen besonderen kosmischen Auftrag hat – in diese, in seiner eigenen Reflexion, das auch noch selbstbewusst artikulierbar zu machen. Selbstbewusst zu artikulieren, aber eben so, dass auch diese göttliche Individualität, die in uns steckt, also nicht nur so Ich-Interessen dabei zum Ausdruck bringt, sondern immer versucht, die Gesetze des ganzen Zusammenhangs da auszudrücken - auch sagen, dass dieses eine Selbst der immanente Plan ist, der im Ganzen eingestiegen ist. Allerdings immer jeweils vorsichtig, mit Vorsicht zu benutzende Begriffe, weil sie auch etwas mit den ganzen philosophischen Diskussionen des Abendlandes zu tun haben und dem Indischen hier vielleicht nicht völlig entsprechen. Jedenfalls gibt es so etwas wie einen Auftrag an die Menschengattung – Aurobindos Voraussetzung. Diesen Auftrag kann man verstehen, also es geht eigentlich sozusagen – die Inder haben ja diese aus alter Tradition begründete Idee von der Folge der Zeitalter. Das heilige Yoga, mit dem man nicht so genau weiß, ob es nicht gerade schon zu Ende ist. Das waren 400.000 etwa Jahre, also ein sehr langes Zeitalter. Und es gäbe da sozusagen eine Formulierung in seinem Buch hier, sozusagen zu einem Ziel der Zeitalter. Er hat sich dort aber, da er bewusst über die Kulturgrenze hinweg schreiten wollte, ihn/[sich] ausdrücklich auf die Indischen Zeitalter bezogen. Aber das steckt schon mit drin, dass die Zeitalter – Kalpas bei denen genannt - die haben auch von der Gottheit her ganz bestimmte Aufgaben. Also eben - der Mensch - jeweils eine Phase seiner Entwicklung auch zurücklegen soll, also das ist der Hintergrund seiner Einstellung zu der Sache. Und das Auffällige an seinem ganzen Buch ist, und das hängt mit seiner persönlichen Erfahrung und Yoga zusammen - das heißt mit dem, was er da in seinem eigenen Kopf und Körper erlebt hat - also diese Konzeption ist für ihn selbstverständlich. Also das ist nicht so, dass er die Absicht hätte, das zu verteidigen oder dauernd zu diskutieren - gibt es dieses Selbst oder so - es gibt einfach das Ich - ist nicht dasselbe - es gibt in allem nur ein Selbst. Das weiß der im Sinne, wie man das aus eigener Erfahrung weiß, so wie – ich sag mal, sozusagen jetzt, sozusagen das Gegenteil erst mal. Da gibt es bei Montesquieu, diesem französischen Essayisten, der also ein, sozusagen der Eingangsskeptiker der Aufklärung eigentlich gewesen ist – gibt es einen Satz, und zwar ist der erkenntniskritisch gemeint, also nicht ontologisch, nicht auf das allgemeine Sein, sondern ob wir es erkennen können: »Wir haben keinen Anteil am wahren Sein.« Da beruft sich Montesquieu / [Montaigne??] auf die gerade - mit der Entdeckung Amerikas sowie den Welthandel da zu seiner Zeit, und zwar zweite Hälfte des 16. Jahrhunderts - auf ver …nde Erfahrungen - also die Völker denken so verschieden. Wenn die auch offenbar so viel Unmenschliches gemein haben, dass das gar nicht so einfach, ist da, zu urteilen - also er ist da sehr - er ist einer der Vernünftigsten seiner Zeit, was das betrifft: Aber jedenfalls, er sagt: »Wir haben keinen Anteil am wahren Sein« - und dieser selbe, Montesquieu / [Montaigne??] - ich bin - also ich glaube nicht, weil - seine Essays also, enthalten so viele ungeschützte Aussagen, dass der andere Satz, den ich jetzt zitieren will, dass der – nun manche sagen, der sei einfach bloß zum Selbstschutz geschrieben. Ich glaub das nicht, sondern ich denke, dass das einfach 200 Jahre vor Kant nun demgegenüber, dass wir da keinen wahren Anteil haben - die Kant'sche Auffassung ist also Gott, Freiheit und Unsterblichkeit können nicht dahin gegeben werden, dann haben wir nichts mehr in der Hand. Das hatte Kant ja auch nicht gebracht. Und hier bei Montesquieu, ist natürlich noch Mittelalter näher – der Mensch wird sich erheben, wenn Gott ihm dazu die Hand reicht – Hermann [??] Kant würde ihn übersetzen, wenn ihm das eine Selbst zu Gute kommt. Bloß bei, bei Aurobindo könnte es nicht bedeuten, dieses eine Selbst ist schon immer gegenwärtig. Aber hier in unserer ganzen mittelalterlichen Konzeption ist Gott also nicht sozusagen ein Prinzip, das in allem einfach wohnt, sondern er ist - was Aurobindo ausdrücklich leugnet – allein - also als ganz … außerweltlich auch vorhanden. Mag er immanent auch sein - so ist das - und dieser Gott, der wird ihm dazu die Hand reichen oder der Mensch wird sich nicht erheben. Also, der Mensch ist ganz und gar davon abhängig. Und wenn das stimmt, dann ist natürlich also das Faulheitsthema wirklich sehr eingeschränkt schon, und zwar weiter eingeschränkt, als in dieser ähnlichen/fröhlichen [??] Konzeption, das hängt eben damit zusammen, dass Montesquieu / Montaigne?? ein Edelmann war, der nicht diese sozusagen Erfahrung – spirituellen Lügens – hatte. Das bot - der Übergang zur Moderne - die Kirche jedenfalls mit … Edelmann nicht mehr. Es sei denn, er war vielleicht in Spanien, das gab es noch, und ging dort direkt in ein Kloster. Aber so wie er gelebt hat, da gab es das nicht – er wird sich erheben – steht dann hier – der Mensch, wenn er seine eigenen Kräfte verwirft und abdankt und sich allein von der himmlischen Gnade erheben und tragen muss. Also daran hatte die Gegenreformation seinerzeit nichts auszusetzen, an dem Satz. Und ich denke aber, dass das sozusagen ein Teil seiner umfassenden Konzeption auch ist, denn es steht am Ende eines ganz wichtigen Abschnitts in den Essays, den er der Verteidigung einer geschundenen Figur gewidmet hat – da – so - genau sich dann zur Geltung zu bringen. Es nennt sich also Apologie des Raimundos Sebundos, aber den gab es nicht, so. Das ist also der Unterschied, dass wir es hier also, in dieser Konsequenz eigentlich mit einer Hilflosigkeit des aus dem - des von dem mittelalterlichen Gott doch schon entlassenen Geistes zu tun haben, während Aurobindo im 20. Jahrhundert aus eigener Erfahrung - also soweit ist das doch nicht abgerissen - die Selbstverständlichkeit hat, es ist in allem nur ein Selbst. Und der Christ, den Aurobindo von Gott hat, also soweit man ihn hier erschließen kann, der hat natürlich nichts mit dem, mit dieser Gestalt des … Aufbäumen - das sieht man selbst bei Volontain [??]- aber das sagt … der ins Kloster ging und dann völlig Mönch wurde und dort eine Mystik der dunklen Nacht erfahren hat.

Das ist auch ein Unterschied. Also bei Aurobindo ist also der Gesamtdurchgang hell – nicht das es da nicht jeder mit seinen Finsternissen zu tun hätte - aber der Johannes vom Kreuz schildert also seine eigene Erfahrung, wenn er davon ausgeht, also lässt einen da in die finsterste Nacht fallen - Nacht fallen - erst, was die Sinne betrifft, da entmutigt er ihn von allen

Genüssen, die draußen noch anzutreffen seien, nichts interessiert ihn mehr, nicht die nächste Liebe usw. Das soll dann wiederkommen, also nicht so, dass das jetzt der Sinn der ganzen Sache sein soll. Nämlich dieser Durchgang, diese Selbstquälerei ist notwendig. Und nachher kommt also dann die Selbstquälerei auf der gedanklichen Ebene, wo die Welt und das Fleisch und der Böse, den gibt es da halt noch, also ... ist da Zeitgenosse von Montesquieu / Montaigne?? - und nicht philosophiert so über den Bösen, aber - wo der dann also - um besiegt zu werden, muss Gott also dafür sorgen. Und das kommt auch von ihm. Er muss die Hand reichen, dass also in dir dann also wirklich diese Leere entsteht, in der sozusagen gar keine Anknüpfungspunkte für Welt, Fleisch und Teufel mehr sind, denn in die eigentlich geistige Sphäre, also die Gottessphäre, nur da kann der Teufel nicht rein. Deswegen in der Nacht der Kontemplation dann also – das ist Meditation - ist noch, wo es um die Sinne geht, Kontemplation ist dann, wo Gott in dich hineinspricht, aber es kommt darauf an, dass er spricht. Es ist sozusagen der einzige Beitrag des Menschen - wo man ihm folgt hier, ist seine Hochherzigkeit sich diesem Wege der Meditation anzuvertrauen. Aber wieder und wieder kommt der Heilige Johannes hier darauf zurück, dass das also Gottes Auswahl ist. Manche können erst mal diese Meditation durchlaufen – diese sinnliche Stufe – aber diese Kontemplation, wo das also eigentlich dann ist, dass sich Gottes Geist mit meinem Geist vereint, das ist nur wenigen vorbehalten. Und er selbst sagt, ich weiß nicht, wovon es abhängt, ich weiß nicht, wovon es abhängt. Also es ist in dieser europäischen Mystik von Anfang an - das ist auch schon im Evangelium so - immer diese Konzeption enthalten – wer es fassen kann, der fasse es – also das: Und viele sind berufen, wenige sind auserwählt - sodass also, wenn diese Konzeption also hinter der Frage steht – wer faul ist - dann ist die Frage eine große Unverschämtheit. Dann hat Gott darüber entschieden, wen er berufen will und wen nicht. Und ich komme auf eine Stelle, wo Aurobindo das allerdings aus einem ganz anderen Kontext eigentlich auf die Spitze treibt. Aber das war - das ist erklärlich sozusagen aus der - aus der dunklen, aus dem düsteren Brand so dieser Spiritualität bei Johannes, dass das dann also in die Moderne hier nicht weitertrug. Und Aurobindo, da kommt dann zur Geltung, was hier der Zyklus der menschlichen Entwicklung ist. Er sagt, wir haben also am Anfang einfach diese symbolische Religiosität des Stammes, wo noch alles fließt, und dann kommt – sagt er –

die typische, das ist dann schon die priesterliche Herrschaft, aber noch im engeren Bereich, und dann kommt die große lange Zeit, also unseres Mittelalters, des indischen Mittelalters und so, wo die Spiritualität konventionell ist. Das heißt, wo du Sätze kaufen sollst, wo die Messung des Glaubensbekenntnis - das ist es - daran halte dich - und wem da - was darüber hinaus erfasst, wofür wahrscheinlich diese abgenutzten Worte dann in der Regel nichts können, da hat Gott also auserwählt - so. Ich meine, das heißt dann auf der anderen Seite natürlich, dass die Faulheit sozusagen, sich dieser Gebote-Spiritualität, dieser Gesetzes-Spiritualität, dieser Konvention anzuvertrauen, die ist eher zu loben, als [es] zu verwerfen. Das hat Aurobindo auch so gesehen, das heißt, er ging davon aus, dass da, wo sich das so wie im Abendland auf Zumutungen[??] zugespitzt hat, dann eine individualistische Reaktion unvermeidlich und ein Fortschritt des Geistes gewesen ist. Nur, was dann jetzt kommt und was er da an der - seltsamerweise übrigens - an der deutschen Entwicklung 1918–1945 abgelesen hat, das sei ein subjektives Zeitalter, und das sei in Deutschland deshalb so fürchterlich schiefgegangen, weil das subjektive Zeitalter eben dem individualistischen folgt. Und wenn es da die ganzen Eierschalen noch dran hat, wenn nichts aufgearbeitet ist, wenn sozusagen die Teufel auf dem Tische tanzen, die da gezüchtet worden sind erst einmal, dann gibt es eine Katastrophe hier in Deutschland. Aber diejenigen, die sich darüber sozusagen nur das Maul zerreißen und nicht die Tragödien begreifen, die da vorgegangen sind – aus der indischen Ferne jedenfalls sieht er das so – die sind der ganzen Sache nicht tief genug auf den Grund gegangen und betrügen sich vielleicht auch selbst. Das ist so sein Konzept zu dieser Sache. Aber das war jetzt nur um klarzumachen, dass von Aurobindo her gesehen es nicht so ist, dass der Verlust dieser alten Gestalt von Spiritualität, die wir hier aus der christlichen Tradition geerbt haben, also so zu verwerfen sei. Schon Kritik ... ist nicht so, sondern er sieht hier einen notwendigen Durchgang. Er sieht auch, dass [in?] Indien in seiner Spiritualität also stecken geblieben ist, dass das kulturell dann unfruchtbar mit der Zeit geworden war. Das also ist der Rahmen erst einmal.

Also, sein Überblick über die Entwicklungsstufen der Religion ist durchaus historisierend. Und worauf er aber zurückkommt, nachdem er sozusagen diesen Durchlauf überdacht hat, das ist also, dass wir der Evolution - so kann man es ja auch nennen, diesen ganzen Weg - zu etwas verpflichtet sind, dem wir irgendwie nachkommen müssen. Und zwar – bei ihm allerdings weitet sich der Horizont wieder von der Frage - also jetzt bist du subjektiv faul - zu der Kulturebene, nämlich zu der Frage, ob einmal das eine Selbst in - die Menschheit, oder zunächst einmal in eine führende Minderheit - in die nächste Stufe vorbereitet, also da etwas hineinspricht oder in der Menschheit etwas gedeihen lässt – also bei ihm jedenfalls erwartet Gott etwas von uns. Der Mensch unterscheidet sich, sagt er, durch Individualität, durch Freiwerden des mentalen Bewusstseins, also das heißt tieferes Selbstverstehen. Und durch das Freiwerden des mentalen Willens, der ihm unter der verborgenen Herrschaft des Weltwillens – also, das steht dahinter, also wenn wir das Richtige wollen - selbst beim Falschen - aber besonders, wenn wir das Richtige wollen - also ein neuer Schritt der Evolution passiert - da steht also der Wille eigentlich, dieses eine Selbst, dahinter, das ist dasselbe wie der Weltwille. Aber das Freiwerden des mentalen Willen jetzt in uns, der Teil dieses Weltwillens ist - uns immer stärkeren Einfluss auf die Substanz und Wege unserer Entwicklung einräumt. Das heißt, dieses subjektive Zeitalter meint, je mehr der Mensch - aber jetzt natürlich nicht einfach individuell - je mehr sich in der menschlichen Kultur durchsetzt, dass wir also sozusagen unsere eigene Mentalität überwachen, dass wir vom Individualismus zu dieser Subjektivität im Sinne der Teilhabe an dem einen Selbst kommen, also in dem Maße kriegen wir Einfluss auf die Substanz und Wege unserer Entwicklung. Also, etwas Ähnliches, wie in der Idee der allgemeinen Emanzipation enthalten war - dass der Mensch die Gesetze seiner Entwicklung unter seine Kontrolle nehmen muss. Mehr noch, er kam auf den Gedanken, dass diese subjektive Phase auf jeden Fall, da sie jenseits der individualistischen liegt und nicht etwa davor – jenseits liegt – die bedeutet auf jeden Fall, dass es von individueller Entfaltung abhängt und dass eine gute Gesellschaft deshalb eine solche wäre, die dieser individuellen Entwicklung den größtmöglichen Spielraum bietet, die also diese Entfaltung begünstigt. Das ist eigentlich dieselbe Idee, die unserem Bauernkrieg - Thomas Müntzer hatte - dass der arme Mann befreit werden muss, damit er dann an diesem protestantischen Prozess, der Kontaktaufnahme mit Gott, aus eigener Autonomie und Souveränität teilhaben kann - dieser Gedanke da. Und dann kommt allerdings hier, das ist sozusagen jetzt seine Reflexion auf die ganze These:

Es gibt kein Ich ohne das Selbst. Ich selbst ist eigens Weltmaßstab - universeller Maßstab - da gibt es dann also eine Reflexion von ihm, die erst einmal fast an … erinnert, der sagt – man könnte sagen – und zunächst denke ich, als ich es lese, als ich es das erste Mal las - ist eine Anmerkung Aurobindos: Man könnte sagen, dass diese Entwicklung und Organisation einer Kraft jenseits des Bewusstseins - also des Individuellen jetzt - das der empirischen Menschen, die Schaffung einer übermenschlichen Rasse bedeuten würde - nachdem der Mensch ein denkendes Wesen ist, das durch Verstand, Leben und Körper begrenzt ist, und dass die Anwendung von Begriffen, wie Mensch und menschlich dann nicht mehr zutreffen würde. Und als ich noch las - man könnte sagen, meinte ich, jetzt wird kommen, er leugnet das – nein! Der nächste Satz lautet – dies ist zweifellos richtig, das heißt zweifellos richtig, zweifellos richtig, denkt er, dass es sich da um Schatten einer übermenschlichen Rasse handeln würde. Also, das ist aber logisch, wenn man daran denkt - also, das Ich ist nicht das Selbst und es ist - also, von dort aus kommt die göttliche Individualität, dass also praktisch die individuelle Naturanlage nicht der Träger sozusagen dieses Prozesses ist, um den es da geht. Ich meine, im Hinterkopf hat er stets das Problem, es geht ja nicht um das Verhältnis Mensch - wie Tiger, wie Luchs oder so zu freier Umgebung, jetzt als ein Tier unter anderen - und es geht ja darum, dass den Menschen also in dem kosmischen Zusammenhang durch die Begabung mit abstraktem Denken und Selbstbewusstsein, also so ein Auftrag zuteil geworden ist, der sozusagen von seiner Natur allein nicht getragen wird. Es sei denn, man rechnet die Anwesenheit – das sagt er allerdings – die Anwesenheit dieses einen Selbst in jedem Individuum mit zu seiner Natur, das tut Aurobindo. Also insofern ist das schon klar: Die Inder, also überhaupt die asiatische Mentalität, denkt da nicht in solchen Widersprüchen wie bei uns, sondern - es gehört dazu und - es gehört nicht dazu. Also er sagt, diese Möglichkeit – also, das Übermenschliche steht für den Menschen als mögliche Vollendung - und dann sind wir wieder bei Johannes vom Kreuz – wenn auch nicht für alle im gleichen Maß und zur gleichen Zeit. Also ihr seht, wie der Zug von Millionen endlos aus Nächtigem quillt, das sind immer noch solche … dieses Thema tritt auf. Aber es sei jedenfalls der individuelle Mensch eben hierfür zur individuellen Seele geworden, also nicht nur ein Individuum wie jedes Tier, sondern zur individuellen Seele, die ihren Anteil an diesem einen übergreifenden Selbst hat. Das also – ich meine, man kann es zu schnell abbuchen unter sozusagen konventionellen Gottesvorstellungen - sondern es ist natürlich die Frage, ob in dem Gesamtgeschehen des Kosmos, dass also diese rasche Evolution auf der Erde gegen alle Wahrscheinlichkeiten der Statistik jetzt - der Zufallstreffer bei der Evolution - also, dass das hervorgebracht hat. Ob da nicht sozusagen eine allgemeine Vernunft auch innewohnt, ob also außer der Masse, die da vorhanden ist und der Energie, die da vorhanden ist, auch Steuerungskraft, Geist und Steigkraft - und wie immer man das nennen will - darin wirkt und ob es nicht zumindest auch das ist, was in diesem einen Selbst angesprochen wird. Und wenn das so wäre, dann wäre das natürlich in unserem Genotyp unterschwellig auf jeden Fall mit vertreten. Und es wäre eine Frage des historischen Prozesses und auch der gesellschaftlichen Gestaltung, ob es und wie es möglich wird, das aufzudecken, diesen Anteil der menschlichen Natur, der vordergründig gesehen erst einmal überindividuell, übermenschlich ist. Also es ist im Ganzen gesehen bei ihm, in uns alles andere … Konzeption, also es ist nicht die Forderung sozusagen, wie da ein Tier, das sich sozusagen an seine eigentlichen Natur erinnert und die Dekadenz überwindet und so weiter - und dann allerdings auch noch eine Lösung - aristokratischer Rat für die besseren Menschen sozusagen - zustande bringen. Das hat er überhaupt nicht im Sinn, sondern er hat im Sinne – er sagt das an bestimmten Stellen auch – alle Menschen - und sieht zugleich, dass nicht alle im gleichen Maß und zur gleichen Zeit – das ist ja fast dasselbe im gleichen Maß und zur gleichen Zeit – dafür vorbereitet sind. Aber fest steht für ihn, die Menschheit auf Erden - das ist wirklich jetzt - ist der wesentlichste Selbstausdruck des universalen Wesens in seiner kosmischen Selbstbefreiung. Also, es sei die kosmische Entwicklung - das ist fast schon wieder christlich dann - also auf dieses Phänomen Mensch auf der kleinen Erde konzentriert. Also Aurobindos – ich sag mal - Erfahrung ist das gewesen.

Buddha lenkt darauf, dass das Ziel jeder Gesellschaft - diese Entfaltungsbedingungen für den Einzelnen so gut wie möglich zu konstituieren wären. Also, er kommt auf einen Begriff, der ganz analog ist diesem Marx'schen Wort von der freien Entwicklung eines jeden als Bedingung für die freie Entwicklung aller. Hatte übrigens Marx gelesen und fand nur, dass es nicht spirituell genug gedacht ist oder nicht spirituell gedacht ist, also nicht ausreichend ist. Also, solange kann man natürlich noch sagen -

dies nicht ermöglicht ist - die freie Entwicklung eines jeden als Bedingung für die freie Entwicklung aller - soweit die Gesellschaft dahin nicht durchgebrochen ist, dass das für die Mehrzahl der Individuen funktioniert, können wir auch noch gar nicht wissen, was drin ist. Das heißt, die bisherige Unterteilung also, weiß ich - fünf Prozent in den Klöstern - und die andern ein bisschen gebildet - auf den Burgen vielleicht noch - und ein paar Kaufleute in den Städten - und die anderen finster. Das ist kein Beweis – so ist der Mensch eingeteilt und ausgestattet.

Also, wie gesagt - im Tibet da oben - Musa Dagh - in den Bergen sind es ungefähr dreißig Prozent damit berührt und klar, dass das in die ganze Gesellschaft eingebunden ist. Wenn das auch nicht die moderne aufgeklärte Rationalität gewesen ist, sondern eine andere Art von Bewusstsein ist, wo besonders – die Tibetischen etwa – die natürliche Form, die natürlichen Reaktionen also vielmehr in den Mittelpunkt des Selbstbewusstseins eingetreten sind. Zum Beispiel die Töne, die aus diesen langen Instrumenten kommen, die auf den Menschen – auch westliche haben das erfahren – so wirken, dass damit also etwas berührt und geheilt wird, das tief innen fehlgelaufen war, und zwar Sachen unter anderem, die nicht aus tibetischer Entwicklung fehlgelaufen waren und - das mitgebracht haben aus Frankreich, aus dem Elsaß beispielsweise … gewesen. Das ist mit enthalten, gedanklich, in der Frage der Entfaltungsprobleme.

Diese Frage in diesem Zusammenhang, die also für das christliche Abendland wirklich von größter Bedeutung ist, das ist eine Frage, die für Aurobindo so kein Problem ist, weil er diesen Gottesbegriff nicht hat, sondern weil die Weltseele, der Weltgeist, das eine Selbst - also universell und Menschen - das ist … Dieses gilt immanent, darum ist das nicht so schwer, dieses Thema. Aber für uns ist das das Thema, Buddha hatte gesagt, wie bekomme ich einen gnädigen Gott. Und die Voraussetzung war natürlich, also … Mittelalter mitgerechnet, die Frage, ob Gott eigentlich liebend ist, und zwar – ich meine, solange sich das auf den Schöpfer bezieht, von dem noch der französische Magier Nostradamus wusste, dass die ganze Geschichte von ihm vor 4000 und noch etwas Jahren angefangen worden ist, da ist das ja nun nicht so schwer zu begreifen. Aber wenn man den galaktischen Zusammenhang, den wir heute überblicken können, da einsetzt, da ist das natürlich höchst zweifelhaft. Während die Frage, auf die

Aurobindos Konzept hier auch hinausläuft, in Wirklichkeit die ist, ob es vielleicht eine anthropologische Notwendigkeit ist, dass wir einen liebenden Gott haben, das heißt, ob das - man könnte sagen – also Marx hat ja mal von notwendigen Illusionen gesprochen – aber das würde hier zu wenig wiegen - es könnte sein, dass es eine notwendige Projektion ist, und zwar eine notwendige Projektion in dem Sinne. Das Wesentliche an der Sache ist ja nicht sozusagen der Erkenntnisgehalt - jetzt objektiv festzumachen – kannst du es beweisen – sondern das Wesentliche ist, dass die Praktiken, die Aurobindo realisiert und gelehrt hat, dass die die Erfahrung bringen der Öffnung des Herzens und der Kontaktaufnahme zu mehr und mehr Dingen. Also praktisch eine – ja, physiologische Liebeserfahrung. Und wenn man jetzt davon ausgeht, dass diese physiologische Liebeserfahrung über die unmittelbaren Bedürfnisse hinaus öffnet, die der Mensch als Tier mit sich bringt, das heißt, dass es sich hier um eine Sache handelt, die unter dem Einfluss des Anteils steht, den das eine Selbst an uns hat, in jedem von uns. Wenn das eine Selbst im Menschen unter bestimmten Voraussetzungen, die bisher auch nicht allen geöffnet worden sind, so funktioniert, dass die Liebeserfahrung entsteht, dann ist das also von weit größerer Wichtigkeit als die Frage, was wir damit über - sozusagen - über den Geist des Universums erfahren, sondern es scheint mir klar zu sein, dass die Menschheit anders funktionieren würde, wenn es möglich wäre, das Leben so zu konstituieren, dass diese Erfahrung herrschen wird - also vorherrschend wird - in der individuellen Geografie. Das heißt, dass die Leute nicht mit Misstrauen in die Welt sehen, sondern von der Wahrnehmung also der Unbedrohtheit des offenen Herzens - dann ist sozusagen - das ist jetzt - man kann sich da irren, denn die Welt schlägt auf mich ein, ich wehre mich nicht – sondern, wenn man das über längere Perspektiven denkt, dann ist das so, das würde also das Aufeinander-Einschlagen einfach zurückdrängen. Also es würde eine Kultur, wie sie für das Fortexistieren des Menschen auf der begrenzten Erde jetzt notwendig ist, nämlich eine der gegenseitigen Verzeihung und Versöhnung, die würde dadurch erst möglich werden. Also, was jetzt gelehrt wird – Wettbewerbs-Konkurrenz-Haftgebet – du musst deine Bedürfnisse herunterfahren, damit die Weltbank dir für die Entwicklung der herrschenden Klassen in deinem Entwicklungsland Geld leiht und so. Solange diese Struktur herrscht, kann es natürlich keine Befriedung geben … hier Waffen bereit zu halten, um die ja davon abzuhalten, um bei uns hier teilhaben zu wollen.

Aber, worum es eigentlich geht bei Aurobindos Frage nach dem Übergeist, also nach der Rolle dieses Uns-Selbst in der Entwicklung der Individuen und damit in der gesellschaftlichen Entwicklung, das ist also genau so eine Bewusstseinsverfassung, in der die Menschen also ihre Verhältnisse – ich möchte mal sagen, hauptsächlich in Bedürfnissen der Liebe, der Verzeihung, der Versöhnung - nachleben können – das ist eigentlich, womit der gerechnet hat. Und das ist jetzt nicht die Forderung nach mehr Sozialarbeit, also nach Dienstleistungen der Seelsorge, die bloß am Rande etwas kompensieren, das schief läuft, sondern das ist irgendwie für ihn klar, dass diese individualistische Kultur – das ist sein Name für Kapitalismus. Aurobindo hoffte nach 1945, da sei jetzt etwas gebrochen, da hat er sich wahrscheinlich geirrt. Aber es war so, er meint da so - dieser Individualismus, der mündet in eine so umfassende Bindungslosigkeit der Individuen, dass also auf die Dauer nicht auszuhalten ist und dass das eine Selbst nicht allzu lange warten wird, gewissermaßen, um sich da bemerkbar zu machen, indem - wenn es denn eine Fakultät, eine Funktion in uns ist, dann sind ja von dieser übergreifenden Instanz her die Verhältnisse gestört, grundgestört. Und das würde also, nach dem, was Aurobindo sich da vorstellt, nicht auf die Dauer so funktionieren. Also, er setzt nicht auf die Ebenen dieser entfremdeten Großstrukturen, sondern setzt eigentlich auf eine neue Art von Gemeinbewegung um diese Selbstentwicklung. Also das ist nicht einfach …militarismus wie in Amerika - Frau Clinton hat jetzt das Dorf entdeckt – so - es ist nicht das, obwohl - es muss dem nicht widersprechen. Man weiß nicht – also es mag ja sein, dass wieder einem oder anderen in sich dadurch Chancen entstehen, also Selbstentwicklung jenseits der gesellschaftlichen Festlegungen zu fördern. Es geht aber im Ganzen darum, dass die Menschen einen sozialen Rahmen finden, in dem sie ihren Kontakt zu diesem einen Selbst pflegen können, weil – nur von dort her, und zwar jenseits der Großstrukturen, die Schwächen etwas anderes betreiben, nur von dort her also die - so ein Umschlag in dieses subjektive Zeitalter ist dann nicht nur eins - der innerlich tot sein soll. Kann es eigentlich nur von dort her erfolgen, das heißt, hier deckt sich das, was Aurobindo da gelehrt hat, mit meiner These – also, wir sind in einer Situation, wo wir uns dann als faul erkennen dürfen zumindest, wo wir also nicht uns darüber klar sind, dass es gar keine andere Instanz als unsere eigene Entscheidung derzeit gibt, um den Kontakt da zu suchen. Und ich will einfach für mich selbst bekennen, ich bin trotz manchen Wissens nicht der Fleißigste gewesen, was das betrifft, fünfzehn Jahre, wo ich davon wusste, bin immer wieder in vordergründigere Aktivitäten ausgewichen, das heißt auch immer wieder zurückgekehrt zu dem Urteil, wie weit das gereicht hat. Ich glaube, dass wir einen gesellschaftlichen Zustand besonders in den entwickelten Ländern haben, Selbstbefragung erst einmal. Also Tolstoi hat es so genannt, leben wir, wie wir müssen. Das betraf diesen Punkt, wo diese Selbstbefragung vielleicht der Schlüssel neu zu entscheidender Kulturfragen ist.

28. April 1997

Die Menschheit als Organ der Erde

... schließen wir heute praktisch den zweiten Teil »Die ökologische Krise in der Natur des Menschen« heute ab. Beim nächsten Mal, wenn wir dann zum Thema Staat als ökologischer ... das heißt, dieses Ganze ... als projektverbindendes ... die Frage also – mit welchen gesellschaftlichen Institutionellen ... und auch - will ich nur sagen, Philosoph und Psychologe – der schreibt Folgendes:

Die Vernunft, die uns als gesellschaftliche Wesen aneinanderbindet, ist nicht notwendigerweise dieselbe Vernunft, die uns in freundschaftlicher Weise an die anderen Wesen bindet, mit denen wir ... also es gibt zwar verschiedene Arten von ... wenn wir den Standpunkt der nicht menschlichen Natur einsehen könnten, würde das, was in unserer sozialen Angelegenheit als vernünftiges Verhalten ... könnte nichts größerer Wahnsinn sein, als anzunehmen, dass Tier und Pflanze, Berg und Strom einen Standpunkt haben ... das ist das, was ... schreibt, das charakterisiert sozusagen die Situation, in die hinein also am Anfang der 70er-Jahre Arne Naess mit diesen Thesen reagiert hat ... diese acht Punkte ... die brauchen wir in der Vorlesung, acht Punkte seines Standpunktes zur Tiefenökologie ... und das ist jetzt im Unterschied zu der christlichen Philosophie ... gesprochen habe von Arne Naess, eingegangen so einfach aus der Perspektive des Naturwissenschaftlers, der dann allerdings auch gedacht hat - der den lieben Gott ...ismus gehabt hat und nun jahrzehntelang also ... und dann auch Philosophie gelehrt hat in deren ... und seit der späteren Zeit umgeschaltet hat. In Wirklichkeit scheint das nur so, denn es ist offenbar in Wirklichkeit so verlaufen, dass er von früher Jugend auf ... gehabt hat, dass im 20. Jahrhundert uncharakteristisch geworden ist. Er ist ein Wundererzähler, 1912 geboren worden ist er ... Antwerpen ... da war er 84 und äußerst ... und in der Darstellung seiner Sachen, überaus ... und überzeugend ... und blieb doch bei seiner Sache.

Ja, er wird gefragt, wie sind Sie zur Tiefenökologie gekommen ... als ich vier oder fünf Jahre alt war, hatte ich Gelegenheit, die Fjorde in Norwegen zu erkunden ... und ich war fasziniert von der fantastischen Vielfalt der Lebensformen, insbesondere der großen Fische, Krebse und Krabben. Den ganzen Sommer lebte ich mit diesen Geschöpfen und verbrachte nur wenig Zeit … Als ich neun oder zehn war, lernte ich das Hochgebirge kennen, wo meine Mutter also … da ich keinen Vater hatte … da lebt er bis heute, und der Berg ist bis heute … also eine Frage der … vollkommen … sondern … etwas für die Moderne sozusagen … Erfahrung … anderen Vorlesung ganz erstaunliche Sachen. Die moderne Astronomie, die … behauptet, dass das Universum sich vergrößert. Und ich habe das Gefühl, dass ich mit dem Universum wachse. Ich identifiziere mich mit dem Universum - je größer das Universum ist, desto größer bin ich. Und wer weiß … für die anderen, die sich bedroht fühlen mit den Jahren, dass der Kosmos für sie zu klein wird. Und dann spricht er von, sozusagen, als Bedingung für diese Art also, durch die … Angst vor den Naturverhältnissen … also das ist der Hintergrund von Arne Naess. Und er ist also nach wie vor jemand, der diese Bedürfnisse des Kontakts mit sozusagen … nicht zivilisierter … dass diese Richtung der Tiefenideologie, die er vertritt, also an ganz charakteristischen Plätzen auf der Welt eine ganz besonders große Rolle spielt, nämlich Norwegen … und diese Bewegung, also möglichst große Gebiete zu schützen, um sie – gar nicht zu vergleichen mit … und die also … sozusagen ihre - wild - zu erhalten und die Erfahrung sozusagen der Probleme mit der Natur überhaupt zu ermöglichen. Das … ganz besonders in Amerika … und in Australien … aber das … insofern … zu Italien … auch zu Deutschland … und als … also diese … sozusagen … und auch die Kontroversen, die das … ausgelöst hat, sind durch … zum Beispiel in Amerika, das erwähne ich jetzt nur … gibt es ja … ein tiefer Gegensatz zu dieser Tiefenökologie hier auch gemacht, weil diese Tiefenökologie so unmittelbar von diesem Naturverhältnis ausgeht, die irgendwie noch nach der … unserer Psychologie fragt und … wie was gewachsen ist. … ob es in Zukunft … heißt einfach Tiefenökologie … die große Katastrophe …

Er sagt …

Also der erste Satz, der hat sozusagen sein Kind … als er in die Welt getreten ist … des menschlichen und des nicht menschlichen Lebens auf der Erde, haben einen Wert in sich selbst. Also was ja wirklich kein … ist, die beiden Kategorien - wer jetzt hier verb… hat, Menschen … Mitmenschen … Er spricht von einer sozusagen Kerndemokratie in der Biosphäre. Es ist nicht die … man spricht von einer Kerndemokratie in der Biosphäre, und zwar im Hinblick - also, bei Demokratie da geht es ja um das ... die Möglichkeit ... der Einsicht, dass ein Ungleichgewicht zu diesen ... und besonders ... dass da etwas passiert. Dass also gerichtliche - einer einzelnen ... dass das ... werden. Das heißt, dass ... dass die nun weiterhin ... vorgestoßen ist. Und dann sagt er also ... wer in sich selbst, das ist nämlich, er sagt – auf der Grundlage ... wenn man von dieser Kerndemokratie ausgeht und sich da einfach als ein Wesen unter anderen einordnet, und zwar dann unter der Frage, wer wer hier ist, um nur einfach ihren eigenen ... sie sich selbst, dann wäre es möglich sozusagen eine Ethik, Normen, Werte des Verhaltens, sagen wir mal, der Ökologie als Wissenschaft gegenüberzustellen beziehungsweise hinzuzufügen - aus die man sonst nicht kommt. Eine Ethik ist einfach - Mensch gesetzt - aber wenn der Mensch sich als Repräsentant des ganzen Lebenszusammenhangs beweist, dann wird es möglich Ethik, Werte, Verhaltensnormen in diesem Sinne, ja also ... Das heißt gar nicht, dass der Mensch seine Rolle als der, der das ausführt, verliert ... Unterschied, das ist gar nicht gemeint, sondern nur - also, es wird darum möglich, dort, wo die nach der Naturwissenschaft einfach bloß konstatiert. Er sagt also, schöner wird es ... heraus aus dem möglichen Anteil ... Er sagt also ... anderen Werten an sich und das heißt, es gibt ... von Wissenschaft, die sich ... das heißt eigentlich eine Weisheit, die ... vorgetäuscht, die ... ist und da waren es wertmäßig einfach mit seinem ... weil er zeigt - also, das ist gar nicht ausgeschlossen. Wobei ... seine Erfahrungen gemacht haben, aber er ist ja ... geworden ... und er sagt dann, dieser Eigenwert – er sagt ... die der Sache selbst gegeben ist und ... das ist evident ... also ... es ist klar, er hat seine Rechte ... ... aber der erste Satz das ... des menschlichen und des nicht menschlichen Lebens ... Wert in sich selbst. Also, wir hatten es also insofern ein bisschen ... als er sozusagen die Tiere vom Menschen her, zur ... der Tiere, die Pflanzen als ... und der zweite Satz – erreicht ihn die Vielfalt der Lebensformen - aber zur Verwirklichung dieser ... konzentrieren ... Das ist ein bisschen verhext, dieser Satz. Der Reichtum, die Vielfalt der Lebensform erreicht die Verwirklichung dieser Werte nicht ... ist klar, welcher Werte, also das ... wieder ... vielleicht komme ich ... darauf, was hier denn die Wirklichkeit ist, nachdem ich, das muss ich jetzt schon vorweg zumindest erwähnen, also diese ... so richtig verständlich wird – er geht davon aus, dass diesen erweiterten Erdbegriff, also dass ... etwas im Menschen von selbst entspricht, nämlich das ökologische Selbst.

Und dieses ökologische Selbst ist bei ihm einfach ... wird das Leben auf die Sache mit dem Universum ... denn das - ungeheuren - können. Das hängt damit zusammen, dass er sagt ... zu allen diesen verschiedenen Momenten von Leben und Gestalt ... Erfahrung, das verweigert mich doch, das sind Werte meiner eigenen Existenz. Und deswegen ... einmal diese Werte und zum anderen also die Werte, die wir per Zufall ... je mehr davon, umso reicher bin ich ... für mich - und es ist ebenfalls als Wert in sich einzubringen, sagt er, also in demselben Sinne wie überhaupt die Existenz der Dinge, ihr Reichtum und ihre Vielfalt ... Das ist also eine Auffassung, die - er sagt, uns gehört die ganze Erde ... sozusagen das Ungewünschte, diese Abspaltung ... übrigens auch mit der eigenen Erfahrung ... der Mensch stirbt ja ... er wird ja da schon eingesperrt in die ... Psychologie - und das also ist die zweite These ... also über die Vielfalt der Lebensformen als Reichtum des Menschen. Also, für ihn ist in Wirklichkeit gar nicht die Frage, also, ob der Mensch nun gerade in den Mittelpunkt tritt oder nicht. Das tut er ... aber sein Interesse an der ganzen Sache ... das ist mein Reichtum auch, und deshalb ... und daraus folgt dann ... Menschen ... Menschen haben kein Recht, diesen Reichtum und diese Vielfalt zu verändern, außer um ihre überlebensnotwendigen Bedürfnisse ... ihre überlebensnotwendigen Bedürfnisse.

Also, ob der Indianer dafür ... kämpft, das ist ja sozusagen für den Menschen als ... und zwar bevor die fürchterlichen Wirtschaftsverhältnisse entstanden sind ... danach für Europäer eine, manchmal aus der Tiefe ... wenn wir Milliarden sind, in Städten leben und dann, also dann können selbst überlebensnotwendige Bedürfnisse ein Problem werden. Das ist ihm auch bewusst, das wissen die Kinder an dieser Stelle nicht, sondern das kommt einander - Stelle zum ... so ist das.

Die gegenwärtigen Eingriffe ... die gegenwärtigen Eingriffe in die nicht menschliche Welt durch den Menschen sind übermächtig schwindend und die Situation verschlechtert sich zunehmend immer schneller, Anfang der 70er-Jahre. Die gegenwärtigen Eingriffe ... und immer schneller. Also hier steckt doch drin, das sind nicht überlebensnotwendige Bedürfnisse, sondern das sind künstliche Bedürfnisse, die durch ... ist ganz klar, durch ... hervorgerufen worden sind - und es ... macht sich an dieser Stelle, bis zu diesem Punkt, so hat er mir das erklärt ... Der Mensch muss sich halt auf der Ebene der Werbung irgendwie neu erfüllen - ist also anstrengend –

also, in der Mehrzahl der Stammesgeschichten auf der Ebene der heutigen Gesellschaft so festgelegt darauf, mehr als das Überlebensnotwendige … dass da eine Umkehr notwendig ist, die, ja die – er wagt es auch manchmal von spirituell zu sprechen - aber das hat nun bei dem Prozess nicht damit zu tun, wenn schon … jedenfalls die hat unweit, das ist sozusagen bis zu dem vierten Punkt hier von ihm zumindest heute so gedacht. Es läuft darauf hinaus, dass der Mensch seinen Platz, so hat er das gesagt, seinen Platz in der Gemeinschaft alles mit … in der Gemeinschaft alles Notwendige tun muss. Das ist sozusagen die positive Antwort auf diese Feststellung … zu halten. Und jetzt, das ist hier die Stelle … seine Auffassung von Selbstverwirklichung und vom - gut dann mache ich jetzt mal lieber Pause, denn dann habe ich ein anderes Thema, dieses …

Pause

… das vitale Prinzip … sondern - gerichteten Denken - als Entscheidungen getroffen haben. Aber in der Erfahrung … das ist sozusagen … stadtväterlicher Mensch, aber der die lenkt, die der eigentliche Reichtum des Menschen ist … und sozusagen das andere ist dann eigentlich selbst darauf zu, ist vielleicht die nachgestaltete Rationalisierung. Er sagt, es gibt sehr gute Gründe dafür, die wissen das also - aber Selbstverwirklichung - und ja, gibt es dann also in dem Buch hier einen Artikel – Selbstverwirklichungen - jetzt, mein persönlicher Zugang … das Konzept des ökologischen Selbst … von Anfang an … wir brauchen einfach an der Interessengrenze in der Familie, in der Kommune, eines Landes, also - sondern der Lebenszusammenhang ist doch der ganze, verdammt noch mal, warum setzen wir lauter … und schneiden uns selbst dabei in Wirklichkeit zurück.

Die Gesellschaft der menschlichen Beziehung sind/ist wichtig, aber unser Selbst ist in seiner wesentlichen Beziehung reicher … sondern der größten Gemeinschaft aller – denen - die Freude und Bedeutung unseres Lebens wird durch zunehmende Selbstverwirklichung verstärkt. Die Selbstverwirklichung wird gehemmt, wenn sie die Selbstverwirklichung der anderen demobilisiert und des anderen Lebens überhaupt. Also er hat einen positiven Begriff von Selbstverwirklichung, wie sie ihn ohne eine … was individualistisch ist. Aber einer, der sozusagen alles umarmt, wird vielleicht … Alles was durch … erreicht werden kann, das heißt … das kann auch alles erreicht werden, dass wir unser Selbst weiter und … erforderte erneut Selbstinteresse von Menschen … also - er scheut sich dann von erleuchtetem Selbstinteresse beim … zu … Ich will das jetzt gar nicht philosophisch bewerten, sondern will etwas sagen – er macht da sozusagen … unmittelbar einen Akt, der keinen Unterschied zwischen menschlicher Würde und … und … und wenn sich davon was verändert, dann … noch einmal … er sagt, er spricht von der Begegnung mit einem nicht menschlichen Wesen, das sich vor 40 Jahren … und ein … die dramatische Begegnung … und landete mitten in den …

12. Mai 1997

Zur Tür hinaus, zum Fenster wieder herein?

(...) mit dem, der da nützlich auf der Erde einrichtet, aus seiner Anlage hervorgeht, aber - nicht einfach nur aus der Anlage, in der er noch, sozusagen, der Mensch - individuell gesehen – ist, individuell – subjektiv, und – Subjekt, das ist das, und - das erschließt sich irgendwie, sondern - aus der Anlage, dann nicht mehr nur aus dieser Dreiheit Körper–Seele–Geist - beziehungsweise Geist–Seele–Körper, sondern - da kommt schon etwas Viertes hinzu: Du – also, dass der Mensch ja erst einmal schon allein Mann und Frau - und dann aber – und das ist dann - der Übersprung ist nicht so leicht, das können wir heute nicht ganz vollziehen, aber - es wird dadurch vierfach, dass hier ja im Grunde genommen das Du, das andere: Das ist der Zugang zu Gesellschaft – also, zumindest das gesellschaftliche Problem tritt hier ein. Und es ist natürlich so, dass das für die Praxis einer ökologischen Wende insofern der Schlüssel ist, dass von unserer Einrichtung im Organismus der Menschheit es abhängt, wie wir mit der Natur umgehen werden.

Also, die Sache mit der Kritik an der Anthropozentrik: Das ist ja relativ. Wenn mit Anthropozentrik gemeint ist – also, wir sind die Größten, wir dürfen alles, wir können alles, es interessiert nur das Interesse des Menschen: Das ist der moderne Wahnsinn, eigentlich - das wird nicht mehr erklärt, aber - das wird praktiziert, aber - wir können in einem tieferen Sinne unser Problem gar nicht anders - denke ich jedenfalls - als anthropozentrisch angehen, weil – es hängt von unserer Verfassung ab und insbesondere von - in jedem dieser drei Momente hier steckt ein Gleichgewichtsproblem.

Und wenn diese Gleichgewichte gestört sind, wenn im umfassendsten Sinne – indem ich einmal von hier ausgehe – also, von den oberen Ebenen ausgehe, wenn die Ökologie des Geistes gestört ist im Menschen, dann kann das mit der Ökologie - im Sinne, jetzt, des Naturausschnittes, des Verhältnisses zu dem Naturausschnitt, zu dem wir in Beziehung stehen – nicht gut gehen. Das ist völlig klar.

Und es kommt hinzu – das steckt in diesen ganzen Zeichnungen auch mit drin - der Gedanke, dass diese Anthropologie – also, das sind ja lauter anthropologische Zeichen – dominant, dann - sozial-anthropologische Gesichtspunkte: Dass die durchaus einen direkten Kontakt zur Ontologie – das heißt, zum So-Sein – Ontologie heißt: seinsbezogen – zum So-Sein der Großen Natur haben. Denn es ist natürlich höchst unwahrscheinlich, dass dieses Naturwesen Mensch – das wir ja auch sind – nicht in einem kosmischen Kontext steht. Das ist ganz undenkbar. Also, wenn da nicht aus dem universellen Zusammenhang etwas anläge, dann wären sozusagen die Gesetzmäßigkeiten - diese Zusammenhänge, diese sozialen Beziehungen, die alle – wir wissen das irgendwo - vom Untergrund her ihr Notwendiges haben, ihr allgemein Notwendiges, so sehr sie sich in der einzelnen Kultur unterscheiden: Das wäre nicht gegeben. Also, es gibt da diesen großen Zusammenhang.

Und diese drei Momente hier, die sind nun – das ist das gewissermaßen historische Moment, so ist der Mensch, so hat er – sagen wir einmal – gesellschaftlich seine verschiedenen Bewusstseinsmöglichkeiten herausgearbeitet, so funktioniert es im sozialen Zusammenhang. Das heißt, da ist das vierfach – von uns als subjektivem Bild aus, wir haben den Bezug zu den Körpern als Objekten – also, zu Physik, Chemie, Biologie – also, zu dem, womit wir also als Stoff umgehen, das heißt, das Thema Stoffwechsel mit der Natur - wir haben das Thema des Verkehrs mit dem anderen, und wir haben das Thema des Verkehrs mit dem über-individuellen und sozialen Sinn des Ganzen – also, mit Bezügen, sagen wir einmal, die nicht im Seelenselbstbewusstsein allein enthalten sind, und - übrigens wird manchmal dann in die Mitte gesetzt in dem Modell als - die Kraft, die das zusammenhält - als vom Naturantrieb her, da steht dann manchmal: Sinn, hier - als der Kreuzungspunkt.

Und zwar in einem Sinne, der – sei es bei Schopenhauer, sei es bei Nietzsche (ich meine jetzt nicht die Einzelheiten) - mit Recht insofern ontologisiert worden ist - also, jetzt auf Sein-Selbst (???) bezogen worden ist, glaube ich, als – das ist eine Naturkraft, die (…) ist – also, das heißt, es ist eine Vermittlung des allgemeinen Zusammenhanges, die damit auch gemeint ist - die dahinter steht.

Also, die – der Gedanke ist also, dass hinter diesen drei Modellen hier, dass - dahinter steht die Notwendigkeit, eigentlich, diese universellen Zusammenhänge, die … (???) - die ins Anthropologische hineinreichen, wirklich in die – jetzt sage ich einmal verkürzt, nach allem, was ich schon vorausgeschickt habe: Wirklich in die Staatsfrage zu übersetzen. Und das ist in der Moderne überhaupt nicht gelungen - und das ist in der traditionalen Gesellschaft, in der irrationalen Zeit, verdorben worden. Das ist das Thema, das ich in der nächsten Vorlesung in den Mittelpunkt stellen will: Die Frage - also, wie und auf welche Weise, aus welchem Grunde die Staatsfrage, sozusagen – weshalb das mit der Bewältigung der Staatsfrage - also, der Frage der guten gesellschaftlichen Organisation - so schief gegangen ist vor ungefähr 5 000 Jahren, aber - die Forderung, das jetzt bewusstseinsmäßig zu bewältigen, die halte ich also für ganz unentrinnbar – entgegen dem Umstand oder der Tatsache, dass die herrschende Ideologie den Gedanken gegenwärtig völlig verwirft: dass man irgendwie sinnvoll und bewusst mit der Sache umgehen soll.

Ich will einmal sehen, ob ich diese berühmte Hegel-Stelle finde - die jetzt so angegriffen wird immer - die jetzt eigentlich den Zugang zu der ganzen Problematik – wenn ich – nein, ich glaube, ich finde sie jetzt nicht, - aber ich kann sie dem Wesen nach auch zitieren. Hegel hatte auf die Französische Revolution reagiert mit dem – er hatte gesagt: »Das ist ein Sonnenaufgang« (das ist natürlich ein Lichtbegriff, ein Geistbegriff) – und gemeint – also, das Ungeheure daran sei, dass der Mensch das erste Mal den Sozialaufbau, den Gesellschaftsaufbau, auf die Vernunft, auf den Gedanken gründen wollte, dass also nicht – sozusagen – wieder die Empirie des Prozesses selber, die Spontaneität, das bringen könnte, sondern - dass die modernen Gesellschaftszustände erfordern, das Gemeinwesen richtig zu denken. Und das ist, glaube ich, tatsächlich die anthropologische Perspektive, dann: Wenn es gelänge, das Ganze zu integrieren.

Und da ist jetzt von meinen drei Zeichnungen hier diese mittlere der Schlüssel; ich stütze mich da auf – was ich voriges Mal schon erwähnte, ich schreibe das noch an, das Buch, noch einmal - Johannes Heinrichs - das heißt »Ökologik«, im Aletheia-Verlag eben erst erschienen, 1997. Das ist nicht einfach seine Erfindung, da steckt viel dahinter, das will ich nicht im Einzelnen behandeln - ich will nur sagen, dass diese beiden Modelle zusammen eigentlich das Ganze erst einmal so sind, was - sagen wir einmal: Den Menschen als Individuum und Gattung, noch nicht die eigentliche soziale Frage betrifft. Und zwar insofern: Hier haben wir den historischen Durchgang – also, im Sinne, jetzt, der Realisierung immer schon vorhandener menschlicher Wesenskräfte (der Schamane hat da oft mehr integriert als das einzelne Staatsmitglied, früher schon). Also, das ist die historische Sicht – und das ist die strukturelle Sicht - also, wenn man – hier guckt man, sozusagen, so – und auch natürlich so - und hier guckt man erst einmal im Wesentlichen drauf, obgleich ein Ablauf – sei es so herum – also, vom Geist - sei es so herum – natürlich auch enthalten ist.

Ich will gleich sagen – also, für den praktischen Umgang, da habe ich auch - sozusagen – eine Auseinandersetzung; wenn man da vielleicht – wenn man wirklich das lesen wollte, das Buch von Johannes Heinrichs, dann versteht man, was ich sagen werde:

Wo fängt man an, ist die große Frage – ist die große Frage, wenn man diesen Kreis durchläuft.

Heinrichs fängt erst einmal an, sozusagen – ja: evolutionistisch, obgleich - sein Konzept eigentlich von hier ausgeht, aber - in der Darstellung geht er hier gegen den Uhrzeigersinn und sagt: Also, hier haben wir erst einmal von den drei Elementen den physikalischen Körper – also: Physik, Chemie, Biologie - und dann kommt – also, ich sage einmal: in der Überschneidung mit der Seele, in der ersten Überschneidung des Körpers mit der Seele kommt dann das Leben dazu – also, die Seele als Prinzip des Lebens, bis in den Schluss des »Faust« – also, der Tod tritt ein, wenn entweder Gott oder der Teufel oder – so oder so – also, dass der Lebenszusammenhang verschwindet. Hier ist es auch so ausgedrückt, so nennen es auch die Anthropologen meiner Sicht: Wenn dieses ätherische Moment verschwindet. Äther – also, der alte Name – Platon hatte Erde, Wasser, Luft und Feuer - zunächst die vier - und dann in die Mitte noch den Äther gesetzt, weil da die – also, das symbolisiert irgendwie den - das Leben zu vollziehen, das dazukommt. Der Körper zerfällt, wenn dieser seelische Zusammenhang, wenn dieser Lebenszusammenhang weg ist: Das ist die zweite Stufe, »ätherisch« dort genannt, man spricht auch von »Vitalseele« – also, das ist wieder dasselbe: Leben und Seele, das zusammen – Lebenskörper. Uund dann kommt - wenn man dem anderen Uhrzeigersinn weiter folgt, vom Körper her - der Bereich, in dem sich alle drei Kreise an einer einzigen Stelle - also, in der Mitte überschneiden (manche reden von »Gefühlsseele«). Und interessant ist hier – also, dass dieses – sagen wir einmal: Eingewurzeltsein des kosmischen Zusammenhanges, des kosmischen Prinzips - dessen, von dem ich sagte: es muss anliegen, sonst erklärt sich die ganze Geschichte nicht: Dass das hier sozusagen als dem Irdischen eingewurzelt dasteht – also, Geist–Seele–Körper in einem Zusammenhang – und traditionell »astral« genannt. Das heißt, da stecken diese astronomisch-astrologischen Geschichten drin, die früher ja enger zusammengehalten waren - und wo natürlich die Zeitung voll von Scharlatanerie und Unfug jede Menge ist, aber - die Voraussetzung ist, dass zwischen den Sternen – also, zwischen den – eigentlich zwischen dem Universum, natürlich – und dem irdischen Evolutionsprozess: Dass da ein Zusammenhang ist. Deshalb ist das »astral« genannt, das heißt, es steckt - vor allem in dieser Mitte, wo sich Geist, Seele und Körper treffen, da steckt Gesetz – mehr als das, was so (…) ist - wenn man Goethes (…) nimmt: Der hat das auch gewusst. Also, so – insbesondere hier kann es (…) sein, hier kann es entfliehen - und die stumm daneben standen – also, zur Stunde der Geburt - das sind keine endgültigen Festlegungen, sondern nur eine Disposition. Es gibt diesen Zusammenhang, heißt das, und der ist also durch alle traditionellen Kulturen – also, jetzt, im historischen Prozess – bis hierher, zumindest – nie bestritten gewesen. Und wir haben es hier zuviel abgestritten, nur weil es sich nicht nach den Regeln der strengen Rationalität - so, mehr Seelen(…), und – gut, ich will das nicht weiter ausführen.

Das ist übrigens die Ebene, die Aurobindo »vital–emotional« nennt (man redet auch von »Gefühlsseele«) - also, hier ist sozusagen die natürliche Mitte – besonders, wenn man also vom Körper her denkt. Hier kommen also die – der Geist – also, im Sinne auch von transpersonalen, das heißt, von über-individuellen Wahrheiten - also, etwa auch, was Mathematik betrifft – also, direkt Dinge, die nicht der Subjektivität unterliegen und irgendwie Ewigkeitscharakter haben – also, die unabhängig von Geschichte gelten, möchte ich sie (…). Also, beispielsweise – das ist übrigens eine Stärke von Heinrichs‹ Buch hier: er denkt harmonikal. Und das heißt: Er bezieht sich auf diese pythagoreischen Versuche mit dem Monochord, wo die Abstände zwischen den – die Schwingungsabstände, die Frequenzabstände der Untersuchungsgegenstand waren - und nicht, wie auf unserem Klavier festgelegt – also, das eingestimmte C hat dann die und die Schwingungszahl, sondern - egal, an welcher Stelle man anfängt: Die Zahlenverhältnisse sind immer dieselben. Also, hier gilt etwas, was sozusagen unterhalb der – noch tiefer richtig ist als die Harmonik, die sich in einer kompletten Musiksprache mit ihren rationalen Sachen auch ausdrückt: Es gibt einen Zusammenhang, der praktisch durch alle drei geht –

durch Geist, Seele, Körper – und das erscheint hier sozusagen naturhaft, auf dieser Ebene.

Und hier, in dem rechten Bereich - da, wo die Seele und – nein, ich bleibe einmal noch bei dem – weil ich – ja, richtig, war jetzt falsch – weil ich bei dem Anti-Uhrzeigersinn – bei dem Problem auch, das mit dem Körper zusammenhing: Wenn man jetzt von hier weiter geht, in dieser Richtung, dann trifft man jetzt auf den Bereich, in dem sich Körper und Geist treffen – also, wenn man vom Körperlichen ausgeht. Körper und Geist treffen – an vierter Stelle, ohne dass in dem Punkte dann der Seelenbereich berührt ist, ohne dass – ich habe das einmal so hier hingeschrieben – der Herzbereich berührt ist, (…) kann sich hier treffen. Und es ist jetzt interessant, dass Heinrichs - entgegen dem Schattenschema, das aus der indischen Überlieferung kommt und das er auch mit einbezieht in seine Überlegungen – aus diesem Modell hier, wenn man den Menschen vom Körper her betrachtet, dahin kommt – also, wir haben das Basis-Chakra, das Wurzel-Chakra, ganz unten, am Ende der Wirbelsäule, und dann das genitale - das liegt hier, im Lebenskörper, in dem - und dann kommt das astrale- also, der Solarplexus, hier - und dann kommt ja normalerweise in der tatsächlichen menschlichen Physiologie das Herz – und dann der Kehlkopf. Aber wenn wir durch – mit der Körperlinie gehen, dann kommen wir – ehe das Herz überhaupt berührt wird – zu diesem Mentalkörper, der nicht integrierte Kopfleistung – also, hier spricht sich ja (…) - die Sprache, die unsere ganze Bewusstseinsfähigkeit trägt - dann kommen wir hier an bei möglicherweise kaltem Geist – kaltem Geist. Und wenn ich jetzt daran denke – darum habe ich nämlich auch die beiden Begriffe hier eingesetzt – also, es ist ein Zugang zu der ganzen historischen Tragödie, zu der Nicht-Bewältigung des Staats- des Ordnungsproblems: Dass hier etwas schiefgegangen ist. Und es hat - es ist im Eingang zur europäischen Moderne – passiert ist da viel früher etwas, das behandele ich das nächste Mal, bis hierher, aber – es hat im Eingang zur Moderne eine klassische Figur gegeben, einen Menschen, in Frankreich: Pascal - der dieses Drama von Geist und Herz auf den Punkt gebracht hat. Er sagt: »Das Herz hat seine Gründe, die der Verstand gar nicht kennt.« - Und sein religiöses Problem war: Er als ein begnadeter Mathematiker und Physiker hat viel in diesem kalten Bereich gearbeitet - hat sozusagen das Recht, hier unabhängig zu denken, gegen die Kirche verteidigt – also, zumindest gegen den mittelalterlichen Geist verteidigt.

Er war so eine Art französischer Halb-Protestant - das ist nicht so wichtig, Port-Royal, das war so ein Kloster, in dem die Auseinandersetzung umsolche Sachen sich konzentrierte – und war tief unglücklich darüber, dass – wenn das aber dominiert, wenn die Einbindung verloren ist ums Herz – das liegt nun offenbar in dem Modell erst einmal ganz woanders, nicht in dem Seelenbereich – dann – ja, dann kann das also mit uns durchgehen.

Und sein innerstes Motiv war – also, es war nicht direkt soziale Apologie, das heißt, er hat nicht direkt gesagt: Wenn die Gesellschaft (…) – sondern erst einmal: Dann ist kein Halt für mich - dann kann kein Halt für mich sein. Das war sein Hauptthema, ebenso – also, das war eigentlich noch viel mittelalterlicher, mit Luther verwandt – dessen großes Thema ja war: Wie kann ich gerechtfertigt werden vor Gott? Wie kann ich gerettet werden? Und nicht: Wie kann die Gesellschaft gerettet werden? – Dass das bei dem Menschen zusammenlief: schon richtig; aber – es hing anders zusammen – also, der Akzent lag nicht darauf: Wie retten wir die große Gesellschaft?

Und meist – also, unsere ganzen Analysen im 18, 19. Jahrhundert - von der Aufklärung in die Moderne hinein - haben sich immer mehr sozusagen auf kalte Analyse konzentriert - hier, auf diesen Punkt - also, das heißt, der Verstand ist nicht nur materiell mit uns durchgegangen, sondern das liegt sehr parallel, vielleicht sogar in einem gewissen Vorlauf aus der mittelalterlichen Scholastik heraus – liegt sehr parallel mit – ja, fast Vorlauf, sage ich ja – mit der Konstituierung dieses Mentalkörpers, der nicht – wo der Geist – wo sozusagen die psychische Energie – nicht, wie diese indischen Yoga-Praktiken das versuchen (die auch ihre Probleme haben) - das will ich jetzt nicht behandeln, sondern ich will nur sagen - also, normal wäre: gestärkt durch das Herz – und ist dann vom Herzen her gesichert. Und das ist – da ist etwas schiefgegangen.

Die – sozusagen die charakteristische Zuspitzung bei Pascal - ich weiß nicht, ob ich das hier schon einmal erzählt habe, es könnte sein – bestand in Folgendem: Er hat dann – also, das war dann radikal religiös gedacht, er fragte - in Bezug auf diesen Zusammenhang - welche Art von Gott wir eigentlich brauchen. Und er entschied sich, dieser sehr modern denkende – also, Geist: ich habe hier »Geist« klein geschrieben, im Unterschied zu da - also, im Sinne des Verstandes, »mental« – er entschied sich nämlich für den

Gott Abrahams, Isaaks und Jakobs – den, der die Engel da die Treppe herauf- und hinunterschickt - und für den Gott Jesu Christi – gegen den Gott der Philosophen. Und was damit gemeint war, war, dass dem Gott der Philosophen die emotionale Ladung fehlte, dass das möglicherweise nicht einmal über diese Körper-Seele-Geist-Einheit gelaufen ist, sondern fast so - oder überhaupt nur so.

Das heißt, das Körperliche symbolisiert auch – insbesondere in diesem biocomputerhaften Großhirn (wenn man das Gesicht nicht nimmt, wenn man es nicht als Organ des Ganzen nimmt) - dass dieses Körperhafte sich mit Geist trifft, im Sinne abstrakter Mathematik, die wir zu unserem Vorteil – Machtvorteil – ausnutzen können, aber die Herzkräfte töten.

Und ich meine, die Erfahrung, die im Alten Testament da – und auch im Neuen Testament – mit (…) und allen diesen Sachen gegeben ist, wie immer wir die rational beurteilen: Das war Erhebung der Seele, das war aus – da war Kraft, da war innere menschliche Kraft. Und diese Überlegungen, ob Gott nun also die Welt nur angestoßen hat oder ob er noch hin und wieder eingreift oder nicht oder ob er nun die allgemeinen Gesetze –: Ohne diesen Herzbereich, ohne den Liebesbereich, der hier irgendwie mit zusammenhängt, hat der Pascal das Leben für tot und – ja, und lebensgefährlich im Sinne von unsterblichkeitsgefährlich behandelt.

Und es ist also die Frage, wo man bei diesem Modell hier anfängt, wenn man jetzt – also, ob das richtig ist mit diesem Rechtsdrehen, vom Körper her, wo an vierter Position man beim Kehlkopf ankommt und sozusagen die anscheinend historisch geübte Fähigkeit, am Herzen vorbeizugehen mit dem Verstand, wo die dann eine gesellschaftliche Institution erster Ordnung wird - also, wo sozusagen – in unserer Gesellschaft ist ja das ins Machtzentrum gerückt – das ist direkt ins Machtzentrum gerückt: Der kalte Rechengeist. Und das heißt also, dass in dem sozialen Prozess: hier – also, wo es sich eigentlich entscheidet, wo das dann nicht mehr dreifach ist, sondern vierfach ist, dass in diesem sozialen Prozess – also, das ökologische Gleichgewicht anthropologisch gestört ist – also, dass wir sozusagen ein vom Grunde her falsches Naturverhältnis haben.

Nun - ich weiß nicht, die Frage muss ich mit ihm diskutieren: Wenn Johannes Heinrichs von der Seele ausgegangen wäre (was ganz logisch ist): Wäre, weil - er sagt - also, die Seele, das ist eigentlich – also, Körper, soweit, und zwar - sogar bis zur Fähigkeit, erste Begriffe zu bilden: Das bringt er auf die Affen. Ich meine nicht - also, dass man das beweisen kann, was wir hier gesagt haben, mit den Affen - also, wirklich vergleichen kann, aber – es gibt die Berührung. Während also dieser andere Weg der Seele - als Selbstbewusstsein, jetzt – als Selbstbewusstsein, das ist wichtig, denn: Seele ist bei Tieren auch, das ist klar, aber - als Selbstbewusstsein: Die Seele ist nämlich in der Lage, diese körperlichen Bereiche zu integrieren, das heißt: Es ist möglich, über das Herz hinaus in den Kehlkopf zu steigen – so herum.

Und – jeder hat diese Erfahrung auch gemacht; es hängt übrigens sehr davon ab, wie weit wir da in der sozialen Beziehung – der Du-Beziehung – stehen: Ob das (…). Wenn also diese – das ist ja auch - dieser kalte Geist: Der ist eine Korporation, eigentlich – also, Kapital, Wissenschaft, Technik – das sind Korporationen, die in Wirklichkeit die sozialen Beziehungen nur ganz am Rande wichtig finden.

Das geht nicht darum, sondern es geht um – ja, ums Rationale, um: Ist es berechenbar? - und so. Das heißt – also, hier haben wir diese verdammte Zone, in der – also, durch den materiellen Erfolg, in dem man das auch dann noch realisiert: vom Massenprodukt bis zum Modellhaus – dass da – also, die Möglichkeit besteht, die soziale Wärme, das Herz regelrecht aus dem gesellschaftlichen Prozess auszuschalten und die Kontrolle darüber – jetzt meine ich also: in einem umfassenden Sinne (denn die Leute beherrschen ihr Spiel gar nicht mehr) - die Kontrolle darüber, wie ein Gemeinwesen zusammengehalten werden kann dabei; an ein Land – eine Nation – kann man die Menschheit heute – was also zwingend ansteht – die fällt – die fällt einfach nur – (…) - wenn das von hier gebaut ist – und jetzt - wenn ich aber von hier ausginge – und ich sage einmal jetzt: so herum – also, im Uhrzeigersinn: Da kommt man auch zunächst von der – also, die Seele als die Institution, wo der Mensch diese Freiheit des Selbstbewusstseins hat – Übrigens, kausal meint hier: Wenn es hier zugeordnet ist – also, hier, und - die Chinesen haben den Freiheitsbegriff »Selbst Ursache sein – selbst Ursache von etwas zu sein« – also, was des Menschen Verhängnis sein kann und sein größtes Glück - beides, beide Möglichkeiten – mit dieser Relation sehr zusammenhängt. Also, kausal: Freiheit, hier – und hiermit dann auch – also, hier - weil wir diese Negativerfahrung gemacht haben - die gab es noch nicht, die hängen natürlich anders mit der Freiheit - beschäftigen kann – also, diese – wenn man von hier ausgeht und dann zum Lebenskörper kommt und dann in diesen gefühls-seelischen Bereich

»Geist-Seele-Körper«, dann ist natürlich erst einmal von der Seele als Vermittlung zwischen Geist und Körper her und von der Selbstreflexion her und davon her, dass Seele mit Seele kommunizieren kann - zumindest, solange das Gemeinwesen noch nicht vom herrschenden Verstand zerschlagen ist: Da ist also eine völlig andere Möglichkeit der Einbindung gegeben.

Und - historisch gesehen, geschichtlich gesehen, ist das höchstwahrscheinlich so – darauf inspirieren wir morgen dann – also, das nächste Mal noch einmal: Dass das bis hierher dann auch durch diese rituelle – schamanistische – ursprüngliche Integration – also, durch eine spirituelle - dass sozusagen der brahmanische Geist irgendwie an der Spitze stand - und zwar unbeschadet der Kastenschwulitäten, die damit verbunden waren. Da ist also noch – also, im Grunde genommen ist von hier aus dann das Ganze noch zugänglich und gegenwärtig gewesen. Das heißt, die haben – also, eigentlich bis zur integralen Ebene vorgreifend war das noch eine Ordnung, wo die Leute da nachdrücklich Gerechtigkeit einklagen konnten, weil – da stimmte noch etwas, da war sozusagen die Gleichheit aller Menschen vor Gott nicht eine spätere Forderung – eine Forderung, nachdem schon das Unheil eingeschlagen hatte, sondern - da war noch so was – ich kann eben nicht sehen, dass Todesschock und solche Sachen da jegliche ursprünglichen Verhältnisse unmöglich gemacht, gestört hätten.

Und dann – wenn man hierher gebogen ist, dann – und von hier ausgegangen ist und es geht dann also die – also, diese Ebene hier, die integrale: Die heißt auch, dass über den Verstand hinaus, der in der Praxis dieser Menschen - der noch nicht diese überwältigende Rolle angenommen hatte, weil – die hatten ja nicht ein riesiges technisches Verstandesimperium sich gegenübergesetzt. Das heißt: Der größere Teil der Welt, mit der sie zu tun hatten, das war – ja, das war eigentlich der Kosmos. Kosmosbegriff – ursprünglich – ist ja nicht der des riesigen Universums als solches, sondern - Kosmos ist das, was von unserem Bewusstsein her, von Natur in uns eingeordnet ist und korrespondiert. Und da gibt es also dieses kosmische Bewusstsein - und es greift zurück. Und wenn man jetzt das Gesamte aber, den Gesamtzusammenhang, hier nimmt - ich habe ja diese Geist-Ebene, diese Logos-Ebene – Johannes-Evangelium, der Christus – die habe ich ja nicht erwähnt bisher. Ich meine jetzt, wenn ich darauf Bezug nehme, nicht unbedingt die Christologie in dem dogmatischen überlieferten Sinne, sondern – dass da ein Zugang war, dass diese Christusfigur – und zwar ganz unbeschadet davon, heute wird ja manchmal – manche (…) passt überhaupt nicht – (…) - und das alles: ich halte das nicht für so wichtig, sondern - ich glaube, dass die Menschheit in den Jahrhunderten vor und nach seinem Auftreten – also, da ein Topos sich - ich sage einmal: gedichtet hat, vielleicht: gedichtet hat, der den entscheidenden Punkt betrifft: Christus hat also eindeutig vorgeschlagen, in der irdischen Praxis von dieser Ebene auszugehen: von der Ebene der Seele. Und insbesondere steckt in seinem Auftreten – oder in dem Auftreten dieses Topos – die Erfahrung mit diesem Versuch, ein jüdisches Großreich zu errichten zwischen Ägypten und Mesopotamien (was immer problematisch war, denn sie waren die Schwächeren) - und dass also praktisch der Staat sang- und klanglos damals untergegangen ist samt den – also, das war ja auch ein (…) - zum Teil fürchterlich, was in der Bibel da zum großen Teil geschrieben steht – also, Christus ging davon aus, dass diese Stützung von Machtpolitik auf Vitalseele und auf vital-emotionale Bedürfnisse – wo die höheren Bereiche, das Kosmische und der Geist, was die Priester dann verwalten: Wo das hineingerissen wird und entmachtet wird – also, letzten Endes dem untergeordnet (das ist ja immer die Königsfrage, da in dem – in den alten Schriften): Christus ging davon aus, dass dieser Punkt, der - sozusagen - gesellschaftlich organisierten Selbstsucht, der schon viele, viele Figuren hat - übrigens, wir kommen noch darauf zurück, nächstes Mal - also, dass - diese Seelenbeziehung, die war ja für so viele Menschen, die Objekte des Prozesses geworden waren – ausgesch- - also, nicht mehr relevant. Das heißt, das ökologische Gleichgewicht im Geiste war schon gestört. Und Christus kommt und sagt: Also, wir müssen versuchen, das – ja, jetzt klingt es verrückt: Das Machtproblem, aber - das Problem von Ritus, Sitte, Nomos – also, Gesetz – und Staat: Das auf die normale Linie – hier, vierte Ebene – zu bringen. Das heißt: es muss das Herz regieren.

»Ihr sollt da nicht Schätze sammeln auf Erden« – was das hier betrifft - Ihr sollt nicht hinnehmen, dass diese vitalen und vital-emotionalen Bedürfnisse: Wenn die Autonomie verlangen – und das hat nämlich die moderne (…) auf die Spitze getrieben, auf – doch, auf die Autonomie zu begründen, nicht auf den ganzen Zusammenhang – also, das zu überwinden und eine – man könnte auch sagen: eine gesellschaftliche Organisation, eine Einrichtung auf der Erde zu finden, die zunächst nur für den eigenen Stamm - der kam dann daher, und das hat sich dann ausgebreitet: Das heißt, die Menschheitsfrage ist um die Zeit zum ersten Mal gestellt worden, die Menschheitsfrage, wirklich - wenn auch nicht von (…) - das wurde ja dann europäisch und so – wurde römisch und so, aber – die ist gestellt worden – also, die Frage der Überwindung der Selbstsucht als gesellschaftliches Problem.

Das heißt, dass dieses inflationäre Seelensubjekt »Ich« – dass diese Kopplung hier – also, die Einordnung, die Wärme – das ist das Wärmeproblem, das wird unser Krebsproblem, in dem Sinne: Das das nicht mehr bewältigt – das ist zur Diskussion gestellt worden. Und es ist allerdings wohl wirklich charakteristisch, dass dieser Auftritt, sei es jetzt – Christi, als Person Christi - beziehungsweise auch dieser Auftritt im Geistes(…) junger Menschen, die das da geformt haben – wie auch immer in die Evangelien hinein auch kanalisiert (und manchmal verdorben), aber - dieser Auftritt aus dieser Ebene da – also, die Seelenebene ist die mittlere Ebene: Das menschliche Selbstbewusstsein allein reicht nicht, um das zu verwirklichen, wir brauchen – wir brauchen diesen Anschluss. Und der Begriff des – ich schreibe ihn einmal hin: Des Avatars (im Indischen) - der aber auf Christus genauso zutrifft: Avatar - das ist – Grillparzer hat einmal, nach Beethovens Tod, geklagt, es kommt da immer ein Gottgesang, die etwas Uninformierten (…) – nicht gleich das Ganze, aber - die etwas bieten, das – sozusagen – nicht bloß aus dem individuellen selbstbewussten Seelenbereich, aus dem Bereich der Freiheit - die nicht von (…) weiß – kommt, sondern - da gibt es noch etwas, das im höchsten Sinne wahr ist, das heißt, das auf etwas aufmerksam macht, das total im Gegensatz zu den Ordnungsvorstellungen steht, die sich in der Moderne durchgesetzt haben. Das geht ja durch die Menschheit; wenn die Chinesen vom Tao sprechen, ganz am Anfang - dann ist damit gemeint: Der Gang der Dinge, wie er an sich ist: Der Mensch folgt der Erde, die folgt dem Himmel - und der Himmel folgt dem Tao. Das heißt, da ist über dem Ganzen ein großes Gesetz, von dem aus es richtig eingerichtet werden könnte. Und da kommt nach der indischen Konzeption hin und wieder einer, der sagt, dass – der daran erinnert, und - von daher nur – also, eigentlich diesen Akzent: Dass man im Herzen gewesen sein muss, ehe der Mentalkörper so richtig zur Entfaltung kommt. Das schient mir also ein ganz tiefer historischer Gegensatz zu sein – dass er vertreten und verwirklicht wird.

Und jetzt ist natürlich für die Konstellation charakteristisch, dass wir – also, bis aufs Äußerste diesem – also, sowohl diesem Gleichgewicht - das ältere, unter »vital«, ist ja unterdrückt und diskriminiert, das ist - vom Historischen her - als auch vor allem die Gleichgewichte, die hier in diesem Dreierbild von Geist-Körper-Seele stehen, und um dann das Gleichgewicht von da her zwischen – sagen wir einmal: Seele und Kollektivseele - dass das also ein Schlepp ist wie nie zuvor. Das heißt, dass uns der – also, was wir eigentlich betreiben, das ist: Wir kreisen – statt hier kreisen wir hier, in einem Selbstlauf, wo sich praktisch der am physikalisch-chemisch-biologischen orientierten Mentalkörper, ausnutzend allgemeine Gesetze – Momente des Dorfes (???), aber - zu Privatzwecken - zu Privatzwecken, zu engen Zwecken: Wo das umeinander kreist und also diesen – also, das ist die Koalition der Megamaschine hier: Diese Stelle, und zwar mit einem (…) - und jetzt, da die – also, so, wie in dieser historischen Linie des natürlichen Charakters: Dass die menschlichen Wesenskräfte dennoch alle da sind, wenn auch vielleicht atrophiert – also, nicht in ihrer eigentlichen Machtgegenwärtigkeit.

Das Schlimme ist natürlich, dass in diesem kleinen Zirkel dort, in diesem verhängnisvollen kleinen Zirkel – also, die Kräfte der Seele – aber ängstlich – verhandeln – also, (…). Und die Kräfte des Geistes, des Logos – also, nutzensorientiert verkürzt: Dass die mit hineingerissen sind, sodass wir also eine tatsächliche Dynamik haben, auch in dem entstellten Sozialen, das ich so wenig vollständig – nicht vollständig realisiere, wo wir – also, wo auf dieser Ebene – das ist jetzt, glaube ich, so mein bescheidener Gedanke, erst einmal, am Schluss jetzt, für heute: Auf dieser Ebene – also, sozusagen auf soziologischen Kriterien – also, mehr wirbt für das Recht, zu pumpen oder so – überhaupt kein Verlass ist – also, ich kann das gar nicht anders sehen, als dass hier in dieser Zeit – und deswegen habe ich auch diesen Kurzschluss, eigentlich, zwischen Anthropologischem und Politischem – so, Staat – bis hin zum Staat gemacht. Das ist gar nicht anders denkbar, als dass wir uns – also, aus dem sozialen, aus dem psychologischen, aus dem anthropologischen Bereich erst einmal zurückziehen, aber nicht in dem Sinne (…).

26. Mai 1997

Herrschaft, Ausbeutung und Expansion

... eingestiegen, indem ich diesen anthropologischen Rahmen angedeutet habe – und der Ausgangspunkt war, dass vom Ritus über die Sitte bis in staatliche Ordnungen hinein – in Ordnungen überhaupt hinein – eigentlich alles Emanation aus – also, Entlassung aus dem Menschen ist, dass also der Staat erst verhältnismäßig spät – das sind ja bloß ein paar tausend Jahre – also, den Menschen so fremd gegenübersteht – und meine Voraussetzung war - insbesondere angesichts der ökologischen Krise – dass das Staatsthema mit dem Herrschaftsthema, mit dem Thema des alten orientalischen Despotismus bis hin zu dem technologisch vermittelten ökonomischen Despotismus, den wir jetzt haben – dass das damit nicht erledigt ist.

Dass wir uns – sozusagen – aus dem Entfremdungsprozess, der da zweifellos stattgefunden hat, unter unerhört grausamen und opferreichen Bedingungen, keine Ausrede dichten können – das war sozusagen der Gedanke, und ich will noch daran erinnern, dass ich – das will ich noch mal in eine Ecke klemmen, ganz klein, bloß zur Erinnerung – dass ich letztes Mal, also, ein Schwergewicht darauf gelegt hatte, dass – wenn das hier Körper ist – und das Geist – und das Seele – und das sind sozusagen die drei Momente der menschlichen Existenz - dass das moderne Problem, das sehr mit der Staatsfrage zusammenhängt, in diesem kleinen Schema hier gelagert ist, wo sich Körper und Geist herzlos treffen können – herz- bzw. Seelenlos, das sind irgendwie analoge Komponenten.

Also, es gibt die Möglichkeit, praktisch den Geist-Körper – der das Gehirn ist - technisch zu betreiben, ohne dass das durch die Herzregion hindurchgeht – und wichtig ist dabei: solange der Mensch animalisch körperlich orientiert ist, das heißt, sein Zentrum hier wählt – wozu natürlich die ganze Ideologie der Moderne heftig beiträgt – nicht zuletzt der Materialismus von Marx hat da auch den Schwerpunkt gesetzt - dann geht der Kreis also so - das heißt, der Körper regiert - und man hat hier in der Mitte, wo sich alle drei schneiden, also – Körper, Seele, Geist - da hat man in der Regel auch diese Reihenfolge hier: Körper dominiert, Seele ist mit hineingerissen, Geist ist untergeordnet – das heißt, ist praktisch der Durchsetzung der körperlichen, der vitalen Bedürfnisse – und dann seelisch, der emotionalen Bedürfnisse – unterworfen.

Und das bedeutet: Dass die Seele, die den Kontakt zur anderen Seele – also, zu dem gesellschaftlichen Zusammenhang hier – hätte, dass deren Kräfte eigentlich atrophieren in diesem Prozess, und das hier – also, wo Körper und Geist zusammenkommen – was sich im Verstand – also, kalter Verstand - dass das so eine Dominanz erlangt – und dass praktisch die Verhältnisse – bzw. Missverhältnisse, also – hier, der Schwerpunkt, und insgesamt – hier, der Schwerpunkt – dass das sozusagen Störungen sind, die sich in den Gleichgewichten der menschlichen Existenz auf der Erde dann auch bemerkbar machen als störend.

Das war – sozusagen – der Hintergrund von dem anthropologischen Zusammenhang her, und was ich jetzt, heute, machen wollte – was ich ja schon angekündigt habe - das war die Frage, also - wenn wir das nun aber wagen wollen, die Staatsfrage uns noch einmal neu zu Gemüte zu führen – dann in den Vorlesungen ab der nächsten, wo – da vorn liegen auch schon Zettel und Plakate - da kommt Christian Sigrist, ein Freund von mir, aus Münster. Das ist ein Soziologe, der sich viel mit – wie er sich ausdrückt – akephalen Gesellschaften befasst hat – ›kephalos‹, der Kopf – also, mit Gesellschaften, die noch nicht so eine zentralisierte Macht hatten – Stammesgesellschaften sind das - und vor dem Hintergrund wird er über die Frage reden: Politik neu denken, aber auf die moderne Konstellation hin.

Damit steigen wir dann – sozusagen – in den Versuch ein, die Staatsfrage angesichts der ökologischen Krise positiv zu behandeln, aber vorher will ich heute mich also dem Thema stellen, das ich genannt habe: »Herrschaft, Ausbeutung und Expansion als bisheriges Staats-Wesen« – also das, was wir kennengelernt haben und was ich auch in der – allerdings verkürzten – marxistischen Definition, dass »der Staat das Unterdrückungsinstrument der jeweils herrschenden Klasse« usw. ist – dass sich da ausgedrückt hat.

Also – wenn ich letztlich eine andere Konzeption vertreten will, dann nicht, um dieses Moment zu verleugnen, sodass wir also heute diesem Thema uns allerdings vor allem historisch stellen wollen; ich werde das moderne Problem wahrscheinlich berühren, aber in erster Linie geht es mir um die Genesis, eigentlich, dieses Staats-Ungeheuers, das ich ja - seit ich die »Alternative« schrieb – wo ich mich ja wesentlich auf die Wittfogelsche

Theorie von der orientalischen Despotie auch bezogen habe – das ich eigentlich immer mitbehandelt und mitgeschleppt habe, auch.

Also, das ist heute die Fragestellung, sodass uns noch mal aufgeht, was wir uns eigentlich leisten, wenn wir dennoch - sagen wir mal: nicht die Staatsfrage – oder das gilt auch für ein - etwas verkürzt - ich habe das vorhin schon mal dargestellt – aber die Ordnungsfrage – also, die Frage einer guten, naturgemäßen – und ›naturgemäß‹ heißt: Der Großen Natur und der menschlichen Natur gemäß, das ist nicht identisch – denn das haben wir ja gesehen, neulich, menschliche Natur – dass das noch was Besonderes ist - also eine in diesem Doppelsinn »naturgemäße« Ordnung suchen, und daher eben erst mal heute der – na, sagen wir mal: Der negative Bezug.

Ich will aber – und deswegen habe ich das jetzt hier – das Hauptsächliche angemalt – ausgehen, sozusagen, von dem Rahmenproblem, das da gegeben ist, und zwar – ich glaube: Ursprünglich gegeben ist – anthropologisch gegeben ist - weil die Momente, die ich da angemalt habe und auf die wir gleich kommen – die sind vor-staatlich, die sind auch vor-klassengesellschaftlich – zumindest angedeutet, das heißt insofern – ich sag nur: sozialanthropologisch – begründet, und ich glaube, dass das Staatsproblem besser verstanden werden kann - als Problem überhaupt, als herausforderndes Thema - wenn man dieses Schema vor Augen hat und sich dann daran klar machen kann, wo eigentlich auf der Ebene der politischen Organisation – denn im weitesten Sinne geht es hier um die politische Organisation der Gesellschaft - wo da der Bruch ist, den Staat im engeren Sinne – also, herrschaftlicher Staat, Königs- das alte Gottkönigtum, und was daraus folgte, bis hin zu so barbarischen Formen, wie etwa dem Assyrerreich, oder dem mongolischen Großreich - die Zivilisationen vor allem hin gemacht haben, wenn sie drüber herfielen, aber – im Ganzen gesehen, ist das eine riesige Epoche, während – was ich heute als Hauptthese vertreten will, also als methodische Hauptthese – auch vor dem Hintergrund dessen, was wir dann in den nächsten Vorlesungen vorhaben - das ist der Gedanke, dass Staat, wie wir ihn kennen und bis jetzt haben - im Wesentlichen bis jetzt haben, trotz der demokratischen Formen, die das in den letzten Jahrhunderten äußerlich angenommen hat – also, dass das eine historische Erscheinung – erst mal, von der Entstehung her gesehen – ist, und was die Zukunft betrifft – hoffentlich ist.

Also, das heißt, dass die Strukturen, die unter ›Herrschaft, Ausbeutung, Expansion‹ - Noch-Expansion, Noch-Monopolisierung, und so – gestellt sind, also: Herrschaft, Terror nach innen und außen, und so weiter, dass die nicht irreversibel sind – das ist die These. Also – jedenfalls theoretisch, zumindest - nicht irreversibel sind. Also, einfach, wenn man sieht: es ist historisch geworden – und wenn man sich damit fragen kann: Wie das historisch geworden ist – was da vor sich gegangen ist – dann könnte es sein, dass – zumindest eine – also, dass die Möglichkeit aufscheint – Möglichkeit und Wirklichkeit ist nicht dasselbe - aber, ich glaube, ungeheuer wichtig, wenigstens die Möglichkeit zu sehen.

Ich erinnere da an der Tafel an – zuerst, in der allerersten Spalte, dort – an die Kinderspielerfahrung, die die meisten von uns haben, die uns daran erinnert: Diese erste Linie da, die erinnert an die germanischen Ursprünge, wo Kaiser und König das Höchste sind – da ist das Charisma bei denen - und der Druide bei den Kelten, oder der Sänger - Volker, etwa, im Nibelungenlied - ist ein Königsmann.

Das heißt, das ist – das Spirituelle, irgendwie, der Naturbezug und das alles – das sind Unterfunktionen dieses aus der Stammesaristokratie stammenden Charismas – Wotan, die germanischen Götter, die eine gewisse Ähnlichkeit mit den griechischen haben – die haben in Germanien noch weniger, als – also, in Griechenland gab es da schon Priester – Priesterschaften – wenn auch mit recht spezialisierten Funktionen - aber in Germanien war das eigentlich nicht sonderlich mächtig.

Also, das erste ist – sozusagen – die vor-christliche Struktur – da, mit Kaiser, König – bis zum Bettelmann – wie wir da immer gesprungen sind, eventuell, als Kinder - während die hochmittelalterliche Struktur natürlich mit Kaiser, König, Edelmann dann daneben steht – und dann Geistlichkeit, Adel, Bürger, Bauern, Handwerker - also, die, die gearbeitet haben; diese beiden Spalten – besonders, wenn man an Deutschland denkt – sind in Bezug auf das Staatsproblem – und das erklärt zum Teil die deutsche Staatshörigkeit, die Obrigkeitsgesinnung, die hier vorhanden ist, stärker, als in anderen Völkern - das hat damit zu tun, dass in der deutschen Geschichte – also, der germanischen Geschichte – hier, an diesem Platz, die ja bloß 2.000 Jahre ungefähr umfasst und ein relativ junger Durchgang ist, im Vergleich zu Ägypten, oder so – dass das ein – bei allen Kruditäten – verhältnismäßig organischer Prozess gewesen ist.

Wir haben hier keinen Erobererstaat jemals gehabt – sicher, Dreißigjährigen Krieg, und so, Fremdherrschaft, momentan – aber im Ganzen gesehen, haben wir hier eine – das ist jetzt etwas vereinfacht, aber – eine ungestörte Stammesentwicklung gehabt.

Also, schon in Frankreich, wo die Franken ja über die Gallier sich gesetzt haben, über das Keltische, über die Vagausen (???), über diese ganze vom Römerreich schon kolonisierte Struktur – das waren andere Verhältnisse; 1789 spielte noch mit, dass man die Franken austreiben will – also, die Germanen, eigentlich – aus Frankreich, weil dort die Herrschaft, im Ganzen gesehen, fremder war – besonders übel im Süden – also, wo dann in den Albigenserkriegen, in der grauen mittelalterlichen Zeit, die das französische Königtum praktisch die ganze – gegen Provence, Languedoc und so – niedergeworfen hat – Okzitanien, oder wie die Franzosen das nennen - das ist ein Unterschied – also, in Deutschland gab es eine Kontinuität auf dieser Ebene der allerersten Linie, dort, wo also, sozusagen, das Staatsproblem sich nicht so gestellt hat, wie wenn eroberte Völker versklavt worden sind.

Also, was wir zum Beispiel von Sparta wissen, mit diesen Heloten, die da so einfach schon im alten Griechenland unterworfen und dann vom Grunde her nicht menschlich gleichberechtigt waren. Das hat es hier nicht gegeben – also, Sklaverei gab es bei den Germanen eigentlich nur – sozusagen – römisch induziert, ganz am Anfang, aber das war nicht charakteristisch, sondern – bis zum Knecht ging das, aber der war vom gleichen Stamm also, das hat – sozusagen – den Staat hier ein Stück weit entlastet; deswegen hat das Luthertum, zum Beispiel, gerade im geordneten Deutschland so gut funktioniert, als Ideologie.

Aber wenn man weiter geht, also in der Liste jetzt hier: In Indien, dort hat man – also, sagen wir mal – dasselbe Thema, aber idealtypisch auf dieses Kastenschema gebracht.

Das ist immer – also, das deckt sich eigentlich völlig mit Geistlichkeit, Adel, Bürger, Bauern und Handwerker; es hat aber nicht ganz dieselbe Bedeutung – das hat wirklich nicht ganz dieselbe Bedeutung; also, erstens gab es hier drunter – gab es und gibt es immer die Kastenlosen, aber außerdem: Die unterworfene Vor-Bevölkerung war diesem Schema mindestens ursprünglich gar nicht unterworfen, sondern das war eine Struktur innerhalb der herrschenden Völker, also der Indogermanen, die da eingefallen waren und die dunklere Vor-Bevölkerung unterworfen hatten.

Die Brahmanen oben, die gab es also dort von vornherein – die waren also nicht von oben induziert, wie bei uns die Geistlichkeit, sondern die gab es von vornherein, und die waren zuständig für – ich sag mal: Die – das steht da beides, auch - für die spirituelle und für die kulturelle Vermittlung; das war immer eins.

Noch bei Steiner, wenn er von der Dreigliederung da, von Geistesebene spricht als Schicht – Geistesleben, Rechtsleben – das ist dann gegen den Krieg - politische Vermittlung – in meiner Terminologie hier, und ökonomische Vermittlung – also, die drei Ebenen, die Steiner kennt – da ist das auch noch Geistesleben, und die spielen – also, da ist Kulturelles und Spirituelles vereint, weil das innerhalb eines ethnischen Zusammenhanges sich nicht so – also, dort sieht man die Differenzierung nicht so – und die Leute selbst, also, unter sich, haben das immer als einen Komplex angesehen: Die Brahmanen, dann kommen die Krieger – und das sind natürlich die, die zu Friedenszeiten - abgesehen von der Pflege ihrer Genüsse – dann die politische Vermittlung nach innen betreiben, die immer mitläuft: Also, Herrschaft – Staat - Krieg – ist mit dieser Kaste verbunden; das waren die höchsten – und dann kommt die Kaufmannslinie – Bürger, reicher Kaufmann – das ist hier irgendwie – das ist diese Ebene der ökonomischen Vermittlung, und dann kommt, wo sich die Geister bis heute streiten, also – ich denke, dass die ökonomische Vermittlung und der technologische Prozess – die Arbeit - dass das tatsächlich verschiedene Schichten sind der menschlichen Existenz, also, das eigentliche Naturverhältnis, Stoffwechsel mit der Natur im engeren Sinne, also die die physische Arbeit machen und – sagen wir mal – im historischen Prozess dafür übrig geblieben sind – denn ursprünglich haben die Menschen alle an der unmittelbaren Reproduktion des Lebens teilgenommen – auch, wenn Begabung in den anderen Dimensionen damals … eine größere Rolle spielt; aber die Differenzierung steht – im naturwüchsigen Menschwerdungsprozess ist es – also, hat es sich so herausdifferenziert.

Nicht, dass die anderen Funktionen etwa neu sind, nach der Arbeit – das nicht – sondern nur – es ist sozusagen die Arbeit – und damit der Sudra – der ist übriggeblieben.

Es ist übrigens interessant, also – die indische Kastenauffassung ist in der Hinsicht sehr rein – nämlich: Die Tätigkeit etwa des Arztes oder des Künstlers, der was macht – fällt auch unter Sudra – in der Regel, zumindest; wenn der Maharadscha irgendwas musiziert, oder so, dann ist das natürlich … (???), aber – im Prinzip sind die unmittelbaren Tätigkeiten, die der Reproduktion der menschlichen Existenz dienen, sind in dieser Sudra-Funktion – sodass das klar ist, dass die anderen Funktionen – also, das ist Vermittlung mit der Natur, nicht? - Stoffwechsel mit der Natur, das habe ich da vergessen – naja! Vermittlung - Stoffwechsel mit der Natur – Technik – ja, technische Vermittlung, habe ich geschrieben – technische Vermittlung – und dann kommt – die anderen Bereiche sind also eindeutig dann ökonomische Vermittlung, politische Vermittlung, kulturelle Vermittlung, spirituelle Vermittlung.

Wenn man das Weltproblem – also, das Menschheitsproblem von heute, sich einen Augenblick vergegenwärtigt, dann ist klar, dass diese obere Unterscheidung in den ersten beiden Zeilen ganz wichtig ist, weil in ihren Kulturen – und je mehr davon erfreulicherweise noch differenziert erhalten ist, nämlich - die Globalisierung macht ja da erneut sehr viel kaputt – umso deutlicher ist natürlich, dass Kultur nur ethnisch ist.

Und die Wertsysteme - durch die spirituellen Bereiche – also, wenn etwa bei sehr vielen Leuten, die sich näher damit befasst haben, von einer Philosophia perennis die Rede ist, das heißt, von einer ewigen Philosophie, dann ist damit eigentlich das gemeint, was in ihrer – sagen wir mal – zumindest, wenn es diffiziler wird, die Überlegungen, die spirituellen Überlegungen - dann kommt da sehr viel zur Deckung.

Also, zum Beispiel: Unsere mittelalterliche Theologie und die islamische lagen weit dichter beieinander, als man von den kulturellen Erscheinungsformen des Islams und des Christentums her denken sollte. Thomas hat sehr viel gelernt - Thomas von Aquin - etwa von Averroes – aber nicht nur von ihm, also, man kann sagen, da ist so viel eingeflossen, über die Kontakte Sizilien und Spanien auch, natürlich, die ja nach Europa reichten, und über die Kreuzzüge – und das war nicht einfach durch kulturelle Übermittlung bedingt, sondern dadurch, dass in der geistigen Ebene, also, auf der Logos-Ebene, wie wir das neulich genannt haben, oben – das »G« steht da für Logos - dass dort eben die Menschen am ehesten eins sind – und daher auch – sozusagen - ein menschheitlicher Wertekonsens – erst mal, philosophisch gesehen – oder theologisch gesehen, wie man will – ist möglich. Während – wenn man das Ganze anfasst, natürlich, vom Brahmanentum her, oder von einer europäisch-katholischen Geistlichkeit, oder von den Mullahs in Teheran, also - wo sozusagen die Verortungen aus der Kulturebene liegen – und die Kultur außerdem ausgebeutet wird – also, die stehen immer nebeneinander.

Die Theologen streiten sich, selbst wenn es Abrahams Religionen sind – also, Juden, Christen und der Islam - wenn sich drei Theologen treffen: sie heben immer die Differenzen hervor. Also, die unterschiedlichen Beschreibungen ... und das heißt also, dass die kulturelle Ebene in Wirklichkeit gegen die spirituelle gestellt wird.

Das ist kultureller Materialismus, eigentlich, nicht? – Machtmaterialismus, übrigens, der da drinsteckt.

Um darauf zurückzukommen: Also, dieses Schema – der – ich sage jetzt mal – weil, hier ist von Kasten die Rede – also, ich meine, da sind wir an einem ganz – sozial gesehen – ganz reaktionären Pol – natürlich, nicht? – aber was in diesen Kasten frühzeitig fehlverarbeitet ist, gewissermaßen, in einer Teilung zwischen Menschen – die also übrigens von den Griechen etwa durchaus übertroffen worden ist, in puncto Sklaverei – also, ein Sklave ist weniger als ein Sudra – also, als die Menschen – so, jetzt – was aber darin wirklich erscheint – und zwar im Unterschied zu Sklaven als instrumentalen, als vokalen Werkzeugen - also, als sprechen könnenden Werkzeugen - das ist: es sind ja tatsächliche gesellschaftliche Funktionen des Menschen, die da erscheinen – arbeit, Handel, Krieg und Herrschaft und das Politische im weiteren Sinne – Sozialisation, Kulturation – also, wie das angeeignet wird, was kulturell überliefert ist – und der Kontakt zu dem umfassenden Zusammenhang.

Und das Problem ist natürlich, dass diese Funktionen tendenziell in Schichten – Klassen – gar Kasten auseinander fallen können. Und das hat mit Herrschaftsverhältnissen zu tun, mit Ausbeutungsverhältnissen zu tun, wovon – sozusagen – der Staat bisher immer die politische Versicherung war.

Der Christian Sigrist, der das nächste Mal kommt, benutzt immer, um den Staat zu charakterisieren - im Unterschied zu vor-staatlichen Verhältnissen, wo die Sippe oder der Stamm das noch geregelt haben – auch mit Macht! - auch wenn sie jemand ausstoßen, verfemten, oder so -: er sagt:

Es gab da noch keinen Erzwingungsstaat – wenn man einen Erzwingungsstaat hat, nach innen – also, wenn der Häuptling mit Leibwache auftritt, kurzum – da fängt es an, nicht? Die muss zunächst gar nicht so genannt sein, sondern - das sind zum Beispiel zweite Söhne, die er da um sich versammelt hat und die einen Aufstieg sich versprechen - und wenn Armee nach außen in Erscheinung tritt, das liegt nicht weit auseinander – auch zeitlich, meist dasselbe - also, dann hat man, sagt Sigrist, die Indizien dafür, dass der Staat schon perfekt ist – als Prinzip.

Und Mumford hat übrigens gezeigt, dass die Megamschine, die eine Kombination aus praktisch der Versammlung aller dieser Funktionen in einer organisatorischen Hand – der Pharao war alles, der hat alle diese Funktionen monopolisiert, militärische und kaufmännische und arbeitskommandierende und bildende – also, Priesterschaft, und so - Unterinstanzen – gehabt – also, das war eine Hierarchie, die – das habe ich in meiner »Alternative« mal gezeigt – der des russischen und auch des DDR-Kommunismus sehr ähnlich war, deswegen habe ich ja die orientalische Despotie da zur Erklärung mit herangezogen, dass da was aufscheint, daran – also, diese Funktionen waren also in dieser Statutenverfassung dann völlig monopolisiert.

Das ist sozusagen der allgemeine – ich würde sagen, ich würde wagen, das jetzt den sozial-anthropologischen Hintergrund zu nennen – also, ich meine, es handelt sich ja auf allen diesen Ebenen um Austauschverhältnisse – austausch mit der Natur, und dann im Handel, natürlich; Austausch von verschiedenen menschlichen Reproduktionstätigkeiten – also, immer eine Ebene höher, nicht? – und dann Austausch von Machtverhältnissen – wobei also auf allen diesen Ebenen immer sozusagen die Motivation, die psychische Gerechtigkeit oder Ungerechtigkeit zwischen Menschen eine viel größere Rolle spielte, als man denkt.

Also, das Gerechtigkeitsproblem ist nicht einfach das von – weiß ich – zehn Mark gegen einen Rock, weil es die gleiche Arbeit ist – gar nicht; also, ich meine, nicht hauptsächlich.

Das sind Momente, in denen das erscheint – sondern: es ist die Frage eigentlich – das ist auch der Kern des Demokratieproblems, der Gleichgeltung von Individuen, die von der Natur mindestens sehr ähnlich ausgestattet sind, wenn nicht total ähnlich; aber – klar, Unterschiede gibt es sicher, aber - die gleich ausgestattet sind – und praktisch kommt also durch diese Monopolisierungstendenz – die nicht immer gleich bis zum Pharao reichen muss, eine Aristokratie reicht auch, nicht? – um da das Gefühl der Ungerechtigkeit zu erzeugen – ich meine, durch die Fakten, natürlich, nicht bloß das Gefühl – also, das ist eigentlich der Gegenstand der Störung, diese Machtdifferenzierung, die sich über diese Funktionsdifferenzierung durchsetzt und wo praktisch die Kastengesellschaft, etwa, im Extremfall zeigt, oder auch die Sklaverei in Griechenland im Extremfall zeigt – selbst Aristoteles hat die Sklaven nicht als Menschen angesehen, erstaunlicherweise, noch 325, oder so, vor Christus – das heißt also, dass diese funktionale Machtdifferenzierung, die da möglich ist, den Blick auf die Gleichheit alles dessen, was … (Öffnen einer Chipstüte) - das heißt, dass die große Bereitschaft da ist - der Selbstgerechtigkeit bei denen, die es besser getroffen haben, oder die – eine gewisse Rolle spielt das auch – die etwas mehr Energie aufgebracht haben.

Also, man hat ja – also, ich meine, nirgends deutlicher, eigentlich, als in Westdeutschland nach dem 2. Weltkrieg, wo - die herrschende Klasse ist schon mehr als zur Hälfte erneuert dort, also, die besitz-herrschende Klasse in Westdeutschland, personell erneuert - da hat man also gesehen, wie viel – sozusagen – Energiedifferenzen, die da zum größten Teil aus dem Krieg mitgebracht waren, aus der Kriegserfahrung, aus der Kriegsbewährung auch – also, im positiven wie negativen Sinne - wie sehr sich das dann ausgewirkt hat in der Fähigkeit, ökonomisch zuzubeißen und mächtig zu akkumulieren - also, da ist eine Möglichkeit, die in der Differenzierung des Menschengeschlechts liegt - so, wobei auch da natürlich angesammelte frühere Weltzustände drinstecken.

Und wenn man sich darüber klar ist, dass das seit mehreren tausend Jahren läuft, dann folgt aus dieser Grundkonstellation, aus der Möglichkeit und Tatsächlichkeit dieser Machtdifferenzierung, dass es also ungeheuer schwer ist zu entscheiden: Wo sind es letztlich Phänomene der Verelendung irgendeiner Art, die die Menschen davon abhalten, in gleicher Weise an allen Funktionen – und damit auch an der Macht - teilzunehmen, wodurch das Problem relativ erst mal – sagen wir mal: entschärft im Sinne des Prinzips der Demokratisierung wäre – oder wie weit also unterschiedliche Begabung von Geburt her eine Rolle spielt.

Man muss ja die frühe Sozialisation mit einrechnen – also, jedenfalls ist der Grad an Entmutigung, Demotivierung, der in den Herrschaftsverhältnissen liegt, seit sie sich durchgesetzt haben: Das kann man wirklich nur unterschätzen – kann man nur unterschätzen, was da von der Krippe über Kindergarten und die Schule, und so – was da passiert, auch heute – also, wie viel - wenn zahllose junge Leute heute das Gefühl haben, dass sie nicht einmal eine Berufsperspektive haben, dann – die werden nie politische Menschen im vollen Sinne, die bleiben – in diesem griechischen Sinne: Wer sich nicht um die öffentlichen Angelegenheiten ernstlich kümmert, den nannten die einen Idioten – das war der höchste ursprüngliche Begriff.

Und die Idiotisierung hat ungeheure Ausmaße, aber – es ist wohl auch sehr viel ein Prozess, ein sozialer Prozess, der mit den Herrschaftsverhältnissen im weitesten Sinne – nicht nur Staat im engeren Sinne – zu tun hat, aber der praktisch bedeutet, dass diese ganzen Vermittlungsprozesse ab dem – also, technische Vermittlung, das geht noch, da kernen die Leute auch heute verhältnismäßig viel, aber das ist die unterste Schicht – also, jede dieser höheren Schichten ist eigentlich mächtiger, auch noch - sozusagen - die schwarze Spiritualität des Geldmachens, die bei uns regiert – das ist auch Spiritualität, in einem bestimmten Sinne; die Leute, die den Blitz gesehen haben in Los Alamos, da, mit der Atombombe – manche davon haben direkt davon berichtet, was für eine geistige Machterfahrung dieses ungeheure Aufblitzen der Flammen war. Also, es ist so, dass die Leute von den höheren Schichten der Vermittlung ausgeschlossen sind, und zwar: je tiefer – sozusagen, schleppend - bei jemandem – umso mehr, also wer heute, unter den heutigen modernen Verhältnissen, mit der ökonomischen Vermittlung zu tun hat, der hört vielleicht manchmal den Königsmantel rauschen – da wird er sich irren, aber: zumindest der Kontakt ist da zu der nächsten Schicht – und meistens ist die kulturelle Ausstattung … für diese Vermittlung wenigstens – also – irgendwie halbwegs mit realisiert werden kann, aber – es nimmt jedenfalls nach unten hin die Passivität ungeheuer zu.

Und nun ist das aber – im Ganzen gesehen – nicht einfach ein kontinuierlicher Prozess gewesen, sondern – ich will noch mal zurückkehren zu dem Hinweis vorhin, auf diese relativ günstige und – im Nachhinein – konservativ funktionierende germanische Entwicklung dort, wo wir nicht andere unterworfen hatten, ursprünglich, also – die ganze staatliche oder politische oder Ordnungsentwicklung in Deutschland war ja verhältnismäßig organisch - es ist ein ungeheurer Unterschied, ob sich also die Verhältnisse der sozialen Differenzierung, der Ausbeutung, der Herrschaft und des Krieges nach außen und innen, irgendwie, ob sich das also innerhalb eines ethnischen Zusammenhanges vollzieht.

Ich meine, die Deutschen waren schon Stämme - also, das waren auch unterschiedliche Kulturen, aber doch eben kompatibel – also, das hat die Sprachentwicklung ja auch gezeigt, dass das letzten Endes doch ein Volk war trotz ungeheuer vieler Mischungen in Bayern und in den ostslawischen Gebieten und so – aber: es hat also doch ein recht – wie sagt man? wie ist der Ausdruck? – also, Homogenität, sagen die – also, es hat da eine kulturelle Homogenität getragen, die die Prozesse der Staatsbildung, des Krieges usw, in einem bestimmten Sinne – jeweils die höhere Schicht ist das, die Kultur, das mildert – das mildert die Sache. Und dann hat also diese Doppelerfahrung der Reformation in Deutschland - also, der Absetzung von dem, was uns die Geistlichkeit gebracht hat, von Rom praktisch – also, diese Entfremdung auf der höchsten Ebene – das ist jetzt einseitig von mir vorgetragen, die Mönche haben zur deutschen Kultur sehr viel beigetragen – der Akzent war da, dass das also – so ist die Reformation ja auch erlebt worden, zum Teil – und andererseits: Der kürzere Einschlag – aber empirisch der vielleicht ebenso gravierende des Dreißigjährigen Krieges, wo also dann fremde Mächte hier Krieg geführt haben auf deutschem Boden - also, das beides, Rom und der Dreißigjährige Krieg, das waren eigentlich die Erfahrungen – sozusagen - der Fremdherrschaft, die Momente der Fremdherrschaft - aber wenig in Deutschland.

Und ich erinnere deswegen noch mal daran, weil – in der Zeit, als das Staatsproblem - klassisch, und zwar nicht bei den Griechen, sondern noch 2.500 Jahre eher, in Ägypten und Mesopotamien, weiter da, am Indus und in China - als das klassisch aufkam, da ist diese – ich habe das voriges Mal schon angedeutet – diese immer noch sexuelle Organisation – das heißt, »sexuell« im Sinne: über die Geschlechterverhältnisse, über die Loyalitäten, die da im Stammesverband waren, und – also, die aus der vor-staatlichen Zeit kommen – nicht, dass das bei uns gefehlt hätte, alles das Krude, was staatlich dazu führt - aber in diesen orientalischen Despotien, in Ägypten, in Mesopotamien, in China und so weiter, wo sehr oft übrigens Nomadenüberfälle erst die eigentliche Staatsstruktur in die Stadt gebracht haben, also – Leute, die noch als Jäger bewaffnet gewesen waren und den Ackerbauern militärisch überlegen – also, das Staatsthema – das Kriegsthema –

war auch der Zugang überhaupt zu dieser Großreichbildung - und was dort immer passierte, das war Folgendes:

Dass innerhalb dieser Vermittlung, um die es da geht, dass hier - das war in der Regel – also, in den eigentlichen großen Staatsbildungen, dort, wo wir dann auch von den Staatsvölkern sprechen - das betrifft auch neben den Erwähnten Persien, beispielsweise, wo die Griechen ihre Erfahrungen hatten – das ist für die allermeisten in diesen Staaten zusammengeschlossenen Ethnien Fremdherrschaft, und zwar Fremdherrschaft von Leuten, die ihre Sozialisation und ihr Gebet mitbringen – das kann direkt oder indirekt aufgezwungen werden, das kulturelle und spirituelle Schema, das die mitbringen - aber die Leute, die jetzt als Ethnien, als Stämme, diesen großen Staatsverbänden untergeordnet werden, die sind – die mögen noch weiter in der technischen und ökonomischen Vermittlung was zu sagen haben: Die politische Herrschaft, wenn sie sich so darüber legt, nutzen im Allgemeinen das Vorgefundene aus.

Aber die sind – also, mindestens ist ihre eigene – sagen wir mal: herrschaftliche Tradition, wie weit die auch immer gediehen war – also, die autochthone – gebrochen, ist ihre Sozialisation und ihre spirituelle Dimension ist – ja, das hat ja seinen Rang verloren in den gesellschaftlichen Kräfteverhältnissen – und oft über längere Sicht eine Sprache, die manchmal etwas anders – da hat sich dann doch das Elementarste oft doch durchgesetzt, aber immer jedenfalls war diese ganze Dimension nun als Herrschaftsverhältnis konstituiert.

Und in jeder Ethnie aber – das ist ein wichtiger Gedanke, die auch – glaube ich, auch für die Zukunft, also - für die Menschheit, jetzt gesehen -: in jeder Ethnie, die normal funktionierte - noch vor diesem Eroberungsstaat, mit kriegserobernden Staaten – war es eigentlich so, dass Männer und Frauen verschieden – was aber nicht immer heißt, dass die Frauen das schlechtere Teil gewählt haben, aber – dass die je auf ihre Weise – sozusagen – also, auf allen diesen Ebenen, auf allen diesen Funktionsebenen, die zusammen das Ganze bilden - ich möchte sagen: Die gleiche Qualifikation hatten – aber die Grundqualifikation.

Also, dass man vom Bankwesen nichts versteht heute, von der ökonomischen Vermittlung - das hat es nicht gegeben in so einem Stamm, auf dem damaligen Niveau: Dass man nicht wusste, wie das Gemeinwesen funktioniert, auf irgendeiner dieser Ebenen - die Leute waren alle aktiv an der Sache beteiligt, und wenn man die etwas idealisierten Berichte liest, von Leuten, die mal am Lagerfeuer der Indianer sitzen durften, da weiß man: Also, jeder - tendenziell jeder, der dort ums Feuer saß, konnte plötzlich aufstehen und seine Rede halten zu der je anstehenden Angelegenheit – das heißt, diese prinzipielle Entpolitisierung und kulturelle Zweitrangigkeit und spirituelle Nichtigkeit, die durch den Staat und die Klassengesellschaft erst mal richtig ins Leben getreten ist: Das gab es nicht.

Und übrigens ist es so, dass in den Zentren dieser Großreiche dann auch, sagen wir mal, die jeweiligen Franken – also, die Ägypter in Ägypten, und so – fellachisiert wurden - wie der Fachausdruck dann lautet – also, »Fellachen« wurden die Subalternen. Also, das ist eigentlich der Punkt: Diese große Staatsbildung, die ging einher mit Fellachisierung, sozusagen, der – für das, was aus Ägypten abgezogen, was das Älteste ist - ich habe in meiner »Alternative« ›Subalternität‹ gesagt – also: Subalterne – Leute, die den herrschenden Prinzipien unterworfen sind, und daher - ja, selbst in der Revolution eher Sklavenaufstand machen, und das Ressentiment regiert, nachher, dann - also, das Rachebedürfnis, auch - für das erlittene Unrecht über Generationen hin, durch den ganzen historischen Prozess.

Und wir haben es also jetzt mit einer sowohl innenpolitisch als auch weltpolitisch total gespaltenen Menschheit zu tun, deswegen – also, mit einer Minderheit von mehr oder weniger am machtvollen Verfügungsprozess beteiligten Leuten, aber – das ist also mehr Geld als Waffe, die Waffe im Hinterhalt – und mit einer überwältigenden Mehrheit von Menschen, die entweder soziologisch gesehen schon subaltern sind, oder psychologisch – also, die ihre Ohnmacht, ihre Nicht-Befähigung zum kulturellen Ganzen hier innerlich akzeptiert haben, wie: Wir können sowieso nichts machen, es ist also eigentlich – wie reflektiert auch immer – ist sozusagen der Ausweis für diese Subalternität.

Um jetzt nur mal den Einschlag, erst mal, zu kennzeichnen, den diese Großstaatsbildung, die - über den kulturellen Zusammenhang, in dem sich der Mensch tatsächlich reproduziert, im Ergebnis – was dann, sozusagen, großsoziologisch da passiert, das ist an sich Folgendes: Also, die Mehrheit der je betroffenen Leute, die …

… entweder kommt von außen - oder bauen sich von innen auf: Schichten von anders funktionierender Vermittlung. Hegel sagt: Wer die Vermittlung hat, hat die Macht – also, wer sich das Kommando über die Art, wie das alles zusammengeschaltet wird, aneignet, der hat die Macht, wer die Vermittlung hat, hat die Macht; die werden also – die wachsen da nicht hinein.

Also - der Ausschluss ist eher was Passives; Frauen – Landbevölkerung - ich habe neulich Hesiod erwähnt, diesen griechischen Bauern, der keine Zeit mehr hatte, in die Stadt zur Versammlung zu gehen – also, das Thema »Körperliche - geistige Arbeit«, »Stadt und Land«, und die Geschlechterdifferenzierung, die wird dann – sozusagen – sozial funktionalisiert mit diesem Prozess - und die Leute, die unter »körperliche Arbeit« fallen, unter das »weibliches Geschlecht« und unter das – also, auch auf dem Lande leben, also abgeschlagen, steuerklassiert: Das sind Menschen, die sind de facto vom Einstieg in diese höheren Funktionen ausgeschlossen.

Das war ja nicht immer prinzipieller Natur – also, der Bauer konnte Kardinal werden, oder so, das gab es, die Kirche hat da manchen sehr gefördert – also, individuell war, je nach Umständen, da durchaus Aufstieg möglich, aber nicht – sagen wir mal: schicht- und klassenmäßig gesehen, sodass die Leute – also – die Möglichkeit des Anschlusses an den kulturellen Gesamtzusammenhang verloren haben, und das ist – in Bezug, jedenfalls, auf die jetzige Gesamtsituation ist das, sozusagen - sagen wir mal: Das politisch verhängnisvollste Ergebnis – abgesehen von Verelendungsprozessen, die durch diese Herrschaftsverhältnisse in den unteren beiden Bereichen organisiert werden – also, insbesondere ökonomische Vermittlung:

Also, da werden immer ungeheuer exakte Zahlen für ein bis zwei Milliarden Menschen, jetzt schon, die – von der technischen Vermittlung wird ja die Hälfte der Menschheit auch ausgeschlossen – also, diese technische Qualifikation, die heute eigentlich auch ein Machtweg geworden ist, zumindest für Wissenschaftler und Techniker im engeren Sinne, die nicht die ausführende Arbeit machen: es kommt für die Mehrheit der Menschen ja gar nicht zum Tragen.

Also, das ist eine Elite, die Wissenschaft und Technik in dem Sinne betreibt, die eigentlich auf die dritte Ebene da gehört, und Privilegien ausnutzen kann auf der Ebene der Sozialisation, des Zugangs zur Uni, und so weiter – des Zugangs: Das heißt Geld, also – das darf man nicht, bei der

Technik stehend, jetzt verwechseln, weil – da hat sich durch die Moderne was verschoben, da ist Macht in den ökonomischen und technischen Vermittlungen abgesunken, die ursprünglich eine andere Dimension hatte; heute sind Theologen lächerlich – sozusagen, nicht? – aus der ideologischen Sicht des Geld- des Großverdieners, der in Aussicht, wie viel man diesen Monat noch verdienen kann – so.

Jetzt – au, dann machen wir jetzt eine Pause.

(Pause)

(lautes, deutliches Papierknistern) »Glaubt unsereinem, dieses Ganze ist nur für einen Gott gemacht.«

Also, der soziale Zusammenhang, der in den stammesmäßigen Verhältnissen noch überschaubar war, weil die Leute an allen wichtigen Kulturfunktionen – also; Kultur jetzt im weiten Sinne – von allen Kulturebenen zu sprechen – die waren also im Grunde auf der Höhe ihrer Entwicklung, während es also eine ungeheurere Massierung (???), also – eigentlich im Sinne der Verelendung der Mehrheit einerseits und einer unmenschlichen Spezialisierung auf der anderen Seite diese Sache völlig auseinander gerissen hat.

»Glaubt unsereinem, dieses Ganze ist nur für einen Gott gemacht« – und völlig im Geist der Despotie, der alten Despotie, konzipiert: Das Unternehmen Fausts am Ende da, dieses Sümpfetrockenlegen, dem Meer noch was abgewinnen – er arbeitet mit herbeigepressten Leuten, er hat sich vom Gegenkaiser durch magische Dienste das überhaupt verleihen lassen, das heißt, der Zugang zu dem Land ist feudal - und die entscheidende Aussage, die von der anderen Seite das Subalternitätsproblem, das Prinzip, eigentlich, des Pharaos artikuliert - Faust sagt: »Dass ich das größte Werk vollende / Genügt ein Geist für tausend Hände.«

Also, dieses »Glaubt unsereinem«, und dieses Ganze – und das zusammen, das ist der Geist dieser Staatsbildung von Anfang an, dieser frühesten Staatsbildung, insbesondere - und ich will noch ein paar Bemerkungen machen über den historischen Zusammenhang, in dem das zustande gekommen ist, weil das Konkrete daran doch wichtig ist, gerade auch im Hinblick auf meine Ausgangsthese, dass das Ganze – ich sage es mal noch vorsichtiger als vorhin: nicht unvermeidlich irreversibel sein muss – also, das muss … (klarer Husten) gehen, weil es ja zumindest erst mal dahin gekommen ist und möglicherweise – also – die Klimax überschritten hat.

Das eine Thema – also, die eine historische Komponente, die in die Sache eingeht, die ist natürlich – nur nicht in der ursächlichen Dimension, die vom Materialismus des 18. Jahrhunderts und dann von Marx so betont worden ist – das sind natürliche ökonomische Entwicklungen im Zusammenhang mit Bevölkerungsentwicklung.

Also, das Wachstum der Bevölkerung – zumindest um die fruchtbarsten Zonen – hat ja mit sich gebracht, dass also die Produktivität im agrarischen Bereich insbesondere gewachsen ist – nicht bei den Nomaden so sehr und auf der Jagd, und es war also zumindest die ökonomische Gelegenheit da, sich über Ausbeutung – und das hieß also im größeren Maßstab: es brachte eigentlich immer mehr ein, außen zu rauben, als innen einen ökonomischen Intensivierungsprozess zu betreiben – das hat auch Fälle gegeben, wo das funktioniert hat, wo die Ausbeutung also intern sehr erfolgreich war; zum Beispiel sind durch einen Nomadeneinfall in China – die Sung-Dynastie ist da gespalten worden, es gab dann eine nördliche und eine südliche Sung, ich habe jetzt nicht mehr genau drauf, wann – im Jahr 1.000 oder etwas später - jedenfalls gründeten sie eine neues Reich, im Süden, am Jangtse – also, das war relativ der Süden - Nanjing - und dort haben sie also binnen zwei Generationen eine Hauptstadt von vier Millionen Menschen ernähren können – über Intensivierung der Ausbeutung der Bauernschaft dort, nicht?

Die Bevölkerung ist nicht so schnell gewachsen, die ländliche, wie das Produkt, das die dann mit Schiffen und Wagen in die Hauptstadt gekarrt haben, aus etwas größeren Entfernungen, als das zum Teil normal gewesen ist - also, der Bereich war schon etwas größer - aber solche Intensivierungsprozesse gab es auch.

Nur: für diese Großstaatsbildungen war eigentlich charakteristisch, dass sich kriegerische Clans – Gefolgschaften vom Wikingertyp übrigens auch hier, das ähnlichste waren diese Wikingerinvasionen, die dann in Italien auch zu Reichen geführt haben – wo also eine Fremdherrschaft über verhältnismäßig große Gebiete Steuern abzieht und je nach der Möglichkeit auch militärischer Konzentration dann auch mit Fremdstämmigen Krieg führen kann – und die schärfsten Ausbeutungsprozesse, wie im Bergbau oder so, wo die Leute, auch wenn sie nicht versklavt sind, also - wie Sklaven arbeiten: Dass alles in den Dienst dieser Zentralmacht gestellt werden kann, die dann - diese Zentralmacht ist dann absolut nicht technologisch orientiert – im Sinne, jetzt, der Auseinandersetzung mit der Natur - sondern die ist administrativ-bürokratisch interessiert.

Also, die drei großen Geschäfte, die so eine Erobererstaatsmacht dann praktiziert, letztlich dann auch gegen die eigene Bevölkerung, falls welche da ist – weil sie ja auch bloß als Gefolgschaft – kriegerische – gekommen ist - das ist also die Aushebung für die Arbeit, in den Flussregulierungen, beispielsweise, die Aushebung für den Krieg und die Aushebung der Steuern.

Und dazu, zu diesen drei Sachen, braucht man Bürokratie – und um das Ganze zu einigen, braucht man Priesterschaft und ist am besten das Oberhaupt aller dieser Zweige.

So. Das ist also, was bei diesem Königtum mit Gefolgschaft herausgekommen ist: Das war also nicht feudal in den ersten Staatsgründungen – also, feudal - wenn ich jetzt damit meine: Lehnsverhältnisse noch immer wechselseitiger Loyalitäten, so viel da gekriegt und betrogen worden ist, und so viel gewechselt worden ist - es waren also Spuren von Loyalitätsverhältnissen, von Ehre, in diesem Sinne, die es in den eigentlich orientalisch-despotischen Verhältnissen nicht gegeben hat, sondern das waren eindeutige Befehlspyramiden von oben nach unten, mit wenig Rückkopplung – das heißt, der Herrscher war wenig korrigierbar (es gab seltene Glücksfälle), die Hälfte davon wurde umgebracht - also, auch anders – ich meine, Morde gab es in den Königshäusern immer, aber die Verhältnisse – Disproportionen – waren also doch sehr zuungunsten dieser orientalischen Despotien verschoben, der Sultan lebte gefährlicher als der deutsche König – weil diese stammesmäßigen, diese angestammten Loyalitäten, da nicht mehr da gewesen sind.

Also, unsere Entartung – da hat mir gerade noch jemand hier einen Hinweis gegeben, weil ich das gar nicht erwähnt hatte – also, der Hitlerfaschismus ist von manchen Historikern als etwas orientalisch-despotisch charakterisiert worden, da waren die Hinweise weit in der Richtung dieses Despotismus – Totalitarismus – vorgedrungen, der aber von der Grundstruktur her gar nicht so besonders war. Also, ich meine, das Spezifische war eher – wenn schon, dann - dieser Antisemitismus und die direkte Ausrottungspolitik, aber die machtvolle Unterwerfung unter ein Herrenvolk:

Das ist fünftausend Jahre alt, als Grundtendenz, und das hat also dem Staat, im Weltmaßstab gesehen, sein Gesicht gegeben.

Und das meiste, was heute in der Welt an Staat veranstaltet wird, das ist entweder aus diesen Wurzeln, oder das ist noch so. Also – diese Entwicklungsdiktaturen, die wir jahrzehntelang in Lateinamerika - oder jahrhundertelang – oder die Regimes da, das gerade gestürzte Mobutu-Regime, jetzt – das waren solche Despotien, vom großen Kapital gestützt, weil das interessant wegen der Rohstoffe war, und wegen der Verortung in Afrika. So – also, vor 3.000 Jahren wäre Mobutu höchstmodern gewesen. Bloß dass er das Geld dann nicht im Ausland gebunkert hätte.

Ja – also, das war also diese Ausbeutungsmöglichkeit, die die Zentralisation - und die von – nicht bloß von Macht, sondern auch von Genüssen - in den Händen einer immer verhältnismäßig schmalen herrschenden Klasse, die dann – also, die unteren Ränge der Bürokratie gehörten nur bedingt dazu. Das war so wie mit den Kleinfunktionären im real existierenden Sozialismus. Gehörten sie dazu, ja oder nein? – also, die Privilegien waren sehr ungleich verteilt.

Also, das war der eine Zug – also, die eine Erklärung.

Aber ich denke, dass das Machtproblem selbst grundlegender gewesen ist als diese ökonomische Gelegenheit - also, der Genuss bestand in der Herrschaft selber; ich will mal beiläufig sagen, dass mich die Adlersche Psychologie fast noch mehr interessiert hat, immer, als die Freudsche, was die Frage betrifft: Was sind die Hauptantriebsmotive in der Konkurrenz der Individuen? Ist es wirklich die Durchsetzung der Gene und der Sexualität, wie die Freudsche Theorie ja nicht müde wird zu betonen, oder ist es vielleicht so – man muss ja mit Freud nicht deswegen total brechen - dass die libidinösen Energien sehr auf die Machtakzente hin - vieles, was die tatsächlichen sexuellen, erotischen – Geschlecht, und so weiter – Verhältnisse betrifft, lässt ja auch darauf zurückschließen, dass da der Machtfaktor eine riesige Rolle spielt - aber in dem gesamtgesellschaftlichen Spiel, das seit Jahrtausenden dadurch charakterisiert ist, dass um diesen mittleren Punkt Krieg – Herrschaft – Staat – ausbeutung, sozusagen – denn Handel an sich kann nur noch Austausch sein – könnte, nicht? - aber dass das alles da herum zentriert ist: Das hat natürlich die Individuen, die in der Klassengesellschaft leben, völlig auf dieses Machtproblem festgelegt, also – auf nach oben, auf Subalternität, und selbstgerechte Herrschaft.

Und dieses zweite Moment: ich vermute – und es gibt vielerlei Indizien auch dafür - die schlendern, solche Machtakkumulationsprozesse, so durch ein, zwei Generationen - dann ist das zusammen, und dann ist der Reichtum in wenigen Händen konzentriert - wie sehr die also ein eigene Rolle in dem historischen Zusammenhang spielen.

Also, um Grunde genommen - wenn so ein Nomadenstamm dann alle 300 Jahre eine neue Dynastie in China - wenn die dann aufbrachen aus dem Norden – es ging natürlich noch - die Gesamtkultur, das, was man aus der Ferne wusste, was es in China zu holen gibt. Aber der Kernpunkt war immer die Eroberung des Machtzentrums.

Und das war – also, Macht über Menschen unmittelbar war der Zugang zu der Möglichkeit der Ausbeutung, die dann meist über Steuern für diese herrschende Minderheit sich realisiert hat, denn ehe die Neugekommenen auch Gutsbesitzer wurden, das dauerte immer ein Weilchen, bis sie das Land in die Hand bekamen, weil – die Eroberung war zunächst in der Regel in solchen Fällen nicht flächendeckend, sondern betraf das Zentrum.

Lenin, glaube ich, hatte schon herausgearbeitet, dass, wenn man Europa erobern will, weil es feudal ist, dann muss man das ganze Land nehmen, sonst wird es – will der Herrgott nicht, dass sie näher – in Frankreich aber noch nicht abserviert ist, dort reicht man nicht hin, während – in der Türkei reicht es, den Sultanspalast zu erobern, dann hat man das ganze Land.

Das waren also diese Unterschiede – oder diese asiatisch-despotische Staatsform, also die, die praktisch die ersten 2.500 Jahre staatlicher Herrschaft wesentlich charakterisiert hat, bis Griechen und Römer kamen, die einen etwas anderen Staatstyp hatten - das war diese orientalische Despotie mit dieser absoluten Machtkonzentration, die also praktisch eine Pyramide schuf, wo von oben nach unten das Herrschaftsprinzip und von unten nach oben das Subalternitätsprinzip arbeitete – also, der erste Wesir konnte auch Pharao werden - aber schnell, nicht? – in diesen - das war also - noch in Russland, also – wie Iwan Grosny beispielsweise mit den Bojaren umging, das ist von dieser Tradition - das ist nicht westlich - also, das ist nicht europäisch in dem Sinne, da gibt es also historische Unterschiede, und dieser Staatsdrache – wie der in diesem Stück von dem Jewgenij Schwarz geschildert, war - der Drache, das war ein orientalisches Modell, in Wirklichkeit.

Und unser Absolutismus hier, im 17. Jahrhundert, war ein Durchgangsstadium - innerhalb der europäischen Entwicklung - »Persische Briefe« schrieb Montesquieu, nicht? - weil das an vieles erinnerte, und man interessierte sich für China, und so fort - aber es war die alte zentralistische, despotische Struktur nicht so charakteristisch für die europäische Entwicklung.

Also, ich sag noch mal: Diese zwei Momente der ökonomischen Gelegenheit - aber vor allem der Gelegenheit des Machtgenusses: Das war der Zugang zu der Sache, und der Hintergrund war die Verdichtung der Bevölkerung - und waren bestimmte ideologische Prozesse.

Also, ich denke, dass die feministische Theorie, die Matriarchatstheorie, und die Kritik am Patriarchat viel an diesen Zusammenhängen erklärt, dass aber – wo ich nicht folgen kann, ist die Unfallthese, sozusagen - die These, dass es auch hätte ausbleiben können, praktisch, diese Konstituierung patriarchaler Herrschaft – wie das übrigens ist, diese Staaten sind immer patriarchal, sondern es war einfach – also, der Verdichtungsprozess der Bevölkerung in den fruchtbarsten Zonen gab den Anreiz sowohl zur Ausbeutung als auch zur Machtkonzentration, und beides zusammen, das ist eigentlich dasselbe, also – politische Kontrolle hatte damals innerhalb des Herrschafts- und Ausbeutungszusammenhanges eine größere Rolle als heute – die direkte politische Kontrolle.

Auf diese Weise ist also der Staatszusammenhang zustande gekommen, und – um jetzt rückzukoppeln und zu erinnern an das, was ich beim vorigen Mal entwickelt habe hier, und worauf auch die Psychologie Adlers - wie ich das vorhin angedeutet habe – ja auch hinweist, weil - Psychologie hat schon was mit Anthropologie zu tun: es handelt sich offenbar darum, dass die Schwerpunktverschiebung, sozusagen, sagen wir mal: Der vorherrschenden Komponente im menschlichen Geist, im menschlichen Bewusstsein, von dieser Ebene der sexuellen Organisation – also dessen, was die Inder das »zweite Chakra« nennen – die Gesamtenergie, dass die dort vom Lebensprozess her den Stamm auch lebendig hält.

Es gibt auch schlimme Stellen, schon – aber es hat verhältnismäßig glückliche Zustände gegeben, bis dieser Herrschaftseinbruch war – und der hat damit zu tun, dass das, was die Inder »Kundalini« nennen, also, die Schlange, die sich da vom Grund aus erhebt und im Idealfall bis hier oben steigt – und Anteile davon mögen immer in dem – also, diese Königsmacht ist ohne den Segen der Priestermacht und ohne eigenes Charisma, zumindest jeweils der Dynastiebegründer nicht – also, schwer denkbar - also, da werden in diese Machtebene schon die höheren Dimensionen mehr oder weniger mit hineingerissen, auch Liebe wird ausgebeutet, in dem Zusammenhang, also – Liebe, jetzt auch in den abstrakteren Formen, als Agape, als Philia, und so, nicht bloß die geschlechtsliebenden Fälle – also, dies, was der Buddha Mitgefühl nennt – diese ganze Ebene wird mit hineingerissen, aber die nächste Ebene, wo das integriert wird, ist zunächst – also, dieser – was ich da in der Mitte noch mal – da, wo die drei Kreise sich schneiden – Körper – Seele – Geist - das ist, wo die vitalen – also, körperlich-vitalen und emotionalen Mächte der eigentliche Antrieb sind.

Mumford hat in seinem Buch »Mythos der Maschine« darauf hingewiesen: staatsbildend sind uns die Insekten überlegen, was die Perfektion betrifft, weil – das sind ja tatsächliche Kasten – das war ja in Indien nie wahr, nicht?, dass die Menschen so geboren werden – aber im Insektenreich ist das ja wahr, und Mumford sagt also, vom anderen Pol her gesehen, beim Menschen kommt hinzu: rationale Irrationalität. Also, dass praktisch: Die Rationalität liegt hier – also, ich meine, wenn ich fremde Völker beherrschen will, da komme ich nicht vom Herzen, mit der Liebe oder so, sondern ich will Macht, ich will – also, das ist ein verstandesmäßiges Kontrollproblem.

Aber der Antrieb – schon allein, der die ausgetrieben hat - zum Beispiel, die Wikinger: in Frankreich die Flüsse lang zu fahren, und nach Sizilien, oder in den – also, immer, wenn aus Persien nach Mesopotamien Kriegerstämme einfielen - die wurden dann als Häuptlinge in der Stadt angestellt, damit sie sie nicht niederbrannten.

Oder in Russland: Nowgorod war eine ähnliche Geschichte, wo man die Waräger, die Wikinger - die stellten dann den Stadthauptmann, irgendwann, 900 – glaube ich - um 900 herum - im nördlichen Nowgorod, nicht? – die kamen - also, die Antriebe, die die hatten, das waren eigentlich die Kolonisierungsantriebe, die es auch in Griechen- - die man überall sieht, wo infolge innerer Entwicklungen – und dann äußerer Anreize – Formierungsprozesse stattfinden, die auf Expedition hinauslaufen, auf Kolonial- auf bewaffnete Kolonialexpedition.

Das läuft also praktisch über den – ja, darüber, dass das Körperliche, das Vitale, das Gefühl beherrscht, und das Gefühl den Geist beherrscht, das ist - auch so herum, sogar, nicht? – läuft das, nicht bloß in dem engen Kreis - und das trifft sich dann in dieser Art, in einer rationalen Herrschaft: Ägypten war zum Beispiel wunderbar durchorganisiert - diese Hydrologie da, diese Flussregulierungen, das hat ja geklappt, das hat Jahrhunderte geklappt, bis es eine Aufstandszeit von 200 Jahren, ungefähr, zwischen Altem und Mittlerem Reich gab, weil die Pyramiden allzu teuer offenbar gewesen waren – also, das ist rational, aber die Antriebe sind irrational.

Und dieses Problem, das Gebser mit der mentalen Phase da charakterisiert hat, ist im Grunde genommen so alt wie der Einbruch dieser Art herzloser Rationalität, die mit Krieg und Eroberung und Ausbeutung und Expansion zusammenhängt. Also, von da an also hat man diese vordergründige Dominanz von Rationalität, aber die Antriebe liegen auf dieser vital-emotionalen Ebene, und je mehr also jetzt die Gesamtgesellschaft von diesem Zusammenhang betroffen ist – ich meine, der Herr und Knecht –: Wir wissen, dass die herrschende Klasse mit von der Subalternität und von dem Ressentiment direkt oder indirekt angesteckt wird, das hat Gebser ja auf den Punkt gebracht der Rache der Psyche für ihre vordergründige Entmachtung durch diesen – ja: Rationalismus der Herrschaft.

Das ist ein sehr abstraktes Herrschaftssystem, das funktioniert nicht über die – hauptsächlich jedenfalls nicht – über die vielfältigen Beziehungen, auch nicht - zwischen Vorgesetzten und Untergebenen in so einer Hierarchie gibt es natürlich auch immer psychologische Verhältnisse ganz konventioneller Art - aber das ist nicht charakteristisch für – das Ganze ist eine rational durchorganisierte abstrakte Struktur, im Vergleich zu dieser sexuellen Stammesorganisation vorher, und dieser Abstraktionismus heißt auch, dass also die Machtmonopolisierung, das Machtproblem sich verschmälert, dass es sich also auf – dass die Macht selbst abstrakt wird, dass es also nicht Macht, im Sinne jetzt, ausstrahlender Energie ist einer übergreifenden Autorität.

Der alte Engels hat in seinem »Ursprung der Familie« mal davon gesprochen, dass jeder moderne Industrie- oder sonst was – Kommandeur den Stammesältesten um seine natürliche Autorität beneiden könnte, nicht?

Das geht also – je mehr sich also ein anorganischer Despotismus über weite Landstriche legt und auf die Ethnien und auf ihre Lebensräume, die meistens auch noch naturhafte Grenzen haben, keine Rücksicht mehr nimmt, da wird also praktisch - diese Autorität wird schmaler – also, die wird auf den Machtkern, das heißt, auf die Präsenz von Polizei und Armee, eigentlich – also, von Erpressung - von Erzwingungsstaat, wie Sigrist sagt - nach innen, und die Armee nach außen – mehr und mehr reduziert, und die Loyalitäten, das nimmt sehr ab. Also, im Grunde ist der erste Fall – Ägypten – noch ein relativ – ein Idealfall gewesen, weil das noch eine kulturelle Integration gegeben hat, die über ein paar tausend – eigentlich bis zu den Ptolemäern – bis zum gewissen Grad funktioniert hat - also, bis zu diesem hellenistischen, durch Alexander initiierten – reichten diese präzisierten – die Leute konnten sich noch der ägyptischen Grundstruktur - allerdings längst mit Fellachen, mit völlig subalternisierter Bevölkerungsmehrheit - die konnten sich dem nur noch ansetzen; aber in diesen größeren Reichsstrukturen – selbst in China, das ist viel involvierter gewesen, jahrtausendelang, als man denkt; das ursprüngliche China, von dem – wo die Geschichte von Laudse und Konfuzius da spielt: Das ist im Norden, das sind kleine Provinzen von dem jetzigen Riesenreich.

Also, man hat es hier mit einem historischen Prozess der Machtkonzentration zu tun, der nicht erklärlich ist ohne die Schwierigkeit des Aufstiegs im Bewusstsein – und wenn ich von Aufstieg im Bewusstsein rede, dann meine ich das jetzt verhältnismäßig naturalistisch – also, diese Kundalini, die die indischen Yogis da kultivieren, das ist – sie sagen: Die schläft als eingerollte Schlange am untersten Ende der Wirbelsäule – und was das heißt: Das ist eigentlich, dass – sozusagen – die höheren Schichten der menschlichen Existenz - wenn die dort schläft – also, dann geht es mehr um Nahrung als um Sexus – das heißt, dann regiert noch die elementare Präpositionsnot, und die höheren Ebenen des – also, die personelle Macht schon – also, in diesem Gottkönigtum steckt natürlich der Genuss personeller Macht.

Die ist nicht oben angebunden, ans Herz, zunächst mal – also, das ist natürlich – bis zum gewissen Grade, natürlich - und bis zur Kehle, wo dann also das Problem der subjektiven Wahrheit steht - also, der Aufrichtigkeit sich selbst gegenüber, und dann hier des objektiven Blickes auf die Welt – egal, was mir passiert - und dann diese eigentliche – ja, Sicherheit ist da nicht der richtige Ausdruck: Das Aufgehobensein, das der Mensch spüren kann, wenn das hier oben offen ist, und was vielleicht das Neugeborene also offenbar im Mutterleib und danach vielleicht noch – hat. Also – habe ich schon mal gesagt – dieses Daudedsching des Laudse, das scheint mir so zu sein, dass das eine Art partieller Rückkehr im Mutterschoß, psychologisch – aber des Universums, jetzt – gewesen ist, und dieser Aufstiegsprozess der Kundalini als – Energie – also, das, was man bei Musik manchmal – was da rauf und runter geht, in der Wirbelsäule: Das ist diese Energie - und das ist bioelektrisch, sicherlich, aber wenn wir dann glücklich sind, in dem Moment, und wenn die Tendenz, die Welt und die anderen zu umarmen, dabei herauskommt - dann heißt das eigentlich, dass die menschliche Energie dort ans – dass sie ihrer Natur nach nicht nur dazu bestimmt ist, diesen Organismus, diesen Körper zu erhalten – und nicht mal nur dazu bestimmt ist - sonst hätte sie nicht Anschluss – an Musik, zum Beispiel, die eine objektive Sprache ist, eine Sprache Gottes, irgendwie – denn auch in der Seele – also, jetzt der individuellen Seele – sicher, die Komponisten unterscheiden sich psychisch, also – Schubert ist nicht Beethoven, und Beethoven ist nicht Rami Chandra. Aber Musik als Botschaft - die hat mit Logos zu tun, und es ist nur nicht selbstverständlich, dass wir unsere gesellschaftlichen Verhältnisse – und damit unsere politischen Verhältnisse - auf dieser Ebene, auf diesen höheren Ebenen irgendwie konsolidieren können, während uns – sozusagen – der Gang durch die Geschichte – also, die Erfahrung, die wir gemacht haben, indem wir von der Machtebene aus – und zwecks Machtverstärkung – ausbeuterisch die unteren Bereiche antreiben.

Das Machtinteresse – das ist die ökologische Krise, jetzt, das Überwuchern sozusagen der materiellen Akkumulation, und der technischen und der ökonomischen Akkumulation - um der Machtkonzentration willen, um der Lust an der - ja, die Zeitung steht ja voll von den Konkurrenzkämpfen dieser Ersatzpharaonen, die wir da haben –

Also, so eine amerikanische Corporation ist im Vergleich zum alten Ägypten eine kulturlose Institution, weil der Gesamtkulturzusammenhang – sagen wir – wenig repräsentiert ist und zum Teil also abgespalten, daneben funktioniert - da gibt es auch einen – also, Mumford, zum Beispiel, gibt eine vernichtende Kritik, eigentlich, dieser – sozusagen – permissiven Woodstock-Kultur; er sagt, das ist nicht viel mehr als die Kehrseite.

Das heißt, das Gleichgewicht zwischen Lust und Disziplin, zwischen menschlicher Disziplin, in der Entwicklung dieser eigentlichen Wesenskräfte - das ist nicht gegeben – also, es macht etwa Musik – wo ich denke, dass das ein Schlüssel zur menschlichen Existenz ist; es ist ein ungeheurer

Unterschied, ob man mal auf die Trommel schlägt oder ob da was innerlich ist – ob da wirklich was gelernt ist, was die Kulturleistung der Jahrhunderte - was uns hilft, das anzueignen.

Und ich – was der Zusammenhang von dieser Kulturebene, die Musik ist eigentlich – die oszilliert zwischen den beiden höchsten Ebenen, und die steht also symbolisch für das – Dichtung natürlich genau so – für das, worauf es eigentlich ankommt, und wenn, was da so – dass das im schlechten Sinne Schule macht – und das meiste, was da jetzt geliefert wird, das ist nicht oben aufgehängt, also – ich glaube, dass dieses Thema Subjektivität – ich habe die einfach, mitten in meiner »Logik der Rettung« ›Subjektivität der Rettung‹ genannt - dass dieses Thema letztlich – aber - ich sage mal: im kollektiven Bewussten und Unbewussten: Dass das das Schlüsselthema ist, das hinter dieser Machtobsession steht.

Also, der Erfolg, der über diese Machtkonzentration erreichbar war, der drückt sich darin aus, dass eine – im Vergleich jetzt zu den eigentlichen Befriedigungen auf der erotischen und sexuellen Ebene: Die sind im Idealfall auf ein Leben begrenzt, während die Macht, das wird im Idealfall Dynastie, das heißt, da ist also durch die materielle Verstärkung ein – wenn auch oft kompensatorischer – Energiegenuss auf längere Sicht erreichbar, mit Zugang dann auch zu anderen größeren Befriedigungen und Vorteilen, die man erringen kann, sodass also – gekoppelt jetzt mit dem Verstandeserfolg – also, mit der Inbesitznahme – sozusagen – im Kreis da dieser vierten Position, wo Mentalkörper – also, Geist-Körper, von der Machtebene aus – also, am Herzen vorbei - dass also von dieser Verstandeskultur, die dann im Technischen explodiert ist – also, wo jetzt Technik ja das Mittel der ökonomischen Akkumulation auch ist - dass wir dort – also, das ist diese Gefangenschaft in dem, was manche »Atman-Projekt« nennen, statt Atman – also, das ist - die Eroberung der eigenen Seele, das wäre Atman – also, diese Öffnung zum Logos - und Atman-Projekt ist »anstatt«.

Also, das sind die Kompensationen – manchmal also durchaus effektiv für eine bestimmte Lebenszeit; früher manchmal für das ganze Leben, sogar, was die Macht betrifft, die uns eigentlich dazu bringen, von den anstrengenderen Entwicklungen, die die Seele und den Geist betreffen – also, die Öffnung zum Logos hin, dass wir uns – dass der Christ – dass: Ich sage mal: Der Mensch – neigt dazu, also, zurückzufallen auf die nahe liegende Ersatzbefriedigung, und die Macht scheint – die Machtansammlung scheint der stärkste Faktor da zu sein.

Der betrifft übrigens dann - wenn das Ganze davon durchdrungen ist, betrifft dieses Machtproblem natürlich nicht nur die materielle Macht – also, die Macht über die unteren Bereiche, sondern das strahlt dann verheerend aus auf den kulturellen und auf den geistlichen Bereich.

Also, ich meine, das mag jetzt hier so dargestellt sein, als ob - der spirituelle Bereich ist immer der höchste: De facto nicht. Also, die Ebenen – der Stoff, um den es da geht – ja; aber je höher in diesem Bereich die Machtproportion steigt, umso verheerender sind natürlich die Ergebnisse. Also, eine Theokratie, die verdorben ist, ist die höchste Herrschaftsform.

Ich habe mal mit diesem Lutzenberger (???) ein Gespräch gehabt, wo er mir sagte, also – das Allerschlimmste wäre: »one Jesus Christ on top« – also, ein Jesus Christus an der Spitze, der das – immer die Inquisition sei, sagte er. Das »immer« halte ich zwar nicht für richtig, aber in den letzten 5.000 Jahren war das so, dass spirituelle Macht immer königsunterworfene – also, »König« jetzt als Prinzip - staatsunterworfene oder staatsnahe Priestermacht gewesen ist – also, dem eigenen Machtgenuss und der Verbreitung von Laienschaft alias Subalternität – also, das ist der Zusammenhang, jetzt, den ich nun glaube, einigermaßen charakterisiert zu haben.

Der bestimmt, was in unserer Erfahrung Staat ist, genau genommen, bis zur Moderne, und mit den Rückfällen, die es etwa in Deutschland vor nicht so langer Zeit gegeben hat - aber was noch hinzugekommen ist, inzwischen, und womit wir rechnen: Das ist, dass im Zusammenhang mit dem durch den Machterfolg eigentlich verursachten, durch das verursachte Absinken der – sagen wir mal: Schwerpunktaktivitäten der Menschheit auf das Ökonomische und dann auf das Technische - da bedeutet das, dass also diese Staatsebene, diese politische Ebene, die Ordnungsebene ihren regulativen Charakter, der – sagen wir mal - via Fürstenspiegel immer noch beeinflussbar war, weil die Leute in der Macht ja doch - zumindest formell – noch moralische Bedürfnisse hatten: Das ist eigentlich überflüssig geworden jetzt, weil – den Politikern ist eigentlich ihre eigene Subalternität der Ökonomie und der Technik gegenüber nicht mehr vorzuwerfen, denn die Strukturen sind jetzt so.

Das heißt also, im Grunde genommen ist die Menschheit dabei, von der dritten Ebene – also, jetzt im Weltmaßstab gesehen, wenn man die Probleme im Ganzen sieht - auf die erste Ebene zurückzufallen.

Also, das Hungerthema hat es immer gegeben in der Geschichte – aber lokal. Aber die Gefahr, dass uns die Erde ausfällt, die ökologische Krise – ist eigentlich eine Verführung dazu, den Schwerpunkt in der Bewusstseinsentwicklung auf das Elementarste zurückzuverlegen, auf eine sehr – sagen wir mal – niederfrequente Struktur, jetzt, physikalisch verkürzt ausgedrückt – und das ist eigentlich, was das Ergebnis des ganzen Emanzipations- und Demokratisierungsprozesses der Moderne paradoxerweise ausmacht:

Das ist eigentlich die Substanz dessen, was »Dialektik der Aufklärung« genannt worden ist: Dass also praktisch dieser Rationalismus, den der Westen völlig auf die ökonomische und technische Entwicklung konzentriert hat – dass das dazu geführt hat, dass wir selbst von dieser Machtebene, soweit sie kultiviert ist, soweit sie also noch einen gesamtkulturellen Zusammenhang – die steht ja auf der Mitte dieser fünf Sachen da – halbwegs vernünftig – dass wir davon auch noch zurückfallen und dass wir – das ist ja meine Überlegung, eigentlich, für die nächsten Vorlesungen dann - dass wir von daher jetzt vor der Frage stehen, also: Ist es möglich – nachdem die Sümpfe ja nun alle trockengelegt sind, offenbar, und also diese technisch-ökonomische Expansion irgendwie an ihre Grenzen stößt – ist es möglich, also – uns - sagen wir mal: Dieses Problem der Eroberung sich als Nullsummenspiel nun endgültig mal vorstellen müssen? Da wird nur – da kann nur noch größeres Unheil dabei herauskommen – und auch kein Glück für die, die zeitweilig den ersten Mann …

Also, das ist jetzt die Frage, ob vielleicht von diesem Staatsproblem her eine - durch den Druck der ökologischen Krise – also, des Rückfalles, auch, auf ein niedrigeres Niveau – dem Ordnungsproblem eine neue Funktion – Rolle – zukommen könnte – aber jetzt eindeutig in dem Bewusstsein, dass also diese von hier gesteuerte, von irgendeinem Chakra aus gesteuerte Machtkonkurrenz eigentlich nur der Untergang sein kann – dass also praktisch das erste Mal in der Geschichte eine Art Zwang da ist, das Staatsproblem – also, seit 5.000 Jahren zumindest – das Staatsproblem an seine Stelle zu rücken. Also, Hölderlin – ich hatte ihn zitiert, vorhin – das hat den Staat zur Hölle gemacht – also, wie der Mensch …

22. Juni 1997

Unsichtbare Kirche

. Literatur angeschrieben – sagen wir mal so - die ein Bewusstsein darüber verraten, dass das Konzept von Ökonomie als Leitwissenschaft der Moderne doch allmählich ins Gerede kommt und an Überzeugungskraft verliert.

Ich bin mit den beiden Büchern, die ich da anschrieb oder mit den beiden Texten dadurch in Berührung gekommen - der Grundgedanke war, dreißig Leute, die sich mit dem Problem von Ökologie und Ökonomie und Kultur befassen, zu interviewen, da bin ich drunter gewesen. Da habe ich so einen Text damals produziert im Gespräch über die »Tektonik des Verderbens«, das heißt über den Grundaufbau der kulturellen Katastrophe, die wir uns organisieren. Und ich will nur noch einmal an diesen Ausgangspunkt der Leute - die sind übrigens aus Klagenfurt, das sind Österreicher – erinnern. Das zusammenfassende Buch hat den charakteristischen Titel »Der verlorene Glanz der Ökonomie«, das heißt, sie haben im Kontakt mit einer ganzen Reihe von Wirtschaftswissenschaftlern doch die Erfahrung gemacht, dass der Glaube von so einer rationalistischen ökonomischen Theorie hier, den Gesamtprozess noch geistig einigermaßen beherrschen zu können, dass das dabei ist verloren zu gehen und dass verhältnismäßig viele Leute, also die gerade auf dem Gebiet tätig sind, das Gefühl haben, also da in einer Falle zu sitzen, wenn sie das machen. Und der charakteristische Titel unter dem sie die dreißig Gespräche zusammengefasst haben – ich habe hier den ersten Band nur in der Hand - aber der hat gerade mit kaltem Verstand zu tun, der heißt: »Der kalte Blick der Ökonomie«. Das heißt, dass also diese rationalistische Ökonomie, die um Geld - und um das Geld, das man mit Technologie machen kann - sich dreht, dass nicht schon auf dieser seelischen Ebene, so problematisch die in sich selbst noch sein mag, dass die dort schon Schwierigkeiten macht, alsodass keine Wärme zurückkommt und dass der Vorstoß von der Differenzierung, die in diese Richtung der Technologie und Ökologie da gegangen ist, zurück zum Ganzen, dass das also nicht funktioniert.

Also wenn man jetzt die weniger bewussten Ökonomen - von den dreißig hier - das sind gut zwanzig, die finden aus der rein ökonomischen Fragestellung und aus dem Kontakt zur Technologie, der meistens auch nicht thematisiert wird, gar nicht mehr heraus. Die neueren ökonomischen Theorien neigen sogar zu dem Gedanken, dass vielleicht dieses Naturverhältnis, also dieses … Verhältnis, sogar der Ökonomie den Rang abläuft inzwischen. Das heißt, dass wir völlig bei diesem technisch-herrschaftlichen Verhältnis gegenüber dem Gesamtzusammenhang gelandet sind und dass aber diese Herrschaft »pseudo« ist. Und es ist schon spannend – jemand hatte mich danach gefragt – also, diese islamische Konzeption dort, die geht auf den mittelalterlichen Philosophen Alka Sale / Al Casale [??] zurück - das ist ein Deutscher, der dann mal Sufi geworden ist und nennt sich dann Hussein Abdul Fattah – »Logik der Seele« nennt sich sozusagen dieses Gesamtrad, das er da behandelt hat. Ich habe nur sozusagen die Kernsubstanz davon hier in Erinnerung gerufen.

Es ist ein Hinweis sozusagen aus dem Höhepunkt noch einer spirituell beherrschten Zeit darauf, dass die menschliche Kultur in Wirklichkeit nicht mit Technologie begonnen hat.

Also der erste, der gesehen hat, dass diese materialistische Konzeption - sagen wir mal – mindestens einseitig ist, dass der Mensch sich durch Arbeit geschaffen hat, war übrigens der amerikanische Kulturphilosoph, Stadtphilosoph auch und Ökologe Lewis Mumford, der schon gesehen hat, dass also diese ursprünglichsten technischen Errungenschaften gerade auch in den Stromtalkulturen, wo es also diesen Durchbruch zur Produktivität gegeben hat, dass die viel mehr auf Kolonisierung menschlicher Fähigkeiten - also geistiger Fähigkeiten des Menschen - als auf Fortschritten im Arbeitsprozess beruhte.

Also, die Pyramiden bauten beispielsweise – die Technologie war weniger hoch entwickelt dann im alten Ägypten, als die Mathematik und die Astrologie, von der aus [sie] diese genauen Berechnungen gemacht haben und sich das Technische ermöglicht haben - die sind ja ohne Räder gebaut worden, beispielsweise, also eine Erfindung, die in den nächsten anderthalb Jahrtausenden dann erfolgt ist, dort in dem nahöstlichen Kulturraum. Aber es ist ein - der Gesamtaufbau der Kultur ist in Wirklichkeit viel mehr - ich will jetzt nicht das Gegenteil konstatieren - weil, das wird eine neue Einseitigkeit. Aber, es ist viel mehr von oben nach unten vorgegangen, vor sich gegangen, als umgekehrt. Also, wenn wir uns die Entwicklung der Moderne vergegenwärtigen, also die Sprünge in Ökonomie und Technologie in den letzten 400 Jahren, die uns jetzt so mit Entsetzen erregen, die gehen von einer geistigen Emanzipationsentscheidung des Menschen aus, bei der er sich offenbar übernommen hat, aber wo jedenfalls die – also - wissenschaftliche Einblicke in den kosmologischen Zusammenhang mindestens so eine große Rolle gespielt haben, wie Entdeckungen und Erfindungen, die eigentlich die Folge dieser Ermutigung gewesen sind.

Wenn sich andere Zivilisationen, wie die indische oder die chinesische beispielsweise, die lange - Jahrhunderte - der europäischen voraus lagen, manche technischen Dinge nicht geleistet haben einfach, dann war das aus einer kulturellen und geistigen Verhaltenheit, die sozusagen mehr Rücksicht auf die Einordnung des Menschen in den Gesamtzusammenhang der Natur und des Lebens überhaupt, des Universums, genommen hat. Wenn man sich die alte chinesische Kosmologie vergegenwärtigt, wo der Grundgedanke ist - ich habe das über das Programm für das nächste Semester noch mal geschrieben - dass es eigentlich gilt, dem Tao zu folgen - der Mensch folgt der Erde und die Erde dem Himmel - das ist sowohl geistiger wie materieller Zusammenhang - und das folgt dem Tao – Tao – der Name für den Gang der Dinge, dem sich die gesellschaftlichen Verhältnisse und die menschlichen Verhaltensweisen einzuordnen haben - dann ist das eine Grundhaltung, die sozusagen von vornherein der Ehrfurcht vor dem Leben, an die wir uns jetzt erst wieder erinnern müssen. Und die ökonomische Krise ist eigentlich diese Erinnerung, die steht dem viel näher. Und ich habe das jetzt deshalb einleitend nochmals vorausgeschickt, zu der Schlussbetrachtung jetzt am Ende dieser Vorlesung, weil die ungeheure Schwierigkeit, die der moderne Europäer oder der westliche Mensch jetzt nach drei- vier- fünfhundert Jahren dieser modernen Entwicklung mit sich selber hat, die ist ja, dass wir uns in dem Abschied von der spirituellen Ebene, in den Abschied von der, sozusagen, von dem kulturellen Zusammenhang, den wir noch in unserer klassischen Periode in der Musik und Dichtung und Malerei gehabt haben, das haben wir mit der Zeit entwertet und haben unseren ganzen körperlichen und seelischen und geistigen Apparat - auch den geistlichen Apparat – wir sagen das jetzt auch so direkt, die Psychologie spricht auch von Apparaten, sagt weniger Organ heute als früher. Also, wir haben uns praktisch hineingeübt, in die Gewohnheiten der - also einer der Ökonomie unterworfenen Politik. Und wir haben die Konditionierung in puncto Ökonomie mitgemacht. Und es ist selbstverständlich jetzt geworden, das ist wahrscheinlich sozusagen das größte Paradox, es ist selbstverständlich für uns geworden, dass ökologische Krise technische Lösungen verlangt, also, dass uns Wissenschaft und Technik und Ökonomie, mit denen wir uns in dieses naturfeindliche und ökonomistische Verhältnis zur Welt hineingebohrt haben, dass das uns da wieder herausführen wird. Und jetzt ist die - die wirkliche Schwierigkeit ist, dass wir also so tief in Ökonomie und Technik eingestiegen sind, dass der Gedanke nicht einfach falsch ist - das wäre jetzt auch eine Verkürzung - wenn wir meinen würden, also wir können aus dieser E-Naturierung und Ökonomisierung des Prozesses aussteigen, ohne diese Ratschläge zu befolgen, die jetzt auf Nachhaltigkeit hinauslaufen und immer noch ein ökonomisches und technologisches Konzept sind. Also, Effizienzrevolution und was da alles mit Recht als notwendig gepriesen wird – also, es ist ja jetzt eine Situation eingetreten, indem wir vor der Frage stehen, entweder - also vor dem Dilemma stehen - entweder es wird über kurz oder lang - und eher über kurz - also in zwei, drei Generationen - die Nahrungsmittelproduktion zusammenbrechen, beispielsweise, oder wir werden mit der Gentechnik vielleicht zehn bis dreißig Generationen über die Runden kommen – habe ich neulich gelesen. Und die Leute, die sich mit Gentechnik befassen, die Klügeren, sind sich darüber klar, dass das wahrscheinlich eine neue Stufe der verheerenden und keineswegs rückschlagsfreien Ausbeutung des Naturzusammenhangs in derselben Richtung sein wird - aber, dass wir damit noch etwas Zeit gewinnen können, um den Ergebnissen des Erosionsprozesses, den wir mit dieser Art von Landwirtschaft und Industrie beispielsweise über die ganze Erde verbreiten, um dem zu entgehen. Und das heißt also, dass wir vor der Aufgabe stehen - also trotz der Besessenheit, in die zumindest die naturwissenschaftlichen und technischen Eliten sich durch diesen Abstiegsprozess ins Materielle, in die sie sich da hineinvertieft haben, trotz dieser Besessenheit oder im Umschlag aus dieser Besessenheit - wie kann man also die Energie gewinnen für – ich sage mal – für den Rückweg in die Mitte – das ist das Problem. Und wenn man jetzt also rekapituliert, was kulturell vor sich gegangen ist bei der - also auf dem Weg dieser also naturwissenschaftlich-technischen Zivilisation und ihrer führenden Intelligenz durch die vierhundert Jahre Moderne, da fällt auf, dass also in einer Serie von Biografien sich geradezu dieser Abstand von der spirituellen Ebene, für die ich jetzt - was die institutionelle Seite betrifft – da habe ich schon genug dazu gesagt und »unsichtbare Kirche« geschrieben habe - dass [sich] also dieser Abstieg durch diese Schichten, also, an sich charakteristisch vollzogen hat. Newton beispielsweise war ein - ja, hochgradig gläubiger Mensch. Er war - man kann nicht sagen, so ein atheistischer moderner Wissenschaftler, überhaupt nicht, sondern es ging eigentlich in der ersten Phase der modernen abendländischen Wissenschaft darum, auf die Gedanken Gottes zu kommen. Das Dilemma war, dass das schon auf die physikalisch, chemisch, biologische Ebene irgendwie gezielt war und dass man die seelische und die geistige Dimension – die Wahrheit durch die naturwissenschaftlichen Methoden nicht so fassbar, aber psychologisch war der Himmel noch da. Und wenn man jetzt – sagen wir mal – eine Epoche weitergeht - in unsere klassische Zeit – also, da war in der goethischen Idee der pädagogischen Provinz und in dem, was Hegel dann am Ende seines Lebens als Kunstperiode meinte, verabschieden zu müssen, in unserer großen Musik und Dichtung – also, da war der ganze, der Halt dieses älteren Weltbilds, dieses spirituellen Weltbildes Hegels, der war also eigentlich noch in eine sinnlichere Welt hinein, die der Kunst halt gemäß ist, ausgebreitet. Der Glaube begann mehr und mehr verloren zu gehen, also Lessing war beispielsweise gläubiger als Goethe noch, was den eigentlich spirituellen Zusammenhang betrifft. Aber wir hatten – also, der Kontakt war noch nicht abgerissen. Und es war kein Zufall, dass es dann - die Farbenlehre beispielsweise mit Newton, der in Richtung der physikalischen und chemischen Abstraktion viel weiter gegangen war - noch immer diese Auseinandersetzung gab, das heißt, es waren also die Geistigen der Jahrhunderte dort, vom 16.; 17.; 18. Jahrhundert, diesen Kreis, der war noch geschlossen. Die deutsche Klassik brach eigentlich dann zusammen, als unter dem Entwicklungsdruck der englischen Ökonomie und der französischen Politik es andere vordergründigere Machtinteressen - von der Mehrzahl der Seelen, die sie zerrissen haben. Es ist also, um in der Zeit – sagen wir mal von den napoleonischen Kriegen bis 1850 oder gar bis 1871 hin - das war in Deutschland, geistig gesehen, eine Konterrevolution erster Güte, was da vor sich gegangen ist. Da ist praktisch also der Kontakt zu der spirituellen und kulturellen Dimension, also zu dem, was ich da »Unsichtbare Kirche« genannt habe - und wovon übrigens auch etwas existierte in solchen Logen- und Ordenszusammenhängen - von den … war die Rede. Und dann, was also den dichten Zusammenhang von Musik, Dichtung, Philosophie und Malerei in unserem ausgehenden 18. und 19. Jahrhundert betrifft, das ist abgerissen. Und es hat sich also diese unglückselige Verbindung von – ja, von Machtqualität auf Bismarck … und Ökonomie à la Friedrich List, das hat sich durchgesetzt - ja, im Grunde genommen mit dem Ergebnis dann, eine zweitklassige Flotte einander entgegensetzen zu können am Anfang des 20. Jahrhunderts, um den ökonomischen Durchbruch oder - Eisenbahn, Siemens, Elektrotechnik, Chemie und so - durchzusetzen und dann rückwirkend den spirituellen Prozess eigentlich fast abzuschaffen und die pädagogische Provinz, die ja im 18. und 19. Jahrhundert noch klassisch ausgerichtet war, auf das Labor festzulegen, sodass also jetzt eine, also eine ungeheure kulturelle Anstrengung eigentlich nötig ist, um sich den spirituellen und philosophischen und künstlerischen Gehalt, der da ausgefallen ist, wieder anzueignen. Und das ist eine Arbeit, für die - also das theoretische Angebot, das Angebot an Büchern, an Stoff ist ja riesengroß. Das ist ja größer, als es in unserer klassischen Zeit gewesen ist. Es gibt kein wichtiges Thema, was das betrifft, das nicht behandelt würde. Und es war - nur eine Minderheit hat - im Vergleich zu heute - hat damals, sagen wir mal, soviel Anflug gehabt darüber, was es in China, was es in Indien, was es in anderen Kulturen gegeben hat. Selbst der Islam ist uns näher gerückt, als das im Mittelalter der Fall war - bis auf die, die direkt in den Kreuzzügen waren. Aber in der individuellen Biografie sind die meisten Menschen einfach von diesen Bereichen abgespannt. Und die - nicht bloß die Schule, sondern noch mehr die Massenmedien - lenken also einfach von der Aufmerksamkeit auf die Dinge ab, auf die es eigentlich ankommt, weil der Zusammenhang, den ich da entrollt habe, irgendwie stimmt. Also - Ökonomie, Ökologie und eine vor dem Leben ehrfürchtige Technologie - das kann nur wieder gewonnen werden, wenn die Leute einen geistigen Durchgang machen und wenn sie einen meditativen Durchgang machen. Wenn möglichst viele Leute – also - die, wie soll ich denn sagen, die seelischen Kräfte, die durch den Rationalismus, durch den Rationalisierungsprozess, der sich da in Richtung auf Ökologie und Ökonomie vollzogen hat, wenn da die Kräfte wieder erweckt werden - und das ist etwas, wozu die Gesellschaft nur minimale Hilfe bietet, weil es das Geschäft der Ablenkung schon durch die verzerrte pädagogische Provinz, also durch das, was wir vom Kindergarten, über die Schule bis zur Universität normalerweise machen - und vor allem durch die Mächte des Marktes, durch die Mächte auch des Marktes, was die Selbstdarstellungen betreffen jetzt, wo also das sogenannte Sachwissen wichtiger als Herzensbildung und als Philosophie und Glauben irgendwelcher Art sind. Also, es ist eine Situation, in der - ich glaube - alles darauf ankommt, dass – ja wie soll ich das sagen - dass wir erst einmal ohne schon manifeste institutionelle Hilfe - das liefert die Gesellschaft gegenwärtig nicht - dass wir also aus der Erfahrung des Zusammenstoßes, der sich irgendwie um diese Ebene hier dreht, dass wir aus dieser Erfahrung, die eigenen subjektiven Kräfte in eigener Verantwortung mobilisieren, die irgendwo in dieser Gegend hier, in dieser Stelle hier - da hat die moderne Soziologie so einen Gegensatz festgemacht, erst mal begrifflich festgemacht, zwischen Systemwelt und Lebenswelt und Systemwelt - das ist eigentlich die Herrschaft der Verhältnisse, die in der Ökonomie und in der Technologie zusammenkommt und in der Regel also solche Großstrukturen, solche übermächtigen, abstrakten Superstrukturen zum Gegenstand dann haben, die das Herz und die Seele einfach nicht mehr erreichen. Und worauf sich jetzt also etwa der französische Soziologe André Glucksmann [nicht genau verstanden] - der einer der hellsten Leute ist, die gegenwärtig leben - worauf der baut und hofft, das ist, dass die Provokation, die von diesem – ich sage mal – von der Enttäuschung ausgeht, dass dieser ganze technisch-ökonomische Zirkel ein Selbstlauf ist, der den Menschen als Menschen nicht befriedigt, dass das sozusagen erst einmal zu einem Rückzug, möglicherweise sogar also zum – ich sage mal – zum Verlassen dieses Imperiums führt, also im guten Falle zur – es ist ein Problem, weil ich sagte, dass wir tatsächlich politologische und ökonomische Probleme haben. Und doch, je größer die Minderheit ist, die das Interesse verliert, sich also hauptsächlich über das sogenannte Sachwissen in diesen Sachen, über die Bewährung in diesen Sachen zu resignieren [??], umso besser, weil - das ist der Engpass, also da fehlt eigentlich die Kapazität und nicht in der Beherrschung dieser - das sind ja lauter - das sind in einem umfassenderen Sinne als Technologie - das ist ein technisches Weltverhältnis, dass die Leute – also die »Systemwelt« heißt es dann auch, und das ist auch, glaube ich, ganz richtig - die kolonisiert das eigentlich Menschliche. Das eigentlich Menschliche ist das Ganze, es geht eigentlich nicht darum, Ökonomie und Technologie an sich zu diskriminieren, sondern nur insofern durch ihn den historischen Prozess, der einmal damit begonnen hat, dass alles zusammen war - also von Religion bis Technologie - und wo also praktisch - wie jemand mit der Erde, mit den Tieren, mit der Welt umgeht, das war in einem rituellen Kontext einmal gesichert. Und man hat es dann gepriesen als Differenzierung, dass sich das - also hier in der klassischen Zeit etwa - was ich vorhin gesagt habe - dort hatte man ja dann das Recht, sich von Religion zu emanzipieren - und hier hat man das Recht, in der Politik sich von Kultur zu emanzipieren. Wir sind ungeheuer fortgeschritten in dieser verheerenden Richtung. Und das geht mit Ökonomie und Technologie weiter - man kann nachher ein Automat der Laboranalyse werden als Mensch. Es ist ja nicht so, dass die übrigen Kräfte ausfallen. Aber das Problem ist, sie werden nicht mehr integriert. Und die Wiederherstellung dieses ganzheitlichen Zusammenhangs, also da - es mag so sein - und ich meine - zumindest individuell muss man sich einfach dafür verantwortlich machen, dass es einen solchen - erst einmal - Rückzug und dann Rückschlag gibt, dass sich von hier aus, also, dann das Gesamtverhältnis erneuert. Also - Lebenswelt schließt ja alle menschlichen Bedürfnisse einschließlich der Frustration, die der Druck der Verhältnisse auslöst, ein. Und es ist wahrscheinlich sehr wichtig, dass wir begreifen, dass die bisherigen Strukturen sozialer Kämpfe, alsodass die darum gehen - also auf dieser Ebene für sich genommen hier - Gerechtigkeit herzustellen. Für sich genommen - das ist das Problem, dass das nicht aufgeht, und dass man deshalb also auf den Protest der ganzen menschlichen Natur hoffen muss.

Ich habe, als ich rüberkam 1979/80, Edward P. Thompson kennengelernt. Das ist ein englischer Sozialhistoriker, der sich dann in den nächsten Jahren auch sehr um Friedensbewegung bemüht hat, und der hat mir eine ganz wichtige Erfahrung verschafft. Ich habe das damals mit Mühe gelesen, weil ich noch schlecht Englisch konnte - der hat die Situation der englischen Arbeiterklasse um 1800 analysiert, als die in ihrem Kampf gegen die Maschinen gegangen sind, diese Maschinenstürmer-Epoche. Und für mich war also schlagend der Gegensatz zwischen dem Buch von Engels über die Lage der arbeitenden Klasse in England um 1844 und diesem Buch von Thompson, weil - was sich zeigte, war dass die Konventionalisierung des Klassenkampfes um die ökonomische Frage, den kulturellen Himmel, um den die Anfang des Jahrhunderts noch gekämpft haben, wo also eigentlich sozusagen Menschheitsbefreiung - das war nicht theoretisch ausgedrückt, aber das war sozusagen der Antrieb der geschundenen Seelen in diesem frühen Industrialisierungsprozess - und dann hatten die sich schon sozusagen auf die Labour [??] gestellt, also auf – wir kämpfen mit dem Kapital um die Verteilung – also um ein verhältnismäßig engeres ökonomisches Problem und nicht mehr um die Befreiung im Ganzen. Und wenn man jetzt - auch die Geschichte der Deutschen Arbeiterbewegung - etwa die Handwerkerbewegung in den 30er-Jahren - und der Rest, wie beispielsweise - der sozusagen - der kulturelle Impuls, sich das Ganze wieder anzueignen, ergeben diesen also auch in die Befreiungsbewegung eindringenden Rationalisierungsprozess, wo wir praktisch also den Aufbruch der Megamaschine letzten Endes verinnerlichen und glauben. Also, die Wendung dagegen - es ist die Frage also, wie lange der Mensch - insbesondere in den entwickelten Ländern - aber auch - weil er mehr weiß von dem Widerspruch, der die übrige Menschheit betrifft - wie lange wir das aushalten werden, bis hier etwas umschlägt, ob etwas umschlägt. Und – allerdings - und da will ich zurückkehren - das steht auf dieser Ebene, wo ohne dass wir uns verantwortlich machen - wirklich - für eine neue Politeia - also für eine politische Ebene, die Brücke - die den Brückenschlag hier ermöglicht. Die also praktisch uns pädagogische Provinz wieder einrichtet und auch Raum dafür freimacht, dass wir in puncto des Kontakts mit dem Ganzen, die Übungsmöglichkeiten, die jetzt geboten werden, auch ausnutzen können. Also, ohne das geht es nicht. Das heißt, es muss sich sozusagen das Entsetzen über die Systemwelt, über die Zerstörung der menschlichen Selbstheilungsmöglichkeit - das ist nämlich das, was da passiert - das muss sich umsetzen in einen - zunächst einmal - in einen Willen, würde ich mal sagen, zu politischer Praxis. Wobei – ich schreibe mal »Willen zu politischer Praxis« - wobei die Herausforderung eben deshalb so groß ist, weil alle politische Erfahrung, die wir sozusagen als Opfer im Zuge dieses kulturellen Abbauprozesses, der das ist, wenn die Differenzierung sich hier verfestigt im Ökonomischen und Technologischen - das heißt, wir haben also - ich meine einfach - die politischen Modelle, die sowohl noch im Liberalismus als auch dann im Sozialismus ausgetüftelt worden sind. Die hatten ja alle diese Verkürzung zur Voraussetzung. Und es ist sowohl tragisch als auch positiv notwendig, dass wir also den Glauben an diese Patentlösung, die nicht das Ganze umfassen - die nicht das Ganze umfassen - dass wir den verlieren. Nur dann gibt es also – glaube ich – auch die Chance, neu zur politischen zurückzukehren. Das Politische, die Zielsetzung des Politischen ist doch nicht - zum Beispiel – Ungerechtigkeit - das ist ein schmaler Ausstieg - sondern - der Zugang zum Politischen, das ist die Frage, was ist gute Gesellschaft. Deswegen habe ich auch »neue Politeia« geschrieben, weil das an die Griechen erinnert, obwohl das noch patriarchal war. Das meine ich aber jetzt damit nicht, sondern - die Idee der griechischen Gesellschaft war immerhin, dass sich dieser freie griechische Stadtbürger reproduziert. Also ein Mensch mit Horizont, der kein Idiot ist – also Idioten hatten Griechen - und Banausen nannten die Griechen Leute, die sich um die allgemeinen Angelegenheiten nicht kümmerten, sondern bloß vor sich hinfummelten, wie man bei uns in der Firma jetzt dazu gezwungen ist, meistens – dass man die Idioten und Banausen - und eine neue Politeia, die würde erst mal voraussetzen, dass sich so viele Leute wie möglich, das heißt so viele Leute, die überhaupt das Problem in seiner wirklichen Dimension jetzt mitkriegen - und nicht bloß, was die Todesorientierung der Kultur betrifft, sondern was das geistige Versagen betrifft, dass sich da … Also, so viele Leute, die das mitkriegen, die sind auch dafür verantwortlich. Also, diesen politischen Willen auszubilden - und ich habe ja darüber gesprochen – also, ich will es mal wagen, obwohl der Ausdruck überaus unmodern klingt, aber ich sage: es ist eine weltweite Ordensbildung natürlich der Leute, die sich mit der – ich sage mal, mit Wiederherstellung – mit Wiedervervollständigung, würde ich mal sagen - der Kultur befassen.

Es ist wohl so, das ist meine Erfahrung zumindest, dass man über die Gesichtspunkte, die ich in der Reihe jetzt hier entwickelt habe - und wo der Christian Sigrist dann wahrscheinlich noch einen Schlusspunkt setzen wird, das nächste Mal - ich mache die Erfahrung, dass man mit Leuten verschiedenster Provenienz, auch Leuten, die sehr verantwortlich für die Zerstörungsprozesse sind, durch die Sachen, an denen sie mitspielen. Es ist nicht so, dass man über die Sachen nicht reden könnte, sondern es fehlt daran, dass auf der Ebene, die mit der Wiederherstellung der Kultur zu tun hat - ich nehme mal an, dass gerade die Gefahr, in der wir uns befinden, da noch eine Chance erhält - dass es da an Institutionalisierung fehlt. Und ob nun der Ausdruck – »Ordensbildung« - zu unmodern ist, ich weiß es nicht, mir fällt kein besserer ein im Moment. Aber ich denke, dass Institutionalisierung dieser - auf den Hauptebenen der Technologie und Ökonomie einfach, ja, völlig von einander isolierten - Leute, das ist notwendig, das ist notwendig. Und ich bin sicher, dass es Millionen Menschen gibt, die ansprechbar werden oder ansprechbar sind, wenn die entsprechenden Bemühungen auch unternommen werden, sodass es also zwischen dem Willen zur Politik und dem Willen zum Zusammenschluss also für – also um sich gegenseitig zu verstärken – wie so etwas in letzter Instanz - also eine unsichtbare Kirche oder ein spiritueller Zusammenhang - der wird nicht erfunden, das ist nicht so. Aber der wächst, wenn der Druck auf – ich möchte mal sagen – auf das, was in uns Leben ist - weshalb ich auch so Wert darauf gelegt habe, dass Körpergewicht nicht einfach Physik, Chemie und Biologie nur ist, sondern dass das Seele und Geist einschließt, und dass das also mit Leben engstens zusammenhängt - dieser, dieses - dass also praktisch die Erfahrung der Nichtausschöpfung der menschlichen Wesenskräfte, dass das umgesetzt werden muss - wirklich in einen Versuch - also eigentlich - die Menschheit ist dabei, ihren Untergang zu organisieren. Wenn das also kein Anlass wäre, kein Anlass sein soll, sich noch einmal um Politik und den Wiederaufbau bis zur höchsten Ebene zu kümmern, dann ist uns einfach nicht zu helfen. Und ich bin eigentlich, also aus meinem eigenen Gefühl heraus - mehr kann ich dazu zunächst gar nicht mal sagen - und aus mancher Kenntnis der Geschichte - ziemlich sicher, dass da noch etwas passieren wird. Das heißt, es sind jetzt wenige Jahrzehnte, in denen wir sehen - also, wir wissen eigentlich, worauf es hinausläuft. Das wissen auch die, die sich da in Rio getroffen haben und in New York treffen - und es passiert nichts. Das heißt also, das Wertsystem ist nicht unterbrochen, das hier in dieser negativen Richtung gewirkt hat, und der Wiederaufbau dieses Wertsystems - eine [/ohne??] Anstrengung in der Richtung – wird die Menschheit untergehen.

Pause – Beifall

7. Juli 1997

Der Weg zu einer Ordnung der Weltbewahrung

… Da will ich also meine Version geben des heutigen Themas: »Politik neu denken«. Also ich finde - werde diesen Gesichtspunkt zusammenfassen, was ich in dem Semester vermittelt habe. Der Christian Sigrist hat - insgesamt gesehen - hätte bestimmt einen etwas anderen Akzent gesetzt. Das ist schon daran kenntlich gewesen für mich - sodass er hier angesagt hat, er will mit Carl Schmitt einsteigen, das heißt gegen Carl Schmitt natürlich, das heißt gegen den – ich würde mal sagen – repräsentativen, ich sage mal, konservativen Denker – es wird zu schnell mit der autoritären faschistischen Entwicklung … in Bezug gesetzt. Natürlich biografisch war da eine Beziehung, aber seine Theorie war im Grunde genommen katholisch … das heißt, er hat den Gesamtzusammenhang der Gesellschaft unter der mittelalterliche Ordnung einen - als Maßstab - an – ich würde mal sagen – an den Machtzerfall des Staates als bauendes … angelegt. Also, seine innere Sorge war, dass der Staat, der eigentlich sozusagen in dieser konservativen Sicht nicht einfach etwas macht … der herrschenden Klasse nur war. Das übersah er nicht - den Aspekt - und er sah auch, dass er die gute Organisation des Gemeinwesens im Ganzen … die kleinen Leute hier - derjenigen Individuen - irgendwie einen geordneten Platz in dem Zusammenhang gibt, dass dieser Staat also wie das Fell des Bären zerteilt wird - unter Sonderinteressen - und zwar nicht etwa, um der wieder freien Individuen - in dem Sinne hat er den Liberalismus nicht für voll genommen - sondern unter innergesellschaftlicher Markt … die dann, indem sie aushandelt, was der Staat zu bieten und was dabei rauskommen soll bei dem ganzen Geschäft, sich die Illusion verschaffen - und manchmal nicht bloß die Illusion - also eigentlich, ja, in ihren Sonderinteressen am Staat sich … izieren - und von dort aus eigentlich das, die Gemein … die des allgemeinen Willens und so, endgültig zu ent … Das war natürlich auch die große Pluralismuskritik von Carl Schmitt – festgemacht sozusagen - die desolaten Zustände in der Weimarer Republik, indem es keine verbindliche Staatsautorität mehr gab und wo er dann also auch 1933 hier feststellte, dass schon 1932 bei der Reichstagswahl die Nazis und die Kommunisten zusammen – »Totalitär« – als Überschrift. Das will ich jetzt nicht extra behandeln, weil - das ist uns bekannt, wie das im Biologischen funktioniert - aber zwei Parteien, die nicht für die Republik waren - in dem Sinne - die Mehrheit kriegten - ich weiß nicht, 52 Prozent oder so - jedenfalls also hatte das Volk die Republik abgewählt. Und das nimmt er - das war nun nicht für sich, sein Punkt, sondern das war nur der Hinweis darauf, dass da in der Bevölkerung realisiert worden war, dass dieses Machtspiel nicht irgendwie aufging. Und nun - Christian Sigrist hätte natürlich einen anderen Akzent gesetzt, der genauso zur Wahrheit gehört im Bezug auf die Theorien von Carl Schmitt, nämlich, was in der, sagen wir einmal, restaurativen und rückblickenden Verheerung noch funktionsfähigerer älterer Ordnung - vor dem ... Emanzipation, Religion, Staat und so - was da der Fall war. Das waren da für mich im schlimmsten Fall in Indien in [/die??] Kastengesellschaft, das heißt, die Geistigkeit war richtig Kaste, völlig abgegrenzt, also biologisch schon abgegrenzt in die nächste Kaste gegen die Krieger - also unseren Adel - und gegen die Kaufleute dann und gegen die ... verrückt ausgearbeitet war, weil - diese Kasteneinteilung waren ja innerhalb der ... also so herrschenden Schichten, die sich da ... also, es war eine verheerende Struktur. Und unsere mittelalterliche Struktur, die ständig war, hat natürlich auch noch festgelegt, dass Bauern über das Kaufmännische, über das Politische - also den Staat und die Kriege - und über das Geistliche gar nicht zu befinden haben, auch wenn es nötig war, dass Individuen da durch ... Die Kirche hat sich manchmal so regenerierend ... Kardinal der da geboren war. Das gab es. Aber diese sozusagen verhängnisvolle Sozialstruktur, die mit dem Staatsproblem seit Jahrtausenden jetzt verbunden ist, die hätte Christian Sigrist sicherlich in den Mittelpunkt seiner Analyse gestellt. Und er hätte den Akzent darauf gelegt, dass wir bei der Fragestellung, die er begrüßt hat - mir gegenüber - wie das Politische wieder herzustellen wäre, ob man den Staat braucht in der ökologischen Krise ... dass wir nicht auf diesen sozial-restaurativen Aspekt der Ordnungsvorstellung von Carl Schmitt zurückfallen. Und der Gegenpol - hier in Deutschland vielleicht weniger bekannt - war der afrikanische, ja ursprünglich marxistisch, aber das ... nicht darum - Afrika war das immer etwas Besonderes mit dem Marxismus - Theoretiker ... in einer der portugiesischen Kolonien Genua, der also gesehen hatte, dass die - was also jetzt die Übertragung der westlichen Ordnungsvorstellung, die dort als Kolonialismus noch insgesamt angekommen sind, wenn auch für die dortige Ordnung - dass die immer bedeutet haben, dass der europäische Staat jedenfalls die - also eigentlich durch alle Ebenen der Kultur - die fünf Ebenen der Kultur, die ich da … in die Mitte geschrieben habe - hindurch schlägt und praktisch also bis in die Ökonomie und Technologie hinein die dortige Kultur in ihrer Eigenart ja zerschlägt, sodass also nichts näher liegt, als die - in der ganzen Dritten Welt - als die Frage zu stellen: Wie könnte denn also Staat in dem Sinne, der ja bei uns jetzt eigentlich Hilfsinstrument dieser ökonomischen und technologischen Expansion ist, fertig werden. Wie könnte man also möglichst Autonome auf allen diesen Ebenen - Autonome - also technologisch angepasst, aber nicht von außen angepasst, wie wir das dann machen, sondern »endogen« ist das Stichwort dafür dann - inzwischen auch abgewirtschaftet, weil es die westlichen Sozialwissenschaftler sind, die Afrikaner erfunden haben - so mit dem Diskurs. Also, man hat sich dafür … aber endogen meint jedenfalls umgekehrt eine - ja, eine Modernisierungs… also, weil es unentrinnbar ist - der materielle Erfolg … es funktioniert - also der materielle Erfolg des Westens hat halt die … Jetzt also die Frage: Wie können wir, ohne unter diese Gewaltmaschine zu geraten, die der Westen damals für sich intern - abgesehen jetzt vom Faschismus - es war ja der … des deutschen Faschismus für die Engländer, was der - andere Europäer war - das machen die in Europa, was wir in den Kolonien sowieso machen - dieser Punkt also - praktisch sich durch die endogene Entwicklung, also durch eine von innen gesteuerte Entwicklung wie Technologie und Ökonomie, also diese Errungenschaften des Westens so anzueignen, dass die eigene politische Tradition und kulturelle und spirituelle nicht völlig untergeht. Wobei das also höchst problematisch ist, weil dort ältere Herrschaftsverhältnisse in der oder jener Form also auch die soziale Ungerechtigkeit bestimmen und den Emanzipationsprozess - wenn man so will jetzt - für die Mehrheit der Stammesmitglieder oder Gesellschaftsmitglieder auch gründen. Aber dieser Zusammenhang jedenfalls - erst einmal schon innerhalb Europas zwischen der Frage also einer Gesamt- das gesamte Übergreifen in Ordnung, aber unter einer verheerenden sozialen Differenzierung, die im … funktioniert hat und dann im verstärkten … Wenn da der Christian Sigrist eben vornehmlich … Gesellschaft … das heißt Gesellschaften vor dem Eingang in die große Klassengesellschaft, das große Patriarchat … also ohne hierarchischen Kopf und ohne - also in Zeiten, in denen der König oder der Häuptling noch seinen Bezwingungsstab zur Seite hatte, also mit Gewalt seinen Stamm unterdrückt hat. Also, das ist sein Ausgangspunkt gewesen. Und er fürchtete, also er fürchtet irgendwie in der Diskussion ... dass ich zu schnell über diese negativen Gründe für die Ablehnung der Staatsfrage überhaupt angesichts der ökologischen Krise jetzt hinweg zu gehen bereit bin. Also, das wäre der Diskussionsstoff für heute gewesen, ich wollte das nicht völlig auslassen, wenn ich jetzt also meine Konzeption da noch ...

Was jetzt also in diesem Schema D, das ich da in verschiedenen Varianten - es ist eigentlich immer dasselbe Schema - an die Tafel geschrieben habe, das da erscheint, das ist ganz rechts also von dem ... diese Grundpunkte der Begrenzungsordnung, auf die es meiner Meinung nach ankommt. Es ist natürlich so, dass das hier das Schema erfasst - das Problem erst einmal unter dem – ich will mal sagen – formellen Gesichtspunkt, unter dem logischen Gesichtspunkt - also die Ebene Spiritualität, die schließt eben ein, das könne ... Kaste sein, das heißt, diese Frage ist mit dem logischen Aufbau da und auch mit dem entsprechenden Aufbau jetzt - was ich daneben geschrieben habe - mit dieser vierten Gliederung - die geht im Einzelnen ... schon einmal erwähnt, in solchen Parlamenten beziehungsweise Welten verschiedener Leben, um das besser auseinanderzuhalten, um der modernen Differenzierung da gerecht zu werden. Es ist auch aus der institutionellen Ebene zunächst formal. Also, sowohl was die Grundwerte betrifft als auch etwa die der Menschenrechtsfrage steckt natürlich - also das unbewältigte Problem der sozialen Gerechtigkeit - mit drin ... und erst recht das Drama mit der übrigen Menschheit, weshalb das also oft angefochten wird. Genauso diese Grundwerte, die bei uns sozusagen im ersten Abschnitt des Grundgesetzes stehen und alle wunderbar klingen, aber es ist sozusagen über den sozialen Gehalt der Sache noch nicht entschieden, wenn man - sagen wir einmal - logisch richtig ordnet. Also, ich will es einmal so sagen, diese - selbst diese indische Kasteneinteilung, da bin ich – also nach dem, was ich geschichtlich auch darüber weiß - ganz sicher, das ist nicht einfach willkürlich, sondern es ist eine Einteilung, die auf tatsächlichen Funktionen des menschlichen Geistes in Bezug auf die verschiedenen - sagen wir mal - Ebenen der kulturellen Integration nicht bezieht. Das schließt nun nicht aus, dass diese ganze gesellschaftliche Entwicklung, da sie auf den Punkt vom Selbstbewusstsein her, auf artinterne Konkurrenz und Krieg ... sowohl zwischen Völkern als auch innerhalb der sozialen Einheiten - dass da also ein tiefer Riss von Ungerechtigkeit in die Geschichte eingetreten ist im Zusammenhang mit an sich logischer Struktur. Und wenn man jetzt den modernen Emanzipationsprozess in Europa betrachtet, dann hat es ja lange so ausgesehen, als ob der Abbau - eigentlich - der Macht aus dem spirituellen Leben - also Kirche - und auf der kulturellen Ebene auch - also was sozusagen die gebildeten Klassen waren - in der Regel natürlich die herrschenden Klassen - und die Aufteilung der Politik unter allen - dass das große Fortschritte waren. Und es sah so aus, dass eigentlich nur auf der Ebene der ökonomischen Ungerechtigkeit noch nicht genug war, den emanzipatorischen Prozess … also die Forderung von der … Die Forderung des Marxismus war ja - und die materiellen Verhältnisse - also den ökonomischen Verhältnissen her - die Technologie, also die Natur stand zu Gebote, psychologische Krise war kein Thema - von dort her durch Überflussproduktion die allgemeine Gerechtigkeit herzustellen, das heißt den Emanzipationsprozess zu vollenden. Und was wir - glaube ich - worüber uns jetzt die ökologische Krise irgendwie belehrt mittels der Technologie, der Ökonomie … der Technologie, das ist, dass das auch ein kultureller …prozess ist - Kultur jetzt im umfassenden Sinne - nicht in der Ebene … kulturell - sondern die Kultur schließt natürlich diesen spirituellen Zusammenhang ein, also, dass der Mensch einen Bezug zum Ganzen hat, in welcher Weise er es auch immer artikuliert und mit welchen Seelenkräften auch immer. In der Passagenzeit war das sicher weniger rational bestimmt als in der Moderne, wo manchmal also die Wissenschaft die Spiritualität ganz ersetzen soll, was sie vielleicht dann auch tut. Aber Fakt jedenfalls ist, dass sie jetzt Tatsache in den - dass in diesem emanzipatorischen Prozess eine Reduktion - zumindest was die Nachteile in dieser Sphäre … ersetzt - eingetreten ist. Und wir sind jetzt an den Punkt gekommen, dass wir sozusagen aus der Falle der Ökonomie, in die wir da hineingeraten sind - also des Ökonomismus der Regierung - des Einzelzusammenhangs durch die Ökonomie - dass wir da einstweilen keinen Ausweg finden und dass die Notwendigkeit sich auch trennt, das in seiner Ganzheit neu zur Geltung zu bringen. Also, mein Begriff sozusagen aus der logischen Ebene. Ich sagte, dass das nicht alles ist. Der ist - dass wir da also jetzt eine ungeheure institutionelle Lücke haben, dass also … ich setze das aber einmal in Anführungszeichen - also sozusagen - deswegen habe ich da »unsichtbare« geschrieben - dass also die spirituelle Ebene eigentlich völlig unbesetzt ist. Nicht dass nicht in Westdeutschland mehr als in Ostdeutschland die katholische Kirche - und auch die evangelische Kirche - noch politischen Einfluss hätten - so - aber in unwesentlicher Form - in der Frage der Bestimmung der kulturellen Werte - in Wirklichkeit und auf der kulturellen Ebene, die ist völlig - man sieht das von den gerade - im Grunde genommen vom Steuersäckel abhängig geworden. Also, das ist nicht mehr das alte Mäzenatentum, das sich mit der Kunst wirklich schmückte, sondern - das ist etwa die Kunst beispielsweise - sondern die kulturelle Ebene ist zum - also ist ... ist völlig unterworfen worden. Nicht, dass die Kunst ... das ist nicht der Punkt, sondern dass die Maßstäbe also eigentlich völlig aus dem Bezug zum Ganzen, in dem die Kunst eigentlich steht ... in die, ja, die Zufälligkeiten ... und der entsprechenden Individualität - und das Politische ist deutlich dem Ökonomischen verworfen. Das heißt, wenn ich jetzt sage »Lücke«, dann meine ich nicht, dass es gar nichts mehr gibt auf diesem Wege, aber dass die Wertigkeiten, die Gewichtigkeit der Sachen, die sozusagen dem Funktionieren des Ganzen angemessen werden, sehr herunter geschaltet worden sind, sodass ein eigentlicher Gesamtzusammenhang, also eine - die dann von unserer klassischen Philosophie etwa - noch festgehaltene Vision von guter Gesellschaft, von richtig eingerichteter Gesellschaft eigentlich nicht mehr möglich ist – also, empirisch gesehen, weil institutionell da nichts ist, an was man adressieren könnte, richtig.

Also das ist, was ich unbedingt diese »institutionelle Lücke« nenne. Aber, indem ich betone, das hat mit der logischen Struktur, die dort steht, zu tun - und ist noch nicht das schwerste Problem - sondern das schwerste Problem ist natürlich nach wie vor, dass diese Folgen der sozialen Ungleichheiten durch die Jahrtausende alten Machtverhältnisse jetzt dazu angetrieben, das abzubauen - das gilt auf der ökonomischen Ebene und auf der technologischen Ebene - verstärkt werden, das heißt, dass die Entfremdung - im weitesten Sinne jetzt - in den reicheren Ländern mehr auf der psychologischen Ebene, aber völlig elementar materialistisch und materiell in der Dritten Welt. Also, das ist durch den Gesamtprozess der Zivilisation mehr festgeschrieben denn je zuvor, zumindest jetzt.

Ich habe einmal ziemlich ausführlich über Elias gesprochen. Nun war bei Elias die Zivilisationstheorie die bislang optimistischste Perspektive, die bei ihm also … als Möglichkeit hervorscheint, ist die: Er sagt also: Der Monopolisierungsprozess der Macht von der kleinen Einheit in frühfeudalen Zeiten bis zum Staat des Sonnenkönigs in Frankreich dann, und mit Notwendigkeit umkippenden Republik, das hätte bewirkt, dass in diesem größeren National… Allerdings, was er nicht so behandelt, ist - im Zusammenhang mit Kolonialismus - also der Freiheit römischer Bürger auch schon im alten Imperium - dass dann also in diesem National … auf der politischen Ebene Demokratie durchkommt, sodass er sich verspricht, wenn die Monopolisierung der Macht im Weltmaßstab vollendet werden würde, dass zugleich - sagen wir einmal - die formelle Demokratisierung in dem Zusammenhang Fortschritte machen könnte. Das heißt, dass selbst jetzt noch sogenannte unterentwickelte Nationen und Völker über verschiedene Zwischenschritte - über zeitliche Phasen also - an der linksformellen politischen Gleichheit partizipieren könnten. Nur dass wir durch die ökologische Krise in Bezug natürlich auf die ungeheure Schwierigkeit aufmerksam gemacht werden der Zeit - durch die Verkürzung und Verschiebung in dem Zusammenhang - also wenn die Europäer erst völlig einig werden müssen und die anderen Kontinente dann auch und dann irgendein Weltmonopol zustande kommen soll, das vielleicht nicht mehr so antagonistisch funktionieren wird wie die verschiedenen Nationalstaaten. Da ist ja die Möglichkeit drin, dass das zumindest gedacht werden kann, steckt also nur als Gedanke drin. Aber zugleich wäre das - abgesehen jetzt von der zweiten … dass es stimmt, die Perspektive, die er da entwickelt hat. Aber es wäre eigentlich ein langer Weg. Während der Fortgang der Ana … zwischen den einzelnen Ländern, selbst in Europa, zwischen den Kontinenten und dem Weltmaßstab also bedeuten würde, dass die - dass der Bedarf an Natur, den diese Explosion der Bedürfnisse befriedigen, weil Bevölkerungswachstum nicht mehr da hineingeht - dass das also eine Schere wird, die - wo also jene - die Möglichkeit, die der Elias da noch gesehen hat, also dadurch blockiert wird, dass der Kampf ums Überleben die Verhältnisse übersteht. Ich will mal abkürzen. Ich weiß eine Übersicht über das gegenwärtige eigentlich eher geheime Aufgabenfeld - das ist nicht geheim, aber es wird nicht so ins öffentliche Interesse, die öffentliche Aufmerksamkeit – nämlich, was das Seerecht betrifft - nie gewesen – also, der Hintergrund ist, dass die Meere ja ungefähr zwei Drittel der Erdoberfläche bedeuten, dass der allergrößte Teil der Bodenschätze unter der Meeresoberfläche ist, jetzt technologisch zugänglich, und was die Lebensressourcen betrifft, also die biologischen Ressourcen - denn manche gehen bis zu – sagen - bis zu 95 Prozent könnte der Mensch aus dem Meere holen - und es ist verborgen geblieben, während es umkämpft war. Also auf den Spezialkonferenzen haben die sich schon geschlagen, aber es ist nicht so ins öffentliche Bewusstsein getreten, dass da also im Laufe der letzten 25; 30; 40 Jahre sehr viel verteilt worden ist, und zwar neu verteilt worden ist. Also, die Hauptentwicklungslinie war, dass sich die ungefähr 20 Staaten, die durch ihre Lage zum Meer - also mit langen Küsten - sehr begünstigt sind, riesige Teile des Festlandsockels unter Kontrolle gebracht haben, einfach de facto, denn dieses Ganze, Internationale, das Völkerrechtssystem beruht ja darauf, dass die - es hieß ja nicht, dass dort … einzelnen Staat, sondern es gibt die Konkurrenz der … die Stärke der Nation jetzt zusammenhängt - und die haben also zu 35 Prozent - ungefähr - des Festlandssockels bis jetzt aufgeteilt. Und diese 20 Großnationen haben … 80 Prozent liegen und haben den technologischen Zugriff. Und was jetzt die hohe See betrifft, da gelten die alten Freiheiten der … an der Oberfläche. Aber unten, in der Tiefe - und je tiefer das ist, umso schwerer ist es natürlich technologisch zugänglich - an genau dieselben Leute, die den Zugriff zu dem Festlandssockel haben - wieder der Zugriff. Und es wird - es gibt also eher theoretische Kämpfe einstweilen darum, ob nicht anerkannt werden sollte, dass die Binnenländer, die diesen Vorteil nicht haben, an diesem gemeinsamen Schatz der Menschheit - erklärt ist es so - die gleichen Rechte hätten und ob man nicht irgendwelche steuerlichen Umlegungen von den Errungenschaften, die dort in die Hände der Reichsten … geraten, abgezweigt werden sollen. Aber das Faktische ist, dass da also ein ungeheurer Kampf um die - um den Zugriff auf die Ressourcen, um die Verteilung eigentlich schon entschieden ist und dass … dass also jetzt, wenn man bloß den Vordergrund der Realitäten nimmt, dass da Gerechtigkeit beigestellt wird. Also, wir sehen hier also, dass das alte Machtsystem sich in einem sozusagen – also, es konzentriert sich jetzt auf die letzte bisher noch unerschlossene große Ressource. Und es stellt sich heraus, dass also das Prinzip der nationalen Souveränität oder Freiheit der Meere - das heißt die beiden Haupterrungenschaften der Moderne eigentlich - also der internationale Rechtsbegriff - dass das also unvereinbar ist mit Gerechtigkeit. Also, das ist sozusagen nur der Punkt auf das »i«, wenn man die Machtverhältnisse, die den bisherigen

Gang der Geschichte bestimmt haben, ins Auge fasst und wenn man sich fragt, also wie kann das weitergehen, wenn das also die Logik, die jetzt in dieser Entwicklung, was die Meere betrifft, drinsteckt - nachdem das auf dem Land abgefahren ist im Wesentlichen.

Wenn die einmal wirklich durch ist und wenn dann also – möglicherweise - für kurze Zeit es noch drin ist, dass der Ernährungsfrage - also … Hungerproblematik - dass die in irgendeiner Weise - also nicht etwa kulturell im hohen Sinn - also im Sinne der Emanzipation, der Befreiung für alle - gemischt wird, sondern unter dieser eigentlich diskriminierenden Form … first - also lasst uns wenigstens nicht verhungern – also, das Objekt natürlich der Weltwirtschaftspolitik beim Verhältnis, wo man den Reichtum jetzt auf ein Fünftel zu vier Fünftel zusteuert, was die Souveränität, also die Verfügung, die den wirklichen Einfluss des Individuums auf den sozialen Prozess - da geht man international von eins zu neun aus - also- dass praktisch nur ein Zehntel der Menschheit irgendwie Anteil an den Entscheidungen hat, die das Schicksal des Ganzen betreffen. Und dann auch noch also, höchstwahrscheinlich also, dass das Verhältnis zwischen den Ansprüchen und den Ressourcen auf einen solchen Engpass zuläuft, dass die Hälfte der Menschheit physisch gefährdet ist durch diesen Zusammenhang. Also, das ist die - ich würde sagen, eigentlich ist es das Ende der 5000 Jahre Geschichte in den Herrschaftsgesellschaften - also diese … gespielt hat - also den Aufbau von machtbestimmten Kulturen, die ermöglicht haben, damit zuletzt einen solchen durchschlagenden Erfolg in Ökonomie und Technologie bei Subrealisierung der Masse – also, wäre zu sagen damit - also, die Mehrheit der Menschen sich nicht auf die Höhe auch nur dieses machtbestimmenden Kulturprozesses erheben konnte, sondern überhaupt von der - von einer – also, viel mehr von einer - von der kulturellen Situation ausgeschlossen war als in jedem Staat, in jedem so primitiven Staat. Das ist der Gang gewesen. Und jetzt stößt also diese soziale antagonistische Struktur mit der - also mit den Grenzen der Welt zusammen. Das ist die Grundsituation. Und was ich sagen will, ist - und so wichtig es ist - diese Logik jetzt des Aufbaus der Institutionen und des Wertsystems auch – also, sich zu vergegenwärtigen, also, diesen Aufbau von der physischen, anpassungsfähigen über die machtmäßige - das ist dann … das Naturverhältnis - und dann die machtmäßige Ebene – also, dass vorwiegend die ökonomische jetzt läuft - und dann über die

Kommunikation - das heißt ohne Kommunikation keine gute Gesellschaft -und dann wiederum Männerkommunikation. Das heißt, in dem Sinne ist man sich eigentlich darüber einig, was für ein Raum, was für Legitimationen man hat, wenn man den Menschen in seiner Zeugung irgendwo berücksichtigt. Diese Grundwerteebene ist die Ebene der, ja - die natürlich mit der Menschenwürde im weitesten Sinne zu tun hat. Und zwar, der Verfassungstext ist der Text der Privilegierten, die oben aus dem ganzen Schlamassel - sagen wir einmal - mit … das wäre deren ideale Sphäre, es mit der Verfassung …

Das ist also sozusagen in Wirklichkeit keine spezifisch deutsche oder europäische Angelegenheit, obwohl sie hier besonders durchgekommen ist. Und das ist sozusagen die Quintessenz einer ganzen historischen Realität – also - hier in der Logik des Aufbaus - die bestimmt neu zur Geltung gebracht werden müssen - da steckt da drin, dass wir den gesellschaftlichen Zusammenhang, also dass wir den Menschen als Subjekt haben gegenüber den anderen, dass erst konzipiert Gesellschaft - und dann bezüglich - weil es natürlich auf diesen objektiven Prozess und weil es auch - die obere Ebene - Sinn gegeben. Das heißt, diese vier … ist angeordnet - und im Moment erscheinen dann in den anderen vier immer wieder - was nicht so deutlich ist in dem vierfachen Schema [ist] - dass die Technologie ja auch eine strategische Bestimmung ist - im Sinne jetzt - alsodass dort einseitig Interessen durchgesetzt werden, der Natur gegenüber, aber im Zusammenhang mit der Ökonomie. Deswegen habe ich da von Politik zu Technologie noch so einen direkten Pfeil gemacht. Aber dieses alles ist eine logisch durchsichtige Struktur, glaube ich, vom Prinzip her, und auch weltgeschichtlich irgendwie bestätigt - nur dass es diese … der sozialen Widersprüche, die nicht auf diese Weise überwindbar sind, dass man jetzt sagt: So müssen wir das einrichten. Ich denke, dass praktisch die sozialen Energien, die in unserem Mittelalter beispielsweise ja große Beträge - würde ich mal sagen - wenn man damals schon freudianisch-naturwissenschaftlich gerechnet hätte – jetzt - wie der Student … da sind große Beträge … in den spirituellen Bereich gegangen - und die Frage also: Welche Absichten habe ich im ewigen Leben – Luther war tief beunruhigt über die Frage, ob ein - er ein Leben - Gott vorfinden würde - habe ich einmal erwähnt hier - und meint, der ökonomische Prozess in unseren Städten - man muss sich das vergegenwärtigen, dass die Kathedralen nicht ganz ... war, das heißt, dass da viel Ökonomie veranstaltet und organisiert worden ist, um für diese kulturelle Errungenschaft zu investieren, die kein wirtschaftlicher Rücklauf war, jedenfalls nicht ... letztlich nicht so einfach - aber jedenfalls nicht nach unseren Berechnungskriterien, die heute an die Ökonomie gelten. Da war das ... bis jemand festgestellt hat, unsere Kathedralen jetzt seien die Autobahnen ... kulturell auch so demokratisch, weil dort der höchste Besitzer und der kleinste Arbeiter sich an dieselben Verkehrsregeln halten - in der Regel - also wunderbar - nur dass es einen ungeheuren Unterschied macht, wenn da Orte in der Horizontalen verbunden werden. Diese senkrechte Richtung der göttlichen Kathedrale ... ist etwas völlig anderes gewesen. Und diese ganze Energieverteilung, die ist nicht mehr. Das heißt also, dass wir, indem wir jetzt verstandesmäßig sehen - da ist etwas herausgefallen - da sind wir noch nicht wieder da. Aber um das Politische in seiner Bürde - und nun gar mit der Ausgabe gekoppelt, diese klassenmäßige Einteilung, die Ungerechtigkeit herauszukriegen und die Gleichheit aller Menschen vor Gott politisch zu konstituieren - das war ja der Vorschlag des Christentums ursprünglich gewesen - selbst dafür reicht es nicht, viel weniger also in den kulturellen spirituellen Bereich. Und der Punkt ist - also eine – nicht dass es Künstler gibt, die gezwungen scheinen - was die eigentlich in Wirklichkeit machen und untergeordnet sind - und dass es Leute gibt, die sich mit Spirituellem noch befassen. Es ist die Frage: Das entscheidet nicht, sondern es entscheidet, wie das ... wie diese Energie ... letzten Endes - und deshalb ist also in der logisch richtigen Einrichtung hier - alsodass hier vier Paare ... zustande ... übereinander geordnet sind, sodass also die spirituelle Dimension, die Erde-Ebene - der höchste Himmel wäre über der kulturellen und dann mit der politischen und mit der ökonomischen - aber wenn das so wäre, so eingerichtet wäre, würde so vieles anders laufen. Also das ist - wenn also tatsächlich - machtmäßig gesehen hieße das, dass die Energiekonzentration - und mit Freud auch gesagt: ich liebe Konzentration - das ist schon einmal ein bisschen ... denn dass die da also Bestandteil wäre auf der Ebene der verschiedenen geistigen ... und der politischen - als in den ökonomischen. Nur, es ist halt so, dass, wenn man die Mehrheit der Gesellschaft über das Ökonomische einerseits in diesem bürgerlich formalen Sinne befreit und andererseits also aber auch ab ... ist das dann also - das Energieniveau wird auf die Ansprüche dieser Gegenmutter gezogen und es ist sozusagen das Einfachste - das sieht man dann auch in der Korruption ... durch deren ökonomischen und technologischen auch - dass sie da aus ihrer kulturellen Dimension herausgerissen werden, auf die Werte des Motormarkts - bzw. alles, was dazu gehört. Also das heißt, der - wenn man jetzt den Menschen sieht - von seinem untersten Shakra, also von dem, wo es um Nahrung geht, Sexualität oder Macht und so - dass also die höheren Energieniveaus, deren Entwicklung eigentlich in der Möglichkeit jedes neugeborenen Menschen angelegt ist, das findet gesellschaftlich deswegen nicht statt. Und das ist also die Herausforderung, die mit der ...situation verbunden ist, dass wir da durch den Erfolg eigentlich dieses einseitigen antagonistischen Kulturprozesses einerseits also an ein sehr niedriges Niveau der menschlichen Energieentscheidung gekommen sind - was die Qualität betrifft - und andererseits ein ungeheuer hohes und selbstzerstörerisches - was die Quantität betrifft. Was also ... also, was ich für Möglichkeiten für mich ausgeschlossen hatte - obwohl es gar keine Garantie gibt - das ist, dass diese Zuspitzung dieses Widerspruchs - also des Gegensatzes zwischen Qualität und Quantität des menschlichen Energieeinsatzes - vor dem Hintergrund der ... der Menschheit - dass das eine - das ist jetzt meine ... ich habe da irgendwo bei Politik noch zwei Kreise gemacht ... ach hier, ja - hier meint natürlich, dass diese Frage nach einer neuen Politeia, also nach anderen Ausgangspunkten, nach einer Verschiebung, würde ich mal sagen, des Politischen vom Kampf der mächtigen Sonderinteressen - das ist die bisherige Geschichte. Der Hauptgegensatz war gar nicht der zwischen Herrschenden und Unterdrückten, sondern es war die Konkurrenz der verschiedenen sozusagen innergesellschaftlichen Großmächte - sei es jetzt Klassen in einem Lande, der aber herrschaftsfähige oder ... klassen oder sei es international - und diese Frage ist also, ob man von den Schwerpunkten dieses konkurrenzorientierten antagonistischen Modells - artinterne Konkurrenz, die sich erst geschichtlich herausgearbeitet hat - also es ist nicht älter - dass das völlig dominiert - ist nicht älter als 5000 Jahre oder so. Bis dahin war also zwischen Kooperation als Prinzip innerhalb des Gemeinwesens und Krieg nach außen und so - also es war ein äußerer Gegensatz. Und solange die Erde noch leerer war und die Gesellschaft mit sich alleine war, war eigentlich Genuss am Gemeinwesen - er ging der ökonomischen Konkurrenz voraus - dass jeder - also wenn der Stamm im Ganzen ökonomisch funktionierte, dass jeder da was hatte, das war gesichert. Das war so gesichert, dass noch die älteren Despotien immer für die Felder der … und Weisen gesorgt haben. Das heißt, der Sozialstaat ist keine Erfindung des 20. Jahrhunderts in dem Sinne, sondern - dagegen wird man seiner Gruppe kommunistische Prinzipien noch in die frühen Herrschaftsorganisationen ein - und das ist also ein – also, es ist in meinen Augen hoffnungsvoll, zu sehen, dass also diese Herrschaftsgesellschaft - es sind auch nur 5000 Jahre und ein bisschen länger, so etwas. Das heißt, es ist zumindest für meine Begriffe noch nicht entschieden, dass wir bei diesem Kampf der Bosse und Konzerne und Nationen und internationaler Kooperation und Machtblöcke bleiben müssen, wenn sich herausstellt, dass also diese … Seite A Ende.

Die Frage, die ich dann in der zweiten Stunde dann ein bisschen ausführlicher behandeln will - also wie eine neue Politeia - wenn man sie dann nicht bloß auf die Frage bringt, wie könnte ein, im engeren Sinne, politisches Parlament gegenüber einem Wirtschaftsparlament und einem Kulturparlament und so - das sind wichtige Hebel - aber es geht ja um das Ganze. Das Politische ist eigentlich das Ganze, die Gesamtorganisation, und ob je in diesem Sinne eine Aussicht bestünde, und was dann eigentlich die Akzente wären, auf die hin sich die Menschheit innerhalb solcher verschiedenen - bzw. Kommissionen - und im Ganzen - auch einige der Minister – also, ob das - ob praktisch – also, man kann es auch so sagen, ob es möglich ist, diese logische Struktur - und Ditfurth sagte, wie sehr sie also von sozialer Ungerechtigkeit gekoppelt ist – ob es möglich ist also, sie – was das Gewicht betrifft – soweit herauszuheben, dass die mit der menschlichen Existenz wahrscheinlich nicht ohne weiteres auf Null zu bringenden - die sozialen Ungerechtigkeiten - aber zumindest … dass das nicht also - dass die nicht praktisch die Machtinteressen, die Aneignungsinteressen - wie etwa die Weltmeere - das schlägt … durch - ob das nun also in einem hohen spirituellen … und politischen Sinne untergeordnet werden kann.

Darauf besonders will ich mich dann - über die Bedingungen und Umstände bei der Sache - will ich mich dann in der zweiten Stunde …

Danke.

- verkürzt ausgedrückt, die Frage: Eine Erde, eine Religion? Das heißt die Frage auf der höchsten - oder spirituellen - Ebene, wenn wir sie von der kulturellen - wo die verschiedenen Religionen ja irgendwie ethnisch festgelegt sind - und dann die verschiedensten Sprünge zur ... führten - ob ... eine Ebene darüber nicht zu einem Wertekonsens der Menschheit kommen könnte, der irgendwie spirituell, das heißt, ich würde sagen, mit der Geist-Natur des Menschen insgesamt, mit seinen Bewusstseinsgrenzen insgesamt in Übereinstimmung ist. Das heißt, wo sozusagen die kulturellen Unterschiede ... erhalten bleiben – sozusagen - die nicht die Einigung über das, was dem Menschen insgesamt existenziell möglich ist, verhindern - und da wollte ich - also mit den - auch mit verschiedenen ... umgehen - eigentlich vor dem Hintergrund - oder über das hinaus, was ich jetzt heute noch, gerade in der letzten Stunde abschließend darstellen werde, also die Frage: Welche allgemeineren menschheitlichen Fragen eigentlich ihren Durchbruch suchen gegenüber denen, die das bisher bestimmen. Und die Vorlesungsreihe fängt an - das stand voriges Mal schon mit dabei – ich will es aber noch einmal sagen, den 20. Am 20. Oktober um 18.00 Uhr.

Also, ich will noch einmal ansetzen bei der Realität, will sie einmal sehr zugespitzt formulieren, so formulieren, dass die Herrschaft des Antagonismus und der Konkurrenz - das heißt, ihre einseitige Herrschaft im historischen Zusammenhang - dass das allerhöchstwahrscheinlich - also nach sehr vielem, was man inzwischen universalgeschichtlich weiß - mit der Verdichtung der menschlichen Population auf der Erde zusammenhängt. Dass also in den frühen Zeiten - in den Wanderungsbewegungen der Menschen - nicht bedeutet habe - wie schon in der grünen-??- Völkerwanderung, da war das schon eine Frage des Krieges - aber, das war in der Zeit, als die Höhlenmalereien da in Spanien entstanden - das ist ja erst 20.000 Jahre ungefähr her - es gibt ältere Höhlenmalereien inzwischen, weiß man. Also in dem Augenblick, als praktisch die kulturelle Potenz des Homo sapiens das erste Mal so richtig explodierte und der – positiv explodieren jetzt – und der ursprüngliche und - irgendwie glaube ich - auch wieder zu beginnende Aufbau in dieser Art sich da dargestellt hat - wo also praktisch in den Höhlen entworfen worden ist, wie die Auseinandersetzung mit der Natur und der Tierwelt, wie die vom Stamm verstanden, wie die gesteuert werden soll, wie wir das verstehen wollen. Also das war - die Jagd war konzipiert -aber als der heilige Vorgang - in diesen Malereien. Und wenn man in dieser Zeit - das will ich jetzt sagen - wenn da jetzt aus irgendwelchen - oft geografischen - Gründen Wanderungen ausgelöst wurden, dann konnten sich die Menschen ausweichen - und sie taten das auch. Das heißt, die ungeheure differenzierte kulturelle und sprachliche Entwicklung, die man gerade - die gerade in den frühen Zeiten ihren Ausgangspunkt hat - dort haben sich die formativen Personen - Marx hat diesen Begriff dann später gebraucht - waren viel länger als man sozusagen mit den Augen des an Schrift orientierten Historikers denkt. Da ist also sehr langsam und sehr kontinuierlich und sehr stabil etwas angewachsen, was also diese ungeheure ethnische Differenzierung - die die Völkerkundler dann im 19. und 20. Jahrhundert festgestellt haben - was da erst einmal hervorgegangen ist - und meistens ungestört durch andere Gemeinwesen. Das heißt nicht, dass das Problem mit den Fremden gelöst gewesen wäre, überhaupt nicht. Also dieser Gegensatz - das Eigene und das Fremde - der bis in die Multi-Kulti-Diskussion der Gegenwart jetzt solche Schwierigkeiten uns bereitet - der war - das war nicht bearbeitet, sondern das stellte sich noch nicht als dramatisch dar. Und ich habe in den vorigen Zusammenhängen öfter darauf hingewiesen, dass in dem Augenblick, der gar nicht so lange zurückliegt - also erst seit es Landwirtschaft gibt, gibt es so in diesem strengeren … gebiete, auf die sich also Machtinteressen auch konzentrieren können und wo es sich lohnt. Also, wenn man Nomade ist und bisher von der Jagd gelebt hat und die Jagdgründe mehr aufeinander stoßen, weil andere auf ihnen stehen, dann wird es interessant, dort erobernd einzugreifen. Und was dann passiert - darauf habe ich hingewiesen - das ist, dass die Kulturen, die dann erobert und überladen - die werden von oben zerstört. Also als – jetzt- »von oben« meine ich nicht das Machtverhältnis als solches, sondern ich meine »von oben« - von der spirituellen Dimension aus. Und es wird also entwertet: Unsere Götter sind schwächer. Also die - das war eigentlich die Niederlage und Erfahrung noch dieser indianischen Großreiche in Lateinamerika, dass also diese barbarischen Konquistadoren … und wie sie hießen, dass die offenbar mächtiger waren, als … von den Indianern her gesehen. Und nun noch der Unglücksfall, dass die einen weißen Gott sich gedichtet hatten … ich erinnere mich nicht genau, wie die den gesprochen haben. Also von dort her entmutigt, kulturell zurückgeworfen - das ist die Ebene vor allem der Sprache. Also, die mussten alle

Spanisch lernen, haben sie auch irgendwie, weil anders ging es nicht mehr in dem Zusammenhang - und waren politisch in die Berge gedrängt. Und in den Städten saßen also die, ja, also Kolonisatoren - das war ja nicht einmal die Elite der herrschenden Klasse, sondern das waren also die Desperados praktisch der ganzen spanischen Gesellschaft, die da eintraten - von den Rittern bis zum dritten Bauernsohn aus Galicien. Also so ist der Kolonialismus der Moderne - ist ein altes Modell in Wirklichkeit. Und immer, wenn also solche ...häuptlinge an der Spitze ihrer Kriegerschar - Wikinger aller Art - und wenn die Herr wurden über - besonders über noch nicht ... der Situation. Also in Sizilien, wo die Normannen kamen, dort war schon zu viel nahöstliche arabische ... Kultur gewesen - also, da war viel Assimilation. Aber wo der Abstand größer war - jedenfalls für die weißen Kolonisatoren und afrikanischen Stammesgesellschaften - die wurden also praktisch völlig enteignet. Und das ist also dieser kulturelle Abbauprozess, der sie - also in einem Grade - so ... hat, wie das den Unterworfenen im eigenen Stammeszusammenhang also nicht in gleichem Maße passiert. Also, ich habe heute darauf hingewiesen, dass die ... organische Entwicklung in Deutschland oder Frankreich oder so - bei den fränkischen Franzosen zumindest - dass das eben auch mit damit zusammenhängt, dass die Unterdrückungsprozesse im eigenen Stamm nicht denselben - sagen wir mal - kulturellen Vernichtungs- und Enteignungsgrad annehmen, wie das ist bei diesen - bei der Unterwerfung. Die meisten Völkerschaften ... oder Großreiche, Despotien und so - und dieser Zusammenhang ist da charakteristisch. Und wenn man jetzt aber zusammenfasst, was nun den historischen Prozess im Zusammenhang mit dieser Verdichtung und mit der Machtkonzentration vor ungefähr - also vor 3.000 vor Christi fing das richtig an in diesen Großreichen. Was da passiert ist, das heißt, was für die Mehrheit der Menschheit tendenziell - das ist eine Verschiebung gewesen, jedenfalls gegen das, was heute endogene Entwicklung genannt wird, gegen das. Also praktisch eine Fremdbestimmung des historischen Prozesses durch übermächtige - in Anführungszeichen »fortgeschrittene« - im technologischen und militärischen tatsächlich fortgeschrittene oft - vor allem militärisch erst einmal fortgeschrittene - also im Gewaltpotenzial fortgeschrittene. Und das ist dann in den ersten Jahrtausenden - also in Ägypten beispielsweise ist es ja tatsächlich auch in einen technologischen Fortschritt mit der Zeit umgesetzt worden. Das heißt, das war eigentlich die große Legitimation, dass diese hydraulische Kultur, also diese Kultur des Wassers, der Flüsse - und dem anderen auch - dass das also noch rechtzeitig geliefert hat. Aber der Punkt ist, dass die Schwerpunktverlagerung eigentlich der Stammesentwicklung, der Steuerung der menschlichen Entwicklung nach außen - heute sind praktisch also alle ursprünglichen Völker dieser überwältigenden Übermacht, der kapitalistischen Zivilisation, ausgesetzt. Ich habe in meiner »Alternative« gezeigt, wie sehr. Es ist ein wesentlicher Punkt, glaube ich, der Niederlage. Die sowjetischen Verhältnisse - die sozialistischen Verhältnisse - fremdbestimmt gewesen sind - durch den Übergang des westlichen Systems - jetzt nicht nur - man denkt da vielleicht zu kurz, wenn man es nur ökonomisch sieht - sondern das ist dieser ganze Komplex von Subjektivität, konquistadorischer, erobernder, Initiative. Die war einfach - der durchschnittliche Westeuropäer hatte sozusagen - wie er ist - als der russische Bauer - und die Bewohner der Welt überhaupt - sodass also Politik, Ökonomie, Technologie - das war ein einziger Zusammenhang. Und auf der Ebene der politischen Machtergreifung - nicht so sehr der kulturellen und der eigentlich kulturellen - spirituellen - war dann nachher also die, sagen wir mal - zumindest der initiativreichere Teil der Gesamtbevölkerung hatte da also diesen kolonialen Konsens natürlich - wir sind besser als alle anderen - das zählt, das schlägt bis heute durch. Und dieser Überbestimmung durch - von außen gegen endogene Entwicklung - die hat also praktisch der Mehrheit der Menschheit eigentlich ihren eigenen kulturellen spirituellen Weg abgeschnitten. Und wir sind bestimmt auch dadurch verarmt – also - an Möglichkeiten. Wo steht geschrieben, dass es ein Maßstab sein soll, ob man in 100 Jahren oder in 1000 Jahren zu einer Hochkultur kommt? Aber das wird einfach abgeschnitten dadurch, dass festgelegt worden ist, wo entlang läuft der Fortschritt, und welche Kriterien - nicht nur des Raumes, sondern auch der Zeit, einer übrigens kurzen Zeit - in der ungeheuren Beschleunigung von Geschichte sollen da gelten. Also, das ist diese Verdichtung. Er hat praktisch also das, dass diese Streckung, Verlagerung des gesellschaftlichen Lebens im Grunde auf Krieg - und in verschiedener Form auch auf ökonomischen Krieg, also auf Kulturzerstörung, was das Gewachsene betrifft, was das Organische betrifft. Das ist also der Gang der Dinge gewesen. Selbst Deutschland hat in seiner romantischen Zeit diese Erfahrung reflektiert, dass die englischen und französischen Fortschritte sozusagen unsere klassische Periode abgedrängt haben. Ich habe das einmal – also, die das abgeschnitten haben, das Elend, weil die in der Kunstperiode, bei der … andere haben sich dagegen gewandt – damals - und praktisch die organische Entwicklung im Sinne der Verteidigung des in Deutschland Gewachsenen gegen diese Moderne gestellt. Ich glaube, dass bis in die reaktionäre Verarbeitung der Hitlerzeit, also … diese Erfahrung da. Im Grunde eine relativ noch milde Kolonialerfahrung der Deutschen in dem 19. Jahrhundert dann. Also, das ist - ich will jetzt nur, sozusagen - ich sage nur den Zusammenhang jetzt, dass der Gesamtprozess der Geschichte in diesen 5000 Jahren Herrschaftskultur - ich kann es auch so formulieren - bestimmt worden ist dadurch, dass dieses Verdichtungsproblem nicht durch Integration auf der spirituellen und kulturellen Ebene gelöst worden ist, sondern nur auf der politischen. Das heißt, vor allem auf der militärischen Ebene - auf der Gewaltebene - führt diese Integration zum Erfolg. Und das heißt, dass - für die Mehrheit der Menschen ist die menschliche Existenz selbst da geschnitten worden. Das heißt, die Gerechtigkeit ist nicht nur gestört worden durch die Ausbeutungsverhältnisse auf ökonomischer und technischer Ebene, sondern entscheidend auf der Ebene, auf der im Deutschen Bauernkrieg etwa Thomas Münzer angetreten ist, indem er sagte - also hier ist jetzt Reformation angesagt und alle sollen ihr direktes, ihr unmittelbares Verhältnis ohne den Pfaffen zum lieben Gott herstellen. Aber die Bauern sind daran gehindert durch - also durch ihre subalterne Situation im Ganzen. Nicht nur durch - dadurch dass sie - ja - abgezogen, das schon … bezogen - aber insgesamt, also, dass ihre kulturelle Situation - auch was die erste Ebene, wo das Kulturelle dann betroffen ist - wenn auf der politischen Ebene nicht einmal mehr geht, was in so einem so herrschaftlichen Prozess innerhalb eines Volkes noch geht, dass die Rechte auch der Bauern gegen die Gutsherren irgendwie doch noch definiert sind. Das ist ein Respekt- ein Achtungsverhältnis, das darf ich nicht berühren, das gibt es. Und in dieser Zeit vor dem Bauernkrieg, also seit ungefähr 1450, geriet der Adel so unter finanziellen Druck, dass er keine Rücksicht mehr nahm und immer weiter und tiefer einschnitt und Rechte verletzte, sodass – also, ich meine, die Forderung der Bauern war ja Freiheit und es waren die alten Freiheiten, die da genannt waren. Es war nicht die bürgerliche Freiheit, die da irgendwie indirekt mit durch den Bauernkrieg befördert worden ist - in den Städten auch - sondern es waren die alten Volksfreiheiten – also, Rechte halt zu laden - in »Kabale und Liebe« - diese Sache. Und das ist also in den historischen Prozess des Machtaufbaus, wo es zwischen verschiedenen Völkern … gelaufen, also bis hin zu der antiken Sklaverei, die nicht nur die Griechen kannten, sodass die Menschen also aus ihrer Menschenwürde überhaupt hinausgeworfen und als Werkzeug verwandt worden sind.

Wenn man jetzt die gegenwärtige Situation also als den Punkt erkennt, an dem also die Logik dieses Prozesses, dieses Ausschlussprozesses gegen die Mehrheit - nicht nur von politischer Macht - sondern von – also, von den spirituellen und kulturellen Dimensionen der menschlichen Existenz - diesen Ausschlussprozess. Wenn man sieht, dass der jetzt also irgendwie an ein Ende kommt - was ich vorhin an Elias erinnernd sagte - dass also diese Tendenz zur machtmäßigen Monopolisierung - alias Globalisierung - die irgendwie im Gange ist, dass die doch ein Pendant darin hat, dass zumindest erst einmal in der Form des Anspruchs - sei es auch des Ressentiments - also große Teile der Weltbevölkerung natürlich nun durch Gleichheit fordert. Also, es drückt sich darin aus, dass sie unsere Konsummuster erst einmal nachmachen wollen, aber da steckt in de … Form für die Zustände insgesamt verantwortlich sind, steckt schon der Anspruch drin: Also, wir sind so gut Menschen wie alle anderen - das heißt, diese Vorstellung der Gleichheit aller Menschen vor Gott oder den Göttern oder im großen Zusammenhang oder dem Tao, das ist - das wird in solcher Situation des entfremdeten Universalstaats mächtiger. Toynbee hat für die Entwicklung der meisten großen Zivilisationen gezeigt, wenn dann also sie irgendwie an das Ende ihrer fruchtbaren Periode gelangt sind, und die … und auch in Rom dann - dass dann zunächst der Universalstaat - so als das römische Imperium - oder jetzt als NATO - oder das atlantische Imperium – das die erst einmal die Szene besetzen mit formellen Kulturversprechungen - also dieses Gleichheitsprinzip. Das römische Reich hat also in den Jahren des Verfalls der Kaiserzeit … noch was nach. Die haben dann also sklavenbefreierische Gesetze erlassen dort zum Teil, also die Lage der Sklaven erleichtert. Es gab so einen Prozess der Zivilisierung in dem Sinne, dass formell der Spielraum für Menschenwürde in diesem römischen Reiche wuchs - und durch die Formalität aber zugleich enttäuscht - sodass also das Christentum, das also damals die religiöse Regenerationsbewegung, die bis auf die spirituelle Ebene durchschlug und von dorther die Gleichheit aller Menschen also erhoffte - und damit dies eigentlich aus der Sklaverei ausbrach. Das war also bei Toynbee - nicht nur in Rom - sondern das war charakteristisch für den Weg vieler Zivilisationen, die allerdings dann darin kaputt gingen, dass dieser - ja - zivilisatorische Prozess darauf ging, sich immer - also bestenfalls -sich in der Formalität erschöpft hat, was die Befreiung betrifft - und dann eine religiösere Erneuerung, eine mögliche nächste Formation, hervorrief. Und ich denke, dass also noch nicht ausdruckreif ist, ob nicht diese Fixierung jetzt auf das ökonomische und technische Teil - das dann also schon allein, weil es materiell auf der Erde gar nicht reicht für diese Explosion, die wir in den letzten Jahren haben - ob das nicht doch zu einem Umschlag treibt, der ganz andere politische Möglichkeiten eröffnet. Und ich habe jetzt einmal angedeutet - oder will einmal andeuten - dass es ja objektive Erfordernisse - Notwendigkeiten geradezu - gibt, die innerhalb dieser - natürlich kapitalistisch angeordneten ökonomisch-technischen … bewegung da - überhaupt nicht zur Geltung kommen können - beziehungsweise geradezu – also, nachhaltig und gründlich, ja selbstmörderisch gestört werden, und zwar – also, ich habe das hier in fünf Ebenen gesehen, das heißt - und ich meine damit - das sind lauter Dimensionen, die sozusagen mit dem bisherigen Niederschlag dieses machtpolitischen Prozesses, wovon also der – also, ich meine jetzt dieses Abfalls auch von der spirituellen zur ökonomisch-technologischen Ebene - wo also der Kapitalismus die passende Formation dazu ist. Also, der drückt sozusagen diesen - sagen wir mal - die Megafrequenz des menschlichen Energieeinsatzes aus, dass das so auf die schweren Teile … dass also die - das Ökonomische und Technologische sich erst einmal in Bezug auf menschliche Perspektive und Bewahrung der Werte nicht als … erweist. Und diese - konkret heißt das – also, erst einmal also - wir haben ja gerade durch diesen ökonomisch-technologischen Erfolg, der zugleich noch gar nicht ausreicht - und zwar nicht aus technologischen, sondern aus ökonomischen Gründen - wegen der Ungerechtigkeit des Wirtschaftssystems nicht ausreicht, um den Hunger zu vermeiden jetzt. Da sind wir dabei - also praktisch - unser Naturverhältnis im ganzen Erdkreis kaputt zu machen. Und dem steht – also - eigentlich als Zwang gegenüber, der – wie sich im Falle jetzt des Niedergangs von Zivilisation immer gezeigt hat - auch Teilen der Eliten bewusst war - früher oder später.

Ich meine jetzt den Inbegriff einmal ganz konventionell, also im Sinne derer, die das Heft in der Hand haben. Also, es ist dann so, dass – also, ich habe schon erwähnt, dieses Buch von dem Werner Raith - »Das verlassene Imperium« - über Rom. Also, wie viele Menschen mit ihrer Energie sich auf einmal nicht mehr auf den Kaiser und die Reformen und so - die, die immer wieder angesagt haben - bezogen und nicht mehr kämpften, wenn Nordafrika kein Getreide mehr lieferte oder Spanien im Aufstand war. Die nicht mehr bereit waren - das heißt, dass also so ein Rückzug erst einmal in die Innerlichkeit - also ein – das war ja zum Teil eine christliche Bewegung – also ein Verzicht darauf, noch aktiv an der Revolution der bestehenden Zustände teilzunehmen.

Die Mentalität, die in Westdeutschland den Wiederaufbau vorangetrieben hat in den 50er; 60er-Jahren, das ist viel stärker gebrochen jetzt. Also, das Verhängnis besteht eigentlich darin, wie man sich - gegen - neuerdings dann in einer soziologischen Studien dann auch ausgedrückt hat, dass ein Drittel der Gesellschaft reiche, um alles weiter kaputt zu machen - mit voller Initiative. Nur ist das Verhältnis in letzter Instanz dann doch nicht … so einfach. Sondern wenn also größere Teile der Gesellschaft und auch derer, die mit dem bisherigen Geschäft verbunden waren, zu dem Gefühl der Leere … was das betrifft, dann weicht eigentlich - nicht bloß die Legitimität, was schon wichtig ist -sondern einfach der Antrieb. Der Antrieb, der das Ganze also in der bisherigen Richtung vorantreibt und in dieses - das Problem des Naturverhältnisses wird sich also, ich vermute, wenn diese jetzige Globalisierungserfahrung gemacht worden ist, die einen neuen Schub der Weltzerstörung eigentlich bedeutet – unter dem Strich dann - jenseits der sozialen Fragen auch … dass - wir werden zu den Fragestellungen des Eklats auf Rom zurückkommen. Der Eklat auf Rom übrigens ist gerade der stärkste Beweis für das, was ich eben gesagt habe, denn das war ein italienischer Industrieller, das waren etablierte Wissenschaftler, die zunächst aus Sorge um unsere Errungenschaften, wo wir es so herrlich weit gebracht haben, warum sollen wir das selbst kaputt machen - das war der Standpunkt des kaputten Rom - und zunächst also gar nicht die sozialen … in erster Linie, obwohl die nicht völlig blind dafür gewesen sind.

Also, das ist die erste Ebene und hat eine ziemliche Ähnlichkeit mit dem Hinweis, den Nikita Chruschtschow damals gemacht hat, dass die Atombombe den Unterschied zwischen Kapitalisten und Kommunisten wohl nicht machen würde. Und das heißt also, diese Dimension drängt sich auf. Und ich glaube, dass die augenblickliche Konjunktur – ich habe beim letzten Mal hier davon gesprochen – ich meine jetzt ...konjunktur, Konjunkturtief, des Umweltgedankens - dass das mit der Beschränktheit des Umweltthemas zu tun hat. Das ist jetzt hier zu kurz gegriffen, was die ökologische Krise betrifft - und mit Menschheitskrise - und das Problem, das wir hier behandeln im Ganzen - es geht um - es geht wirklich um alles. Es geht darum also, eine Ordnung einzurichten, in der dieses durch die Verdichtung der letzten 5000 Jahre auf die Spitze getriebene Herrschaftsproblem, wo das also abgelöst wird durch – also konkurrenzgetrieben – wo das also abgelöst wird durch die Dominanz von Kooperation, also ... Fürst ... hatte ja gezeigt, dass beide Tendenzen dieser menschlichen Existenz angelegt sind - das eine mehr im Stamm erst einmal, im Gemeinwesen, in der Gruppe – bei allen Differenzen, die es da gibt – und das andere, was ich da eben - wie ich gezeigt habe - mehr im Zusammenhang mit den äußeren Funktionen, die dann ... in die Gesellschaft hineinschlagen, sodass praktisch zwei Klassen fast Völker sein können, zeitweilig zumindest.

Aber diese Verschiebung in Richtung Kooperation - von der Konkurrenz, vom Antagonismus - das ist also, was durch das Drama in unserem Naturverhältnis auf die Tagesordnung gesetzt wird - also so, dass die älteste Motivation, die im Tao Te King, im chinesischen Weisheitsbuch, noch auf ursprüngliche und nicht miteinander kriegende Stämme bezogen war, dem Tao zufolge, also dem Gang der Dinge der großen Natur, dem gesellschaftlichen Zusammenhang – ich sage - analog zu arbeiten, dass sich das neu aufdrängt. Natürlich jetzt in einer viel reflektierteren und sicher auch mit den - sagen wir mal - mit den menschlichen Erfahrungen der wissenschaftlichen Periode - wenn auch nicht mit der Art der westlichen Wissenschaft korrespondierenden Form. Und die zweite Dimension, die auch an diese ursprünglichen gesellschaftlichen Verhältnisse erinnert – also, bei den Indianern gab es ein Prinzip, wenn die im Rat zusammensaßen - im Rat mit »T« (und auch in ihrem Rad??), also wo dann der Stoff besprochen wurde: Nichts darf passieren, das die Kinder gefährdet - also, was die Kontinuität des Stammeslebens, die nächste Generation in ihren Lebenschancen beeinträchtigt.

Während wir ein so auf kurzfristigen Profit und kurzfristige politische Perioden angelegtes System uns eingerichtet haben, wo also über die

Kinder einfach de facto, durch die Zuspitzung der Widersprüche, entschieden wird, über die Lebenschancen, die künftige Generationen haben werden - nicht nur im eigenen Volk, sondern auf der ganzen Erde - 35000 sterben jedes Jahr - also im internationalen Maßstab - also das ist eine - jetzt schon - also durch ökonomische Verhältnisse bedingte Katastrophe. Aber, wenn wir auf der Ebene hier - der ersten Ebene des Naturverhältnisses - so weitermachen und das Gerechtigkeitsproblem nicht neu gefasst werden kann, dann wird das also - die Kinder sind ja die nächste Generation der Menschheit - einfach … künftige Generation. Und unter dem Gesichtspunkt künftiger Generationen - wenn man jetzt sich darüber klar ist, in welchem exponentiellen Verlauf das mit den, also mit den - Ressourcen reduzieren - die dann zur Verfügung stehen, dann erzwingt sich aus diesem Gedanken, der künftigen Generation also noch etwas übrig zu lassen, die Erde verbessert zu übergeben – hat Engels einmal formuliert, irgendwo – dann ist also das Prinzip einfacher Reproduktion statt der bisher allseits gepriesenen - und von den Sozialisten gepriesenen - erweiterten Reproduktion, ist eigentlich die einzige Möglichkeit.

Ich meine, wir können viel diskutieren über qualitatives Wachstum und so - da ist – man muss auch nicht sozusagen religiös werden – abfackeln das Thema und Dramatisieren. Aber klar ist, dass im Ganzen gesehen, also diese Raten, die Steigerungsraten des Pro-Kopf-Verbrauchs für alle, die mit dem – sozusagen - Demokratiewunsch, von dem ich vorhin gesprochen habe - wäre sozusagen eigentlich die ganze menschliche Existenz - so unglücklich gekoppelt ist - das muss gesprengt werden. Also, wir müssen dahin kommen, dass die - dass niemand diskriminiert ist, der morgen irgendwie sein … im Weltmaßstab gesehen – und dass also so viele - also diese Flugzeug-Weltreisenden - als nicht – also, das konkurriert mit dem genannten Tao Te King - dass die nicht aus dem Hause gehen, doch das Tao des Himmels sehen. Und das heißt nicht, dass niemand irgendwann einmal eine weitere Reise machen soll. Aber hier ist ja eine verwirkte Bedürfnisentwicklung. Und wir haben besondere Schwierigkeit - diese ungarische … Schülerin, mit der habe ich einmal einen Streit gehabt, weil sie den Verdacht hatte – also, diese sozialistische einschränkende Kritik der Bedürfnisse - weil wir nicht genug hatten zum einen. Wenn ich sagte: Wir brauchen Kritik der Bedürfnisse - also diese … völlig an dem kapitalistischen Marktmechanismus hängen würden, da ist also sozusagen der nachholende Liberalismus der alten westlichen Sozialisten hier - ist quer jetzt zu dieser Notwendigkeit.

Also einfache Reproduktion - das Volk als die Notwendigkeit - und wenn dann an dritter Stelle Gerechtigkeit, Chancengleichheit, Ressourcen - Haushalt heißt das nämlich - auf einfachere Reproduktion - Haushalt statt dieses monetäre Wachstum - nicht dass Produktion gesteuerte / produktionsgesteuerte Geldvermehrung. Und dann heißt das also, dass die ökologische Krise und die Kulturkrise der Menschheit überhaupt - also, ich glaube, dass wir direkt - also wirklich - dem Zwang unterliegen, die Kapitaldynamik doch abzuschaffen. Sie hat so wunderbar gesiegt jetzt, aber das ist – also, Kapitaldynamik heißt einfach - und zwar völlig unvermindert – ich meine es scheint sich noch einmal zuzuspitzen – das heißt, dass also das Steuerungsprinzip der menschlichen Gesamtentwicklung und der Wirtschaftsentwicklung auf der Erde - aber weil die ja durchschlägt auf alles Übrige jetzt - das ist also Geldvermehrung ins Unendliche. Und das heißt, ich muss Ressourcen, Energie - wenn es geht, auch noch Menschen - leider werden die jetzt zu teuer, wenn man sie einstellen will - dass man da immer mehr Ressourcen hineinreißen muss in den Vermehrungsprozess - nicht von Versorgung - sondern von Geld. Und zwar, wo Geld dann also zugleich also das Mittel ist, mit dem die Individuen ihre Konkurrenz austragen – wer ist mehr, wer ist weniger – wie viel Dollar am Mensch ... in Amerika - und tendenziell drückt das natürlich auch auf Völker, die da noch nicht so qualifiziert gewesen sind wie der weiße Mann im Westen und Nordwesten war.

Man sieht, wie barbarisch frühkapitalistisch die Mentalität sich etwa in Russland jetzt da ausbreitet und das Volk wirklich in neun Zehntel / ein Zehntel spaltet, sodass - diese kapitaldynamische Ordnung hat, ich meine, zu dem jetzt schon evidenten Zusammenstoß mit der Erde und mit den Interessen zukünftiger Generationen geführt. Für die Hälfte der Menschheit ist das ein völlig aktuelles Problem - schon auf der ökonomischen Ebene. Während also klar ist - Christian Sigrist übrigens, der heute kommen wollte, hat den Begriff der sozial-ökologischen Destabilisierung geprägt – er sagt also: Je weiter wir vom Trend weg sind - hier von Europa - umso deutlicher ist, dass soziale Katastrophen und ökologische Katastrophen engstens zusammen gehen. Also in Afrika hat – zum Beispiel verschwinden die letzten Bäume allein fürs Herdfeuer schon, weil es also kein … normale … Prozess in vieler Hinsicht aus allen Nähten geplatzt ist, so, also es ist klar, dass diese … also den kulturellen. Und Landschaft ist ja - Kulturlandschaft ist wirklich Kulturlandschaft in dem Sinne - das hängt davon ab, dass dort eine Gesellschaft ihr Ambiente pflegt. Und wenn die Gesellschaft zerstört wird, dann also Atomismus - also die Leute vereinzelt werden durchs Kapital - und Anomie, das heißt, wenn der … ausfällt, wenn das Gesetz ausfällt, und zwar das Gesetz nicht jetzt, dass die Herrschenden auftreten, sondern dass eine Gesellschaft … Wenn das alles ausfällt und nicht wiederhergestellt wird, also da geht also - die Erde geht schnell kaputt daran, sodass also diese Ebene der Kapitaldynamik - das ist ein Natur- und sozial ungerechtes System, das ist wirklich nicht neu. Keine neue Einsicht. Das stand also in der – also, das wussten selbst die klassischen Ökonomen des Bürgertums noch, dass da hier noch … irgendein Gleichgewicht gefunden zu haben. Aber jetzt ist es meiner Meinung nach ganz offensichtlich, dass diese Kapitalkombination unverträglich ist mit der Erde, das heißt mit der ferneren Existenz des Menschen überhaupt. Also, diese Frage wird sich praktisch stellen, da bin ich ganz sicher, auch wenn das im Augenblick ideologisch noch nicht so aussieht - wir hier werden wohl warten müssen, dass also der Rückschlag der Globalisierung wirklich ankommt. Man müsste sich fast wünschen, dass diese Widersprüche - diesmal übrigens auf etwas längerer Sicht - nicht so einfach abgefangen werden können, dass also diese, auf Kosten der übrigen Menschheit und Natur erhaltene politisch soziale Stabilität - so prekär sie bereits ist - aber es funktioniert ja immer noch - dass das also stärker ins Gedränge gerät, damit mehr Leute aufwachen.

4.: Es zwingt sich natürlich, wenn dem begegnet werden soll – also, wie jetzt die Herrschaft der Kapitaldynamik ausgeschaltet werden soll. Das ist unklarer denn je, weil also die Konzepte sozusagen des inneren Klassenkampfs und der internationalen Verbindung der Proletarier mit dieser welthistorischen Mission - das hat sich wirklich als falsche Hoffnung, sagen wir einmal, von Marx erwiesen. Es ist offensichtlich so, dass die Unterklassen der reichen Länder wie ein spätrömisches inneres Proletariat funktionieren. Das heißt, dass die am kolonialen Konsens und an der Haltung des Imperiums interessiert sind, weil dann – also, das zerstört dann ihre Lebensgewohnheiten nicht. Und man muss eigentlich ranschaffen, damit das stabil bleibt. Also dieser eben ausgesprochene Wunsch, dass unsere

Sicherheit ins Gedränge komme - je eher, desto besser, wenn man die Gesamtperspektive der Menschheit bedenkt - der ist natürlich populär, damit kann man sich ja keine - so sage ich – Abzähldemokratie–Veranstaltung gewinnen. Aber das heißt also, es ist also aus der Reihe eins, zwei, drei, die ich hier schon eben behandelt habe, voll die Notwendigkeit – ich drücke das einmal so aus – die Logik der menschlichen Existenz institutionell umzusetzen. Unter der Logik der menschlichen Existenz verstehe ich also, wie sich das vernünftigerweise in den großen Zusammenhang, in den Naturzusammenhang …

Literaturhinweise

Maik Hosang (Hrsg.): Rudolf Bahro: Apokalypse oder Geist einer neuen Zeit, edition ost, Berlin 1995, ISBN 3-929161-53-2

Jürgen G. H. Hoppmann: Melanchthons Astrologie. Der Weg der Sternenwissenschaft zur Zeit von Humanismus und Reformation. Drei Eichen Verlag, 1997, ISBN 3-9804492-8-9

Jürgen G. H. Hoppmann: The Lichtenberger Prophecy and Melanchthon's Horoscope for Luther. In: Culture and Cosmos, Vol. 1 No. 2, Bristol 1997, ISSN 1368-6534

Jürgen G. H. Hoppmann: Astrologie der Reformationszeit. Faust, Luther, Melanchthon und die Sternendeuterei, Clemens Zerling Verlag, 1998, ISBN 3-88468-069-2

Maik Hosang: Der integrale Mensch, Hinder & Deelmann, Gladenbach 2000, ISBN 3-87348-168-5

Maik Hosang und Reinhardt St. Tomek: Ethik-Kodex 2000, D. Fischer Verlag, Frankfurt/M. 2000, ISBN 3-923135-46-7

Bernd Markert/Stefan Fränzle/Maik Hosang: Vorzeichenwechsel. Wie Gesellschaft sich verändern kann, Peter Lang Verlag, Berlin und Wien 2005, ISBN 3-631-54201-1

Maik Hosang/Stefan Fränzle/Bernd Markert: Die emotionale Matrix. Grundlagen für gesellschaftlichen Wandel und nachhaltige Innovation, ökom-Verlag, München 2005, ISBN 3-86581-007-1

Bernd Markert/Helmut Lieth/Peter Menke-Glückert/Maik Hosang/Stefan Fränzle: Zur Existenz eines ganz starken anthropischen Prinzips, Bod-Verlag, Norderstedt 2006, ISBN 978-3-8334-5269-7

Maik Hosang und Kurt Seifert (Hg.): Integration. Natur – Kultur – Mensch, ökom-Verlag, München 2006, ISBN 3-86581-051-9

Maik Hosang: Jacob Böhme – Der erste deutsche Philosoph. Das Wunder von Görlitz, Senfkorn-Verlag, Görlitz 2007, ISBN 3-935330-24-3

Kurt Biedenkopf, Ralf Dahrendorf, Erich Fromm, Maik Hosang (Hg.), Petra Kelly u. A.: Klimawandel und Grundeinkommen. Die nicht zufällige

Gleichzeitigkeit beider Themen und ein sozialökologisches Experiment, Andreas Mascha Verlag, München 2008, ISBN 978-3-924404-73-4

Maik Hosang: Eves Welt. Liebe in Zeiten des Klimawandels, Phänomen Verlag, 2008, ISBN 978-3-933321-72-5

Maik Hosang und Wilken Wehrt: Seufzer und Freiheit. Philosophische Reflexionen, Novum Verlag, 2009, ISBN 978-3-85251-928-9

Gerald Hüther und Maik Hosang: Die Liebe ist ein Kind der Freiheit – Die Freiheit ist ein Kind der Liebe, Kreuz Verlag, 2012, ISBN 978-3-451-61144-5

Gerald Hüther, Maik Hosang, Anselm Grün: Liebe ist die einzige Revolution. Drei Impulse für KoKreativität und Potenzialentfaltung, Herder Verlag, 2017, ISBN 978-3-451-32862-6

Maik Hosang, Bernd Markert, Stefan Fraenzle: Die emotionale Matrix. Grundlagen für gesellschaftlichen Wandel und nachhaltige Innovation. Pikok Verlag, 2017, ISBN 978-1521521830

Maik Hosang und Natascha Reith: Kreativität und Ko-Kreativität - Wie Menschen einander kreativ inspirieren und dabei die Welt verändern können. Pikok-Verlag, 2019, ISBN 978-1-0917-9107-7

Maik Hosang und Bodo Janssen: Die Kunst des Liebens im Tun. Warum und wie Unternehmer die Welt verändern, Pikok Verlag, 2019, ISBN 978-1-0896-1494-4

Maik Hosang und Yve Stöbel-Richter: Die Kunst des wirklichen Lebens. 33 Zeichen und Wege für Dein Höheres Selbst und was die Wissenschaft dazu sagt, Pikok Verlag, 2019, ISBN 978-1-7108-0912-1

Maik Hosang: Meine schönsten Momente. Ein Buch zum kreativen Ausfüllen, Erinnern und Glücklichsein. Pikok Verlag, 2019, ISBN 978-1700467300

Maik Hosang / Philipp Wohlwill: Trixi entdeckt ihre Seele und die Welt. Pikok Verlag, 2019, ISBN 978-1707771806

Maik Hosang, Joana Breidenbach, Gerald Hüther, Janssen, Katarzyna Mol-Wolf, Veit Lindau: Die Kunst des Liebens im Tun. Warum und wie Unternehmer*innen die Welt verändern. Pikok Verlag, 2019, ISBN 978-1089614944

Maik Hosang, Phyllis Lofaso: All that I love about me. Enchanting declarations of love for yourself to fill in, spark inner awareness, and make you smile. Pikok Verlag, 2019, ISBN 978-1700999290

Maik Hosang und Gerald Hüther (Hrsg.): Bewusstsein, Liebe & Kreativität: Human- und Kulturpotenziale im Anthropozän, Pikok Verlag, 2020, ISBN 979-8-5594-1123-1

Jürgen G. H. Hoppmann: Der Astrologe – eine gänzlich unwahre Geschichte. Tredition, 2021, ISBN 978-3-347-50123-2

Jürgen G. H. Hoppmann: Astrolog - całkowicie nieprawdziwa historia. Ridero 2022, ISBN 978-8-382-73971-8

Jürgen G. H. Hoppmann: Die Herzheilerin - und andere Grausamkeiten. ArsAstrologica Verlag, 2023, ISBN 978-3-347-89928-5

Michael Prochnow (Hrsg.) und Jürgen G. H. Hoppmann: Rückblick. Die Görlitzer Kirche und das MfS. Die evangelische Kirche des Görlitzer Kirchengebietes, die Einflussnahme des MfS und der DDR-Staat 1970-1994. Viadukt Verlag, 2023, ISBN 978-9-40370651-1

Jürgen G. H. Hoppmann (Hrsg.): Neues Forum 1989/90 in Görlitz. Tatsachen, Erinnerungen, Meinungen. Ehemaliger Sprecherrat des Neuen Forums Görlitz, ArsAstrologica. Verlag, 2023, ISBN 978-9-40370651-1

Maik Hosang, Jürgen G. H. Hoppmann und Spielgruppe: Sophia - Lernwerkstatt für Philosophie und Ethik. Hörspielsammlung. ArsAstrologica Verlag, 2023, ISBN 978-3-989-11400-5

Jürgen G H. Hoppmann (Hrsg.), Maik Hosang und Spielgruppe: Das Wunder von Görlitz. Jacob Böhme - Der erste deutsche Philosoph. Hörspiel. ISBN 978-3935330244, ArsAstrologica Verlag, Neuauflage 2023

Jürgen G H. Hoppmann (Hrsg.) und Maik Hosang: Der integrale Mensch. Hörbuchfassung ArsAstrologica Verlag, 2023, ISBN 978-3-989-11403-6

Maik Hosang und Jürgen G. H. Hoppmann (Hrsg.): Rudolf Bahro. Vorlesungen 1990 – 1993 Humboldt-Universität Berlin. ArsAstrologica Verlag, 2023, ISBN 978-3-384-04899-8, E-Book ISBN 978-3-384-04900-1

Maik Hosang und Jürgen G. H. Hoppmann (Hrsg.): Rudolf Bahro. Vorlesungen 1994 – 1997 Humboldt-Universität Berlin. ArsAstrologica Verlag, 2023, 978-3-384-04901-8, E-Book ISBN 978-3-384-04902-5